"十二五"国家重点图书出版规划项目·新编法学核心课程系列教材

经济法学
——理论·实务·案例
（第二版）

◆ 主　编　倪振峰　汤玉枢
◆ 副主编　林爱莲　剧宇宏　俞敏
◆ 撰稿人（以撰写章节先后为序）
倪振峰　林爱莲　赵园园
孙　放　剧宇宏　丁茂中
汤玉枢　肖卫兵　俞　敏
陈颖健

中国政法大学出版社
2015·北京

声　明　1. 版权所有，侵权必究。
　　　　2. 如有缺页、倒装问题，由出版社负责退换。

图书在版编目（CIP）数据

经济法学：理论、实务、案例/倪振峰，汤玉枢主编. —2版. —北京：中国政法大学出版社，2015.7
ISBN 978-7-5620-6170-0

Ⅰ. ①经⋯. Ⅱ. ①倪⋯ ②汤⋯ Ⅲ. 经济法－法的理论－中国　Ⅳ. ①D922.290.1

中国版本图书馆CIP数据核字(2015)第164833号

出 版 者	中国政法大学出版社
地　　址	北京市海淀区西土城路25号
邮寄地址	北京100088信箱8034分箱　邮编100088
网　　址	http://www.cuplpress.com（网络实名：中国政法大学出版社）
电　　话	010-58908435(编辑部)　58908334(邮购部)
邮　　箱	fadapress@163.com
承　　印	固安华明印业有限公司
开　　本	787mm×1092mm　1/16
印　　张	29.75
字　　数	800千字
版　　次	2015年7月第2版
印　　次	2015年7月第1次印刷
印　　数	0 001～3 000
定　　价	55.00元

出版说明

"十二五"国家重点图书出版规划项目是由国家新闻出版总署组织出版的国家级重点图书。列入该规划项目的各类选题，是经严格审查选定的，代表了当今中国图书出版的最高水平。

中国政法大学出版社作为国家良好出版社，有幸入选承担规划项目中系列法学教材的出版，这是一项光荣而艰巨的时代任务。

本系列教材的出版，凝结了众多知名法学家多年来的理论研究成果，全面而系统地反映了现今法学教学研究的最高水准。它以法学"基本概念、基本原理、基本知识"为主要内容，既注重本学科领域的基础理论和发展动态，又注重理论联系实际以满足读者对象的多层次需要；既追求教材的理论深度与学术价值，又追求教材在体系、风格、逻辑上的一致性。它以灵活多样的体例形式阐释教材内容，既推动了法学教材的多样化发展，又加强了教材对读者学习方法与兴趣的正确引导。它的出版也是中国政法大学出版社多年来对法学教材深入研究与探索的职业体现。

中国政法大学出版社长期以来始终以法学教材的品质建设为首任，我们坚信，"十二五"国家重点图书出版规划项目定能以其独具特色的高文化含量与创新性意识，成为集权威性和品牌价值于一身的优秀法学教材。

中国政法大学出版社

总　序

长期以来，由于大陆法系和英美法系法律渊源不同，法学教育模式迥异。大陆法系的典型特征是法律规范的成文化和法典化；而英美法系则以不成文法即判例法为其显著特征。从法律渊源来看，大陆法系以制定法为其主要法律渊源，判例一般不被作为正式法律渊源，对法院审判亦无约束力；而英美法系则以判例法作为其正式法律渊源，即上级法院的判例对下级法院在审理类似案件时有约束力。两大法系法律渊源的不同，导致归属于两大法系的法学教学存在较大差异。大陆法系的法学教育采用的是演绎法，教师多以法学基本概念和原理的讲解为主，即使部分采用了案例教学，也重在通过案例分析法律规定；而英美法系采用的是归纳法，判例就是法源，通过学习判例来学习法学原理。

在我国，制定法为法律规范的主要渊源，长期以来，沿用大陆法系的演绎法教学模式。众所周知，法学是一门实践性、应用性很强的学科，法学教育的目标之一就是培养学生运用法学知识分析和解决实际问题的能力。为此，改变传统教学模式，引入理论和实践相结合的案例教学法成为必需。多年来，我校在这方面进行了有益的尝试和探索，总结了一套行之有效的理论和实务案例相结合的教学模式，深受学生欢迎。这套教学模式，根据大陆法系成文法的教学要求，借鉴英美法系的案例教学模式，将两大法系的教学方法有机地融为一体，既能使学生系统地掌握法学原理，又培养了学生分析和解决实际问题的能力。

为了及时反映我校法学教育改革的新成果，更好地满足法学教育的需要，我校组织编写了这套《新编法学核心课程系列教材》。这套教材具有如下特点：①覆盖面广。涵盖了现今主要的法学核心课程。②体例格式新颖。本套教材各章均按本章概要、学习目标、学术视野、理论与实务、参考文献的体例格式安排，这种体例兼顾了系统掌握法学理论和应用法学理论分析、解决实际问题能力的双重教学目标。③案例选择科学合理。主要表现为：一是案例大多选自司法实践，具有新颖性和真实性；二是根据法学知识点的系统要求选择案例，具有全面性和典型性；三是反映理论和实务的密切联系，以案说法，以法解释法学知识和原理，理论与实务高度融合，相得益彰。④内容简洁。本套教材力争以简洁的语言阐述法学理论和相关问题，解析实例，说明法理，做到深入浅出，通俗易懂。⑤具有启发性。本套教材所列学术视野，多为本学科的焦点和热点问题，可帮助学生了解学术动态，激发其学术兴趣；理论思考题可引导学生思考温习所学知识，启迪其心志。

《新编法学核心课程系列教材》吸收了国内外优秀学术成果，在理论与实践相结合的基础上，达到了理论性、实践性和应用性相统一。在理论上具有较强的系统性和概括性，在应用上具有针对性和实用性，在内容上则反映了法学各学科的新发展和时代特征。总之，我真诚地希望这套教材能成为广大学生和读者学习法学知识的新窗口，并愿这套教材在广大读者和同行的关心与帮助下越编越好。

金国华

2010 年 10 月 28 日

第二版说明

本书出版以来,由于其简明、系统、精准、趣味等特点,受到广大读者的欢迎。为了与时俱进,及时反映经济和经济法发展的新理论、新观点、新表达、新法条和新案例等方面的发展变化,我们组织原书编写的专家、教授对本书进行了全面的修订。希望能够再次得到读者的青睐。

倪振峰
2015 年 6 月

编写说明

本教材根据教育部《全国高等学校法学专业核心课程基本要求》的规定，针对大学本科法学专业的教学特点和人才培养目标，在借鉴、吸收经济法实践和最新科研成果的基础上，由长期在高校从事经济法教学和科研工作的老师精心编写而成。

本教材共二十章，全面、系统、科学地阐述了经济法的基本理论和基本制度，主要包括经济法原理、企业法律制度、公司法律制度、市场主体登记管理法律制度、企业破产法律制度、反不正当竞争法律制度、产品质量法律制度、农产品质量安全法律制度、消费者权益保护法律制度、价格法律制度、广告法律制度、反垄断法律制度、财政法律制度、税收法律制度、金融法律制度、票据法律制度、证券法律制度、保险法律制度、房地产法律制度、会计法律制度等内容。

本教材吸收了国内外的优秀学术成果，在理论与实践相结合的基础上，力求达到理论性、实践性和应用性的有机统一。在理论上具有较强的系统性和概括性，在应用上具有针对性和实用性，在内容上则反映了经济法学的发展和时代特征。此外，本教材在体例和结构的设计上简洁、明了，具有一定新意。

本书由主编倪振峰教授和汤玉枢教授制订编写规划及要求并组织编写，林爱莲、剧宇宏、俞敏任副主编。各章撰稿人分工如下（以撰写章节先后为序）：

倪振峰：第一章；

林爱莲：第二、十九章；

赵园园：第三、十七章；

孙　放：第四、十四章；

剧宇宏：第五、七章；

丁茂中：第六、十二章；

汤玉枢：第八、九章；

肖卫兵：第十、十一章；

俞　敏：第十三、十六、二十章；

陈颖健：第十五、十八章。

编　者

2010 年 10 月

目　录

第一章　经济法原理 ··· 1
第一节　经济法的概念和调整对象 ·· 1
第二节　经济法的地位 ··· 8
第三节　经济法律关系 ··· 10

第二章　企业法律制度 ·· 19
第一节　企业法律制度概述 ·· 19
第二节　全民所有制企业法 ·· 22
第三节　集体所有制企业法 ·· 24
第四节　合伙企业法 ·· 28
第五节　个人独资企业法 ··· 40
第六节　外商投资企业法 ··· 42

第三章　公司法律制度 ·· 57
第一节　公司法概述 ·· 57
第二节　公司的设立 ·· 63
第三节　公司的治理结构 ··· 65
第四节　一人有限责任公司和国有独资公司 ····························· 73
第五节　公司的财务会计制度 ··· 75
第六节　法律责任 ··· 77

第四章　市场主体登记管理法律制度 ·· 86
第一节　市场主体登记管理法律制度概述 ································ 86
第二节　一般市场主体的工商登记管理制度 ····························· 88
第三节　特殊市场主体的审批许可制度 ··································· 95

第五章　企业破产法律制度 ··· 103
第一节　破产法律制度概述 ·· 103
第二节　企业破产法律制度 ·· 105
第三节　企业重整法律制度 ·· 110
第四节　破产和解法律制度 ·· 113
第五节　破产清算法律制度 ·· 114
第六节　破产法律责任 ··· 117

第六章　反不正当竞争法律制度 · 125
　　第一节　反不正当竞争法概述 · 125
　　第二节　不正当竞争行为概述 · 127
　　第三节　监督检查和法律责任 · 132

第七章　产品质量法律制度 · 142
　　第一节　产品质量法概述 · 142
　　第二节　产品质量监督 · 145
　　第三节　生产者、销售者的产品质量责任和义务 · 149
　　第四节　损害赔偿和罚则 · 150

第八章　农产品质量安全法律制度 · 158
　　第一节　农产品质量安全法概述 · 158
　　第二节　农产品质量安全标准 · 160
　　第三节　农产品产地和农产品生产 · 160
　　第四节　农产品包装和标识 · 162
　　第五节　监督检查和法律责任 · 163

第九章　消费者权益保护法律制度 · 171
　　第一节　消费者权益保护法概述 · 171
　　第二节　消费者的权利 · 172
　　第三节　经营者的义务 · 175
　　第四节　违反消费者权益保护法的法律责任 · 176

第十章　价格法律制度 · 184
　　第一节　价格法概述 · 184
　　第二节　基本价格制度和价格形式 · 185
　　第三节　定价主体的价格行为 · 186
　　第四节　价格总水平调控 · 189
　　第五节　价格监督检查和法律责任 · 190

第十一章　广告法律制度 · 195
　　第一节　广告法概述 · 195
　　第二节　广告准则 · 197
　　第三节　广告活动 · 200
　　第四节　广告审查 · 203
　　第五节　法律责任 · 203

第十二章　反垄断法律制度 · 209
　　第一节　反垄断法概述 · 209
　　第二节　规制的垄断行为 · 214

  第三节 反垄断法的执行机制 220

第十三章 财政法律制度 230
  第一节 财政与财政法概述 230
  第二节 预算法律制度 233
  第三节 国债法律制度 246
  第四节 转移支付法律制度 251
  第五节 政府采购法律制度 254

第十四章 税收法律制度 272
  第一节 税法概述 272
  第二节 我国现行的主要税种 275
  第三节 税收管理体制和税收征收管理法律制度 293

第十五章 金融法律制度 309
  第一节 金融法律制度概述 309
  第二节 中央银行法律制度 311
  第三节 商业银行法律制度 318
  第四节 银行监管法律制度 322

第十六章 票据法律制度 330
  第一节 票据法概述 330
  第二节 票据法律关系 334
  第三节 汇 票 346
  第四节 本票与支票 353
  第五节 涉外票据的法律适用 355
  第六节 违反票据法的法律责任 356

第十七章 证券法律制度 362
  第一节 证券法概述 362
  第二节 证券业的运营和监管机构 366
  第三节 证券发行 371
  第四节 证券交易 375

第十八章 保险法律制度 389
  第一节 保险与保险法概述 389
  第二节 保险合同法 391
  第三节 保险业监督管理法 401

第十九章 房地产法律制度 413
  第一节 房地产法概述 413

第二节　国有土地使用法律制度……………………………………………… 414
　　第三节　房地产转让、商品房预售、房地产抵押和房屋租赁…………… 417
　　第四节　房地产权属登记法律制度…………………………………………… 424

第二十章　会计法律制度……………………………………………………… 430
　　第一节　会计法律制度的构成………………………………………………… 430
　　第二节　会计核算……………………………………………………………… 432
　　第三节　会计监督……………………………………………………………… 441
　　第四节　会计机构和会计人员………………………………………………… 445
　　第五节　法律责任……………………………………………………………… 451

第一章
经济法原理

【本章概要】现代意义上的经济法是商品经济发展到一定历史阶段也即市场经济阶段的产物。而独立法律部门意义上的经济法，则是第一次世界大战以后才产生的。对于经济法概念的认识应该把握以下内容：经济法是在市场经济体制条件下国家调控经济的法律；经济法是矫正市场失灵、与民商法一起调整市场经济的法律；经济法是调整一定范围经济关系的法律；经济法是经济法律规范的总称。因此，经济法是在市场经济体制条件下，调整国家为了矫正市场失灵而管理和调控经济活动所发生的经济关系的法律规范的总称。经济法的调整对象是国家为了矫正市场失灵而管理和调控经济活动过程中所发生的各种经济关系。具体包括：管理和调控市场主体过程中发生的社会关系；市场秩序的管理和调控关系；资源配置中所发生的社会关系；经济稳定调控关系；社会保障关系；涉外经济管理关系。经济法以特定的经济关系作为自己的调整对象，所以经济法是一个独立的法律部门。经济法与行政法、民商法等相邻法律部门既有联系又有区别。经济法律关系同其他法律关系一样，都由三个基本要素构成，即主体、内容和客体。经济法律关系的发生、变更或终止，都依赖于一定经济法律事实的出现。

【学习目标】通过本章学习，了解经济法产生的历史背景及社会原因；把握经济法概念的科学内涵以及经济法的地位、调整对象；掌握经济法的基本原理——经济法是弥补市场失灵和防止政府失败的法律；熟练使用经济法律关系基本原理分析现实生活中的经济法律关系。

第一节 经济法的概念和调整对象

一、经济法的产生和发展

如果把经济法作为调整经济关系的法律规范来理解，那么我们可以说，从法一产生就出现了（例如民法）。因为经济关系作为人与人之间的物质利益关系，是一切社会关系的基础。维护一定的经济关系、经济利益、经济秩序是法的首要任务；如果把经济法作为国家干预经济的法律来理解，也可以说经济法是古已有之的。西方社会在自由资本主义时期一度出现"夜警国家说"，主张不管事的政府是最好的政府，从这一观点的提出也可以反衬出西方的国家在历史上和当时都是不愿意仅仅当"夜警"的。我国可能是因为亚细亚生产方式的原因，自古代以来国家就一直将干预经济为己任，所以有学者甚至可以编写出中国经济法制史。虽然法从一开始就包含调整经济关系的法律规范，虽然从古代开始就有国家干预经济的法律，但是从学术的意义上来讲，这些都不是现代意义上的经济法。

现代意义上的经济法是商品经济发展到一定历史阶段也即市场经济阶段的产物。马克思关于商品经济的基本原理认为，商品生产产生的条件有两个：一是社会分工，二是不同的所有者。社会分工的存在，使得人们在不同的生产部门从事具体劳动，生产出不同的产品。为了生计，人们彼此需要取得他人的产品，但由于是不同的所有者，因而必须采取商品交换的形式。随着商品经济的不断发展，社会分工越来越细，各部门之间的联系越来越紧密，依赖性愈强。在商品经济条件下，维持、调节这个比例关系的，首先是市场，即所谓"看不见的手"。市场竞争使得生产资料和劳动力不断地从一个企业流向另一个企业，从一个生产部门流向另一个部门，并逐渐出现生产集中，进而使某些商品生产者能够控制价格，控制生产，垄断市场。随着商品经济的发展，特别是商品经济朝着它的高级阶段即市场经济阶段的发展，这种集中、控制和垄断的经济现象越来越严重，出现了个体生产与社会生产失衡、社会生产与社会需求失衡、社会生产与国民经济发展失衡的局面。随着时间的推移，日益成熟的市场经济越来越暴露出它的三大固有缺陷：资源配置的无效率、经济的不稳定和社会的不公平。而其中的任何一项都足以置市场经济于死地。人们逐渐认识到，虽然市场能够在微观上以"看不见的手"来配置资源，但是单靠市场的作用显然是不够的。客观要求国家利用价值规律来管理、调控经济生活。在市场经济的基础上，以"看得见的手"来配置资源、维护经济稳定、实现社会公平。现代意义上的经济法正是在这种背景下产生的。

作为独立法律部门意义上的经济法，则是第一次世界大战以后才产生的。在第一次世界大战期间，特别是战后，德国颁布了一系列国家干预经济的法规，有些法规直接以经济法命名，例如，1915年发布的《关于限制契约最高价格的公告》，1916年发布的《确保战时国民粮食措施令》，1918年发布的《战时经济复兴令》，1919年颁布的《煤炭经济法》、《钾盐经济法》等。这些法规突破了自由经济时期的放任自由原则，与确保个体自由的民法有显著的不同，从而引起了德国法学界的注意，并对此开展研究和讨论。1922～1924年，德国出版了以经济法为题的学术专著和教科书，例如，鲁姆夫的《经济法概论》，赫德曼的《经济法基础》，等等。在第一次世界大战后，德国的经济法研究很快传入日本。至第二次世界大战结束前，由于日本当时的经济体制与德国相近似，因而日本的经济法研究受德国法学者影响也很大。

苏联从20世纪20年代起就开始使用经济法这个概念，并且制定了一系列属于经济法性质的法规，例如，1927年的《国家工业托拉斯条例》、1956年的《社会主义国营生产企业条例》等。虽然苏联这一时期颁布了一系列属于经济法性质的法律规范，但学术界在理论上对于经济法的地位特别是经济法与民法的关系，长期争论不休，未取得一致的意见。

捷克斯洛伐克共和国国民议会于1964年6月4日制定并颁布的《捷克斯洛伐克社会主义共和国经济法典》是世界经济法制史上的创举，也是迄今为止唯一的一部经济法典。该法典总则明确地规定了经济法的调整对象，是在国民经济管理和社会主义组织的经济活动中发生的下列关系：国民经济的计划领导和社会主义公有财产的管理；经济活动的组织；社会主义组织的地位及其经济活动；社会主义组织间的协作及违反规定义务时应负的财产上的责任；社会主义组织间的支持和信贷关系。

在我国，党的十一届三中全会以后，全党、全国的工作重点开始转移到以经济建设为中心的现代化建设上，国家大力加强经济立法和不断完善经济司法，经济法作为一个有特定内涵的部门法也得到了建立和发展。

二、经济法的概念和调整对象

（一）经济法概念的由来

"经济法"这个概念，最早是法国空想共产主义者摩莱里在1755年出版的《自然法典》中提出来的。在该书第四篇，作者面对资本主义上升时期，社会矛盾的急剧加深，拟订了"合乎自然意图的法制蓝本"。其第二部分的标题为"分配法或经济法"，共12条。从内容上看，所谓"分配法或经济法"是作者设想的未来理想的公有制社会，用以"调整自然产品或人工产品的分配"的法律规定。经济法并非是以现实生活为基础的科学概念，而只是一种唯理论的对未来的主观构想。1842年，法国空想共产主义者德萨米出版的《公有法典》中，第三章的标题也是"分配法和经济法"。其含义与摩莱里大致相同，德萨米在分配问题上接受了摩莱里的思想，但德萨米的经济法概念包括的内容比摩莱里的更广，涉及的经济法律制度更多。1865年，法国小资产阶级激进派蒲鲁东在其《工人阶级的政治能力》一书中，也提到了"经济法"，并认为经济法是政治法和民法的补充和必然产物。1916年，德国法学家赫德曼在《经济学字典》中使用了经济法概念，他认为经济法是经济规律在法律上的反映，揭示了经济法产生的客观必然性。

我国经济法概念的出现，最早是在1933年上海大东书局出版的《法律大辞典》中的一个"经济法"条目，是摘抄德国法学中对于"经济法"的解释。真正大量正式使用经济法概念，始自1979年第五届全国人民代表大会第二次会议。1980年开始我国在高等院校法律专业中开设经济法课程。

（二）经济法的概念

如何给经济法这个概念下定义，理论界争议较大，尚无定论。国外法学界，主要是德国、日本和苏联的法学家，多数认为经济法是经济秩序法、经济干预法、经济管制法，或者干脆认为经济法就是反垄断法。

我国学者对经济法的概念也有多种理解。有的认为经济法是经济计划法，有的认为经济法是经济行政法，有的认为经济法是经济管理法，有的认为经济法是企业经济法，有的认为经济法是综合经济法，有的认为经济法是纵横经济法，有的认为经济法是学科经济法，等等。

纵观对经济法概念的各种观点，不难发现，人们对于经济法的概念已经形成了两点共识：①经济法是国家调控（干预）经济的法律；②经济法是调整一定范围经济关系的法律。因此我们认为，在表述或理解经济法的概念时，应注意以下四点：

1. **经济法是在市场经济体制条件下国家调控经济的法律。**市场经济体制条件下的国家调控有别于自然经济和简单商品经济条件下国家对经济生活的干预（或者管理，甚至调控），也有别于计划经济体制下国家对经济的计划调控和行政管理。因此，认为经济法古代就有，我国计划经济时期就有的观点，不管是从名的角度还是实的角度，都是站不住脚的。下面试对计划经济和市场经济条件下的国家调控作一分析。首先，市场经济体制下的国家经济调控，是在承认市场对资源配置的基础性作用的前提下实施的，企业的经营自主权和消费者的消费自由权得到法律的确认与保护；而计划经济体制下的国家经济调控和管理，只承认国家计划对资源的配置作用，企业没有经营自主权，消费者的消费自由也受到极大的限制。其次，市场经济体制下国家对经济的调控表现为宏观性和间接性，对市场的管理旨在维护市场运行秩序；而计划经济体制下国家对经济的调控表现为全面性和直接性，对经济的管理旨在维护计划制定与实施秩序。再次，市场经济体制下的国家经济调控，是为了实现和维护社会整体利益；而计划经济体制下的国家经济调控和管理，所要实现和维护的利益直接表现为国家利益。最后，市场经济体制下国家的经济调控和市场管理，是按照法律规定的权限和程序依法实施的；而计划经济体制下国家的经济调控与管理，是通过行政命令的发布与执行实现的。

显然，市场经济体制条件下国家经济调控的性质，决定了经济法具有以下特点：①经济法的调整对象，是因国家对经济的管理和调控而产生的各种社会经济关系；②经济法追求的利益目标，是表现为资源的优化配置、市场的有序运行、经济的持续发展和社会的公平正义等社会公共利益；③经济法须通过国家的积极行为实现；④经济法所调整的社会关系中，至少有一方为政府、政府经济管理部门或者经授权实施市场管理职能者，因而经济法属于公法。

2. **经济法是矫正市场失灵、与民商法一起调整市场经济的法律。**市场失灵和国家调控是经济法存在的经济基础和政治基础。说经济法是与民商法一起调整市场经济的法律，并不表示民商法的重要、经济法的不重要，或者经济法的可有可无，而是界定民商法和经济法的作用范围。凡是能够由市场配置资源、发挥作用的时间和空间，就应该由市场、民商法发挥作用。凡是市场不能、民商法不能调整的时间和空间，经济法就应该发挥作用。实际上，现实经济生活中纯粹发挥市场和民商法作用的场合倒是例外，而由民商法和经济法共同调整某一类社会关系、共同规范某一项经济活动倒是常态。在市场经济国家，民商法往往只是起基础性作用的法律，而体现国家管理和干预的经济法倒是起主导性作用的法律。总之，市场经济加国家调控是世界各国公认的原理，我们讲民商法的时候不能忘记国家调控的经济法，讲经济法的时候不能忘记民商法是市场经济的基础性法律，只有将两者很好地结合起来，才能保证市场经济的健康发展。

经济法的定义应该突出国家管理和调控经济这一本质特点。市场经济是法制经济。发展社会主义市场经济必须有法律来引导、规范、保障和约束，即在市场经济运行过程中，有些活动靠"看不见的手"自发调节，有些活动如国民经济活动中涉及的经济总量平衡、经济结构调整等问题需要靠"看得见的手"即国家的干预来调节。这种国家调控上升为法律就是经济法。

3. 经济法是调整一定范围经济关系的法律。经济法是调整经济关系的，但并不是调整所有经济关系的。经济关系是一个十分复杂的范畴，从经济活动的内容上可以划分为生产关系、分配关系、交换关系和消费关系；从参与经济活动主体的地位上可以划分为平等主体之间发生的横向经济关系和非平等主体之间发生的纵向经济关系等。经济法只调整其中的一部分经济关系，即一定范围的经济关系。这个"一定范围"在现实的国家经济生活中不会有完全相同的边界。在同一个国家，虽然总是既有市场成分又有国家调控，纯粹的市场经济是根本不存在的。但是市场成分和国家调控的排列组合是不同的。市场成分多些，国家调控就少些。反之亦然。同一国家在不同的历史时期也会有不同的排列组合。对于不同国家来说，由于生产力的发展程度和历史传统等不同，这个"一定范围"更是具有不同的特点。但是无论"范围"如何不同，凡是"国家调控"的经济关系总是经济法的调整对象。而国家调控存在的基础则是市场失灵。如果市场经济可以不产生市场失灵，国家调控和经济法也就没有存在的必要了。但是，在当前的历史条件下，不管是国内还是国外，我们都丝毫看不到国家调控消亡的迹象，相反倒是国家调控越来越占据主导地位。

市场经济与国家调控不是相互对立的而是相互依存、相得益彰的。实践证明，特别是在落后国家、在后发展中国家发展市场经济，尤其必须加强和健全政府的调控作用。在这些国家中的市场经济本质上是一种政府主导型的市场经济。发展市场经济的焦点和难点不在市场经济本身而在政府，有什么样的政府就有什么样的市场经济。在许多国家，如果政府不想搞市场经济，那也许根本就不会有市场经济。在这些国家，与其说经济法是弥补民商法不足的法律，倒不如说民商法是弥补经济法不足的法律。我国市场经济的发展就是由政府启动、政府推进、政府改革、政府主导的。如果没有政府主导，就不会有我们今天的市场经济。同样，要继续推进我国市场经济的顺利发展也必须加强和完善政府主导、政府调控。这也正如布坎南关于中国经济应该怎样发展时所说的那样，"政府应该把重心放在框架结构上"，"建立一个总则"。没有政府的主导、干预，就不可能有市场经济。[1]

4. 经济法是经济法律规范的总称。经济法的形式是由经济法的内容所决定的。由于经济法所调整的经济关系在门类上复杂多样，所以，它就不可能由一个或者几个法律规范组成，而是由许许多多不同形式的法律、法规以及规范性文件所表述的经济法律规范所构成。也就是

---

[1] 参见经济学消息报社编：《诺贝尔经济学奖得主专访录——评说中国经济与经济学发展》，中国计划出版社1995年版，第114页。

说，经济法是经济法律规范的总称。经济法并不等于经济法律规范，经济法作为一个部门法，指的是经济法律规范的总和，而经济法律规范则只是组成经济法的个体。

综上所述，我们可以给经济法下这样一个定义：经济法，是在市场经济体制条件下，调整国家为了矫正市场失灵而管理和调控经济活动中所发生的经济关系的法律规范的总称。

（三）经济法的调整对象

经济法的调整对象是国家为了矫正市场失灵而管理和调控经济活动过程中所发生的各种经济关系。具体包括下列几种关系：

1. 管理和调控市场主体过程中发生的社会关系。管理和调控市场主体过程中发生的社会关系是指国家在管理和调控市场主体的组织和行为过程中所发生的社会关系。

市场主体是指在市场上从事直接或间接交易活动的组织和个人，包括公司、企业、合伙组织、个体工商户、承包经营户以及政府、社会团体和中介机构等。其中公司、企业是最为重要的主体。公司、企业、合伙组织、个体工商户对外以直接的生产者、经营者身份从事市场交易活动，对内又以管理者的身份进行内部管理活动；政府以管理者、宏观调控者的身份或者直接以商品采购者或供应者的身份参加市场活动；中介组织则以服务提供者的身份通过沟通其他市场主体之间联系的方式参加市场活动。

在市场经济条件下，市场主体的法律地位、组织形式、权利能力和行为能力等内容一般由民商法作基础性的规定。但是仅有这些基础性的规定是远远不够的，还必须有体现国家调控的经济法。首先，在市场经济中，市场主体是经济人，他们都追求主体的私人利益，谋求私人利益的最大化。在市场中的每一个人，都只能各自按照自己的知识、遇到的机会和具有的能力去追求自认为最大化的私人利益，且不论为了追求私人利益最大化而铤而走险的违法犯罪行为，即就资源配置而言，由于资源配置的决定是由成千上万不同的市场主体所作出的，因而不可避免地会造成重复生产和无效率。而且经济人一般也不愿从事无利可图的事业（如公益事业），或者不可能从事远远超出其能力的事业（如我国的西部开发、南水北调等），因而必须有国家调控（如产业法、市场准入制度等）、国家投入（创办国有企业、国家投资等）。其次，市场主体不是一个封闭的、单一的经济活动主体，它要和其他市场主体相互依存、相互竞争、相互发展。在各个主体活动（自由竞争）的基础上形成社会经济发展的合力。因此，千百万市场主体的有意识活动最后汇成的也许是谁也没有预料到的结果（如经济危机）。国家要调控和管理经济，就必须要调控和管理主体。国家为了全局性的、整体性的利益，为了整个社会经济的协调发展，就必须对市场主体的组织及其活动进行必要的管理和调控，包括市场准入、企业形态的设定，财务管理、审计、监督检查、企业破产等。企业法律制度、公司法律制度、市场主体登记管理法律制度和破产法律制度就形成了市场主体管理法的主要内容。

2. 市场秩序的管理和调控关系。市场秩序的管理和调控关系是国家在造就市场平等竞争条件、维护公平竞争秩序过程中与市场主体所发生的社会经济关系。

市场经济除了需要外部的支持条件，如稳定的社会秩序和社会环境等以外，市场秩序的稳定与否也是至关重要的。市场秩序是各种具体经济活动有序进行的实然状态。市场秩序包括经营秩序、交易秩序、竞争秩序、管理秩序等。社会主义市场经济在本质上应是有秩序的经济。但是，由于市场经济条件下市场主体的独立性和市场活动的趋利性，市场秩序不可能自发形成。市场秩序作为一种实然状态的形成，离不开国家的管理。民商法以至刑法等都有维护市场秩序的功能。经济法则以国家提供强制性规定并保证其实施的综合性形式来维护市场秩序。反不正当竞争法律制度、产品质量法律制度、农产品质量安全法律制度、消费者权益保护法律制度、价格法律制度和广告法律制度就形成了市场秩序维护法的主要内容。但是这并不等于说，除了上述法律制度外，其他经济法律制度就都不具有维护市场秩序的功能。实际上，在聚焦市场秩序的时候，所有的经济法律制度（甚至所有的法律制度如宪法、刑法、民法、行政法等）都有维护市场秩序的功能，如上述的市场主体管理法、下述的资源配置优化法、经济稳定调控法、社会保障法和涉外经济管理法都有维护市场秩序的功能。

具体来说，规范市场主体的法律制度如企业法、公司法等，规定了市场组织的地位、法律形式及内部组织机构，规范了投资者与经营者的关系，以保障企业的经营自主权与内部经营管理秩序；规范市场主体交易行为的法律制度如物权法、债权法、消费者权益保护法等，规范市场主体之间的交易活动，以保障实现市场交易秩序；规范市场主体之间竞争活动的法律制度如反垄断法、反不正当竞争法等，规定了市场主体间的竞争规则，以保障实现市场竞争秩序；规范政府对市场管理与调控的法律如计划法、价格法等，规定了政府对市场经济活动的管理权限与程序，以保障市场管理秩序的实现，另外还如金融法维护金融市场秩序、保险法维护保险市场秩序、证券法维护证券市场秩序等，都是不言而喻的，尽管这些法还有其他的功能。

3. 调整资源配置中所发生的社会关系。调整资源配置中所发生的社会关系是指国家在配置经济资源、自然资源、人口资源的活动中与市场主体和其他主体之间所发生的社会经济关系。

资源配置关系是通常所说的宏观调控关系的一部分。宏观调控关系是指国家为了实现资源的优化配置、经济的持续稳定增长和社会的公平正义，运用经济、行政、法律手段，对国民经济的总体活动进行调节与控制过程中与其他主体所发生的社会经济关系。

市场经济是通过市场进行资源配置的。从微观的角度而言，在市场经济中，一切经济活动遵循价值规律的要求，以最小投入获得最大经济效益为准则，通过市场配置资源，通过价格引导供求，通过竞争促进效益，以达到财力、物力、人力资源的最合理的利用。因此，在许多情况下，通过价格的自发调节作用就可以实现供求平衡，从而实现资源的优化配置。但是如果我们从宏观的角度进行考察，市场经济又有它本身固有的缺陷和不足，在一些情况下，仅仅靠市场调节并不能实现供求平衡，这种情况称为市场失灵。市场失灵会导致资源配置的无效率或者低效率。这是市场经济的第一大弊端。这一弊端不克服，也足以葬送市场经济本身。

市场失灵主要表现为垄断、公共物品的提供、市场的外部性、市场的盲目性和收入分配的不公平等。市场失灵要由国家调控来解决，这正是政府在市场经济中的作用。

我们知道，市场机制的作用是通过竞争来发生的，当垄断力量阻碍了竞争时，市场机制就无法正常发生作用，就会出现市场失灵。垄断是产生市场失灵的第一个原因和表现形式。解决这种市场失灵的方法就是由政府对垄断进行限制。其中主要有管制、国有化和反垄断立法三种方法。管制是通过政府定价等形式对寡头和垄断企业的行为进行限制。国有化是用国家垄断来代替私人垄断。反垄断法是用立法手段禁止垄断，或解散已形成的垄断。

公共物品是由集体消费的物品，它具有消费的非排他性和非竞争性，因此生产者一般不愿意或者不可能向社会提供。但是像国防、道路、广场、路灯、博物馆、立法、基础研究等公共物品是任何一个社会发展所必需的。因此也应该由政府利用财政收入来为社会提供这些公共物品。另外，有些产品的个体效益也会和社会效益发生冲突，如毒品、武器等，为了社会的公共利益，国家也必须进行管制。不能提供公共物品是市场失灵的第二种表现形式。

市场的外部性是市场失灵的第三种表现形式。市场的外部性是指某种经济活动给予这项活动无关的第三方或者社会带来的影响。给第三方或者社会带来有利影响的是正的外部性，带来不利影响的是负的外部性。前者如修建地铁可以使附近房地产涨价，后者如工厂生产时排放污染物可以使居民遭受损害，等等。实际上，对外部性问题讨论得最多的就是环境问题，而且主要是从负外部性的角度讨论的。由于许多环境资源的产权不存在或者不完全，环境的负外部性不能通过市场价格表现出来，也就难以通过市场机制的自发作用得到补偿和纠正。一般而言，市场机制不能很好地解决由于个人利益和社会利益相对立而引起的重要社会问题，如环境污染、资源枯竭、人口爆炸等，不能对各种公共资源发挥优化配置的作用，这些问题不解决，同样也危及人类和社会的生存。因此，就需要国家安排和调节好个人利益和社会利益的关系，对各种公共资源实行有效地管制。这就需要国家来进行管理和调控。

市场的盲目性是市场调节本身所具有的特点。由于市场调节是一种事后的调节，加上市场主体掌握信息的有限性和进行判断的局限性，单靠市场本身并不能保持国民经济的总量平衡和经济与人口、环境、资源的协调发展。

收入分配的不公平是市场失灵的最后表现形式。市场交易在原则上是平等的，但是由于人们的资源禀赋、生存环境等不同，收入水平就会有差别，市场自发调节的一般结果是富者愈富，穷者愈穷，从而背离社会的公平和正义。这也需要国家来进行调控。

国家调控资源配置的目的在于纠正市场配置资源中出现的消极现象，使有限的资源得到最佳的或者优化的配置组合。调控资源配置的方法则可以有经济方法、行政方法和法律方法等。法律方法中主要有反垄断法、计划法、产业政策法、固定资产投资法、招标投标法、国有资产管理法、可持续发展法和促进科技进步法等。

4. 经济稳定调控关系。经济稳定调控关系是国家为了保持、实现宏观经济稳定而在管理和调控经济活动中所发生的社会经济关系。

市场经济的第二大弊端是经济的不稳定。极端的表现形式是几年一次的经济危机。这一弊端不克服，也足以葬送市场经济本身。如果说市场经济国家现在呈现出经济周期延长、经济危机缓和的局面，那么很大程度上正是国家调控经济的结果，而不是市场经济本身的发展使然。

整体经济稳定是宏观经济调控的总目标。就国内而言，经济稳定包括充分就业、物价稳定、减缓经济周期以及经济增长。就国际而言，还包括汇率稳定和国际收支平衡等。特别是其中的经济周期是保持整体经济稳定最难以克服的困难。经济表现为繁荣和衰退的相互交替似乎是不可避免的现象。国家宏观经济调控的目标不是消灭这种周期性波动，而是要努力烫平周期性波动的波幅，使波动的程度减少。在经济繁荣时，国家应进行调控不使繁荣成为过热。在经济衰退时，国家应设法尽快结束衰退，启动经济增长。对于短期的经济稳定而言，充分就业和物价稳定当然是最重要的因素，也即短期中决定经济状况的是总需求和总供给。因此，国家经济调控的工具就应该是需求调控和供给调控。在总供给既定的条件下，且为了实现充分就业，经济状况就取决于总需求，问题就归结为对于需求的调控。经济衰退时，就要采取刺激需求的扩张性政策；经济繁荣时，就要采取抑制需求的紧缩性政策。

需求调控的工具主要是财政政策和货币政策。表现在法律领域就是财政法、金融法。而其中相关的税法、银行法、票据法、证券法、保险法、城市房地产管理法、会计法等也都是重要工具。当然，如上所述，经济稳定维护法作为宏观调控法的组成部分，不但具有维护经济稳定的功能，而且也有维护市场秩序、优化资源配置等方面的功能。

5. 社会保障关系。社会保障关系是国家为了实现社会公平、保持社会稳定，在建立和实施社会保障过程中与各种社会主体所发生的社会经济关系。社会保障关系主要包括社会救助关系、社会保障关系、社会福利关系和社会优抚关系。

市场经济的第三大弊端是社会的不公平。经典的表现形式是两极分化。由于贫富差别悬殊，容易引发社会危机。如果没有国家的调控，富人、穷人就必然发生冲突，甚至导致整个社会的同归于尽，使市场机制也不复存在。

市场经济奉行"丛林法则","丛林法则"也就是两极分化的法则。要存在千差万别的人们在市场上平等竞争的结果必然是社会的不公平。但是,"市场是没有心脏和大脑的,因而不能指望市场自身能够自觉地意识到它所带来的严重的社会不平等,更不能指望市场自身来纠正这种不平等"。[1] 为了纠正市场自由竞争所导致的社会不公平,就必须有国家出面干预调控。通常国家是采用收入分配政策和法律来实现收入分配的平等化,缩小收入差距的。政策法律手段是税收和社会保障(包括社会福利)。这里的税收与一般的税收不同,它主要是减少富人收入的税收,如遗产税、个人所得税和消费税。如果说这里的税收是"削富",那么社会保障制度就是"济贫"的制度。国家通过"削富济贫",努力使社会成员的收入分配平等化,以缓和社会的矛盾和冲突,保持社会的稳定。许多西方国家用于社会保障和福利的支出已占政府支出的50%以上,在一些高福利的欧洲国家甚至占到GDP的50%以上。在一定意义上,正是国家在市场经济基础上的干预调控,才使许多市场经济国家保持了一定的收入分配公平和正义,才使国家和社会免受动乱以致崩溃之苦。

6. 涉外经济管理关系。涉外经济管理关系是国家在管理涉外经济活动时与涉外经济主体之间发生的纵向经济关系。

在国际经济一体化的进程中,有利于各国繁荣的自由贸易是经济发展的大趋势。但是自由贸易并不等于放弃管理。出于经济、政治以及文化甚至军事上的考虑,国家必须对涉外经济进行管理。国家对涉外经济的管理,是国家对于国内经济进行管理和调控的延伸。成功的涉外经济管理,必然有利于国内资源的优化配置和国内经济的稳定发展。而失败的涉外经济管理或者放弃涉外经济管理,或者干脆闭关锁国,都必然会大大影响一国经济的稳定和发展。因此涉外经济管理法是经济法的当然组成部分,是国家管理和调控经济的重要手段。

第二节 经济法的地位

一、经济法的地位

经济法的地位问题就是经济法在整个法的体系中是不是一个独立的法的部门,以及其重要性如何的问题。因为法的体系是由多层次的法律部门组成的并具有有机联系的统一整体,如果经济法在法的体系中具有一定的地位,那么,它就是法的体系的组成部分。否则,它就不是法的体系的组成部分,在法的体系中没有什么地位。

恩格斯在论学科部门的划分时说:"每一门学科都是分析某一个别运动形式或一系列互相关联和互相转化的运动形式。"[2] 这就是说,判断某一门学科是否独立存在,就是看其是否分析、研究了某一种社会关系。判断某一法的部门是否存在,就是看该法的部门是否调整了某一特定的社会关系。通过上一节的分析,我们可以看出,经济法是以特定的经济关系作为自己的调整对象的,所以,经济法是一个独立的法律部门。

二、经济法与相邻法律部门的关系

(一)经济法与行政法的关系

经济法与行政法的联系,主要表现在:①都属于公法范畴,都体现了国家对社会生活的管

---

[1] 参见经济学消息报社编:《诺贝尔经济学奖得主专访录——评说中国经济与经济学发展》,中国计划出版社1995年版,第44页。

[2] 《马克思恩格斯全集》(第20卷),人民出版社1971年版,第593页。

理和干预；②都在不同程度上运用行政方法调整社会关系；③都以宪法、法律、法规、规章等规范性文件为渊源；④都具有维护国家利益和社会公共利益的作用。

经济法与行政法的区别是：①主体不同。行政法主体的一方是政府的行政管理机关，另一方则是下属的行政机关、企业事业单位或其他社会组织和公民个人；经济法的主体一方是国家权力机关、行政机关及其他社会组织（如消费者协会），而另一方则是社会组织和企业内部组织。②调整对象不同。行政法的调整对象是行政管理关系，它所体现的是一种权力从属关系，而经济法调整的是一种非权力从属性的经济关系，经济法律关系的主体地位并不具有平等性。③调整的方法不同。行政法是采取单纯的行政方法调整社会关系，而经济法则采用多种方法调整社会关系。

（二）经济法与民商法的关系

民商法是民法与商法的合称，民法是调整平等主体之间的财产关系和人身关系的法律规范的总称，商法是调整平等主体之间的商事关系的法律规范的总称。民法与商法并不是两个并立的法律部门，其相互之间是一般法与特别法的关系，民法是一般法，而商法是民法的特别法。

民商法是规范市场经济运行的最为基本的法律，在市场经济法律体系中，民商法处于基础地位。①民商法律规范是市场经济规则的法律体现。在市场经济体制条件下，市场主体的经济活动必须遵守市场经济规则。民商法律规范就是市场经济规则的法律体现。②民商法是规范市场经济运行的基本法律规范。在市场经济运行中所产生的经济关系，都属于民商法的调整对象。③民商法充分体现了市场经济的精神。民法观念与市场观念之间具有内在的一致性，民事主体平等、合同自由、诚实信用等民商法的基本精神或原则，充分体现了市场经济的市场主体平等、交易自由、重诺守信等精神。④民商法构成市场经济法律体系的基础。市场经济法律体系主要由民商法、经济法（有人认为应该由民商法、经济法和包括劳动法和社会保障法在内的社会法）构成，其中民商法直接规范市场主体的交易活动，其法律规范反映市场经济的内在要求和发展需要，是市场经济法律体系的基础性法律制度。

经济法是在市场经济体制条件下，调整因国家管理和调控经济而产生的各种社会关系的法律规范的总称。在市场经济体制条件下，国家对经济的宏观调控和对市场的管理，是确保市场经济机制得以有效有序运行的必要条件。经济法直接反映国家对于经济活动的管理和调控要求，因而经济法是市场经济法律体系中的主导性法律制度。特别是在政府主导型市场经济国家中就更是如此。

在社会主义市场经济条件下，民商法和经济法都是社会主义市场经济法律体系不可或缺的组成部分。民商法和经济法各自从不同角度，运用不同的调整机制，实现其各自的宗旨，从而构成市场机制的法制基础。肯定一方，否定另一方，或者主观臆断指望以一方吸收另一方等，都缺乏理论和实践的依据，都不利于社会主义市场经济的健康发展。我国是政府主导型的社会主义市场经济国家，经济法处于主导地位是不言而喻的。但是由于我们国家市场经济体制建设起步较晚，民商法的发展相对受到制约，不但立法执法滞后，社会的民商法观念如财产权神圣不可侵犯、契约自由等更加需要培育。由于民商法方面的基础缺失，社会缺少能够与政府抗衡的"市民社会"力量，往往又容易导致国家（政府）干预的过度，经济法演变为行政的法。应该看到，市场经济没有国家的管理和调控不行，但是，没有市场经济的市场主体、产权、竞争等基础条件、没有民商法等市场经济的基础性法律，也不会有市场经济。

经济法与民商法的区别是：①性质不同。民商法属于私法范畴，是调整处于平等地位的市场主体之间在市场活动中所产生的社会关系的法律规范的总称，是规范市场主体的组织与行为、保障市场主体独立与意思自治的重要法律。经济法属于公法范畴，是在市场经济体制条件下，调整因国家调控经济和管理市场而产生的各种社会关系的法律规范的总称，是维护公平竞争秩序、实现有效宏观调控的重要法律。②主体不同。民商法主体仅限于法人和公民，而经济法的主体除法人、公民以外，还包括国家的权力机关、行政机关、企业事业单位、社会团体以及企业内部组织和农户等。③调整对象不同。民商法是调整平等主体之间的人身关系和财产关系的，而经济法则是调整国家调控经济和管理市场过程中所产生的经济关系的。④调整方法不同。民商法是采用民事方法调整经济关系的，而经济法则是运用奖励与惩罚相结合的综合性的方法调整经济关系的。⑤责任方式不同。民商法对违法行为采取民事责任方式，即补偿性的财产责任方式，惩罚性的非财产责任方式只起辅助作用，而经济法对违法行为，则采取民事（经济）、行政和刑事相结合的责任方式，相比较而言，制裁性相对明显。

第三节 经济法律关系

一、经济法律关系的概念

经济法律关系是法律关系的一种，是指根据经济法律规范的规定和调整而形成的人们之间的权利义务关系。它具有如下几个特点：

（一）经济法律关系是一种思想意志关系

这种意志包括国家的意志和行为人的意志。这是因为经济法同其他法律一样，首先要反映国家的意志，而每一个具体经济关系的行为人又都有自己的意志。行为人的意志必须以国家的意志为依据，国家的意志只有通过行为人的意志才能形成具体的经济法律关系。所以，经济法律关系是一种思想意志关系，属于上层建筑范畴。

（二）经济法律关系是受经济法律规范调整的社会经济关系

社会经济关系是客观存在的物质利益关系，属于经济基础范畴，它不会自动变为经济法律关系，只有经过经济法律规范的调整，才会上升为经济法律关系。经济法律规范是经济法律关系存废的必要前提，经济法律关系则是经济法律规范调整特定经济关系的必然结果。

（三）经济法律关系是具有经济内容的权利义务关系

权利义务关系是经济法律关系的核心，没有权利义务的法律关系是不存在的。经济法律关系的权利义务具有经济内容，是发生在生产经营过程中具有一定物质利益内容的权利义务关系。

二、经济法律关系的构成

经济法律关系同其他法律关系一样，都由三个基本要素构成，即主体、内容和客体。这三个要素缺一不可，其中任何一个要素内容的发生、变更，都会引起经济法律关系的相应变化。

（一）经济法律关系的主体

经济法律关系的主体亦称经济法主体，是指以自己的名义参加经济法律关系，享受经济权利，承担经济义务的当事人。

经济法主体必须具备一定的主体资格，这种主体资格一般由法律、法规加以规定或认可。比如，依照宪法和法律由国家各级权力机关批准成立；依照法律和法规由国家各级行政机关批准成立；依照法律、法规或章程由经济组织自身批准成立；依照法律、法规由主体自己向国家有关机关申请登记并经核准登记成立；由法律、法规直接赋予一定身份而成立等。

经济法的主体包括：

1. 国家机关。国家机关是经济法律关系的重要主体，包括国家权力机关、国家行政机关和国家司法机关。其中国家行政机关，特别是担负着经济管理职能的综合职能机关和经济管理机关，在经济法律关系中居于十分突出的地位。

2. 经济组织。经济组织指拥有独立资产、以营利为目的，自主经营、自负盈亏、独立核算，具有一定组织机构，从事生产、流通和服务性活动的经济实体。经济组织主要包括各类公司、企业和其他经济组织，可以是法人，也可以是非法人组织。

3. 事业单位。事业单位指由国家财政拨款或其他单位拨款，不以营利为目的的文化、教育、卫生等组织。它们通常以法人资格参加经济法律关系。

4. 社会团体。社会团体指由人民群众或组织自愿组织的社会组织，包括群众团体、公益组织、文化团体、学术团体等。它们也以法人资格参与经济法律关系。

5. 经济组织内部机构。经济组织内部机构主要指企业内部的生产经营部门、分支机构。其中除某些经依法批准、具有营业执照的分支机构可以参与企业外部经济法律关系外，其他内部机构只能参与企业内部的经济法律关系。

6. 个体工商户和农村承包经营户。个体工商户是指公民个人不雇佣或少量雇佣他人，以营利为目的，从事生产经营的个体经济。农村承包经营户是指农村集体经济组织的成员，在法律允许的范围内，按照承包合同的规定从事商品经营的经济形式。他们以"户"的名义参与经济法律关系，户内成员一般承担连带无限责任。

7. 公民。公民指具有我国国籍，依法享有经济权利、承担经济义务的公民。为税收法律关系中的纳税人、企业法律关系中的职工、市场法律关系中的消费者等。

（二）经济法律关系的内容

经济法律关系的内容是指经济权利和经济义务，也就是经济法律关系主体享有的经济权利和承担的经济义务。经济权利和经济义务是经济法律关系的核心。经济权利和经济义务是一致的，但不一定完全平等。在不同的经济法律关系中，主体的权利、义务各不相同。

1. 经济权利。经济权利是指经济法律关系主体依法具有的自己为一定行为或不为一定行为和要求他人为一定行为或不为一定行为的资格。经济权利包括：

（1）经济职权。经济职权指国家机关在调控经济关系时依法行使国家赋予的权利。经济职权具有命令与服从的性质，有关国家机关对自己享有的经济职权不得随意放弃、转让。

（2）财产所有权。财产所有权是指财产所有人对其财产享有的占有、使用、收益和处分的权利。财产所有权是商品交换的基础。

（3）国有资产管理权。国有资产管理权是指国家授权的专门机构对全民所有制单位的国有资产进行统一管理的权利。它体现了国家经营权与所有权的分离，目的是使国有资产保值、增值。

（4）经营管理权。经营管理权是指国有企业对国家授予其经营管理的财产享有占有、使用和依法处分的权利。它体现了财产所有权与经营管理权的分离，是法人财产权的最基本的内容。非国有企业则享有完全自主经营的权利。

（5）承包经营权。承包经营权是指公民、集体为完成一定任务对集体或国家所有的土地、森林、山岭、草原、荒地、滩涂、水面以及企业等财产享有占有、使用和收益的权利。包括国家与全民所有制企业之间发生的承包经营关系和社会经济组织与它的内部成员或生产经营单位之间发生的承包经营关系。

（6）经济请求权。经济请求权是指任何法律关系主体可以请求他人为一定行为或不为一定行为的权利。这是一种救济性的权利，通常是在经济法律关系主体的合法权益受到侵害时，要求侵害人停止侵害或要求国家机关依法保护的权利。

2. 经济义务。经济义务是指经济法律关系主体依法为满足权利主体的要求必须为一定行为或不为一定行为的责任。经济义务包括：

（1）对国家的义务。如遵守国家法律和政策、正确行使经济权利、完成指令性计划、服从国家调控、依法纳税等。

（2）对社会的义务。如不侵犯他人合法权益、履行经济合同、保证产品质量和服务质量、保护环境等。

（3）对内部的义务。如履行内部承包合同、在提高经济效益的基础上增加职工收入等。

（三）经济法律关系的客体

经济法律关系的客体是指经济法律关系主体的经济权利和经济义务所共同指向的对象，是经济权利和经济义务的载体和目标。没有客体，具体的经济权利和经济义务就不能落实。不同经济法律关系的经济权利和经济义务所要达到的具体要求不同，因而客体的范围和内容也有很大差别。

经济法律关系的客体种类有：

（1）有形财物。指具有一定的实体形态及一定的价值与使用价值，经济法律关系主体能够在事实上和法律上加以支配，可以进入经济法律关系运动过程的财物。有形财物按不同标准，可划分为生产资料和生活资料；固定资产和流动资产；种类物和特定物；可分物和不可分物；流通物、限制流通物和不流通物；主物和从物；税金、费用和利润；货币和有价证券等。

（2）无形财物。指人们脑力劳动所创造的非物质财富，也叫智力成果。它一般不具有直接的物化形态，但却是可以创造物质财富的知识成果。

无形财物的种类很多，如商标、专利、专有技术、合理化建议、技术改进方案、经济信息、生产经营标记等。

（3）经济行为。指经济法律关系主体为达到一定经济目的所进行的活动。经济行为可分为：实现一定经济任务和指标的行为；完成一定工作的行为；履行一定劳务的行为等。

三、经济法律关系的发生、变更和终止

经济法律关系的发生是指由于一定客观情况的出现而在经济法律关系主体之间形成一定的权利和义务关系。经济法律关系的变更是指已经发生的经济法律关系（主体、内容和客体）要素的变化。经济法律关系的终止是指经济法律关系主体之间的权利义务归于终结。无论是经济法律关系的发生、变更或终止，都是由于一定的经济法律事实的出现所引起的。

（一）经济法律事实的含义

经济法律事实是指引起经济法律关系发生、变更或终止的客观情况。任何客观存在都是一种客观事实，但并不是任何客观事实都能引起经济法律关系的后果，只有那些能够引起经济法律关系后果的客观事实才是经济法律事实。

（二）经济法律事实的分类

经济法律事实按其与经济法律关系主体意志联系与否，可分为事件与行为两大类。

1. 事件。指客观上存在和发生的，与经济法律关系主体的主观意志与自觉行为无关的，但能引起经济法律关系发生、变更和终止的客观现象。如不可抗力、偶发事故等。

2. 行为。指由一定的组织或个人在其主观意志支配下自觉实施的，能够引起经济法律关系发生、变更和终止的活动。包括公司、企业和其他经济组织的经济法律行为；国家机关的行政行为、执法行为、司法行为；仲裁机构的仲裁行为等。

经济法律行为按其性质可分为合法行为与违法行为。

1. 经济合法行为。指符合法律规定的行为。通常是指行为者要有合法的主体资格；意思表示要真实，内容要求合法，有必要的形式和手续。

2. 经济违法行为。指经济法律关系主体违反法律、法规的行为。如国家机关的不当罚款行为、违法征税行为等。

学术视野

一、关于经济法作为独立法律部门的问题

有学者并不同意经济法是一个独立的法律部门，其理由主要是说经济法没有独立的调整对象，经济法学者所谓经济法的调整对象要么是行政法的调整对象，要么是民商法的调整对象。因此，经济法要么就是属于民商法，要么就是行政经济法。但是法学界大部分学者还是承认经济法是一个独立的法律部门，认为经济法是有自己独特的调整对象的。这一争论短期内不会结束。与这一问题相关的是经济法的调整对象问题。

经济法之所以能作为现代法律体系中的重要法律部门，其主要因素就是因为其所调整的特定的社会经济的特殊性。这种关系的特殊性在于其影响整个社会经济的运行，必须通过国家权力的介入进行调整。但是，在实践中，由于种种原因，使一些本不需国家权力介入的经济关系，也受到国家权力干预。但哪一种经济关系需要国家权力介入，哪一种又不需要，实在是很难确定。

二、经济法与民商法及行政法的区别问题

经济法与民商法及行政法的区别问题与西方社会将法律划分为公法、私法不无关系。有数种主要的公私法学说，如利益说、主体说、性质说等，但实质上，不管依哪一学说的标准，就最终囊括的法律规范而言，其范围大致是相同的。一般而言，保护公益者为公法，保护私益者为私法。

但是公共利益与私人利益本质上不是相互对立的，而是一体的。随着社会技术，包括自然科学技术和社会科学技术的发展，对利益区分技术的提高，对于私人利益和公共利益的划分范围将发生变化，人们视野中的私人利益的范围似乎会越来越大，而公共利益的范围会越来越小。但是，这只是人们的错觉，事实上，随着人类社会发展中人们联系的不断加强，使原本可以被简单看作私人利益的东西，却越来越多地变成一定范围内群体不可分割或者难以分割的共同利益——公共利益。个人隐私属于私人利益，但是对于社会公众个人隐私的保护就主要是公共利益。因此，随着社会的发展，公共利益的内容也在不断地形成、壮大。

这种公共利益和私人利益既分化又融合的发展进程，表现在立法趋势上，就是现代法的"公法私法化"和"私法公法化"两种趋势。经济法的形成和发展，正是这种趋势不断加强的结果和反映。

由于公共利益和私人利益的分化，为公共利益的公法调整和私人利益的私法调整提供了泾渭分明的界限，但是，公共利益和私人利益的融合，又模糊了公法调整和私法调整的边界。所以，经济法与民商法及行政法的区别，只具有相对的意义。总起来说，这三个法律部门都可以是调整经济关系的法律，只是在学科划分上要追求独立而已。

理论思考与实务应用

一、理论思考

（一）名词解释

经济法　市场的外部性　经济法律关系的主体　事业单位

（二）简答题

1. 计划经济条件下的国家经济调控和市场经济条件下的国家经济调控有什么区别？
2. 经济法具有哪些特点？
3. 为什么说民商法是市场经济的基础性法律？
4. 简述民商法与经济法的区别。
5. 如何理解只有将民商法和经济法很好地结合起来，才能保证市场经济的健康发展？

（三）论述题

1. 论经济法的概念和调整对象。
2. 市场经济主要有哪些弊端？经济法是如何克服这些弊端的？
3. 市场会失灵，政府调控会不会失败？如何防止或者减少失败？
4. 谈谈你对民商法是市场经济条件下的基础性法律，经济法是市场经济条件下的主导性法律，只有将两者结合起来，才能形成市场经济的法制基础的看法。

二、实务应用

（一）案例分析示范

案例一

1. 金融危机大爆发。1997年7月2日，香港回归的第二天，"金融大鳄"索罗斯向泰国出手，泰铢狂跌20%，突如其来的金融风暴把泰国经济一下砸到了谷底。泰铢大幅贬值犹如巨石击水，在整个东南亚金融市场掀起了滔天巨浪。菲律宾、印度尼西亚、马来西亚相继成为国际炒家的攻击对象。

10月，国际炒家首次冲击香港金融市场，从21日到23日，香港恒生指数累积下跌了将近3000点。香港十大富豪估计共损失超过2100亿港元。时间进入1998年1月，香港恒生指数一度跌破8000点大关，市场极度恐慌。

从1998年5月开始，国际投机资金兵分三路，向香港汇市、股市、期市同时发难。国际炒家们口出狂言，要把香港当作他们的"超级提款机"。

面对国际炒家们的步步紧逼，特区政府以一系列强有力的干预政策高调应对。稳定了市场，抬升了人气，国际投机资金开始仓皇出逃。

曾经黑云压城般密布在香港上空的金融危机乌云一时间似乎散去了，然而，索罗斯领衔的国际金融大鳄们却元气未伤，他们等待着合适的时机发起致命一击。决战时刻快要到来了！

2. 曾荫权流泪作决定。这场香港金融保卫战的大决战，终于在1998年8月拉开了帷幕。

8月14日，香港特区政府正式参与股市和期市交易。一向奉行"零干预经济政策"的港府，竟然携带着980亿美元的外汇储备，同时进入股市和汇市两个市场进行大规模的保卫战。

对于港府放弃"零干预政策"，动用外汇储备干预股市与期市的做法，在当时支持与反对的声音都很响亮，时至今日，仍然有保守主义经济学家认为，此举损害了香港自由经济体的国际形象。索罗斯甚至发动世界舆论，攻击香港政府"行政干预市场"，违反市场经济规则。但是支持者却认为，被投机资本操纵的经济谈不上自由经济，港府入市正是为了打破这种操纵。当时亲自指挥了这次入市行动的香港财政司司长曾荫权对此更是颇多感慨。

曾荫权在给弟弟的一封信中解释了自己为什么赞成入市行动。"为什么我要作出这项干预的决定呢？……若政府再不采取行动，股市就会因为被人操控而跌至不合理的水平、利息会持续高企、联汇会不断受压，而经济复苏只会遥遥无期。"

曾荫权后来说，当决定政府入市干预的前一晚，他流下了眼泪。但这如他在信中所说：政府参与市场是个两难的决定。我既作了这决定，便要坚守原则，接受批评。……我绝不会掉以轻心，我会加倍努力，好向香港人交代。……我们的日子是十分艰难的。但我不相信我们香港市民会输。

3. 国际炒家困兽斗。1998年8月28日，这也许是香港自从有股市以来最漫长的一天。

这一天是香港恒生指数期货8月合约的结算日，国际炒家们手里有大批期货单子到期必须出手。若当天股市、汇市能稳定在高位或继续向上突破，炒家们将损失数亿甚至十多亿美元的血本，反之港府之前投入的数百亿港元就等于扔进了大海，谁也输不起。

上午10点整，交易正式开始。国际投机资金几乎倾巢出动，企图将股指彻底打压下去，而港府则将所有的卖单照单全收死守股市。这一天的交易金额达到了790亿港币，创下香港市场单日最高交易纪录。

如果抛开这一天惨烈的战况不谈，那么28号香港恒生指数收盘时的点位7829点实在是个非常平淡的数字，它甚至比前一天还下跌了93点，但这个数字对香港金融市场的意义却是不可估量的，它让香港股市站稳了脚跟，让国际炒家不但没有了获利空间，而且由于他们的合约已经到期，将不可避免地遭受巨额亏损。

在28号的决战之后，国际炒家还做了一番困兽之斗。他们认为，资金压力与舆论压力都不可能使特区政府长期支撑下去，因而决定将8月的合约转至9月，想与港府打持久战。而特区政府立即作出决定，继续推高股指期货价格，迫使投机资本亏损离场。9月7日，香港金融管理局颁布了外汇、证券交易和结算的新规定，使炒家的投机大受限制，当天，恒生指数飙升588点，站上8000点大关。国际炒家的亏损进一步加剧，最终不得不从香港败退而去。

再往后的故事就尽人皆知了，香港市场逐渐恢复了元气，1999年恒生指数重回10 000点以上，港府从股市中全部退出，赚了数十亿美元。[1]

问：(1) 政府能不能干预（管控）市场？

(2) 政府应该怎样干预（管控）市场？

【评析】 政府能不能干预市场？按照自由主义的经济学说，经济是私的领域，市场是自由竞争的场所，政府是不应该干预经济的。但是，自由竞争的市场经济必然发生市场失灵，这种失灵可能是经济体的内部原因，如垄断、公共物品的提供等，也可能是经济体的外部原因，特别是在国际经济一体化的大背景下，因为外部原因引起的市场失灵可能会日益普遍。香港金融保卫战是如此，2008年由美国引起的世界金融危机更是如此。所以，国家、政府要切实承担责任，应对经济体内部和经济体外部的市场失灵，维护国家的经济利益。按照马克思主义的学说，生产、交换的一切都不属于私的领域。政治是经济的集中表现，上层建筑要对自己的经济基础起反作用，最终保护生产力的发展。因此，国家和政府组织、管理、调控经济，是国家经济职能的表现，是天经地义的事情。按照亚当·斯密"看不见的手"的观点和凯恩斯主义的国家干预理论，不能对市场采取听之任之的态度，必要时国家要出手干预市场。所以，国家、政府应该在必要时干预市场。

---

[1] 摘编自中央电视台节目：《直通香港·十年记忆之金融保卫战》。

政府应该怎样干预（管控）市场？政府可以综合采用经济的、行政的、法律的手段来管理和调控经济。但是要坚持两个原则：①适当干预的原则。市场经济的运行有自己的规律，在正常运行的情况下，它能够实现资源的优化配置，只有在出现或者可能出现市场失灵的情况下，政府的干预才是适当的。不应该让政府像计划经济那样包办一切。②依法干预的原则。政府干预经济必须要有法律依据，要依法干预。目的是通过法制的力量，在组织上、程序上、手段上、法律责任上制约政府行为，防止政府失败。政府干预市场的具体法律方法，最常见的是财政政策（财政法）和金融政策（金融法），除此以外，政府对于市场主体的管控（市场主体法、市场准入法、破产法等）、政府对于市场秩序维护的法律（反不正当竞争法、消费者权益保护法、产品质量法、广告法等）、政府对于资源优化配置的法律（反垄断法、可持续发展方面的法律、国有资产管理法、促进科技发展方面的法律等）、政府对于促进社会公平进行社会保障方面的法律等，都是政府依法管控经济的法律。

案例二

2007年6月16日上午，兰州市民突然发现兰州大街小巷的拉面馆都贴出了涨价的通知，对于牛肉拉面馆如此统一的涨价行动兰州市民显然有点始料未及，同时牛肉拉面统一涨价的事件也引起了兰州政府的"重视"，有关部门迅速判定这是一起典型的垄断市场价格行为，认为是一起人为串通操纵市场价格的行为，并迅速决定予以坚决打击和制止，于是，兰州物价局等部门在几天后即向全市下发了《关于兰州牛肉拉面限价的通知》，并详细地限定了大碗2.5元，小碗2.3元的具体价格。对于兰州有关部门如此迅速和果断的行动，兰州市民纷纷拍手叫好，认为政府在处理关系民生民计方面作出了不错的表现。而关于兰州牛肉的话题也在各地以及网络上成为讨论的热题，有赞成之、有中立之、有反对之，更有质疑之，赞成者认为这牛肉拉面关系到兰州市民的日常饮食，属于民生范畴，理应限价；而反对者的理由更是多多，现在水、电、煤、气、肉、油、菜、面、工人工资、房租等都涨价，为何惟独不许牛肉拉面涨价？而质疑者主要是对兰州政府对牛肉拉面的"宏观调控"表示不理解，认为没有尊重市场的规律，不是市场经济的正确手段。

问：兰州市政府应该不应该对牛肉拉面进行限价？

【评析】 兰州市政府应该不应该对牛肉拉面进行限价的问题，实质上就是政府和市场的边界问题，政府这只"看得见的手"是否应该出手干预的问题。对于这样一个非常现实的问题，每个人都可以有自己肯定或者否定的回答，但是试图提供标准答案却是件吃力不讨好的事情。笔者的个人观点是：①在现实情况下，确定政府和市场之间的边界是非常困难的。需要根据各种情况（市场的发育程度、消费者的消费水平、法律的规定等）综合确定。市场自身的由市场管，市场失灵的由政府管。②具体案件中，政府的限价行为笔者认为在法律的角度是不妥的。首先，不能借口国计民生把市场价格都由政府管起来，根据价格法的规定，政府定价只适用于不适宜在市场竞争中形成价格的极少数商品和服务项目，不可能包括牛肉拉面那样的一种商品。其次，如果真是属于人为串通操纵市场价格的行为，那依照价格法、反不正当竞争法、反垄断法等处理就可以了。事实上，兰州市政府的限价也基本没有发挥作用，到2010年，兰州市城区内一碗普通牛肉面价格已普遍上涨至3.5元。兰州牛肉面后来实行的是市场价，政府物价部门已经将牛肉面价格的调整权完全"归还"市场。

案例三

某县为发展经济在全县范围内进行国企改制，将本县原国营啤酒厂改制成有限责任公司，由于管理科学，该公司的运营良好，啤酒的市场销路很好，为本县财政收入作出了贡献。但是好景不长，几个月后，上海某啤酒公司所产啤酒进入本地市场，严重冲击了本县所产的啤酒。该县经济主管部门见状十分忧虑，遂发出通知要求：各单位凡需啤酒应从本县啤酒公司购买，购买外地啤酒的要给予处罚。

问：本案可能涉及哪些经济法律关系的构成要素？

【评析】经济法律关系的构成要素包括经济法律关系的主体、经济法律关系的内容和经济法律关系的客体。本案中，可能构成经济法律关系的主体包括某县啤酒厂、上海某啤酒公司等外地啤酒公司、某县政府经济主管部门、某县各单位等。可能构成经济法律关系内容的包括该县经济主管部门在管理啤酒市场中与其他所有相关主体的权利和义务；本县啤酒公司与县经济主管部门、其他外地啤酒公司的权利和义务；上海某啤酒公司等外地啤酒公司与该县经济主管部门以及本县啤酒公司的权利和义务；等等。可能构成经济法律关系的客体，主要涉及政府对于啤酒市场的管理，是经济行为，这一行为属于政府的行政行为，是行政违法行为。

（二）案例分析实训

案例一

从9月1日开始，前往上海各车检站验车的小型车车主突然发现，原先80元的"验车费"，一下子提至250元，猛涨了212%。据悉，目前沪上车检站总量有90余家，其中面向社会的车检站有53家。从2000年左右开始，上海车检站实现社会化经营。此前80元车检费标准是国家1994年制定执行的。16年来，车检费用始终没有调整。但是，虽然过去"验车费"只需80元，车检站却增加了"调试费"来给自己增加收入。"调试费"少则100元左右，多则可达到200多元，"调试费"成为站点主要的创收手段。2010年8月，53家车检站多次召开联席会议讨论调价事宜，其中也有律师和会计师事务所专家参与，最后，大家就新价格达成一致，实际上是将以往的灰色收入公开化。9月8日，主管物价的市发改委对车检站擅自提价的现象作出明确回复：根据相关法律法规规定，机动车安全技术检验机构对机动车进行定期安全技术检验的收费标准为：汽车每车次80元，低速货车、摩托车每车次40元。任何机构未经市价格主管部门批准，不得擅自提高收费标准，扩大收费范围。多收的，要予以退还。

问：（1）你如何看待"调试费"？
（2）社会化经营是否就意味着社会化收费？政府还应不应该管价格？
（3）企业调价是否一定要经过政府批准？为什么？

案例二

外籍人士章某某在上海市区有商品房一套95平方米，购买于2006年3月，总价人民币70万元。2010年8月，因要回国与林某达成协议以人民币210万元买卖该房。林某在向银行办理贷款手续时知道，他们之间的房屋买卖必须到政府设立的房产交易中心办理房产交易手续、办出房产证才能成立，他们私下订立的协议是无效的。章某某感到纳闷：房子是我私人的，与林某达成协议，是双方共同意志的表现，为什么买卖无效？为什么只能到房产交易中心办出房产证才能有效？而且由于林某家庭已经是购买第二套商品房，按照当时政府规定，贷款购买第二套住房的家庭，贷款首付款不得低于50%，贷款利率不得低于基准利率的1.1倍。对购买首套住房且套型建筑面积在90平方米以上的家庭，贷款首付款比例不得低于30%。这样，林某不但贷款利率要提高，首付款也要提高，林某觉得经济能力不够，决定不买章某某的房屋。章某某对此也觉得奇怪：林某与银行都是独立的民事主体，贷不贷、贷多少、贷款利率多少，为什么林某和银行不能自己决定？为什么一定要按照政府的规定来办贷款呢？

问：你如何回答章某某的纳闷和奇怪？

案例三

2005年8月18日，张群和妻子一同到镇农贸市场上购物。路过肉摊时，张群发现个体户刘克摊上的猪肉水汪汪，格外新鲜好看。根据从报刊上学到的知识，张群断定这批猪肉注了水。但是很多顾客没有这些知识和经验，见这些猪肉颜色好就纷纷购买。张群觉得有责任将自己的怀疑告诉有关部门。张群和妻子匆匆赶到镇工商所，向值班所长报告了这一情况。所长带着两位工作人员迅速赶至农贸市场。经检验发现，刘克所售猪肉果然是注水猪肉，而且所注之水相当肮脏。镇工商所立即封存该批猪肉并予没收；同时没收刘克的非法所得，并处以罚款250元；对卖出的注水猪肉，作退货处理。

问：本案存在哪些法律关系？这些法律关系的构成要素是什么？

主要参考文献

1. 李昌麒、刘瑞复主编：《经济法》，法律出版社2004年版。
2. 肖江平主编：《经济法案例教程》，北京大学出版社2004年版。
3. 史际春主编：《经济法》，中国人民大学出版社2005年版。
4. 漆多俊主编：《经济法学》，武汉大学出版社1998年版。
5. 顾功耘主编：《经济法教程》，上海人民出版社2002年版。
6. 侯怀霞主编：《经济法学》，北京大学出版社2003年版。
7. 王全兴：《经济法基础理论专题研究》，中国检察出版社2002年版。
8. ［美］丹尼尔·F. 史普博：《管制与市场》，余晖等译，上海三联书店、上海人民出版社1999年版。
9. ［德］马克斯·韦伯：《论经济与社会中的法律》，张乃根译，中国大百科全书出版社1998年版。

第二章

企业法律制度

【本章概要】企业是市场经济中最重要和最活跃的主体，是经济的细胞和动力所在。企业在法律上是指具有某种人格的经营性主体。本章主要从经济法的角度，阐述了企业的概念和特征。按照不同的划分标准，企业可分为不同的种类，着重介绍了国家宏观规制全民所有制企业、集体企业、合伙企业、个人独资企业以及外商投资企业的一系列法律制度和规定。

【学习目标】理解本学科的基本概念、基本理论以及有关的法律制度，掌握现代企业法规范下的现代企业制度；重点掌握国有企业、合伙企业、个人独资企业的基本法律制度。

第一节 企业法律制度概述

一、企业的概念和特征

企业是以营利为目的，自主从事生产、流通、服务等经济活动，实行独立核算、自负盈亏，并具有一定法律资格的经济组织。

企业具有下列特征：

1. 企业是经济组织。英文中的 enterprise 一词，即为企业的意思，原意为冒险，后引申为经营组织体，日文将其译为企业，后传入我国。经济组织是指从事生产、流通和劳动服务等经济活动的组织。企业首先是作为现代社会中人们进行生产经营活动的基本单位而产生的，其本身就是由一定数量的人的要素和物的要素在特定经济组织形式下有机结合形成的独立生产经营体系，因此企业的活动必然以从事物质资料的生产、经营活动以及与生产和生活有关的服务活动为主要内容。

2. 企业是以营利为目的的经济组织。追求经济利益是企业生存和发展的内在动力，满足整个社会日益增长的物质和文化生活的需要是企业的根本目的。企业如果不能盈利，长期亏损，就只能被淘汰。这一特征，将企业与国家机关、事业单位、社会团体等组织区别开来。

3. 企业是独立的经济实体。企业无论以何种形态存在，作为一个独立地、连续地从事营利性经济活动的组织，首先，它必须拥有自己的财产，这种财产既包括由企业独立支配的财产，也包括由合伙人共同经营使用的财产。其次，企业必须具有经营上的独立性，在企业的经营过程中，除了来自投资者的产权约束和国家行使经济职能的间接控制之外，企业不受其他任何主体的干预。再次，企业有独立完整或比较完整的组织机构，有与经营规模相适应的经营场所和人员。最后，企业必须通过一定的责任形式对自己从事经营活动所产生的后果承担财产责任。因此，企业是独立的经济实体。

二、企业的分类

按照不同的划分标准，企业可分为不同的种类。对企业进行分类的意义在于：我国法律、法规和政策对不同种类的企业具有不同的规定，各类企业依照相应的规定设立、变更和终止，从事组织管理和生产经营活动。

1. 依据所属行业的不同，可将其把企业分为工业企业、农业企业、商业企业、交通运输企业、金融企业和服务企业等。

2. 依据生产资料所有制形式的不同，可把企业分为全民所有制企业（国有企业）、集体所有制企业、私营企业和混合所有制企业。我国现行企业法是针对所有制形式的不同而制定的，这种分类方法实际上是计划经济体制的产物，对于确定企业性质，并明确不同所有制企业的特点有一定的积极意义，但是，这种划分不符合现代企业的发展方向。

3. 依据投资者对企业风险承担责任的形式不同，可把企业分为独资企业、合伙企业、公司企业三种。其中，私人独资企业的投资者对企业债务承担无限责任（不包括外商独资企业）；合伙企业的投资者对企业债务负无限连带责任；公司企业的投资者对企业债务承担有限责任。这种分类是适应市场经济的发展规律的，也是国际上较为通行的企业分类方法。

4. 依据企业规模的不同，可把企业分为大型企业、中型企业和小型企业。对产品比较单一的企业，以生产能力作为划分的标准；对产品种类繁多，难以以生产能力划分的，则以固定资产原值作为划分企业规模大小的标准。这种分类是我国目前国有企业所采取的分类方法。对不同规模的企业，国家给予的政策待遇不完全相同。

除上述分类外，对企业还可依其他标准进行分类，如：依据企业行政隶属关系的不同，可将其分为中央（部属）企业、地方企业以及乡镇企业；依据产品质量能源消耗、经济效益的不同，可将其分为国家特级企业、国家一级企业、国家二级企业和省级先进企业；依据企业是否具有法人资格，可将其分为具有法人资格的企业和不具备法人资格的企业；依据企业是否具有涉外因素，可将其分为内资企业和外资企业；等等。

三、我国企业法立法简况

企业法是调整国家组织管理企业以及企业在设立、组织、活动和解散中所发生的经济关系的法律规范的总称。

企业法真正成为一个科学体系是在我国进行经济体制改革以后。在此之前，虽然国家颁布了一些有关企业的法规，但因不断的政治运动而废止，因体制改革后的新情况、新问题而落伍。在我国实行经济体制改革以后，把企业的改革作为城市经济体制改革的中心环节，企业立法也迅速发展，已形成了以所有制形式为基本框架，以单行企业法律、法规为形式的现行企业立法体系。其中主要的法律、法规有：《全民所有制工业企业法》、《企业破产法（试行）》、《全民所有制工业企业承包经营责任制暂行条例》、《全民所有制小型工业企业租赁经营暂行条例》、《全民所有制工业企业转换经营机制条例》、《城镇集体所有制企业条例》、《乡村集体所有制企业条例》、《私营企业暂行条例》、《农民股份合作企业暂行规定》、《企业法人登记管理条例》、《中外合作经营企业法》、《中外合资经营企业法》、《外资企业法》、《公司法》以及《合伙企业法》、《个人独资企业法》等。

四、现代企业法规范下的现代企业制度

随着我国经济改革的不断深入，原有的政企不分、权责不明的企业经营机制已成为企业发展的绊脚石，而只有建立一套行之有效的现代企业制度，才是进行微观基础再造和转换国有企业经营机制的最佳选择。

（一）现代企业制度的含义与特征

我国所建立的现代企业制度，是指能够适应社会化大生产和社会主义市场经济要求，以完善的企业法人制度为基础，以有限责任制度为特征，以公司企业为主要形态的新型企业制度。

现代企业制度具有以下基本特征：

1. 现代企业制度是产权关系明晰的企业制度。产权关系明晰是指所有者对财产的责任、

权利和利益明确，而且权、责、利要对称，不能是权利大、利益多而责任小。具体讲，每一企业的债权债务关系明确，有明确的注册资本及其相应的权益；企业的出资主体各自拥有多大的权益和承担多大的责任，谁将从企业的运营中获益和受损，都是明确清楚的。

2. 现代企业制度是法人权、责健全的企业制度。现代企业制度的一个重要特征是企业法人有权有责。企业以其全部法人财产，依法自主经营、自负盈亏、照章纳税，企业对出资者应承担资产保值、增值的责任。

3. 现代企业制度是有限责任的企业制度。出资者按投入企业的资本额享有所有者的权益，即资产受益、重大决策和选择管理者等权利。企业破产时，出资者以投入企业的资本额对企业债务负有限责任。

4. 现代企业制度是政企职责分开的企业制度。企业按市场要求组织生产经营，以提高劳动生产力和经济效益为目的。政府不直接干预企业的生产经营活动。企业在市场竞争中优胜劣汰，长期亏损、资不抵债的应破产。

5. 现代企业制度是一种组织管理科学的企业制度。现代企业要求建立科学的企业领导体制和组织管理制度，调节所有者、经营者和职工之间的关系，形成激励和约束相结合的经营机制。

（二）现代企业制度的基本内容

现代企业制度应该包括以下三个方面的基本内容：

1. 企业法人制度。现代企业制度的实质是企业法人制度。企业法人制度的内涵是指企业是法人企业，具有法人企业的一般制度性特征。我国建立现代企业制度，首要的是完善企业法人制度。

根据我国《民法通则》第36条的规定，法人是具有民事权利能力和民事行为能力，依法独立享有民事权利和承担民事义务的组织。因此，具有民事权利能力和依法独立享有民事权利是构成法人资格作为权利主体的最本质的法定要素。

与非法人企业相比较而言，法人企业主要有五个特征：①企业具有法人地位。②股东承担有限责任。③董事的信托责任，即董事既代表股东的权利，同时也要承担以股东的利益为唯一行为准则的义务。④内部的法人治理结构。法人治理结构应达到两项要求：一是既要保证股东的权益，又要使董事和高级管理人员能够自主经营；二是在企业内部形成所有者、经营者、劳动者三者互相制衡的机制，而不仅仅是所有者从外部约束企业的行为。⑤资本社会化。公司制企业便于筹集资金，可以为扩大生产规模、实现资本社会化创造一种好形式。

2. 现代企业组织制度。现代企业组织制度是适应社会化大生产和市场经济发展的要求而形成的高效率的组织制度。现代企业组织制度包括企业的组织形式和治理结构两方面的内容。

（1）企业的组织形式。按照市场经济的要求，企业的组织形式不应以所有制性质划分，而应按照财产的组织形式和承担的法律责任来划分。国际上通常将企业的组织形式划分为独资企业、合伙企业和公司企业。在我国除上述企业组织形式外，还有国家独资公司、国有企业、股份合作制企业、"三资"企业等。在众多的企业组织形式中，公司制企业是现代企业制度的主要组织形式，它有效地实现了出资者所有权和法人财产权的分离，具有资金筹集广泛、投资风险有限、组织制度科学等特点，在现代企业组织形式中具有典型的代表性。

（2）公司制企业的组织形式及治理结构。公司制企业可以分为无限公司和有限公司；有限公司又可分为有限责任公司和股份有限公司。对于我国国有企业公司制改造，主要采用有限责任公司和股份有限公司的组织形式。

现代企业的治理结构是指所有者、经营者、生产者之间通过公司权力机构、决策和管理机构、监督机构形成各自独立、权责分明、相互制约的关系，并通过法律和公司章程得以确立和实施，以形成激励和约束的机制。公司的组织结构，通常由股东会、董事会、监事会、总经理、专门委员会和职能部门等构成。

3. 现代企业管理制度。现代企业管理制度是现代企业制度的重要内容。现代企业应是高效率管理的企业，包括人、财、物、安全、质量等全方位的管理。将国有企业的组织制度改变为公司形式，则相应的管理制度必须进行改革。总的来说，必须进行下列各项改革：①建立新的企业激励和分配制度；②建立严格规范的企业财务会计制度；③建立系统科学的企业管理制度；④发挥党组织的政治核心作用；⑤建立健全企业的民主管理制度。

第二节 全民所有制企业法

一、全民所有制企业的概念

全民所有制企业又称国有企业，是指以生产资料全民所有制为基础的，依法自主经营、自负盈亏、独立核算的生产和经营单位。不包括依公司法设立的国有独资公司和国有主体控股的公司企业。

全民所有制企业的财产属于全民所有，国家依照所有权和经营权相分离的原则授权企业经营管理。企业对国家授予其经营的财产享有占有、使用和依法处分的权利。全民所有制企业依法取得法人资格，以国家授予其经营管理的财产承担民事责任。

二、全民所有制企业的经营权

全民所有制企业的经营权是指全民所有制企业对国家授予其经营管理的财产享有的占有、使用和依法处分的权利。因此全民所有制企业的经营权是一种企业管理综合权利，它既包括了各种财产的经营权，也包括了企业的行政管理权等。

根据《全民所有制工业企业法》及《全民所有制工业企业转换经营机制条例》的规定，全民所有制企业经营权包括以下内容：①生产经营决策权；②产品、劳务定价权；③产品销售权；④物资采购权；⑤进出口权；⑥投资决策权；⑦留用资金支配权；⑧资产处置权；⑨联营、兼并权；⑩劳动用工权；⑪人事管理权；⑫工资、奖金分配权；⑬内部机构设置权；⑭拒绝摊派权。

三、全民所有制企业的组织机构

（一）厂长（经理）负责制

1. 厂长（经理）负责制是指全民所有制企业的生产经营管理由厂长或经理全权负责的一种企业内部管理制度。此制度从1984年起逐渐推行。

在全民所有制企业，是实行厂长（经理）负责制。厂长（经理）是企业的法定代表人。

2. 根据《全民所有制工业企业法》的规定，厂长（经理）领导企业的生产经营活动，其职权有：①依照法律和国务院的规定，决定或者报请审查批准企业的各项经营计划；②决定企业行政机构的设置；③提请政府主管部门任免或者聘任、解聘副厂级行政领导干部；④任免或者聘任、解聘企业中层行政领导干部，法律另有规定的除外；⑤提出工资调整方案、奖金分配方案和重要的规章制度，提请职工代表大会审查批准，提出基金福利使用方案和其他有关职工生活福利的重大事项，提请职工代表大会审议决定；⑥依法奖惩职工，提请政府主管部门奖惩副厂级行政领导干部。

3. 全民所有制厂长对企业的精神文明和物质文明负有全面的责任。厂长必须支持职工代表大会、工会和其他群众组织的工作，必须执行职工代表大会依法作出的决议。

（二）全民所有制企业职工代表大会

职工代表大会是全民所有制企业实行民主管理的基本形式，是职工行使民主权利的机构。它不是企业的决策机构，作用是代表职工审议本企业的重大决策，对企业的管理人员实行监督，维护职工的合法权益。

职工代表大会的常设机构是企业的工会委员会，由其负责职代会的日常工作。

职工代表大会的职权包括：对企业的发展计划和重要经营事项提供意见和建议；对工资调整方案、奖金分配方案、劳保措施和企业奖惩方法等涉及职工利益的事项有同意或否决的权利；审议决定关于职工福利的重大事项；评议监督企业各级管理人员，提出奖惩和任免的建议；根据政府主管部门的决定选举厂长（经理），或提出罢免，报主管部门批准。

四、全民所有制企业和政府的关系

根据《全民所有制工业企业法》和《全民所有制工业企业转换经营机制条例》的规定，政府对企业的职责主要包括：

（一）对企业行使所有者的管理职能

企业的财产属于全民所有，即国家所有，国务院代表国家行使企业财产的所有权。国务院对固有资产的所有权的行使是通过它的有关部门进行的，这些职责包括八个方面：①考核企业的财产保值增值的情况，对企业的资产负债和损益情况进行审查和审计监督；②根据国务院的有关规定，决定企业和政府之间的财产收益的分配方式、比例或定额；③根据国务院的有关规定，决定批准企业的生产性建设项目（依法属企业自主投资范围内的除外）；④决定或者批准企业的资产经营形式，企业的设立、合并（不含兼并）、分离、终止和拍卖，批准企业提出的被兼并申请和破产申请；⑤根据国务院的有关规定，审批企业的财产的报损、冲减、核销，关键设备、成套设备或者重要建筑物的抵押、出售、组织清算并收缴被撤销解散的企业的财产；⑥依照法定条件和程序，决定或批准企业的厂长（经理）的任免和奖惩；⑦拟定企业的财产管理法规，并对执行情况进行监督；⑧维护企业依法行使经营权，保障企业的生产经营不受干预，协助企业解决实际问题。

（二）对企业实施社会管理职能

1. 加强宏观调控和行业管理。实行政企分开之后，政府不得干涉企业的正常生产经营活动，而应加强宏观调控和行业管理，包括以下几个方面的措施：①制定经济和社会的发展战略、方针政策，调控总量平衡，规划和调整产业布局；②运用税率、利率、汇率等经济杠杆和价格政策，控制总量平衡，引导企业的行为；③根据产业政策和规模经济的要求，引导企业组织机构调整，实现资源合理配置；④建立和完善适合商品经济发展的企业劳动人事工资制度、财务制度、成本制度、会计制度、折旧制度、收益分配制度和税务征管制度，制定考核企业的经济指标体系；⑤推动技术进步，开展技术和业务培训，为企业的决策和经营活动提供信息、咨询。

2. 培育和完善市场体系，发挥市场的调节作用。在打破计划经济体制之后，应尽快建立起相应的市场经济体系，否则，企业将难以生存与发展，政府在发挥市场调节作用方面，应采取三方面的措施：①打破地区和部门封锁，建立完善平等竞争、规范健全的全国统一市场；②建立完善生产要素市场，如生产资料市场、劳务市场、金融市场、技术市场、信息市场和企业产权转让市场等，促进市场体系的发展和完善；③发布市场信息，加强市场监管，制止违法经营和不正当竞争。

3. 建立社会保障制度，为企业提供社会福利服务。

4. 建立发展社会中介组织，为企业提供社会服务。

五、违反全民所有制企业法的法律责任

全民所有制企业法规定的法律责任主要有：企业的法律责任；企业领导人的法律责任；政府有关部门领导干部的法律责任；其他类型的法律责任等。

企业的法律责任主要分为企业开办过程中的违法行为的法律责任和企业成立以后违法经营的法律责任；政府主管部门及其工作人员的法律责任，按照规定，政府有关部门的领导因工作过失给企业和国家造成较大损失的，由上级部门给予行政处罚，若因玩忽职守给国家或企业造成较大损失的，依法承担刑事责任。对于政府管理部门侵犯企业的经营自主权或向企业非法摊派的行为，企业有权向作出决定的机关申请撤销。

第三节 集体所有制企业法

一、集体所有制企业法的概念

集体所有制企业法是指调整集体所有制企业在其组织和生产经营活动中产生的经济关系的法律规范的总称，是我国企业法的重要组成部分。其调整对象既包括集体企业经济组织关系，也包括经济活动关系。其立法的宗旨是通过确立集体所有制企业的法律地位，规定其权利与义务及其他问题，来保障集体所有制企业的合法权益，明确国家扶持、保护、引导、管理集体所有制企业的法律依据，促进集体所有制企业健康发展。

我国《宪法》第6、8、17条关于集体所有制经济的性质、集体所有制经济组织的法律地位的规定，为集体所有制企业立法奠定了最高法律依据。依据《宪法》规定及我国集体所有制企业的现状，国务院在1990年6月3日和1991年9月9日分别颁布了《乡村集体所有制企业条例》和《城镇集体所有制企业条例》。

二、城镇集体所有制企业法律制度

（一）城镇集体所有制企业的概念

城镇集体所有制企业是指财产由一定范围的城镇劳动群众集体所有，实行共同劳动，在分配方式上以按劳分配为主体的社会主义经济组织。根据我国的法律规定，城镇属于城市的范围，所以城镇集体所有制企业，也可称为城市集体所有制企业。我国现存的城镇集体所有制企业，既包括社会主义改造初期对个体手工业、商业、建筑业、运输业、饮食服务业进行社会主义改造后建立起来的城镇集体企业，也包括城镇居民在政府指导下根据自愿互利的原则，自筹资金、自愿组合建立的城镇企业；还包括全民所有制企业、事业单位以及社会团体扶持下为安置待业青年等就业而组建起来的劳动服务公司。

（二）城镇集体企业的设立、变更和终止

1. 城镇集体企业的设立。集体企业的设立必须具备下列条件：①有企业名称、组织机构和企业章程；②有固定的生产经营场所，必要的设施并符合规定的安全、卫生条件；③有符合国家规定并与生产经营和服务规模相适应的资金数额和从业人员；④有明确的经营范围；⑤能独立承担民事责任；⑥法律、法规规定的其他条件。

设立集体企业应经省、自治区、直辖市人民政府规定的审批部门批准，并依法经工商行政管理部门核准登记，领取《企业法人营业执照》，取得法人资格后方能开始生产经营活动。集体企业应当在核准登记的经营范围内从事生产经营活动。城镇集体企业依法取得法人资格，以其全部财产独立承担民事责任。

2. 城镇集体企业的变更。集体企业的合并、分立、停业或者主要登记事项的变更，必须符合国家的有关规定，由企业提出申请，报经原审批部门批准，依法向原登记机关办理变更登记。集体企业的合并、分立应当遵循自愿平等的原则，由有关各方依法签订协议，处理好债权、债务及其他财产关系和遗留问题，妥善安置企业人员。合并、分立前的集体企业的权利和义务，由合并、分立后的法人享有和承担。

3. 城镇集体企业的终止。集体企业有下列原因之一的应当予以终止：①企业无法继续经营而申请解散，经原审批部门批准；②依法被撤销；③依法宣告破产；④领取《营业执照》后满6个月未开展经营活动或者停止经营活动满1年；⑤其他原因。

（三）城镇集体企业的权利和义务

1. 城镇集体企业的权利。①对其全部财产享有占有、使用、收益和处分的权利，该企业有权拒绝任何形式的平调；②自主安排生产、经营、服务活动；③除国家规定由物价部门和有关主管部门控制价格的以外，企业有权自行确定产品价格、劳务价格；④企业有权依照国家规定与外商谈判并签订合同，提取和使用分成的外汇收入；⑤依照国家信贷政策的规定向有关专业银行申请贷款；⑥依照国家规定确定适合本企业情况的经济责任制形式，工资形式和资金、分红办法；⑦享受国家政策规定的各种优惠待遇；⑧吸收职工和其他企业、事业单位及个人集资入股，与其他企业、事业单位联营，向其他企业、事业单位投资，持有其他企业的股份；⑨按照国家规定决定本企业的机构设置、人员编制、劳动组织形式和用工办法，录用和辞退职工；⑩奖惩职工，企业对成绩显著、贡献大的职工可以予以晋级，对严重违反厂纪厂规的职工，企业有权给予经济或者行政处分，个别经教育没有悔改的，可以辞退或者开除。

2. 城镇集体企业的义务。①遵守国家法律、法规，接受国家计划领导；②依法缴纳税金和交纳费用；③依法履行合同；④改善经营管理，推进技术进步，提高经济效益；⑤保证产品质量和服务质量，对用户和消费者负责；⑥贯彻安全生产制度，落实劳动保护和环境保护措施；⑦做好企业内部的安全保卫工作；⑧维护职工合法权益，尊重职工的民主管理权利，改善劳动条件，做好计划生育工作，提高职工物质文化生活水平；⑨加强对职工思想政治教育、法制教育、国防教育、科学文化教育和技术业务培训，提高职工队伍素质。

（四）城镇集体所有制企业的领导体制

1. 集体企业实行厂长（经理）负责制。

（1）厂长（经理）的产生和条件。集体企业实行厂长（经理）负责制。厂长（经理）是集体企业的法定代表人。城镇集体企业的厂长负责制与全民所有制企业的厂长负责制有重大区别。城镇集体企业的权力机构是职工代表大会，厂长（经理）要对职工代表大会负责。厂长（经理）只对城镇集体企业的生产经营活动"实行全面指挥"，而没有重大问题的决定权。全民所有制企业的厂长（经理）不仅有对企业生产经营活动的指挥权，而且有权"决定企业的重大问题"，在企业中处于中心地位，对企业的物质文明和精神文明建设负有全面责任。

厂长（经理）由企业职工代表大会选举或招聘产生；由集体企业联合经济组织投资开办的集体企业，其厂长（经理）可由该联合组织任免；投资主体多元化的企业，其中投资达到一定比例，其厂长（经理）可由上级管理机构任免。

厂长（经理）必须具备的条件是：①懂得有关法律、法规，坚持企业的社会主义方向；②熟悉本行业务，善于经营管理，有组织领导能力；③热爱集体，廉洁奉公，联系群众，有民主作风；④法律、法规规定的其他条件。

（2）厂长（经理）的权利和义务。厂长（经理）在法律、法规规定的范围内行使下列权利：①领导和组织企业日常生产经营和行政工作；②主持编制并向职工（代表）大会提出企业的中、长期发展计划，年度生产经营计划，固定资产投资方案；③主持编制并向职工（代表）大会提出企业机构设置的方案，决定劳动组织的调整方案；④按照国家规定任免或者聘任、解聘企业中层行政领导干部，但法律、法规另有规定的，则按其规定办；⑤提出企业年度财务预算、决算方案和利润分配方案；⑥提出企业的经济责任制方案、工资调整方案、劳动保护措施方案、奖惩办法和其他重要的规章制度；⑦奖惩职工；⑧遇到特殊情况时，提出召开职工（代表）大会的建议；⑨企业章程规定的其他职权。

厂长（经理）在行使其职权的同时，必须履行下列义务：①贯彻执行党和国家的方针、政策，遵守国家的法律、法规，执行职工（代表）大会决议；②组织职工完成企业生产经营任务和各项经济技术指标，推进技术进步，提高经济效益，增强企业发展能力；③严格遵守财经纪律，坚持民主理财，定期向职工公布财务账目；④保护企业的合法权益和职工在企业内的正当权利；⑤办好职工生活福利和逐步开展职工养老、待业等保险；⑥组织落实安全卫生措施，实现安全文明生产；⑦定期向本企业职工（代表）大会报告工作，听取意见，并接受监督；⑧法律、法规和企业章程规定的其他职责。

2. 城镇集体企业实行民主管理。集体企业依照法律规定实行民主管理。职工（代表）大会是集体企业的权力机构，由其选举和罢免企业管理人员，决定经营管理的重大问题。

（1）职工的权利和义务。集体企业的职工是企业的主人，依法享有下列权利：①企业各级管理职务的选举权和被选举权；②参加企业民主管理，监督企业各项活动和管理人员的工作；③参加劳动并享有劳动报酬、劳动保护、劳动保险、医疗保健和休息、休假的权利；④接受职业技术教育和培训，按照国家规定评定业务技术职称；⑤辞职；⑥享受退休养老待遇；⑦其他权利。

集体企业职工应当履行下列义务：①遵守国家的法律、法规和集体企业的规章制度、劳动纪律，以企业主人翁的态度从事劳动，做好本职工作；②执行职工（代表）大会决议，完成任务；③维护企业的集体利益；④努力学习政治、文化和科技知识，不断提高自身素质；⑤法律、法规和企业章程规定的其他义务。

（2）职工代表大会。集体企业必须建立健全职工代表大会制度。职工代表大会的代表由职工选举产生。职工代表大会是集体企业的权力机构，由其选举和罢免企业管理人员，决定经营管理的重大问题。

集体企业的工会是职工代表大会的常设机构，依法独立自主地开展工作，组织职工参加民主管理和民主监督，依法维护职工的合法权益。

中国共产党在集体企业的基层组织是集体企业的政治领导核心，领导企业的思想政治工作，保证监督党和国家的方针政策在本企业的贯彻执行。

（五）城镇集体企业和政府的关系

各级人民政府应当把发展城镇集体经济加入各级政府的国民经济和社会发展规划，从各方面给予扶植和指导，保障城镇集体经济的健康发展。国务院城镇集体经济的主管机构，负责全国城镇集体经济的宏观指导和管理，其主要职责是：拟订城镇集体经济的发展政策和法律、法规，协调全国城镇集体经济发展中的重大问题，组织有关方面监督、检查集体企业对政策、法律、法规的执行情况。

政府有关行业部门，应当依法在各自的职责范围内，负责本行业对集体企业的行业指导和管理工作；各级人民政府的其他有关部门，依法对集体企业进行监督和提供服务。国家保护集体企业的合法权益。

（六）城镇集体企业的法律责任

1. 集体企业违反法律应承担的法律责任。

（1）集体企业违反核准登记规定，有超越经营范围经营，抽逃资金，隐匿财产或私分财产的违法行为的，由工商行政管理机关依法给予行政处罚。

（2）集体企业因生产、销售伪劣产品，给用户和消费者造成财产损失和个人人身伤害的，应当承担赔偿责任；构成犯罪的，对负有直接责任的集体企业领导人和其他直接责任人员依法追究刑事责任。

（3）集体企业违反有关集体企业领导人员的产生罢免条件和程序规定的，上级管理机构应当予以纠正，并追究直接责任人员的行政责任。

集体企业上级管理机构违反有关集体企业领导人员产生、罢免条件和程序规定的，其上一级主管部门应当予以纠正，情节严重的，应当追究直接责任人员的行政责任。

2. 集体企业的领导人员及政府有关部门工作人员应承担的法律责任。

（1）集体企业领导人员滥用职权，侵犯职工合法利益，情节严重的，由上级主管部门按照干部管理权限给予行政处分；滥用职权，假公济私，对职工进行报复陷害的，依法追究其刑事责任。

（2）集体企业领导人员或者政府有关部门的工作人员，因工作过失给企业造成损失，由企业的上级管理机构或者政府有关部门按照干部的管理权限给予行政处分。集体企业的领导人员和政府有关部门的工作人员玩忽职守，致使集体企业财产、利益遭受重大损失，构成犯罪的，依法追究其刑事责任。

3. 公民或企业职工应承担的法律责任（参见《全民所有制工业企业法》相关部分）。

三、乡村集体所有制企业

（一）乡村集体所有制企业的概念

乡村集体所有制企业是指在乡村区域内设立的，以生产资料的劳动群众集体所有制为基础的，独立的商品经济组织。它与城镇集体企业不同的是，乡村所有制企业是在乡村区域内设立的集体所有制企业。它的生产资料分属于设立该企业的乡、村或村民小组区域的全体劳动农民集体所有。

（二）乡村集体所有制企业的设立

设立乡村集体企业必须依照法律、法规，经乡级人民政府审核后，报请县级人民政府乡村企业主管部门以及法律、法规规定的有关部门批准，然后持有关批准文件向企业所在地工商行政管理机关办理登记，经核准领取《企业法人营业执照》后开始营业，并要及时向税务机关办理税务登记。

乡村集体企业分立、合并、迁移、停业、终止以及改变名称或经营范围等，要经原批准企业设立的机关核准，并向当地工商行政管理机关和税务机关办理变更或注销登记。

（三）乡村集体所有制企业的权利和义务

1. 乡村集体所有制企业的权利。根据《乡村集体所有制企业条例》的规定，乡村集体所有制企业依法享有下列权利：①占有和使用企业资产，依照国家规定筹集资金；②在核准登记的范围内自主安排生产经营活动；③确定企业内部机构设置和人员配备，依法招聘、辞退职工，并确定工资形式和奖惩办法；④有权自行销售本企业的产品，但国务院另有规定的除外；⑤有权自行确定本企业产品的价格、劳务价格，但国务院规定由物价部门和有关主管部门控制的价格除外；⑥自愿参加行业协会和产品评比；⑦依照国家规定自愿参加各种招标、投标活动，申请产品定点生产，取得生产许可证；⑧自主订立经济合同，开展经济技术合作；⑨依法开发和利用自然资源；⑩依法利用外资，引进先进技术和设备，开展进口贸易等涉外经济活动，并依照国家规定提留企业的外汇收入；有权拒绝摊派和非法的罚款，但法律、法规规定应当提供财力、物力、人力的除外。

2. 乡村集体所有制企业的义务。①依法缴纳税金；②依照国家以及省、自治区、直辖市人民政府的规定上交支农资金和管理费；③依法建立健全财务会计、审计、统计等制度，按期编报财会、统计报表；④保护自然资源和环境，防止和治理污染；⑤努力降低原材料和能源消耗，发展符合国家产品政策的产品；⑥做好劳动保护工作，实行安全生产；⑦保证产品质量和服务质量；⑧依法履行合同；⑨对职工进行政治思想、科学文化、技术业务和职业道德等方面的教育；⑩遵守法律、法规规定的其他义务。

（四）乡村集体所有制企业的民主管理

由于乡村集体所有制企业的财产属于举办该企业的乡、村或全体农民集体所有，因此，企业财产的所有权由乡、村集体经济组织行使。乡村集体企业的职工组成职工代表大会，职工代表大会是企业的权力机构，有权决定企业的经营方向、经营形式、厂长（经理）人选或产生方式；依法决定企业税后利润的分配比例；有权作出关于企业分立、合并、迁移、停业、终止、申请破产等决议；有权对企业经营管理中出现的问题提出意见和建议，评议、监督厂长（经理）和其他管理人员，维护职工的合法权益。

企业的职工依法参加企业的民主管理，对厂长（经理）和其他人员有提出批评和控告的权利。

根据《乡村集体所有制企业条例》的规定，乡村集体所有制企业实行厂长（经理）负责制。厂长（经理）是企业的法定代表人，对企业全面负责，代表企业行使职权。但是，乡村集体企业的厂长（经理）没有重大问题的决定权。

（五）法律责任

乡村集体所有制企业必须在法律规定的范围内活动，超越法律、法规规定的行为属于违法行为，根据其违法行为的情节，应追究其法律责任。

乡村集体企业的领导人及政府主管部门、企业职工及其他公民违反有关法律规定，也应依法承担其相应的法律责任。

第四节 合伙企业法

一、合伙企业概述

（一）合伙企业的概念和特征

1. 合伙企业的概念。合伙企业，是指自然人、法人和其他组织依照本法在中国境内设立的普通合伙企业和有限合伙企业。普通合伙企业由普通合伙人组成，合伙人对合伙企业债务承担无限连带责任。有限合伙企业由普通合伙人和有限合伙人组成，普通合伙人对合伙企业债务承担无限连带责任，有限合伙人以其认缴的出资额为限对合伙企业债务承担责任。

2. 合伙企业的特征。合伙企业具有以下特征：

（1）有2个以上合伙人。该合伙人可以是自然人，也可以是法人或者其他组织。《合伙企业法》第2条明确规定，自然人、法人和其他组织可以依法设立合伙企业，成为有限或者无限合伙人。由于合伙企业是一种比较方便的投资形式，法人参与合伙可以使公司等企业法人利用合伙企业形式灵活、合作简便、成本较低等优势，实现特定目的，也有利于大型企业在开发新产品、新技术中与创新型中小企业进行合作。

（2）协商一致的合伙协议。合伙协议是合伙企业成立前合伙人之间就合伙有关事项协商一致订立的、用以调整合伙人之间关系，规范企业及合伙人行为规则的基本文件。由于合伙企业是人合性企业，人的结合重于资的组合，许多重要问题的确立和决定都要采取协议的方式，因而无论国内还是国外的立法都对之十分重视，协议有规定的依协议，协议无规定的依法律。某些协议的规定与法律不一致的，只要不违背立法的基本原则甚至可以协议为准。

（3）合伙企业必须有人对合伙企业的债务承担无限连带责任或无限责任。普通合伙企业的合伙人对合伙企业债务承担无限连带责任。有限合伙企业中的普通合伙人对合伙企业债务承担无限责任或无限连带责任，有限合伙人以其认缴的出资额为限对合伙企业债务承担责任。

（4）合伙企业经营中，承担无限责任的合伙人要负责企业经营，执行企业事务，对外代表企业。

（5）合伙人可以通过合伙协议约定或者由合伙人协商决定或者按照合伙人实缴出资比例来分配盈余和分担亏损；无法确定出资比例的，也可以由合伙人平均分配、分担。

（6）合伙企业具有组织性。合伙有合同性合伙与企业性合伙两种形式，合同性合伙体现的是一般合同关系，其法律关系主要由合同类法律来调整；企业性合伙是形成企业实体的合伙，它应具有健全的组织，常年的经营，完整的内外部关系。纳入《合伙企业法》调整范围的是企业性合伙，因而必须具有一定的组织性。

（二）合伙企业的分类

我国合伙企业分为无限合伙企业（普通合伙）和有限合伙企业两类。无限合伙企业分为一般的普通合伙和特殊的普通合伙企业。有限合伙即传统法学上所谓的"两合公司"，合伙人由承担有限责任和承担无限责任的人组成。

1. 普通合伙。普通合伙企业由普通合伙人组成，合伙人对合伙企业债务承担无限连带责任。国有独资公司、国有企业、上市公司以及公益性的事业单位、社会团体不得成为普通合伙人。即合伙人的主体除了自然人外，其范围放宽到了除上述五种公司或其他组织之外的任何主体。如《合伙企业法》第2条第2款规定："……本法对普通合伙人承担责任的形式有特别规定的，从其规定。"《合伙企业法》第55~59条对特殊的普通合伙企业，作了特别规定。

2. 有限合伙企业。有限合伙企业由普通合伙人和有限合伙人组成，普通合伙人对合伙企业债务承担无限连带责任，有限合伙人以其认缴的出资额为限对合伙企业债务承担责任。

这种合伙在至少有一名合伙人承担无限责任的基础上，允许其他合伙人承担有限责任，它将具有投资管理经验或技术研发能力的机构和个人与具有资金实力的投资者进行有效结合，既激励管理者全力创业和创新，降低决策与管理成本，提高投资效益，又使资金投入者在承担与公司制企业同样责任的前提下，获取更高收益。有限合伙主要适用于风险投资，它使承担无限连带责任的合伙人在企业中行使事务执行权，负责企业的经营管理；并规定有限合伙人依据合伙协议享受投资收益，对企业债务只承担有限责任，但不能对外代表合伙，也不直接参与经营。这是根据我国建设创新型国家的需要，也是为了鼓励推动风险投资事业的发展。

二、合伙企业法概述

（一）合伙企业法的概念及其适用范围

1. 合伙企业法的概念。广义的合伙企业法是指国家立法机关或其他有权立法的机关制定的，是调整合伙企业合伙关系的法律规范的总称。狭义的合伙企业法是指2006年8月27日第十届全国人民代表大会常务委员会第二十三次会议修订通过的并于2007年6月1日起施行《中华人民共和国合伙企业法》。

2. 合伙企业法的适用范围。《合伙企业法》适用于一般的普通合伙企业、有限合伙企业和有限责任的合伙。不仅适用于按照规定应由工商行政部门依法登记管理的合伙企业，也适用于归属于其他行政管理部门登记管理合伙制的律师事务所、会计师事务所、医生诊所等组织；不仅适用于自然人为合伙人的企业，也适用于法人和其他组织为合伙人的合伙企业。但不包括企业法人之间的合伙型联营，也不适用于企业间的契约型合伙。

（二）我国合伙企业法的发展

1997年2月23日第八届全国人民代表大会常务委员会第二十四次会议通过了《中华人民共和国合伙企业法》。因当时我国处于社会主义市场经济体制建立初期，受当时的条件和认识局限，立法只对普通合伙，即所有投资者都对企业债务承担无限连带责任的合伙作了规定。尽管如此，《合伙企业法》的实施，对于确立合伙企业法律地位，规范其设立与经营，保护合伙企业及其合伙人的合法权益，鼓励民间投资，促进经济发展，都发挥了积极作用。随着社会主义市场经济体制的逐步完善，经济社会生活中出现了一些新的情况和问题，加之民间投资、风险投资以及专业服务机构发展对合伙组织形式的不同需要，原有的法律规范已难以适应当前经济与社会发展要求，迫切需要进行修改。2006年8月27日，第十届全国人民代表大会常务委员会第二十三次会议修订通过了《中华人民共和国合伙企业法》，自2007年6月1日起施行。

（三）合伙企业法的基本原则

1. 自愿、平等、公平、诚信原则。《合伙企业法》规定，订立合伙协议、设立合伙企业，应当遵循自愿、平等、公平、诚实信用原则。

所谓自愿，是指合伙人订立合伙协议必须出于自己的意愿，一方面，合伙人不应做自己不愿做的事情，违心加盟合伙，订立协议；另一方面，任何合伙人和其他人不得以其身份或所处某种地位将自己的意见强加于人，强迫他人参与合伙，在合伙协议中规定别人不能接受的意见和做法。

所谓平等，即指合伙人在订立合伙协议时相互间的地位是平等的，没有高低、贵贱和主从之分，无论是出资多的或是出资少的合伙人，无论是发起的合伙人或者是响应的合伙人，在协商订立合伙中，各自的地位平等，权利义务相同。当事人地位平等，是民事活动的重要原则，也是合伙协议的基本准则，如果合伙人之间的地位不平等，协议也难免不公平，合伙就无从谈起，设立起来也终将散伙。

所谓公平，即在合伙协议中对合伙事务执行和合伙人权利义务的规定应体现公平原则。任何合伙人不得以其所处的某种优势地位或条件，如出资份额多或对他人的某种依附关系等，要求自己多享有权利，要求他人多承担义务，也无权规定在合伙企业的利益分配或亏损分担中损害少数合伙人的权益。

所谓诚实信用，即合伙人在订立合伙协议，陈述与己有关的情况，表达自己的意见时要真诚实在，讲究信用，不带虚假和欺诈，例如对投资额的承诺不能狮子大开口，出尔反尔，言不践行。

以上四个方面共同构成订立合伙协议的基本原则，只要各合伙人都严格按照这一原则行事，就能保证合伙协议的有效性和可靠性，从而使合伙企业的设立有一个良好的开端。

2. 协商一致原则。根据《合伙企业法》第4条的规定，合伙协议依法由全体合伙人协商一致、以书面形式订立。协议须经协商一致是民法精神的一部分，《合伙企业法》对合伙协议的形式要件作了规定，规定必须是书面的形式。这对明确合伙人的权利义务、体现真正"协商一致"是有利的。

3. 分别纳税原则。根据《合伙企业法》第6条规定："合伙企业的生产经营所得和其他所得,按照国家有关税收规定,由合伙人分别缴纳所得税。"按此规定,合伙企业的生产经营所得和其他所得的纳税主体是合伙人而不是合伙企业。

4. 守法和社会责任原则。合伙企业及其合伙人必须遵守法律、行政法规、遵守社会公德与商业道德、承担社会责任。

5. 依法保护原则。合伙企业及其合伙人的合法财产及其权益受法律保护。同时债权人的合法权益也受保护。

三、普通合伙企业

（一）合伙企业的设立

1. 合伙企业设立的条件。设立合伙企业,应当具备下列条件:

（1）有2个以上合伙人。合伙人为自然人的,应当具有完全民事行为能力,法律、行政法规规定不得从事营利性活动的人除外,如:法官、检察官、警官、国家公务员等不能成为合伙人;合伙人为法人或其他组织的,也应当具有相应的民事权利能力和行为能力。

（2）有书面合伙协议。合伙协议应当载明事项:①合伙企业的名称和主要经营场所的地点;②合伙目的和合伙企业的经营范围;③合伙人的姓名及其住所;④合伙人出资的方式、数额和缴付出资的期限;⑤利润分配与亏损分担办法;⑥合伙企业事务的执行;⑦入伙与退伙;⑧争议解决办法;⑨合伙企业的解散与清算;⑩违约责任。

合伙协议经全体合伙人签名、盖章后生效。合伙人依照合伙协议享有权利,承担责任。经全体合伙人协商一致,可以修改或者补充合伙协议。但是,合伙协议另有约定的除外。

合伙协议未约定或者约定不明确的事项,由合伙人协商决定;协商不成的,依照本法和其他有关法律、行政法规的规定处理。

《合伙企业法》第31条规定:"除合伙协议另有约定外,合伙企业的下列事项应当经全体合伙人一致同意:①改变合伙企业的名称;②改变合伙企业的经营范围、主要经营场所的地点;③处分合伙企业的不动产;④转让或者处分合伙企业的知识产权和其他财产权利;⑤以合伙企业名义为他人提供担保;⑥聘任合伙人以外的人担任合伙企业的经营管理人员。"

（3）有合伙人认缴或者实际缴付的出资。所谓各合伙人实际缴付的出资,是指在设立合伙企业,协商各合伙人的出资时,合伙人承诺并实际投入企业资本的总和,它既是企业设立和经营的财产保障,也是企业登记机关据以登记的企业注册资本额。

《合伙企业法》对合伙企业的设立没有规定最低的注册资本金要求,对合伙企业设立条件的规定要比对公司类企业的设立条件低,例如《公司法》对公司类企业设立规定有最低注册资金,而《合伙企业法》对合伙企业的设立没有这样的限定。其目的一是鼓励广大中小投资者投资设立合伙企业,为他们的投资活动提供更便利的条件;二是规定企业设立条件的一个重要目的是防止企业不具备有关条件而开展经营活动,损害交易相对人的利益。《合伙企业法》规定合伙企业的合伙人对企业债务承担无限责任,已使交易相对人的合法权益得到了相应的保障,因此,合伙企业具备上述条件就基本能够起到保证合伙企业正常经营和维护交易相对人利益的目的。

但是《合伙企业法》对合伙企业的设立没有规定最低的注册资本要求,并不等于企业的设立和经营不需要资金保证,也不意味企业登记不要登记注册资本。

同其他企业一样,合伙企业的设立和生产经营需要一定的资金保证,企业设立需要资金,企业生产经营,采购原材料,招用职工,刊登广告推销产品都需要一定的资金作保障,只是由于合伙企业是人合性企业,它对资金的需要比其他企业相对要小,同时为鼓励中小投资者和具有其他财产和能力而一时缺乏资金的人投资办企业,国家对企业注册资本的要求采取实事求是的态度，不规定最低限额，只要求其保证生产经营的实际需要。

另一方面，为对合伙企业的资本和经营情况进行必要的监督管理，有关部门也需要对合伙企业设立时的资本情况进行注册登记。法律未规定最低限额的要求，登记机关登记注册资本所依据资本额，也只能是企业自报的各合伙人实缴的出资额。

当然，对于合伙企业登记的注册资本额，登记机关也有义务进行审查，如认为其不能满足企业生产经营需要的，例如某企业以从事服装加工进行合伙企业登记，而他登记的各合伙人实缴的出资额，包括场地、设备只有1万元，登记机关认为它难以保证生产经营的需要，也可以要求其根据需要适当追加注册资本金。

《合伙企业法》第16条第1款规定："合伙人可以用货币、实物、知识产权、土地使用权或者其他财产权利出资，也可以用劳务出资。"

合伙人以实物、知识产权、土地使用权或者其他财产权利出资，需要评估作价的，可以由全体合伙人协商确定，也可以由全体合伙人委托法定评估机构评估。

合伙人以货币、实物、土地使用权、知识产权或其他财产权利缴纳出资的，合伙人对于自己缴纳出资的财产或财产权，应当拥有合法的处分权，合伙人不得将自己无权处分的财产或财产权用于出资。

合伙人以劳务出资的，其评估办法由全体合伙人协商确定，并在合伙协议中载明。

我国《公司法》规定了劳务不得作为出资的，但劳务可以作为合伙企业中的出资形式。《公司法》规定首次出资必须经过法定验资机关的验资。《合伙企业法》中规定的出资是否要验资，这个权力下放给了合伙人，合伙人可以相互协商确认出资作价，也可以共同委托一个验资机构评估作价。

《合伙企业法》第34条规定："合伙人按照合伙协议的约定或者经全体合伙人决定，可以增加或者减少对合伙企业的出资。"

合伙人应当按照合伙协议约定的出资方式、数额和缴付期限，履行出资义务。

以非货币财产出资的，依照法律、行政法规的规定，需要办理财产权转移手续的，应当依法办理。

（4）有合伙企业的名称和生产经营场所。合伙企业必须要有经依法核准登记的名称及固定的合法营业场所。合伙企业的名称是合伙企业人格特定化的标志，借自身的名称区别于其他的民事主体。合伙企业的名称具有唯一性和排他性。合伙企业的名称中应当标明"普通合伙"的字样。

（5）法律、行政法规规定的其他条件。

当然上述五个方面的条件是合伙企业设立和从事经营活动最基本的条件，合伙企业的投资人必须全面具备这些条件方能申请设立合伙企业。如果其他有关法律法规对合伙企业设立条件有相应规定的，合伙企业也应具备相应的条件后方可申请设立登记。

2. 合伙企业设立的程序。

（1）前置审批。合伙企业的经营范围中有属于法律、行政法规规定在登记前须经批准的项目的，该项经营业务应当依法经过批准，并在登记时提交批准文件。当然，如果合伙企业的经营范围中没有属于法律、行政法规规定在登记前须经批准的项目的，直接进入申请设立登记程序。

（2）申请设立登记。设立合伙企业，应由全体合伙人指定的代表或者共同委托的代理人向企业登记机关申请设立登记。登记机关为工商行政管理部门。

根据《合伙企业法》的规定：申请设立合伙企业，应向企业登记机关提交下列文件：

①全体合伙人签署的设立登记申请书；②全体合伙人的身份证明；③全体合伙人指定的代表或者共同委托的代理人的委托书；④合伙协议；⑤出资权属证明；⑥经营场所证明；⑦其他证明材料，如依法应提交的有关行政审批文件。

（3）登记机关审查。企业登记机关应自收到申请人提交所需的全部文件之日起20日内，作出核准登记或不予登记的决定。合伙企业的营业执照签发日期，为合伙企业成立之日。营业执照是企业登记机关对准予注册登记的企业发给的一种证明其设立合法的书面文件。在合伙企业领取营业执照之前，合伙人不得以合伙企业的名义从事合伙业务。

（二）合伙企业的财产

1. 合伙企业财产的概念、范围及性质。合伙企业财产是指合伙人的出资、以合伙企业名义取得的收益和依法取得的其他财产。合伙企业存续期间，合伙企业的财产主要由两部分组成：①合伙人出资形成的财产；②合伙经营创造和积累的财产，即以合伙名义取得的收益和依法取得的其他财产。

合伙企业财产的性质可从以下两方面理解：①合伙人出资财产。在合伙人出资财产中，不同的出资所反映的性质不完全一样：以现金或明确以财产所有权出资的，意味着所有权的转移，出资人不再享有出资财产的所有权，而由全体合伙人共有。以土地使用权、房屋使用权、商标使用权，专利使用权等权利出资的，出资人并不因出资行为而丧失土地使用权、房屋所有权、商标权、专利权等权利，这些出资财产的所有权或使用权属于出资人，合伙企业只享有使用权和管理权。②合伙积累财产。合伙经营积累的财产归合伙人共有。这种共有从本质上讲是一种按份共有关系，但只有在分配利润、退伙以及解散清算时，合伙人的份额比例才具有实际意义。在其他情形下，合伙人既不得以份额比例要求分割财产，也不得按份额大小决定合伙人管理使用合伙财产以及执行合伙企业事务等权利的多少。

2. 合伙企业财产的管理和使用。合伙企业的财产由全体合伙人依照《合伙企业法》的规定共同管理和使用。合伙企业进行清算前，合伙人不得请求分割合伙的财产，但《合伙企业法》另有规定的除外。合伙企业存续期间，合伙人向合伙人以外的人转让其在合伙企业中的全部或者部分财产份额时，须经其他合伙人的一致同意。合伙人之间转让在合伙企业中的全部或者部分财产份额时，应当通知其他合伙人。合伙人依法转让其财产份额的，在同等条件下，其他合伙人有优先受让的权利。未经其他合伙人一致同意，合伙人以其在合伙企业中的财产份额出资的，其行为无效；由此给其他合伙人造成损失的，依法承担赔偿责任。合伙人在合伙企业清算前私自转移或者处分合伙企业财产的，合伙企业不得以此对抗不知情的善意第三人。

（三）合伙事务执行

合伙企业事务执行，是指合伙企业的经营管理以及其对内对外关系中的一些事务处理。合伙人对执行合伙企业事务享有同等的权利。按照合伙协议约定或者经全体合伙人决定，可以委托一名或者数名合伙人对外代表合伙企业，执行合伙企业事务。为合伙人的法人、其他组织执行合伙事务的，由其委派的代表执行。

在合伙企业事务执行中的主要规则有：

1. 对外代表权。按照《合伙企业法》的规定，执行合伙企业事务的合伙人，对外代表合伙企业。

2. 执行合伙企业事务合伙人与其他合伙人的关系。如果委托一名或者数名合伙人执行合伙企业事务的，其他人不再执行合伙企业事务；不参加执行事务的合伙人有权监督执行事务的合伙人，检查其执行合伙企业事务的情况；执行合伙企业事务的合伙人应当依照约定向其他合伙人报告事务执行情况及合伙企业经营状况、财务状况。其执行合伙事务所产生的收益归合伙企业，所产生的费用和亏损由合伙企业承担。合伙人为了解合伙企业的经营状况和财务状况，有权查阅合伙企业会计账簿等财务资料。

3. 表决办法。合伙人对合伙企业有关事项作出决议，按照合伙协议约定的表决办法办理。合伙协议未约定或者约定不明确的，实行合伙人一人一票并经全体合伙人过半数通过的表决办法。

4. 异议的处置。合伙协议约定或者经全体合伙人决定，合伙人分别执行合伙企业事务时，合伙人可以对其他合伙人执行的事务提出异议；提出异议时，应当暂停该项事务的执行；如果发生争议，可以按照合伙协议约定的表决办法办理。合伙协议未约定或者约定不明确的，实行合伙人一人一票并经全体合伙人过半数通过的表决办法。

5. 委托的撤销。被委托执行合伙企业事务的合伙人不按照合伙协议或者全体合伙人的决定执行事务的，其他合伙人可决定撤销该委托。

6. 重要事项的特别规定。合伙企业的下列事务必须经全体合伙人同意：①处分合伙企业的不动产；②改变合伙企业名称；③转让或者处分合伙企业的知识产权和其他财产权利；④向企业登记机关申请办理变更登记手续；⑤以合伙人名义为他人提供担保；⑥聘任合伙人以外的人担任合伙企业的经营管理人员；⑦依照合伙协议约定的有关事项。

（四）合伙企业利润分配、亏损分担

合伙企业的利润分配、亏损分担，按照合伙协议的约定办理；合伙协议未约定或者约定不明确的，由合伙人协商决定；协商不成的，由合伙人按照实缴出资比例分配、分担；无法确定出资比例的，由合伙人平均分配、分担。《合伙企业法》对利润分配规定了四种方式：①有约定的从其约定；②未约定的或约定不明的，协商解决；③协商不成的，按出资比例分配；④无法确定出资比例的，平均分配。

（五）合伙企业与第三人关系

合伙企业与第三人的关系是合伙企业的对外关系，涉及保护善意第三人的利益、债务责任承担、债权债务关系处理等方面的内容，应当执行的规则有：

1. 合伙企业对合伙人执行合伙企业事务以及对外代表合伙企业权利的限制，不得对抗不知情的善意第三人。

2. 合伙企业对其债务，应当先以其全部财产进行清偿；合伙企业财产不足以清偿到期债务的，各合伙人应当承担无限连带责任。

3. 以合伙企业财产清偿合伙企业债务时，其不足部分由各合伙人按照约定的比例或者协商的比例或者法定比例，用其在合伙企业出资以外的财产承担清偿责任。合伙人由于承担连带责任，所清偿的数额超过其应当承担的数额时，有权向其他合伙人追偿。

4. 合伙企业中某一个合伙人的债权人，不得以该债权抵销其对合伙企业的债务。这是因为合伙企业的债权独立存在，反映了全体合伙人的利益，而某一合伙人的债务应当由其自行负责，不应当由合伙企业偿还或者冲抵。

5. 合伙人个人负有债务，其债权人不得代位行使该合伙人在合伙企业中的权利。这是因为合伙人个人债务的债权人作为第三人，不具有合伙资格，与其他合伙人不具有以合伙为基础的关系，难以行使合伙人的权利。

6. 合伙人个人财产不足以清偿其个人所负债务的，该合伙人只能以其从合伙企业中分取的收益用于清偿；债权人也可以依法请求人民法院强制执行该合伙人在合伙企业中的财产份额用于清偿；对该合伙人的财产份额，其他合伙人有优先受让的权利。

（六）合伙企业的入伙与退伙

1. 入伙。入伙是指合伙企业成立以后解散之前，不具有合伙人身份的自然人加入合伙企业，取得合伙人资格的法律行为。根据《合伙企业法》的规定，新合伙人入伙成为合伙人，必须具备以下条件并履行相应的法律手续。入伙会引起权利义务的变化，因而有必要加以规范。

（1）入伙条件。新合伙人入伙方式有二：如果合伙协议有约定的，按照合伙协议约定的条件办理入伙；合伙协议没有约定的，应当经全体合伙人一致同意。入伙的成立条件是所有的合伙人依法订立书面合伙协议。订立入伙协议时，原合伙人应当向新合伙人告知原合伙企业的经营状况和财务状况。入伙协议是新合伙与原合伙人在平等自愿的基础上，就新合伙人的入伙问题以及新合伙人入伙后的权利义务问题所达成的协议。合伙企业接纳新合伙人入伙，可能涉及合伙企业出资比例、盈余分配和债务分担的变动，需要对原有的合伙协议进行重大改革和调整。

（2）新合伙人的权利与义务。入伙的新合伙人与原合伙人享有同等权利，承担同等责任；入伙的新合伙人对入伙前合伙企业的债务承担无限连带责任。

（3）办理变更登记手续。接纳新合伙人入伙，应当在作出接纳他人入伙决定之日起15日内，向企业登记机关办理有关变更登记手续。

2. 退伙。退伙是在合伙企业存续期间，合伙人资格的消灭。退伙的形式有自愿退伙、法定退伙和开除退伙三种。

（1）自愿退伙（声明退伙）。退伙是指在合伙企业存续期间，合伙人主动声明要求退出合伙企业。即指合伙人按照自己的意愿而退出合伙。分两种情况：①合伙协议约定合伙企业的经营期限的，如果有下列情形之一，合伙人可以退伙，即合伙协议约定的退伙事由出现；经全体合伙人同意退伙；发生合伙人难以继续参加合伙企业的事由；其他合伙人严重违反合伙协议约定的义务。②合伙协议未约定合伙企业的经营期限的，合伙人在不给合伙企业事务执行造成不利影响的情况下，可以退伙，但应当提前30日通知其他合伙人。

合伙人自愿退伙的，应当赔偿由此给合伙企业造成的损失。

（2）法定退伙。法定退伙又称当然退伙，《合伙企业法》对当然退伙的五种情形作了规定，即作为合伙人的自然人死亡或者被依法宣告死亡；个人丧失偿债能力；作为合伙人的法人或者其他组织依法被吊销营业执照、责令关闭、撤销，或者被宣告破产；法律规定或者合伙协议约定合伙人必须具有相关资格而丧失该资格；合伙人在合伙企业中的全部财产被人民法院强制执行。

合伙人被依法认定为无民事行为能力人或者限制民事行为能力人的，经其他合伙人一致同意，可以依法转为有限合伙人，普通合伙企业依法转为有限合伙企业。其他合伙人未能一致同意的，该无民事行为能力或者限制民事行为能力的合伙人退伙。

退伙事由实际发生之日为退伙生效日。

（3）除名退伙。合伙人有下列情形之一的，经其他合伙人一致同意，可以决议将其除名：①未履行出资义务；②因故意或者重大过失给合伙企业造成损失；③执行合伙企业事务有不正当行为；④合伙协议约定的其他事由。

对合伙人的除名决议应当书面通知被除名人。被除名人接到除名通知之日，除名生效，被除名人退伙。被除名人对除名决议有异议的，可以自接到除名通知之日起30日内，向人民法院起诉。

3. 退伙清算。合伙人退伙的，其他合伙人应当与该退伙人按照退伙时的合伙企业的财产状况进行清算，退还退伙人的财产份额；退伙人对给合伙企业造成的损失负有赔偿责任的，相应扣减其应当赔偿的数额。退伙时有未了结的合伙企业事务的，待了结后进行清算。

4. 退伙人责任。退伙人对基于其退伙前的原因发生的合伙企业债务，承担无限连带责任。合伙人退伙时，合伙企业财产少于合伙企业债务的，退伙人应当亏损分担。分担亏损的办法按照合伙协议的约定办理；合伙协议未约定或者约定不明确的，由合伙人协商决定；协商不成的，由合伙人按照实缴出资比例分配、分担；无法确定出资比例的，由合伙人平均分配、分担。

（七）特殊的普通合伙企业

我国有关专业服务机构的发展迫切需要提供适合其经营特点的有限责任合伙形式。在市场经济体制建立中，我国出现了大量会计师事务所、资产评估师事务所、律师事务所等专业服务机构。它们以其掌握的专业知识和信息为客户提供服务，既满足不同客户的服务要求，又促进其自身的发展。这类机构在我国第三产业中具有越来越重要的地位，他们中有不少迫切要求或者已经采用了合伙制。一方面，虽然我国《注册会计师法》等专门法律规定这类机构可以采用合伙制，但却未对其设立、事务执行、入伙退伙、解散清算等具体内容作出规定。另一方面，一般合伙要求所有合伙人都承担无限连带责任。由于这种专业服务机构没有多少资本，仅以其专业知识与信息为客户提供专业服务，要求每一个人都对合伙债务承担无限连带责任，将导致许多无过错合伙人承担因其他合伙人过错所导致的连带责任，特别是要求全体合伙人对异地分支机构合伙人独立开展业务所引起的债务也负连带无限责任，这将限制这类机构的发展。而且，大量国外会计师事务所、律师事务所等专业服务机构相继进入我国开展业务，他们绝大多数采用有限责任合伙制度。由于我国立法没有相应制度规定，既不利于他们在我国的商事登记，也会因其登记为有限责任公司而降低他们对我国客户的风险承担能力。为此，我国《合伙企业法》专节对这些特殊的合伙企业作了专门的规定，明确了以专业知识和专门技能为客户提供有偿服务的专业服务机构，可以设立为特殊的普通合伙企业。

根据《合伙企业法》第55条的规定，以专业知识和专门技能为客户提供有偿服务的专业服务机构，可以设立为特殊的普通合伙企业。特殊的普通合伙企业是指合伙人依照《合伙企业法》第57条的规定承担责任的普通合伙企业。《合伙企业法》第57条的规定是："一个合伙人或者数个合伙人在执业活动中因故意或者重大过失造成合伙企业债务的，应当承担无限责任或者无限连带责任，其他合伙人以其在合伙企业中的财产份额为限承担责任。合伙人在执业活动中非因故意或者重大过失造成的合伙企业债务以及合伙企业的其他债务，由全体合伙人承担无限连带责任。"这样有助于这些采取合伙制的专业服务机构不断地扩大规模，这也是中国适应"入世"以后，专业服务机构发展需要的一个重要举措。

特殊的普通合伙企业的相关规定：

1. 适用范围。特殊的普通合伙企业主要是指律师事务所、会计师事务所、建筑师事务所、资产评估师事务所等以专业知识和专门技能为基础为客户提供有偿服务的机构。专业服务机构的范围，可以分为两类：一类是采取企业形式的，除了会计师事务所，还有建筑师事务所等其他具有企业性质的专业服务机构，另一类是非企业形式的，如律师事务所。《合伙企业法》只规范注册登记为企业的专业服务机构，但《合伙企业法》在附则中专门作出规定，"非企业专业服务机构依据有关法律采取合伙制的，其合伙人承担责任的形式可以适用本法关于特殊的普通合伙企业合伙人承担责任的规定"。而很多专业服务机构并未进行企业登记注册，依照《合伙企业法》的规定，也可以采用成立特殊的普通合伙企业。例如，律师事务所受司法局备案登记和管理，工商局对此无管辖权，但其可以采取特殊的普通合伙企业形式。

2. 特殊的普通合伙企业名称中应当标明"特殊普通合伙"字样。特殊的普通合伙企业，其合伙人对特定合伙企业债务只承担有限责任，为保护交易相对人的利益，应当对这一情况予以公示。这是法律对特殊的普通合伙企业的公示要求。

3. 特殊的普通合伙企业合伙人的责任形式。一个合伙人或者数个合伙人在执业活动中因故意或者重大过失造成合伙企业债务的，应当承担无限责任或者无限连带责任，其他合伙人以其在合伙企业中的财产份额为限承担责任。

合伙人在执业活动中非因故意或者重大过失造成的合伙企业债务以及合伙企业的其他债务，由全体合伙人承担无限连带责任。合伙人执业活动中因故意或者重大过失造成的合伙企业债务，以合伙企业财产对外承担责任后，该合伙人应当按照合伙协议的约定对给合伙企业造成的损失承担赔偿责任。

4. 对特殊的普通合伙企业债权人的保护。由于特殊的普通合伙企业，其合伙人对特定合伙企业债务只承担有限责任，对合伙企业的债权人的保护相对削弱。为了保护债权人的利益，《合伙企业法》专门规定了对特殊的普通合伙企业债权人的保护制度，即执业风险基金制度和职业保险制度，也即特殊的普通合伙企业应当建立执业风险基金、办理职业保险。执业风险基金用于偿付合伙人执业活动造成的债务。执业风险基金应当单独立户管理。具体管理办法由国务院规定。

5. 适用普通合伙的其他规定。特殊的普通合伙企业实质上仍然是普通合伙企业。《合伙企业法》规定，特殊的普通合伙企业仍然适用《合伙企业法》关于普通合伙企业的规定。如，《合伙企业法》第6条明确规定，合伙企业的生产经营所得和其他所得，按照国家有关税收规定，由合伙人分别缴纳所得税等。

四、有限合伙企业

（一）有限合伙企业的含义

有限合伙企业是指由普通合伙人和有限合伙人组成的合伙。其中，普通合伙人执行合伙事务，对外代表合伙组织，并对合伙的债务承担无限连带责任，而有限合伙人不参加合伙业务的经营，不对外代表合伙组织，只按一定的比例分配利润和分担亏损，并且仅以出资为限对合伙债务承担责任。

这是典型的资本和人才相结合的企业形式。它让有一技之长或掌握高新科技的人有用武之地，在自己擅长的领域发挥潜能，不受资金短缺之困；同时又为那些拥有资金但不愿承担无限责任的人提供投资渠道。

（二）有限合伙企业的要求或特征

1. 有限合伙企业的人数。有限合伙企业由2个以上50个以下合伙人设立；但是，法律另有规定的除外。有限合伙企业至少应当有一个普通合伙人。有限合伙企业的合伙人人数与有限公司股东人数的规定相同，均为1~50人。

2. 有限合伙企业的名称。有限合伙企业名称中应当标明"有限合伙"字样。我国相关法律规定，在合伙企业名称中不得使用"有限"、"有限责任"或"公司"的字样。因为，合伙企业不同于公司，合伙企业承担的是无限连带责任。如果合伙企业在其名称中既注明"有限"或"有限责任"字样，又使用公司名称，那么其名称就可能成为"××有限公司"或者"××有限责任公司"，这既模糊了合伙企业的性质，又给与其交易的第三人造成误解。所以，《合伙企业法》严厉禁止合伙企业名称中使用"有限"或者"有限责任"字样。只能使用"有限合伙"字样。

如果违反《合伙企业法》的规定，在合伙企业名称中使用"有限"或者"有限责任"字样的，管理机构可以责令限期改正，并处以罚款。

3. 合伙协议除了《合伙企业法》应当必备的条款以外，还应当载明下列事项：①普通合伙人和有限合伙人的姓名或者名称、住所；②执行事务合伙人应具备的条件和选择程序；③执行事务合伙人的权限与违约处理办法；④执行事务合伙人的除名条件和更换程序；⑤有限合伙人入伙、退伙的条件、程序以及相关责任；⑥有限合伙人和普通合伙人相互转变的程序。

4. 有限合伙人的出资。有限合伙人可以用货币、实物、知识产权、土地使用权或者其他财产权利作价出资。有限合伙人不得以劳务出资。有限合伙人的出资类型与有限责任公司相同，它们的不同之处在于有限公司出资的财产权利一定要表现为能用货币计量，有限合伙企业则无此规定。

有限合伙人应当按照合伙协议的约定按期足额缴纳出资；未按期足额缴纳的，应当承担补缴义务，并对其他合伙人承担违约责任。

有限合伙企业登记事项中应当载明有限合伙人的姓名或者名称及认缴的出资数额。有限合伙企业由普通合伙人执行合伙事务。执行事务合伙人可以要求在合伙协议中确定执行事务的报酬及报酬提取方式。有限合伙人不得执行企业的事务，有限合伙人实际上是隐名合伙人，也就是通常所说的"幕后老板"。新《合伙企业法》等于承认了隐名股东的地位。

5. 有限合伙企业与普通合伙企业的转化。除合伙协议另有约定外，普通合伙人转变为有限合伙人，或者有限合伙人转变为普通合伙人，应当经全体合伙人一致同意。但是，当有限合伙企业仅剩有限合伙人的，应当解散；有限合伙企业仅剩普通合伙人的，转为普通合伙企业。有限合伙人转变为普通合伙人的，对其作为有限合伙人期间有限合伙企业发生的债务承担无限连带责任。普通合伙人转变为有限合伙人的，对其作为普通合伙人期间合伙企业发生的债务承担无限连带责任。

6. 其他方面的规定。有限合伙企业不得将全部利润分配给部分合伙人；但是，合伙协议另有约定的除外。有限合伙人可以同本有限合伙企业进行交易；但是，合伙协议另有约定的除外。有限合伙人可以自营或者同他人合作经营与本有限合伙企业相竞争的业务；但是，合伙协议另有约定的除外。有限合伙人可以将其在有限合伙企业中的财产份额出质；但是，合伙协议另有约定的除外。有限合伙企业这些规定与《公司法》的相关规定相反。可以说是对《公司法》中关于有限责任公司制度的一种补充和变通，目的是满足一部分想不按《公司法》规定处理事务的人的需要。满足不同人的不同需要，更好地促进经济的发展，让经济生活中一些已经存在的经济现象从无法可依变得有法可依，更好地规范经济秩序，促进经济的良性发展。

五、合伙企业解散、清算

（一）合伙企业的解散

合伙企业有下列情形之一的，应当解散：①合伙期限届满，合伙人决定不再经营；②合伙协议约定的解散事由出现；③全体合伙人决定解散；④合伙人已不具备法定人数满30天；⑤合伙协议约定的合伙目的已经实现或者无法实现；⑥依法被吊销营业执照、责令关闭或者被撤销；⑦法律、行政法规规定的其他原因。

（二）合伙企业的清算

按《合伙企业法》规定，合伙企业解散后应当进行清算，并通知和公告债权人，清算人由全体合伙人担任；未能由全体合伙人担任清算人的，经全体合伙人过半数同意，可以自合伙企业解散后15日内指定一名或者数名合伙人，或者委托第三人，担任清算人。15日内未确定清算人的，合伙人或者其他利害关系人可以申请人民法院指定清算人。

清算人在清算期间执行下列事务：①清理合伙企业财产，分别编制资产负债表和财产清单；②处理与清算有关的合伙企业未了结的事务；③清缴所欠税款；④清理债权、债务；⑤处理合伙企业清偿债务后的剩余财产；⑥代表合伙企业参与民事诉讼活动。

清算人自被确定之日起10日内将合伙企业解散事项通知债权人，并于60日内在报纸上公告。债权人应当自接到通知书之日起30日内，未接到通知书的自公告之日起45日内，向清算人申报债权。债权人申报债权，应当说明债权的有关事项，并提供证明材料。清算人应当对债权进行登记。清算期间，合伙企业存续，但不得开展与清算无关的经营活动。

合伙企业财产在支付清算费用后和合伙企业的职工工资、社会保险费用和法定补偿金以及缴纳合伙企业所欠税款、清偿合伙企业的债务的剩余财产根据《合伙企业法》第33条第1款规定处理：合伙企业的利润分配、亏损分担，按照合伙协议的约定办理；合伙协议未约定或者约定不明确的，由合伙人协商决定；协商不成的，由合伙人按照实缴出资比例分配、分担；无法确定出资比例的，由合伙人平均分配、分担。

合伙企业解散后，原合伙人对合伙企业存续期间的债务仍应承担连带责任。

清算结束，应当编制清算报告，经全体合伙人签名、盖章后，在15日内向企业登记机关报送清算报告，办理合伙企业注销登记。

合伙企业不能清偿到期债务的，债权人可以依法向人民法院提出破产清算申请，也可以要求普通合伙人清偿。

合伙企业依法被宣告破产的，普通合伙人对合伙企业债务仍应承担无限连带责任。

六、合伙企业的法律责任

（一）行政责任

1. 合伙人提交虚假文件或者采取其他欺骗手段，取得合伙企业登记的，由企业登记机关责令改正，处以5000元以上5万元以下的罚款；情节严重的，撤销企业登记，并处5万元以上20万元以下的罚款。

2. 合伙企业未在其名称中标明"普通合伙"、"特殊普通合伙"或者"有限合伙"字样的，由企业登记机关责令限期改正，处以2000元以上1万元以下的罚款。

3. 合伙企业未领取营业执照，而以合伙企业或者合伙企业分支机构名义从事合伙业务的，由企业登记机关责令停止，处以5000元以上5万元以下的罚款。

4. 合伙企业登记事项发生变更时，未依照本法规定办理变更登记的，由企业登记机关责令限期登记；逾期不登记的，处以2000元以上2万元以下的罚款。

合伙企业登记事项发生变更，执行合伙事务的合伙人未按期申请办理变更登记的，应当赔偿由此给合伙企业、其他合伙人或者善意第三人造成的损失。

5. 有关行政管理机关的工作人员违反本法规定，滥用职权、徇私舞弊、收受贿赂、侵害合伙企业合法权益的，依法给予行政处分。

（二）民事责任

1. 合伙人执行合伙事务，或者合伙企业从业人员利用职务上的便利，将应当归合伙企业的利益据为己有的，或者采取其他手段侵占合伙企业财产的，应当将该利益和财产退还合伙企业；给合伙企业或者其他合伙人造成损失的，依法承担赔偿责任。

2. 合伙人对依法规定或者合伙协议约定必须经全体合伙人一致同意始得执行的事务擅自处理，给合伙企业或者其他合伙人造成损失的，依法承担赔偿责任。

3. 不具有事务执行权的合伙人擅自执行合伙事务，给合伙企业或者其他合伙人造成损失的，依法承担赔偿责任。

4. 合伙人违反《合伙企业法》的规定或者合伙协议的约定，从事与本合伙企业相竞争的业务或者与本合伙企业进行交易的,该收益归合伙企业所有;给合伙企业或者其他合伙人造成损失的,依法承担赔偿责任。

5. 清算人未依照《合伙企业法》规定向企业登记机关报送清算报告,或者报送清算报告隐瞒重要事实,或者有重大遗漏的,由企业登记机关责令改正。由此产生的费用和损失,由清算人承担和赔偿。

6. 清算人执行清算事务,牟取非法收入或者侵占合伙企业财产的,应当将该收入和侵占的财产退还合伙企业;给合伙企业或者其他合伙人造成损失的,依法承担赔偿责任。

7. 清算人违反《合伙企业法》规定,隐匿、转移合伙企业财产,对资产负债表或者财产清单作虚假记载,或者在未清偿债务前分配财产,损害债权人利益的,依法承担赔偿责任。

8. 合伙人违反合伙协议的,应当依法承担违约责任。

合伙人履行合伙协议发生争议的,合伙人可以通过协商或者调解解决。不愿通过协商、调解解决或者协商、调解不成的,可以按照合伙协议约定的仲裁条款或者事后达成的书面仲裁协议,向仲裁机构申请仲裁。合伙协议中未订立仲裁条款,事后又没有达成书面仲裁协议的,可以向人民法院起诉。

《合伙企业法》第106条规定:"违反本法规定,应当承担民事赔偿责任和缴纳罚款、罚金,其财产不足以同时支付的,先承担民事赔偿责任。"也就是新增加了先民后刑的责任承担原则。

(三) 刑事责任

违反《合伙企业法》的规定,构成犯罪的,依法追究刑事责任。

第五节 个人独资企业法

为了规范个人独资企业的行为,保护个人独资企业投资人和债权人的合法权益,维护社会经济秩序,促进社会主义市场经济的发展,第九届全国人大常委会第十一次会议于1999年8月30日通过了《中华人民共和国个人独资企业法》,于2000年1月1日起施行。为了确认个人独资企业的经营资格,规范个人独资企业登记行为,国家工商行政管理局于2000年1月13日公布了《个人独资企业登记管理办法》,自公布之日起施行。

一、个人独资企业的概念与法律特征

根据《个人独资企业法》的规定:所谓个人独资企业,是指依照我国《个人独资企业法》,在中国境内设立,由一个自然人投资,财产为投资人个人所有,投资人以其个人财产对企业债务承担无限责任的经营实体。简言之,就是由一个自然人单独投资并经营的企业。

个人独资企业具有以下法律特征:

1. 个人独资企业是一个自然人投资的企业形式。这同需要由2人以上的多数人共同投资设立的合伙企业与公司企业相区别,而且该投资人仅限于自然人,非自然人单独投资设立企业的在法律上均不是个人独资企业。

2. 个人独资企业的投资者对企业的所有事务享有绝对的支配权与控制权。

3. 个人独资企业的一切经营成果或后果由投资者单独享有或承担,即企业的资产、收益归其所有,亏损由其承担,投资人以其个人财产对企业债务承担无限责任。

4. 个人独资企业是非法人企业,企业只是自然人进行商业活动的特殊形态,投资人的人格与独资企业的人格并未分离,这是它同法人型企业的本质区别。

二、个人独资企业的设立

（一）个人独资企业的设立条件

1. 投资人为一个自然人。法律、行政法规禁止从事营利性活动的人，如公务员，不得作为投资人申请设立个人独资企业。

2. 有合法的企业名称。其名称中不得使用"有限"、"有限责任"或者"公司"字样。

3. 有投资人申报的出资。投资人可以以货币出资，也可以采取实物、土地使用权、知识产权或其他财产权利作价出资。投资人申报的出资额应当与企业的生产经营规模相适应。至于出资方式，投资人可以以个人财产出资，也可以以家庭共有财产作为个人出资，对后者投资人应当在设立登记申请书上予以注明。

4. 有固定的生产经营场所和必要的生产经营条件。从事临时性经营、季节性经营、流动经营和没有固定门面的摆摊经营，不得登记为个人独资企业。

5. 有必要的从业人员。

（二）个人独资企业的设立程序

1. 申请设立登记。申请设立个人独资企业，应当由投资人或者其委托的代理人向个人独资企业所在地的工商行政管理机关申请设立登记。其登记事项包括：企业名称、企业住所、投资人姓名和居所、出资额和出资方式、经营范围及方式。投资人申请设立登记，应向登记机关提交下列文件：①投资人签署的个人独资企业设立申请书；②投资人身份证明；③企业住所证明；④国家工商行政管理局规定提交的其他文件。委托代理人申请设立登记的，应当出具投资人的委托书和代理人的身份证明或者资格证明。

个人独资企业不得从事法律、行政法规禁止经营的业务；从事法律、行政法规规定必须报经有关部门审批的业务，应当在申请设立登记时提交有关部门的批准文件。

2. 登记机关审核。登记机关应当在收到设立申请文件之日起15日内作出核准登记或不予登记之决定。予以核准的，发给营业执照；不予核准的，发给企业登记驳回通知书，说明理由。

个人独资企业营业执照签发之日为个人独资企业成立日期，在此之前，投资人不得以个人独资企业名义从事经营活动。独资企业要设立分支机构的，应在分支机构所在地的登记机关申请登记，领取营业执照。

三、个人独资企业投资人的权利与义务

个人独资企业投资人对企业的财产享有所有权，即可以依法占有、使用、收益、处分，对企业的生产经营活动有完全的决策权和控制权，其有关权利可以依法进行转让或继承。个人独资企业可以依法申请贷款，取得土地使用权，并享有法律、法规规定的其他权利。

相应地，个人独资企业投资人也承担一定的义务：①应当依法设置会计账簿，进行会计核算；②招用职工的，应依法与其签订劳动合同，保障职工的劳动安全，足额发放职工工资；③应当按国家规定参加社会保险，为职工缴纳社会保险费；④依法纳税；⑤个人独资企业应以个人财产对企业债务承担无限责任；如投资人在申请设立登记时明确以家庭共有财产作为个人出资的，应当依法以家庭共有财产对企业债务承担无限责任。

四、个人独资企业的事务管理

个人独资企业投资人可以自行管理企业事务，也可以委托或聘用其他有民事行为能力的人负责企业的事务管理。投资人委托或聘用他人管理个人独资企业事务，应当与受托人或者被聘用的人签订书面合同，明确委托的具体内容和授予的权利范围。受托人或者被聘用的人员应当履行诚信、勤勉义务，按照与投资人签订的合同负责企业的事务管理，不得有下列行为：①利

用职务上的便利,索取或者收受贿赂;②利用职务或者工作上的便利侵占企业财产;③挪用企业的资金归个人使用或者借贷给他人;④擅自将企业资金以个人名义或者以他人名义开立账户存储;⑤擅自以企业财产提供担保;⑥未经投资人同意,从事与本企业相竞争的业务;⑦未经投资人同意,同本企业订立合同或者进行交易;⑧未经投资人同意,擅自将企业商标或者其他知识产权转让给他人使用;⑨泄露本企业的商业秘密;⑩法律、行政法规禁止的其他行为。

投资人对受托管理人在正常经营中的行为有监督权,可以解除违反聘用合同或有其他违法行为者的职权,对于其正常履行职权带来的收益归投资人所有,如有损失由投资人承担。

投资人对受托人或者被聘用的人员职权的限制,不得对抗善意第三人。

五、个人独资企业的解散和清算

个人独资企业有下列情形之一时,应当解散:①投资人决定解散;②投资人死亡或者被宣告死亡,无继承人或者继承人决定放弃继承;③被依法吊销营业执照;④法律、行政法规规定的其他情形。

个人独资企业解散,由投资人自行清算或者由债权人申请人民法院指定清算人进行清算。投资人自行清算的,应当在清算前15日内书面通知债权人,无法通知的,应当予以公告。债权人应当在接到通知之日起30日内,未接到通知的应当在公告之日起60日内,向投资人申报其债权。在清算期间,个人独资企业不得开展与清算目的无关的经营活动。个人独资企业解散的,财产应按下列顺序清偿:①所欠职工工资和社会保险费用;②所欠税款;③其他债务。

在清偿债务之前,投资人不得转移、隐匿财产。个人独资企业财产不足以清偿债务的,投资人应当以其个人的其他财产予以清偿;假如投资人在申请设立登记时明确以家庭共有财产为个人出资的,应以家庭共有财产予以清偿。清算结束后,投资人或人民法院指定的清算人应当编制清算报告,并于15日内到登记机关办理注销登记。

个人独资企业解散后,原投资人对个人独资企业存续期间的债务仍应承担偿还责任,但债权人在5年内未向债务人提出清偿请求的,该责任消灭。

第六节 外商投资企业法

一、外商投资企业法概述

(一) 外商投资企业的概念及特征

外商投资企业是指外国投资者依照中华人民共和国法律,在中国境内以私人直接投资方式参与或者独立设立的各类企业的总称。我国的外商投资企业,按外商投资方式不同有中外合资经营企业、中外合作经营企业和外资企业,简称"三资企业"。

外商投资企业具有如下特征:

1. 外商投资企业是有外商资本投入的企业,即企业的出资人至少有一方是外国投资者。这一特征使外商投资企业区别于内资企业,即完全由中国投资者投资设立的企业。外国投资者是指具有外国国籍的法人和自然人,包括外国的公司、企业、其他经济组织和个人,此外还包括我国香港特别行政区、澳门特别行政区及我国台湾地区的公司、企业、其他经济组织和个人。其中,中外合资经营企业、中外合作经营企业和中外合资股份有限公司是由外国投资者与中国投资者共同投资设立的,而外资企业则是全部资本都由外国投资者投资设立的。

2. 外商投资企业是依照中华人民共和国法律在中国境内设立的企业,具有中国国籍。这一特征使得外商投资企业区别于外国企业。《中华人民共和国中外合资经营企业法实施条例》

第 2 条及最高人民法院的司法解释规定，我国根据法人注册登记地确定法人的国籍。由此可见，依据我国法律在我国境内登记设立的外商投资企业具有我国国籍。

3. 外商投资企业是外国私人资本在我国直接投资设立的企业，即以国际私人直接投资设立的企业。首先，这种投资属于国际私人投资，区别于政府（官方）投资。其次，这种国际私人投资采取的是直接投资的方式。直接投资的方式包括以参与经营管理为目的持股、收买、兼并、设立全资子公司、分公司或营业所、单独或联合从事资源开发等，设立外商投资企业只是方式之一。

（二）外商投资企业法的概念和立法概况

外商投资企业法是调整外商投资企业在设立、管理、经营和终止过程中产生的经济关系的法律规范的总称。

外商投资企业法是一个总的概念，它包括《中外合资经营企业法》、《中外合作经营企业法》、《外资企业法》及其实施条例，还包括相关法律、法规中有关外商投资企业的法律规定，如《外汇管理条例》、《专利法》、《商标法》、《合同法》、《海关法》、《民法通则》等法律中有关外商投资企业的法律规定，国务院、有关部委、地方政府发布的有关外商投资企业的劳动管理、土地使用、信贷管理、税收管理、财务管理的法规、规定和办法等。因此，在外商投资企业法律规范体系中，既有企业、公司法律规范，同时也有合同法律规范，涉外税收法律规范、劳动法律规范、外汇管理法律规范、海关法律规范等，是一个综合的法律规范体系。

我国关于外商投资企业的法律、法规主要有：《中华人民共和国中外合资经营企业法》（全国人民代表大会于 1979 年 7 月 1 日通过，1990 年 4 月 4 日修正，2001 年 3 月 15 日第二次修正）；《中外合资经营企业法实施条例》（1983 年 9 月 20 日通过，1986 年 1 月 15 日第一次修订，1987 年 12 月 21 日第二次修订，2001 年 7 月 22 日第三次修订，2011 年 1 月 8 日第四次修订，2014 年 2 月 19 日第五次修订）；《中华人民共和国中外合作经营企业法》（全国人民代表大会于 1988 年 4 月 13 日通过，2000 年 10 月 31 日修正）；《中外合作经营企业法实施细则》（1995 年 8 月 7 日通过，2014 年 2 月 19 日修订）；《中华人民共和国外资企业法》（全国人民代表大会于 1986 年 4 月 12 日通过，2000 年 10 月 31 日修正）；《外资企业法实施细则》（国务院于 1990 年 10 月 28 日通过，2001 年和 4 月 12 日第一次修订；2014 年 2 月 19 日第二次修订）；《国务院关于鼓励外商投资的规定》（国务院于 1986 年 10 月 11 日发布）；等等。

二、中外合资经营企业法律制度

（一）中外合资经营企业的概念和特征

中外合资经营企业（简称"合营企业"）是指中国合营者与外国合营者依法在中国境内共同举办的合营企业。合营企业具有以下几个特征：①举办合营企业的主体必须是中外两个合营方；合营企业必须设在中国境内，取得中国法人资格；②合资企业的形式为有限责任公司，即中外合营各方对合营企业的债务仅以其出资额为限承担责任；③合营企业作为有限责任公司，不得向社会集资和公开发行股票；④合营企业属于股权式的企业，即各方均以货币形式进行估价，折合成股份，计算出在整个注册资本中所占的比例，双方按出资比例分享利润，承担风险。

（二）中外合资经营企业的组织形式和法律地位

1. 合营企业的组织形式。《中外合资经营企业法》第 4 条第 1 款规定："合营企业的形式为有限责任公司。"合营各方以其认缴的出资额对企业承担有限责任，合营企业以其全部资产对其债务承担责任。

2. 合营企业的法律地位。合营企业是中国法人，受中国法律管辖和保护。作为中国企业法人，必须具备《民法通则》规定的法人条件。其与中国境内其他公司、企业和其他组织或个人发生的经济纠纷，按照中国国内法规定解决。

(三) 合营企业的设立

1. 设立的条件。《中外合资经营企业法实施条例》（以下简称《实施条例》）第3条第1款规定："在中国境内设立的合营企业，应当能够促进中国经济的发展和科技水平的提高，有利于社会主义现代化建设。"

我国允许设立合营企业的主要行业是：①能源开发、建筑材料工业、化学工业、冶金工业；②机械制造工业、仪器仪表工业、海口石油开采设备的制造；③电子工业、计算机工业、通信设备制造业；④轻工业、纺织工业、食品工业、医药和医疗器械工业、包装工业；⑤农业、牧业、养殖业；⑥旅游和服务业。凡涉及国家安全、有关国家重大经济利益和我国独有的传统工艺行业，禁止举办外商投资企业，对申请设立合营企业，有下列情况之一的，不予批准：①有损国家主权的；②违反国家法律的；③不符合中国国民经济发展要求的；④造成环境污染的；⑤签订的协议、合同、章程显属不公平，损害合营一方权益的。

2. 设立的程序。根据《实施条例》第9、11条的规定，合营企业设立必须经过下列几个步骤：

(1) 立项报批。由中国合营者向企业主管部门呈报拟与外国合营者设立合营企业的项目建议书和初步可行性研究报告。该建议书和初步可行性研究报告，经企业主管部门审查同意并转报审批机构批准后，合营各方才能进行以可行性研究为中心的各项工作。

(2) 形成合营企业的法律文件。立项批准后，中外合营者在共同编制可行性研究报告的基础上，通过谈判，签订合营企业的协议、合同、章程等。

(3) 报送文件。经谈判确定了合营企业的协议、合同、章程后，中外双方正式签字，由中方负责向审批机构报送下列正式文件：①设立合营企业的申请书；②合营各方共同编制的可行性研究报告；③由合营各方授权代表签署的合营企业协议、合同、章程；④由合营各方委派的合营企业董事长、副董事长、董事人选名单；⑤中国合营者的企业主管部门和合营企业所在地的省、自治区、直辖市人民政府对设立该合营企业签署的意见。

以上各项文件必须用中文书写，其中第2～4项文件可同时用合营各方商定的一种外文书写。两种文字书写的文件具有同等效力。

(4) 审批。合营各方签订的合营协议、合同、章程，应报国家对外经济贸易主管部门审核批准，审批机关收到应报送的全部文件后，在3个月内决定批准或不批准。审批机构若发现报送文件有不当之处，应要求限期修改，否则不予批准。

(5) 登记。合营企业经批准后，申请者应在收到批准证明书后1个月内，按《企业法人登记管理办法》的规定，凭批准证书向合营企业所在地的省、自治区、直辖市工商行政管理局办理登记手续，领取营业执照，开始营业。合营企业的营业执照签发日期，为该合营企业的成立日期。

3. 设立合营企业的法律文件。根据我国《中外合资经营企业法》第3条的规定，协议、合同、章程是合营企业的三种基本的法律文件。合营企业协议，是指合营各方对设立合营企业的某些重点和原则达成一致意见而订立的文件。合营企业合同，是指合营各方为设立合营企业就相互权利、义务关系达成一致意见而订立的文件。合营企业章程，是按照合营企业合同规定的原则，经合营各方一致同意，规定合营企业的宗旨、组织原则和经营管理方法等事项的文件。当合营企业协议与合营企业合同有不一致之处时，以合营企业合同为准。经合营各方同意，也可以不订立合营企业协议。

（四）中外合资经营企业的注册资本与出资方式

1. 合营企业的注册资本与投资总额。合营企业的注册资本，是指为设立合营企业在登记管理机构登记的资本总额，应为合营各方认缴的出资额之和。

合营企业的注册资本在该企业合营期间内不得减少，因投资总额和生产经营规模等发生变化，确需减少的，须经审批机构批准。合营企业在企业合营期间内可以增加注册资本。合营企业注册资本的增加、减少应由合营企业董事会会议通过，并报审批机关批准，向原登记管理机构办理变更登记手续。

在合营企业的注册资本中，外国合营者的投资比例一般不得低于25%，对外国投资者投资比例的上限未作规定，这比多数发展中国家不允许外资超过49%的规定更为开放，以利于吸引外资。

经合营他方同意和审批机关批准，合营一方可以向第三者转让其全部或部分出资额；合营一方在转让其全部或部分出资额时，合营他方有优先购买权。

合营企业投资总额是按照合营企业合同、章程规定的规模需要投入的基本建设资金和生产流动资金的总和。如果合营各方的出资额之和达不到投资总额，可以合营企业的名义进行借款。在这种情况下，投资总额包括注册资本和企业借款。

2. 中外合资经营企业合营各方的出资方式。合营各方可以用作出资的方式有：①货币；②实物，例如，建筑物、厂房、机器设备或其他物资；③工业产权、专有技术；④场地使用权。以实物、工业产权、专有技术作为出资的，其作价由合营各方按照公平、合理的原则协商确定，或者聘请合营各方同意的第三者评定。外国合营者作为出资的机器设备或其他物料、工业产权或专有技术，应符合我国法律规定的条件，并报审批机关批准。

此外，外国合营者以工业产权或专有技术出资签订技术转让协议的，还应当符合以下规定：①技术使用费用应当公平、合理，一般应采取提成方式支付，提成率不得高于国际上通常的水平；②除双方另有约定外，技术输出方不得限制技术输入方出口其产品的地区、数量和价格；③技术转让协议的期限不得超过10年；④技术转让协议期满后，输入方有权继续使用该技术；⑤双方互相交换改进技术的条件应当对等；⑥输入方有权按照自己认为合适的来源购买需要的机器设备零部件和原材料；⑦不得含有为中国法律、法规所禁止的不合理的限制性条款。

合营企业的场地使用权可以通过以下方式取得：①作为中方的出资投入合营企业；②由合营企业向企业所在地的市（县）级土地管理部门申请，通过签订合同、交纳土地使用费取得；③按照国家有关规定取得土地使用权。《实施条例》规定，场地使用费标准应根据该场地的用途、地理环境条件、征地拆迁安置费用和合营企业对基础设施的要求等因素，由所在地的省、自治区、直辖市人民政府规定，并向国家对外经济贸易主管部门和国家土地主管部门备案。如果场地使用权作为中国合营者出资的一部分，其作价金额应与取得同类场地使用权所应缴纳的使用费相同。

3. 中外合资经营企业合营各方的出资期限。合营各方应当在合营合同中订明出资期限，并且应当按照合营合同规定的期限缴清各自的出资。

另外，《中外合资经营企业法》第2条第3款还规定："国家对合营企业不实行国有化和征收；在特殊情况下，根据社会公共利益的需要，对合营企业可以依照法律程序实行征收，并给予相应的补偿。"这是国家对投资者的权益从法律上所作的明确保证，表明我国承认并保护外国投资者对其资本的所有权。

（五）中外合资经营企业的组织结构

1. 合营企业的权力机构。合营企业的董事会是合营企业的最高权力机构。董事会的职权是决定企业的一切重大问题，包括企业的发展规划、生产经营活动方案、收支预算、利润分配、劳动工资计划、停业，以及总经理、副总经理等的任命或聘请及其待遇和职权等。

董事会的人数由合营各方协商，在合同、章程中确定，并由合营各方委派和撤销。董事长和副董事长由各方协商确定或由董事会选举产生，中外合营者一方担任董事长的，他方担任副董事长。董事长是合营企业的法定代表，负责召集并主持董事会会议、董事任期一般为4年，经合营各方继续委派可以连任。董事长不能履行职责时，应当授权副董事长或其他董事代表合营企业。

董事会会议每年至少召开一次。经1/3以上的董事提议，可以召开董事会临时会议。董事会会议应有2/3以上董事出席方能举行。举行董事会会议的地点一般应在合营企业的法定地址所在地。

下列事项由出席董事会会议的董事一致通过方可作出决议：合营企业章程的修改；合营企业的终止、解散；合营企业的注册资本的增加、转让；合营企业与其他经济组织的合并。关于其他事项，可以根据合营企业章程载明的议事规则作出决议。

2. 合营企业的经营管理机构。合营企业的经营管理机构，负责企业的日常管理工作。经营管理机构设总经理1人，副总经理若干人。总经理、副总经理，可以由中国公民担任，也可以由外国公民担任。总会计师由合营企业董事会聘请，通常由中国公民担任。

总经理执行董事会会议的各项决议，组织领导合营企业的日常经营管理工作。在董事会授权范围内，总经理对外代表合营企业，对内任免下属人员，行使董事会授予的其他职权。副总经理协助总经理工作。

合营企业可以根据生产经营需要，自行确定其机构设置和人员编制。合营企业需要在外国和我国的香港和澳门特别行政区设立分支机构（含销售机构）时，应报国家对外经济贸易主管部门批准。

（六）中外合资经营企业的经营管理

1. 中外合资经营企业的物资采购与产品销售。根据世界贸易组织（WTO）贸易自由化的要求，修正之后的《中外合资经营企业法实施条例》规定，合营企业所需的机器设备、原材料、燃料、配套件、运输工具和办公用品等，有权自行决定在中国购买或向国外购买。中国政府鼓励合营企业向国际市场销售其产品。

合营企业自行决定从国外购买所需要的物资，如果这些物资是属于需要领取进口许可证的产品，需每年编制一次进口计划，每半年申领一次许可证。合营企业在国内购买物资的价格以及支付水、电、气、热、货物运输、劳务、工程设计、咨询、广告等服务的费用，享受与国内其他企业同等的待遇。

2. 中外合资经营企业的劳动人事管理。

（1）合营企业职工的录用、解雇（辞退）、辞职和开除。

第一，录用。合营企业需要的工人、专业技术人员和经营管理人员（包括高级管理人员），由企业面向社会公开招聘，也可以从中方合营者推荐的人员中选聘。

第二，解雇（辞退）。合营企业对于因生产、技术条件发生变化而多余的职工，经过培训不能适应要求，也不宜改调其他工种的职工，按照法律规定和劳动合同约定，可以解雇（辞退），但要提前1个月通知企业工会组织和被解雇本人，并报企业主管部门和所在地区劳动部门备案；同时还要根据职工在本企业的工龄发给补偿金。

第三，辞职。合营企业的职工在劳动合同期限内：因有特殊情况，需要辞职时，必须通过工会组织提前1个月向企业提出，对于职工具有正当理由的辞职，企业应予以同意，但可以不发给补偿金。辞职职工如果是由合营企业出资培训，则在培训期满后工作未满合同规定年限的，须按劳动合同规定，赔偿企业一定的培训费用。

第四，开除。合营企业对于违反企业各项规章制度，违反劳动纪律，造成一定后果，情节严重，屡教不改的职工，可以开除。开除职工须报主管部门和所在地区劳动人事部门备案。

（2）劳务费用。劳务费用是外商投资企业对职工提供的劳动所支付的报酬和其他各种费用的总和。具体包括职工的工资、职工劳动保险费、福利费和国家对职工的各项补贴费用。

第一，工资。包括各种形式的工资、津贴和奖金。外商投资企业职工的工资水平，由董事会按照不低于所在地区同行业条件相近的国有企业平均工资120%的原则加以确定，并根据企业经济效益好坏逐步加以调整。

第二，劳动保险和福利费。劳动保险是企业在职工患病、生育、伤残、退休以及待业等期间，由于暂时或长期丧失劳动能力或机会，给予职工物质帮助所支付的费用。福利费是企业用于职工生活集体福利事业的费用。外商投资企业应按照所在地区人民政府的规定，缴纳中方职工退休养老基金和待业保险基金。职工在职期间的保险福利待遇，按照中国政府对国有企业的有关规定执行；所需费用，从企业成本费用中如实列支。

第三，补贴。例如，外商投资企业应按照所在地区人民政府的规定，支付住房补助金，由企业的中方用来补贴建造、购置职工住房的费用。但是产品出口企业和先进技术企业根据《国务院关于鼓励外商投资企业的规定》，除按照国家规定支付或者提取中方职工劳动保险、福利费用和住房补助金外，免交国家对职工的各项补贴。

（3）职工奖惩、劳动保护和劳动争议的解决。

第一，职工奖惩。外商投资企业有权奖惩职工。对于模范执行企业各项规章制度，在完成生产、工作任务、革新生产技术和改善管理中作出优异成绩的职工，可以根据不同的情况，给予不同的奖励。对于违反企业规章制度，造成一定后果的职工，可以根据情节轻重，给予不同的处分，直至开除。

第二，劳动保护。外商投资企业为保障职工在劳动过程中获得适宜的劳动条件，应依法采取保护措施。外商投资企业的劳动保护按照国家对国有企业有关劳动保护的规定执行。

第三，劳动争议的解决。在劳动争议发生后，首先双方协商解决；通过协商不能解决的，当事人可以向本单位劳动争议调解委员会申请调解；调解不成的，当事人一方要求仲裁的，可以向劳动争议仲裁委员会申请仲裁。当事人一方也可以直接向劳动争议仲裁委员会申请仲裁。如果有一方不服仲裁的，则可以向人民法院提起诉讼。

3. 中外合资经营企业的利润分配。合营企业缴纳所得税后的利润按下列顺序分配：①支付各项赔偿金、违约金、滞纳金、罚息、罚款；②弥补企业以前年度亏损；③提取储备基金、企业发展基金和职工奖励、福利基金；④向投资人分配利润。合营企业的储备基金、企业发展基金和职工奖励及福利基金的提取比例由董事会确定。合营企业的税后利润中可以向投资人分配的利润，按照投资人的实际出资比例进行分配。合营企业以前年度尚未分配的利润，可以并入当年分配。合营企业以现金分配利润时，除合同、章程另有规定者外，原则上按企业经营所得的货币进行分配。

4. 中外合资经营企业的外汇管理。

（1）外汇账户的管理。外商投资企业必须在境内银行开立外币存款账户，包括外汇结算账户和外汇特别账户。经外汇管理局批准，可以根据需要在外国或香港和澳门特别行政区开立外汇存款账户。

(2) 外汇收入的管理。外商投资企业的外汇收入可以不必结汇，但必须及时调回境内存入外币存款账户，企业的一切外汇支出都必须从外币存款账户支付。此外，在我国从事合作开采海洋石油资源的外资企业，符合规定条件的资金准许存放在经中方同意的外国或我国香港和澳门特别行政区、我国台湾地区的银行，同时，符合规定条件的支出，允许直接在境外直接进行。

(3) 外汇支出管理。外商投资企业的外汇管理制度散见于外商投资企业法和外汇管理法中，概括起来主要有以下内容：

第一，外商投资企业的经常性外汇支出，可以持进口合同等付款单据直接到开户银行办理汇出手续，不必逐笔报外汇管理部门批准。

第二，外国投资者依法纳税后的纯利润和其他正当收益的汇出，须向外汇管理部门提交董事会或其他权力机构的分配利润决定书、纳税凭证及载有收益分配条款的合同，经批准后从外币存款账户中支付。

第三，外商投资企业终止后，经过清算外国投资者分得的外汇净资产，包括投入资本金及税后纯利润，在依法缴纳所得税后经国家外汇管理局或其分局批准，从原企业的外汇存款账户中汇出。

第四，外商投资企业的外籍职工和香港、澳门特别行政区职工的工资和其他正当收益，依法纳税后可以汇出，当汇出金额超过收入的50%时，须向国家外汇管理局或其分局申请；合营企业的外籍职工和香港、澳门特别行政区职工的工资和其他正当收益，在依法纳税后，减去在中国境内使用的花费，剩余部分可以全部汇出。汇出外汇均凭纳税凭证向开户银行申请，从其企业的外币存款账户中支付。

(4) 外汇借款管理。外商投资企业的外汇借款，无论是向境内银行借款还是向境外银行借款，均不需外汇管理部门审批，但向境外借款须到外汇管理部门备案。

5. 合资经营企业的税收管理。依照我国有关法律、法规规定，外商投资企业适用的税种主要有：企业所得税、增值税、消费税、营业税、关税、土地增值税、资源税、印花税、屠宰税、城市房地产税、车船税、契税等。

(七) 中外合资经营企业的期限、解散与清算

1. 合营企业的合营期限。根据我国《中外合资经营企业法》第13条的规定，除法律特别规定的以外，合营企业可以约定也可以不约定合营期限。约定合营期限的合营企业，合营各方同意延长合营期限的，应在距合营期限满6个月前向审查批准机关提出申请。审查批准机关应自接到申请之日起1个月内决定批准或不批准。

2. 合营企业的解散。已经开业的合营企业，具有下列情况之一时解散：①合营期限期满；②合营企业发生严重亏损，无力继续经营；③合营一方不履行合营企业协议、合同、章程规定的义务，致使企业无法继续经营；④合营企业因自然灾害、战争等不可抗力遭受严重损失，无法继续经营；⑤合营企业无法达到其经营目的，同时又无发展前途；⑥合营企业合同、章程所规定的其他解散原因已经出现。

在发生上述第②～⑥项情况时，应由董事会提出解散申请书，报审批机关批准。

3. 合营企业的清算。合营企业解散，应依法组成清算委员会进行清算。合营企业清算工作结束后，由清算委员会提出清算结束报告，提请董事会会议通过后，报告原审批机构，并向原登记管理机构办理缴销登记手续，注销营业执照。

三、中外合作经营企业法律制度

（一）中外合作经营企业的概念和特征

中外合作经营企业，是指外国公司、企业和其他经济组织或个人与我国的公司企业或其他经济组织，根据中国法律，在中国境内共同投资设立，由合同确定双方权利、义务，按照合同从事经营管理活动的企业。

中外合作经营企业具有以下法律特征：

1. 合作企业是典型的契约式的合营。合营双方利润分配、风险承担、管理方式等权利、义务的确定是依据合作企业合同的约定，而非依出资比例。这是合作企业与合营企业最根本的区别。

2. 合作企业一般规模较小，灵活多样，更有利于吸引外资。合作企业的灵活性表现为：①合作企业出资更加灵活、简便，中外双方可以出资也可以提供合作条件；②合作企业的组织形式灵活，规模可大可小，可以设立规范的有限公司，也可以采取非法人组织的形式；③合作企业的经营管理方式灵活，可以由合作双方共同经营，也可以委托其中一方甚至委托第三人经营；④合作企业分配方式灵活，可以采取利润分成的方式，也可以采取产品分成的方式。

3. 周期短、风险小。合作企业合同可以约定外方提前收回出资的方法，外方合作者投资回收周期短，投资风险小。

4. 程序简便。合作企业设立中的申请、审批、登记等手续更加简便。

（二）中外合作经营企业合同

中外合作经营企业合同，是指合作各方为设立合作企业就相互之间的权利、义务关系达成一致意见后形成的书面文件。

合作经营合同应当载明下列事项：①合作各方的名称、注册地、住所及法定代表人的姓名、职务、国籍（外国合作者是自然人的，为其姓名、国籍和住所）；②合作企业的名称、住所、经营范围；③合作企业的投资总额、注册资本，合作各方投资或者提供合作条件的方式、期限；④合作各方投资或者提供的合作条件的转让；⑤合作各方收益或者产品的分配，风险或者亏损的分担；⑥合作企业的董事会或者联合管理委员会的组成以及董事或者联合管理委员会名额的分配，总经理及其他高级管理人员的职责和聘任、解聘办法；⑦采用的主要产品设备、生产技术及其来源；⑧产品在中国境内销售和境外销售的安排；⑨合作企业外汇收支的安排；⑩合作企业的期限、解散和清算；合作各方的其他义务以及违反合同的责任；财务、会计、审计的处理原则；合作各方之间争议的处理；合作企业合同的修改程序。

（三）中外合作经营企业的出资

合作各方依法和依合作企业合同的约定，向合作企业投资或提供合作条件。出资的方式可以是货币，也可以是实物或者工业产权、专有技术、土地使用权等财产权利。合作各方缴纳投资或提供合作条件后，应当由中国注册会计师验资，合作企业据此发给合作各方出资证明书。依法取得法人资格的中外合作企业，外方合作者的投资一般不低于合作企业注册资本的25%。不具备法人资格的中外合作企业，外方合作者的投资一般不低于中国和外国合作者投资之和的25%。

中外合作企业的合作各方应当根据合作企业的生产经营需要，在合作企业合同中约定合作各方投资或提供合作条件的期限。最长出资期限的规定与合营企业相同。合作各方未按期缴纳投资，提供合作条件的，工商管理部门应当限期履行，期限届满仍未履行的，审查批准机关应当撤销批准证书，工商行政管理机关应当吊销营业执照，并予以公告。未按合作企业合同缴纳投资或提供合作条件的一方，应当向已经缴纳投资或提供合作条件的他方承担违约责任。

(四) 中外合作经营企业的组织形式与经营管理

1. 中外合作经营企业的组织形式。根据我国法律规定，合作企业依法取得中国法人资格的，其组织形式为有限责任公司。合作各方对合作企业的责任以各自认缴的出资额或提供的合作条件为限。合作企业以其全部资产对其债务承担责任。不具有法人资格的合作企业，则依照我国《民法通则》的有关规定，由合作各方以合伙人的身份向合作企业债权人承担企业债务的清偿责任。

2. 中外合作经营企业的经营管理。

(1) 中外合作经营企业的管理方式。《中外合作经营企业法》第 12 条规定，合作企业应当设立董事会或者联合管理机构，依照合作企业合同或者章程的规定，决定合作企业的重大问题。此外，该法还规定，合作企业成立后可以改为委托中外合作者以外的他人经营管理。可见，合作企业在组织机构的设置上有较大的灵活性，同中外合资经营企业有很大的区别，合作企业的管理形式有以下三种：

第一，董事会制。具有法人资格的合作企业，一般采取董事会制。董事会是合作企业的最高权力机构，董事会可以决定任命或者聘请总经理负责合作企业的日常经营管理工作。总经理对董事会负责。

第二，联合管理制。不具有法人资格的合作企业，一般采取联合管理制。联合管理机构由合作各方代表组成，是合作企业的最高权力机构，决定合作企业的重大问题。

第三，委托管理制。经合作各方一致同意，合作企业可以委托中外合作一方或第三方进行经营管理，委托第三方进行管理的，必须经董事会或者联合管理机构一致同意，并报审批机关审批，向工商行政管理机关办理变更登记手续。

(2) 议事规则。合作企业的董事会会议或者联合管理委员会会议每年至少召开 1 次，由董事长或联合管理委员会主任召集并主持。董事长或者联合管理委员会主任因特殊原因不能履行职务时，由副董事长、副主任或者其他董事、委员召集并主持。1/3 以上董事或委员可以提议召开董事会会议或联合管理委员会会议。董事会会议或者联合管理委员会会议应当有 2/3 以上董事或者委员出席方能举行，不能出席董事会会议或者联合管理委员会会议的董事或委员应当书面委托他人代表其出席和表决。董事会会议或者联合管理委员会会议作出决议，须经全体董事或者委员的过半数通过。董事或者委员无正当理由不参加又不委托他人代表其参加董事会会议或者管理委员会会议的，视为出席董事会会议或者管理委员会会议并在表决中弃权。

召开董事会会议或者联合管理委员会会议应当在会议召开的 10 日前通知全体董事或者委员。董事会或者联合管理委员会也可以用通讯方式作出决议。

董事会或联合管理委员会作出决议一般由出席会议董事或委员过半数同意。但是，合作企业章程的修改、合作企业注册资本的增加和减少、合作企业的解散、合作企业的资产抵押、合作企业的合并、分立和变更组织形式以及合作各方约定由董事会会议的董事或联合管理委员会会议一致通过方可作出决议的其他事项，应由出席董事会会议或者管理委员会的委员一致通过，方可作出决议。

(3) 会计账簿管理。不具有法人资格的合作企业，应当在合作企业所在地设置统一会计账簿，合作各方还应当设置各自的会计账簿。

(五) 中外合作经营企业的利润分配与投资回收

1. 合作企业的利润分配。合作企业可以采取利润分成或产品分成的分配方式，后者一般在资源开发项目中采用。关于合作企业收益或者产品的分配，以及利润与产品的分成比例，由中外合作者依照法律规定，在合作企业合同中约定。

2. 合作企业外国合作者投资的回收。《中外合作经营企业法》第 21 条第 2 款规定，中外合作者在合作企业合同中约定合作期满时合作企业的全部固定资产归中国合作者所有的，可以在合作企业合同中约定外国合作者在合作期限内先行回收投资的办法。

回收投资的办法一般有三种：①在按照投资或提供合作条件的基础上，在合作企业合同中约定扩大外国合作者收益分配的比例；②外国合作者在缴纳所得税之前回收投资；③经财政税务机关和审查批准机关批准的其他提前回收投资的方式。

四、外资企业法律制度

（一）外资企业的概念和特征

外资企业，是指依照中国法律在中国境内设立的全部资本由外国投资者投资的企业，不包括外国的企业和其他经济组织在中国境内设立的分支机构。

外资企业具有以下法律特征：

1. 外资企业是中国法人或非法人企业。由于这里所称的外资企业是在中国境内设立的，按照我国关于法人国籍标准的有关法律规定，外资企业应当为中国法人或非法人企业。

2. 外资企业的资本全部由外国投资者出资。这一点与合作企业和合营企业不同。后两者都有中方出资者的出资，而外资企业的出资中则没有中国出资者的出资。

（二）外资企业的出资

1. 外国投资者的出资方式。外国投资者可以用可自由兑换的外币出资，也可以用机器设备、工业产权、专有技术等作价出资。经审批机关批准外国投资者也可以用其从中国境内兴办的其他外商投资企业获得的人民币利润出资。

外国投资者以机器设备作价出资的，该机器设备必须符合下列要求：①外资企业生产所必需的；②中国不能生产，或者虽然能生产，但在技术性能或者供应时间上不能保证需要的。外国投资者以工业产权、专有技术作价出资时，该工业产权、专有技术应当为外国投资者自己所有。

2. 外国投资者的出资期限。外国投资者缴付出资的期限应当在设立外资企业申请书和外资企业章程中载明。外国投资者可以分期缴付出资，但最后一期出资应当在营业执照签发之日起 3 年内缴清，其第一期出资不得少于外国投资者认缴的出资额的 25%，并应当在外资企业营业执照签发之日起 90 日内缴清。

外国投资者未能在外资企业营业执照签发之日起 90 日内缴付第一期出资的，或者无正当理由逾期 30 日不缴付其他各期出资的，外资企业批准证书即自动失效。外国投资者有正当理由要求延期出资的，应当经审批机关同意并报工商行政管理机关备案。

（三）外资企业的组织形式与机构设置

1. 外资企业的组织形式和法律地位。《外资企业法实施细则》第 18 条规定，外资企业的组织形式为有限责任公司。经批准也可以为其他责任形式。外资企业为有限责任公司的，外国投资者对企业的责任以其认缴的出资额为限。外资企业以其全部资产对其债务承担责任。外资企业为其他责任形式的，外国投资者对企业的责任适用中国法律、法规的规定。

2. 外资企业的机构设置。《外资企业法》及其实施细则均未对外资企业的管理机构作出具体的法律规定，只是规定外资企业管理机构须在外资企业章程中确定。外资企业为有限责任公司的，而且股东较多的，可以设股东会；股东较少或一家独资的，可以直接设董事会，不设股东会；企业股东人数较少、规模较小的，可以设立 1 名执行董事，不设董事会，执行董事可以兼任公司经理，执行董事是企业的法定代表人，并设 1~2 名监事。董事、经理及财务负责人不得兼任监事。

（四）外资企业的经营期限

1. 外资企业的经营期限。根据《外资企业法》及实施细则的有关规定，外资企业的经营期限，根据不同行业和企业的具体情况，由外国投资者在设立外资企业的申请书中拟定，并经审批机关批准。外资企业的经营期限，从其营业执照签发之日起计算。外资企业经批准延长经营期限的，应当自收到批准延长期限文件之日起30日内，向工商行政管理机关申请变更登记手续。

2. 外资企业的清算。外资企业资格终止前应进行清算，清算委员会应由外资企业的法定代表人、债权人代表以及有关主管机关的代表组成，并聘请中国的注册会计师、律师等参加。

清算委员会的职权包括：召集债权人会议；接管并清理企业财产，编制资产负债表和财产目录；提出财产作价和计算依据；制订清算方案；收回债权和清偿债务；追回股东应缴而未缴的款项；分配剩余财产；代表外资企业起诉和应诉。

在外资企业清算结束前，外国投资者不得将该企业的资金汇出或者携带出中国境外，不得自行处理企业财产。

清算委员会负责清理外资企业的债权、债务，代表外资企业起诉和应诉。外资企业清算结束后，应当向工商行政管理机关办理注销登记手续，缴销营业执照。

学术视野

1. 关于国有企业财产权问题，概括起来主要有以下几种观点：认为国家与企业之间具有双重财产关系、区分法律所有权与经济所有权的观点、委托—代理理论的观点和用益权的观点。

2. 目前学界在合伙的法律人格定位方面存在两种观点：①将合伙企业的法律人格定位于自然人和法人之外的"第三民商事主体"；②将合伙企业作为法人的一种具体形态，直接赋予其法人资格。

3. 关于合伙人资格问题。《合伙企业法》对法人合伙未作规定，现行法律规定将法人合伙称为合伙型联营而已。我国将来制定民法典时，最好还是将个人合伙、法人合伙纳入统一的法律调整范围内。

4. 关于合伙企业财产性质问题。合伙企业财产由"合伙人统一管理和使用"，学理上有全体合伙人共有说、出资人个人所有说、合伙人统一管理和使用说。

5. 《个人独资企业法》主体范围不明确，造成实践中某些企业难以纳入法制管理。《个人独资企业法》的主体除了自然人个人外应包括个体工商户、私营企业等。

6. 由于法律对个人独资企业的转让缺乏完善规定，导致司法实践中对个人独资企业转让前债务的承担问题存在较大争议。

理论思考与实务应用

一、理论思考

（一）名词解释

企业　全民所有制企业　合伙企业　集体所有制企业　有限合伙　个人独资企业　外商投资企业

（二）简答题

1. 《全民所有制企业法》主要有哪些规定？
2. 企业有哪些分类？
3. 合伙企业有哪些种类？
4. 合伙企业可以采取哪些出资形式？
5. 对普通的合伙企业在主体上有哪些限制？
6. 合伙企业盈余和亏损如何分配？
7. 有限合伙有哪些特殊规定？
8. 合伙企业应当解散的情形有哪些？
9. 《个人独资企业法》主要有哪些规定？
10. 外商投资企业有哪些形式？

（三）论述题

试述现代企业制度的核心内容。

二、实务应用

（一）案例分析示范

案例一[1]

周某与杨某、王某、陆某4人于2008年开办了一个合伙企业。约定由周某、杨某、王某各出资5万元，陆某提供劳务作价5万元入伙，四人平均分配盈余和承担亏损，由陆某执行合伙事务，但是超过5万元的业务须由全体合伙人共同决定。4人办理了有关手续并租赁了房屋进行经营。后来陆某以合伙企业的名义向某工商银行贷款10万元。半年后，杨某想把自己的一部分财产份额转让给丁某，周某和王某表示同意，但陆某不同意，并表示愿意受让杨某转让的那部分财产份额。因多数合伙人同意丁某成为新合伙人，陆某于是提出退伙，周某、杨某、王某同意其退伙并接纳丁某成为新合伙人。此时，企业已经对某工商银行负债12万元。此后，企业经营开始恶化，半年后散伙，又负债6万元。由此导致了一系列的纠纷。

问：（1）陆某以劳务出资是否合法？

（2）周某、杨某、王某能否以陆某向银行贷款超过合伙企业对合伙人执行事务的限制，未经其一致同意为由拒绝向银行偿债？

（3）杨某转让财产份额的行为是否有效？

（4）陆某退伙的行为是否违法？

（5）本案中合伙企业的债务应当如何承担？

【评析】（1）根据《合伙企业法》第16条第2款的规定，合伙人可以用货币、实物、知识产权、土地使用权或者其他财产权利出资，也可以用劳务出资。因此陆某以劳务出资合法。

（2）根据《合伙企业法》第37条的规定，合伙企业对合伙人执行合伙事务以及对外代表合伙企业权利的限制，不得对抗善意第三人。本案中，周某、杨某、王某不能以陆某向银行贷款超过合伙企业对合伙人执行事务的限制，未经其一致同意为由拒绝向银行偿债。因此该主张不能成立。

（3）根据《合伙企业法》第22条第1款的规定，除合伙协议另有约定外，合伙人向合伙人以外的人转让其在合伙企业中的全部或者部分财产份额时，须经其他合伙人一致同意。《合

---

[1] 参见 http://www.9ask.cn.

伙企业法》第 23 条还规定："合伙人向合伙人以外的人转让其在合伙企业中的财产份额的，在同等条件下，其他合伙人有优先购买权；但是，合伙协议另有约定的除外。"本案中，陆某不同意杨某把自己的财产份额转让给丁某，并表示愿意受让杨某转让的那部分财产份额。因此杨某不能转让其在合伙企业的财产份额，否则行为无效。

（4）陆某退伙的行为是否违法？根据《合伙企业法》第 45、46 条的规定，合伙人退伙经全体合伙人一致同意；合伙协议未约定合伙期限的，合伙人在不给合伙企业事务执行造成不利影响的情况下，可以退伙，但应当提前 30 日通知其他合伙人。本案中，陆某提出退伙，周某、杨某、王某同意其退伙并接纳丁某成为新合伙人。因此陆某可以退伙，但应当提前 30 日通知其他合伙人。

（5）本案中合伙企业的债务应当如何承担？根据《合伙企业法》第 44 条第 2 款的规定，新合伙人对入伙前合伙企业的债务承担无限连带责任。丁某对其入伙前的合伙企业欠工商银行的 12 万元债务及入伙后发生的 6 万元负债，与周某、杨某、王某在合伙企业不足清偿时承担无限连带清偿责任。

案例二

甲、乙、丙、丁共同投资设立合伙企业，约定利润分配比例为 4:2:2:2。现甲、乙已退伙，丙、丁未就现有合伙企业的利润分配约定新的比例，经过协商后也无法确定。

问：依照《合伙企业法》的规定，现该合伙企业的利润在丙、丁之间应当如何进行分配？

【评析】《合伙企业法》第 33 条第 1 款规定，合伙企业的利润分配、亏损分担，按照合伙协议的约定办理；合伙协议未约定或者约定不明确的，由合伙人协商决定；协商不成的，由合伙人按照实缴出资比例分配、分担；无法确定出资比例的，由合伙人平均分配、分担。本案中，原来的合伙企业虽有约定利润分配比例，但现甲与乙退伙，原来的合伙人发生了变化，原来约定利润分配比例已不适合为丙、丁现有合伙企业的利润分配。丙、丁未就现有合伙企业的利润分配约定新的比例，经过协商后也无法确定。如果选择按照实缴出资比例来确定分配利润比例的话，但因是在合伙企业经营过程中，会出现新情况，实缴出资比例也不是很容易确定的。因此，本案利润分配比例在合伙协议未约定或者约定不明确，协商又不成的，按照实缴出资比例又无法确定的情况下，由合伙人平均分配。

案例三[1]

2000 年 1 月 15 日，甲出资 5 万元设立 A 个人独资企业（本题下称 A 企业），甲聘乙管理企业事务。甲还规定凡乙对外签订标的超过 2 万元的合同，须经甲同意。2 月 10 日，乙未经甲同意，以 A 企业的名义向善意第三人丙购入价值 2 万元的货物。2000 年 7 月，A 企业亏损，不能支付到期的丁的 10 万元债务，甲决定解散 A 企业，并请求人民法院指定清算人，8 月人民法院指定戊为清算人对 A 企业进行清算。经查 A 企业的资产及债权债务如下：①A 企业欠缴税款 2000 元，欠乙工资 5000 元，欠社会保险费 5000 元；②A 企业的银行存款 1 万元，实物折价 8 万元；③甲在 B 合伙企业出资 6 万元，占 50% 的出资额，合伙企业每年可向合伙人分配利润；④甲个人其他可供执行的财产 2 万元。

问：（1）2 月 10 日乙未经甲同意，以 A 企业的名义向善意第三人丙购入价值 2 万元的货

---

[1] 参见 http://wenku.baidu.com.

物的行为是否有效？并说明理由。

(2) 试述 A 企业的清偿顺序。

(3) 如何满足丁的债权请求？

【评析】(1) 该行为有效。因为丙是善意第三人。根据我国《个人独资企业法》的规定甲对乙的限制并不能对抗善意第三人丙。因此，该行为有效。

(2) A 企业的财产按下列顺序进行清偿：①所欠职工工资和社会保险费；②所欠税款；③其他债务。

(3) A 企业财产在清偿所欠职工工资、社会保险费和税款后用于清偿丁的债权但不足以清偿，尚欠 22 000 元，该部分只能用甲所有的其他财产来清偿。可以将甲在合伙企业可分得的收益用于清偿，丁也可以依法请求人民法院强制执行甲在合伙企业的财产份额予以清偿。

(二) 案例分析实训

案例一[1]

2002 年 12 月 17 日陈某与郑某在未通知抵押权人某信用社而仅经车辆挂靠单位某汽车运输公司同意的情况下达成转让赣 C558××货车（户名为该运输公司）的协议，并向该运输公司交纳了 60 000 元部分购车款后提车，但未办理过户手续。此前郑某（为汽车消费借贷合同的主债务人）及该运输公司（为汽车消费借贷合同的担保人）已将该车设定为某信用社（为汽车消费借贷合同的主债权人）的抵押财产，抵押期限为 2002 年 4 月 30 日至 2003 年 10 月 31 日，并已办理抵押登记。截至 2004 年 4 月 19 日某信用社所列郑某名下欠款为 39 000 元未清偿。2003 年 8 月初，贾某投资 35 000 元入股，与陈某合伙经营该车运输业务，并达成书面合伙协议：关于陈某、贾某购买赣 C558××牌大货车投资协议书，自 2003 年 8 月份合伙买车，贾某投资现金 35 000 元。利润对半分成。随后发生纠纷，贾某诉至法院，要求解除与陈某的合伙协议。

问：合伙行为是否有效？

案例二[2]

2003 年 5 月，原告李某与第三人王某经协商决定合伙在纳溪城区经营"夜莺"练歌城。合伙协议约定："夜莺"练歌城由李某、王某各出资 4 万元作为合伙资金，工商、税务等部门的相关证照均由王海负责办理，双方共同经营，盈利共享，亏损共担。不久，王某即以个人名义到工商、税务、文化、消防部门办理了经营练歌房需要的相关证照。

半年后，因经营不善"夜莺"练歌城出现了严重亏损，李、王二人遂产生矛盾。2004 年 3 月 16 日，王某趁李某外出办事之机，将"夜莺"练歌城两套豪华音响设备以 3 万元的价格卖给被告张某。王某称自己是"夜莺"练歌城的老板，并向张某出示了工商、税务等部门颁发的证照作为证明。

张某对此深信不疑，遂于当日付清价款后搬走了两套音响设备，两天后李某回来得知此事，遂拿出合伙协议找到张某，称其所买的两套音响设备系自己与王某共有，王某无权单独处分，要求张某返还音响设备。三人几次协商未果，李某诉至法院。

问：张某能否取得上述音响设备的所有权？对李某的诉讼请求是否应予以支持？

---

[1] 参见 http://www.Law.icxo.com.

[2] 参见 http://www.falvwangzhan.cn.

案例三[1]

2004年9月,被告赵某经工商管理部门核准登记,开办了龙仁堂药房,企业性质为个人独资企业,投资人为赵某。2004年10月,龙仁堂药房向原告张某借款5万元,约定季度付息2250元。2005年12月,被告赵某与被告关某签订了《药房转让协议书》,协议约定:"赵某以13万元将龙仁堂药房转让给关某,转让过户前,龙仁堂药房的所有债权债务都由赵某承担,关某不承担转让前药房法人经营期间的任何债权债务。"2006年1月,经工商管理部门批准,关某分两次将龙仁堂药房投资人由赵某变更为关某、龙仁堂药房更名为神农健欣药房。现原告张某起诉被告神农健欣药房及赵某、关某为共同被告,要求给付借款5万元及利息。

问:个人独资企业转让前的债务由谁承担、如何承担?

主要参考文献

1. 史际春:《企业和公司法》,中国人民大学出版社2008年版。
2. 朱少平主编:《〈中华人民共和国合伙企业法〉释义及实用指南》,中国民主法制出版社2006年版。
3. [美]博尔曼、邓达斯:《商法:企业的法律、道德和国际环境》,张丹等译,清华大学出版社2004年版。
4. 史际春等:《企业国有资产法理解与适用》,中国法制出版社2009年版。

---

[1] 参见 http://www.9ask.cn.

第三章
公司法律制度

【本章概要】 公司是现代企业中最重要的组织形式，公司法则是规范公司经营和行为的基本法律制度。作为规范公司组织和活动的基本法律制度，公司法不仅对公司的种类进行规定，还对公司的设定、公司能力、公司股东的权利义务与公司的组织机构作出规定。我国《公司法》主要包括有限责任公司、一人有限责任公司、国有独资公司和股份有限公司的相关法律规定。有限责任公司是经济生活中发挥重要作用的组织形式。我国国有企业借鉴有限责任公司的优势，形成了国有独资公司的特殊形态。基于现实的需求，《公司法》采纳了一人有限公司的组织形式。股份有限公司也是最具生命力的公司组织形式，由于其募集资本的公开性，各国法律均作出了不同于其他类型公司更为严格的设立条件和设立程序。

2013年修改的《公司法》，对我国的公司资本制度作了重大修订，主要体现在：一是取消了公司最低注册资本的限额；二是取消公司注册资本实缴制，实行公司注册资本认缴制；三是取消货币出资比例限制；四是公司成立时不需要提交验资报告，公司的认缴出资额、实收资本不再作为公司登记事项。2014年2月7日，国务院根据上述立法精神批准了《注册资本登记制度改革方案》，进一步明确了注册资本登记制度改革的指导思想、总体目标和基本原则，从放松市场主体准入管制，严格市场主体监督管理和保障措施等方面，提出了推进公司注册资本及其他登记事项改革和配套监管制度改革的具体措施。

【学习目标】 通过本章学习，需要掌握的重点是公司法的相关基础制度，如公司资本制度、公司法人人格制度与法人人格否认制度、公司的法人财产权以及有限责任公司和股份有限公司的具体内容。其中有限责任公司是我国公司法的重点内容之一，也是现实生活中发挥重要作用的公司形式。与股份有限公司相比，其既有股东有限责任的长处和优势，又有设立简便及兼具人合资合的特点。难点是需要深刻理解公司的法人人格制度与法人人格否认制度，这也是公司这种组织形式区别于合伙企业、个人独资企业等组织形式的根本区别。

第一节 公司法概述

一、公司的概念与特征

（一）公司的概念

当今社会，公司是社会经济活动最重要的主体，也是最重要的企业形式。在不同国家和地区，由于立法习惯及法律体系的差异，公司的概念不尽相同。大陆法系国家和地区的公司概念多采取概括规定的方式，以日本和我国台湾地区为代表。《日本商法典》规定"本法所谓公司，指以经营商行为为目的而设立的社团"。[1] 我国台湾地区"公司法"规定"本法所称公司，谓以营利为目的依照公司法组织登记成立之社团法人"。

与大陆法系国家和地区的法律传统不同，英美法系国家和地区不注重对法律概念的严格界

---

[1] 顾功耘主编：《公司法》，北京大学出版社2004年版，第5页。

定，因而缺少明确的定义。香港特别行政区在公司条例中将公司解释为"依本条例组织及登记之公司或现已存在之公司"。这一规定表明了公司需依法登记的特点，但却不是有关公司的完整定义。美国学者罗伯特·W. 汉密尔顿认为，认识公司最简单最有用的方法是把其看作一个独立于它的所有者或投资者的拟制人，这个拟制人可以像真实的人一样以自己的名义从事各种经营活动。[1]

《公司法》第2条规定："本法所称公司是指依照本法在中国境内设立的有限责任公司和股份有限公司。"第3条规定："公司是企业法人，有独立的法人财产，享有法人财产权。公司以其全部财产对公司的债务承担责任。有限责任公司的股东以其认缴的出资额为限对公司承担责任；股份有限公司的股东以其认购的股份为限对公司承担责任。"结合我国《公司法》的规定和学术界的通常观点，公司的通常定义是依法设立、从事经营活动、以营利为目的，兼顾社会利益的企业法人。[2]

（二）公司的特征

1. 营利性。公司的营利性并非指简单的赚钱，而是通过经营或营业而取得营利。所谓营业，首先以营利为目的；其次必须具有内容的确定性，即从事何种营业活动；再次营业还必须具有连续性或稳定性。公司的营利性使其区别于以行政管理为目的的国家机关，又使其有别于不以营利为目的的公益社团法人。[3]

2. 法人性。法人是具有民事权利能力和民事行为能力，依法独立享有民事权利，承担民事义务的组织。法人的特征在于其具有独立的人格，独立的组织机构，独立的财产和独立的民事责任。公司作为一种经济组织，必定有自己的组织机构，且能独立地承担民事责任。法人性特征也是公司区别于合伙企业和个人独资企业的重要特征。

二、公司法的概念和特征

（一）公司法概述

1. 公司法的概念。公司法是规定各种公司的设立、活动、解散以及其他对内关系的法律规范的总称。公司法调整的对象和范围包括公司设立过程、存续期间和终止过程中的法律行为和法律关系。设立过程中的行为和关系包括设立人之间及设立人与第三人之间的行为和关系。存续期间的行为和关系包括股东之间，股东与公司之间，公司管理机构之间，股东与管理机构之间，股东、公司与第三人之间以及公司与国家管理机关之间的行为和关系。终止过程中的行为和关系除上述关系外，还包括股东与清算组织、清算组织与第三人等的行为和关系。

公司作为一种营利性组织，其基本的经济和社会功能在于获取投资收益、限制投资风险、募集经营资金和实行企业科学管理，就根本性质而言，公司不过是投资者可以选择的股权式的投资工具，"公司的一切经营收益最终都要分配给公司的股东。因此，从本质上说，公司就是一种股权式的投资收益形式，是股东赚钱的工具"。由此决定，公司法的使命和宗旨在于通过对当事人行为的规范和对公司内外法律关系的调整，鼓励社会投资，促进企业发展和公司繁荣，同时又能兼顾债权人的权益安全，平衡公司参与人之间潜在的利益冲突。在全球经济竞争的背景之下，各国经济的竞争不仅是产品和市场的竞争，而且从某种程度上说，更重要的是制度的竞争。由此引发了近年来各国在公司法制度改革方面的"朝底竞争"和"归零思考"，即朝向公司法最低限制、最低条件的放松管制、降低成本的竞争和对公司制度的设计不受任何既有规

---

[1] [美] 罗伯特·W. 汉密尔顿：《公司法》，法律出版社1999年版，第1页。
[2] 顾功耘主编：《商法教程》，上海人民出版社、北京大学出版社2006年版，第79页。
[3] 石少侠主编：《公司法教程》，中国政法大学出版社2002年版，第2页。

则和观念束缚的思考。[1]

2. 公司法的修订沿革。1993年12月29日第八届全国人民代表大会常务委员会第五次会议通过《中华人民共和国公司法》。根据1999年12月25日第九届全国人民代表大会常务委员会第十三次会议《关于修改〈中华人民共和国公司法〉的决定》第一次修正；根据2004年8月28日第十届全国人民代表大会常务委员会第十一次会议《关于修改〈中华人民共和国公司法〉的决定》第二次修正，2005年10月27日第十届全国人民代表大会常务委员会第十八次会议修订。

在2013年10月25日召开的国务院常务会议上，决定要对我国公司法律制度进行修改，2013年12月28日，十二届全国人大常委会第六次会议审议并通过了公司法修正案草案，修改了公司法的12个条款。其主要内容包括：①放宽注册资本登记条件，除法律、行政法规及国务院决定对公司注册资本最低限额另有规定的外，取消了有限责任公司、一人有限责任公司、股份有限公司最低注册资本分别应达3万元、10万元、500万元的限制；②将公司年检制度改为年度报告制度，任何单位和个人均可查询，使企业相关信息透明化；③按照方便注册和规范有序的原则，放宽市场主体住所（经营场所）登记条件，由地方政府具体规定；④大力推进企业诚信制度建设，注重运用信息公示和共享等手段，将企业登记备案、年度报告、资质资格等通过市场主体信用信息系统予以公示，推行电子营业执照和全程电子化登记管理，电子营业执照与纸质营业执照具有同等法律效力；⑤推进注册资本由实缴登记制改为认缴登记制，除法律、行政法规及国务院决定对公司注册资本实缴另有规定的外，取消关于公司股东（发起人）应当自公司成立之日起两年内缴足出资，投资公司应当在5年内缴足出资的规定，取消了一人有限责任公司股东应当一次足额缴纳出资的规定，公司股东自主约定认缴出资额、出资方式、出资期限等，并记载于公司章程，不再限制公司设立时股东（发起人）的首次出资比例和股东（发起人）的货币出资比例；⑥简化登记事项和登记文件，有限责任公司股东认缴出资额、公司实收资本不再作为公司登记事项，公司登记时不需要提交验资报告。此次修法为推进注册资本登记制度改革提供了法制基础和保障。与2005年公司法相比，此次修改过后的公司资本制度有了长足的进步，也是对当前迫切的公司实践需求和社会强烈呼声的正面积极回应，值得肯定。[2]

（二）公司法的特征

1. 主体法和行为法的结合。公司法是一种主体法或组织法，同时也具有商业活动法或行为法的特点和内容。各国公司法不仅规定了公司的设立、变更、组织机构等内部关系，也规定了公司的某些直接的商业经营或交易活动。主要指发行股票和公司债券以及进行股票交易的活动。此种规定包括发行股票、债券的条件和程序，股票债券上市和买卖的方式和规则等。

公司法之所以具有行为法的特点，是由于这些商业活动与公司的重要组织特点密切联系，公司这种组织特有的活动内容，需要在公司法中对此作出规定。

2. 强制性和任意性的结合。法的强制性是必须依照法律、不能以个人意志予以变更的性质。许多法律中，既有强制性规范，又有任意性规范。如民法的规定中许多是任意性规范，当事人可以自由协商作出约定。公司法规范中许多是强制性规范，这些规范更多地体现了国家的意志和干预。其原因在于公司不仅涉及股东间的利益，更涉及公司之外的第三人或债权人的利

---

[1] 赵旭东："公司法修订的基本目标与价值取向"，载《法学论坛》2004年第6期。
[2] 赵万一、高达："论中国公司法与证券法的协同完善与制度创新：以公司治理为研究视角"，《河南财经政法大学学报》2014年第4期。

益。为保障债权人的利益和社会交易的安全,必须将公司法的某些制度和规则予以法定化和强制化。在我国1993年颁布《公司法》中,有大量的强制性规范,比其他国家公司立法体现出了更强的国家干预主义,这与我国当时的立法背景和立法任务是有关的。

作为对公司内外法律关系进行全面调整的公司法,同时要有任意性规范。任意性规范设定的出发点是在尊重当事人意愿的基础上,提供示范性的公司运行规则。公司法应更多赋予公司内部关系的当事人之间通过参与章程制定及会议决议等形式实现自治。2005年修订的《公司法》中就出现了大量的如"公司章程另有规定的除外"、"公司章程另有规定或全体股东另有约定的除外"、"除本法有规定的外,由公司章程规定"等任意性规范。较之原《公司法》,修订后的《公司法》规定了更多的任意性规范,赋予了公司更多的自由空间。

3. 公司法表现为成文法。法律规范有判例法和成文法之分,公司法规范主要表现为成文法的形式。无论在采取成文法形式的大陆法国家,还是采取判例法形式的英美法国家,公司法基本上都采取了成文法的形式。其原因在于公司法对公司的类型实行严格的法定主义,对于公司的法律人格、公司和股东的责任、设立条件、组织机构、公司会计、公司变更与清算等予以全面、系统地法律规范。同时,公司法作为主体法,应具有基本的明确性、系统性、规范性和统一性,以成文法的形式可以避免判例法的分散和易变。

4. 公司法具有一定的国际性。公司法也具有国际法的特点。从各国公司法的内容看,共同性是很明显的,即有关公司的概念与类型、公司的设立与注册登记程序、公司所经营的事业、公司的名称与注册登记程序、公司的资本与股份、股东大会的组成与职权、董事会等管理机构的设置与职权、公司债券的发行、公司的解散与清算等各方面的法律规定,都大同小异。

三、公司法的一般规定

(一) 公司设立的概念和法律特征

公司设立是指公司发起人为促成公司成立并取得法人资格,依照公司法规定的条件和程序所进行的一系列法律行为的总称。因此,公司设立的法律特征可以概括如下:

1. 公司设立的主体是发起人。公司发起人是指依法认购公司股份并承担公司筹建事务的人。我国《公司法》并未就发起人的资格问题作出详细规定,但自然人和法人都可以成为发起人是毫无疑问的。[1] 发起人为公司设立时的机构,对内执行公司设立中的事务,对外代表设立中的公司,进行与设立有关的活动。待公司设立完成并依法成立后,发起人转为公司股东,其行为后果由公司承担;倘若公司不能成立,通常发起人应当对设立行为的后果承担责任。

2. 公司设立的目的是促成公司成立并取得法人资格。公司在设立阶段的行为能力是受到限制的,即只能从事与设立有关的活动,具体而言,就是为促成公司成立并取得法人资格的活动。发起人在此范围内的活动,属于设立行为,超过此范围的活动,就不属于设立行为而应由发起人自己承担行为后果。

3. 公司设立必须依照公司法规定进行。各国公司法通常都对公司设立条件和程序作了严格规定。因此,公司设立是一种法律行为,它包括实体内容和程序内容。公司必须按照公司法进行设立行为,满足了法律的实体要求和程序要求,才能完全设立,取得公司主体资格。否则都可能导致公司不能成立。

4. 公司设立包括一系列法律行为。公司设立是一种法律行为,但它不单指某一种法律行

---

[1] 顾功耘主编:《商法教程》,上海人民出版社、北京大学出版社2006年版,第96页。

为，它其实是一个法律阶段，由一系列法律行为组成，具体包括公司发起、筹建到成立的全过程，具有连续性。虽然公司设立内容会因公司类型不同而有所区别，但所有这些行为都是以取得公司法人资格为目标而展开的，通称设立行为。

（二）公司的设立与成立

与公司设立相关的一个概念是公司成立。公司成立指公司完成设立，具备了法律规定的实体和程序要件，经主管机关核准，取得公司法人资格的一种法律状态和事实。公司成立与设立相互关联，公司设立是公司成立的前提和必经阶段；而公司成立是设立行为的目的和法律后果。《公司法》第7条规定，依法设立的公司，由公司登记机关发给公司营业执照。公司营业执照签发日期为公司成立日期。公司营业执照应当载明公司的名称、住所、注册资本、经营范围、法定代表人姓名等事项。公司营业执照记载的事项发生变更的，公司应当依法办理变更登记，由公司登记机关换发营业执照。

（三）公司章程

公司章程是公司必须具备的由发起设立公司的投资者制定的，并对公司、股东、董事、监事及公司高级管理人员具有约束力的调整公司内部组织关系和经营行为的自治规则。公司章程有公司根本法或公司宪法之称，是公司设立、运营过程中处理内外关系的重要文件。对于公司章程的本质，德国学者拉伦茨认为，"公司章程是在法律规定的范围内对其成员有约束力的内部规范，它仅对加入社团从而自愿服从这些规则的人有效"。[1]

（四）公司的名称与住所

1. 公司名称。公司名称就是公司称谓，是公司依法专有的与其他公司相区别的一种文字标志。它是公司人格独立和特定化的体现，是公司成立条件之一，也是公司从事生产经营活动的基础。根据《公司法》的规定，公司名称是有限责任公司和股份有限公司的设立条件之一。正是基于以上原因，各国公司法都对公司的名称作出了相应规定。公司名称不仅具有区别经营主体的功能，还与特定经营者的经营活动相联系，是公司商誉的重要组成部分。因此，许多企业为给公司取一个理想的名字而绞尽脑汁，美国新泽西州的美孚石油公司为给公司更名，不惜花费上亿美元就是明证。[2]

2. 公司住所。公司作为法人，与自然人一样应当具有住所。根据我国《民法通则》和《公司法》的规定，公司住所是公司主要办事机构所在地。公司住所具有重要的法律意义，是公司开展经营活动的长期固定地点，是确定许多与公司相关的法律关系的基础。概括来说，公司住所的法律意义主要表现在：公司住所是确定公司登记机关和管理机关的前提；公司住所是诉讼中确认地域管辖和诉讼文书送达地的依据；公司住所是确定合同履行地的重要标志；公司住所是涉外民事法律关系中确定准据法的依据之一。

四、公司的资本制度

自有限责任制度产生以来，为维护公司资本的真实、安全，维护债权人利益，确保公司稳健经营，各国公司法在长期的发展中，确立和形成了一系列有关公司资本的法律原则，其中最著名、影响最深远的就是"资本三原则"。所谓资本三原则，是指公司法所确认的资本确定、资本维持和资本不变三项资本立法原则。该原则最早源于德国，后逐渐为大陆法系其他国家所采纳，并成为大陆法系国家公司立法的一项核心原则。这些国家公司法中许多规则都集中体现和反映了资本三原则的精神和内涵。

---

[1] [德] 卡尔·拉伦茨：《德国民法通论》，王晓晔等译，法律出版社2003年版，第201页。
[2] 沈四宝编著：《西方国家公司法概论》，北京大学出版社1989年版，第52页。

(一) 废除注册资本最低限额要求

我国在资本三原则的要求之下，资本信用构成了《公司法》的立法基础。一定的资本是公司获得独立法人资格的条件，对于维护商业交易的安全及保护公司债权人的利益具有重大作用。注册资本只是公司设立之初的静态资本，仅于设立之时具有体现并保障公司偿债能力的作用。在公司成立之后不断进行的商业交易实践中，由资本、负债、收益组合而成的公司动态资产取代注册资本的担保作用。公司资产才是真正起到维护交易安全作用的归宿。因此，我国《公司法》的最新修订着力解决原资本制度存在的问题，以认缴取代了实缴资本制度，取消首次出资及货币出资比例，取消注册资本最低限额及验资程序等，并围绕公司资本制度的修改简化了公司设立时登记机关的登记事项及公司营业执照应载明的事项。[1]

(二) 改实缴制为认缴制

新修订的公司法中，其中一项内容便是对公司的资本登记制度进行了调整，将注册资本实缴登记制改为认缴登记制。这一修改体现在《公司法》第26条，"有限责任公司的注册资本为在公司登记机关登记的全体股东认缴的出资额"。取消了关于公司股东（发起人）应自公司成立之日起2年内缴足出资，投资公司在5年内缴足出资的规定，转而采取公司股东（发起人）自主约定认缴出资额、出资方式、出资期限等，并记载于公司章程的方式。其实"认缴资本制"的核心是"认缴"二字，明确了"认缴"的含义，就能理解"认缴资本制"。所谓"认缴"，其实就是指出资者通过约定出资额、出资方式、出资期限等条件后签订出资共同设立公司的协议，从而以法律形式承诺履行出资义务的行为。"认缴制"就是发起人承认自己需要履行出资义务的制度，相比法定资本制下采用的"当期缴清出资，公司才能成立"的制度，"认缴制"既吸收了"资本三原则"，又汲取了"折衷资本制"提高效率的优点，保证了公司资本的真实。因此可以说，此次《公司法》修订过程中所确立的"认缴资本制"的资本制度是公司资本制度的一个创新，是对现实情况的准确把握。[2]

(三) 废除强制验资制度

原《公司法》要求股东缴纳出资或发起人缴纳股款后还须经依法设立的验资机构进行验资。由此可见，实缴制是与强制验资要求共为一体的。在实缴制的情形下，公司须履行验资程序并在公司登记时向登记机关提交验资证明。验资及验资证明原本是为了满足登记要求，体现的是政府通过登记对企业的管制，与法定资本制存在必然的联系。然而，验资制度不仅不能避免虚假出资，相反，当事人为满足设立公司的法定资本要求和登记机关的验资要求与验资机构串通提供虚假验资证明，导致实践中虚假出资或抽逃出资现象屡禁不止。在登记制度改革后，登记机关不再过问出资的缴纳，自然也就无需验资和提交验资证明，公司可自主决定是否需要验资。[3]

五、公司的人格

(一) 公司人格制度

公司人格，是公司在法律上独立享有权利和承担义务的主体资格，公司为法律意义上的人，是法律权利和义务人格化的主体。[4] 公司人格使公司在法律上成为一个独立主体，犹如罩在公司头上的面纱，将公司与股东以及股东和债权人之间的直接联系阻隔开，明确了其各自

---

[1] 林亮春："我国《公司法》的最新修改及评析"，载《重庆交通大学学报（社会科学版）》2014年第4期。
[2] 冀梦琦："浅议新《公司法》中认缴资本制的合理性"，载《法制与经济》2014年第6期。
[3] 施天涛："公司资本制度改革与公司法的修改"，载《中国法律》2014年第1期。
[4] 赵万一主编：《商法》，中国人民大学出版社2009年版，第87页。

的权利义务，确立了公司主体独立的法律地位，明晰了公司的独立责任和投资者的有限责任，确立了有效的法律责任机制。

（二）公司人格否认制度

公司人格否认制度，在英美法国家中称为"揭开公司面纱"，在德国称为"直索"，在日本称为"公司人格形骸化理论"，指在具有独立人格的公司法人，其人格被滥用，因而使债权人利益或社会公共利益受到损害的情形下，否认公司的独立人格，令不当行为人直接面对公司的债权人，对公司法人的债务承担连带责任的一种法律制度。[1] 公司法人格否认制度究竟起源于英国还是美国，理论界还有分歧，有学者认为其发端于英美的判例，由法官在司法实践中创制并不断丰富；有学者则认为该理论起源于英国1897年萨洛姆公司案。[2]

第二节 公司的设立

有限责任公司在公司立法史上属于出现较晚的公司形式，其最早可以追溯到德国于1892年颁布的《有限责任公司法》，其存在仅仅百余年而已。这种公司形式基本上吸收了无限公司（合伙）和股份有限公司的优点，避免了二者的不足，是对既有公司形式及实践经验的总结，也是对公司组织形式的改革与发展，顺应了经济发展和中小企业的需要。

股份有限公司是其全部资本分为等额股份，股东以认购的股份为限对公司承担责任，公司以全部资产对公司债务承担责任的公司。股份有限公司的产生大大加速了社会资本的集中过程，成为"社会积累的新的强有力的杠杆"，正是在它问世之后，资本主义进入了它的巅峰时期，在不到100年的时间内，创造出比以往一切时代的总和还要强大的生产力。因此，国外的一些经济学家和法学家把股份有限公司誉为新时代的伟大发现，它的重要性远远超过了蒸汽机和电力。没有它，大规模的现代化生产是不可想象的。马克思也曾指出："假如必须等待积累去使某些单个资本增长到能够修建铁路的程度，那么恐怕直到今天世界上还没有铁路。但是，集中通过股份公司转瞬之间就把这件事情完成了。"[3]

不可否认，股份有限公司早期的形成和发展，是西方帝国主义殖民政策的强有力工具，但作为社会化大生产的组织形式，股份有限公司又符合和适应了生产力发展的客观要求，是资本主义的具有杰出意义的历史创造。四百多年来，股份有限公司形式在西方国家日趋完善，在现代市场经济中，尽管股份有限公司的数量在各国公司总数中所占的比例并不是最高，但其在国民经济中的地位举足轻重，国民经济重要部门的大企业多采用这一企业形态，而大型跨国公司更是以股份有限公司作为其首选形式。

一、有限责任公司的设立条件

2005年《公司法》第23条规定，设立有限责任公司，应当具备下列条件：①股东符合法定人数；②股东出资达到法定资本最低限额；③股东共同制定公司章程；④有公司名称，建立符合有限责任公司要求的组织机构；⑤有公司住所。2013年《公司法》将上述第②项修改为：有符合公司章程规定的全体股东认缴的出资额。据此，有限公司不再设法定最低注册资本，也就是说，现在可以一元钱注册一家有限公司。

---

[1] 赵万一主编：《商法》，中国人民大学出版社2009年版，第87页。
[2] 赵德枢：《一人公司详论》，中国人民大学出版社2004年版，第138页。
[3] 《马克思恩格斯全集》（第23卷），人民出版社1972年版，第688页。

1. 股东符合法定人数。《公司法》对有限责任公司的股东限定为 50 人以下，允许一个法人或一个自然人投资设立一人有限责任公司，或由国有资产管理机构代表国家设立国有独资公司。这一规定充分考虑到了国际上对一人有限责任公司普遍认同的趋势，有利于社会资金投向经济领域。

2. 有符合公司章程规定的全体股东认缴的出资额。2005 年《公司法》第 26 条规定，有限责任公司的注册资本为在公司登记机关登记的全体股东认缴的出资额。公司全体股东的首次出资额不得低于注册资本的 20%，也不得低于法定的注册资本最低限额，其余部分由股东自公司成立之日起 2 年内缴足；其中，投资公司可以在 5 年内缴足。有限责任公司注册资本的最低限额为人民币 3 万元。法律、行政法规对有限责任公司注册资本最低限额有较高规定的，从其规定。2013 年修改后的《公司法》第 26 条规定：有限责任公司的注册资本为在公司登记机关登记的全体股东认缴的出资额。法律、行政法规以及国务院决定对有限责任公司注册资本实缴、注册资本最低限额另有规定的，从其规定。此处的"另有规定"主要是证券法对证券公司最低注册资本的规定、商业银行法对设立商业银行最低注册资本的规定、保险法对保险公司最低注册资本的要求、国际货物运输代理业管理规定有关设立国际货运代理公司最低注册资本的要求等。

将 2005 年《公司法》第 27 条的第 3 款内容"全体股东的货币出资金额不得低于有限责任公司注册资本的 30%"删除，因公司法本次修订取消最低注册资本的规定，货币出资 30% 也自然失去意义。一些有技术背景的创业人士在设立公司时无需再为拿技术出资时需要 30% 的现金配套而为难，全部用技术或者其他可以评估的实物出资均可成为现实。将 2005 年《公司法》第 29 条"股东缴纳出资后，必须经依法设立的验资机构验资并出具证明"删除，公司设立出资必须经过会计师验资的规定将彻底成为历史，设立公司的费用大大减少，除了登记费用外，设立公司基本没什么其他费用。

3. 股东共同制定公司章程。设立有限责任公司必须具备公司章程。有限责任公司的公司章程是记载公司组织规范及行动准则的书面文件，须由全体出资者在自愿协商的基础上制定，经全体出资者同意，股东应在公司章程上签名、盖章。

4. 有公司名称、建立符合有限责任公司要求的组织机构。这是关于公司组织条件的规定。公司名称是公司独立人格的重要标志。组织机构是公司法人的机关，是公司借以形成法人意志，表示法人意志，代表法人从事各种活动的重要组成部门。

5. 有公司住所。如果没有住所，公司就无法开展正常的生产经营活动，也失去了赖以存在的基础，因此是公司设立的必备的法定条件。

二、股份有限公司的设立条件

股份有限公司的设立条件是指公司被确认为法律上的独立人格者所必须具备的条件。公司在法律上的属性为营利的社团法人，作为一个社团法人必须具备以下要件：首先，作为一个社团必须有社员，此为人的要件；其次，作为社团法人必须有一定的机关来形成法人的意思并执行法人的事务，此为组织要件；再次，公司乃营利的社团法人，所以公司必须拥有一定的财产，此乃财产要件；最后，公司的上述要件均需以一定的行为来完成，此乃行为要件。

2005 年《公司法》第 77 条规定："设立股份有限公司，应当具备下列条件：①发起人符合法定人数；②发起人认购和募集的股本达到法定资本最低限额；③股份发行、筹办事项符合法律规定；④发起人制订公司章程，采用募集方式设立的经创立大会通过；⑤有公司名称，建立符合股份有限公司要求的组织机构；⑥有公司住所。"2013 年《公司法》第 76 条第②项内容修改为：有符合公司章程规定的全体发起人认购的股本总额或者募集的实收股本总额。股份公司与有限公司原来主要区别之一是最低注册资本的不同，公司法修订后，有限公司和股份公司最主要的区别在于有限公司为人合性、股份公司为资合性，另外一个区别则是人数不同以及设立方式不同。

股份有限公司的设立程序因采取发起设立或募集设立而不同，与有限责任公司的主要区别在于采取募集设立需经过向他人募股的程序，除此之外，两者的设立程序基本相同。有限责任公司的设立方式只有发起设立，而股份有限公司的设立方式分为发起设立和募集设立两种。

2005年《公司法》第84条规定，以发起设立方式设立股份有限公司的，发起人应当书面认足公司章程规定其认购的股份；一次缴纳的，应即缴纳全部出资；分期缴纳的，应即缴纳首期出资。以非货币财产出资的，应当依法办理其财产权的转移手续。发起人不依照前款规定缴纳出资的，应当按照发起人协议承担违约责任。发起人首次缴纳出资后，应当选举董事会和监事会，由董事会向公司登记机关报送公司章程、由依法设定的验资机构出具的验资证明以及法律、行政法规规定的其他文件，申请设立登记。在2013年《公司法》第83条中，将其修改为，以发起设立方式设立股份有限公司的，发起人应当书面认足公司章程规定其认购的股份，并按照公司章程规定缴纳出资。以非货币财产出资的，应当依法办理其财产权的转移手续。发起人不依照前款规定缴纳出资的，应当按照发起人协议承担违约责任。发起人认足公司章程规定的出资后，应当选举董事会和监事会，由董事会向公司登记机关报送公司章程以及法律、行政法规规定的其他文件，申请设立登记。

由于公司发起人在公司设立中的特殊地位和作用，各国公司法均规定在公司募集设立时，发起人要认购法定数额的股份。这样规定的目的在于加重发起人的责任，保护广大投资者的利益。公司发起人是公司设立过程中的主导力量，只有加重发起人的责任，把发起人的利益与公司的利益连在一起，发起人才会管理公司设立及公司成立后的事务，从而实现公司的经营目标。[1]

《公司法》第84条规定："以募集设立方式设立股份有限公司的，发起人认购的股份不得少于公司股份总数的35%；但是，法律、行政法规另有规定的，从其规定。"与发起设立的发起人一样，募集设立中的发起人既可以用货币出资，也可以用其他非货币形式的财产出资。在募集设立中，只有发起人才可以用法定的非货币财产出资，其余属于社会公众的认股只能用货币缴纳股款。与发起设立不同，募集设立的股份有限公司发起人必须一次缴清股款或交付其他非货币出资，不允许分期缴纳。

股份有限公司采取募集方式设立时，当发行的股份的股款全部缴足，经依法设立的验资机构验资并出具证明后，发起人应在30日内主持召开公司创立大会。创立大会由发起人、认股人组成。若发行的股份超过招股说明书规定的截止日期尚未募足的，或发行股份的股款缴足后，发起人在30日内未召开创立大会的，认股人可以按照所缴股款并加算银行同期存款利息，要求发起人返还。

第三节　公司的治理结构

"治理结构"（governance structure）概念是威廉姆森于1975年首先提出的，而"公司治

---

[1] 石少侠主编：《公司法教程》，中国政法大学出版社2002年版，第46页。

理"（corporate governance）概念最早出现在经济文献中的时间是20世纪80年代中期。从具体用语上看，有的学者将其译成"公司治理"，有的称之为"公司机关权力构造"或"公司管制"。我国台湾地区学者则基本上将其译作"公司控制"或"公司监控"。按OECD（Organization for Economic Co-operation and Development，经济合作与发展组织，简称经合组织）的观点，公司治理结构主要调整的是公司内不同参与者（包括股东、董事会、经理人和其他利益相关者）之间的权利和责任分配，以及为处理公司事务所制定的一套规则与程序。从表现形态来说，静态的公司治理表现为一种结构和关系；动态的公司治理表现为一个过程和机制。钱颖一教授认为，公司治理结构作为一套制度安排，目的是支配若干在企业中有重大利害关系的团体（包括投资者、经理、工人），并使他们从这种制度安排中实现各自的经济利益。公司治理的基础源于所有权和经营权的分离以及因委托经营所导致的代理成本问题。良好的公司治理是增强市场和投资者信心、提高公司及市场整体经济效率、吸引国内外长期稳定投资的关键一环。[1]

一、股东会或股东大会

股东会或股东大会是公司的权力机构，其性质是常设机构或是非常设机构，学者之间有不同看法。有学者认为股东会或股东大会的权力行使主要以召开会议的方式进行，其属于公司法定必要的意思机关，就地位而言，属于经常存在而随时召集开会的机关，故属于常设机关。[2] 但绝大多数学者的观点是其属于公司的非常设机构。

（一）股东会和股东大会的概念

1. 股东会。有限责任公司股东会是由全体股东组成的，形成公司意思的必要的非常设机构，是公司的权力机构和最高决策机构。《公司法》第36条规定："有限责任公司股东会由全体股东组成。股东会是公司的权力机构，依照本法行使职权。"股东会对外不代表公司，对内不执行业务，但公司的其他机构必须执行股东会的决议，对股东会负责。

2. 股东大会。《公司法》第98条规定："股份有限公司股东大会由全体股东组成。股东大会是公司的权力机构，依照本法行使职权。"股东大会作为公司的组织机构之一，是公司的最高权力机关。这意味着公司的一切重大事项，如章程的修改、公司的解散与合并、董事的任免等，都必须由股东大会作出决议。股东大会是合议制机构，其职权是以会议决议的方式行使的。所以，应由股东大会决议的事项，即属于股东大会的职权。

（二）股东会和股东大会的职权

股东会是有限责任公司的最高权力机构，因此，股东会行使的一般是针对公司的重大事项。股东会由法定职权和章程规定的职权两类，公司可以章程的形式规定除法定职权以外的其他职权。根据《公司法》第38条和第99条的规定，股东会或股东大会行使下列职权：①决定公司的经营方针和投资计划；②选举和更换非由职工代表担任的董事、监事，决定有关董事、监事的报酬事项；③审议批准董事会的报告；④审议批准监事会或者监事的报告；⑤审议批准公司的年度财务预算方案、决算方案；⑥审议批准公司的利润分配方案和弥补亏损方案；⑦对公司增加或者减少注册资本作出决议；⑧对发行公司债券作出决议；⑨对公司合并、分立、解散、清算或者变更公司形式作出决议；⑩修改公司章程。

---

[1] 赵万一、高达："论中国公司法与证券法的协同完善与制度创新"，载《河南财经政法大学学报》2014年第4期。

[2] 柯芳枝：《公司法论》，三民书局1984年版，第264~265页。

（三）股东会和股东大会的职权行使方式

1. 股东会的召集。股东会作为公司的权力机构，应依照《公司法》的规定行使相应的职权，其方式包括直接决定和股东会会议两种方式。《公司法》第 37 条第 2 款规定："对前款所列事项股东以书面形式一致表示同意的，可以不召开股东会会议，直接作出决定，并由全体股东在决定文件上签名、盖章。"此种职权行使方式是有限责任公司独有的一种，因为有限责任公司的股东人数有限，数量较少，针对某些法定或章程所定职权的内容完全可以实现一致同意，这与股份有限公司不同，后者因人数众多，股东身份极不固定，基本上不可能出现股东对某事项一致同意的情况。

股东会会议是股东会进行议事并行使股东权力的一种具体方式，股东会的各项职权一般是通过召开股东会会议并形成具体的决议，才能得以实现。股东会会议的种类因召开的原因和时间的不同，而有所不同。根据《公司法》的规定，股东会会议可分为首次会议、定期会议和临时会议。首次会议是有限责任公司成立后的第一次会议，由出资最多的股东召集和主持。定期会议应按照公司章程的规定按时召开，由于实践中该期限多为 1 年，因此又称为年度会议。临时会议是根据公司情况，依照法定程序不时召开的股东会会议。代表 1/10 以上表决权的股东，1/3 以上的董事，监事会或者不设监事会的公司的监事提议召开临时会议的，应当召开临时会议。

《公司法》改变了原公司法中对董事长没有指定、不指定或不能指定情形下股东会如何召集的缺漏，赋予了副董事长、半数以上董事共同推举的董事、监事会或不设立监事会的公司的监事或代表 1/10 以上表决权的股东以股东会会议的主持或召集权力，从而有效避免以前出现的董事长不主持股东会会议，并且不指定其他人员主持下的尴尬境地。

2. 股东大会的召集。股东大会的会议方式分为定期会议和临时会议两类。定期会议，也称普通会议、股东常会、股东年会，是依法律和公司章程的规定在一定时间内必须召开的股东大会。定期会议主要决定股东大会职权范围内的例行重大事项。《公司法》规定，股东大会应当每年召开一次年会。召开时间由公司章程规定，通常在每个会计年度终了后 6 个月内召开。

股东大会临时会议，也称特别会议，是在定期会议之外，由于发生法定事由或根据法定人员、机构的提议而召开的股东会议。根据《公司法》的规定，股份有限公司在以下情形下应在 2 个月内召开股东大会临时会议：①董事人数不足本法规定人数或者公司章程所定人数的 2/3 时；②公司未弥补的亏损达实收股本总额 1/3 时；③单独或者合计持有公司 10% 以上股份的股东请求时；④董事会认为必要时；⑤监事会提议召开时；⑥公司章程规定的其他情形。

《公司法》增加了临时股东大会召开的情形：①持有公司股份 10% 以上的股东可以请求召开临时股东大会；②允许公司章程中事先规定应召开临时股东大会的情形。新《公司法》的规定有助于保护中小股东的利益，也体现了公司章程自治的理念。

由于股东大会并非公司常设机构，股东也并非公司工作人员，股东对公司需要审议的事项并不知悉，为了提高股东大会开会的效率和股东的出席率，也为了防止董事会或控股股东在股东大会上利用突袭手段控制股东大会决议，各国公司法均规定了股东大会召集的通知程序。根据《公司法》的规定，召开股东大会会议，应当将会议召开的时间、地点和审议的事项于会议召开 20 日前通知各股东；临时股东大会应当于会议召开 15 日前通知各股东；发行无记名股票的，应当于会议召开 30 日前公告会议召开的时间、地点和审议事项。单独或者合计持有公司 3% 以上股份的股东，可以在股东大会召开 10 日前提出临时提案并书面提交董事会；董事会应当在收到提案后 2 日内通知其他股东，并将该临时提案提交股东大会审议。临时提案的内容应当属于股东大会职权范围，并有明确议题和具体决议事项。

（四）股东会和股东大会的议事规则

1. 股东会的议事规则。有限责任公司具有人合性和封闭性的特点，所以特别强调其自治性，这在其议事规则上表现较为明显。《公司法》规定："股东会的议事方式和表决程序，除本法有规定的外，由公司章程规定。"股东会会议形成决议，需获得法定数额的表决权通过，"股东会会议由股东按照出资比例行使表决权；但是，公司章程另有规定的除外"。

股东会行使职权，主要以决议形式定之。股东会决议分为两类：普通决议是对公司一般事项所作的决议，只须经1/2以上表决权的股东通过。特别决议是对重要的事项所作的决议，《公司法》第43条第2款规定："股东会会议作出修改公司章程、增加或者减少注册资本的决议，以及公司合并、分立、解散或者变更公司形式的决议，必须经代表2/3以上表决权的股东通过。"

2. 股东大会的决议。股东投票实行一股一票原则，即股东出席股东大会，所持每一股份有一表决权。但公司依法持有的本公司的股份没有表决权。此外，公司章程对特别股另有规定的也应除外。

股东对股东大会决议事项进行表决，就具体计票方式而言有直接投票制和累积投票制。直接投票制是在行使股东大会表决权时，针对一项决议，股东只能将其持有股份决定的表决票数一次性直接投在这项决议上。直接投票制代表了公司法在公司决策的过程和结果上奉行的传统的多数决原则，贯彻了由大股东控制公司的权利义务对等的理念。

累积投票制首先创造形成于19世纪的美国，20世纪为其他发达国家的公司法普遍采用。我国新《公司法》也借鉴吸收了该项制度。累积投票制是公司股东大会选举董事或监事时，有表决权的每一股份拥有与选出的董事或监事人数相同的表决权，股东拥有的表决权可以集中使用。累积投票制的采用提高了中小股东投票的力度和影响效果。《公司法》规定："股东大会选举董事、监事，可以依照公司章程的规定或者股东大会的决议，实行累积投票制。"由此可见，对于累积投票制的采用，《公司法》并没有作出统一的强制性规定，而由公司自治，或由公司章程规定，或由股东大会决议采用。

股东大会的决议采用资本多数决原则，即决议由出席股东大会的代表表决权多数的股东通过方为有效。股东多数决定原则由股份有限公司的资合性所决定，是股东平等原则的一种体现。决议因其决议方法、程序的不同分为两种，即普通决议和特别决议。普通决议，经出席会议的代表1/2以上有表决权的股东通过即为有效。特别决议，指必须经出席股东大会的代表绝对多数表决权的股东通过方为有效的决议。在我国该绝对多数为2/3以上。《公司法》规定：股东大会作出修改公司章程、增加或者减少注册资本的决议，以及公司合并、分立、解散或者变更公司形式的决议，必须经出席会议的股东所持表决权的2/3以上通过。此外，上市公司在1年内购买、出售重大资产或担保金额超过公司资产总额的30%的，也应由股东大会以特别决议方式进行。

二、董事会

由于在不同的国家，在实行不同组织制度的公司，董事会的性质及法律地位都有差异。因而给董事会这一概念下一个完整的定义是困难的。但就一般而言，董事会是指依法由股东会选举产生，代表公司并行使经营决策权的公司常设机关。

董事会和执行董事是有限责任公司的执行机构，前者是依法由股东会选举产生，代表公司并行使经营决策权的公司常设机关。股东人数较少和规模较小的公司可不设董事会，仅设一名执行董事。董事是公司的核心领导者，处在公司决策权力体系的顶端，决定公司未来发展、制定战略发展计划和作出管理决定。实际上，董事决定了公司基本的组织结构。[1] 在以所有权与控制权分离为特征的现代大型公司中，公司董事的权力不断扩张，为自己利益行使广泛的自由裁量权将使公司利益、投资人利益乃至公共利益等面临更大危险，由此产生了公司治理的需求。[2]

（一）董事会的职权

根据《公司法》第46条和第108条的规定，董事会对股东会负责，行使下列职权：①召集股东会会议，并向股东会报告工作；②执行股东会的决议；③决定公司的经营计划和投资方案；④制订公司的年度财务预算方案、决算方案；⑤制订公司的利润分配方案和弥补亏损方案；⑥制订公司增加或者减少注册资本以及发行公司债券的方案；⑦制订公司合并、分立、解散或者变更公司形式的方案；⑧决定公司内部管理机构的设置；⑨决定聘任或者解聘公司经理及其报酬事项，并根据经理的提名决定聘任或者解聘公司副经理、财务负责人及其报酬事项；⑩制定公司的基本管理制度；公司章程规定的其他职权。

（二）董事会的组成

董事会是由股东选举产生的合格董事组成的。董事与股东不同，任何人只要拥有公司股份即为股东，便有权参加股东会。董事是由股东会选举进入董事会，负责对公司的经营管理事务进行决策，集体或单独代表公司执行业务的人。

根据《公司法》第44条的规定，有限责任公司设董事会，其成员为3~13人；但是，本法第51条另有规定的除外。两个以上的国有企业或者两个以上的其他国有投资主体投资设立的有限责任公司，其董事会成员中应当有公司职工代表；其他有限责任公司董事会成员中可以有公司职工代表。董事会中的职工代表由公司职工通过职工代表大会、职工大会或者其他形式民主选举产生。董事会设董事长1人，可以设副董事长。董事长、副董事长的产生办法由公司章程规定。

（三）董事会会议

董事会作为机构是通过召开会议形成决议的方式行使职权，董事会会议可分为两类，即普通会议和特别会议。《公司法》第48条第1款规定："董事会的议事方式和表决程序，除本法有规定的外，由公司章程规定。"

为保证董事会会议的效率，一般国家公司立法都确定董事会会议的召集和主持人。《公司法》第47条规定："董事会会议由董事长召集和主持；董事长不能履行职务或者不履行职务的，由副董事长召集和主持；副董事长不能履行职务或者不履行职务的，由半数以上董事共同推举一名董事召集和主持。"

董事会决议的表决，实行一人一票。董事会应当对所议事项的决定作成会议记录，出席会议的董事应当在会议记录上签名。这是因为出席会议的董事对所作决议应承担行政的、法律的责任，如果决议内容违反法律、法规或超出公司章程规定的范围，给公司造成损害的，应承担赔偿责任。但对该决议表示异议的并记载于董事会会议记录的董事，就可以免除赔偿责任。

董事会作为一个机构是通过召开会议并形成决议的方式行使职权的。董事会会议分为两类。这两类董事会会议的议事方式和表决程序，除法律另有规定的以外，均应由公司章程规

---

[1] 王红一：《银行公司治理研究》，法律出版社2008年版，第107页。
[2] 现代公司的两权分离问题，可参见 Adolf A. Berle, Jr., Gardiner C. Means, *The Modern Corporation and Private Property*, Revised Edition, New York: Harcourt, Brace & World, Inc., 1968. 公司治理起因于产权分离，可参见费方域：《企业的产权分析》，上海三联书店、上海人民出版社1998年版，第171页。

定。普通会议是在公司章程规定的固定时间召开的例会。《公司法》规定股份有限公司每年度至少召开两次董事会会议。临时会议是指公司经营中遇到需要董事会及时决策的必要事项时，董事会可以召开临时会议。代表 1/10 以上表决权的股东、1/3 以上董事或者监事会，可以提议召开董事会临时会议。董事长应当自接到提议后 10 日内，召集和主持董事会会议。董事会召开临时会议，可以另定召集董事会的通知方式和通知时限。

《公司法》规定董事会由董事长召集并主持。董事长因特殊原因不能履行职务时，由副董事长或其他董事召集和主持。对于董事长选出前的第一次董事会会议，习惯上一般由得票数最多的董事召集。

达到法定比例的董事出席并经法定比例的董事表决通过而作出的决议方为有效的董事会决议。《公司法》将具体的董事会议事规则赋予公司章程进行规定，而只规定了某些必须的、基本的法定议事程序：①董事会会议应有过半数的董事出席方可举行；②董事会会议，应由董事本人出席；董事因故不能出席，可以书面委托其他董事代为出席，委托书中应载明授权范围；③董事会作出决议，必须经全体董事的过半数通过；④董事会决议的表决，实行一人一票。

（四）董事长的地位和职权

董事会设董事长一人，并可以设副董事长，副董事长协助董事长工作。董事长和副董事长以全体董事的过半数选举产生。

《公司法》第 13 条规定："公司法定代表人依照公司章程的规定，由董事长、执行董事或者经理担任，并依法登记。公司法定代表人变更，应当办理变更登记。"这一规定可以理解为法定代表人并不必然由董事长担任。但实践中大多是由董事长担任公司的法定代表人。

关于董事长的职权，《公司法》则没有明文规定，其职权可由公司章程规定。由于董事长个人原因不行使或不能行使职权时，往往会对公司的经营活动产生不良影响，《公司法》第 109 条第 2 款规定："董事长召集和主持董事会会议，检查董事会决议的实施情况。副董事长协助董事长工作，董事长不能履行职务或者不履行职务的，由副董事长履行职务；副董事长不能履行职务或者不履行职务的，由半数以上董事共同推举一名董事履行职务。"

（五）关于股份有限公司的特殊规定

为方便董事会工作，《公司法》第 123 条规定，上市公司设立董事会秘书，负责公司股东大会和董事会会议的筹备、文件保管及公司资料的管理，办理信息披露事务等事宜。而对一般的股份有限公司董事会，是否设置董事会秘书一职由公司自主决定。这是我国公司立法中第一次将董事会秘书纳入了法律调整的范围。

董事会秘书在英美公司法中被称为公司秘书，最早可以追溯到 1841 年的英国法报告的案例中。最初，董事会秘书仅作为公司的普通雇员，处理一些文书事务，与普通的"秘书"无本质区别，在公司法上甚至没有规定董事会秘书制度是公司的法定机关。20 世纪末期，董事会秘书的地位和职能被重新认识，一些国家出台了关于公司董事会秘书设立可由公司自主决定的规定。2002 年，英国政府白皮书提出取消立法中对小型私人公司董事会秘书的强制性规定。争议意见来源于由此可能引发的董事会秘书职能的缺位，即一个有效的董事会秘书是保证"不老实"的董事不偏离正常轨道的主要制约因素，不设立董事会秘书会在一定程度上减少了对董事滥用职权行为的制约力。

三、监事会

监事会是监察公司事务的公司机构。通说认为，监事会是依法产生，对董事和经理的经营管理行为及公司财务进行监督的常设机构。它代表全体股东对公司经营管理进行监督，行使监督职能，是公司的监督机构。虽然各国在公司治理中均设立了行使监督职能的公司机构，但与股东会、董事会、经理等公司组织机构相比,各国公司法关于监事会的规定差异最大,变化也较大。

监事会与监事是有限责任公司的监督机构,前者是指依法由股东和职工分别选举产生的监事组成的,对董事和高级管理人员的经营管理行为及公司财务进行专门监督的常设机构。

（一）监事会的组成

《公司法》第51条规定,有限责任公司设立监事会,其成员不得少于3人。股东人数较少或规模较小的,可以设1~2名监事,不设立监事会。《公司法》第117条前两款规定:"股份有限公司设监事会,其成员不得少于3人。监事会应当包括股东代表和适当比例的公司职工代表,其中职工代表的比例不得低于1/3,具体比例由公司章程规定。监事会中的职工代表由公司职工通过职工代表大会、职工大会或者其他形式民主选举产生。"

监事会设主席1人,由全体监事过半数选举产生。监事会主席召集和主持监事会会议;监事会主席不能履行职务或者不履行职务的,由半数以上监事共同推举1名监事召集和主持监事会会议。董事、高级管理人员不得兼任监事。

监事会设主席1人,可以设副主席。监事会主席和副主席由全体监事过半数选举产生。监事会主席召集和主持监事会会议;监事会主席不能履行职务或者不履行职务的,由监事会副主席召集和主持监事会会议;监事会副主席不能履行职务或者不履行职务的,由半数以上监事共同推举1名监事召集和主持监事会会议。另外,为保证监督的实效,董事、高级管理人员不得兼任监事。

（二）监事会的职权

《公司法》第53条规定,监事会、不设监事会的公司的监事行使下列职权:①检查公司财务;②对董事、高级管理人员执行公司职务的行为进行监督,对违反法律、行政法规、公司章程或者股东会决议的董事、高级管理人员提出罢免的建议;③当董事、高级管理人员的行为损害公司的利益时,要求董事、高级管理人员予以纠正;④提议召开临时股东会会议,在董事会不履行本法规定的召集和主持股东会会议职责时召集和主持股东会会议;⑤向股东会会议提出提案;⑥依照本法第152条的规定,对董事、高级管理人员提起诉讼;⑦公司章程规定的其他职权。

关于监事会的职权和监事会的议事规则可以在公司章程中具体规定。股份有限公司监事会或监事行使下列职权:①检查公司财务;②对董事、高级管理人员执行公司职务的行为进行监督,对违反法律、行政法规、公司章程或者股东会决议的董事、高级管理人员提出罢免的建议;③当董事、高级管理人员的行为损害公司的利益时,要求董事、高级管理人员予以纠正;④提议召开临时股东会会议,在董事会不履行本法规定的召集和主持股东会会议职责时召集和主持股东会会议;⑤向股东会会议提出提案;⑥依照本法第152条的规定,对董事、高级管理人员提起诉讼;⑦公司章程规定的其他职权。

监事的任期每届为3年。监事任期届满,连选可以连任。监事任期届满未及时改选,或者监事在任期内辞职导致监事会成员低于法定人数的,在改选出的监事就任前,原监事仍应当依照法律、行政法规和公司章程的规定,履行监事职务。

四、高级管理人员

高级管理人员,从经济学和管理学意义上讲,是公司内部从事管理决策职能,并直接对公司经营活动和经济效益负责的公司管理人员,其不同于一般的公司管理人员。在法学领域上讲,来源于英美公司法中的高级职员概念,一般指具体执行公司董事会的具体决策并负责公司的日常经营管理的人员。

《公司法》规定，高级管理人员，是指公司的经理、副经理、财务负责人，上市公司董事会秘书和公司章程规定的其他人员。经理，实践中也称为总经理，是由董事会聘任的，负责组织日常经营管理活动的公司常设业务执行机关，是董事会的执行机构。与股东会、董事会、监事会不同，经理机关并非会议形式的机关，其行为不需要通过会议以多数原则形成意志和决议，而是以担任总经理的管理者的最终意志为准，虽然公司也设副总经理，但其只是由总经理提名协助其工作的辅助人员。

现代社会，随着证券市场的发展，公司股权日益分散化，从而导致股东对公司管理的日益漠视，并且随着经济分工的细化和竞争的激烈化，管理日益成为一门专业技能，股东也没有能力对公司经营进行全方位的管理，因此，各国公司法一般规定经理为依公司章程任意设立的机构，但实践中，经理不仅成为公司组织机构中不可或缺的常设机构，而且其权力有不断膨胀的趋势。即使如此，经理的基本性质仍未发生根本变化，经理仍为公司的业务执行机构，公司经理由董事会聘任，对董事会负责，具体落实股东会和董事会的决议，主持公司的生产经营管理活动，维持公司运转。

（一）经理的设立

公司经理不同于公司董事、监事，并非选举产生，而是由董事会聘任产生。各国《公司法》多规定聘任经理为董事会的职权，董事会通过投票决定公司经理的人选。在美国，有的公司董事会还下设提名委员会以寻找并向董事会推荐经理等公司重要职务的合适人选。经过董事会表决通过的经理人选将与公司签订聘任合同，从而完成聘任过程，成为公司的经理。

因为经理由董事会聘任，其权力虽由公司法规定出一般的内容与权限，但其职务的取得源于董事会，且董事会对其权力可作出扩大或缩小的决定。因此，如果经理违法经营或其能力、素质不足以管理公司，董事会认为其不适合管理本公司，可以依法在召开的董事会会议中决定对该经理解聘。《公司法》规定：股份有限公司设经理，由董事会决定聘任或者解聘。

（二）经理的职权

虽然经理由董事会选聘并对董事会负责，不同公司的经理的实际权限并不完全相同，但为了使公司能有效率地持续运营，从较多的公司运营的实践中总结提炼出经理机关的一般职权范围，在《公司法》上予以规定是非常必要的。这样有利于公司权力资源的公平配置，形成制衡监督机制，有利于明确岗位职责并促进提高运营效率，在公司的对外交易关系上就减少不确定性，降低与公司交易时的代理权识别成本与风险。

经理是有限责任公司董事会聘任的主持公司的日常管理工作的高级管理人员，对董事会负责。经理从属于董事会，受聘于董事会，并向董事会负责，是董事会的执行机构——董事会的辅助机构，专门负责公司日常经营管理，并不是公司独立的组织机构。经理对董事会负责，行使下列职权：主持公司的生产经营管理工作，组织实施董事会决议；组织实施公司年度经营计划和投资方案；拟订公司内部管理机构设置方案；拟订公司的基本管理制度；制定公司的具体规章；提请聘任或者解聘公司副经理、财务负责人；决定聘任或者解聘除应由董事会决定聘任或者解聘以外的负责管理人员；董事会授予的其他职权。

第四节 一人有限责任公司和国有独资公司

一、一人有限责任公司

（一）一人有限责任公司的概念与特征

西方传统公司法认为，公司是由两个或两个以上的股东共同出资组成的社团法人，具有"资合"与"人合"的双重属性。公司是社团法人，股东至少为两人，是公司作为社团法人的本质要求。但随着各国经济的发展和公司实践的丰富，有关法人理论和制度的不断完善，现代西方公司法不再恪守公司的社团性，先是承认"实质上的一人公司"，尔后允许设立"一人公司"。[1]

我国《公司法》顺应了世界公司立法的改革潮流和发展趋势，承认了一人有限公司的合法性，又借鉴了世界各国关于一人公司的立法经验，采取切实可行的防弊措施使我国一人公司的法律制度进一步规范化、合理化。[2] 一人公司又称独资公司，是单一的投资主体设立的具有法人资格的公司。其仅有一个股东，但股东是法人还是自然人又有不同情况。所以，又分为法人性的一人公司和自然人一人公司，且一人公司的全部出资或全部股份，为该公司唯一股东所有。

《公司法》第57条第2款规定："本法所称一人有限责任公司，是指只有一个自然人股东或者一个法人股东的有限责任公司。"其特征主要表现为：

1. 股东的唯一性。无论是一名自然人发起设立的一人有限责任公司，还是有限公司的股份全部转归一人持有的一人公司，在其成立或存续期间，公司股东为一人。

2. 责任的有限性。一人有限责任公司的股东以其出资为限对公司债务承担有限责任，公司以全部资产为限对公司债务独立承担责任。

3. 一人有限责任公司，特别是自然人一人有限责任公司的所有者和经营者大多是不分的。所以在一人公司中，一人股东通常都身兼数职。作为董事、经理，它以公司的名义从事活动，谋求公司的利益，由此产生的权利义务由公司承担；作为公司的唯一股东，它又拥有股东大会的所有权力，可以作出符合个人利益最大化的决议，甚至在一定程度上是自己监督自己。正因为如此，世界各国都毫不例外对这种特殊公司作出特别规定，防止公司人格和股东人格的混淆损及交易相对人的利益。

（二）一人有限责任公司的组织机构

一人有限责任公司不设股东会。根据《公司法》第61条的规定，一人有限责任公司不设股东会。股东作出本法第37条第1款所列决定时，应当采用书面形式，并由股东签名后置备于公司。国外公司法允许一人公司同普通公司一样由董事会、监事会，但没有对防止一人公司滥用法人人格而在内部治理结构上作出特殊规制。我国《公司法》对一人公司进行规制时首先应明确决不能允许一人公司股东采用"自己所有、自己经营、自己收益"的独资企业式的运作模式，而必须严格贯彻"所有和经营分离"的原则，有必要对一人公司的内部组织机构作出规定。

---

[1] 覃有土主编：《商法学》，高等教育出版社2008年版，第100页。
[2] 覃有土主编：《商法学》，高等教育出版社2008年版，第100页。

二、国有独资公司

(一) 国有独资公司的概念

《公司法》第64条第2款规定:"本法所称国有独资公司,是指国家单独出资、由国务院或者地方人民政府授权本级人民政府国有资产监督管理机构履行出资人职责的有限责任公司。"国有独资公司是我国公司法借鉴现代世界通行的公司制度,针对中国的特殊国情,为促进中国国有企业制度改革而专门创立的一种特殊公司形态。

(二) 国有独资公司的特征

1. 国有独资公司是特殊的有限责任公司。国有独资公司首先是有限责任公司,它规定在有限责任公司一章中,遵循有限公司的一般原则,也不将资本划分为等额股份。国有独资公司是具有法人资格的企业,其财产和经营均独立于投资者,因此国家仅在其出资的范围内承担有限责任。国家与企业的产权关系十分清晰。其次,它又是特殊有限责任公司,其与一般的有限责任公司在许多方面,包括股东人数、股东身份、公司组织制度以及股权行使等方面都有所不同。

2. 国有独资公司是一人有限责任公司。《公司法》第57条第2款规定:"本法所称一人有限责任公司,是指只有一个自然人股东或者一个法人股东的有限责任公司。"而国有独资公司实际上只有一个股东,即国家,不过是通过国有资产监督管理机构代表国家行使出资人的职责。因此,国有独资公司属于特殊的一人公司。

3. 国有独资公司是不同于一般国有企业的公司企业。尽管国有独资公司来源于国有企业,许多国有独资公司甚至是直接由特定的国有企业实行公司化改制而成,但国有独资公司已不同于原有的国有企业。

(三) 国有独资公司的组织机构

1. 国有独资公司的权力机构。国有独资公司不设股东会,因此,国有独资公司没有法律意义上的权力机构。决策的职能只能由国有独资公司的唯一股东,即国有资产监督管理机构代为行使股东会职权,即代表国家履行出资人的职责。《公司法》第66条第1款规定:"国有独资公司不设股东会,由国有资产监督管理机构行使股东会职权。国有资产监督管理机构可以授权公司董事会行使股东会的部分职权,决定公司的重大事项,但公司的合并、分立、解散、增加或者减少注册资本和发行公司债券,必须由国有资产监督管理机构决定;其中,重要的国有独资公司合并、分立、解散、申请破产的,应当由国有资产监督管理机构审核后,报本级人民政府批准。"

2. 国有独资公司的执行机构。国有独资公司的执行机构是董事会,是国有独资公司的常设经营机构,而且是必设机关。由于投资者的授权,公司的董事会又具有一定的决策权。《公司法》第67条规定:"国有独资公司设董事会,依照本法第46条、第66条的规定行使职权。董事每届任期不得超过3年。董事会成员中应当有公司职工代表。董事会成员由国有资产监督管理机构委派;但是,董事会成员中的职工代表由公司职工代表大会选举产生。董事会设董事长1人,可以设副董事长。董事长、副董事长由国有资产监督管理机构从董事会成员中指定。"

3. 国有独资公司的监督机构。我国1993年《公司法》没有规定国有独资公司设立专门的监督机构。1999年《公司法》修订时,明确规定国有独资公司设监事会。《公司法》修改后,对此又更明确规定:国有独资公司监事会成员不得少于5人,其中职工代表的比例不得低于1/3,具体比例由公司章程规定。

监事会成员由国有资产监督管理机构委派;但是,监事会成员中的职工代表由公司职工代表大会选举产生。监事会主席由国有资产监督管理机构从监事会成员中指定。监事会行使《公司法》第53条第1~3项规定的职权和国务院规定的其他职权。

第五节 公司的财务会计制度

一、公司财务会计制度概述

公司的财务会计制度是对存在于法律、行业通行规则和公司章程之中的公司财务处理规则的总称。财务会计制度是企业利用价值形式组织生产和进行分配和交换的必要手段。公司财务会计主要以定期编报会计报表的形式，为企业外部有关方面提供会计信息，同时也为企业内部管理服务，所提供的会计信息主要是反映企业过去和现在的经济活动情况及结果。为保护股东、债权人和社会的利益，保障公司有效运营，维护正常经济秩序，许多国家的公司法都规定公司，特别是股份有限公司，必须建立财务会计制度，使公司的财务会计成为公司法律制度的重要组成部分。《公司法》第163条规定："公司应当依照法律、行政法规和国务院财政部门的规定建立本公司的财务、会计制度。"

二、公司财务会计制度的作用

公司财务会计是公司内部管理的一种手段和方式，因此完善的财务会计制度有助于公司了解企业经营状况，提高经营效率。由于公司的经营效果事关股东、债权人和社会公共利益，建立完善的财务会计制度具有保护各方利益的功能和作用。

（一）保障公司高效运营

由于公司财务会计信息可以说明公司的经营者怎样管理和使用资源，并从某一特定的方面反映经营者的业绩，因此股东可据此考评经营者的经营绩效，督促其提高公司运行效率。另一方面，公司经营者要作出正确的生产和经营决策，进行有效的组织管理，必须以真实可靠、全面完整的经济信息为基础。经营者从财务信息中了解企业资金管理的现状和结果，从而为其正确地筹措资金、合理有效地使用资金、最大限度提高资金收益率提供决策信息。

（二）保护公司股东利益

股东向公司投资的主要目的在于获取利润，即取得股息。因此，公司经营效果的好坏直接关系到股东的收益和亏损负担。但股东并不直接参与经营，公司的业务是由董事和高级管理人员执行的。为防止具体业务执行对股东权益的损害，依法建立公司财务、会计制度是十分重要的。《公司法》直接规定了公司应定期编制、公告有关财务报告和会计表册，可以使股东在对公司充分知情的基础上行使股东权，以保障其合法利益。

（三）保护公司债权人利益

股东对公司债务只承担有限责任，因此公司债权人的利益就直接与公司的资产状况密切相关。为降低债权人的交易风险、保障交易安全，有必要通过规范的会计手段对公司的财产状况清楚地予以公示，以保护债权人的利益。

（四）保护社会公众利益

公司特别是股份有限公司的组织形式，多为大型企业所采用，其经营的好坏会对社会生活的稳定和国民经济的发展产生较大影响。完善公司财务会计制度，对促进公司提高经济效益，进而维护社会公共利益至关重要。

三、公司财务会计制度的内容

公司财务会计报告是定期反映企业财务状况和经营成果的总结性书面文件。

公司财务会计报告主要包括会计报表、会计报表附注和财务情况说明书。其中会计报表包括资产负债表、利润表、现金流量表及相关附表组成。会计报表附注是为便于会计报表使用者理解会计报表的内容而对会计报表的编制基础、编制依据、编制原则和方法及主要项目等所作的解释。财务情况说明书是对财务会计报表所反映的公司财务状况，作进一步说明和补充的文书。

为充分发挥财务会计报告的作用，各种会计报表提供的指标必须满足有关方面的要求。公司编制财务会计报告，应当根据真实的交易、事项及完整准确的账簿记录等资料，做到内容完整、数字真实、计算准确、不得漏报或任意取舍。根据我国《公司法》第 164 条的规定，公司应当在每一会计年度终了时编制财务会计报告，并依法经会计师事务所审计。财务会计报告应当依照法律、行政法规和国务院财政部门的规定制作。

四、公司的利润分配

公司作为营利法人，一方面要以利润最大化为原则进行生产经营活动，通过降低生产成本和交易成本，提高资源利用效率，实现企业的最大化营利的目标。同时，公司的经营成果应向其投资者进行分配。但由于公司分配涉及公司进一步发展，国家以税收的方式进行再分配以及债权人利益实现等诸多问题，因此，各国公司法对公司的分配问题作出了相应规范。我国《公司法》对此亦有明确规定。

由于牵涉利益很多，公司利润分配不是任意进行。公司应依下列顺序进行分配：

（一）弥补亏损

当公司出现亏损时，可能会造成公司资产质量下降，导致公司资本虚化，从而危及公司的进一步发展，也会影响到债权人利益和社会公共利益。《公司法》第 166 条第 2 款规定："公司的法定公积金不足以弥补以前年度亏损的，在依照前款规定提取法定公积金之前，应当先用当年利润弥补亏损。"

（二）提取法定和任意公积金

公积金又称储备金，是公司为巩固公司财产基础，增强公司信用，弥补意外亏损，扩大业务规模等目的，而于资本额外所保留的一部分金额。从构成上看，公积金有资本公积金和盈余公积金之分。资本公积金是由公司资本而形成的公积金，如溢价发行股票所得溢价款，法定资产评估增值及接受赠与的财产等。我国台湾地区学者郑玉波认为，资本公积金是公司盈余从财源中提出的金额。[1] 盈余公积金指从公司盈余中提取的公积金。根据提取的依据，又可分为法定盈余公积金和任意盈余公积金。

从用途上看，公司的公积金用于弥补公司的亏损，扩大公司生产经营或转为增加公司资本。但资本公积金不得用于弥补公司的亏损。股份有限公司经股东大会决议将公积金转为资本时，按股东原有股份比例派送新股或增加每股面值。

法定公积金又称法定盈余公积金，是依照公司法的规定强制提取的公积金。《公司法》第 166 条第 1 款规定："公司分配当年税后利润时，应当提取利润的 10% 列入公司法定公积金。公司法定公积金累计额为公司注册资本的 50% 以上的，可以不再提取。"

任意公积金又称任意盈余公积金，是不由法律强制规定，而由公司视情况自由决定提取的公积金。公司从税后利润中提取法定公积金后，经股东会或者股东大会决议，还可以从税后利润中提取任意公积金。

---

[1] 郑玉波：《公司法》，三民书局 1980 年版，第 154 页。

(三) 支付股利

股利是股东从公司获得收益的主要方式，股利的支付须在符合法律的规定条件下进行。对于股利的分配一般实行"无盈不分"的原则。这样做的目的在于贯彻资本充实原则，保护公司和公司债权人的利益。公司只有在弥补亏损和提取公积金后所余税后利润，才能向公司股东分配股利。股东会、股东大会或董事会违反法律规定，在公司弥补亏损和提取法定公积金之前向股东分配利润的，股东必须将违反规定分配的利润退还公司。

考虑到每个公司的不同具体情况，公司章程可以对股利分配比例作出除外规定。《公司法》第34条规定："股东按照实缴的出资比例分取红利；公司新增资本时，股东有权优先按照实缴的出资比例认缴出资。但是，全体股东约定不按照出资比例分取红利或者不按照出资比例优先认缴出资的除外。"

公司向股东支付股利的方式，一般有两种：①现金支付。公司向股东支付股利，通常采用支付现金给股东的方式。②股份分派。股份有限公司向股东支付股利还可以采用股份分派的方式，即公司将应分配给股东的股利的全部或一部分，以发行新股的方式实现。在我国，由于发行新股意味着增加公司资本，须修改公司章程，所以，股份有限公司以股份分派方式向股东支付股利，由股东大会作出决议，须经出席股东大会的股东所持表决权的2/3以上通过。

第六节 法律责任

"法律责任"作为公司法中的重要组成部分，在各国公司法中基本都有规定。2013年《公司法》基本沿袭了原《公司法》的立法体例，由第十二章共18个条文就违反《公司法》及相关法律法规的法律责任进行专门规制。较之原《公司法》，该章的一个显著变化就是把原来散见于各条的关于刑事责任的规定进行统一规定。《公司法》第215条规定："违反本法规定，构成犯罪的，依法追究刑事责任。"

《公司法》关于民事责任的规定分散在各个章节中，主要有：公司股东、发起人的补足出资责任，对足额出资股东的违约责任，滥用股东权的损害赔偿责任，揭开公司面纱的连带责任，控股股东通过关联交易损害公司利益的赔偿责任；股份公司发起人的股份返还所募资金并附加银行利息的责任，设立债务和费用的连带责任；公司董事的董事会决议的损害赔偿责任；董事、高级管理人员违法所得的返还责任；董事、监事、高级管理人员违法行为的赔偿责任；清算组成员的损害赔偿责任；以及中介机构的损害赔偿责任等。

《公司法》关于行政责任的规定主要集中在第十二章中，主要有：对公司的虚报注册资本、提交虚假材料或采取其他欺诈手段隐瞒重要事实取得公司登记、在法定的会计账簿以外另立会计账簿的、不按照法律规定提取法定公积金的，不在规定办理停业和变更登记，外国公司擅自在中国境内设立分支机构、利用公司名义从事危害国家安全、社会公共利益，不按规定进行清算报告、清算期间擅自经营、违法处置清算财产等行为的行政处罚；对股东、发起人的瑕疵出资和虚假出资、抽逃出资行为的行政处罚；对公司相关责任人员提供虚假的或隐瞒重要事实的财务会计报告等材料的行政处罚；对清算组违法报送清算报告及清算组成员违法行为的行政处罚；中介机构提供虚假材料、提供重大遗漏的报告行为的行政处罚；对其他人冒用公司名义的行政处罚；公司登记机关相关责任人员违法行为的行政处分等。

我国《刑法》经过1997年的修订之后，把原《公司法》及相关法律法规中有关犯罪和相应刑事责任的规定进行了梳理，并规定在相关的章节中，对相关犯罪行为的犯罪构成、定罪量刑作了具体详细的规定。因此，2013年最新修正的《公司法》取消了原《公司法》中分散在各条的关于刑事责任的规定，只用了一个指示条文，即2013年《公司法》第215条规定："违反本法规定，构成犯罪的，依法追究刑事责任。"

一、公司设立过程中相关主体的法律责任

在公司设立过程中，承担民事责任的主体主要有股东、发起人和中介机构等。

在公司设立过程中，承担资产评估、验资或者验证等工作的中介机构出具的评估结果、验资或者验证证明是公司设立过程中的重要资料，也是具有高度公信力的凭证。我国新《公司法》要求中介机构在出具这些材料的过程中要做到独立、公正，要准确地反映事实情况，以保持这些材料的权威性和公信力。如果因这些机构出具的评估结果、验资或者验证证明不实，给债权人造成损失的，除能够证明自己不存在故意或者重大过失外，在其评估或者证明不实的金额范围内承担赔偿责任。在规制中介机构如实出具中介资料方面，《公司法》明确设立了过错推定原则，加重了中介机构的举证责任，促使中介机构能够更加独立、公正地履行评估、验资、验证等事务。

公司设立过程中相关主体的行政责任主要有公司在设立过程中的行政责任，股东、发起人在公司设立中的行政责任，中介机构在公司设立中的行政责任，公司登记机关相关责任人员在公司设立中的行政责任。

新《公司法》没有具体规定公司设立过程中的哪些行为构成犯罪，要承担何种刑事责任。主要在《刑法》中的规定有虚报注册资本罪、虚假出资罪、中介组织人员提供虚假证明文件罪等。

二、公司存续过程中相关主体的法律责任

公司成立后，股东享有公司股权，公司以其拥有的资产对外承担责任，股东原则上以出资为限对公司承担责任，但是股东在行使股东权利的过程中，可能会损害到公司、其他股东、公司债权人和社会公共的利益，在满足一定条件的基础上，股东对这些主体要承担民事责任。

公司在存续过程中承担的行政责任，主要是涉及公司的财务、开停业、变更登记以及公司行为目的等，具体包括以下几种情况：

1. 公司违反法律规定，在法定的会计账簿以外另立会计账簿的，由县级以上人民政府财政部门责令改正，处以5万元以上50万元以下的罚款。

2. 公司不按照法律规定提取法定公积金的，由县级以上人民政府财政部门责令如数补足应当提取的金额，并可以对公司处以20万元以下的罚款。

3. 公司成立后无正当理由超过6个月未开业的，或者开业后自行停业连续6个月以上的，由公司登记机关吊销营业执照。

4. 公司登记事项发生变更时，未按照本法规办理有关变更登记的，由公司登记机关责令限期登记，逾期不登记的，处以1万元以上10万元以下的罚款。

5. 利用公司名义从事危害国家安全、社会公共利益的严重违法行为的，吊销营业执照。虽然"利用"的主体是其他自然人或者单位，但是公司作为独立的法人，对危害国家安全、社会公共利益的行为表现为公司的行为，吊销公司营业执照，就剥夺了公司的营业能力，也就一定程度上遏制了其他人利用公司从事危害国家安全、社会公共利益的行为。

另外，股东、发起人，公司相关责任人员在公司存续过程中由于违法行为也要承担相应的行政责任。

公司在存续过程中，由于经营行为涉及的事项较多，发生的法律关系也比较复杂，涉及的罪名主要有提供虚假财务会计报告罪、抽逃出资罪、欺诈发行股票、债券罪、擅自发行股票、公司、企业债券罪，公司、企业人员受贿罪，职务侵占罪，挪用资金罪。

三、公司清算过程中相关主体的法律责任

正像自然人要生老病死一样，公司也往往面临着死亡终止，按照《公司法》的规定，当公司出现解散事由时，除因合并、分立外，都要进入清算程序。清算是公司人格消灭的必备要件，是公司最后终止的前置程序，公司清算的过程就是按照法定的程序了结公司事务、收回债权、清偿债务、分配财产，并最终注销公司的过程。公司进入清算程序后，公司的能力、公司的目的、公司的执行机构等都发生了变化，法律规定了严密的程序要求各方主体严格遵守执行，违反相关的实体和程序性规定，就要承担相应的法律责任。

学术视野

1. 对于公司章程的性质，学界主流观点主要为契约说、自治法说和宪章说。契约说为英美法系所推崇，理论基础来源于民法合同理论，如科斯曾指出，本质上公司是一系列合同的联接，由此推论，作为公司参与者制定的公司内部权利义务关系章程自然也是一种契约，应遵循契约自由和意思自治原则。[1] 自治法说被以日本为代表的一部分大陆法系国家所推崇，该学说把公司章程看作是公司内部的自治规章，是公司各方参与者对公司经营和管理的自主性规定。因此，公司章程不仅对公司章程的制定者具有约束力，还能够约束公司机关和公司继受股东。[2] 宪章说是对契约说和自治法说的修正，认为现行公司法存在大量公司章程的强制性规范，并以此批驳了公司章程是合意的结果，认为公司章程更多地包含了国家公权力的干预，以此明显区别于普通契约。[3] 目前我国绝大多数学者都赞同第三种观点，即公司章程是公司内部具有最高法律效力的文件，是公司内部的宪章。

2. 公司治理问题是由伯利和米恩斯在其著名的《现代公司与私有财产》一书有关现代公司中股东所有权与管理控制权相分离的经典论述中确立的。[4] 随后，有关公司治理的探讨范围不断拓展。科克伦和沃特尔认为：公司治理问题包括在高级管理阶层、股东、董事会和公司其他的相关利益人的相互作用中产生的具体问题。还有学者认为公司治理以企业内部监督、外部行政监督和市场监督等为途径，其核心是防止经营者滥用业务执行权，监控经营者表现。[5] 如为使董事尽力为公司工作，公司治理采取一系列对董事激励和约束措施，激励措施包括高薪制、职务消费、职务升迁等，相关激励制度包括年薪制、期权制等。[6] 公司治理（corporate governance），又称为治理结构、法人治理结构和企业治理机制等，涉及各国经济中的企业制度安排问题。[7] 现代公司特别是大型股份有限公司是最具实力和影响力的经济主体，公司状况对各国经济社会的发展和在世界上的竞争力具有重大影响，尤其是一些知名大公司的丑闻的出现，以解决公司问题为核心的公司治理日益受到重视。[8] 从法学角度讲，公司治理结构就是

---

[1] See Paul Davies, *Gower's Principles of Modern Company Law*, 6th. ed., Sweet & Maxwell, 1977, pp. 115~122.
[2] 王冠宇："浅析公司章程的对外法律效力——兼议新《公司法》第16条"，载《金融法苑》2009年第1期。
[3] 王冠宇："浅析公司章程的对外法律效力——兼议新《公司法》第16条"，载《金融法苑》2009年第1期。
[4] 王红一：《银行公司治理研究》，法律出版社2008年版，第13页。
[5] 刘连煜：《公司治理与公司社会责任》，中国政法大学出版社2001年版，第11~13页。
[6] 年薪制是按一年的工作业绩情况决定获得报酬的制度。期权制，是公司给予管理者在未来按一定价格购买公司股票的权利，如果经营成功未来股价上涨，则管理者可获得溢价好处。
[7] 梁能主编：《公司治理结构：中国的实践与美国的经验》，中国人民大学出版社2000年版，第4页。
[8] 王红一：《银行公司治理研究》，法律出版社2008年版，第12页。

为维护股东、公司债权人及社会公共利益,保证公司正常有效地运营,由法律和公司章程规定的有关公司组织机构之间权力分配于制衡的制度体系。公司治理结构牵涉公司股东及相关利益人的利益能否实现和公司能否正常运作的重大问题,不仅是公司制的核心,对于公司和整个社会的经济健康都有至关重要的作用。[1]

3. 公司人格否认制度,在英美法国家中称为"揭开公司面纱",在德国称为"直索",在日本称为"公司人格形骸化理论",指在具有独立人格的公司法人,其人格被滥用,因而使债权人利益或社会公共利益受到损害的情形下,否认公司的独立人格,令不当行为人直接面对公司的债权人,对公司法人的债务承担连带责任的一种法律制度。[2]公司法人格否认制度究竟起源于英国还是美国,理论界还有分歧。有学者认为其发端于英美的判例,由法官在司法实践中创制并不断丰富。有学者则认为该理论起源于英国1897年萨洛姆公司案。[3]

公司法人格否认制度的特征有:①公司已取得独立法律人格,具有独立承担法律责任的能力。若公司未取得合法独立人格,则不存在适用公司法人格否认制度的必要,只有具有独立人格的公司才存在法律人格被滥用的情况。②公司法人格否认制度的法律效力,适用于个案中的特定法律关系,而不具有普适性。③公司法人格否认制度是对公司法人格滥用后的一种事后规制。通过追究公司法人格滥用者的责任,对因滥用而无法在传统的公司独立责任制度框架内的合法权益者的一种救济,使滥用公司人格者对公司债务负无限连带责任,以体现法律所要求的将利益和负担公平、合理地分配于当事人。[4]

4. 关于董事和公司的关系有多种学说,代表性的有:①董事与公司的关系是代理和信托的双重关系。这主要是英美法系国家公司法学者的观点。因此,董事的地位一方面是公司的代理人,关于代理人的一般规则适用于他们代表公司所签订的任何合同或进行的交易。其在职权范围内作为公司代理人的活动,不承担个人责任,而由公司负责。而作为受托人,必须认真管理公司的财产,为公司利益的最大化而履行职责。依据该双重地位,除法律规定由股东行使的某些重要权利外,其他日常决策权均由董事会代表公司行使。[5]这种学说的存在是英美法系国家董事职责从代理法和信托法中发展起来的,股东和董事之间的代理关系和本人与代理人的代理关系不同,董事与公司的关系可以用信托关系来表示,董事必须承担信托责任,在行使权限时对公司尽忠效力,谨慎行事。[6]②董事与公司的关系是委任关系。这主要是日本等大陆法系国家提出的观点。日本学者认为,董事和公司的关系是委任关系,董事负有善良管理者的品质而履行职务的义务。[7]

这些不同的论说并非完全对立,只是在不同的背景下基于不同国家的法律传统和公司法的规定对董事与公司关系作出的不同表述。尽管表述和立法不同,但不同法系对董事义务和责任内容的规定相似,大体内容均包括忠实义务和勤勉义务两方面。[8]

5. 《公司法〈修正案〉》针对公司资本制度存在的弊端进行了根本性的变革,为我国经济市场的进一步繁荣发展奠定了基础。首先,原则上取消了一人有限公司、有限公司、股份公司

---

[1] 范健、王建文:《商法学》,法律出版社2009年版,第184页。
[2] 赵万一主编:《商法》,中国人民大学出版社2009年版,第87页。
[3] 赵德枢:《一人公司详论》,中国人民大学出版社2004年版,第138页。
[4] 范健、王建文:《商法学》,法律出版社2009年版,第136页。
[5] 王红一:《银行公司治理研究》,法律出版社2008年版,第112页。
[6] 沈四宝编:《西方国家公司法原理》,法律出版社2006年版,第277~278页。
[7] [日]龙田节:《商法略说》,谢次昌译,甘肃人民出版社1985年版,第53页。
[8] 杨继:"公司董事'注意义务'与'忠实义务'辨",载《比较法研究》2003年第3期。

最低注册资本限额，在公司设立的资本要求方面彻底取消了准入门槛额限制。市场主体甚至可以一元设立公司进行投资创业，极大地推动了中、小、微型企业特别是高新科技企业的创设。这将大幅充盈市场活跃率，促进市场经济的再次升级。其次，注册资本认缴制度的确立及货币出资比例的取消将促使公司资本利用率的提升。企业可以根据经营的不同需求选择出资的方式，并可以针对发展的实际需求在公司章程中自主灵活决定资本的缴纳，解决了传统法律对注册资本"一刀切"所带来资本闲置的问题。再次，公司注册登记的改革是我国政府"减政放权"，践行《国务院机构改革和职能转变方案》的重要成果，有助于我国服务型政府的建设。最后，公司资本制度改革后，必将通过系统的配套辅助制度，如财务会计制度、社会信用制度及监管调控制度等，维持市场交易的安全及公司债权人利益的保护。特别是通过社会信用体系的建构和进一步完善，加大对违背市场信用的处罚力度和成本，一处违规处处受限，将助力我国市场经营主体诚信经营意识的形成，促进我国社会信用体系的建构。[1]

理论思考与实务应用

一、理论思考

（一）名词解释

一人公司　有限责任公司　公司人格　公司人格否认制度　公司法人财产权

（二）简答题

1. 简述一人公司的概念、特征及董事会的组成、职权。
2. 简述公司法人财产权的概念与特征。
3. 简述股份有限公司与有限责任公司的不同法律特征。
4. 简述股东大会的职权。
5. 简述股东大会的议事规则。
6. 《公司法》规定了哪些主要的法律责任？

（三）论述题

1. 试述公司资本原则的主要内容。
2. 论述公司人格否认制度及其适用。

二、实务应用

（一）案例分析示范

案例一[2]

2012年4月，陈某设立一家有限责任公司，从事绿色食品开发，注册资本为200万元。公司成立半年后，为增加产品开发力度，陈某拟新增资本100万元，并为此分别与张某、李某洽谈，该二人均有意愿认缴全部新增资本，加入陈某的公司。陈某遂先后与张某、李某二人就投资事项分别签订了书面协议。张某在签约后第二天，即将款项转入陈某的个人账户，但陈某一直以各种理由拖延办理公司变更登记等手续。2012年11月5日，陈某最终完成公司章程、股东名册以及公司变更登记手续，公司注册资本变更为300万元，陈某任公司董事长，而股东仅为陈某与李某，张某的名字则未出现在公司登记的任何文件中。

李某虽名为股东，但实际上是受刘某之托，代其持股，李某向公司缴纳的100万元出资，

---

[1] 林亮春："我国公司法的最新修改及评析"，载《重庆交通大学学报（社会科学版）》2014年第4期。
[2] 参见2014年司法考试真题。

实际上来源于刘某。2013年3月,在陈某同意的情况下,李某将其名下股权转让给善意不知情的潘某,并在公司登记中办理了相应的股东变更。

2014年6月,因产品开发屡次失败,公司陷入资不抵债且经营无望的困境,遂向法院申请破产。法院受理后,法院所指定的管理人查明:首先,陈某尚有50万元的出资未实际缴付;其次,陈某的妻子葛某本是家庭妇女,但自2014年1月起,却一直以公司财务经理的名义,每月自公司领取奖金4万元。

问:(1)在法院受理公司破产申请前,张某是否可向公司以及陈某主张权利,主张何种权利?为什么?

(2)在法院受理公司破产申请后,张某是否可向管理人主张权利,主张何种权利?为什么?

(3)李某能否以自己并非真正股东为由,主张对潘某的股权转让行为无效?为什么?

(4)刘某可主张哪些法律救济?为什么?

(5)就葛某所领取的奖金,管理人应如何处理?为什么?

【评析】(1)根据案情交代,即陈某是以自己名义与张某签订协议,款项也是转入陈某个人账户,且张某并未登记为公司股东,故在张某与公司之间:首先,张某并未因此成为公司股东;其次,张某与公司之间不存在法律关系。因此张某不能向公司主张任何权利。鉴于投资协议仅存在于张某与陈某个人之间,张某只能向陈某主张违约责任,请求返还所给付的投资以及相应的损害赔偿。

(2)根据问题(1)的结论,张某与公司之间不存在法律关系,故而在公司进入破产程序后,张某也不得将其对陈某的债权,视为对公司的债权,向管理人进行破产债权的申报。

(3)依《公司法解释(三)》第24条第3款,李某虽为名义股东,但在对公司的关系上为真正的股东,其对股权的处分应为有权处分;退一步说,即使就李某的股东身份在学理上存在争议,但在《公司法解释(三)》第25条第1款股权善意取得的规定下,李某的处分行为也已成为有权处分行为,因此为保护善意相对人起见,李某也不得主张该处分行为无效。

(4)鉴于刘某仅与李某之间存在法律关系,即委托持股关系,因此刘某也就只能根据该合同关系,向李某主张违约责任,对公司不享有任何权利主张。

(5)根据《破产法》第36条,债务人的董事、监事、高级管理人员利用职权从企业获取的非正常收入,管理人负有追回义务;再根据《破产法解释(二)》第24条第1款,董事、监事、高级管理人员所获取的绩效奖金属于非正常收入范围,故而管理人应向葛某请求返还所获取的收入,且可以通过起诉方式来予以追回。

案例二

某百货公司是以商品零售为主的公司,由两个私人股东设立。公司成立前拟定注册资本为25万元,2006年10月依《公司法》的规定调整注册资本后正式成立。两个股东,一个为执行董事,一个为财务负责人,其中执行董事兼任监事。该公司聘请丁某作为公司的总经理。此时,丁某买回的一批服装正欲卖出,上任后未经任何人同意私下和某百货公司签订了合同,用公司名义买下了他买来的服装,总价款达12.5万元,占用了公司的大量流动资金。后该批服装由于数量过多,款式陈旧而积压,致使该公司下半年的投资计划流产,大量的购货合同难以履行。公司执行董事向人民法院起诉,要求丁某赔偿经济损失。丁某认为:他是公司的经营主管,有权同任何人签订合同,确定经营方式,公司起诉他是没有任何道理的。

问:(1)本案中,该百货有限公司的法人机构是否合法?

(2) 丁某和本公司签订的合同的是否有效？

(3) 丁某是否应向公司赔偿损失？

【评析】(1) 根据《公司法》的规定，股东会是有限责任公司的权力机构，董事会是有限责任公司的执行机构。有限责任公司，股东人数较少和规模较小的，可以设一名执行董事，不设董事会。所以，本案中某百货公司股东人数少，不设董事会是合法的。监事会是对公司的财务和董事会执行公司业务活动进行监督的机构。有限责任公司，股东人数较少和规模较小的，可以设1~2名监事。所以本案中某百货公司只设1名监事也是合法的，需要注意的是，《公司法》还规定董事、经理及财务负责人不得兼任监事。本案中，执行董事兼任监事，这是不符合《公司法》规定的。

(2)《公司法》规定，董事、经理除公司章程规定或股东会同意外，不得同本公司订立合同或进行交易。本案中丁某滥用职权，未经任何人同意，为谋私利和本公司订立合同，是违反《公司法》的。丁某的行为同时也违反了《民法通则》中有关代理的规定。因此，丁某和本公司签订的合同无效。

(3)《公司法》规定，董事、监事、经理执行公司职务违反法律、行政法规或者公司章程的规定，给公司造成损害的，应当承担赔偿责任。所以，不仅丁某和本公司签订的合同是无效的，而且丁某还应承担因此而给公司造成的损失。

案例三

某股份有限公司属于募集设立的股份有限公司，注册资本为人民币5000万元，在设立过程中，经有关部门批准，以超过股票票面金额1.2倍的发行价格发行，实际所得人民币6000万元。溢价款1000万元当年被股东作为股利分配。两年后，由于市场行情变化，该公司开始亏损，连续亏损两年，共计亏损人民币1200万元。股东大会罢免了原董事长，重新选举新的董事长。经过一年的改革，公司开始盈利人民币600万元，公司考虑到各股东多年来经济利益一直受损，故决定将该利润分配给股东。自此以后，公司业务蒸蒸日上，不仅弥补了公司多年的亏损，而且发展越来越快。2008年，公司财务状况良好，法定公积金占公司注册资本55%，法定公益金占公司注册资本的45%，公司决定，鉴于公司良好的财务状况，法定公积金可以不再提取了，法定公益金也无需再提取。为了增大企业规模，公司股东大会决定把全部法定公积金转为公司资本。

问：(1) 该公司将股票溢价发行款作为股利分配，正确与否，请说明理由。

(2) 该公司在刚开始盈利时将盈利分配给各股东的做法对不对，正确的做法是什么？

(3) 公司股东会能否决定将公司的法定公积金全部转为公司资本，为什么？

【评析】(1) 公积金，是指依照法律、公司章程或股东大会决议而从公司的营业利润或其他收入中提取的一种储备金。股份有限公司依法溢价发行的款项属于公司资本公积金，不能作为股利分配，公司将股票发行的溢价款作为股利分配是错误的。

(2) 公司向股东分配股利时应遵循非有盈余不得分配原则，按照法定顺序分配，公司在刚开始盈利时未弥补以往公司的亏损就分配股利，违反法律规定，必须将分配的利润退还给公司。

(3) 股份有限公司经股东大会决议可将法定公积金转为资本，但法定公积金转为资本时，所留存的该项公积金不得少于注册资本的25%，本案中公司将全部法定公积金转为公司资本，显然违反了《公司法》的有关规定。

（二）案例分析实训

案例一

某有限责任公司董事会议拟增加注册资本，公司监事会全部7名成员坚决反对，但董事会坚持决议。于是，监事会中的3名成员联名通知全体股东召开临时股东会议。除两名股东因故未参加股东会以外，其他股东全部参加。与会股东最终以2/3人数通过了公司增加注册资本的董事会决议。监事会认为会议的表决未到法定人数，因而决议无效。董事会认为，监事越权召开股东会，会后又对会议通过的决议横加指责，纯属无理之举。

问：（1）公司董事会是否有权作出增加注册资本的决议？
（2）临时股东大会的召集程序是否合法？
（3）临时股东大会通过的决议是否有效？

案例二

某市侨兴股份有限公司因经营管理不善造成亏损，公司未弥补的亏损达股本的1/4，公司董事长李某决定在2012年4月6日召开临时股东大会，讨论如何解决公司面临的困境。董事长李某在2012年4月1日发出召开2012年临时股东大会会议的通知，其主要内容如下：为讨论解决本公司面临的亏损问题，凡持有股份10万股（含10万股）以上的股东直接参加股东大会会议，小股东不必参加股东大会。股东大会如期召开，会议议程为两项：①讨论解决公司经营所遇困难的措施。②改选公司监事二人。出席会议的有90名股东。经大家讨论，认为目前公司效益太差，无扭亏希望，于是表决解散公司。表决结果，80名股东，占出席大会股东表决权3/5，同意解散公司，董事会决议解散公司。会后某小股东认为公司的上述行为侵犯了其合法权益，向人民法院提起诉讼。

问：（1）本案中公司召开临时股东大会合法吗？程序有什么问题？
（2）临时股东大会的通知存在什么问题？
（3）临时股东大会的议程合法吗？作出解散公司的决议有效吗？
（4）该小股东的什么权益受到了侵害？

案例三

某服装有限责任公司系由张某、李某、吴某3人共同出资人民币200万元设立，该公司近年来经营情况良好，为拓展业务，扩大经营，3人决定采取以下措施：①向某合伙企业投资100万元。②与宏达有限责任公司共同投资设立另一有限责任公司——实地有限责任公司，专门生产运动鞋。实地公司注册资本400万元，为达到控股目的，某服装有限责任公司决定出资210万元。

问：根据《公司法》相关知识，对该两项投资作一判断，并说明理由。

主要参考文献

1. 顾功耘主编：《公司法》，北京大学出版社2004年版。
2. 顾功耘主编：《商法教程》，上海人民出版社、北京大学出版社2006年版。
3. 赵万一主编：《商法》，中国人民大学出版社2009年版。
4. 石少侠主编：《公司法教程》，中国政法大学出版社2002年版。
5. 施天涛：《公司法论》，法律出版社2006年版。

6. 范健、王建文:《公司法》,法律出版社 2006 年版。
7. 梁能主编:《公司治理结构:中国的实践与美国的经验》,中国人民大学出版社 2000 年版。
8. [美] 罗伯特·W. 汉密尔顿:《公司法》(影印版),法律出版社 1999 年版。
9. [德] 卡尔·拉伦茨:《德国民法通论》,王晓晔等译,法律出版社 2003 年版。
10. [日] 龙田节编:《商法略说》,谢次昌译,甘肃人民出版社 1985 年版。

第四章
市场主体登记管理法律制度

【本章概要】 市场经济主体是市场经济活动不可或缺的重要组成部分。因而无论是在资格取得方面,还是在经济活动之中,均应受到相应的法律规制。同时,市场经济主体活力的增强,是国家经济得到健康有序发展的一个非常重要的方面。本章主要介绍了市场主体登记管理法的概念、特点及其渊源;市场主体登记管理制度的立法模式;一般市场主体的工商登记管理制度,工商登记的基本类型和一般条件;特殊市场主体的审批许可制度以及审批许可制度的适用范围。其中市场准入制度是有关国家和政府准许公民和法人进入市场,从事商品生产经营活动的条件和程序规则的各种制度和规范的总称,是国家对市场进行干预的基本制度。市场准入制度的立法模式主要包括自由主义模式、特许主义模式(由国家元首发布命令设立、经国家特许的方式设立、由国家立法机关制定特别法律许可设立)、行政许可模式、混合模式等。市场准入制度体系的基本形式包括一般市场准入制度、特殊市场准入制度、涉外市场准入制度。

【学习目标】 本章重点掌握工商管理登记的类型、登记事项及登记程序。结合公司法,理解掌握工商登记管理制度及其法律效力。本章需理解记忆特殊市场主体的审批许可制度以及适用范围。

第一节 市场主体登记管理法律制度概述

一、市场主体的概念和分类

市场主体,即市场经济主体,是指参加市场经济活动,享有经济权利,承担经济义务的当事人。根据一般市场经济理论和我国市场经济实践,市场主体包括以下几个方面:①企业;②公司和企业集团;③银行和其他金融机构;④公民、个体工商户和农村承包经营户;⑤国家机关(一般为特殊主体)。

二、市场主体登记管理的概念和作用

所谓市场主体登记管理,是指国家为了规范市场主体的行为以建立和维护市场经济秩序,而从法律上对市场主体资格予以确认的一种法律行为。

市场主体登记管理的作用,概括来讲,主要包括如下几个方面:

1. 可确认市场主体的法律地位,使市场主体取得合法的生产经营资格或法人资格。

2. 市场主体登记管理可便于国家保护市场主体合法的生产经营活动,保障市场主体的合法权利,同时取缔非法的生产经营活动,维护市场经济秩序。

3. 国家通过市场主体登记管理,既可以对市场主体的生产经营活动进行必要的监督和管理,又可以较全面地了解市场主体的所有制性质、规模、类别和生产经营状况等基本情况,掌握市场主体的行业、区域分布等资料,从而便于国家进行相应的宏观经济决策,对国民经济和社会发展的各个方面统筹兼顾,合理安排生产布局,促进市场经济的发展。

三、市场主体登记管理法的概念和特点

市场主体登记管理法是指调整市场主体登记管理关系的各种法律规范的总称。从某种意义上讲，市场主体登记管理法也是指那些有关国家干预市场主体的组织和与组织有关的行为的法律规范的总称。[1] 市场主体登记管理法律规范具有以下几个显著特点：

1. 它体现了国家对市场主体的干预。市场经济是意志自由的经济。作为经济法组成部分的市场主体登记管理法律规范则基于维护全局和长远利益之考虑，为市场主体在商品交易活动中的自由意志设定必要的界限。它不否认市场主体的意思自治，但反对绝对的意思自治。所以，市场主体登记管理法在规范的性质和形式上必然体现出国家对市场主体进行干预的特色。

2. 它规范的是市场主体的组织和与组织有关的行为。市场主体的组织，主要是指市场主体的设立、变更和终止、市场主体的章程、市场主体的权利能力和行为能力、市场主体的法律地位、市场主体的组织机构、内部关系等问题。[2] 市场主体的与组织有关的行为，主要是指与特定市场主体的组织特点相联系的活动。如公司发行股票、债券等活动即与公司这一市场主体的组织特点有关，并区别于公司的商品买卖、借贷等与公司组织特点无关的活动。

3. 它主要表现为企业法。其缘由首先为企业已成为最主要、最基本的市场主体，市场主体立法本身当然主要地表现为企业法。其次，市场主体的组织和与组织有关的行为，更多地是作为组织体的企业所涉及的问题，相应地，市场主体立法也就必然表现为企业法。

四、市场主体登记管理法的调整对象

与经济法的其他部门法一样，市场主体登记管理法也以一定的经济关系为其调整对象。作为市场主体登记管理法调整对象的经济关系，可以按照不同的标准进行分类，或者说从不同的角度加以界定。

依内容和表现形式不同，市场主体登记管理法所调整的经济关系可分为国家在干预公司、企业等的组织过程中所发生的经济关系，以及国家在干预与它们组织有关的行为的过程中所发生的经济关系；依产生时间的不同，市场主体登记管理法所调整的经济关系可分为作为组织体的公司、企业成立前的国家干预经济关系和成立后的国家干预经济关系；依国家干预是作用于公司、企业内部还是外部，市场主体登记管理法调整的经济关系可以分为公司、企业内部的国家干预经济关系和公司、企业外部的国家干预经济关系。

五、市场主体登记管理制度的立法模式

在不同国家或同一国家的不同历史发展时期，由于经济发展水平、政治经济制度、文化历史背景等方面的差别，政府对市场主体从事生产经营活动的立场也不大一样，与此相关的立法也存在重大的差别，形成了不同的登记管理制度的立法模式，概括起来，大致有以下几种：

1. 自由主义模式。即国家对主体进入市场采取不干预政策，任何人以任何方式进入市场，从事生产经营活动，都不被法律所禁止。如早期自由资本主义时期，西方一些国家的"商人法"。

2. 特许主义模式。特许主义原则是指由专门法律或命令的方式准许市场主体进入市场，它主要用于通过设立企业进入市场的情形。采用这种方式准许设立企业主要有以下几种形式：①由国家元首发布命令而设立，如英国16世纪的股份有限公司的设立即为此种情形；②经国家特许的方式设立，如荷兰17世纪股份公司的设立；③由国家立法机关制定特别法律特许设立，包括我国在内的现代许多国家的一部分国有企业就是采用这种方式设立的。采用这种

---

[1] 参见李昌麒主编：《经济法学》，中国政法大学出版社1999年版，第135页。
[2] 参见江平主编：《新编公司法教程》，法律出版社1994年版，第1~2页。

方式准许市场主体——特别是企业进入市场，因其限制过于严格，所以在现代国家中，适用范围较窄。

3. 准则主义模式。准则主义又称"登记主义"，是指设立企业不需要报有关立法机关批准，只要符合法律规定的成立条件，即可向企业登记机关申请登记，经登记机关审查合格后授予合法主体的资格。20世纪以后，各国公司设立普遍采用这一原则。但在现代，为了防止滥设公司和利用公司欺诈等流弊，许多国家一方面用法律严格规定设立企业的条件及设立责任，同时加强法院及行政官署对企业设立的监督。各国普遍摒弃了单纯的准则主义，适用"严格准则主义"。

4. 行政许可主义模式。行政许可主义，又称"核准主义"，"审批主义"，是指企业经国家行政机关批准才能设立。根据这种立法，进入市场从事生产经营活动必须经过两道手续：①行政许可手续，即由政府有关部门进行审批，才能设立有关企业或进入市场进行生产经营活动；②注册登记程序，即设立企业或直接进入市场从事经营活动必须到国家有关部门办理注册登记，取得营业执照后，才能实际从事生产经营活动。核准原则的特点是可以防止企业的滥设，但如果适用范围大，则不利于企业的及时设立。因此在现代国家中，这种设立原则的适用范围有缩小的趋势。

5. 严格准则主义模式。严格准则主义仍然以准则主义为基础，但立法对主体进入市场准则的规定比单纯的准则主义严格，反映了国家对市场准入关系的高度干预。

6. 混合主义模式。即根据市场主体的性质或市场主体拟从事的市场经营活动的类型等具体情况，分别采用行政许可主义和准则主义。

从我国现行立法规定来看，我国目前采用的是混合主义。一方面，法律不再要求所有市场经营主体进入市场都必须经过国家行政机关的审批；另一方面，现行立法中进入市场从事生产经营活动在很多情况下仍然需要国家有关机关的批准或许可。即对一般市场主体采用准则主义，特殊市场主体采用行政许可主义。

第二节 一般市场主体的工商登记管理制度

一、工商登记管理的定义和性质

工商登记管理是政府在对申请者进入市场的条件进行审查的基础上，通过注册登记，确认申请者从事市场经营活动资格，使其获得实际经营权的各项活动的总称。

工商登记管理是政府的一种认可行为。公民或经济组织实体从事生产经营活动作为一种客观的权利在工商登记之前就已经存在，但仅作为抽象的存在，其并不是经过登记而产生的。工商登记仅是国家对公民或组织的市场经营主体资格予以认可的行为，因此，只要符合工商登记的条件，登记机关就应当进行登记。从另一个方面来看，工商登记管理又是一切主体合法从事市场经营活动的必经程序，只有履行了工商登记管理手续，取得营业执照，才能成为合法的市场经营主体。未经登记取得营业执照而擅自以市场经营主体的名义从事生产经营活动，将构成非法经营。

二、工商登记制度的基本功能

尽管各国市场主体的登记管理制度存在重大的差异，但是，个人或组织在进入市场从事营业活动前应到国家有关部门进行注册登记则是各国普遍实行的一种制度。工商登记制度之所以必要，是因为这一制度具有以下的基本功能：①规范市场主体，使市场主体普遍具备从事市场经营活动的能力；②掌握市场主体的基本情况，保证国家对市场经营活动进行有效的管理和监督；③公开市场主体的基本情况，保护消费者和其他市场经营主体的利益。

三、工商登记的基本类型和条件

根据法律、法规的规定，市场主体的工商登记可分为企业法人登记和市场主体营业登记两种基本类型。其中，企业法人登记为拟设立的企业符合法人条件的，可以申请企业法人登记，领取营业执照后，申请登记的企业获得企业法人资格，并作为独立的法人获得营业权。全民所有制企业、集体所有制企业、联营企业、在中华人民共和国境内设立的中外合资经营企业、中外合作经营企业、外商投资企业、私营企业具备法人条件的，都可以申请企业法人登记。经登记并签发营业执照后，其获得法人地位和资格，可以法人名义独立享有权利能力和行为能力，并以其全部法人财产独立承担责任。而市场主体营业登记是针对不具备法人条件的经济组织，不能申请企业法人登记但可以申请营业登记。例如不具备法人条件的联营企业、企业法人的分支机构、事业单位、科技性社会团体设立的经营单位以及从事经营活动的事业单位等，具备国家规定的营业条件的，经工商行政管理机关核准登记注册，领取营业执照，取得合法营业权。但因其不具备法人资格，所以在经营活动中不能独立地以法人名义享受权利、承担义务和责任。公民个人或家庭从事工商经营活动的，也可申请营业登记。

（一）企业法人登记的条件

企业法人登记既是企业获得营业权的程序，又是确认其法人资格程序。目前，我国企业法人登记有两种类型：①一般的企业法人登记，适用《企业法人登记管理条例》的规定；②公司登记，适用《公司登记管理条例》的规定。

1. 一般的企业法人登记。

（1）有自己的名称、组织机构和章程。企业法人只准使用一个名称。企业自成立之日起享有名称权。企业法人申请登记注册的名称由登记主管机关核定，经核准登记注册后在规定的范围内享有专用权。申请设立中外合资经营企业、中外合作经营企业和外资企业应当在合同、章程审批之前，向登记主管机关申请企业名称登记。企业名称应当由行政区划、字号、行业、组织形式依次组成。其中，"行政区划"应是本企业所在地县级以上行政区划的名称或地名，市辖区的名称不能单独用作企业名称中的行政区划，经国家工商行政管理总局核准，符合下列条件之一的企业法人，可以使用不含行政区划的企业名称：国务院批准的；国家工商行政管理总局登记注册的；注册资本（或注册资金）不少于5000万元人民币的；国家工商行政管理总局另有规定的。"字号"应当由2个以上的字组成，可以使用自然人投资人的姓名作字号，行政区划不得用作字号，但县以上行政区划的地名具有其他含义的除外；"行业表述"应当是反映企业经济活动性质所属国民经济行业或者企业经营特点的用语，而且应当与企业经营范围一致。企业名称应当使用符合国家规范的汉字，不得使用汉语拼音字母、阿拉伯数字。另外，企业名称中不得含有另一个企业名称。企业分支机构名称应当冠以其所从属企业的名称。除国务院决定设立的企业外，企业名称不得冠以"中国"、"中华"、"全国"、"国家"、"国际"等字样。在企业名称中间使用"中国"、"中华"、"全国"、"国家"、"国际"等字样的，该字样应是行业的限定语。使用外国（地区）出资企业字号的外商独资企业、外方控股的外商投资企业，可以在名称中间使用"（中国）"字样。设立公司应当申请名称预先核准。法律、行政法规规定设立企业必须报经审批或者企业经营范围中有法律、行政法规规定必须报经审批项目的，应当在报送审批前办理企业名称预先核准，并以工商行政管理机关核准的企业名称报送审批。公司名称预先核准和公司名称变更核准的有效期为6个月，有效期满，核准的名称自动失效。

企业法人的组织机构通常包括企业法人的代表机构、经营决策机构、监督机构、民主管理机构等。企业法人的组织机构的设置应当符合法律、法规的规定。其中，全民所有制工业企业的组织机构应当符合《全民所有制工业企业法》的规定，城镇集体所有制企业应当符合《城镇集体所有制企业条例》的规定，私营企业的组织机构应当符合《私营企业暂行条例》的规定，外商投资企业应符合有关中外合资、中外合作和外资企业法关于企业内部机构设置的规定。

企业章程是企业法人活动的准则，是企业成立的基础。企业法人章程一般载明下列事项：企业法人的名称和住所、经营范围、注册资本、组织机构法定代表人等。企业设立后，章程便对企业产生约束力，企业组织机构和有关人员有义务按照章程规定从事生产经营活动。此外，章程也是企业对外表明自己的经营宗旨和基本情况的法律文件，章程经批准公告后，产生公示效力，是其他市场主体了解该企业情况、进行经济往来的重要信息来源，也是有关部门对企业进行管理和监督的重要依据。

（2）有固定的经营场所和必要的设施及从业人员。经营场所是企业进行生产经营活动场所，是企业从事生产经营活动的基本条件。申请企业法人登记的企业，必须具备与其所从事的生产经营活动相适应的经营场所。必要的设施是指企业从事章程规定范围内的生产经营活动所必需的机器设备和其他物质条件。但是企业生产经营设施可以在市场经营过程中不断添置、更新，因此，法律要求企业在进行设立登记时，仅具备必要的设施即可。至于必要设施的范围，需要根据企业拟从事的生产经营活动进行判断。

（3）有符合国家规定并与其生产经营和服务规模相适应的资金数额和从业人员。适当金额的资金是企业进入市场应当具备的基本条件。作为企业法人，首先，必须具备一定金额的自有资金；其次，资金必须达到法律规定的最低限度；再次，资金金额必须与生产经营规模相适应。在法律有明文规定的情况下，除了达到法律规定的最低金额外，企业的自有资金还应与其经营规模相适应。如果法律没有明确的规定，应根据企业经营规模确定其应当具备的资金金额。

（4）有符合国家法律、法规和政策规定的经营范围。经营范围是企业从事经营活动的业务范围，应当依法经企业登记机关登记。企业的经营范围应当包含或者体现企业名称中的行业或者经营特征并应当与其资金、场地、设备、从业人员以及技术力量相适应。企业的经营范围由企业登记机关根据投资人或者企业的申请依法登记并应当与章程或者合伙协议的规定相一致。经营范围分为许可经营项目和一般经营项目。许可经营项目是指企业在申请登记前，依据法律、行政法规、国务院决定应当报经有关部门批准的项目。一般经营项目是指不需批准，企业可以自主申请的项目。申请许可经营项目，申请人应当依照法律、行政法规、国务院决定向审批机关提出申请，经批准后，凭批准文件、证件向企业登记机关申请登记。审批机关对许可经营项目有经营期限限制的，登记机关应当将该经营期限予以登记，企业应当在审批机关批准的经营期限内从事经营。申请一般经营项目，申请人应当参照《国民经济行业分类》及有关规定自主选择一种或者多种经营的类别，依法直接向企业登记机关申请登记。其中，企业申请的经营范围中有下列情形的，企业登记机关不予登记：法律、行政法规、国务院决定禁止企业经营的；属于许可经营项目，不能提交审批机关的批准文件、证件的；注册资本未达到法律、行政法规规定的从事该项目经营的最低注册资本数额的；法律、行政法规、国务院规定特定行业的企业只能从事经过批准的项目而企业申请其他项目的；法律、行政法规、国务院规定的其他情形的。

（5）能够独立承担民事责任。法人能否独立承担民事责任，应当从多方面综合进行考察。

其中，最关键的是该申请登记的法人对其经营管理的财产是否有独立的财产权。国有企业法人应当对企业经营管理的财产享有经营权，集体企业、私营企业、外商投资企业以及其他类型的企业应当享有所有权或处分权。此外，在经营管理过程中，企业还应当能够独立以自己的名义享有权利、履行义务，并实行独立核算，自负盈亏。

（6）法律、法规规定的其他条件。如从事技术开发、咨询和服务的企业法人，按照国家有关规定，还必须有一定数量的专业技术人员。

2. 公司登记。在我国，关于公司登记的条件的规定主要见于《公司法》和《公司登记管理条例》，公司经公司登记机关依法登记，领取《企业法人营业执照》，方取得企业法人资格。因此，公司登记属于企业法人登记的一种形式。

除国有独资公司外，设立有限责任公司，应当具备下列条件：

（1）股东符合法定人数。有限责任公司由50个以下股东出资设立。

（2）股东出资达到法定资本最低限额。有限责任公司注册资本的最低限额为人民币3万元。股东可以用货币出资，也可以用实物、知识产权、土地使用权等可以用货币估价并可以依法转让的非货币财产作价出资；但是，法律、行政法规规定不得作为出资的财产除外。对作为出资的非货币财产应当评估作价，核实财产，不得高估或者低估作价。全体股东的货币出资金额不得低于有限责任公司注册资本的30%。股东不得以劳务、信用、自然人姓名、商誉、特许经营权或者设定担保的财产等作价出资。

（3）股东共同制定公司章程。公司章程是创设公司并规范公司行为的法律文件，对公司、股东、董事、监事和经理都具有约束力。制定公司章程的行为本质上属于共同行为，应由公司的全体股东参加，反映全体股东的共同意志。有限责任公司章程应当载明的事项主要包括：公司名称和住所；公司经营范围；公司注册资本；股东的姓名或者名称；股东的出资方式、出资额和出资时间；公司的机构及其产生办法、职权、议事规则；公司法定代表人；股东会会议认为需要规定的其他事项。

（4）有公司名称，建立符合有限责任公司要求的组织机构。公司名称应当符合国家有关规定。公司只能使用一个名称。经公司登记机关核准登记的公司名称受法律保护。

（5）有公司住所。公司的住所是公司主要办事机构所在地。经公司登记机关登记的公司的住所只能有一个。公司的住所应当在其公司登记机关辖区内。

股份有限公司登记，应当符合《公司法》中关于股份有限公司设立条件的规定，主要包括：

（1）发起人符合法定人数。设立股份有限公司，应当有2人以上200人以下为发起人，其中须有半数以上的发起人在中国境内有住所。

（2）发起人认购和募集的股本达到法定资本最低限额。股份有限公司采取发起设立方式设立的，注册资本为在公司登记机关登记的全体发起人认购的股本总额。股份有限公司采取募集方式设立的，注册资本为在公司登记机关登记的实收股本总额。股份有限公司注册资本的最低限额为人民币500万元。

（3）股份发行、筹办事项符合法律规定。以发起设立方式设立股份有限公司的，发起人应当书面认足公司章程规定其认购的股份；一次缴纳的，应即缴纳全部出资；分期缴纳的，应即缴纳首期出资。以非货币财产出资的，应当依法办理其财产权的转移手续。以募集设立方式设立股份有限公司的，发起人认购的股份不得少于公司股份总数的35%。

（4）发起人制订公司章程，采用募集方式设立的经创立大会通过。公司章程由发起人制订，在发行股份的股款缴足后，须经法定验资机构验资并出具证明，发起人应当自股款缴足之日起 30 日内主持召开公司创立大会。创立大会应由代表股份总数过半数的发起人、认股人出席，方可举行。公司章程须经出席会议的认股人所持表决权过半数通过。股份有限公司章程应当载明下列事项：公司名称和住所；公司经营范围；公司设立方式；公司股份总数、每股金额和注册资本；发起人的姓名或者名称、认购的股份数、出资方式和出资时间；董事会的组成、职权和议事规则；公司法定代表人；监事会的组成、职权和议事规则；公司利润分配办法；公司的解散事由与清算办法；公司的通知和公告办法；股东大会会议认为需要规定的其他事项。

(5) 有公司名称，建立符合股份有限公司要求的组织机构。

(6) 有公司住所。

符合以上条件的，登记机关应当予以登记，经登记后，发给企业法人营业执照，有限责任公司或股份有限公司便可以按照法律和章程规定从事各种生产经营活动。

(二) 营业登记的条件

不具备法人条件的联营企业、企业法人所属的分支机构、总公司所属的分公司、事业单位和科技性社会团体设立的经营单位、从事经营活动的事业单位和科技性社会团体以及个体工商户，具备国家规定的营业条件的，可以申请营业登记，经工商行政管理部门核准登记后，发给营业执照，从而可以进入市场，从事一定范围内的生产经营活动。但营业登记仅意味着这些组织虽可以参与市场经营活动，但并不具有独立、完整的市场主体资格，通常不能独立地承担民事责任。关于企业和其他经济组织的营业登记条件，现行法律并无明确的规定，但个体工商户登记根据《个体工商户条例》(国务院令第 596 号) 的规定。《个体工商户条例》规定：有经营能力的公民，依规定经工商行政管理部门登记，从事工商业经营的，为个体工商户。县、自治县、不设区的市、市辖区工商行政管理部门为个体工商户的登记机关（以下简称登记机关）。国家对个体工商户实行市场平等准入、公平待遇的原则。申请办理个体工商户登记，申请登记的经营范围不属于法律、行政法规禁止进入的行业的，登记机关应当依法予以登记。申请登记为个体工商户，应当向经营场所所在地登记机关申请注册登记。申请人应当提交登记申请书、身份证明和经营场所证明。个体工商户登记事项包括经营者姓名和住所、组成形式、经营范围、经营场所。个体工商户使用名称的，名称作为登记事项。予以注册登记的，登记机关应当自登记之日起 10 日内发给营业执照。领取营业执照的个体工商户，即成为合法的市场经营主体，可在登记范围内从事市场经营活动。

四、登记机关

工商登记的登记机关是工商行政管理部门。根据申请登记的市场主体的类别、规模、隶属关系的不同分别由不同级别的工商行政管理部门进行登记。其中，企业法人登记主管机关（以下简称"登记主管机关"）是国家工商行政管理总局和地方各级工商行政管理局。经国务院或者国务院授权部门批准的全国性公司、企业集团、经营进出口业务的公司，由国家工商行政管理总局核准登记注册。中外合资经营企业、中外合作经营企业、外资企业由国家工商行政管理总局或者国家工商行政管理总局授权的地方工商行政管理局核准登记注册。

全国性公司的子（分）公司，经省、自治区、直辖市人民政府或其授权部门批准设立的企业、企业集团、经营进出口业务的公司，由省、自治区、直辖市工商行政管理局核准登记注册。其他企业，由所在市、县（区）工商行政管理局核准登记注册。

公司登记的管辖权限具体划分如下，国家工商行政管理总局负责下列公司的登记：①国务院国有资产监督管理机构履行出资人职责的公司以及该公司投资设立并持有 50% 以上股份的公司；②外商投资的公司；③依照法律、行政法规或者国务院决定的规定，应当由国家工商行政管理总局登记的公司；④国家工商行政管理总局规定应当由其登记的其他公司。省、自治区、直辖市工商行政管理局负责本辖区内下列公司的登记：①省、自治区、直辖市人民政府国有资产监督管理机构履行出资人职责的公司以及该公司投资设立并持有50%以上股份的公司；②省、自治区、直辖市工商行政管理局规定由其登记的自然人投资设立的公司；③依照法律、行政法规或者国务院决定的规定，应当由省、自治区、直辖市工商行政管理局登记的公司；④国家工商行政管理总局授权登记的其他公司。设区的市（地区）工商行政管理局、县工商行政管理局，以及直辖市的工商行政管理分局、设区的市工商行政管理局的区分局，负责本辖区内下列公司的登记：①我国《公司登记管理条例》第6条和第7条所列公司以外的其他公司；②国家工商行政管理总局和省、自治区、直辖市工商行政管理局授权登记的公司。其中的股份有限公司由设区的市（地区）工商行政管理局负责登记。

申请从事个体工商业经营的个人或者家庭，应向县、自治县、不设区的市、市辖区工商行政管理部门申请登记。登记机关按照国务院工商行政管理部门的规定，可以委托其下属工商行政管理所办理个体工商户登记。

五、登记事项

企业法人登记注册的主要事项包括：企业法人名称、住所、经营场所、法定代表人、经济性质、经营范围、经营方式、注册资金、从业人数、经营期限、分支机构。公司的登记事项包括：名称、住所、法定代表人姓名、注册资本、实收资本、公司类型、经营范围、营业期限、有限责任公司股东或者股份有限公司发起人的姓名或者名称，以及认缴和实缴的出资额、出资时间、出资方式等。非法人组织的登记事项一般包括：组织名称、营业场所、负责人和经营范围等。个体工商户应当登记的主要项目包括：字号名称、经营者姓名和住所、从业人数、资金数额、组织形式、经营范围、经营方式、经营场所。

六、登记程序

工商登记的一般程序包括：

（一）申请与受理

企业法人开业登记一般由企业组建负责人向有管辖权的登记机关提出申请。申请时应当提交相关文件。申请提出后，由受理申请的登记机关进行初步审查，初步审查的内容主要是申请登记的企业或其他社会组织或个人是否属于应当登记的范围，有关文件和手续是否齐备等，经初步审查符合条件，发给《企业登记注册书》，由申请人填写后，连同其他申报材料，报登记机关，登记机关方予以受理。

企业法人办理开业登记，应当在主管部门或者审批机关批准后30日内，向登记主管机关提出申请；没有主管部门、审批机关的企业申请开业登记，由登记主管机关进行审查。登记主管机关应当在受理申请后30日内，作出核准登记或者不予核准登记的决定。申请企业法人开业登记，应当提交下列文件、证件：组建负责人签署的登记申请书、主管部门或者审批机关的批准文件、组织章程、资金信用证明、验资证明或者资金担保、企业主要负责人的身份证明、住所和经营场所使用证明以及其他有关文件、证件。

申请设立有限责任公司，根据《公司登记管理条例》的规定，应当由全体股东指定的代表或者共同委托的代理人向公司登记机关申请设立登记。设立国有独资公司，应当由国务院或者地方人民政府授权的本级人民政府国有资产监督管理机构作为申请人，申请设立登记。法律、行政法规或者国务院决定规定设立有限责任公司必须报经批准的，应当自批准之日起90日内向公司登记机关申请设立登记；逾期申请设立登记的，申请人应当报批准机关确认原批准文件的效力或者另行报批。申请设立有限责任公司，应当向公司登记机关提交下列文件：公司法定代表人签署的设立登记申请书；全体股东指定代表或者共同委托代理人的证明；公司章程；股东的主体资格证明或者自然人身份证明；载明公司董事、监事、经理的姓名、住所的文件以及有关委派、选举或者聘用的证明；公司法定代表人任职文件和身份证明；企业名称预先核准通知书；公司住所证明；国家工商行政管理总局规定要求提交的其他文件。法律、行政法规或者国务院决定规定设立有限责任公司必须报经批准的，还应当提交有关批准文件。

申请设立股份有限公司，根据《公司登记管理条例》的规定，应当由董事会向公司登记机关申请设立登记。以募集方式设立股份有限公司的，应当于创立大会结束后30日内向公司登记机关申请设立登记。申请设立股份有限公司，应当向公司登记机关提交下列文件：公司法定代表人签署的设立登记申请书；全体股东指定代表或者共同委托代理人的证明；公司章程；股东的主体资格证明或者自然人身份证明；载明公司董事、监事、经理姓名、住所的文件以及有关委派、选举或者聘用的证明；公司法定代表人任职文件和身份证明；企业名称预先核准通知书；公司住所证明；国家工商行政管理总局规定要求提交的其他文件。以募集方式设立股份有限公司的，还应当提交创立大会的会议记录以及依法设立的验资机构出具的验资证明；以募集方式设立股份有限公司公开发行股票的，还应当提交国务院证券监督管理机构的核准文件。法律、行政法规或者国务院决定规定设立股份有限公司必须报经批准的，还应当提交有关批准文件。

个体工商户申请营业登记的，由本人或户主提出申请，申请人可以采取以下方式提交申请：到经营场所所在地的工商所提交、直接到登记机关的登记场所提交、以信函、电报、电传、传真、电子数据交换和电子邮件的方式提交，以此方式提出申请的，申请人应在发出申请后5日内，向登记机关递交申请材料原件。申请个体工商户设立登记，应当提交下列文件：申请人签署的个体工商户设立登记申请书、申请人身份证明、经营场所证明、国家法律、法规规定提交的其他文件。从事法律、行政法规规定须报经有关部门审批的业务的，应当提交有关部门的批准文件。

（二）审查

登记机关审查的内容主要包括两个方面：①申请人提交的材料是否真实、合法、有效。如批准文件是否由有权批准的机关作出，是否为伪造，是否在有效期内，有关证明文件是否真实，申请企业是否对有关经营场所享有土地使用权或其他权利，资金的来源是否合法，是否为企业的自有资金，企业章程是否合法等。②申请登记的企业、其他组织或个人是否具备法律规定的应予注册登记的各项条件。即在审查、核实以上材料的基础上，根据法律的有关规定，判断申请人是否具有符合法律规定的登记条件。不符合登记条件的，不予登记。

（三）核准

经审查符合核准注册条件的，应当作出核准通知书，通知申请人已经核准注册，不符合条件的，也应当及时通知申请人。

（四）发照

经审查核准的，登记机关应通知申请人本人、法定代表人或其他负责人领取营业执照。申请登记的企业法人或公司即告成立，并取得实际的经营权，申请人可以凭营业执照刻制印章，开立银行账户，申请纳税登记，并开业从事登记范围内的生产经营活动。

设立登记后，企业法人、非法人组织或个体工商户需要变更登记事项的，须到原登记机关办理变更登记。企业法人改变名称、住所、经营场所、法定代表人、经济性质、经营范围、经营方式、注册资金、经营期限，以及增设或者撤销分支机构，应当申请办理变更登记。变更登记应在主管部门或者审批机关批准后30日内向登记主管机关申请办理。公司变更登记事项，应当向原公司登记机关申请变更登记。公司变更登记事项涉及修改公司章程的，应当提交由公司法定代表人签署的修改后的公司章程或者公司章程修正案。个体工商户改变字号、名称、经营者住所、组成形式、经营范围、经营方式、经营场所等项内容，以及家庭经营的个体工商户改变家庭经营者姓名时，应当向原登记的工商行政管理机关办理变更登记。个人经营的个体工商户改变经营者时，应当重新申请登记。

企业法人、非法人组织或个体工商户因法定事由需要终止营业的，应依法办理注销登记手续。注销登记后，其作为市场主体的资格也因此而丧失。企业法人歇业、被撤销、宣告破产或者因其他原因终止营业的，应当向登记主管机关办理注销登记。企业法人办理注销登记，应当提交法定代表人签署的申请注销登记报告、主管部门或者审批机关的批准文件、清理债务完结的证明或者清算组织负责清理债权债务的文件。经登记主管机关核准后，收缴《企业法人营业执照》、《企业法人营业执照》副本，收缴公章，并将注销登记情况告知其开户银行。公司注销登记是当公司有下列情形时，公司清算组应当自公司清算结束之日起30日内向原公司登记机关申请注销登记，这些情形主要包括：公司被依法宣告破产；公司章程规定的营业期限届满或者公司章程规定的其他解散事由出现，但公司通过修改公司章程而存续的除外；股东会、股东大会决议解散或者一人有限责任公司的股东、外商投资的公司董事会决议解散；依法被吊销营业执照；责令关闭或者被撤销；人民法院依法予以解散；法律、行政法规规定的其他解散情形。针对个体工商户，出现下列情形时，个体工商户登记的登记机关或其上级机关，根据利害关系人的请求或者依据职权，可以撤销个体工商户登记：①登记机关工作人员滥用职权、玩忽职守准予登记的；②超越法定职权准予登记的；③违反法定程序准予登记的；④对不具备申请资格或者不符合法定条件的申请人准予登记的；⑤依法可以撤销登记的其他情形。申请人以欺骗、贿赂等不正当手段取得个体工商户登记的，应当予以撤销。另外有下列情形之一的，登记机关应当依法办理个体工商户注销登记手续：①个人经营的个体工商户，经营者死亡或者丧失行为能力的；②个体工商户登记依法被撤销或者个体工商户营业执照依法被吊销的；③因不可抗力导致个体工商户无法经营的；④法律、法规规定的应当注销个体工商户登记的其他情形。

第三节 特殊市场主体的审批许可制度

一、审批许可制度的概念和分类

审批许可制度，是指政府对社会成员直接或设立企业和其他类型的经济组织进行特定的生产经营活动进行审查，在符合法律规定的情况下，准许其进入某种市场，从事生产经营活动的一种市场准入制度。

审批制度根据其适用对象的不同有两种类型：①个人进入特殊市场的审批制度；②企业设立审批和营业许可制度。

根据申请人要求进入市场类型不同，国家有关部门可以采取不同的审批许可方式，从现行立法的规定来看，有三种类型：①立法特许；②专项批准；③通过颁发许可证的方式许可。

根据审批许可内容不同，可将其分为两类：①设立审批；②经营许可审批。

二、审批许可制度的适用范围

审批许可制度主要适用于从事特定类型的生产经营活动。特定范围内的市场经营活动，是指与社会公共利益密切相关的经济活动。所谓与社会公共利益相关的经济活动，是指对国家主权、社会公共安全、人民群众身心健康、社会经济的总体发展等可能带来直接影响的经济活动。从现行立法的规定来看，需要经有关部门审批才能设立的企业主要包括：①药品生产企业,包括专门从事药品生产加工的企业或兼营药品生产加工的企业;药品经营企业,包括专营或兼营药品分销、批发、零售等业务的企业;②金融组织,包括各种商业银行、证券交易所以及其他从事金融业务的机构;③外商投资企业,包括在中国设立的中外合资企业、中外合作企业和外资企业;④文物经营企业;⑤计量器具的生产、修理企业;⑥食品生产经营企业和食品摊贩;⑦烟草经营企业;⑧化学危险品经营企业;⑨麻醉药品经营企业;⑩广告经营企业;通信服务经营企业;锅炉压力容器生产企业等。此外,设立股份有限公司、期货交易所等,也须经国家有关部门特别批准。

三、审批许可机构

审批许可机构根据市场主体经营的商品服务类别的不同而有差别。从事药品生产经营的,由卫生行政部门负责审批;金融业经营机构的设立,由银监会负责审批;从事证券业务的,由证监会审批;设立外商投资企业的,由对外经济贸易行政管理部门审批;从事文物经营的,由文物管理部门审批;从事计量器具生产、修理的,由技术监督行政管理部门审批;从事食品生产经营的,由卫生行政部门审批;从事烟草业经营的,由烟草专卖行政管理部门审批。

四、审批许可的条件和效力

审批过程中,国家有关部门将根据申请人申请从事的生产经营活动的内容或设立企业的性质不同,按照不同的条件进行审查。

国家有关部门对市场主体从事特定的生产经营活动的审批许可,是国家机关行使许可权的行为。无论是立法特许、专项审批,还是许可证的颁发都说明国家已经认为拟设立或已经存在的企业或其他经济组织符合从事特定市场经营活动的条件,从而允许其从事此方面的活动。但这并不因此而使它们取得市场经营主体资格。要获得主体资格,还必须具备其他条件。很明显,审批许可程序不同于工商登记程序,审批许可只是这些企业进行工商登记的前置条件,得不到审批许可就不能进行工商登记,而企业只有经过工商登记,才能够成为市场经营主体。

> **学术视野**
>
> 本章中主要讲授的企业主体登记制度,在学界的讨论主要集中在企业登记的效力问题。其中关于企业登记的效力的立法研究,有学者指出我国《民法通则》将核准登记视为确认企业民事主体资格的程序,而在其他的企业法律、法规中却采取了"统一主义"的立法模型。核准登记的这一功能被弱化,营业执照的颁发被赋予了双重功能:即证明企业具有民事主体资格和合法的经营能力。最高人民法院有关司法解释对"统一主义"立法模型的态度经历了从肯定到否定的转变过程。"统一主义"立法模型将营业执照视为企业取得主体资格和经营权的凭证,显然是将公法问题与私法问题混为一谈。这一立法模型的产生有其历史原因。但目前已经失去了生存的基础。我国未来的企业登记制度应当抛弃"统一主义"而改采"分离主义",即将核准登记视为企业取得民事主体资格的程序,而将营业执照的签发视为企业取得营业资格和营业能力的程序。并且,应当建立两套相对独立的证明体系,分别证明企业的民事主体资格和营业资格。[1] 也有学者提出,我国现行的企业登记制度必须进行改革,主要从三方面来进行:统一、简化、效力。其中"统一"是指,我国是一个经济成分复杂、经济组织种类繁多的国家,每一种经济成分和经济组织都有各自的要求和需要,但市场经济要求公平竞争,要求竞争

---

[1] 蒋大兴、章琦:"从统一主义走向分离主义:企业登记效力立法改革研究",载《南京大学法律评论》2000年第2期。

的规则和起跑线统一、一致。为此,应制定《企业登记基本法》,规定企业登记普遍适用的原则和规则,力争企业登记制度统一,登记标准和条件明确具体,避免企业主体多元化、登记制度多元化。"简化"是指,企业登记制度的简化主要是指登记程序的简化,应将我国企业登记由实质审查制转变为折衷审查制或形式审查制,既可以避免采用实质审查制却达不到实质审查效果的尴尬,又可以摆脱实质审查不实所带来的责任承担问题;登记制度的简化也应该体现市场经济效率优先的原则。"效力"是指,企业登记绝不是为了登记而登记,企业登记行为属于法律行为,法律行为应产生相应的法律效力。企业登记法应明确规定,登记及登记公告的事项所产生的对第三人的法律效力,保障交易安全和降低交易成本。[1]

理论思考与实务应用

一、理论思考

（一）名词解释

市场主体　市场主体登记管理法　核准主义　工商登记管理　营业登记

（二）简述题

1. 简述市场主体登记管理法的调整对象。
2. 简述公司登记应具备的条件。
3. 简述市场主体登记管理制度的立法模式。
4. 简述审批许可制度的适用范围。

（三）论述题

1. 试述审批许可与工商登记的条件及效力的区别。
2. 试述一般市场主体的工商登记的基本类型及其一般条件。

二、实务应用

（一）案例分析示范

案例一

某公司到企业登记机关办理股权变更登记,并按照规定提交了各种申请材料。公司的一名股东甲随后到公司登记机关投诉,反映另一股东兼法定代表人乙串通其他股东,作出由乙通过增加出资获取公司2/3股权的股东会决议,甲对该股东会决议有异议,并已向人民法院提起民事诉讼,要求企业登记机关驳回该公司的登记申请。鉴于甲反映的上述情况需要进一步核实,企业登记机关依法启动了实质审查程序。

企业登记机关经调查核实,该公司有股东5人,其中乙担任公司的法定代表人,2007年4月10日,该公司股东会根据章程规定,以刚刚超过股权2/3比例表决通过了一项决议,同意乙通过增加出资的方式获得公司2/3的股权,使乙成为拥有该公司绝对控制股权的大股东。甲作为5名股东之一对此激烈反对,无奈所占股权不到1/3,不能阻止决议的通过。但甲提出,其他3名股东受到了乙的威胁利诱,他们在决议上签字是被逼的,为此,甲向人民法院提起请求撤销该股东会决议的民事诉讼,人民法院已经受理但尚未作出生效判决。[2]

问:（1）针对甲要求企业登记机关驳回该公司的登记申请。企业登记机关应如何决定?

（2）企业登记机关是否承担实质性审查的义务,如果承担,实质性审查的标准是什么?

---

[1] 王妍:"企业登记制度的效力与责任",载《求是学刊》2001年第3期。

[2] 案例来源:http://article.chinalawinfo.com/Article_Detail.asp?ArticleId=39031,访问时间:2010年9月11日。

【评析】 根据我国《行政许可法》有关规定，对于企业设立的登记许可，申请人提交的申请材料齐全、符合法定形式的，行政机关应当当场予以登记。需要对申请材料的实质内容进行核实的，由行政机关指派两名以上工作人员进行核实，发现行政许可事项直接关系他人重大利益的，应当告知该利害关系人和申请人，申请人、利害关系人有权进行陈述和申辩，行政机关应当听取申请人、利害关系人的意见。行政机关对行政许可申请进行审查核实后，应当在法定期限内按照程序作出行政许可决定。但是，该法对何种情况下启动实质性审查程序以及依据什么标准进行审查，未作明确规定。国家工商总局《企业登记程序规定》对此规定得也比较笼统。该规定第11条规定，企业登记机关认为需要对申请材料的实质内容进行核实的，应当指派两名以上工作人员对申请材料进行核实，经核实后，根据核实情况作出是否准予登记的决定。但哪种情况应当核实，根据何种标准进行核实，该规章也未作出具体规定。从现有的法律和规章看，企业登记机关以形式审查为一般原则，以实质审查为例外，法律对是否启动实质审查程序以及实质审查标准赋予了企业登记机关自由裁量权，企业登记机关只要能够提出需要核实的充分理由，就可以启动实质审查程序。根据现行有关登记的法律规定，不管企业登记机关采用形式审查还是实质审查，只要申请人提交的申请材料齐全并符合法定形式，企业登记机关就应当作出准予登记的决定。即使企业登记机关采用实质审查方式进行审查，也仅是对申请材料的实质内容进行审查，而无义务对申请人内部的矛盾纠纷进行调查认定。

所谓对申请材料的实质内容进行审查，也就是通过调查核实，确认申请材料的形式内容与实质内容是否一致，即申请材料上所记载的有关内容是否是真实的，有关人员的签名或盖章是否是真实的，有关证明文件是否是真实的，是否与原件一致等，企业登记机关不必也无权对申请材料之外的有关事实进行调查和认定。

从本案看，企业登记机关对股权变更登记申请材料的审查，在确认申请人提交申请材料齐全后，应当紧紧围绕申请人提交的股权变更股东会决议是否符合法定形式进行审查，重点审查董事会决议的内容是否合法，审查同意表决的董事人数是否达到法定人数，在董事会决议上签名者是否是董事本人签署等，企业登记机关在审查时，应当严格依据我国《公司法》和该公司的章程进行，这种审查同时还要以原有的该公司相关登记档案为依据。对申请者提交不真实材料所引起的法律后果，根据国家工商行政管理总局《关于登记主管机关对申请人提交的材料真实性是否承担相应责任问题的答复》（工商企字 [2001] 第67号）规定，登记机关的责任是对申请人提交的有关申请材料和证明文件是否齐全，以及申请材料和证明及其所记载的事项是否符合有关登记管理法律法规的规定进行审查，因材料和证明文件不真实所引起的后果，登记主管机关不承担相应责任。作为登记主管机关，其只就企业提供的文件的形式合法性进行审查而不负责其真实性审查。至于该公司股东之间存在内部争议，属于民事争议之范畴，不属于企业登记机关职权解决的范畴，企业登记机关不应介入审查。基于上述分析，本案中企业登记机关应当作出准予登记的决定。根据我国《公司法》和该公司章程的规定，公司股东会形成有效决议不必全体股东全体通过，只需由占2/3以上股权的股东通过即可。既然申请人所提交的股东会决议已经占股权2/3比例的股东签字确认，就说明该股东会决议符合法律和章程所规定的生效条件，应当确定为合法有效的申请文件，企业登记机关应当准予变更登记。

案例二

1999年7月，周某甲、陈某、江苏省常州市钟楼区怀德路街道资产管理经营公司（以下简称"怀德公司"）分别出资25万元、24.75万元、0.25万元成立了常州市龙城通信器材销售中心有限公司（以下简称"龙城公司"）。此后，龙城公司经历了多次股权转让：第一次是

2002年3月，陈某将股权转让给王某（这一转让由股东会决议、公司章程修正案及股权转让协议为证，但股东会决议、公司章程修正案及股权转让协议均未经工商部门备案）。第二次是2002年12月，怀德公司将股权转让给周某甲（股东会决议上陈某的签名及盖章为周某甲所签和加盖，公司章程修正案经常州市工商行政管理局新北分局备案）。第三次是2003年9月，周某甲将股权转让给丁某（签订了股权转让协议，王某在协议上签名表示同意）。第四次是2003年10月，王某将股权转让给周某甲（签订了股权转让协议）。第五次是2003年11月，陈某将股权转让给周某甲之妻周某乙（股东变更登记手续已办理）。

第三次股权转让发生争议，丁某将周某甲与龙城公司告上法庭。丁某与周某甲签订的股权转让协议约定，周某甲将龙城公司的50.5%股权及公司开办的龙城市场所占的资本份额（包括市场登记股份在内）转让给丁某；丁某分两期将补偿款10万元交付周某甲；周某甲负责办理公司股权转让和变更执照手续；丁某在接手该公司前，原公司的一切债权、债务均由周某甲承担，丁某接手后一切事务自行负责。原告丁某当即支付了5万元。事后周某甲一直没有办理公司变更手续，丁某主张权利无果，遂诉至法院，要求确认其与周某甲签订的股权转让协议有效，周某甲继续履行合同，按约将其股权转让给丁某，并办理相关的工商变更手续。

一审法院认为，丁某与周某甲签订的股权转让协议从形式到内容均是当事人真实意思的表示，且符合法律规定的股权转让要件，判决协议合法有效，要求周某甲继续履行与丁某签订的股权转让协议，并与龙城公司一起于判决生效之日起30日内将工商变更登记手续办理完毕。案件受理费由周某甲负担。

周某甲不服一审判决，提起上诉。二审法院认为，虽龙城公司在2002年3月10日对陈某与王某之间的股权转让事宜已由股东会作出决议并对章程的有关内容作了修改，但双方对该股权转让的内容并未实际履行，不能产生股权转让的法律后果。且股东会作出的决议及对章程的修改也未经工商部门备案，客观上致使拟转让股权的效力被长时间搁置。受让人王某只有根据与转让人陈某的股权转让合同，接受龙城公司的股权让渡，并办理工商过户登记手续之后，才最终取得股权，才能对公司要求行使股东的权利义务，以股东身份对抗其他第三人。因此，周某甲与丁某签订股权转让协议时，王某的股东身份并没有确立，而陈某也未丧失股东资格。因此，二审法院判决周某甲与丁某签订的股权转让协议不产生法律效力，应认定为无效。

丁某不服二审判决并申诉。江苏省常州市中级人民法院判决撤销二审判决，维持一审判决。[1]

问：（1）股权转让协议的效力认定与变更工商登记手续是何种关系？
（2）本案中的股权转让协议是否有效？

【评析】本案经一审、二审至再审，究其原因就在于司法实践中对股权转让协议的效力认定与变更工商登记手续是何种关系存在不同的认识。公司法调整的对象侧重于公司的组织关系和内部关系，对公司的经营关系和外部关系的调整则是次要的。因此，法律对于公司的规制应当遵循私法自治的原则，减少强制性干预，增强公司章程的法律效力，赋予公司团体更多的自由。

（1）工商登记行为的性质及其与股权转让的关系。工商登记系行政管理行为，实质上是在公司外部而产生的一种行政法律关系，它并非设权性登记，记载于登记机关的股东姓名或名称不能产生创设股东资格的效果，其性质属于宣示性登记，主要表现为证权性功能，从而使公

---

[1] 案例来源：http://management.mainone.com/law/2007-07/109750.htm，访问时间：2010年9月12日。

司有关登记事项具有公示性和外观性。未经登记并不会导致商事行为无效，只是该事项不具有对抗第三人的效力。从股权转让行为的性质来看，股权转让实质上是在公司内部产生的一种民事法律关系，通过转让方与受让方、公司的民事法律行为就可以完成。这是一种私权的转让，双方对转让达成一致，并且已经满足强行法的限定条件，法律无理由对当事人的意思自治再加以限制。因此，工商登记不是对股权转让合同效力进行评价的标准，不是股权转让的生效要件。

（2）股权转让协议合法性的认定。合同是当事人之间真实意思的表示，股权转让协议是一种合同，其效力的判断应依据合同效力的自身规则进行判断。根据《合同法》及相关司法解释的规定，只要在签订股权转让合同时，不存在当事人意思不真实的情形，也不违反法律禁止转让的规定，该合同就具有法律效力，对转让人与受让人具有约束力。一般而言，审查股权转让协议是否合法有效，应审查以下几点：①股东转让的股权是否真实完整，不存在瑕疵；②转让人与受让人就转让事宜意思表示是否真实；③向股东以外的其他人转让出资，是否经过半数以上的股东同意；④是否侵害其他股东的优先购买权。

本案中，龙城公司的最初股东有周某甲、怀德公司、陈某。股权转让协议有5次，存在争议的王某是否为龙城公司股东涉及的是第一次股权转让是否有效的问题，而这也是认定其他转让协议效力的基础。从陈某与王某签订的股权转让协议的内容看，为双方的真实意思表示，股权转让不违反国家法律和行政法规的强制性规定，并经过股东会决议和公司章程修正案确认，故该份股权转让协议的效力应予以确认，受法律保护，王某在当时是龙城公司的实际股东。周某甲与丁某签订的股权转让合同，是双方当事人的真实意思表示，虽没有经过股东会议决议，但事后另一股东王某对此表示同意，因此，该协议有效。

案例三

2003年2月，钟某和柳某开办了一家有限责任公司，但经营一直不景气。2004年3月，两人邀请陈某携资50万元入股。为省麻烦，三人没有到工商管理部门办理股东变更登记手续，也未变更公司章程，只是由公司出具了一张加盖了公司财务专用章、注明是投资款的收条。此后，陈某参与了公司的经营管理，并分取了利润。其后因公司经营效益显著，钟某和柳某遂以陈某的出资属于借款为由，提出归还陈某借款、陈某退出公司的要求，陈某便诉请法院确认其股东资格。[1]

问：未到工商登记机关办理股东变更登记手续，陈某是否具有股东资格？

【评析】首先，工商行政部门的登记不是认定股东资格的最终或唯一依据。尽管国务院颁布的《公司登记管理条例》规定，公司有重大事项发生变更的，应当向工商行政管理机关申请变更登记。增加股东、增加公司的注册资本，均属于公司的重大事项发生变更，依法应修改公司章程，变更股东名册，出具出资证明书，并办理相关变更登记手续，但是这种变更登记属于公司对行政机关的义务，未履行这一义务并不意味着公司内部的出资人不能成为股东。依据最高人民法院《关于审理公司纠纷案件若干问题的规定》第17、18条的规定，有限责任公司未置备股东名册，或者因股东名册登记管理不规范，未及时将出资人或者受让人记载于股东名册，但以其他形式认可出资人或者受让人股东身份的，出资人或者受让人可以向公司主张权利。股东向公司主张权利，公司仅以其未在公司登记机关办理股东登记抗辩的，人民法院对其

---

〔1〕 案例来源：http://www.148com.com/html/516/106222.html，访问时间：2010年9月14日。

抗辩不予支持。本案中，陈某即属于"未及时将出资人或者受让人记载于股东名册"的情形，因为陈某已经向公司提供了出资，公司也以加盖公司财务专用章的收条载明了陈某的出资数额，而且陈某已实际参与公司的经营管理并按股权分享了公司利润。

其次，陈某有权通过诉讼确认其股东资格并请求公司履行股东变更登记手续。根据《关于审理公司纠纷案件若干问题的规定》第15条规定，有限责任公司出资人履行出资义务或者股权受让人受让股权之后，公司未向其签发出资证明书或者未将其记载于公司股东名册的，股东可以向人民法院提起诉讼，请求公司履行签发记载义务。因此，陈某的诉讼请求应当得到法院支持。本案中虽然陈某入股未依法进行股东变更登记，但因变更登记属于行政管理方面的要求，并不能否定钟某、柳某和陈某之间的入股协议。陈某履行了出资义务，应该取得股东资格。

（二）案例分析实训

案例一

2001年11月，上海某有限公司（以下简称"上海公司"）与许昌市某厂破产清算组（以下简称"许昌清算组"）签订了《资产出售合同》，合同约定，将许昌清算组所经管的破产资产作价人民币2500万元，出售给上海公司，上海公司一经付清标的物的总价款，即享有对该标的物的所有权，但上海公司至今只实际支付人民币2050万元。2001年12月，上海公司以包括许昌清算组破产资产在内的财产共计人民币8415万元作为出资，与另外两企业合资设立了许昌某有限公司（以下简称"许昌公司"），上海公司占99%的股权，并向许昌市工商行政管理局（以下简称"市工商局"）办理了公司设立登记。2004年12月，海南某股份有限公司（以下简称"海南公司"）与上海公司达成《股权转让协议》，上海公司以资产置换的方式，将其持有的许昌公司的99%的股权转让给海南公司，并依法向市工商局办理股权变更登记。谁知2005年9月，市工商局作出行政处罚决定：撤销许昌公司的公司登记，收回《企业法人营业执照》，理由是：上海公司尚未全部支付收购许昌清算组破产资产的价款，并未取得破产资产的所有权，故许昌公司在申请设立登记时，擅自使用并不具有所有权的资产进行出资，隐瞒事实，提供虚假材料，获取了公司设立登记，所以根据《公司法》第206条、《公司登记条例》第59条规定作出处罚。许昌公司向河南省工商行政管理局申请行政复议，复议认为，许昌公司在公司设立登记时，擅自使用并不享有所有权的资产进行出资的行为违法，故市工商局的行政处罚决定事实清楚，证据确凿，程序合法，决定予以维持，据此，许昌市国有资产管理部门收回了许昌清算组所经管的破产资产。

问：2005年9月，市工商局作出的行政处罚决定是否合法有效？为什么？

案例二

原某供销社依法被宣告破产后，供销社职工成立了以武某等89人组成的供销社职工持股会。2001年8月2日，供销社职工持股会以破产财产中的房屋建筑物等实物出资70.9万元，刘某出资5万元，共同组建了一佳公司。自2002年1月起，一佳公司持股会大多数会员陆续签字退股并退出职工持股会。2006年11月16日，杜某持申请书、股权转让协议、股东会决议以及公司章程修正案等材料，向被告某市工商局申请公司股东身份变更登记，即一佳公司由原股东供销社职工持股会、刘某变更为杜某、张某。11月27日公司登记机关审查认为一佳公司提交材料齐全，同意受理。11月28日同意核准登记，并于当日向杜某发出公司准予变更登记通知书。一佳公司持股会会员武某等89人以侵害职工持股会其他会员的合法权益为由诉至法院，要求市工商局撤销该变更申请通知书。

问：市工商局对一佳公司的变更登记申请予以核准登记的行政行为是否符合法律规定？为什么？[1]

主要参考文献

1. 李克武：《公司登记法律制度研究》，中国社会科学出版社2006年版。
2. 尹秀超：《公司登记》，中国水利水电出版社2008年版。
3. 曹德斌主编：《新公司法与公司登记》，中国工商出版社2007年版。

---

[1] http：//www.110.com/ziliao/article–149646.html.

第五章
企业破产法律制度

【本章概要】 本章主要介绍了我国破产法的基本制度。包括破产的概念及原则；破产法的适用；破产的申请与受理；破产管理人制度；破产财产与破产债权；重整和解制度；破产费用与共益债务；破产救济制度等内容。

【学习目标】 通过本章的学习，了解破产法对于完善我国的市场经济法律制度的意义，了解破产法的基本概念，掌握破产法的基本制度，学会利用破产法的基本规则维护债权人的合法权益，懂得利用破产规则实现企业的复兴。

第一节 破产法律制度概述

一、破产的概念与特征

破产是经济社会发展到一定阶段必然出现的法律现象。破产法是商品经济社会法律体系的重要组成部分。我国破产法律制度的确立，对经济体制改革与市场经济建设起到重要的促进作用。

破产这一概念在社会不同领域中使用有不同的含义。英国的《牛津法律大辞典》则将破产解释为，政府通过其为此目的而任命的官员接管债务人的财产，从而将其变卖，并且通过优先请求及优先顺序把债务人的财产按一定比率分配给债权人的一种程序。在经济生活方面，破产是指当事人的经营活动发生严重亏损，经济上已不可能继续维持下去，即财务状况到了事业倒闭、倾家荡产的地步。法律上的破产有实体与程序两重意义。前者指债务人不能清偿到期债务时所出现的财务状态，该状态既可以指资不抵债即"债务超过资产"，也可以指虽然资产大于负债，但因周转不灵，以至于停止支付的境地。后者是指债务人不能清偿到期债务时，为满足债权人正当的合理要求，就债务人总财产进行的以清算分配为目的的司法程序。综上分析，破产是债务人的实有资产不足以抵偿债务或债务人不能清偿到期债务，为满足债权人的正当清偿要求，在法院的指挥和监督下，就债务人的总财产实行的以分配为目的的清算程序。但我国破产法律制度通常从广义上理解，不仅包括破产清算制度，还包括挽救债务人为目的的重整、和解制度。

破产法律制度的特征主要有以下几点：

1. 破产是债权实现的一种特殊程序形式。民法债权的实现方式有诸如抵消、提存、混同、免除、清偿等，破产之所以是债的特殊实现方式，就在于其以债权人的全部财产进行清偿，不能对债权人履行全部清偿义务，并多以债务人的主体资格的消灭为代价。

2. 破产是在特定的情况下所运用的还债程序。破产往往导致债务人的权利能力和行为能力终止。因此，各国都对破产的适用规定了严格的条件，如信用危机、欠缺清偿能力等。

3. 破产程序强调公平、有序。破产是对债权人的公平清偿和对债务人的公平保护，并进而实现对社会利益的维护。破产程序主要是为实现债权人的权利，但对债务人的一体保护也是破产法的价值追求。

4. 破产是在法院的主持下进行的债务清理程序。破产就是要公平地清理债权、债务，因此，破产宣告只能由法院作出，任何债权人或债务人自行宣告破产都是无效的。

二、破产法的概念与原则

(一) 破产法概念

法律是对现实社会关系的反应，同时又对社会关系的发展起着重要的导向作用。破产法是破产制度的法律表现形式，是关于债务人不能清偿债务而适用破产程序处理债务，或通过债务人与债权人会议达成和解协议，或进行企业重整，避免债务人破产的所有法律法规的总称。破产法是实体规范与程序规范统一，破产法的基本制度主要来源于民事债权和民事执行制度，并遵循经济法理念，兼顾对社会利益的维护。

(二) 破产法的原则

法的原则是法的核心、精神和灵魂。正是由于原则的抽象性、形而上学性，对何为某一法律制度的原则很难有同一、准确的认同。具体到破产法来讲，其原则也是仁者见仁，智者见智。依笔者之见，破产法的原则应当是贯穿整个破产法，对破产立法、执法及司法都有指导意义的、能够体现破产法特质的指导思想。

我国企业破产法律制度遵守以下基本原则。

1. 债权人利益至上原则。现代破产法的立法宗旨是要求破产法在私法精神上实现债权人利益的回归。债权人在破产程序中的利益至上，主要表现在债权人公平受偿、破产债权保障和债权人自治三个方面。有学者指出：破产法最基本的原则在于公平对待所有债权人，平等分配债务人的财产。[1] 对于破产债权的保障，在破产程序中，债权人的破产债权是作为一个整体保护的。在破产程序进行中，破产法以保障破产债权为己任，管理人的确定、债权人会议制度之安排、和解整顿制度的设计以及法院对破产程序的干预无不围绕着保障破产债权的目的而存在。债权人自治主要是指债权人通过债权人会议对破产程序中的相关问题进行讨论和决定，以维护债权人的利益。就好像诚实信用原则作为民法基本原则中的帝王条款一样，债权人利益至上应该成为破产法的第一原则。早期的破产法是从保护债权人利益着眼来调整债权人和债务人之间利益关系的。但破产法律制度的发展，逐步形成了社会利益与债权人、债务人利益并重的趋势。[2]

2. 破产程序司法独立原则。这一原则包括两个方面的内容。一是破产程序的司法监督和指导。破产程序之所以要求司法权力的介入，是因为破产程序中破产财产面对的是复数债权人的偿债要求，在破产财产不能足额清偿债权的情况下，只有通过司法权力的介入来实现全体债权人的公平受偿，破产程序非经司法机关审理不发生破产的法律效力；二是破产程序中司法活动独立不受任何干涉，特别是不受行政权力的干预。一旦破产纠纷进入诉讼程序，这时的政府行政权力就必须让位于法院的司法权力以保证司法权力不受任何外界的干扰，实现对所有债权人的公平受偿。至于司法权力与债权人自治权力之间的关系，一般情况下的破产事务，司法机关可以放权于债权人会议。只有当债权人自治机构面临其不能解决的事务或其解决与破产目的相悖时，司法权力就可以直接介入破产程序，位于债权人自治权之上。

3. 破产豁免原则。所谓破产豁免原则，又称破产免责原则，其含义是破产财产全部分配完毕后，免除债务人对债权人未予追偿的债务责任。这项原则起源于英国，现在已成为世界各

---

[1] 石静遐：《跨国破产的法律问题研究》，武汉大学出版社1999年版，第3页。
[2] 范健主编：《商法》，高等教育出版社2002年版，第218页。

国共同的破产原则。破产豁免原则的确立经历了一个由不免责到免责的演进过程。起初的破产制度更多地考虑如何最大限度地保护债权人的利益，而后随着破产理念的演变，破产人的更生也成为破产制度的目标甚至是更加重要的目标之一。我国《破产法》规定，破产人无财产可供分配的，管理人应当请求人民法院裁定终结破产程序。管理人在最后分配完结后，应当及时向人民法院提交破产财产分配报告，并提请人民法院裁定终结破产程序。管理人应当自破产程序终结之日起10日内，持人民法院终结破产程序裁定书，向破产人的原登记机关办理注销登记。破产免责原则着眼于破产人的更生与社会经济秩序的稳定，其进步意义不言自明，但在更生程序设计上应防止破产人将其作为逃废债务的手段。

4. 破产与拯救相结合原则。破产与拯救相结合原则是指在破产程序中或者在正式启动破产程序前，鼓励债权人团体与债务人之间就债务偿还问题达成和解，以期通过对债务人的重整达到债务人的更生，从而避免对双方当事人和社会造成动荡。破产与拯救相结合是破产法近代化的一个标志，这一对看似矛盾的概念和制度成为世界各国破产法的基本原则与精神，是现代破产法区别于传统破产法的一个表征。我国《破产法》用了大量的篇幅对重整制度进行了详细的规定，可见，破产拯救制度在我国《破产法》中占据了相当重要的地位。

（三）我国破产立法概况

我国对于破产制度的规范早在法人制度确立后就开始了。1986年我国颁布了《企业破产法（试行）》（现已失效）（1988年10月1日起实施）；1991年最高人民法院颁布了《关于贯彻执行〈中华人民共和国企业破产法（试行）〉若干问题的意见》（现已失效）；1991年颁布《民事诉讼法》，其中第十九章规定了企业法人破产还债程序。在破产程序适用上，《企业破产法（试行）》适用全民所有制企业即国有企业，非国有企业适用《民事诉讼法》的有关规定。这些法律规范了我国企业的市场退出机制，但迅速发展的市场经济及加入WTO都对我国企业的破产制度提出了新的要求，经过十几年的酝酿、起草、修改，终于在2006年8月27日新法获得通过，于2007年6月1日正式实施。新企业破产法确立了真正意义上的企业破产法律制度，它的出台表明中国经济体制改革已深化到了一个更高的层面。从这个意义上说，新企业破产法作为一部规范市场主体的基础性法律，折射了中国改革的历史进步。

《企业破产法》颁布之后，最高人民法院颁布了一系列有关企业破产的司法解释等规范性文件，如2008年《关于债权人对人员下落不明或者财产状况不清的债务人申请破产清算案件如何处理的批复》、2009年《关于依法审理和执行被风险处置证券公司相关案件的通知》、《关于正确审理企业破产案件为维护市场经济秩序提供司法保障若干问题的意见》、《关于受理借用国际金融组织和外国政府贷款偿还任务尚未落实的企业破产申请问题的通知》、2010年《关于对因资不抵债无法继续办学被终止的民办学校如何组织清算问题的批复》、2011年《关于适用〈中华人民共和国企业破产法〉若干问题的规定（一）》、2012年《关于税务机关就破产企业欠缴税款产生的滞纳金提起的债权确认之诉应否受理问题的批复》、《关于个人独资企业清算是否可以参照适用企业破产法规定的破产清算程序的批复》、《关于审理上市公司破产重整案件工作座谈会纪要》、2013年《关于适用〈中华人民共和国企业破产法〉若干问题的规定（二）》等。

第二节 企业破产法律制度

我国《企业破产法》对企业破产程序规定较《企业破产法（试行）》更有操作性。尤其是对破产管理人的规定比原有的清算组制度更加完善，体现了与国际接轨的先进性。破产费用与共益债务的规定使破产进行的更加顺利。

一、破产申请的提出和受理

破产申请是当事人或利害关系人向法院提出的请求法院宣告债务人破产清算、和解、重整的请求。

（一）破产申请的提出

破产申请的提出是法院受理破产案件的前提，亦是破产程序开始的依据。依我国《企业破产法》的规定，无破产申请，法院不得启动破产程序，受理破产案件。破产程序开始时，应具备形式要件和实质要件。

1. 实质要件。实质要件包括以下内容：

（1）破产界限。破产界限又称破产原因，是指对债务人依法进行破产宣告的法定事由。破产原因直接决定市场主体能否适用破产程序解决其债务纠纷问题，能否有效地避免欺诈性破产和恶意破产申请。各国对破产界限的规定有的采取了列举的形式，有的采取概括的形式，我国破产法采取了概括的形式。《企业破产法》第2条规定：企业法人不能清偿到期债务，并且资产不足以清偿全部债务或者明显缺乏清偿能力的，依照本法规定清理债务。这里不能清偿是指债务人对债权人请求偿还到期债务，因丧失清偿能力而持续无法偿还的客观财产状况。到期债务是已经到清偿期限，提出清偿要求，无争议的债务。资不抵债考察债务人的偿还能力时，以实有财产为限，不考虑信用、能力等其他偿还因素。缺乏清偿能力是指对到期债务缺乏现实支付能力而持续无法清偿。

（2）破产能力。破产能力是指债务人可以接受破产宣告的资格。我国《破产法》第2条规定只有企业法人才具备破产能力，无法人资格的企业及自然人均不具有破产能力，即破产法不适用于后者。但同时第135条规定，其他法律规定企业法人以外的组织的清算，属于破产清算的，参照适用本法规定的程序。根据相关福利的规定，可以参照破产程序的主体主要是合伙企业、农民专业合作组织、民办学校、个人独资企业等。

2. 程序要件。破产申请的形式要件主要是指破产申请应遵循的破产法的程序规定，主要是破产申请应遵循的破产法的程序要求。破产申请通常由债权人提出，债权人在提出该请求时，应向法院提供债权的数额、有无财产担保及债务人不能清偿到期债务的证据，以供法院核实并决定是否予以立案。

破产申请亦可以由债务人向法院提出，债务人提出破产申请的案件称为自愿破产。债权人申请破产是其权利，而债务人申请破产，一些国家法律规定，既是其权利，也是其义务。从权利角度看，申请破产可为债务人带来破产清偿后的免责等利益，从义务角度看，在法定情况下要求债务人必须提出破产申请，可以防止债务人隐瞒破产情况，恶意膨胀债务，加重损害债权人的利益，影响社会经济秩序。我国《企业破产法》第7条、第8条中规定了债务人提出破产申请的条件：债务人提出申请的，还应当向人民法院提交财产状况说明、债务清册、债权清册、有关财务会计报告、职工安置预案以及职工工资的支付和社会保险费用的缴纳情况。

税务机关和社会保险机构享有对债务人的破产清算申请权，但不享有重整申请权。破产企业的职工作为债权人可以申请债务企业破产或重整。《破产法》第134条规定，商业银行、证券公司、保险公司等金融机构有本法第2条规定情形的，国务院金融监督管理机构可以向人民法院提出对该金融机构进行重整或者破产清算的申请。国务院金融监督管理机构依法对出现重大经营风险的金融机构采取接管、托管等措施的，可以向人民法院申请中止以该金融机构为被告或者被执行人的民事诉讼程序或者执行程序。

(二) 破产申请的管辖及受理

1. 破产案件的管辖。在地域管辖上，企业破产案件由债务人住所地人民法院管辖。债务人住所地是指债务人主要办事机构所在地。主要办事机构不明或有争议的，由其登记地法院管辖。在级别管辖上，基层法院一般是管理县、县级市或区的工商行政管理机关核准登记的企业破产案件；中级人民法院一般管辖地区、地级市以上工商行政管理机关核准登记的企业破产案件。个别案件可以依照《民事诉讼法》关于移转管辖的规定确定管辖级别，由上级法院审理下级法院管辖的案件，或由下级法院审理上级法院管辖的交办案件。纳入国家计划的政策性破产案件、金融机构、上市公司破产案件与重整案件或者具有重大影响、法律关系复杂的案件，一般由中级人民法院管辖。

2. 破产案件的受理。债权人提出破产申请的，人民法院应当自收到申请之日起5日内通知债务人。债务人对申请有异议的，应当自收到人民法院的通知之日起7日内向人民法院提出。人民法院应当自异议期满之日起10日内裁定是否受理。除前款规定的情形外，人民法院应当自收到破产申请之日起15日内裁定是否受理。有特殊情况需要延长前两款规定的裁定受理期限的，经上一级人民法院批准，可以延长15日。人民法院裁定不受理破产申请的，应当自裁定作出之日起5日内送达申请人并说明理由。申请人对裁定不服的，可以自裁定送达之日起10日内向上一级人民法院提起上诉。人民法院对当事人提出破产申请的审查，主要是一种形式意义上的审查，并不对债权人的债权是否成立、债务人是否达到破产界限作出准确的实质性判定。

3. 法院受理破产案件的约束力。法院受理破产案件后，债务人财产的其他执行程序必须中止，也不得对部分债权人进行清偿，人民法院受理破产申请后，债务人对个别债权人的债务清偿无效。在管理人接管破产债务人财产、掌握诉讼情况后能够继续进行时，该诉讼或者仲裁继续进行。《破产法解释》第21条规定，破产申请受理前，债权人就债务人财产提起下列诉讼，破产申请受理时案件尚未审结的，人民法院应当中止审理：①主张次债务人代替债务人直接向其偿还债务的；②主张债务人的出资人、发起人和负有监督股东履行出资义务的董事、高级管理人员，或者协助抽逃出资的其他股东、董事、高级管理人员、实际控制人等直接向其承担出资不实或者抽逃出资责任的；③以债务人的股东与债务人法人人格严重混同为由，主张债务人的股东直接向其偿还债务人对其所负债务的；④其他就债务人财产提起的个别清偿诉讼。

二、管理人制度

所谓管理人是人民法院受理破产案件后接管债务人财产并负责财产管理和其他有关事务的专业人员。管理人制度是《企业破产法》设立的一项新的对债务人财产和破产事务进行管理的制度。在各国的破产立法或商法典中对破产管理人制度均有相应规定，破产管理人制度的起源可追溯至古罗马时期。破产管理人是破产程序中最重要的一个机构，它具体管理破产中的各项事务，破产程序进行中的其他机关或组织仅起监督或辅助作用。破产程序能否在公正、公平和高效率的基础上顺利进行和终结，与破产管理人的活动密切相关。

(一) 管理人的选任与职责

破产管理人的选任方式，在各国立法中存有差异。我国《企业破产法》第22条规定，管理人由人民法院指定。对于破产管理人的身份，有的国家立法并无特别的限制。凡有行为能力者，无论其是否为债权人均可选任。但由于破产案件是一种比较特殊的民事案件，故对管理人的任职要求比较高。个人管理人自不必说，即使是机构管理人也应取得相关的任职资格，不能随意指定任意机构担任管理人。我国《企业破产法》授权人民法院制定管理人任职管理办法。最高人民法院制定了《关于审理企业破产案件指定管理人的规定》和《关于审理企业破产案件确定管理人报酬的规定》，用以指导管理人制度的具体实施。由于管理人的职责所在，因此，指定管理人应与破产案件的受理同时进行。

破产管理人的职责。破产管理人确定后，应全盘接管破产企业，并全面负责破产财产的保管、清理、估价、分配等事宜。破产法规定管理人依照本法规定执行职务，向人民法院报告工作，并接受债权人会议和债权人委员会的监督。管理人应当列席债权人会议，向债权人会议报告职务执行情况，并回答询问。《企业破产法》第25条规定，管理人的具体职责：①接管债务人的财产、印章和账簿、文书等资料；②调查债务人财产状况，制作财产状况报告；③决定债务人的内部管理事务；④决定债务人的日常开支和其他必要开支；⑤在第一次债权人会议召开之前，决定继续或者停止债务人的营业；⑥管理和处分债务人的财产；⑦代表债务人参加诉讼、仲裁或者其他法律程序；⑧提议召开债权人会议；⑨人民法院认为管理人应当履行的其他职责。

（二）破产管理人的义务和报酬

因为破产管理人的职责繁琐且难尽其详，因而有必要设定其一般义务，以加规范。因此，破产法规定管理人应当勤勉尽责，忠实执行职务，即应尽"善良管理人"的义务，其执行职务时的注意程度，应与其作为破产管理人的身份及自己的职业、地位、能力、学识等相适应，并明确规定违反"善良管理人义务"时应承担的法律责任。《企业破产法》第130条规定，管理人未依照本法规定勤勉尽责，忠实执行职务的，人民法院可以依法处以罚款；给债权人、债务人或者第三人造成损失的，依法承担赔偿责任。破产事务的处理，耗时费力，责任重大，且有负担财产责任的风险，因此，管理人的报酬就成为破产法的基本内容。根据最高人民法院《关于审理企业破产案件确定管理人报酬的规定》，管理人员的报酬是纯报酬，不包括管理人执行职务的费用和聘用工作人员的费用。人民法院应当以可供清偿的全部债务人财产价值为标的额，按照下列比例确定管理人报酬计算标准：①不满100万元（含本数，下同）的，按不超过15%计算；②超过100万~500万元的部分，按不超过12%计算；③超过500万~1000万元的部分，按不超过10%计算；④超过1000万~5000万元的部分，按不超过6%计算；⑤超过5000万~1亿元的部分，按不超过3%计算；⑥超过1亿~5亿元的部分，按不超过1%计算；⑦超过5亿元的部分，按不超过0.5%计算。各省、自治区、直辖市高级人民法院认为必要的，可以以上述比例为基准，在50%的浮动范围内规定符合当地实际情况的管理人报酬计算标准，并报最高人民法院备案。

三、债务人财产

（一）债务人财产的概念

债务人的财产作为一项具有特殊法律地位的财产集合，其范围的确定具有特别重要的意义。与"债务人的财产"密切相关的一个概念是"破产财产"，广义上的破产财产与债务人财产基本同义，即指依破产程序用于破产清偿还债的破产人的财产。之所以将"债务人财产"与"破产财产"区分主要是在成功的重整中，债务人对财产的支配不属于清算分配。另外，从程序上来说，破产宣告前是债务人财产，破产宣告后成为破产财产。

（二）债务人财产的范围

债务人财产不仅包括破产申请受理时属于债务人的全部财产，也包括破产申请受理后至破产程序终结前债务人取得的财产。因此，其财产范围主要包括两大类：

破产申请受理时属于债务人的全部财产，由以下财产构成：①企业自有的财产，包括固定资产流动资产、不动产权益及设定担保的权益和优先权等；②属于债务人企业的财产，如应由企业行使的物权、债权、股东权、知识产权、证券权利等。破产申请受理后至破产程序终结前债务人取得的财产包括：①要求持有破产企业财产的第三人交付所持有的财产，及时回收破产企业的到期债权；②对非法处分或转让财产的行为进行否认，追回相应的财产；③回收破产企业的对外投资；④回收担保财产中超过所担保债务部分的财产；⑤解除未履行的双务合同后有关财产的返还。

四、破产费用和共益债务

（一）破产费用和共益债务的概念

破产费用和共益债务是破产法中新规定的制度。破产费用是破产事务中人民法院受理破产案件所收取的案件受理费以及管理人在处理破产事务中所开支的费用与收取的报酬总和。它是保证案件处理程序的重要支出。共益债务是在破产中为使债务人的共同受益而产生的债务，如为增加债务人财产而履行双务合同等。破产费用和共益债务在原企业破产法中属于破产费用的内容，只是那时破产费用包括的内容太多，所以，新法中将为增加债务人财产而产生的费用分离出来，从而使破产费用更好操作，也有利于破产事务的处理。

（二）破产费用和共益债务的范围及清偿

根据《企业破产法》第41条规定以下属于破产费用：①破产案件的诉讼费用；②管理、变价和分配债务人财产的费用；③管理人执行职务的费用、报酬和聘用工作人员的费用。《企业破产法》第42条规定了共益债务：①因管理人或者债务人请求对方当事人履行双方均未履行完毕的合同所产生的债务；②债务人财产受无因管理所产生的债务；③因债务人不当得利所产生的债务；④为债务人继续营业而应支付的劳动报酬和社会保险费用以及由此产生的其他债务；⑤管理人或者相关人员执行职务致人损害所产生的债务；⑥债务人财产致人损害所产生的债务。

破产费用和共益债务的清偿：破产费用和共益债务由债务人财产随时清偿。债务人财产不足以清偿所有破产费用和共益债务的，先行清偿破产费用。债务人财产不足以清偿所有破产费用或者共益债务的，按照比例清偿。债务人财产不足以清偿破产费用的，管理人应当提请人民法院终结破产程序。人民法院应当自收到请求之日起15日内裁定终结破产程序，并予以公告。

五、破产债权

（一）破产债权的概念和特征

破产债权是破产法上最为重要的问题之一。破产债权是在破产宣告前成立的，对破产人发生的，经依法申报确认，并得由破产财产中获得公平清偿的可强制执行的财产请求权。破产债权具有以下特征：①是一种债权请求权；②债权应于破产程序开始前成立；③债权能够强制执行；④债权要依破产程序进行申报确认。

（二）破产债权的范围

根据破产债权的特征，破产债权应包括以下内容：

1. 成立于破产程序开始之前的无财产担保及有财产担保但放弃担保的债权；
2. 税收债权；
3. 附期限、条件的债权；
4. 债权人对连带债务人及保证人的债权；
5. 因票据关系而生的债权；
6. 因交互计算而生的债权；
7. 因解除双务合同而生的债权；
8. 保证人破产时债权人被保证的债权；
9. 其他债权。

六、债权人会议

（一）债权人会议的概念

债权人会议是全体债权人参加破产程序并集体行使权利的决议机构。从性质上讲，债权人会议是债权人团体在破产程序中的意思发表机关，根据债权人自治原则，有关债权人权利行使和权利处分的一切事项，均应由债权人会议独立地作出决议。但其不具有独立的民事权利主体地位，不能与破产程序之外的主体发生关系，其作出的决议一般由管理人负责执行。

（二）债权人会议的组成

债权人依法申报债权后，成为债权人会议的成员，享有表决权，但是有财产担保的债权人只有在放弃优先受偿权利的情况下，才享有表决权。债权人会议主席由人民法院从有表决权的债权人中指定。债权人会议可以决定设立债权人委员会，债权人委员会由债权人会议选任的债权人代表和一名债务人企业的职工代表或者工会代表组成。债权人委员会人数一般为奇数，最多不超过9人。

（三）债权人会议的召开及职能

债权人会议是依召集的方式活动的机关，其召集的方式应以能保障债权人的破产参与权，有利于维护债权人的共同利益，保障破产程序的公正、顺利进行为原则。各国对债权人会议的召集方式有不同的规定，有法院召集、破产管理人召集、法院或债权人会议主席召集等。我国第一次债权人会议由人民法院召集，自债权申报期限届满之日起15日内召开。以后的债权人会议，在人民法院认为必要时，或者管理人、债权人委员会、占债权总额1/4以上的债权人向债权人会议主席提议时召开。

根据破产法的规定，债权人会议行使下列职权：①核查债权；②申请人民法院更换管理人，审查管理人的费用和报酬；③监督管理人；④选任和更换债权人委员会成员；⑤决定继续或者停止债务人的营业；⑥通过重整计划；⑦通过和解协议；⑧通过债务人财产的管理方案；⑨通过破产财产的变价方案；⑩通过破产财产的分配方案；⑪人民法院认为应当由债权人会议行使的其他职权。人民法院认为应当由债权人会议行使的其他事项。

第三节　企业重整法律制度

破产制度在维护社会经济秩序，保障债权人、债务人合法权益等方面，有着重要的意义。但破产制度也有其不足之处，它费时耗资不少，而债权人实际分配所得往往并不多，债务人企业解体消灭，不仅造成职工失业等问题，对社会财富与生产力来说也是一种损失。所以，预防破产发生的重整制度便应运而生。

重整是使濒临破产企业起死回生的一种重要手段，由于在重整期间要推迟债务的履行，注入资本，对企业的债务与经营等进行必要的整合，采取措施消除引起企业经营困难的原因等，在此过程中需要处理好各种关系，因此，需要一套完整的制度，以保证重整的顺利进行。对于重整制度，多数国家破产法都加以规定，有的是专门立法，有的是规定在《破产法》中。我国《企业破产法》在借鉴国外立法经验的基础上创建了重整制度，我国重整制度适用范围为企业法人，实践中，主要适用大型企业。

一、重整制度概述

重整是指经由利害关系人申请，在审判机关的主持和利害关系人的参与下，对具有重整原因和重整能力的债务人进行生产经营上的整顿和债权债务关系的清理，使其摆脱财务困境，重获经营能力的特殊法律程序，在本质上是破产预防程序体系的组成部分。传统的破产清算制度与和解制度的缺陷，使之无法满足现代社会发展的要求，这正是重整制度产生的根本原因。

重整制度具有以下特征：

1. 重整具有债务清偿与企业经营相结合的特点。在重整程序中，实际是通过重整对陷入困境的企业，进行从产权到资本结构、内部管理、甚至是经营战略的调整和变更，使之恢复经营能力，使债权人和债务人在重整中达到双赢。重整的这一特点使其与传统的和解不同，把债务清偿与企业经营相结合在一起。

2. 重整制度以企业为中心，打破了私法与公法的界限。重整制度不仅关注企业的各方当事人的利益，也着眼于企业在经济社会中的地位及对社会生活的影响。破产重整制度将个人本位与社会本位紧密地结合在一起。既注重各债权人的利益公平的分配，也考虑到就业、资源、经济之间的连带关系，很好地实现了提高效率与实现公平的一致。

3. 重整既有实体法规范又有程序法的规范。为了在拯救企业的同时实现对债权人的保护，破产重整制度不仅要规定重整的实体条件，以防止被滥用，同时也要进行程序安排，因此，将各种有用的程序规则和实体规则融为一体。

4. 重整将多种法律事实与法律效果整合在一起。重整以债务清偿与企业经营为目标，为达到双重目的，就会涉及多方法律关系的产生、变更和终止。如债权关系、投资关系、劳动关系等，这些复杂的关系因重整而纠合在一起，并为目标的实现而适当调整。

二、重整的申请和审查

（一）重整申请的条件

重整的原因是重整程序开始的必要条件。对企业重整条件有不同的观点，有的认为应严格规定，有的认为应适当放宽，我国《企业破产法》采纳了后者。《企业破产法》第2条中规定，企业法人不能清偿到期债务，资产不足以清偿全部债务或者明显缺乏清偿能力的，可以依照本法规定进行重整。这样做的利处在于：在实践中，企业面临复杂的经营局面和财务困境是一个常态，特别是对大型企业来说，其债权债务关系和财务结构非常复杂，企业价值也不能简单地用有无偿债能力来计算。

（二）重整申请的主体

重整申请的申请人范围广泛，不仅包括债权人、债务人还包括被申请重整企业的股东。依据我国《企业破产法》的规定，债务人或者债权人和出资额占债务人注册资本1/10以上的出资人才有资格提出申请。之所以对股东附加条件限制，主要是为了防止重整程序的滥用。

（三）重整申请的审查

法院在接到重整申请后，作出受理申请或驳回申请之前，必须对申请人的申请及债务人的有关情况进行调查，看债务人是否具备重整原因及债务人是否有重建希望。如果无挽救希望，对其重整也是徒劳的。人民法院经审查认为重整申请符合本法规定的，应当裁定债务人重整，并予以公告。根据最高人民法院《关于审理上市公司破产重整案件工作纪要》的规定，债权人对上市公司提出重整的，上市公司在法律规定时间内提出异议，或者债权人、上市公司、出资人分别向人民法院提出破产清算和重整申请的，人民法院应当举行听证会。鉴于上市公司破产敏感，目前人民法院在裁定上市公司破产重整申请前，应当将相关材料逐级报送最高人民法院。

（四）重整期间

自人民法院裁定债务人重整之日起至重整程序终止，为重整期间。重整期间关系到债务人的重整是否有效，影响到债权人的利益能否得到保障，是使债务人得以重生的重要期间。在重整期间，对债务人的特定财产享有的担保权暂停行使。但是，担保物有损坏或者价值有明显减少的可能，足以危害担保权人权利的，担保权人可以向人民法院请求恢复行使担保权。在重整期间，债务人的出资人不得请求投资收益分配。债务人的董事、监事、高级管理人员不得向第三人转让其持有的债务人的股权，但是，经人民法院同意的除外。债务人或者管理人为继续营业而借款的，可以为该借款设定担保。由于重整期间对债权人及利害关系人的行为都进行了一定的限制，故这个期限不能太长，且必须有明确的时间界限。在重整期间，有下列情形之一的，经管理人或者利害关系人请求，人民法院应当裁定终止重整程序，并宣告债务人破产：①债务人的经营状况和财产状况继续恶化，缺乏挽救的可能性；②债务人有欺诈、恶意减少债务人财产或者其他显著不利于债权人的行为；③由于债务人的行为致使管理人无法执行职务。

三、重整计划的制订与批准

（一）重整计划的概念

重整计划是重整制度中的重要概念，重整计划既具有法律上的意义，也具有经济学上的意义。说它是法律上的概念，主要是其含有一定的行为准则，同时也包括对各方关系人的权利义务的安排。从经济学上说，重整计划的首要任务是使陷入困境的企业恢复生机，因而，更具有经济计划性。重整计划作为一项法律制度具有预防性、过渡性、约束性、实体性等特征。重整计划的目的是通过设计拯救办法避免困难企业最终走入破产，而和解一旦达成，就由债务人自己操作，恢复经营，想办法按和解协议偿还各种债务。重整计划与和解协议各自具有独立存在的价值。

（二）重整计划的制订

重整计划在整个重整制度中占有重要地位，必须在规定的时间内提出草案，并经由法定的程序通过。破产法规定债务人或者管理人应当自人民法院裁定债务人重整之日起6个月内，同时向人民法院和债权人会议提交重整计划草案。前款规定的期限届满，经债务人或者管理人请求，有正当理由的，人民法院可以裁定延期3个月。债务人或者管理人未按期限提出重整计划草案的，人民法院应当裁定终止重整程序，并宣告债务人破产。根据《企业破产法》规定，重整计划应当包括以下内容：①债务人的经营方案；②债权分类；③债权调整方案；④债权受偿方案；⑤重整计划的执行期限；⑥重整计划执行的监督期限；⑦有利于债务人重整的其他方案。

从企业破产法的规定来看，衡量重整计划的可行性主要有：一是公平合理；二是切实可行；三是科学周详。从内容上看，包括两部分——一是法定内容；二是任意内容。相对于国外的重整计划内容，我国的规定简单明了，符合企业重整的实际需要，但也可能使计划的制订因欠缺详细的依据而出现反复。

（三）重整计划的批准

重整计划的批准表决与和解制度不同。重整计划的表决机关是关系人会议，采取分组表决的方式，而不是债权人会议决定。《企业破产法》第82条规定：下列各类债权的债权人参加讨论重整计划草案的债权人会议，依照下列债权分类，分组对重整计划草案进行表决：①对债务人的特定财产享有担保权的债权；②债务人所欠职工的工资和医疗、伤残补助、抚恤费用，所欠的应当划入职工个人账户的基本养老保险、基本医疗保险费用，以及法律、行政法规规定应当支付给职工的补偿金；③债务人所欠税款；④普通债权。人民法院在必要时可以决定在普通债权组中设小额债权组，对重整计划草案进行表决。

各表决组均通过重整计划草案时，重整计划即为通过。部分表决组未通过重整计划草案的，债务人或者管理人可以同未通过重整计划草案的表决组协商。该表决组可以在协商后再表决一次。双方协商的结果不得损害其他表决组的利益。未通过重整计划草案的表决组拒绝再次表决或者再次表决仍未通过重整计划草案，但重整计划草案符合下列条件的，债务人或者管理人可以申请人民法院批准重整计划草案：人民法院经审查认为重整计划草案符合规定的，应当自收到申请之日起30日内裁定批准，终止重整程序，并予以公告。重整计划草案未获得通过且未依照本法规定获得批准，或者已通过的重整计划未获得批准的，人民法院应当裁定终止重整程序，并宣告债务人破产。上市公司重整计划草案涉及证券监督机构行政许可事项的，受理案件的人民法院应当通过最高人民法院，启动与中国证券监督管理委员会的会上机制。最后，参照会商机制中的专家咨询意见，作出是否批准重整计划草案的裁定。

（四）重整计划的执行

重整计划的执行即在重整计划经人民法院裁定后进行。重整计划由债务人负责执行。自人民法院裁定批准重整计划之日起，在重整计划规定的监督期内，由管理人监督重整计划的执行。在监督期内，债务人应当向管理人报告重整计划执行情况和债务人财务状况。债务人不能执行或者不执行重整计划的，人民法院经管理人或者利害关系人请求，应当裁定终止重整计划的执行，并宣告债务人破产。人民法院裁定终止重整计划执行的，债权人在重整计划中作出的债权调整的承诺失去效力。债权人因执行重整计划所受的清偿仍然有效，债权未受清偿的部分作为破产债权。按照重整计划减免的债务，自重整计划执行完毕时起，债务人不再承担清偿责任。

第四节 破产和解法律制度

破产立法除在破产清算情况下解决债务公平清偿问题、保护债权人与债务人的合法权益之外，避免破产清算，也是其重要宗旨。和解制度就起到了这样的效果。和解具有费用低廉、耗时较短、程序简单的特点。和解一般在债务人已发生破产原因，被债权人申请破产，且案件已为法院受理后开始进行。另外，和解并非法院作出破产宣告的必经程序，是否进入和解程序完全由当事人自行决定。

一、和解申请的提出

和解制度是指在人民法院受理债权人申请的破产案件后的法定期间内，债务人为避免破产宣告，提出和解申请，与债权人会议达成清偿债务协议的活动。破产程序中的和解是民事和解的一种特殊形式。民事和解一般是指当事人相互协商，一方让步或双方相互让步，达成解决争议协议的活动。破产和解不同于民事和解的特殊之处在于，它是一种强制性和解制度，只要债权人会议以法定多数通过和解协议，经法院认可后，不同意和解的少数债权人也要受议约束，强制其接受和解。《企业破产法》第95条规定，债务人可以依照本法规定，直接向人民法院申请和解；也可以在人民法院受理破产申请后、宣告债务人破产前，向人民法院申请和解。债务人申请和解，应当提出和解协议草案。人民法院经审查认为和解申请符合本法规定的，应当裁定和解，予以公告，并召集债权人会议讨论和解协议草案。

和解制度具有以下特征：

1. 和解必须是人民法院已经受理的破产案件才允许申请。人民法院没有受理的案件，债务人没有申请和解的权利。和解不是破产还债的必经程序。

2. 和解协议必须由法院裁定认可。和解制度的目的在于结束已经开始的破产程序，避免企业被清算，法院在破产程序中居于主导地位，决定程序的走向。因此，债务人与债权人达成的协议必须由法院裁定才能生效。自行达成的和解协议没有法律效力即不具执行力。

3. 和解协议的决议以债权人会议多数通过为基础。和解协议的决议，由出席会议的有表决权的债权人过半数同意，并且其所代表的债权额占无财产担保债权总额的 2/3 以上。

二、法院对和解协议的审查

法院对和解协议的审查是代表国家对当事人处分其民事权利所做的干预。法院的审查主要涉及以下内容：①和解协议有没有存在违法的地方；②和解协议是否存在明显不实的情况；③和解协议的通过程序是否合法；④破产企业是否有和解的诚意。

人民法院经审查认为和解申请符合本法规定的，应当裁定和解，予以公告，并召集债权人会议讨论和解协议草案。对债务人的特定财产享有担保权的权利人，自人民法院裁定和解之日起可以行使权利。

债权人会议通过和解协议的，由人民法院裁定认可，终止和解程序，并予以公告。管理人应当向债务人移交财产和营业事务，并向人民法院提交执行职务的报告。

和解协议草案经债权人会议表决未获得通过，或者已经债权人会议通过的和解协议未获得人民法院认可的，人民法院应当裁定终止和解程序，并宣告债务人破产。

三、和解协议的法律效力

除中止破产程序外，和解协议的法律效力可分为对债权人的效力与债务人的效力两个方面。

和解协议对债权人的效力表现为限制其清偿权利的行使。和解协议生效之前产生的债权，债权人只能按和解协议受偿，不得要求或接受和解协议之外的单独利益，无权提起民事执行程序。

和解协议对债务人的效力，表现为在一定程度上限制其财产管理与处分权利。首先，债务人必须按照和解协议清偿债务，不得给个别债权人以额外利益，但公平地给予全体债权人以同等清偿利益者除外，如对全体债权人均提前清偿等。其次，企业整顿经营及财务状况应受债权人会议的监督，定期向其报告。

四、自行和解

自行和解是指人民法院受理破产申请后，债务人与全体债权人就债权债务的处理自行达成协议的，可以请求人民法院裁定认可，并终结破产程序。自行和解不是在法院主导下进行的和解，不论人民法院受理的破产案件类型如何，债务人和全体债权人协商都可以自行和解，自行和解没有特别程序要求，可以在宣告债务人破产前，也可以在宣告债务人破产后，所以，其适用于破产终结前的任何阶段。按照和解协议减免的债务，自和解协议执行完毕时起，债务人不再承担清偿责任。

第五节 破产清算法律制度

清算是破产最古老的程序，破产法中的许多制度与程序原初设计都产生于清算程序，并围绕清算而展开。清算曾是许多国家破产处理无偿付能力债务人的唯一方法，它是指当债权人或债务人向法院提出破产申请，在法官的主持下，立即终止债务人企业的业务，并迅速变卖其资产，收缴其债权，对债权人的要求列出清单并予以估价，然后按破产程序公平分配破产财产或变卖收益。清算的结果通常是作为企业法人的债务人解体或消失。清算一般经过破产宣告与财产分配阶段。

一、破产宣告

破产宣告是指法院依据当事人的申请或法定职权裁定宣布债务人破产以清偿债务的活动。在破产制度中，破产宣告具有重要的意义，它上承破产预防程序，下启破产清算程序，起着中介性和转折的桥梁作用，破产清算的程序功能，正是自此得以逐步展开。

从各国破产法的规范来看，破产分为破产申请主义与职权主义。所谓申请主义，是指法院必须依据债权人或债务人的申请才能受理破产案件，作出破产宣告，无权在无人申请的情况下，自行受理破产案件，作出破产宣告。所谓职权主义，是指法院受理破产案件，作出破产宣告，并不以存在当事人的申请为必备条件，只要债务人发生破产原因，在法律规定的情况下，法院可以依职权受理破产案件，作出破产宣告。我国实行破产申请主义，只有当事人申请的情况下，法院才能进行破产宣告。

二、破产宣告的条件

根据我国破产法的规定，具有以下情形之一的法院可宣告破产：

1. 债务人不能清偿到期债务，并且资产不足以清偿全部债务或者明显缺乏清偿能力的，债务人可直接向法院提出破产申请；

2. 债务人不能清偿到期债务，并且资产不足以清偿全部债务或者明显缺乏清偿能力的，债权人可直接向法院提出债务人破产申请；

3. 债务人已经解散或者依法被撤销没有清算或者清算完毕，资产不足于清偿债务的；

4. 债务人不能执行或者不执行重整计划的，人民法院经管理人或者利害关系人请求，应当裁定终止重整计划的执行，并宣告债务人破产。

5. 债务人不能执行或者不执行和解协议的，人民法院经和解债权人请求，应当裁定终止和解协议的执行，并宣告债务人破产。因债务人的欺诈或者其他违法行为而成立的和解协议，人民法院应当裁定无效，并宣告债务人破产。

根据我国破产立法规定，人民法院宣告债务人企业破产，应当公开进行。人民法院依照本法规定宣告债务人破产的，应当自裁定作出之日起5日内送达债务人和管理人，自裁定作出之日起10日内通知已知债权人，并予以公告。公告应具有下列内容：①破产企业的名称、住所地址；②企业亏损、资产负债状况；③宣告企业破产的理由和法律根据；④宣告企业破产的日期；⑤宣告企业破产后破产企业的财产、账册、文书、资料和印章等的保护。公告应加盖人民法院印章。

三、破产宣告的效力

人民法院作出破产宣告的裁定之后，便产生相应的法律效力。破产宣告的法律效力为四个方面，即对破产人的效力，对债权人的效力，对第三人的效力以及地域效力即域外效力。

（一）对破产人的效力

破产宣告对破产人的效力。从我国的情况看，可具体分为对破产企业身份上的效力，对破产企业财产上的效力，以及对破产企业职工的效力。对破产企业身份上的效力是指企业由债务人变为破产人，应向企业原登记机关进行破产登记，其法人资格已出现法定消灭的原因，仅在清算意义上仍然存在。对破产企业财产的效力是指债务人成为破产人后，破产企业丧失对企业财产的经营、管理、处分权利，其财产成为破产财产。对破产企业职工的效力，是指企业被宣告破产后，职工原与企业订立的劳动合同即可依法宣告解除，职工成为失业人员，有权依据国家有关规定领取失业救济金，并有权自谋职业。

（二）对债权人的效力

破产宣告对债权人的效力，主要体现为除有财产担保的债权人以外，非依破产程序不得行使权利,即不得单独提起对破产财产的民事执行程序,不得单独接受破产人的清偿。一些国家的破产立法以破产宣告为破产程序的开始,破产宣告作出前,债权人、债务人的自由清偿尚不受到限制,故强调以破产宣告为起点限制债权人的清偿权利十分重要。我国的破产立法,以案件受理为破产程序之开始。破产案件受理后,无财产担保债权人提起的民事执行程序便已经被中止,债务人须在人民法院监督下依法支付正常生产经营所必需的债务,不能自由清偿债权人。

(三) 对第三人的效力

破产宣告不仅对破产人和债权人发生法律效力,而且对相关的第三人也发生相应的效力,影响到他们权利义务关系的实现。对破产人的特定财产享有担保权的权利人,对该特定财产享有优先受偿的权利。

四、破产财产的分配

(一) 破产财产的分配方案

根据企业破产法规定,破产宣告后,破产管理人应当及时拟订破产财产分配方案,提交债权人会议讨论。破产财产分配方案应当载明下列事项:

1. 参加破产财产分配的债权人名称或者姓名、住所;
2. 参加破产财产分配的债权额;
3. 可供分配的破产财产数额;
4. 破产财产分配的顺序、比例及数额;
5. 实施破产财产分配的方法。

债权人会议通过破产财产分配方案后,由管理人将该方案提请人民法院裁定认可。破产财产分配方案经人民法院裁定认可后,由管理人执行。

破产财产的分配应当以货币分配方式进行。但是,债权人会议另有决议的除外。

(二) 破产财产清偿顺序

《企业破产法》在对原有清偿顺序的基础上,进行了调整和完善,破产财产在优先清偿破产费用和共益债务后,依照下列顺序清偿:

1. 破产人所欠职工的工资和医疗、伤残补助、抚恤费用,所欠的应当划入职工个人账户的基本养老保险、基本医疗保险费用,以及法律、行政法规规定应当支付给职工的补偿金;
2. 破产人欠缴的除前项规定以外的社会保险费用和破产人所欠税款;
3. 普通破产债权。

破产财产不足以清偿同一顺序的清偿要求的,按照比例分配。破产企业的董事、监事和高级管理人员的工资按照该企业职工的平均工资计算。

五、破产程序的终结

破产程序的终结是指破产案件已经全部履行或因故没有必要继续进行相关的程序,而由有关当事人向人民法院提出申请,人民法院经过认定属实,而以裁定方式决定终结案件的情形。破产程序的终结不同于破产程序的中止,是破产案件的彻底结束。

(一) 破产终结的原因

破产程序终结的原因,是指引起破产程序终结的法律事实。各国破产立法关于破产程序终结原因的规定也有所不同。可以因债务人无财产分配而终结;可以因破产财产分配完毕而终结。《企业破产法》第120条规定,破产人无财产可供分配的,管理人应当请求人民法院裁定终结破产程序;管理人在最后分配完结后,应当及时向人民法院提交破产财产分配报告,并提请人民法院裁定终结破产程序。

（二）破产终结的程序

人民法院应当自收到管理人终结破产程序的请求之日起 15 日内作出是否终结破产程序的裁定。裁定终结的，应当予以公告。管理人应当自破产程序终结之日起 10 日内，持人民法院终结破产程序的裁定，向破产人的原登记机关办理注销登记。管理人于办理注销登记完毕的次日终止执行职务。但是，存在诉讼或者仲裁未决情况的除外。

破产人的保证人和其他连带债务人，在破产程序终结后，对债权人依照破产清算程序未受清偿的债权，依法继续承担清偿责任。

第六节　破产法律责任

我国《企业破产法》规定，对违反破产法的行为和对相关当事人造成损失的，要追究相应的法律责任。主要涉及民事、行政、刑事责任。

一、民事责任

民事责任主要有以下情况：

1. 企业董事、监事或者高级管理人员违反忠实义务、勤勉义务，致使所在企业破产的，依法承担民事责任。

2. 债务人有本法规定的行为，损害债权人利益的，债务人的法定代表人和其他直接责任人员依法承担赔偿责任。

3. 管理人未依照本法规定勤勉尽责，忠实执行职务的，人民法院可以依法处以罚款；给债权人、债务人或者第三人造成损失的，依法承担赔偿责任。

二、行政责任

追究破产违法行为行政责任的对象，是破产企业的法定代表人和直接责任人员。

有义务列席债权人会议的债务人的有关人员，经人民法院传唤，无正当理由拒不列席债权人会议的，人民法院可以拘传，并依法处以罚款。债务人的有关人员违反本法规定，拒不陈述、回答，或者作虚假陈述回答的，人民法院可以依法处以罚款。

债务人违反本法规定，拒不向人民法院提交或者提交不真实的财产状况说明、债务清册、债权清册、有关财务会计报告以及职工工资的支付情况和社会保险费用的缴纳情况的，人民法院可以对直接责任人员依法处以罚款；债务人违反本法规定，拒不向管理人移交财产、印章和账簿、文书等资料的，或者伪造、销毁有关财产证据材料而使财产状况不明的，人民法院可以对直接责任人员依法处以罚款。

债务人的有关人员违反本法规定，擅自离开住所地的，人民法院可以予以训诫、拘留，可以依法并处罚款。

三、刑事责任

世界上大多数国家都有关于破产犯罪的规定，目的在于防止破产当事人危害破产秩序，妨碍破产程序的公开、公平、公正地进行。违反本法规定，构成犯罪的，依法追究刑事责任。可能涉及的刑法上犯罪的有：滥用职权罪、受贿罪、行贿罪等。

学术视野

破产法是市场经济条件下法律体系的重要组成部分。我国《企业破产法》借鉴各国立法经验,力图贯彻市场经济的理念,规范企业破产行为,公平地清理债权债务,保护债权人和债务人的合法权益,维护社会主义市场经济秩序,并将公平处理债权债务,保护债权人和债务人的合法权益置于优先地位。企业破产法基本上摆脱了旧法的窠臼,它创立了一些新的制度,如重整制度、管理人制度、债权人委员会制度等,为破产法的正确实施提供了规范之路。但审视现有的破产制度,由于受条件制约、利益协调需要等影响,也还存在许多遗憾与不足之处。如破产制度还仅限于企业法人及其他法人的破产处理,对于自然人的破产问题没有涉及,与发达国家的破产制度相比,还有一定差距。在一些制度的具体操作上,最高人民法院的司法解释做了进一步规范:如债权人申请债务人企业破产,需要提供债务人企业不能清偿到期债务的相关证据,对"证据内涵"的要求程度做了具体说明;破产法规定了破产案件由债务人企业所在地的人民法院管辖,最高院司法解释明确了不同类别企业的级别管辖。另外,还进一步明确了破产管理人的指定和报酬、上市公司破产案件的审查受理;民办学校、合伙企业、个人独资企业、农民专业合作社等对《企业破产法》的适用等。我国经济的市场化进程是一个渐进的过程,破产法律制度也会在渐进的过程中不断地完善进步。

理论思考与实务应用

一、理论思考

（一）名词解释

破产　破产法　破产费用　共益债务

（二）简述题

1. 我国企业破产的法定要件有哪些？
2. 如何认定企业破产财产？
3. 简述破产企业破产财产的分配顺序。

（三）论述题

1. 试述我国破产法确立重整制度的意义。
2. 论我国《企业破产法》（2006）的局限性。

二、实务应用

（一）案例分析示范

案例一

2014年5月2日,杨某6岁的儿子边某在某机械厂宿舍楼平顶上玩耍时触电身亡。事故发生后,杨某找到该厂和供电公司要求赔偿。供电公司与杨某达成协议,赔偿其6万元。而该厂与杨某未达成协议,故杨某诉至法院。该厂于2012年3月27日宣告进入破产程序。

问：该笔赔偿款是属于破产债权还是属于破产费用？

【评析】本案一种意见认为：该笔赔偿款属于一般破产债权,按照我国企业破产法的规定,由法院裁定中止执行程序。理由如下：《企业破产法》第19条规定,"人民法院受理破产申请后,有关债务人财产的保全措施应当解除,执行程序应当中止"。本案该笔赔偿款是产生于法院受理某机械厂破产案之后,依据上述第19条规定,对某机械厂财产的民事执行程序必须中止。本案杨某应作为一般债权人自行申报债权,然后按照《企业破产法》的规定,在第三顺序"破产债权"中与其他债权人一起按比例参与分配债权。

另一种意见认为：该笔赔偿款属于破产费用,由法院裁定从破产财产中优先拨付。理由如下：因为该笔赔偿款是在企业破产清算期间产生的费用,而非企业破产清算前产生的破产债权，企业破产清算组由于在本案中未尽到监管之责，故在本案中应作为民事责任主体承担赔偿责任，某机械厂并不是本案的民事责任主体，按照"谁责任，谁承担"的原则，本案的该笔赔偿款应列入破产费用，换句话说，该笔赔偿款应作为清算组在破产清算期间应支付的合理费用，按照《企业破产法》第43条规定，从破产财产中优先拨付。

第一，从破产债权与破产费用的区别来看：破产债权是指基于破产宣告前的原因而发生的，能够通过破产分配由破产财产公平受偿的财产请求权。破产费用是指破产程序开始后，为破产程序的进行以及为全体债权的共同利益而在破产财产的管理、变价和分配中产生的费用，以及为破产财产进行诉讼和办理其他事务而支付的费用。由上述定义可以看出，破产债权和破产费用两者最明显的区别在于：前者是基于"破产宣告前"的原因而发生的；后者是基于"破产程序开始后"的原因而发生的。换言之，破产债权产生于企业破产清算之前，而破产费用产生于企业破产清算期间。从产生的时间角度来看，由于本案该笔赔偿款产生于企业破产清算期间，故可以认定该笔赔偿款应属于破产费用。

第二，该笔赔偿款属于破产费用的法律依据。根据《企业破产法》第41条规定：人民法院受理破产申请后发生的下列费用，为破产费用：①破产案件的诉讼费用；②管理、变价和分配债务人财产的费用；③管理人执行职务的费用、报酬和聘用工作人员的费用。从该法条来看，并没有明文规定人身损害赔偿款属于破产费用的范畴，但是本条第②项规定："管理、变价和分配债务人财产的费用"属于破产费用。本案某机械厂破产清算组作为破产财产的管理者，因在破产清算期间未尽到对破产财产的监管维护之责，由此产生的"该笔赔偿款"应当视为对破产财产的"管理"所需要的费用，列入破产费用中去考虑。

第三，从民事责任主体的角度来看：前一种意见认为该笔赔偿款属于一般破产债权，实际上是混淆了本案的民事责任主体。如果认定该笔赔偿款属于破产债权，即肯定了该笔赔偿款是某机械厂所欠的债务，换言之，本案民事责任主体应当是某机械厂，而不是某机械厂破产清算组。那么，本案的民事部分判令该厂破产清算组承担杨某儿子死亡损失费用5万余元的判决也应该是错误的。显然，本案民事判决并没有错，因为该机械厂自2012年宣告破产之后，其民事诉讼地位就已被该厂破产清算组所替代，该厂破产清算组理应对破产清算期间未尽监管之责所产生的该笔赔偿款，承担赔偿责任。

案例二[1]

原告：江西省职工保险互助会

被告：中关村证券股份有限公司

2010年9月15日，互助会与中关村证券签订了《委托投资国债协议书》，约定中的相关内容为：互助会将资金人民币3000万元委托中关村证券从事投资国债业务，委托期限为1年，即2010年9月15日~2011年9月15日，委托期间中关村证券不得用互助会专户上的国债作任何业务的质押担保，中关村证券应在委托期限终止日之前将所投资国债变现，并将全部国债投资资金及投资收益划给互助会指定账户，如中关村证券未能按期支付，则中关村证券应自逾期之日起，按剩余资金总额每天3‰向互助会支付滞纳金，中关村证券承诺在合同期内进行国债买卖，并在授权期满后停止进行买卖操作，因中关村证券违约、违规及违反本协议的行为，损害了互助会的利益，中关村证券承担赔偿责任。

---

[1] 参见 http://lawtime.cn/info/anli/jjfpochan/2010080160585.html。

同日，互助会与中关村证券签订了《〈委托投资国债协议书〉补充协议》，约定中的相关内容为：中关村证券接受互助会委托国债投资资金人民币 3000 万元，中关村证券可根据市场行情适时进行国债买卖；委托期内中关村证券支付互助会投资国债的年收益率为 8.2%，互助会投资收益超出 8.2% 的部分作为中关村证券的投资顾问费，互助会投资收益不足的，不足部分由中关村证券补足；根据市场情况，中关村证券有权提前退回所接受的委托资金，但须提前 10 天以书面形式通知互助会，提前归还款项的收益率仍按原约定收益率 8.2% 与实际天数计算；违约方每日按剩余金额的万分之五支付违约金；本协议如与《委托投资国债协议书》中的条款有冲突之处，以本协议为准，本协议未涉及事宜，双方均遵照《委托投资国债协议书》中的有关约定履行。

由于中关村证券在经营中严重违法违规，存在巨大经营风险，中关村证券于 2013 年 2 月 24 日进行行政清理和托管。2013 年 11 月 7 日，中国证券监督管理委员会要求中关村证券及时上缴各类许可证，在证券类资产转让后办理终止交易、结算等相关事项，限制公司股东行使股东权利，由行政清理组清理财产、向人民法院申报破产等。随后，互助会向中关村证券行政清理组申报的债权为 16 221 920 元，其中本金 1060 万元，收益 5 621 920 元。2014 年 9 月 7 日法院裁定同意立案受理中关村证券股份有限公司破产还债。2014 年 12 月 25 日，中关村证券破产管理人确认尚欠互助会委托购买国债的本金人民币 1060 万元。

原告互助会诉称：①中关村证券仅确认互助会的本金，而对互助会的资金损失不予确认，这与事实不符。②依据合同法，中关村证券对互助会的资金损失不予确认是错误的。请求法院判令：①依法确认互助会资金损失费为 4 113 600 元（2010 年 9 月 15 日~2014 年 9 月 7 日）；②中关村证券承担本案全部诉讼费用。

被告中关村证券辩称，《委托投资国债协议书》及《〈委托投资国债协议书〉补充协议》应当认定无效，双方约定了 8.2% 的高收益，这种行为实际是以获取高收益为目的，符合以合法形式掩盖非法目的的规定，属于无效合同，故中关村证券应返还互助会本金，而不应当支付损失。请求驳回互助会的诉讼请求。

问：原告互助会主张资金损失费人民币 4 113 600 元是否应被中关村证券管理人确认为原告互助会的债权？

【评析】 本案为典型的破产债权确认纠纷案。所谓破产债权，是指基于破产宣告前的原因而发生的，经依法申报并获得确认，能够通过破产程序由破产财产公平受偿的请求权。本案中由于中关村证券在经营中严重违法违规，存在巨大经营风险，其于 2013 年 2 月 24 日进行行政清理和托管，随后进入破产财产债权申报的程序。在原告申报破产债权的过程中发生纠纷，发生纠纷的原因是被告不同意支付原告申报的收益。因此，本案的争议焦点为原告互助会主张资金损失费人民币 4 113 600 元是否应被中关村证券管理人确认为原告互助会的债权？

要分析此问题，首先得看原被告之间签订的《委托投资国债协议书》与《〈委托投资国债协议书〉补充协议》，双方的协议中重点规定了被告中关村证券接受原告互助会委托国债投资资金人民币 3000 万元，委托期内中关村证券支付互助会投资国债的年收益率为 8.2%，互助会投资收益超出 8.2% 的部分作为中关村证券的投资顾问费，互助会投资收益不足时，不足部分由中关村证券补足。此协议由于其约定的年收益率过高，不仅属于以合法形式掩盖非法目的，也不符合法律、行政法规的强制性规定，根据《合同法》第 52 条的规定，此合同应属于无效合同。无效合同自始无效，也就是说，自合同签订之初即无效，双方均应承担相应的缔约过错责任。也就是说，此时被告并非按照与原告约定的合同支付 8.2% 的年收益率，因此，原告申报 8.2% 的年收益率债权并不能得到支持。

被告应向原告支付本金无疑，本金这一部分是作为原告的合法债权申报的，在原告申报 8.2% 的年收益率债权不能得到支持的情况下，并不代表原告只能得到当初向被告方投资的本金，其也应根据银行存款同期利率得到相应利息。但这里利息额的计算并不是以本金额直接乘以利率，因为被告是在不同的时期接连归还部分本金，因此，利息额应分几个阶段来计算，本案中对利息额的计算是非常正确的。

因此，综合来说，原告互助会主张资金损失费人民币 4 113 600 元不能被中关村证券管理人确认为原告互助会的债权，本案法院的判决是正确的。

案例三

申请人：胜利油田盛运投资公司（以下简称盛运公司）

被申请人：胜利油田胜利生态环境工程有限公司（以下简称生态环境公司）

生态环境公司成立于 2005 年 5 月 10 日，注册资金 200 万元，由盛运公司出资 140 万元，占股权比例 70%，段某出资 60 万元，占股权比例 30%，住所地：东营市东二路 105 号，经营范围：生态环境治理，土壤改良，盐碱地改造；园林工程设计与施工；花卉苗木种植与销售；小型园林机械设备、农机具及配件销售；土石方工程。目前公司已停止生产。生态环境公司总欠款 395.8 万元，其中欠申请人盛运公司 257.7 万元，盛运公司多次催要，但生态环境公司无力偿还。

申请人胜利油田盛运投资公司以被申请人胜利油田胜利生态环境工程有限公司不能清偿到期债务为由向法院提出申请，申请依法对生态环境公司进行破产清算。法院在收到申请后 5 日内向生态环境公司发出了通知，生态环境公司在收到通知后 7 日内未提异议。

问：债权人盛运公司提出的破产申请是否符合法律规定？

【评析】 本案系因债务人无力还款被债权人申请破产而引发的破产申请纠纷，法庭审理主要围绕着盛运公司是否为申请破产的有权主体、生态环境公司是否符合破产的要件的判定而展开，因此在分析该案时也需要从这几个方面来梳理线索：

第一，对于"盛运公司是否为申请破产的有权主体"的判定，此处主要涉及破产申请的启动方面的内容。所谓破产申请是指破产申请人请求法院受理破产案件的意思表示。而破产申请人则是指与破产案件有利害关系、依法具有破产申请资格的民事主体。根据我国法律规定，只有债权人和债务人及占有法定比例股份的股东才是合格的破产申请人。本案即为债权人申请的破产案件。债权人申请债务人破产，需要具备如下几个要件：须为具有给付内容的请求权；须为法律上可强制执行的请求权；须为已到期的请求权。除了这三个要件以外，债权人还需向法院递交相应的材料作为申请破产必备的形式要件，具体来说，包括如下几点：①债权发生的事实与证据。②债权性质、数额、有无担保，并附证据。③债务人不能清偿到期债务的证据。具体到本案的情形来看，提出破产申请的是债权人盛运公司，提出原因为被申请人生态环境公司不能清偿到期债务，明显缺乏清偿能力。到期债务显然属具有给付内容且可强制执行的请求权，故债权人的申请符合法律规定的要件。

第二，对于"生态环境公司是否符合破产的要件"的判定，此处主要涉及破产要件方面的内容。我国法律明确规定："债务人不能清偿到期债务，债权人可以向人民法院提出对债务人进行重整或者破产清算的申请。"对于债务人"资产不足以清偿全部债务或者明显缺乏清偿能力"这一内部状况，一般不要求债权人予以证明，但是需要债务人提供相关材料，由法院予以审查核定。故法院受理破产申请的条件即债务人准予破产的要件包括如下几点：债务人不能清偿到期债务，资产不足以清偿全部债务或明显缺乏清偿能力。根据债务人向法院提交的财产状况说明、债务清册、债权清册、有关财务会计报告以及职工工资的支付和社会保险费用的缴纳情况等材料,如果债务人符合上述破产的实质要件,法院裁定受理,如果不符合,法院可在受理破产申请后至破产宣告前经审查发现后裁定驳回申请。

在本案中,法院经过审查,发现生态环境公司已不能清偿到期债务,且明显缺乏清偿能力,其已经符合破产的实质要件,故法院受理盛运公司的破产申请是正确的。

(二) 案例分析实训

案例一

2012年12月10日债权人某商业银行分行向市中级人民法院申请兴隆葡萄酒厂破产。经查:兴隆葡萄酒厂仅有资产73.7万元,债务为159.7万元,亏损额达86万元,资产负债率为46.1%。法院立案,在规定时间内通知债权人,并与2013年1月5日在报上公告要求债权人申报债权,规定2月10日召开第1次债权人会议。有些债权人担心自己的债权得不到全额清偿,通过各种途径抢先清偿。例如从仓库提走产品抵债。2月10日主持召开第1次债权人会议,确认:24家债权人,各种债务累计159.7万元。银行的部分债务是有抵押权的。2月11日法院裁定破产。3月9日成立破产清算组。清算组提出财产分配方案,债权人会议通过:所有财产集体拍卖,全体债权人按比例受偿。清算组委托拍卖公司公开拍卖。最终,包括手续费以59.7万元成交。银行提出异议,不同意含有抵押债权的财产加入整体拍卖,要求优先受偿。法院裁定异议不成立,扣除破产费用,按原方案分配后,裁定终止破产程序。

问:(1) 银行有部分无财产担保债权,申请破产合法吗?

(2) 根据《中华人民共和国企业破产法》和《中华人民共和国民事诉讼法》,破产还债程序包括什么?

(3) 作为债权人某商业银行分行申请破产应向法院提交材料包括什么?

(4) 国有企业破产原因是什么?

(5) 如果是作为债务人兴隆葡萄酒厂提出破产申请,应向法院提交的材料包括什么?

(6) 债务人申请破产是否要得到他人同意?

(7) 债权人会议召开和清算组成立时间有无不妥?

(8) 进入破产程序后,个别清偿是否有效?

(9) 银行有部分抵押债权,以上处理合法吗,你认为应该如何处理?

案例二

2014年5月5日,因A公司未能偿还对B公司的到期债务,B公司向人民法院提出对A公司进行破产清算的申请。A公司收到人民法院通知后,于5月9日提出异议,认为本公司未达破产界限,理由是:首先,B公司对A公司之债权由C公司提供连带保证,而C公司完全有能力代为清偿该笔债务;其次,尽管A公司暂时不能清偿所欠B公司债务,但其资产总额超过负债总额,不构成资不抵债。经审查相关证据,人民法院发现:虽然A公司的账面资产总额超过负债总额,但其流动资金不足,实物资产大多不能立即变现,无法立即清偿到期债务。据此,人民法院于5月16日裁定受理B公司的破产申请,并指定了管理人。在该破产案件中,有以下情况:

(1) 2014年4月14日,人民法院受理了D公司诉A公司股东甲的债务纠纷案件。D公司主张,因甲未缴纳出资,故应就A公司所欠D公司债务承担出资不实责任。该案尚未审结。

(2) A公司于2013年4月8日向E信用社借款200万元,期限1年。A公司以其所属厂房为该笔借款提供了抵押担保。2014年5月18日，经管理人同意，A公司向E信用社偿还了其所欠200万元借款本金及其利息。经查，A公司用于抵押的厂房市场价值为500万元。有其他债权人提出，A公司向E信用社的清偿行为属于破产申请受理后对个别债权人的债务清偿，故应认定为无效。

（3）2014年6月2日，F公司向管理人提出，根据其与A公司之间的合同约定，由其提供原材料，委托A公司加工了一批产品，现合同到期，要求提货。据查，该批产品价值50万元，现存于A公司仓库，F公司已于2014年2月支付了全部加工费10万元。管理人认为该批产品属于债务人财产，故不允许F公司提走。

问：（1）A公司以C公司为其债务提供了连带保证且有能力代为清偿为由，对破产申请提出的异议是否成立？并说明理由。

（2）人民法院以A公司现金不足，资产大多不能立即变现清偿债务为由，裁定受理破产申请，是否符合破产法律制度的规定？并说明理由。

（3）对于D公司诉A公司股东甲的债务纠纷案，在程序上人民法院应如何处理？并说明理由。

（4）有关债权人关于A公司向E信用社清偿行为无效的主张是否成立？并说明理由。

（5）F公司是否有权提走其委托A公司加工的产品？并说明理由。

案例三

2013年10月15日，人民法院根据债权人申请受理A公司破产清算案，并指定了管理人。在该破产案件中，存在以下情况：

（1）根据A公司章程的规定，股东分期缴纳出资。其中，第一期出资于2011年2月1日公司设立时缴纳，第二期出资于2014年2月28日缴纳，B公司、C公司均为A公司创始股东。其中B公司按时缴纳了第一期出资，C公司尚未缴纳任何出资。管理人要求B公司和C公司补缴其各自认缴出资，被两公司拒绝，B公司主张章程规定的第二期出资的缴纳期限尚未到期，因此目前无需缴纳。C公司主张，虽然未按章程规定的期限缴纳第一期出资，但由于C公司的行为已经超过2年的诉讼时效，故可不再缴纳。

（2）2013年1月起，A公司出现破产原因，但公司董事、监事和高级管理人员仍然领取了绩效奖金。2013年4月起，A公司普遍拖欠职工工资的情况下，公司董事、监事和高级管理人员仍然领取工资。

（3）2013年9月，A公司向D公司订购一台设备。根据双方合同约定，A公司向D公司支付了30%的货款，D公司将该设备向A公司发货。破产案件后，D公司立即向A公司主张取回在运途中的设备，并通知承运人中止运输、返还货物。但因承运人的原因，未能取回设备。2013年10月A公司收到设备。

问：（1）C公司关于其未履行出资缴纳义务已经超过诉讼时效，可不再缴纳出资的主张是否成立？并说明理由。

（2）对于A公司董事、监事和高级管理人员在公司发生破产原因后领取绩效奖金以及在拖欠职工工资的情况下领取工资的行为，管理人应分别如何处理？

（3）D公司是否可以向管理人主张取回该设备？并说明理由。

案例四

红星公司为上市公司，甲公司为控股股东持有红星公司股份46%，并由甲公司委托M担任公司法定代表人。债权 A 以红星公司无法到期支付债务且无偿还能力为由向法院申请其破产，红星公司辩称公司虽然一时无现金流支付债务，但净资产仍是正数，未达到资不抵债。人民法院未接受红星公司的解释，对债权人 A 的申诉予以受理，并指定乙会计师事务所为管理人，并要求债权人申报债权。红星公司要求进行债务重组，在重组期间，由 M 在管理人的监督下负责红星公司的经营活动业务开展。债权担保人要求红星公司履行担保责任，M 予以拒绝。红星公司拟向甲公司持有的丙公司增发 1 亿元股票，丙公司因矿产资源价格下跌，上年度发生亏损。重组后甲公司持有红星公司 76% 股份。红星公司将重组计划提交人民法院。人民法院将重组计划提交至证监会审查。证监会专家审议认为，红星公司重组计划和股票发行不符合法律的规定，要求红星公司重新制定重组计划。

问：(1) 人民法院受理红星公司破产是否合法？请说明理由。
(2) 重组期间由 M 继续负责红星公司的生产经营活动是否合法？请说明理由。
(3) 债权担保人要求红星公司履行担保责任，M 予以拒绝是否合法？请说明理由。
(4) 红星公司重组计划不符合规定的原因是什么？
(5) 红星公司不符合上市公司股票发行条件原因是什么？
(6) 证监会要求红星公司重新制作重整计划是否合法？请说明理由。

主要参考文献

1. 范健、王建文：《破产法》，法律出版社 2009 年版。
2. 李永军、王欣新、邹海林：《破产法》，中国政法大学出版社 2009 年版。
3. 王欣新主编：《破产法原理与案例教程》，中国人民大学出版社 2010 年版。
4. 王欣新、尹正友主编：《破产法论坛》（第 6 辑），法律出版社 2011 年版。
5. 李曙光：《破产法的转型》，法律出版社 2013 年版。
6. 吴传颐编著：《比较破产法》，商务印书馆 2013 年版。
7. 罗培新主编：《破产法》，格致出版社 2009 年版。

第六章
反不正当竞争法律制度

【本章概要】 反不正当竞争法是制止不正当竞争行为的法律规范的总和。它可以有狭义和广义的理解。我国《反不正当竞争法》第2条第1款规定："经营者在市场交易中，应当遵循自愿、平等、公平、诚实信用的原则，遵守公认的商业道德。"这是我国反不正当竞争法的基本原则。不正当竞争是指经营者违反《反不正当竞争法》的规定，损害其他经营者的合法权益，扰乱社会经济秩序的行为，它具有多样性。构成不正当竞争行为需要具备一系列条件。不正当竞争行为的构成就是依照法律法规的规定，确定构成不正当竞争行为的共同条件。这些共同条件包括四个方面：①不正当竞争行为的主体；②不正当竞争行为的主观方面；③不正当竞争行为的客体；④不正当竞争行为的客观方面。一个行为，必须同时符合这四个方面的条件，才能被认定为不正当竞争，缺少其中任何一个条件，就不能构成不正当竞争，也就不能追究行为人不正当竞争的法律责任。

【学习目标】 理解反不正当竞争法的立法目的与基本原则，重点掌握九种不正当竞争行为。

第一节 反不正当竞争法概述

一、反不正当竞争法的概念和特征

反不正当竞争法是制止不正当竞争行为的法律规范的总和。

反不正当竞争法可以有狭义和广义的理解。狭义理解的反不正当竞争法就是指以特别法形式制定的我国1993年9月2日第八届全国人民代表大会常务委员会第三次会议通过，1993年12月1日起施行的《中华人民共和国反不正当竞争法》；广义理解的反不正当竞争法还包括反不正当竞争法的一般法（如民商法）、反不正当竞争法的特别法（如知识产权法）、反不正当竞争的行政法规、反不正当竞争的地方性法规、反不正当竞争的行政规章和地方政府规章等。

反不正当竞争法主要具有如下特征：

1. 反不正当竞争法保护的法益具有社会性。反不正当竞争法不仅保护合法诚实经营的经营者，还保护受到利益侵害的、不直接参与交易和竞争的其他经营者和消费者。不正当竞争行为的侵权性质比民事侵权要复杂得多，反不正当竞争法要解决的是个体利益和社会利益之间的矛盾，它要保护的是众多经营者和消费者的利益，并非是针对某一特定的受损害的消费者或经营者进行的特别保护。

2. 调整手段以行政手段为主，其他手段为辅。不正当竞争行为不仅损害了经营者的合法权益，还破坏了竞争的秩序。我国《反不正当竞争法》虽然也规定私权保护的民事责任，但主要是将其作为管理市场秩序的法律来定位的。因此反不正当竞争法有大量行政执法的规定。当然，对于具体的受害者，反不正当竞争法也通过规定民事救济的措施来对其合法权益进行维护。有些不正当竞争行为还要承担刑事责任。

3. 调整的内容不仅有实体性规定，也同样包括程序性规定。反不正当竞争法对不正当竞争行为的界定是实体性的规定，而竞争执法部门的职权以及如何制止不正当竞争行为的行政执法程序等规定也是反不正当竞争法的重要内容。

二、我国《反不正当竞争法》的立法目的

我国《反不正当竞争法》第1条规定:"为保障社会主义市场经济健康发展,鼓励和保护公平竞争,制止不正当竞争行为,保护经营者和消费者的合法权益,制定本法。"

(一) 鼓励和保护公平竞争,制止不正当竞争行为

竞争作为市场经济的基本运行机制,存在于商品生产和交易的全过程,但是,有竞争就会有不正当竞争,因此就必须用法律手段来鼓励和保护公平竞争,制止不正当竞争。由于我国长期奉行计划经济,社会普遍存在着不思竞争、不敢竞争、不会竞争的现象,所以法律不但要保护公平竞争,而且还要鼓励公平竞争。竞争的发展,有可能在两个方面走向其反面:①由于自由竞争而必然形成的生产和资本集中,进一步发展形成垄断,而垄断又导致更大范围或地域的竞争,但原有的范围和地域内竞争将不复存在,从而破坏了竞争的市场结构;②由于采用不正当竞争手段常常比采用正当的竞争手段获利更多更快,不但使采用不正当手段的已经获利者更加利欲熏心,愈演愈烈,而且也使诚实守信的经营者蒙受损失。所以,要维持正常的竞争秩序,发挥竞争的积极作用,就必须依法禁止、打击不正当竞争行为,保护和鼓励公平竞争。

(二) 保护经营者和消费者的合法权益

正当经营和不正当竞争两者是根本对立的。只有剥夺采用不正当竞争手段进行经营活动的"自由",才能有诚实守信经营者的经营活动自由。反不正当竞争法最实质的作用就是保护经营者的合法权益,诚实守信的经营者是最大的受惠者。但是,打击不正当竞争行为,不仅保护了经营者的合法权益,同时也保护了消费者的合法权益。

(三) 保障社会主义市场经济健康发展

中国经济改革的目标是建立社会主义市场经济体制,这已经写进了宪法。作为市场经济,必须具备以下几点:①承认个人和企业等市场主体的独立性;②建立起具有竞争性的市场结构,由市场来形成价格,保证各种商品和生产要素的自由流动,由市场对资源配置起基础性的作用;③建立起有效的宏观经济调控机制;④必须有完备的经济法规;⑤要遵守国际经济交往中通行的规则和惯例。反不正当竞争法跟上述五个方面几乎都有联系:独立主体是竞争的前提,竞争性市场体系是竞争本身的要求,宏观调控也要有利于竞争机制的形成,反不正当竞争法是基本的经济法法律部门,国际经济交往中通行的规则和惯例也包含反不正当竞争法的内容。所以,反不正当竞争法最根本的作用,就是保障社会主义市场经济的健康发展。

三、我国《反不正当竞争法》的基本原则

我国《民法通则》第4条规定:"民事活动应当遵循自愿、公平、等价有偿、诚实信用的原则。"我国《反不正当竞争法》第2条第1款规定:"经营者在市场交易中,应当遵循自愿、平等、公平、诚实信用的原则,遵守公认的商业道德。"语词上虽略有差异,但基本精神是一致的。这些原则也是世界上市场经济国家通行的原则,既是古代商品经济社会最古老的原则,又是现代社会市场交易的根本准则。

(一) 自愿原则

自由意志是市场主体行为的基础,所以,自愿是市场交易的一个重要原则。我国《民法通则》和《反不正当竞争法》都有应当遵循自愿原则的规定。所谓自愿原则,是指经营者和消费者在法律许可的范围内,完全以自己的意愿决定自己的交易行为,而不受干预的权利。从民法上说,无民事行为能力人实施的民事行为是无效的;一方以欺诈、胁迫的手段或者乘人之危,使对方在违背真实意思的情况下所为的民事行为也是无效的;行为人对行为内容有重大误解或显失公平的,均可予以变更或撤销。反不正当竞争法除对自愿原则作出规定外,还在许多

具体条款里作了具体规定。

(二) 平等原则

我国《民法通则》和《反不正当竞争法》都有平等原则的规定。所谓平等原则，是指经营者在市场交易活动中的法律地位都是平等的，在市场交易中应当自觉自愿、平等协商，任何一方都不得将自己的意志强加给对方，特别是实力强大或具有独占经营地位的经营者，更不能利用自己的优势地位迫使他人服从自己的意志。平等原则与自愿原则一样，都是经营者主体性的表现，在平等地位基础上才会有真正的自愿，而自愿往往就是主体平等的表现。主体一旦进入市场，不论规模大小，不论"出身"（所有制）如何，在法律上一律平等，不能承认一方对另一方拥有特权或可以实行强制，如果存在特权和强制，市场的竞争性和效率就会受到损害。

(三) 公平原则

公平原则是指在市场交易中应当公平合理、权利义务相一致。我国《民法通则》和《反不正当竞争法》都有公平原则的规定。市场交易中的公平原则主要是指交易条件的公平和交易结果的公平。交易条件的公平是指交易条件的真实和交易机会的平等。如虚假广告、采用欺骗方式进行有奖销售等，其交易条件虚假，因而也就违反了公平原则。交易应该是面对所有的人，在经营者的眼里，所有的消费者都应是上帝，所有的人都有权参与交易，如串通招投标，就排挤了其他主体的交易机会，地区封锁就既排挤了该地区又排挤了外地区主体的交易机会，显然违背了公平原则。交易结果的公平是指交易双方交易以后的权利义务大致相当。现实生活中的暴利宰客等行为就并无自愿可谈。公平原则是市场经济和反不正当竞争法的基本原则之一，是一个核心原则，前述的自愿原则、平等原则等也都体现了公平原则的要求。

(四) 诚实信用原则和公认的商业道德原则

诚实信用原则又称诚信原则，是指参与市场交易者应该诚实待人，恪守信用，不得弄虚作假、欺诈对手、损人利己。我国《民法通则》有规定，《反不正当竞争法》也作了具体规定。公认的商业道德在《反不正当竞争法》的基本原则中是一个兜底原则，前述的自愿、平等、公平、诚实信用等原则也都是公认的商业道德，但是加上"公认的商业道德"原则以后，即使前四项原则中不能涵盖的内容也都被其概括进去了。

第二节 不正当竞争行为概述

一、不正当竞争行为的概念、特征和构成

(一) 不正当竞争行为的概念

《反不正当竞争法》第2条第2款对不正当竞争行为作了定义："本法所称的不正当竞争，是指经营者违反本法规定，损害其他经营者的合法权益，扰乱社会经济秩序的行为。"一些地方性法规也有类似定义性的规定。如上海市人大常委会1995年9月28日通过、1995年12月1日起施行的《上海市反不正当竞争条例》第3条规定："本条例所称的不正当竞争，是指经营者在市场交易中，违反自愿、平等、公平、诚实信用的原则和公认的商业道德而损害其他经营者的合法权益，扰乱社会经济秩序的行为。"

(二) 不正当竞争行为的特征

根据法律规定，我国的不正当竞争行为应该具有下列特征：

1. 不正当竞争行为的主体是经营者。《反不正当竞争法》第2条第3款明确规定："本法所称的经营者，是指从事商品经营或者营利性服务（以下所称商品包括服务）的法人、其他

经济组织和个人。"非经营者不能成为不正当竞争行为的主体。

2. 不正当竞争是违反市场经济基本准则的行为。《反不正当竞争法》第 2 条第 1 款规定："经营者在市场交易中，应当遵循自愿、平等、公平、诚实信用的原则，遵守公认的商业道德。"这是反不正当竞争法的基本原则，这些原则也是市场经济中通行的基本准则。实施不正当竞争行为，必然违反、破坏这些基本准则。《反不正当竞争法》对不正当竞争行为所作定义中的"经营者违反本法规定"，所指"本法规定"当然也包括上述基本原则。也就是说，不正当竞争行为是违反自愿、平等、公平、诚实信用和公认的商业道德的行为。是否违反这些原则，是判断《反不正当竞争法》第二章所列举的各项行为为正当竞争或不正当竞争的标准。

3. 不正当竞争行为侵害的客体是其他经营者的合法权益和社会正常的经济秩序。尽管有许多不正当竞争行为既损害其他经营者的合法权益，又损害消费者的合法权益，但不正当竞争行为的侵害客体是其他经营者的合法权益，损害消费者权益只是损害经营者权益的副产品，而且并非所有的不正当竞争行为都损害消费者权益。如舍本排挤虽然从长远来看可能也会损害消费者权益，但从短期看，只损害其他经营者的权益，而消费者则反而可能会得到廉价商品或服务。

（三）不正当竞争行为的构成

构成不正当竞争行为需要具备一系列条件。就我国《反不正当竞争法》列举规定的 11 种不正当竞争行为中的每种行为而言，它都有其各自具体的构成条件。各种不正当竞争行为都有的某些共同的构成条件，就是本节所指不正当竞争行为的构成。所以，不正当竞争行为的构成就是依照法律法规的规定，确定构成不正当竞争行为的共同条件。这些共同条件包括四个方面：①不正当竞争行为的主体；②不正当竞争行为的主观方面；③不正当竞争行为的客体；④不正当竞争行为的客观方面。一个行为，必须同时符合这四个方面的条件，才能被认定为不正当竞争，缺少其中任何一个条件，就不能构成不正当竞争，也就不能追究行为人不正当竞争的法律责任。

1. 不正当竞争行为的主体。不正当竞争行为的主体是指实施不正当竞争行为，依法应承担法律责任的经营者。

我国《反不正当竞争法》第 2 条第 2、3 款规定：本法所称的不正当竞争，是指经营者违反本法规定，损害其他经营者的合法权益，扰乱经济秩序的行为。本法所称的经营者，是指以营利为目的，从事商品经营或者营利性服务（以下所称商品包括服务）的法人、其他经济组织和个人。

依我国《民法通则》的规定，法人是指具有民事权利能力和行为能力，依法独立享有民事权利和承担民事义务的组织。法人的设立必须具备四个条件：法人必须依法成立；有必要的财产或经费；有自己的名称、组织机构和场所；能独立承担民事责任。其他经济组织是指不具备法人资格、不能独立承担民事责任，但从事经济活动，并以营利为目的向社会提供商品或服务的组织。如以营利为目的的合伙组织、不具备法人资格的私营企业等。个人是指以营利为目的，向社会提供商品或服务的个体工商户、农村承包经营户和其他个人。只有作为经营者的个人才能成为不正当竞争行为的主体。另外，向社会提供无形商品如技术、专利等的经营者也能成为主体。需要注意的是，根据《反不正当竞争法》第 2 条的规定，"从事商品经营"的概念中也包含营利性服务在内，在相关场合提到"商品"或"商品经营"的时候，也包含了"服务"在内。

2. 不正当竞争行为的主观方面。不正当竞争行为的主观方面是指不正当竞争主体在实施不正当竞争行为时的心理状态。通常的主观方面包括故意和过失，也称为过错。不正当竞争行为的主观方面由故意构成，也即行为人实施不正当竞争行为的主观心理状态是故意的，而且大多具有排挤竞争对手的目的。

3. 不正当竞争行为的客体。不正当竞争行为的客体是指不正当竞争行为所侵害的社会关系和社会秩序。具体来说，不正当竞争行为侵害的客体是其他经营者的合法权益和社会的经济秩序。如果行为人的行为并不侵害其他经营者的合法权益，也并不扰乱社会经济秩序，该行为就不能被认定为不正当竞争行为。另外，消费者的合法权益尽管在《反不正当竞争法》中作为立法目的之一加以明确，但消费者合法权益并不是不正当竞争的客体。一个行为如果对消费者权益造成侵害，但并没有损害公平竞争的经济秩序，它可能成为其他某种侵权行为的客体，却不能成为不正当竞争行为的客体。

4. 不正当竞争行为的客观方面。不正当竞争行为的客观方面是指不正当竞争行为的外在表现。包括不正当竞争的违法行为、危害结果，以及违法行为与危害结果之间的因果关系。不正当竞争的违法行为是指经营者故意实施的、违反《反不正当竞争法》的行为。行为有作为和不作为之分，不正当竞争一般由作为构成。不正当竞争行为也可能同时违反了其他的法律法规，但是要认定不正当竞争，应该看是否违反了《反不正当竞争法》第 5~15 条的规定。不正当竞争的危害结果是指不正当竞争违法行为对其他经营者和社会经济秩序所造成的实际损害。在一般情况下，实际损害是追究行为人不正当竞争法律责任特别是民事责任的基础，但是对于不正当竞争的构成来说，有些行为一经实施，不必考虑是否造成实际的损害结果，就构成不正当竞争。

二、不正当竞争行为的列举规定

（一）假冒仿冒行为

假冒仿冒行为是指经营者违反法律规定，在商品上假冒仿冒他人特有的商业标识，损害其他经营者的合法权益，扰乱社会经济秩序的行为。

假冒仿冒行为具有下列特征：①假冒仿冒行为的主体是经营者。②假冒仿冒行为的目的在于获得经济利益或竞争优势。经营者实施假冒仿冒行为是采用一种不正当的竞争手段，其目的在于获得经济利益或竞争优势。③假冒仿冒行为的客体是商业标识，包括商品标识和营业标识。④假冒仿冒行为在行为特征上表现为在商品上擅自使用他人的商业标识（假冒）或者近似使用（仿冒）他人的商业标识。⑤行为的结果是产生或可能产生市场混淆，使消费者误认误购，从而损害被假冒仿冒经营者的合法权益，同时也损害消费者的消费权益。

我国《反不正当竞争法》列举规定的假冒仿冒行为有：①假冒他人的注册商标；②擅自使用知名商品特有的名称、包装、装潢，或者使用与知名商品近似的名称、包装、装潢，造成和他人的知名商品相混淆，使购买者误认为是该知名商品；③擅自使用他人的企业名称或者姓名，引人误认为是他人的商品；④在商品上伪造或者冒用认证标志、名优标志等质量标志，伪造产地，对商品质量作引人误解的虚假表示。

（二）商业贿赂行为

商业贿赂，是指经营者为销售或者购买商品而采用财物或者其他手段贿赂对方单位或者个人的行为。

商业贿赂具有下列主要特点：①商业贿赂的主体是经营者；②主观上必须是故意，其目的是销售或者购买商品；③贿赂的方式是给予财物或采用其他手段。

我国《反不正当竞争法》除了一般规定"经营者不得采用财物或者其他手段进行贿赂以销售或者购买商品"外，还对回扣、折扣和佣金等问题作了特别规定：在账外暗中给予对方单位或者个人回扣的，以行贿论处；对方单位或者个人在账外暗中收受回扣的，以受贿论处。经营者销售或者购买商品，可以以明示方式给对方折扣，可以给中间人佣金。经营者给对方折扣、给中间人佣金的，必须如实入账。接受折扣、佣金的经营者必须如实入账。

（三）误导宣传行为

误导宣传行为是指经营者利用广告或者其他方法，在商品外对商品（包括服务）的质量、制作成分、性能、用途、生产者、有效期限、产地等作引人误解的宣传（包括虚假宣传和令人误解的宣传）。

误导宣传行为具有如下特征：

1. 误导宣传行为的主体是经营者和广告经营者。我国《反不正当竞争法》规定经营者不得利用广告或者其他方法，对商品的质量、制作成分、性能、用途、生产者、有效期限、产地等做引人误解的虚假宣传。广告的经营者不得在明知或者应知的情况下，代理、设计、制作、发布误导广告。

2. 误导宣传行为的本质是引人误解。所谓引人误解，是指宣传的内容会使消费者产生错误的联想、认识，从而作出错误的决策。

3. 误导宣传的方式是"广告或其他方法"。"其他方法"是一种概括性的表述，它是指不属于广告或难以界定为广告的其他所有宣传方法，如"新闻发布会"、"产品说明书"、"信函"，甚至口头形式等。

4. 误导宣传的内容是商品的质量、制作成分、性能、用途、生产者、有效期限、产地等。

（四）侵犯商业秘密行为

侵犯商业秘密行为是指经营者采取不正当手段或者违反约定或保密要求，获取、披露、使用权利人的商业秘密的行为。

商业秘密是指不为公众所知悉、能为权利人带来经济利益、具有实用性并经权利人采取保密措施的技术信息和经营信息。

商业秘密的构成条件是：

1. 秘密性。商业秘密的秘密性条件是指客观上"不为公众所知悉"、主观上"权利人采取了保密措施"这两个方面的统一。

2. 价值性。价值性也即商业秘密的实用性，是指该信息具有确定的可应用性，能为权利人带来现实的或者潜在的经济利益或者竞争优势。

3. 独特性。商业秘密中"不为公众所知悉"的秘密性特征，暗含着一个隐性的技术要求，即独特性或新颖性的要求。

4. 商业秘密的范围是技术秘密和经营秘密。技术秘密是指不为公众所知悉、具有商业价值并经权利人采取保密措施的技术信息。

经营秘密是指不为公众所知悉、能够为经营者带来经济利益或竞争优势、并经权利人采取保密措施的用于经营活动的各类秘密。

我国《反不正当竞争法》所禁止的侵犯商业秘密行为有下列种类：①以盗窃、利诱、胁迫或者其他不正当手段获取权利人的商业秘密。②披露、使用或者允许他人使用以不正当手段获取的权利人的商业秘密。③与权利人有业务关系的单位和个人违反约定或者违反权利人有关保守商业秘密的要求，披露、使用或者允许他人使用其所掌握的商业秘密。④权利人的职工违反合同约定或者违反权利人保守商业秘密的要求，披露、使用或者允许他人使用其所掌握的权利人的商业秘密。⑤第三人在明知或者应知前列侵犯商业秘密违法行为的情况下，仍然获取、使用或者披露他人的商业秘密，视为侵犯商业秘密。

（五）舍本排挤行为

舍本排挤是指经营者在依法降价处理商品之外，以排挤竞争对手或独占市场为目的，故意在一定时期和一定范围以低于成本的价格销售商品，扰乱正常的生产经营秩序，损害国家利益或者其他经营者合法权益的行为。

构成舍本排挤必须具备以下要件：①行为的主体只能是处于卖方地位的经营者，而且往往是具有实力、占据优势地位的企业或大企业；②行为主体主观上出于故意，具有排挤竞争对手的目的；③行为人在客观上确实实施了舍本排挤的行为。具体而言，一定要以低于成本的价格销售商品。

但是，有下列情形之一的，即使以低于成本的价格销售商品，也不属于不正当竞争行为：①销售鲜活商品；②处理有效期即将到期的商品或其他积压商品；③季节性降价；④因清偿债务、转产、歇业降价销售商品。

（六）附不合理条件交易行为

附不合理条件交易行为，是指经营者利用其在经济、技术等方面的优势地位，在销售某种产品或者提供某种服务时违背交易相对人的意志，强迫交易相对人购买其不需要、不愿购买的商品或者接受其他不合理条件的行为，包括违法搭售行为和附加其他不合理条件的行为。

违法搭售是指经营者利用其经济优势或技术优势，违背交易相对人的意愿，在销售某种商品或者提供某种服务时，强迫交易相对人附带接受另一种商品或者另一种服务的行为。

附加其他不合理条件的行为是指除了搭售商品之外经营者对购买者附加其他不合理条件的行为。如限定价格、限定销售地区、限定销售顾客等。

（七）不正当有奖销售行为

不正当有奖销售行为是指经营者违反《反不正当竞争法》规定进行有奖销售的行为。

不正当有奖销售行为原则上包括以下三类：①采用谎称有奖或者故意让内定人员中奖的欺骗方式进行有奖销售；②利用有奖销售的手段推销质次价高的商品；③抽奖式的有奖销售，最高奖的金额超过5000元。

（八）商业诋毁行为

商业诋毁，是经营者为了战胜竞争对手，采取捏造、散布虚伪事实等恶意竞争手段，贬低、诋毁竞争对手的商业信誉和商品声誉，从而为自己谋求竞争优势和不正当利益的行为。

商业诋毁行为的构成：

1. 商业诋毁行为的主体是经营者。经营者是指从事商品经营或者营利性服务的法人、其他经济组织和个人。实施商业诋毁的行为人，可以是经营者自己，也可以是经营者唆使、收买的其他组织和个人。

2. 行为人主观上具有诋毁、贬低竞争对手的目的。行为人实施商业诋毁行为，捏造、散布虚伪事实必须出于故意，且目的就是使竞争对手减弱或丧失竞争能力，从而谋求自己的不当利益或竞争优势。

3. 商业诋毁的客体是商誉、对象是经营者。经营者捏造、散布虚伪事实，侵害的客体是竞争对手的商誉。商业诋毁的对象是经营者。包括三层意思：①诋毁行为诋毁、贬低的对象是经营者；②诋毁行为诋毁、贬低的对象是同业竞争的经营者；③诽谤行为诋毁、贬低的对象是特定的经营者。

4. 商业诋毁的行为在客观方面表现为捏造、散布了虚假事实。捏造是指无中生有，假造事实。散布是将捏造的虚假事实扩散传播，也就是用各种形式使社会或他人得知捏造出来的虚假事实，从而达到诋毁、贬低竞争对手的目的。

（九）串通投标行为

串通投标，也可以称为串通招标投标，是指招标者与投标者之间或者投标者与投标者之间采用不正当手段，对招标投标事项进行串通，以排挤竞争对手或者损害招标者利益的行为。

串通投标可以分为两类：一类是投标人与投标人之间的串通投标；另一类是招标人与投标人之间的串通投标。

投标人之间串通投标行为的主体是两个或两个以上的投标人。在主观方面，两个或两个以上的投标人必须具有故意，即他们之间有明确的意思联络和意思表示，其目的是限制相互之间的竞争。在客观方面，投标人之间要有串通投标的行为。

招标人与投标人之间的串通投标行为的主体是投标人和招标人。根据我国《招标投标法》的规定，投标人一般是法人或者其他组织，个人只可以依法参加法律规定的可以由个人参加投标的科研项目的投标。招标人必须是法人或者其他组织，自然人不能成为招标人；招标人与投标人之间串通投标行为的主观方面必须是故意，且具有排挤竞争对手的目的。在客观方面，招标人与投标人之间要有串通投标的行为。

第三节　监督检查和法律责任

一、监督检查

根据我国《反不正当竞争法》的规定，国家鼓励、支持和保护一切组织和个人对不正当竞争行为进行社会监督。同时还明确规定了对于不正当竞争行为进行监督检查的机关及其职权。

（一）监督检查机关

《反不正当竞争法》第3条第2款规定："县级以上人民政府工商行政管理部门对不正当竞争行为进行监督检查；法律、行政法规规定由其他部门监督检查的，依照其规定。"可见，我国对不正当竞争行为进行监督检查的部门主要是县级以上的工商行政管理部门，此外，也包括法律、行政法规规定的有权进行监督检查的其他部门。

（二）监督检查机关的职权

监督检查机关在监督检查不正当竞争行为时，享有四种职权，即询问权、查询复制权、检查权和处罚权。

1. 询问权。监督检查机关有权按照规定程序询问被检查的经营者、利害关系人、证明人，并要求其提供证明材料或者与不正当竞争行为有关的其他材料，被询问人必须如实提供。

2. 查询复制权。监督检查机关在监督不正当竞争行为时，有权查询、复制与不正当竞争行为有关的协议、账册、单据、文件、记录、业务函电和其他资料。

3. 检查权。监督检查机关有权对与假冒仿冒行为有关的财物进行检查，必要时可以责令被检查的经营者说明该商品的来源和数量，也可以责令其暂停销售，听候检查，禁止其转移、隐匿和销售该财物。

4. 处罚权。监督检查机关有权对不正当竞争行为进行处罚，处罚的具体行为包括责令停止违法行为、消除影响、没收违法所得、吊销营业执照、处以罚款等。

此外，《反不正当竞争法》还规定监督检查机关工作人员监督检查不正当竞争行为时，应当出示检查证件。

二、法律责任

我国《反不正当竞争法》对于不正当竞争行为规定了三种法律责任。对民事侵权行为,追究行为人的民事责任,以赔偿受害者的财产损失,保护诚实经营者的合法权益;对侵害了国家在经济领域的行政管理活动和国家通过行政管理活动所欲建立的经济秩序的,则追究行为人的行政责任;对侵害了刑事法律所保护的重要社会关系,已经构成犯罪的,则要追究其刑事责任。从世界上一些国家为反不正当竞争规定的法律责任来看,一般也都是规定民事责任、行政责任和刑事责任。但如日本、德国、韩国等国家规定的主要是民事责任和刑事责任。作为国家干预的主要体现是刑事责任。我国将反不正当竞争法主要视为经济(行政)管理法,国家干预除了刑事责任外,还包括大量的行政责任,而且可以说反不正当竞争法侧重的法律责任就是行政责任,这与我国目前正在进行经济体制转变这一特点分不开。不正当竞争行为不仅侵害其他经营者的合法权益,更主要的是侵害了国家对经济活动的管理,所以有必要以较多的国家干预来制止不正当竞争行为。

(一) 不正当竞争行为的民事责任

《反不正当竞争法》第20条规定:"经营者违反本法规定,给被侵害的经营者造成损害的,应当承担损害赔偿责任,被侵害的经营者的损失难以计算的,赔偿额为侵权人在侵权期间因侵权所获得的利润;并应当承担被侵害的经营者因调查该经营者侵害其合法权益的不正当竞争行为所支付的合理费用。被侵害的经营者的合法权益受到不正当竞争行为损害的,可以向人民法院提起诉讼。"

1. 不正当竞争行为的民事责任是过错责任。民事责任按归责原则,可以分为过错责任和无过错责任(严格责任)。过错是指行为人实施违法行为时故意或过失的心理状态,如果行为人在主观上既无故意又无过失,就无需承担民事责任。无过错责任是指行为人即使主观上没有过错,但也应承担民事责任。我国《民法通则》规定,产品责任、危险作业责任、环境污染责任,以及饲养动物责任等,适用无过错责任原则。我国《反不正当竞争法》所规定的民事责任为过错责任。即实施不正当竞争行为的行为人在主观上都有过错,而且都是出于故意,都是为了通过不正当竞争行为,排挤竞争者,谋求非法利益。

2. 不正当竞争行为的民事责任是侵权责任。民事责任包括了违约(违反合同)的民事责任和侵权的民事责任两大类。违约的民事责任是指合同义务人由于过错,未按要求履行合同所应承担的民事责任。侵权的民事责任是指行为人不法侵害他人的财产权利或人身权利而使他人遭受损害时,行为人依法应承担的民事责任。我国《反不正当竞争法》规定的不正当竞争行为是侵权行为,所以,行为人所应承担的民事责任是侵权的民事责任。

3. 不正当竞争行为的民事责任是财产责任。民事责任与行政责任、刑事责任不同,民事责任主要是一种财产责任,责任的范围与所造成的损失或损害的大小相适应,一般具有赔偿和恢复原状的性质。所以追究不正当竞争行为的民事责任,要有行为人给被侵害的经营者造成损害的事实,如果没有损害事实,行为人一般就不能承担民事责任。

4. 不正当竞争行为的民事责任是损害赔偿责任。所以,《反不正当竞争法》第20条直接规定"应当承担损害赔偿责任"。承担损害赔偿责任的条件为:①故意实施了不正当竞争行为;②给被侵害的经营者造成了损害事实;③不正当竞争行为与损害事实之间具有必然的因果关系。

5. 损害赔偿额的计算。由于不正当竞争行为给被侵害的经营者造成的损害很难度量,因此损害赔偿数额也就很难确定。这使被侵权人很难计算其实际损失的多少,从而不愿或不能向法院起诉,客观上放纵了不正当竞争行为。为了解决这个难题,我国《反不正当竞争法》作了具体的规定，主要是：①受侵害的经营者的损失可以计算时，按照计算的数额多少赔偿多少；②受侵害的经营者的损失难以计算时，赔偿额为侵权人在侵权期间因侵权所获得的利润；③赔偿数额中还应包括"被侵害的经营者因调查该经营者侵害其合法权益的不正当竞争行为所支付的合理费用"。不管损害数额能否计算，都应在赔偿数额中包括上述调查费用。但是调查费用必须是因调查该侵权的经营者侵害其合法权益的不正当竞争行为所支付的费用，而且应该是"合理费用"，不能漫天要价。《反不正当竞争法》的这一规定，第一次在我国法律上明确规定侵权人要承担被侵权人因调查该侵权行为所承担的部分诉讼成本，完善了民事赔偿制度，对于鼓励被侵害的经营者积极调查取证、与不正当竞争行为作斗争，具有积极意义。

6. 不正当竞争行为损害赔偿责任的方式。不正当竞争行为所承担的损害赔偿责任的方式，除了适用《反不正当竞争法》规定的赔偿损失外，还有《民法通则》所规定的种种责任方式，如：停止侵害；排除妨碍；消除危险；返还财产；恢复原状；修理、重作、更换；消除影响、恢复名誉、赔礼道歉；等等。如商业诽谤的不正当竞争行为，除了应赔偿损失外，还可适用停止侵害、消除影响、恢复名誉和赔礼道歉。还可以依法适用《商标法》、《专利法》、《消费者权益保护法》等法律法规中所规定的责任方式。

7. 损害赔偿责任的不告不理原则。《反不正当竞争法》第 20 条第 2 款规定："被侵害的经营者的合法权益受到不正当竞争行为损害的，可以向人民法院提起诉讼。"这也就是说，国家对于不正当竞争行为所形成的民事纠纷，实行不告不理的原则，当事人有权依法处理自己的民事权利和诉讼权利，既可以向人民法院起诉，也可以不向人民法院起诉。只有当事人依法向人民法院提起诉讼，人民法院才能受理。

（二）我国《反不正当竞争法》中的行政责任

行政责任是行为人违反行政法律法规的规定所应承担的强制性的行政法律后果。经营者可能承担的行政责任主要为行政处罚。

行政处罚是由国家特定的行政机关给予犯有轻微违法行为尚不够刑事处罚的主体的一种强制性处罚措施。我国《反不正当竞争法》规定的行政处罚形式主要是没收违法所得、罚款和吊销营业执照。

没收违法所得是剥夺当事人财产权的行政处罚。这里的违法所得包括当事人因不正当竞争行为而取得的非法所得和当事人用于实施不正当竞争行为的财物，也就是当事人实施不正当竞争行为的全部财产，包括成本、利润等。《反不正当竞争法》第 21、22 条等都有没收违法所得的规定。

罚款是对当事人课以支付金钱的行政处罚。与没收违法所得不同的是，没收违法所得是对当事人既有财产的处置，罚款虽然也要考虑当事人能否交纳的实际可能，但却不以当事人的违法所得为限。《反不正当竞争法》规定的罚款方式有两种：①对于违法所得不容易确定的，规定一个法定的罚款幅度；②对于违法所得容易确定的，根据情节处以违法所得 1 倍以上 3 倍以下的罚款。

吊销营业执照是剥夺行为权的行政处罚，也是剥夺当事人特定行为能力的行政处罚，也称能力罚，是一种较为严厉的制裁措施。营业执照是主体为一定行为的法律依据，吊销了营业执照，也就剥夺了主体为一定行为的法律依据。如商店被吊销了营业执照，就不能营业。《反不正当竞争法》规定可以吊销营业执照的只适用于假冒行为。

（三）我国《反不正当竞争法》中的刑事责任

刑事责任是行为人违反刑事法律规定，依法应接受刑罚制裁的法律后果。刑事责任是法律责任中最为严厉的责任，只有人民法院才能依法对触犯刑事法律的犯罪者适用刑事责任。按主体划分，我国《反不正当竞争法》规定的刑事责任包括两个方面：①经营者不正当竞争行为的刑事责任；②监督检查不正当竞争行为的国家机关工作人员的刑事责任。

1. 经营者不正当竞争行为的刑事责任。在我国 1993 年颁布实施的《反不正当竞争法》中，只规定了三种不正当竞争行为可以追究刑事责任。这三种行为分别是假冒仿冒构成犯罪的行为（依照《商标法》和《产品质量法》的规定）、假冒仿冒知名商品特有的商品标志销售伪劣商品构成犯罪的行为以及因为商业贿赂而构成犯罪的行为。

1997 年 3 月 14 日修订通过、1997 年 10 月 1 日起施行的《中华人民共和国刑法》除了对上述三种不正当竞争行为规定刑事责任外，还增加规定了侵犯商业秘密罪（第 219 条）、损害商业信誉、商品声誉罪（第 221 条）、虚假广告罪（第 222 条）、串通投标罪（第 223 条）、强迫交易罪（第 226 条）、非法经营罪（第 225 条）等条款，加大了打击不正当竞争行为的力度。

2. 监督检查不正当竞争行为的国家机关工作人员的刑事责任。我国《反不正当竞争法》以第 31、32 条两个法律条文分别规定：监督检查不正当竞争行为的国家机关工作人员滥用职权、玩忽职守，构成犯罪的，依法追究刑事责任；监督检查不正当竞争行为的国家机关工作人员徇私舞弊，对明知有违反本法规定构成犯罪的经营者故意包庇不使他受追诉的，依法追究刑事责任。这两个条文实际上规定了两个罪名：滥用职权罪和玩忽职守罪。

我国《刑法》第 397 条规定："国家机关工作人员滥用职权或者玩忽职守，致使公共财产、国家和人民利益遭受重大损失的，处 3 年以下有期徒刑或者拘役；情节特别严重的，处 3 年以上 7 年以下有期徒刑。本法另有规定的，依照规定。国家机关工作人员徇私舞弊，犯前款罪的，处 5 年以下有期徒刑或者拘役；情节特别严重的，处 5 年以上 10 年以下有期徒刑。本法另有规定的，依照规定。"另外，这里的"国家机关工作人员"除了行政工作人员外，还应该包括司法工作人员，如果司法工作人员在查处不正当竞争犯罪行为时徇私枉法、徇情枉法而构成犯罪的，也要按相关规定追究刑事责任。

这里需要说明的是：民事、行政、刑事三种法律责任的单处或并处，应依据《反不正当竞争法》以及其他法律的规定。既不能因为追究了刑事责任而不追究行政责任和民事责任，也不能因为追究了行政责任而不追究民事责任和刑事责任，或者追究了民事责任而不追究行政责任和刑事责任。

三、诉讼程序

根据责任形式的不同，分别适用民事诉讼、行政诉讼和刑事诉讼程序来追究不正当竞争行为人的民事责任、行政责任和刑事责任。

学术视野

1. 不正当竞争行为的认定：有关不正当竞争行为的认定，理论界与实务界都存在不同程度上的认识分歧，总体上有两派观点，即法定主义和一般条款。法定主义认为，《反不正当竞争法》第二章所列明的不正当竞争行为就是本身所承认的不正当竞争行为，需要依法制裁的不正当竞争行为只限定于此。一般条款认为，不正当竞争行为应当不限于《反不正当竞争法》第二章所列举的 11 种行为，而还包括按照其总则尤其是第 2 条第 2 款的规定所认定的行为。

2. 舍本排挤行为、附不合理条件交易行为、串通投标行为在《反不正当竞争法》中的去存问题：在《反垄断法》已经付诸实施的情况下，是否去除《反不正当竞争法》中有关舍本排挤行为、附不合理条件交易行为、串通投标行为的规定逐步成为当前理论界与实务界共同争论的一个问题。大部分人认为，在《反垄断法》已经作了规定的情况下，如同有关公用企业限制竞争行为和行政性垄断行为的规定一样,《反不正当竞争法》中有关舍本排挤行为、附不合理条件交易行为、串通投标行为的规定应当去掉,保证法律之间的协调性。少数人认为,《反不正当竞争法》中有关舍本排挤行为、附不合理条件交易行为、串通投标行为的规定在适用上与《反垄断法》中的相关规定存在不少差异,应当予以保留,两部法律下的相关内容具有相互补充的功能。

理论思考与实务应用

一、理论思考

(一) 名词解释

不正当竞争行为　商业秘密　商业贿赂　舍本排挤行为　假冒仿冒行为　商业诋毁　串通投标　误导宣传行为

(二) 简答题

1. 简述我国《反不正当竞争法》的基本原则。
2. 简述我国反不正当竞争执法机关的职权。
3. 如何理解我国《反不正当竞争法》规定的法律责任?

(三) 论述题

1. 试论述我国反不正当竞争立法的目的。
2. 试论述我国反不正当竞争行为的构成要件。

二、实务应用

(一) 案例分析示范

案例一[1]

原告宋某在海口市开办了海口市东北人餐厅(该餐厅的企业性质为个体工商户),1997年4月7日获得国家工商总局商标局核准的"东北人"服务商标,核定服务项目为第42类的餐饮、快餐,1999年5月24日,原海口市东北人餐厅变更为现在的海口东北人餐厅,企业性质仍然为个体工商户,并于1999年9月28日在国家工商总局商标局办理了"东北人"服务商标的转让手续,海口市东北人餐厅成为"东北人"服务商标的权利人。早在1995年9月,原告单位的设计师纪某为海口市东北人餐厅设计了一套VI识别系统,内容包括:以热烈的大红色作为企业形象的主要色彩,以特有的行书"东北人"作为企业的商号,把黑色作为主要文字书写色彩。在餐厅的装饰、布置以及服务人员的服饰等方面突出了浓郁的东北民间风俗特色,包括以红、绿、蓝为底色,镶以凤凰和牡丹图案为主的花土布作为服务人员的服饰和桌布以及其他装饰用的布料,并特别在男服务员的服饰上印上"粗粮、野菜、水饺棒!"的广告用语;餐厅的纸巾样式为白色并写有红色"东北人风味连锁餐厅";玻璃窗上均贴上双喜、玉米、蘑菇、白菜、萝卜、鲤鱼的窗花;在餐厅的广告宣传上以通俗的"粗粮、野菜、水饺棒!"、"要想营养好,请来东北人吃粗粮、野菜、水饺!"等作为广告用语;其他的装饰还有装烧酒的大酒坛、放酒瓶的木架、东北土炕,墙上挂的贴有倒"福"字的簸箕、盖帘和玉米等。原告餐厅自1997年开始许可广州市东北人企业有限公司使用"东北人"的商标及其相关的企业名称和包装、装潢等VI设计,并负责提供经营管理模式以保证连锁经营的一致性。

---

[1] 宋某诉东北菜风味饺子馆不正当竞争纠纷案,案例来源:http://www.lawyee.net/Case/Case_Display.asp?RID=27374.

1999年3月16日，原广州市越秀区日日潮牛肉店变更为现在的被告广州市越秀区东北菜风味饺子馆。1999年3月26日被告在开业的宣传中自称是"东北人风味饺子馆"，其中的"东北人"三个字的字体与原告餐厅的商标字样相同。后经原告本人及广州市天河东北风味饺子坊与之交涉，被告改变了牌匾中"东北人"字样。被告在其经营中所使用的菜单上也以红色为底色，并印有凤凰、牡丹、贴着红纸的酒缸、拿簸箕的小女孩以及"食粗粮、野菜、水饺，饮东北小烧玉米酒"的广告词，并附有总店和分店的分布情况。被告的菜单除了菜的内容有区别以外其他均相同。另外，被告所使用的餐巾纸包装上也设计为红白相间，并印有红色的"东北菜风味饺子馆"字样；其他的装饰诸如服务员的衣饰式样、窗花以及酒坛、土炕、玉米、贴着倒"福"字的簸箕等饰物，都与原告的餐厅摆设、布置相仿。

问：仿冒其他经营者具有特色的形象设计和宣传形式是否构成不正当竞争？

【评析】原、被告都是东北风味餐饮的经营者，客观上存在着同行业的竞争关系。尽管原被告双方不在同一城市，但是在我国城市之间交通发达的情况下，地域的差异并不影响竞争关系的存在，而且原告已经将其所有的"东北人"注册商标和经营管理模式、VI设计等均许可给广州市东北人企业有限公司使用，使原告经营的特色和风格影响到广州地区，这也从一个侧面证明了原告与被告之间存在着竞争关系。原告选择部分具有浓郁东北特色风俗的装饰对自己的餐馆进行了企业整体形象设计，形成了自己特别的风格，并对这些设计进行了广告宣传，在消费者的意识中已经形成了自身特有的名称、包装、装潢，已经形成了具有自己特色的企业形象。但是被告在对自己的企业进行包装、装潢时，选择了与原告的诸多相同或相近似的地方。被告的模仿行为实际上是在冒用原告的经营理念和企业形象，其行为已构成了对原告的海口东北人餐厅的不正当竞争。

案例二[1]

2000年9月26日，湖南省嘉禾县人民医院与嘉禾县公安局交通警察大队签订协议，交通警察大队为甲方，嘉禾县人民医院为乙方，协议主要条款包括：①经乙方院领导会议研究同意借资35万元支持购买"122"交通事故报警台、车辆及其有关配套设备（报警台设备维修由乙方负责，车辆维修由甲方负责），该协议执行5年后，嘉禾县人民医院把嘉禾县公安局交通警察大队所借的35万元全部捐给嘉禾县公安局交通警察大队。②乙方聘请4名临时工至甲方"122"交通事故报警台实行24小时值班。值班人员接到报警电话时须询问是否有伤员，如有伤员则立即拨打急救电话"120"，医疗急救人员接到电话后应紧急出车赶到出事地点抢救伤员。乙方也可以派医疗急救小组及救护车到甲方待命，甲方要提供必要的方便。③乙方可随时查询"122"交通事故接报警原始记录，如发现值班人员工作失职则视情节给予罚款处罚。④甲方应协助乙方收缴交通事故伤员的医疗费。⑤乙方大门旁挂"嘉禾县交通事故急救中心"的牌子，救护车上标明"交通事故急救车"字样。⑥甲方不能与其他医院签订类似的协议，否则必须在1个月内归还所借乙方的全部资金。

协议签订后，至2002年8月，嘉禾县公安局交通警察大队协议双方按协议的约定履行了各自的义务。2004年4～5月，嘉禾县人民医院依据嘉禾县政府嘉政办函（2003）127号批复付给了乡村医生每输送一名住院病人20元的转诊费。2004年5月，嘉禾县工商局12315举报中心接到群众举报后，以嘉禾县人民医院在开展医疗服务中，为排挤其他竞争对手，采用贿赂

---

[1] 湖南省嘉禾县人民医院不正当竞争案，案例来源：http://www.newssc.org/gb/Newssc/meiti/lswb/wcb/userobject10ai648007.html.

手段,其行为涉嫌不正当竞争为由,立案调查。2004年6月7日,嘉禾县工商局以嘉禾县人民医院违反了《反不正当竞争法》第8条、《关于禁止商业贿赂行为的暂行规定》第2条之规定,构成了商业贿赂行为为由,下达了嘉工商案告字(2004)79号《拟行政处罚告知书》,告知拟作出罚款12万元,上缴国库的行政处罚,后经听证程序,决定罚款3万元。医院不服该处罚,诉至嘉禾县人民法院。

问:"120"给"122"捐款是否属于商业贿赂?

【评析】嘉禾县人民医院采取捐款的手段实现急诊"120"与"122"交通事故报警台联动。但是,在实际操作过程中,嘉禾县人民医院的捐款是附加条件的,即必须按其与县交警大队签订的协议履行,目的就是为了争取更多的交通事故受伤病人的诊治机会。给付乡村医生"转诊费",其目的是利诱乡村医生为其输送病人,争取更多的乡村患者的诊治机会。《反不正当竞争法》对经营者界定为从事商品经营或者营利性服务的法人、其他经济组织和个人。其中的营利性服务是指市场交易行为即提供服务的行为是否营利,针对的是交易行为,而不是主体。因此,医院以上两种行为均排挤了其他医院的正当竞争,构成了《反不正当竞争法》第8条禁止的商业贿赂,其行为应受到处罚。

案例三[1]

1989年底,原告核工院研发成功"LW12-16系列开关"。1992年,核工院独资组建双虹公司。此后,双虹公司负责"LW12-16系列开关"的生产、销售和技术改进,并投入大量人力、物力,在国内建立了产品销售网络及数个零部件加工点。为维护自己的商业秘密,两原告对技术图纸、零件加工点、销售网络采取了严格的保密措施。

被告伊莱克斯公司于1995年8月注册成立,蒋某系该公司股东,出资20万元;陈某(蒋某之妻)系该公司股东兼法定代表人,出资30万元。1996年1月,双虹公司与伊莱克斯公司签订《LW12-16系列万能转换开关特约经销协议书》一份,委托伊莱克斯公司代理销售双虹公司生产的"LW12-16系列开关"。协议约定:"伊莱克斯公司不能销售任何其他企业的LW12-16系列产品,不得生产和变相生产LW12-16系列产品从中获利。"合同有效期为1年。

自1993年起,双虹公司委托东霞厂为其加工"LW12-16系列开关"的关键零部件,并对该厂进行了模具设计、制造工艺等技术指导。双方签订《零件定点加工协议书》,约定:"厂方未经(双虹)公司总经理许可,不得以任何方式将零件提供给第三方。"被告蒋某原系核工院及双虹公司的员工,在双虹公司工作期间,担任经营部副经理,了解东霞厂向原告供应零件的情况。

1997年12月起,蒋某将其掌握的技术图纸、零件加工点及客户资料披露给被告伊莱克斯公司,伊莱克斯公司使用蒋某提供的技术图纸申请并获得了低压电器生产许可证和产品型号注册证,并从原告的零件加工点大量采购零部件,组装后以被告伊莱克斯公司的名义向原告的6家固定客户销售。原告以两被告的行为侵犯了其商业秘密,造成了经济损失为由,向法院提起诉讼。

问:被告的行为是否构成侵害商业秘密行为?

【评析】东霞厂是原告关键零部件的定点加工点。原告对此采取了合理的保密措施。因此,东霞厂作为定点加工点是原告的经营秘密。被告蒋某违反与原告订立的保密约定,把原告

---

[1] 核工程研究设计院、双虹公司诉蒋某、伊莱克斯有限公司不正当竞争案,案例来源:http://www.lawyee.net/Case/Case_ Display.asp? RID=48757。

的零件加工点信息披露给了被告伊莱克斯公司。伊莱克斯公司应该知道蒋某在双虹公司的业务范围和保密义务,却仍使用原告的零件加工点。故两被告披露和使用原告定点加工点信息的行为侵犯了原告的经营秘密。

原告"LW12-16系列开关"产品的模具设计,弹簧、触头等零件的生产工艺属于原告的专有技术,一般不为同行业技术人员掌握、知悉或轻易获取,该技术信息具备不公知的特征。"LW12-16系列开关"全套图纸记载了上述专有技术信息,该信息具有价值性和实用性。被告蒋某辩称该技术已进入公有领域及已将全套图纸归还原告,但未能提供证据证实。被告伊莱克斯公司用于申请生产许可证及型号注册的全套图纸又与原告的"LW12-16系列开关"全套图纸完全相同。故两被告披露、使用原告技术图纸的行为侵犯了原告的技术秘密。

双虹公司通过上门推销、委托被告伊莱克斯公司开发销售市场等形式发展了6家客户,付出了巨大的人力、物力,属原告的特定客户群。原告通过订立《承包合同》禁止承包人向外披露客户,已采取了合理的保密措施。6家客户"LW12-16系列开关"的需求信息属于双虹公司的经营秘密。蒋某违反约定披露该信息和伊莱克斯公司使用该信息,侵犯了原告的商业经营秘密。

(二) 案例分析实训

案例一[1]

原告密某在临沂市华丰副食品批发市场230号从事副食品批发业务多年,与部分"三鹿"牌奶粉经销商建立了经常的业务关系。1999年5~7月,部分经销商向被告石家庄三鹿集团股份有限公司供销公司(以下简称"三鹿供销公司")反映,其所经销的"三鹿"奶粉受临沂市场向其地区低价供货的冲击而销量下降,请求三鹿公司采取紧急措施予以查处。1999年7月3日,三鹿供销公司向华东、中原地区散发了《关于禁止向临沂华丰市场抛售三鹿奶粉的紧急通告》(以下简称"通告")。主要内容:进入1999年淡季以来,山东临沂华丰批发市场230号摊主密某,从异地调入大量三鹿奶粉,在当地批发市场以最低批发价格砸市,一定程度地破坏了市场的稳定,造成华东、中原区域几个省份市场批发价格的混乱。原因是个别经销商只顾本单位的眼前利益,将合同计划供给的三鹿奶粉长期低价转让给临沂市场的二级批发商;批发市场的二、三级批发商异地沟通价格信息,与三鹿奶粉经销单位联手易货,导致目前批发价格迅速下滑。为此,严正紧急通告:不得以任何方式、任何理由向临沂华丰市场个体商密某供货。违反销售规定向该市场供货的经销单位,一经查出必将严厉惩处。通告发出后,与密某有供货关系的"三鹿"奶粉经销商迫于三鹿供销公司的压力,停止向密某供货。密某正常的进货渠道中断,品种、数量不足,经营效益受到严重影响。密某诉至法院。

问:被告行为是否构成商业诋毁?

案例二

2004年1月1日,滨海市某家具城推出了"迎新春、购家具、中现金大奖"活动,奖金设定为"每购物满1000元,获赠奖券1张,随机抽出一等奖1名,奖现金6000元,二等奖1名,奖现金1000元……",该销售方案经该市公证处进行了公证。之后,当事人将此次有奖销售活动开奖方法、时间及奖品设置情况通过电视台作了广告宣传。此次有奖销售活动从2004

---

[1] 密某诉三鹿集团股份有限公司侵害名誉权案,案例来源:http://www.lawyee.net/Case/Case_Display.asp? RID =3828.

年1月1日起至1月18日止,共发出奖券500张,销售金额为50万元。

问:该家具城是否构成不正当有奖销售行为?

案例三[1]

福建省长汀县策武红江小学有一教学楼工程,原设计建筑面积645平方米,1995年8月27日由该校建校委员会与县二建公司职工曾某签订合同,合同造价190 600元,每平方米平均造价296.5元。合同签订后,曾某等人组织开工。由于该工程承包不符合建筑工程管理规定,长汀县教育系统建筑工程领导小组办公室与策武红江村建校委员会于1995年9月29日发出通告,决定对该工程进行公开投标,并对原有设计方案进行审查修改,增加了投资,工程总建筑面积813平方米,二层半砖混结构。其评标办法是:剔除1个最高投标报价和1个最低报价,各投标单位报价的算术平均价为评标底价,在评标底价的上下3%的区间内,以最低报价为中标单位,县二建公司等11个施工单位报名参加,经过资格审查,确定其中10个单位有投标资格。1995年10月5日上午,在投标前各投标单位察看现场时,原工程承包人曾某、吴某、谢某等人与各投标人密谋串通后,内定该工程仍由原承包人以县二建公司名义投标,由三建公司刘某测算好各投标单位的报标底价,并由内定中标人分别发给有意放弃中标单位各1500元补贴,原承包人在发补贴的同时,一并将已经填写好的投标底价发给各参加单位。正式投标时,各投标单位按照刘天福测算的报价投标,结果县二建公司以每平方米造价324.2元中标,中标总造价为263 547.6元,比原承包造价每平方米高出28.7元。

问:本案中投标人的行为构成何种违法行为?

案例四[2]

1987年,中科院生物物理所与江中制药厂签订有偿技术转让合同,约定:研究所向江中制药厂转让"从蚯蚓中分离纯化纤维蛋白融酶原激活因子"的研究成果(该成果已经通过专家鉴定),以及利用该成果生产治疗心脑血管栓塞病和由纤维蛋白沉着引起疾病的有效药物制剂;江中制药厂支付合同规定的技术转让费后,获得生产技术的使用权,但无所有权等。

1992年8月3日,卫生部批准江中制药厂增加"博洛克"为蚓激酶的商品名称。1992年11月~1993年12月,首都医学院宣武医院等单位完成了蚓激酶胶囊的第三期临床共1560例临床试验,并在技术细节上作了改进和完善。为此,江中制药厂的4位科技人员在1993年10月获得了中科院颁发的科技进步二等奖。1995年1月25日,卫生部正式批准蚓激酶胶囊(博洛克)新药转正式生产。参加蚓激酶胶囊临床试验的丁某等医生,根据临床观察和经验写出了《抗血栓新药博洛克治疗缺血性脑血管病的临床观察》等3篇论文,在《中华神经精神科杂志》、《首都医学院学报》等有关医学杂志上发表。

1994年1月6日,青岛建青房地产公司与生物物理研究所签订了一份《蚓激酶和蚓激酶胶囊的生产技术》转让合同,约定:研究所向房地产公司转让蚓激酶和蚓激酶胶囊的生产技术,转让费为1500万元等。同年3月7日,双方又签订了一份联营合同,约定房地产公司以受让的蚓激酶生产技术作为无形资产投入与研究所联营成立双龙制药有限公司。1995年1月26日,该公司获得省卫生厅颁发的药品生产企业许可证。同年2月17日,双龙公司获得卫生部新药

---

[1] 福建长汀县二建工程总公司等10家单位串通投标案,参见孔祥俊:《反垄断法原理》,中国法制出版社2001年版,第848~865页。

[2] 江中制药厂诉双龙公司不正当竞争案,案例来源:http://www.chinaiprlaw.com/alfx/alfx64.htm。

证书副本，取得该药品的生产权。同年5月5日，获得省卫生厅的批准文号，6月2日，卫生部同意双龙公司生产的蚓激酶胶囊增加商品名称为"普恩复"。

双龙公司在销售普恩复的过程中，曾在双龙制药报上刊登《著名脑血管病专家丁某访谈录》一文，虚构丁某说过"口服普恩复比其他针剂药物效果还好"。在普恩复胶囊的介绍中，双龙公司将丁某等8位医生撰写的《抗血栓新药博洛克治疗缺血性脑血管病的临床观察》一文的主要段落改成普恩复的二期临床试验总结报告，并署了丁某等8位医生的名，而一、二期临床报告则采用蚓激酶胶囊的一、三期临床试验报告并冠以普恩复的商品名。

问：双龙公司的行为构成何种不正当竞争行为？

主要参考文献

1. 孔祥俊：《反不正当竞争法新论》，人民法院出版社2001年版。
2. 王艳林：《中国经济法理论问题》，中国政法大学出版社2001年版。
3. 倪振峰编著：《竞争法案例教程》，复旦大学出版社2005年版。
4. 王先林：《竞争法学》，中国人民大学出版社2009年版。
5. 方维亮主编：《反不正当竞争法新释与例解》，同心出版社2001年版。
6. 孔祥俊、刘泽宇、武建英编著：《反不正当竞争法：原理·规则·案例》，清华大学出版社2006年版。

第七章

产品质量法律制度

【本章概要】 我国《产品质量法》是规范产品质量和确立产品责任的基本法律。《产品质量法》在内容上涉及生产销售的各个环节,希望通过建立一套完整的产品监督管理制度和产品责任制度,从事前预防、事中管理到事后救济,从民事责任、行政责任到刑事责任,从根本上消除产品质量问题。本章主要依据《产品质量法》及相关法律规范的规定,介绍了产品的概念、性质和特点,我国产品质量管理制度和产品质量监督检查的形式,并将生产者、销售者的产品质量责任和义务作为本章的重点内容。产品质量认证与企业质量体系认证制度对于推进我国企业提高产品质量起到积极的作用。产品责任是保障产品质量的重要制度,我国应加强产品责任立法,使我国的产品质量法成为产品责任法。

【学习目标】 通过对《产品质量法》的学习,要求掌握《产品质量法》中的基本制度,如产品、缺陷、产品责任等概念,掌握《产品质量法》中规定的经营者在保障产品质量中的权利及义务。对于产品责任制度应当在了解的基础上,掌握对产品责任适当运用的方法。《产品质量法》是我国市场运行过程中的重要制度之一,也是我国产品质量监督检查的重要执法依据,只有熟练地掌握相关制度才能恰当地运用。

第一节 产品质量法概述

一、产品与产品质量

(一) 产品

产品是《产品质量法》的基本概念,对其科学的界定是一国制定《产品质量法》、《产品责任法》等相关法律的重要前提。产品范围的科学界定有利于对消费者权益的保护,使其更容易获得法律救济,追究生产者、经营者的责任。

产品本是一个经济学上的术语,后来在法学上也使用。广义的产品,是指自然物之外的一切劳动生产物。法律上所使用的产品,其范围小于广义的产品,而且不同国家和地区的法律对其范围的界定也各不相同。

我国《产品质量法》第2条第2款规定:"本法所称产品是指经过加工、制作,用于销售的产品。"第3款规定:"建设工程不适用本法规定;但是,建设工程使用的建筑材料、建筑构配件和设备,属于前款规定的产品范围的,适用本法规定。"第73条规定:"军工产品质量监督管理办法,由国务院、中央军事委员会另行制定。因核设施、核产品造成损害的赔偿责任,法律、行政法规另有规定的,依照其规定。""产品"一词,从广义上说,是指经过人类劳动获得的具有一定使用价值的物品,既包括直接从自然界获取的各种农产品、矿产品,也包括手工业、加工工业的各种产品。从法律上说,要求生产者、销售者对产品质量承担责任的产品,应当是生产者、销售者能够对其质量加以控制的产品,即经过"加工、制作"的产品,而不包括内在质量主要取决于自然因素的产品。因此,按照本条的规定,各种直接取之于自然界,未经加工、制作的产品，如籽棉、稻、麦、蔬菜、饲养的鱼虾等种植业、养殖业的初级产品，采矿业的原油、原煤等直接开采出来未经炼制、洗选加工的原矿产品等，均不适用本法的规定。本法的产品必须是用于销售的产品。非用于销售的产品，即不作为商品的产品，如自己制作、自己使用或馈赠他人的产品，不属于国家进行质量监督管理的范围，也不能对其制作者适用本法关于产品责任的严格规定。建设工程不适用本法规定。建设工程，包括房屋、公路、桥梁、隧道等工程。由于建设工程的质量问题与一般加工、制作的产品有较大的不同，对建设工程的质量问题，应当适用建筑法等法律的规定。

本法关于产品定义的规定，与有关产品责任的国际公约和一些国家关于产品责任的法律中对产品的定义是大体一致的。如1985年《欧洲共同体关于对缺陷产品责任的指令》和德国等国的产品责任法规定，产品是指除初级农产品和狩猎物以外的所有动产，即使已被整合在另一组动产或不动产之内。初级农产品是指种植业、畜牧业、渔业的产品，不包括经过加工的这类产品。产品也包括电。

（二）产品质量

产品质量是指产品符合人们需要的内在素质与外观形态[1]的各种特性的综合状态。据国际标准化组织制定的国际标准——《质量管理和质量保证——术语》（ISO8402-1994），产品质量是指产品"反映实体满足明确和隐含需要的能力和特性的总和"。产品质量的内涵随着经济、技术的发展而不断地丰富。

产品质量是由各种要素所组成的，这些要素亦被称为产品所具有的特征和特性。不同的产品具有不同的特征和特性，其总和便构成了产品质量的内涵。产品质量要求反映了产品的特性和特性满足顾客和其他相关方要求的能力。顾客和其他质量要求往往随时间而变化，与科学技术的不断进步有着密切的关系。这些质量要求可以转化成具有具体指标的特征和特性，通常包括使用性能、安全、可用性、可靠性、可维修性、经济性和环境等几个方面。

产品的使用性能是指产品在一定条件下，实现预定目的或者规定用途的能力。任何产品都具有其特定的使用目的或者用途。

产品的安全性是指产品在使用、储运、销售等过程中，保障人体健康和人身、财产安全免受损害的能力。

产品的可靠性是指产品在规定条件和规定的时间内，完成规定功能的程度和能力。一般可用功能效率、平均寿命、失效率、平均故障时间、平均无故障工作时间等参量进行评定。

产品的可维修性是指产品在发生故障以后，能迅速维修恢复其功能的能力。通常采用平均修复时间等参量表示。

产品的经济性是指产品的设计、制造、使用等各方面所付出或所消耗成本的程度。同时，亦包含其可获得经济利益的程度，即投入与产出的效益能力。

---

[1] 产品的内在质量是指产品的内在属性，包括性能、寿命、可靠性、安全性、经济性五个方面。产品性能，指产品具有适合用户要求的物理、化学或技术性能，如强度、化学成分、纯度、功率、转速等。产品寿命，指产品在正常情况下的使用期限，如房屋的使用年限，电灯、电视机显像管的使用时数，闪光灯的闪光次数等。产品可靠性，指产品在规定的时间内和规定的条件下使用，不发生故障的特性，如电视机使用无故障，钟表的走时精确等。产品安全性，指产品在使用过程中对人身及环境的安全保障程度，如热水器的安全性，啤酒瓶的防爆性，电器产品的导电安全性等。产品经济性，指产品经济寿命周期内的总费用的多少，如空调器、冰箱等家电产品的耗电量，汽车的每百公里的耗油量等。产品外观质量产品的外观质量指产品的外部属性，包括产品的光洁度，造型，色泽，包装等，如自行车的造型、色彩、光洁度等。产品的内在质量与外观质量特性比较，内在质量是主要的、基本的，只有在保证内在特性的前提下，外观质量才有意义。

《产品质量法》中的"产品质量"还应与法律联系起来,即指由国家的法律、法规、质量标准等所确定的或由当事人的合同所约定的有关产品适用、安全、外观等诸种特性的综合。它是经济概念、技术概念、也是法律概念、法学概念。产品质量一般分为两类:产品不适用;产品不安全。产品不适用往往基于产品瑕疵,产品不安全多指产品有缺陷。瑕疵与缺陷是两个与产品质量有关的概念。

产品质量是产品的生命,是产品生存和发展的前提条件,是市场发展,影响竞争优劣的重要因素。

二、产品质量法的概念、性质和特点

产品质量法,是指为了调整产品生产与销售,以及对产品质量进行监督管理过程中所形成的社会关系而由国家制定的法律规范的总称。所谓法律规范的总称,主要包括关于产品质量监督管理、产品质量责任、产品质量损害赔偿和处理产品质量争议等方面的法律规定。

我国于1993年颁布《中华人民共和国产品质量法》,2000年7月8日第九届全国人大常委会第十六次会议进行修改,修改后的《产品质量法》自2000年9月1日起施行。

从《产品质量法》的立法宗旨、内容、特性及其所体现的现代经济立法趋势看,它不属于传统的私法,而应属于经济法体系。

三、产品质量法的适用范围和立法原则

(一)产品质量法的适用范围

适用范围即调整范围,指法的对人效力(主体)、空间效力、客体范围等。《产品质量法》第2条确定其调整范围,其他有关条款也有规定。

1. 主体。包括:①生产者、销售者,即在中华人民共和国境内从事产品生产、销售活动的组织和个人;②用户、消费者;③国家质量管理监督机关。

2. 空间效力。《产品质量法》适用的地域范围(或称空间效力范围),是中华人民共和国境内,即中华人民共和国主权所及的全部领域。法律空间效力范围的普遍原则,是适用于制定它的机关所管辖的全部领域(法律本身对其空间效力范围作出限制性规定的除外)。凡在我国境内从事产品的生产、销售活动,包括进口产品在我国国内的销售,都必须遵守《产品质量法》的规定,既要遵守《产品质量法》有关对产品质量行政监督的规定,同时对因产品存在缺陷造成他人人身、财产损害的,也要依照《产品质量法》关于产品责任的规定承担赔偿责任。当然,按照我国香港、澳门两个特别行政区基本法的规定,只有列入这两个基本法附件3的全国性法律,才能在这两个特别行政区适用。《产品质量法》没有列入这两部基本法的附件3中,因此,《产品质量法》不适用于香港和澳门两个特别行政区。

3. 客体。即上述产品范围,亦即经过加工、制作、用于销售的产品。除外情况有:①建设工程(《产品质量法》第2条第3款);②军工产品的管理、监督办法,另行制定(《产品质量法》第50条);③初级产品(未明确规定)。

(二)产品质量法的立法原则

产品质量立法应遵循国家宏观调控与市场引导相结合,生产者、经营者承担质量责任,保护国家、用户和消费者的利益原则。具体有下列原则:

1. 坚持产品质量标准原则。发展社会主义市场经济,保护国家、用户和消费者利益,必须保证并不断提高产品质量,这是产品质量法的基本因素。

2. 国家对产品质量实行统一立法,区别管理的原则。统一立法是指国家对产品质量的管理,必须由国家制定统一的产品质量法。各地区在国家统一管理标准下,区别各地情况,因地制宜地制定地方性法规,特别是对可能危及人身健康和生命、财产安全方面的产品实行强制性

管理。

3. 贯彻奖优罚劣的管理原则。对优质产品和生产优质产品的企业和经营者给予奖励，引导鼓励企业进一步改进管理，提高产品质量。对假冒伪劣产品的生产者和经营者给予严厉的制裁。

4. 实行管理和监督相结合的原则。加强对产品质量的监督管理，提高产品质量是产品质量法立法的基本宗旨。我国各级政府通过加强对产品质量工作的统筹规划和组织领导，引导、督促生产者、销售者建立健全内部产品质量管理制度，对违法者依法采取处罚措施。

第二节 产品质量监督

一、产品质量监督的概念和体制

（一）产品质量监督的概念

从广义上说，产品质量监督是指国家、社会、用户、消费者以及企业自身等，对产品质量等所做的检验、检查、评价、采取措施等一系列活动的总称。由此，产品质量监督可分为三种基本形式和途径：

1. 企业监督。指企业内部自检和互检，有：①劳动者自检；②生产过程互检；③专职检验。

2. 社会监督。包括：①用户、消费者监督；②社会组织监督；③新闻媒介监督等。

3. 国家监督。包括：①专职监督；②综合监督。从狭义上说，产品质量监督，是指法律规定的产品质量监督机构，依照法定职权和程序，对企业产品质量所进行的监察督促活动。

（二）产品质量监督体制

产品质量监督体制，是产品质量监督机构的设置及其职权划分制度的统称。

我国产品质量监督体制与我国经济管理体制相适应，经历了一个曲折的演变过程。《产品质量法》在总结我国产品质量监督实践和立法经验教训的基础上，确立了我国产品质量监督体制。按照规定，国务院产品质量监督管理部门主管全国产品质量监督工作，国务院有关部门在各自的职责范围内负责产品质量监督工作。县级以上地方产品质量监督部门主管本行政区域内的产品质量监督工作。县级以上地方人民政府有关部门在各自的职责范围内负责产品质量监督工作。但是法律对产品质量的监督部门另有规定的，依照有关法律的规定执行。

二、产品质量监督制度

（一）产品质量认证制度

产品质量认证是依据产品标准和相应技术要求，经认证机构确认并通过颁发证书和认证标志，以证明企业某一产品符合相应标准和相应技术要求的活动。

《产品质量法》规定，国家参照国际先进的产品标准和技术要求，推行产品质量认证制度。企业根据自愿原则可以向国务院产品质量监督部门认可的或者国务院产品质量监督部门授权的部门认可的认证机构申请产品质量认证。经认证合格的，由认证机构颁发产品质量认证证书，准许企业在产品或者其包装上使用产品质量认证标志。在《产品质量法》颁布之前，国务院已于1991年5月7日颁布了《产品质量认证管理条例》。企业可以依照相应规定申请产品质量认证。

我国产品质量认证制度的基本内容是：

1. 认证对象。按照规定，凡经过加工、用于销售的产品，有国家标准和行业标准的，除建设工程、军工产品（不含军工企业生产的民用产品）外，均属产品质量认证的对象。具体哪些产品可以申请认证，由国家质量技术监督局根据实际需要和认证机构的组建情况，适时向社会公布可开展认证的产品目录予以确定。

2. 认证依据。《产品质量法》规定，国家参照国际先进的产品标准和技术要求，推行产品质量认证制度。这就表明，我国产品质量认证，是根据国家认可的国际先进标准进行的。根据我国《标准化法》、《产品质量认证管理条例》及其实施办法等规定，产品质量认证依据的标准，应当是具有国际水平的国家标准或行业标准。内容除包括产品性能指标外，还应包括产品检验方法和综合判定准则；若现行国家标准或行业标准内容不能满足认证需要的，还应由认证委员会组织制定补充技术要求。凡经国务院标准化行政主管部门批准加入相应国际认证组织的认证委员会，其认证依据的标准，应当采用该组织公布的并已转化为我国国家标准或行业标准的标准。现行国家标准、行业标准与国际标准有差异的，按国家有关规定办理。认证委员会经国务院标准化行政主管部门批准，与外国认证机构签订的双边或多边认证合作协议所涉及的产品，可以按照合作协议规定的标准开展认证工作。

3. 认证方式。我国产品质量认证方式采用国际上通行的第三方认证制度。即由认证机构作为独立于生产方和购买方之外的第三方机构，公正地证明某一产品的质量是否符合规定的标准。按照《产品质量法》规定，产品质量认证由国务院产品质量监督部门认可的或者国务院产品质量监督部门授权的部门认可的认证机构承担。

4. 认证种类。按照规定，我国产品质量认证分为合格认证和安全认证两种。实行安全认证的产品，必须符合标准化法中有关强制性标准的要求。实行合格认证的产品，必须符合标准化法规定的国家标准或行业标准的要求。

5. 认证原则。我国产品质量认证实行自愿认证制，即产品质量认证由企业自愿申请。自愿认证的主要目的，在于提高认证的自觉性，发挥市场机制的调节作用，同时为公正认证创造客观基础。

6. 认证的条件、程序。按照规定，中国企业、外国企业均可提出认证申请。提出申请的企业应具备以下条件：①产品符合国家标准或行业标准的要求；②产品质量稳定，能正常批量生产；③生产企业的质量体系符合国家质量管理和质量保证标准及补充要求。

7. 认证的程序。办理认证的程序是：①申请。中国企业向认证委员会提出书面申请，外国企业或代销商向国务院标准化行政主管部门或其指定的认证委员会提出书面申请。②产品审查。即认证委员会通知担任检验任务的检验机构对产品进行检验。③企业质量体系审查。即认证委员会对申请认证的生产企业的质量体系进行审查。④批准。认证委员会对认证合格的产品，颁发认证证书，并准许使用认证标志。认证证书是证明产品质量符合认证要求和许可产品使用认证标志的法定证明文件。认证标志是由认证机构设计并发布的证明产品符合特定标准或技术规范的专用标志。我国目前批准使用的认证标志主要有方圆标志、长城标志和 PRC 标志。方圆标志包括合格认证标志和安全认证标志，分别由获准合格认证的产品和安全认证的产品使用；长城标志为电工产品专用认证标志；PRC 标志为电子元器件专用认证标志。

8. 认证的法律后果。按照规定，获准认证的产品，除接受国家法律和行政法规规定的检查外，免于其他检查，并享有优质优价、优先推荐参加国优产品评定等优惠条件。

（二）企业质量体系认证制度

企业质量体系认证是指依据国家质量管理和质量保证系列标准，由国家认可的认证机构，对自愿申请认证的企业的质量体系，进行检查、确认，颁发认证证书，以证明企业质量体系和质量保证能力符合相应标准要求的活动。我国《产品质量法》规定，国家根据国际通用的质量管理标准，推行企业质量体系认证制度。企业根据自愿原则可以向国务院产品质量监督部门认可的或者国务院产品质量监督部门授权的部门认可的认证机构申请企业质量体系认证。经认证合格的，由认证机构颁发企业质量体系认证证书。

（三）标准化管理制度

产品质量离不开产品质量标准。产品质量总要以一定的产品质量标准作为衡量的依据，可以说，产品标准是产品质量的文字表达形式。根据我国《产品质量法》的规定，我国实行产品质量标准制度，"国家鼓励推行科学的质量管理方法，采用先进的科学技术，鼓励企业产品质量达到并且超过行业标准、国家标准和国际标准。"

根据我国的有关规定，标准是指对重复性事物和概念所做的统一规定。它以科学、技术和实践经验的综合成果为基础，经有关方面协商一致，由主管机关批准，以特定形式发布，作为共同遵守的准则和依据。根据国际标准化组织1983年7月第二号指南（第四版）所下的定义，标准化主要是对科学、技术与经济领域内重复应用的问题给出解决的办法的活动，其目的在于获得最佳秩序。一般说来，包括制定、发布与实施标准的过程。我国《标准化法》第3条第1款明确规定："标准化工作的任务是制定标准、组织实施标准和对标准的实施进行监督。"

结合我国《标准化法》的有关规定，产品质量管理制度中的标准化管理制度的内容，主要包括产品质量标准的制定和产品质量标准的实施这两大方面。

1. 产品质量标准的制定。按照我国《标准化法》的规定，凡工业产品的品种、规格、质量、等级或安全、卫生要求，工业产品的设计、生产、检验、包装、储存、运输、使用方法或者生产、储存、运输中的安全、卫生要求，工业生产的技术术语、符号、代号和制图方法等，需要统一的技术要求，应当制定标准。产品质量标准按其制定的部门或单位以及适用范围的不同，可分为国家标准、行业标准、地方标准和企业标准。

2. 产品质量标准的实施。我国《标准化法》将标准按性质的不同，分为强制性标准和推荐性标准。强制性标准是必须执行的标准，它包括部分国家标准和行业标准以及全部地方标准，主要有药品标准，食品卫生标准，兽药标准，产品及产品生产、储运和使用中的安全、卫生标准，劳动安全、卫生标准，运输安全标准，国家需要控制的重要产品质量标准，等等。推荐性标准不具有强制执行效力，由执行者自觉采用的标准，强制性以外的标准是推荐性标准，国际标准也是推荐性标准。为了保证强制性标准的实施，引导人们执行推荐性标准，《产品质量法》规定，"可能危及人体健康和人身、财产安全的工业产品，必须符合保障人体健康和人身、财产安全的国家标准、行业标准；未制定国家标准、行业标准的，必须符合保障人体健康和人身、财产安全的要求；禁止生产、销售不符合保障人体健康和人身、财产安全的标准和要求的工业产品"。

（四）产品质量检验制度

产品质量检验，是指按照特定的标准，对产品质量进行检测，以判明产品是否合格的活动。这里的"标准"，可以是国家标准、行业标准、地方标准或企业标准，但有强制性标准的产品，须按强制性标准检验。产品质量检验按检验主体，可分为第三方检验和生产经营者自己检验；根据检验的性质，可分为国家检验和民间检验；根据检验的方式，可分为全数检验和抽样检验；根据检验的环节，可分为出厂检验和入库检验。《产品质量法》关于产品质量检验的规定，主要包括两方面的内容：①关于产品质量检验的基本要求。按照规定，产品质量应当检验合格，不得以不合格产品冒充合格产品。②关于产品质量检验机构。产品质量检验机构，指县级以上人民政府产品质量监督管理部门依法设置和依法授权的，为社会提供公证检验数据和检验结论的机构。

(五) 产品质量抽查制度

《产品质量法》规定，国家对产品质量实行以抽查为主要方式的监督检查制度。抽查产品的范围是：可能危及人体健康和人身、财产安全的产品；影响国计民生的重要工业产品；消费者、有关组织反映有质量问题的产品。按照规定，抽查产品的样品应当在市场上或者企业成品仓库内的待销产品中随机抽取。

监督抽查工作必须坚持统一规划组织、分级分工结合、防止重复抽查的原则。具体来说，监督抽查工作由国务院产品质量监督部门规划和组织。县级以上地方产品质量监督部门在本行政区域内也可以组织监督抽查。法律对产品质量的监督检查另有规定的，依照有关法律的规定执行。国家监督抽查的产品，地方不得另行重复抽查；上级监督抽查的产品，下级不得另行重复抽查。

根据监督抽查的需要，可以对产品进行检验。检验抽取样品的数量不得超过检验的合理需要，并不得向被检查人收取检验费用。监督抽查所需检验费用按照国务院规定列支。生产者、销售者对抽查检验的结果有异议的，可以自收到检验结果之日起15日内向实施监督抽查的产品质量监督部门或者其上级产品质量监督部门申请复检，由受理复检的产品质量监督部门作出复检结论。

对依法进行的产品质量监督检查，生产者、销售者不得拒绝。

依照《产品质量法》规定进行监督抽查的产品质量不合格的，由实施监督抽查的产品质量监督部门责令其生产者、销售者限期改正。逾期不改正的，由省级以上人民政府产品质量监督部门予以公告；公告后经复查仍不合格的，责令停业，限期整顿；整顿期满后经复查产品质量仍不合格的，吊销营业执照。监督抽查的产品有严重质量问题的，依照《产品质量法》第五章的有关规定处罚。

国务院和省、自治区、直辖市人民政府的产品质量监督部门应当定期发布其监督抽查的产品的质量状况公告。

(六) 产品召回制度

产品召回是企业社会责任最直接、最切实的具体体现。产品召回是指生产商将已经送到批发商、零售商或最终用户手上的产品收回。产品召回的原因是所售出的产品被发现存在缺陷。产品召回制度和一般的"三包"产品退换货是两个概念。"三包"产品退货换货是针对个体消费者，而且不能说明产品本身有任何问题；而产品召回制度则是针对厂家原因造成的批量性问题而出现的处理办法。其中，对于质量缺陷的认定和厂家责任的认定是最关键的。在发达国家，产品召回方式有两种：一种是"自愿认证，强制召回"，一种是"强制认证，自愿召回"。2004年中国诞生第一个产品召回制度——《缺陷汽车产品召回管理规定》，2007年《食品召回管理规定》、《儿童玩具召回管理规定》，目前，中国还没有全面实行产品强制召回制度。

虽然我国的上述法律法规为消费者提供了维权武器，但涉及缺陷产品召回方面的内容是泛泛而言，而且太笼统，缺乏可操作性。例如：《产品质量法》第26条第1款明确规定："生产者应当对其生产的产品质量负责。"《消费者权益保护法》第19条明确规定："经营者发现其提供的商品或者服务存在缺陷，有危及人身、财产安全危险的，应当立即向有关行政部门报告和告知消费者，并采取停止销售、警示、召回、无害化处理、销毁、停止生产或者服务等措施。采取召回措施的，经营者应当承担消费者因商品被召回支出的必要费用。"

第三节 生产者、销售者的产品质量责任和义务

责任通常分为积极责任（关系责任）和消极责任（方式责任）。积极责任是指法律、法规、合同规定的义务；消极责任是指违反义务所承担的法律后果。这里的责任，是指生产者、销售者承担的义务，即积极责任。

一、生产者的产品质量责任和义务

根据《产品质量法》的规定，生产者的产品质量责任和义务，主要有以下几项：

（一）对其生产的产品质量负责

按照规定，生产者生产的产品应当符合以下要求：

1. 不存在危及人身、财产安全的不合理的危险，有保障人体健康和人身、财产安全的国家标准、行业标准的，应当符合该标准。
2. 具备产品应当具备的使用性能，但是对产品存在使用性能的瑕疵作出说明的除外。
3. 符合在产品或者其包装上注明采用的产品标准，符合以产品说明、实物样品等方式表明的质量状况。

（二）遵守质量标识制度（同时也是销售者的产品质量责任和义务）

按照规定，产品或其包装上的标识应当符合以下要求：

1. 有产品质量检验合格证明。
2. 有中文标明的产品名称、生产厂厂名和厂址。
3. 根据产品的特点和使用要求，需要标明产品规格、等级、所含主要成分的名称和含量的，用中文相应予以标明；需要事先让消费者知晓的，应当在外包装上标明，或者预先向消费者提供有关资料。
4. 限期使用的产品，应当在显著位置清晰地标明生产日期和安全使用期或者失效日期。
5. 使用不当，容易造成产品本身损坏或者可能危及人身、财产安全的产品，应当有警示标志或者中文警示说明。

但是，裸装的食品和其他根据产品的特点难以附加标识的裸装产品，可以不附加产品标识。

此外，易碎、易燃、易爆、有毒、有腐蚀性、有放射性等危险物品以及储运中不能倒置和其他有特殊要求的产品，其包装质量必须符合相应要求，依照国家有关规定作出警示标志或者中文警示说明，标明储运注意事项。

（三）不得为法律禁止实施的行为

按照规定，生产者不得生产国家明令淘汰的产品；不得伪造产地，不得伪造或者冒用他人的厂名、厂址；生产者不得伪造或者冒用认证标志等质量标志；生产者生产产品，不得掺杂、掺假，不得以假充真、以次充好，不得以不合格产品冒充合格产品。

二、销售者的产品质量责任和义务

《产品质量法》规定，销售者的产品质量责任和义务包括：

1. 建立并执行进货检查验收制度，验明产品合格证明和其他标识。
2. 采取措施，保持销售产品的质量。
3. 不得销售国家明令淘汰并停止销售的产品和失效、变质的产品。
4. 遵守质量标识制度。产品或者其包装上的标识必须真实，并符合《产品质量法》第27

条的要求。

5. 不得为法律禁止实施的行为。不得伪造产地，不得伪造或者冒用他人的厂名、厂址；不得伪造或者冒用认证标志等质量标志；销售产品，不得掺杂、掺假，不得以假充真、以次充好，不得以不合格产品冒充合格产品。

第四节 损害赔偿和罚则

一、损害赔偿（违反《产品质量法》的民事责任）

生产者、销售者违反《产品质量法》，不履行产品质量义务时，应当承担民事责任。

（一）销售者的产品合同责任

1. 产品合同责任的概念与特征。产品的合同责任是指产品销售者不履行或不适当履行产品质量义务而应承担的责任。产品的合同责任同产品的侵权责任相比，具有以下特征：

（1）产品的合同责任以合同为基础、为条件，受损害的消费者与销售者之间存在合同关系，这是合同责任产生的前提条件。

（2）由于产品的合同责任以合同为基础、为条件，因而产品的合同责任仅限于直接向消费者出售产品的销售者和直接从销售者处购买产品的消费者，即仅适用于具有合同关系的买卖双方当事人。

（3）从损害赔偿的范围看，合同责任的损害包括产品本身的损害及由此引起的其他损失，但主要以赔偿买卖标的物——产品本身为主。

2. 承担产品合同责任的条件。承担合同责任的条件即当事人不履行或不适当履行合同义务。在买卖合同中，出卖人有担保其出卖物无质量瑕疵的义务，不履行该义务，售出的产品不符合出卖人明示或默示的质量要求，是销售者承担产品合同责任的前提条件。

根据《产品质量法》的规定，售出的产品有下列情况之一的，销售者应当承担合同责任：①不具备产品应当具备的使用性能而事先未作说明；②不符合在产品或者其包装上明示采用的产品标准；③不符合以产品说明、实物样品等方式表明的质量状况。

3. 承担产品合同责任的形式。承担产品合同责任的形式包括：

（1）修理、更换、退货。这是销售者违反合同后所采取的补救措施。产品不符合质量要求的，销售者应负责修理或更换。经修理可达到质量要求而不影响产品的性能、价值的，出卖人应无偿修理；修理后达不到质量要求或影响产品的性能、价值的，或买受人要求更换的，出卖人应予更换。对不符合质量要求的买受人还可要求销售者退货。

（2）赔偿损失。赔偿损失是承担合同责任的重要方式。销售者售出的产品质量不符合合同要求，给用户、消费者造成损失的，用户、消费者有权要求销售者赔偿损失。销售者违反合同规定的质量义务，又不按规定承担修理、更换、退货或赔偿损失责任的，由产品质量监督管理部门或者工商行政管理部门责令其改正。

4. 销售者对生产者、供货者的追偿权。如果产品不符合质量要求是由生产者、供货者的责任造成的，销售者在对产品进行修理、更换、退货或赔偿损失后，就可取得对生产者、供货者的追偿权，有权要求生产者、供货者承担赔偿责任。但如果生产者之间、销售者之间、生产者与销售者之间订立的买卖合同、加工承揽合同有不同约定，则合同当事人按照合同的约定执行。

(二) 生产者、销售者的产品侵权责任

1. 产品侵权责任的概念与特征。产品侵权责任是指因产品存在缺陷造成投入流通时的科学技术尚不能发现缺陷的存在。

产品侵权责任有如下特征：①产品侵权责任发生在商品进入流通领域之后；②产品侵权责任是产品缺陷造成的缺陷产品以外的财产损害；③产品侵权责任是物件致人损害的特殊侵权责任；④产品侵权责任是无过错责任。

2. 销售者的产品侵权责任——产品责任。销售者在下列两种情形下，应当承担产品侵权责任：

（1）销售者造成产品缺陷时，应当承担赔偿责任。产品的缺陷主要是在生产、制造过程中产生的。因此，对缺陷产品引起的损害，主要是由产品生产者承担赔偿责任。但在某些情况下，产品的缺陷则可能是由销售者所致。也就是说，生产者将产品投入流通时缺陷还不存在，缺陷是在流通环节中由销售者的行为引起的，如销售过程中保管不善导致产品过期变质等。在这种情况下，应当由销售者对缺陷产品引起的损害承担赔偿责任。

（2）销售者不能指明缺陷产品的生产者、供货者时，应当承担赔偿责任。产品缺陷造成他人人身、财产损害，受害人向销售者索赔时，如果销售者不能指明缺陷产品的生产者或供货者，那么销售者应当承担损害赔偿责任。

3. 受害者的索赔选择权和生产者、销售者之间的追偿权。因产品存在缺陷造成他人人身、财产损害的，受害人可以向产品的生产者要求赔偿，也可以向产品的销售者要求赔偿。

如果由于生产者的责任造成损害，却由产品的销售者向受害者作出赔偿的，则产品的销售者在其所承担责任的范围内有权向产品的生产者追偿。如果由于销售者的责任造成损害，却由产品的生产者向受害人作出赔偿的，则产品的生产者有权在其所承担责任的范围内向产品的销售者追偿。

《产品质量法》关于受害者享有索赔对象选择权和生产者、销售者之间追偿权的规定，实际上是确定了生产者、销售者对侵权损害的连带责任，既方便于受害人索赔、起诉，也有利于受害人得到补偿。

4. 赔偿范围。因产品存在缺陷造成受害人人身伤害的，侵害人应当赔偿医疗费、治疗期间的护理费、因误工减少的收入等费用、造成残疾的，还应当支付残疾者生活自助具费、生活补助费、残疾赔偿金以及由其扶养的人所必需的生活费等费用；造成受害人死亡的，并应当支付丧葬费、死亡赔偿金以及由死者生前扶养的人所必需的生活费等费用。

因产品存在缺陷造成受害人财产损失的，侵害人应当恢复原状或者折价赔偿。受害人因此遭受其他重大损失的，侵害人应当赔偿损失。

5. 诉讼时效。《产品质量法》规定，因产品存在缺陷造成损害要求赔偿的诉讼时效期间为2年，自当事人知道或者应当知道其权益受到损害时起计算。这一规定改变了《民法通则》关于身体受到损害要求赔偿的诉讼和出售质量不合格商品未声明的诉讼的特别诉讼时效期间为1年的规定，将产品缺陷造成损害要求赔偿的诉讼时效期间改为2年，同普通诉讼时效期间一样。

《产品质量法》还规定了受害者损害赔偿请求权丧失的时间为10年。因产品存在缺陷造成损害要求赔偿的请求权，在造成损害的产品交付最初消费者满10年丧失；但是，如果生产者、销售者明示产品安全使用期，而该安全期又超出了10年的责任期限，那么在此安全期内因产品存在缺陷造成损害的，生产者、销售者仍应承担损害赔偿责任，受害人亦享有对生产者、销售者的损害赔偿请求权。

二、罚则（违反《产品质量法》的行政责任和刑事责任）

（一）对于生产、销售的产品不符合法定要求的罚则

生产、销售不符合保障人体健康和人身、财产安全的国家标准、行业标准的产品的，责令停止生产、销售，没收违法生产、销售的产品，并处违法生产、销售产品（包括已售出和未售出的产品）货值金额等值以上3倍以下的罚款；有违法所得的，并处没收违法所得；情节严重的，吊销营业执照；构成犯罪的，依法追究刑事责任。

在产品中掺杂、掺假，以假充真，以次充好，或者以不合格产品冒充合格产品的，责令停止生产、销售，没收违法生产、销售的产品，并处违法生产、销售产品货值金额50%以上3倍以下的罚款；有违法所得的，并处没收违法所得；情节严重的，吊销营业执照；构成犯罪的，依法追究刑事责任。

生产国家明令淘汰的产品的，销售国家明令淘汰并停止销售的产品的，责令停止生产、销售，没收违法生产、销售的产品，并处违法生产、销售产品货值金额等值以下的罚款；有违法所得的，并处没收违法所得；情节严重的，吊销营业执照。

销售失效、变质的产品的，责令停止销售，没收违法销售的产品，并处违法销售产品货值金额2倍以下的罚款；有违法所得的，并处没收违法所得；情节严重的，吊销营业执照；构成犯罪的，依法追究刑事责任。

（二）对于商业标识不符合法定要求的罚则

伪造产品产地的，伪造或者冒用他人厂名、厂址的，伪造或者冒用认证标志等质量标志的，责令改正，没收违法生产、销售的产品，并处违法生产、销售产品货值金额等值以下的罚款；有违法所得的，并处没收违法所得；情节严重的，吊销营业执照。

产品标识不符合《产品质量法》第27条规定的，责令改正；有包装的产品标识不符合《产品质量法》第27条第4、5项规定，情节严重的，责令停止生产、销售，并处违法生产、销售产品货值金额30%以下的罚款；有违法所得的，并处没收违法所得。

（三）对于拒绝接受依法进行的产品质量监督检查的罚则

拒绝接受依法进行的产品质量监督检查的，给予警告，责令改正；拒不改正的，责令停业整顿；情节特别严重的，吊销营业执照。

（四）产品质量检验机构、认证机构等的违法罚则

产品质量检验机构、认证机构伪造检验结果或者出具虚假证明的，责令改正，对单位处5万元以上10万元以下的罚款，对直接负责的主管人员和其他直接责任人员处1万元以上5万元以下的罚款；有违法所得的，并处没收违法所得；情节严重的，取消其检验资格、认证资格；构成犯罪的，依法追究刑事责任。产品质量检验机构、认证机构出具的检验结果或者证明不实，造成损失的，应当承担相应的赔偿责任；造成重大损失的，撤销其检验资格、认证资格。产品质量认证机构违反《产品质量法》第21条第2款的规定，对不符合认证标准而使用认证标志的产品，未依法要求其改正或者取消其使用认证标志资格的，对因产品不符合认证标准给消费者造成的损失，与产品的生产者、销售者承担连带责任；情节严重的，撤销其认证资格。

社会团体、社会中介机构对产品质量作出承诺、保证，而该产品又不符合其承诺、保证的质量要求，给消费者造成损失的，与产品的生产者、销售者承担连带责任。

（五）对于产品质量广告违法的罚则

在广告中对产品质量作虚假宣传，欺骗和误导消费者的，依照《中华人民共和国广告法》的规定追究法律责任。

（六）对于为产品质量违法提供配套服务的罚则

知道或者应当知道属于《产品质量法》规定禁止生产、销售的产品而为其提供运输、保管、仓储等便利条件的，或者为以假充真的产品提供制假生产技术的，没收全部运输、保管、仓储或者提供制假生产技术的收入，并处违法收入50%以上3倍以下的罚款；构成犯罪的，依法追究刑事责任。

（七）对于服务业经营者违法使用禁售产品的罚则

服务业的经营者将《产品质量法》第49～52条规定禁止销售的产品用于经营性服务的，责令停止使用；对知道或者应当知道所使用的产品属于《产品质量法》规定禁止销售的产品的，按照违法使用的产品（包括已使用和尚未使用的产品）的货值金额，依照本法对销售者的处罚规定处罚。

（八）对于违法处理被查封、扣押物品的罚则

隐匿、转移、变卖、损毁被产品质量监督部门或者工商行政管理部门查封、扣押的物品的，处被隐匿、转移、变卖、损毁物品货值金额等值以上3倍以下的罚款；有违法所得的，并处没收违法所得。

（九）民事赔偿的优先原则

违反《产品质量法》规定，应当承担民事赔偿责任和缴纳罚款、罚金，其财产不足以同时支付时，先承担民事赔偿责任。

（十）国家机关工作人员产品质量违法行为的罚则

各级人民政府工作人员和其他国家机关工作人员有下列情形之一的，依法给予行政处分；构成犯罪的，依法追究刑事责任：①包庇、放纵产品生产、销售中违反《产品质量法》规定行为的；②向从事违反《产品质量法》规定的生产、销售活动的当事人通风报信，帮助其逃避查处的；③阻挠、干预产品质量监督部门或者工商行政管理部门依法对产品生产、销售中违反《产品质量法》规定的行为进行查处，造成严重后果的。

（十一）产品质量监督部门等的违法罚则

产品质量监督部门在产品质量监督抽查中超过规定的数量索取样品或者向被检查人收取检验费用的，由上级产品质量监督部门或者监察机关责令退还；情节严重的，对直接负责的主管人员和其他直接责任人员依法给予行政处分。产品质量监督部门或者其他国家机关违反《产品质量法》第25条的规定，向社会推荐生产者的产品或者以监制、监销等方式参与产品经营活动的，由其上级机关或者监察机关责令改正，消除影响，有违法收入的予以没收；情节严重的，对直接负责的主管人员和其他直接责任人员依法给予行政处分。产品质量检验机构有上列违法行为的，由产品质量监督部门责令改正，消除影响，有违法收入的予以没收，可以并处违法收入1倍以下的罚款；情节严重的，撤销其质量检验资格。产品质量监督部门或者工商行政管理部门的工作人员滥用职权、玩忽职守、徇私舞弊，构成犯罪的，依法追究刑事责任；尚不构成犯罪的，依法给予行政处分。

学术视野

《产品质量法》是促进经济发展和保障社会稳定的重要法律之一，完善的《产品质量法》在高效规范企业经营的同时，还能有效地保护消费者的利益，促进经济稳定发展，起到"自动稳定器"的作用。随着我国市场经济的成熟，《产品质量法》应该更多地强化其私法的特点，弱化其公法的特征，注意发挥社会中介机构的作用，减轻国家行政机关的负担，使国家行政资

源得到优化。我国产品质量的危害性已经从消费者的个人利益扩大到对社会经济运行秩序的破坏,有必要加强产品责任的法律规范,完善相关的举证制度。同时立法应该有利于准确理解产品的观念,对产品范围的规定也就成为产品质量法首先要明确的问题。另外,我国在认定产品缺陷时采用的是不合理危险标准和生产标准二者结合的立法模式,且以强制性标准为先。这种规定的缺点就在于其范围、标准会出现不周延、子项不穷尽的现象。因此,明确缺陷的认定标准,对责任认定和法律适用起到积极作用。在归责原则适用上,《产品质量法》对生产者追究责任适用严格责任,但是对销售者则适用过错责任。在生产和销售过程中,生产者的地位与销售者的地位委实不同,但是这种不同是否能产生追究责任体系上的差别,则值得探讨。在对受害者的救济方面,我国《产品质量法》对损害赔偿范围规定较窄,赔偿数额较低,对于缺陷产品致损的精神赔偿问题的规定仍有明显不足,没有规定有关缺陷产品的召回制度和售后警告制度等问题。这种状况不利于《产品质量法》立法宗旨及基本功能的实现。总之,产品质量法律制度对规范我国市场秩序起到了积极的作用,但存在的问题也有待于进一步完善。

理论思考与实务应用

一、理论思考

（一）名词解释

产品　缺陷产品　产品质量法　产品责任

（二）简答题

1. 产品质量认证制度的基本内容有哪些?
2. 生产者、销售者的产品质量责任和义务有哪些?
3. 违反产品质量法的损害赔偿制度有哪些主要内容?

（三）论述题

1. 如何理解民事赔偿的优先原则?
2. 工商部门对涉嫌违反《产品质量法》的行为进行查处时,有哪些职权?

二、实务应用

（一）案例分析示范

案例一

辽宁省瓦房店市技术监督局在2013年初接连接到菜农投诉:由于使用了有毒棚膜,造成1万平方米的大棚蔬菜绝收,经济损失达33万余元。这批有毒棚膜是瓦房店市某蔬菜供销服务站从吉林省敦化市某厂进的货,自2014年10月以来,瓦房店市有6个乡镇共有27户菜农购买并使用了这种有毒的棚膜,菜农朱某购买了这种棚膜,先后栽种了黄瓜、西红柿、芹菜、芸豆等,连栽连种7次竟全部死掉。经中国科学院大连化学物理研究所检验,此膜含有国家早已明令禁用于农膜生产的磷苯二甲酸二异丁酯。当地农民根据此检验结果去找瓦房店市某蔬菜供销服务站,要求其赔偿经济损失,但瓦房店市某蔬菜供销服务站认为责任在吉林省敦化市某厂,自己不愿意承担赔偿责任。

问:试分析涉及产品质量责任及其承担的法律问题。

【评析】本案涉及产品质量责任及其承担的法律问题。《产品质量法》第26条规定,产品质量应当"不存在危及人身、财产安全的不合理的危险,有保障人体健康和人身、财产安全的国家标准、行业标准的,应当符合该标准"。第33条规定销售者要"验明产品合格证明和其他标识",即销售者首要对产品的外在质量把关。为保证产品的质量,销售部门还应设立专门的检验机构和检验人员，对进货产品的内在质量把关。

本案中吉林敦化市某厂无视国家有关农膜生产所用原料的禁令，仍然生产有毒棚膜坑农误农，对由此产生的严重后果有不可推卸的责任。销售的产品质量不合格，可能有以下原因：①销售部门未严格执行进货验收手续；②产品质量本身有问题，这些问题是在制造中形成的，如本案中农膜所含磷苯二甲酸二异丁酯靠销售单位的检测手段较难查出，而生产企业本来知道有问题，却偏偏提供一些虚假的合格证明；③销售部门明知产品质量有问题，却要进货并帮助销售，以便得到好处。但无论何种原因，销售者都要承担给消费者造成的损害赔偿责任，而受侵害的消费者也有权要求销售者先行赔偿，如果属于产品生产者的责任，销售者在赔偿后，有权向产品的生产者追偿。这项制度即《产品质量法》第43条的先行赔偿制度和追偿制度。法律之所以这样规定，主要是为了更好地保护消费者的合法权益，使其因产品缺陷造成的损害能尽快得到赔偿。

在本案中瓦房店市某蔬菜供销服务站辩称自己没有责任、不愿承担法律责任是错误的，无论其是否有过错，都应该先行赔偿农民的损失，若确实是吉林省敦化市某厂的责任，可以向生产厂家追偿。

案例二

某机电设备供应公司与某电机厂签订了总经销该厂某牌号新型电机的合同。该电机厂是军工企业，生产技术力量雄厚，这种新电机是刚开发的产品，已通过了有关部门的鉴定。然而，当首批100台电机送到机电设备供应公司的仓库时，仓库的保管员却拒收。为此，电机厂派员与供应公司领导交涉。双方各执一词，争执不下。电机厂遂以机电设备供应公司违约起诉至法院。电机厂诉称，这种电机经过部级鉴定，并领取了生产许可证。电机厂已经按照双方的合同交了货，供应公司的拒收行为违反了合同，要求供应公司履行合同义务，收受货物并依约支付货款。供应公司辩称，争执的焦点不在电机的质量，而在于电机上的铭牌。该铭牌上打着"中国制造"字样，却未标明电机厂的厂名和厂址，不符合有关法律规定；在厂方整改以前，供应公司不能收货并支付货款。法院在审理过程中进行了调解，在调解中双方达成了一致，于是，电机厂撤诉。此后，电机厂立即制造了符合标准的铭牌安装在电机上。铭牌换好后，供应公司收货并支付了货款。

问：根据《产品质量法》分析本案中电机的标识是否合法。

【评析】本案涉及的法律问题是生产者的产品标识义务。《产品质量法》第27条规定："产品或者其包装上的标识必须真实，并符合下列要求：①有产品质量检验合格证明；②有中文标明的产品名称、生产厂厂名和厂址。"产品质量检验合格证明，通常采取合格证书、检验合格印章和检验工序编号印章、印鉴的方式。产品质量检验合格证明只能使用于经检验合格的产品上；未经检验的产品或者经检验不合格的产品，不得使用产品质量检验合格证明。产品名称一般能反映出产品的用途、特点和所含主要成分等。生产厂厂名和厂址，是指产品生产企业的实际名称及其主要住所的具体地址。在产品或其包装上标明产品的生产厂名、厂址，有利于消费者和用户对生产者的监督，也能促使生产者依法承担自己生产的产品的质量责任。

在本案中，生产者电机厂在其产品铭牌上只标明"中国制造"字样，而没有以中文标注该厂厂名和厂址，不符合《产品质量法》第27条关于生产者产品标识义务的规定。这表明电机厂没有全面履行合同义务，构成了违约。对方当事人即供应公司有权拒绝收货并不支付价款，而且可以追究电机厂的违约责任。

案例三

2013年秋某日,袁某和儿子到本区的百货商场电器柜台买收放机。袁某想买一个功能全质量好的收放机,但又不太懂这方面的知识,于是就请售货员帮助推荐一下。女售货员立即热情地拿出某牌收放机,说这种收放机功能全音质好,价钱还不算太高,买的人很多。袁某信以为真,没有认真检查便付款买了一台售货员推荐的某牌收放机。回到家中,袁某的儿子便根据说明书的介绍开始用该收放机学习英语。使用中发现,该收放机缺少自动倒带功能,而且有个按钮刚用上一天就已不太灵敏。看来,这台收放机的功能和质量同女售货员所介绍的不太一样。于是,袁某急匆匆赶到百货商场,找到那位女售货员要求退货。售货员往墙上一指说:"你看,我们商场墙上贴着告示,上面写着'商品售出,概不退换'。我没法给你退货!"一气之下,袁某便向法院提起诉讼,要讨个说法。

法院审理认为,百货商场所贴的店堂告示损害了消费者的利益,故百货商场作出的"商品售出,概不退换"的规定无效,责令撤销这一店堂告示;支持袁某的合理要求,判令商场予以退货。

问:商场关于店堂告示的规定是否有效力?

【评析】 本案是一起经营者以"店堂告示"的方式损害消费者利益、减轻自己应承担的民事责任的案例。

第一,法律不允许经营者在经营场所设立损害消费者权益的告示、声明、通知等。我们常在一些经营场所看到经营者悬挂、张贴的标语、标牌,告诉消费者在选购商品或者接受服务时应注意的事项或者其他商业用语。消费者在选购商品或接受服务时,一旦对这种商品或服务提出不同意见,经营者就以这些早已规定好的店堂告示、声明、通知等为理由推脱责任。在这种情况下,许多消费者心里很窝火却不知该怎么办,最后常常是忍气吞声,不了了之。《消费者权益保护法》第24条规定,经营者不得以格式合同、通知、声明、店堂告示等方式作出对消费者不公平、不合理的规定,或者减轻、免除其损害消费者合法权益应当承担的民事责任。格式合同、通知、声明、店堂告示等含有前款所列内容的,其内容无效。从这一法律规定可以看出,法律不允许经营者在经营场所设立损害消费者权益的告示、声明、通知,即使设立了,其内容也是无效的,并不能免除经营者应承担的责任和义务。

第二,购买商品中事实合同关系的形成。经营者提供商品或服务,消费者购买商品或接受服务,经营者和消费者之间就建立起一种合同关系。本案中的袁某在商场购买收放机,袁某与百货商场之间就形成一个收放机买卖合同关系。作为合同一方当事人的百货商场负有向买方袁某提供合乎合同约定的合格的收放机的义务;袁某作为买方负有支付价款的义务。袁某依约定履行了义务,却没有按合同的约定支付符合约定的合格的收放机。在这里,百货商场违反了合同的约定,应当承担违约责任。袁某有权解除合同,把收放机还给商场,商场把价款退还给袁某并赔偿袁某的损失。但是,百货商场却以其店堂告示上明确规定"商品售出,概不退换"为理由,拒绝退货,实际上是自行免除其违反合同的民事责任。这种自我免责是违反公平和诚实守信原则的,也是违反法律的强制性规定,因此是不能成立的。经营者设置这种店堂告示的目的,是将该告示内容自动作为将要订立的合同的当然条款,消费者要订立合同就必须接受该条款;如果不接受该条款,经营者就不与你订立合同。这对消费者是不公平、不合理的,损害了消费者合法权益,因而《消费者权益保护法》明文规定这类告示、声明、通知是无效的,不能免除经营者应承担的责任和义务。

生活中,经营者自行设立的这类格式合同、通知、声明、店堂告示还是很多的,但并不是全部无效。判断其是否有效,需要依据民法通则和相关的法律规定加以分析。一般说来,这类声明、通知、店堂告示的内容大体可以分为两类：一类是关于经营情况的一般性告示，如"本店盘点暂不营业"，这类告示一般不涉及消费者的权利和利益，也没有不公平、不合理之处，因而是有效的。另一类告示涉及交易的内容，如"商品售出，概不退换"等。这类告示涉及消费者与经营者之间的权利义务关系，如果该店堂告示的内容对消费者不公平、不合理，或者免除、减轻经营者损害消费者合法权益而应当承担的民事责任，这样的内容无效。

（二）案例分析实训

案例一

因甲公司生产的真空食品袋质量不合格，造成乙公司生产的200箱蛋糕变质，损失14 000元。该批食品由丙、丁两家商场出售，在出售的过程中丙商场利用消费者的消费心理，在提高产品价格1倍的基础上采取了有奖销售活动，很快食品全部卖完；丁商场也售出了一半，但是，购买者回到家后发现该食品已变质，遂要求赔偿。

问：（1）甲公司在本案中有无法律责任？为什么？
（2）乙公司在本案中有无法律责任？何种责任？
（3）丙公司和丁公司在本案中承担什么样的法律责任？为什么？

案例二

2014年某日，段某点燃了刚从单位拿回的卡式炉，正打算给来宾露一手。谁知，"轰"的一声，卡式炉爆炸。段某的手被炸伤，事后，段某找到有关部门，有关部门对此进行调查。原来该型卡式炉是某市一家电器公司的新产品，出事前几天送到段某单位（电子产品检验所）请求测试，段某认为该电器公司产品质量一直不错，于是就顺手买回了一台，准备拿来用用，谁想竟生故障。

问：若段某起诉卡式炉制造公司（即某市电器公司），能否胜诉？为什么？

案例三

李某在2012年2月份时从本市某商场购买了"南极"牌电冰箱一台，使用了3个月后，冰箱起火，李某损失7000多元。事发后，李某找到商场，商场同意赔偿了3000元，李某认为商场至少应赔5000元。双方遂起纠纷，李某诉到法院。法院审理后认为：认定产品质量问题，应由技术监督部门出具鉴定书。但技术监督部门提出，该冰箱已烧毁，又无库存，无法鉴定。法院开庭，认为不能排除消费者使用不当造成冰箱起火的可能性，虽然冰箱没有合格证，但产品质量问题证据不足，驳回起诉。

问：（1）冰箱产品质量是否合格？为什么？
（2）法院判案是否正确？为什么？
（3）本案应如何处理？

主要参考文献

1. 姚辉主编：《中国侵权行为法理论与实务》，人民法院出版社2009年版。
2. 王爱琳：《我国侵权行为法归责原则研究》，吉林大学出版社2007年版。
3. 王利明：《侵权行为法归责原则研究》，中国政法大学出版社2004年版。
4. 陈璐：《产品责任》，中国法制出版社2010年版。

第八章
农产品质量安全法律制度

【本章概要】农产品是指来源于农业的初级产品,即在农业活动过程中获得的植物、动物、微生物及其产品。农产品质量安全是指农产品质量符合保障人的健康、安全的要求。改革开放以来,社会经济的迅速发展极大地改善了人民的物质生活水平,但也在一定程度上破坏了农业生产环境和农业生态环境,农产品因产地环境污染、剧毒农药、饲料添加剂、消毒剂等不当使用,造成了极其严重的农产品质量安全问题。为保障农产品质量安全,维护公众健康,促进农业和农村经济发展,国家制定并实施《农产品质量安全法》,其立法目的在于保障农产品质量安全,严厉惩治生产和销售假冒伪劣农产品的违法行为,保护人民群众"舌尖上的安全"和身心健康,保障农业和农村经济健康发展。我国《农产品质量安全法》遵循全程监管与突出源头治理相结合、从严要求与区别对待相结合、统一管理与分工负责相结合的基本原则,贯彻国家引导、推广农产品标准化生产的方针,依法鼓励和支持生产优质农产品、禁止生产、销售不符合国家规定的农产品质量安全标准的农产品的政策,系统地规范了农产品质量安全标准,建立了包括产地、生产、包装及标识在内的农产品质量安全法律制度和监管体制,确立各种违反农产品质量安全行为的相应的法律责任。因此,《农产品质量安全法》的颁布、实施不仅填补了《食品安全法》与《产品质量法》留下的关于农产品质量安全的空白,而且对促进我国农业和农村经济发展,具有重大而深远的意义。

【学习目标】本章学习应全面了解我国《农产品质量安全法》制定的基本原则和基本内容,明确《农产品质量安全法》对于提高公众健康、保障农产品安全、促进农业经济发展所具有的重大意义。本章学习应重点掌握农产品的概念、范围、产地以及农产品的生产、包装和标识等基本知识,掌握农产品质量安全标准、监督检查以及确保农产品质量安全基本制度。

第一节 农产品质量安全法概述

一、农产品及农产品质量安全的概念

(一)农产品的概念

《农产品质量安全法》第2条第1款规定:"本法所称农产品,是指来源于农业的初级产品,即在农业活动中获得的植物、动物、微生物及其产品。"我国作为世界上的农业大国,农产品的品种繁多。人们每天消费的食物绝大部分来源于农业的初级产品。这里的初级产品是指农业活动中直接获得的以及经过分拣、去皮、剥壳、粉碎、清洗、切割、冷冻、打蜡、分级包装等加工,但未改变其基本的自然性状和化学性质的产品。如蔬菜、水果、水产品、大米等或者以农产品为原料加工、制作的食品。

(二)农产品质量安全的概念

《农产品质量安全法》第2条第2款规定:"本法所称农产品质量安全,是指农产品质量符合保障人的健康、安全的要求。"农产品的质量安全直接涉及广大人民群众的身体健康乃至生命安全,农产品质量既包括涉及人体健康安全的质量要求,也包括涉及农产品营养成分、口

感、色香味等非安全性的一般质量指标。农产品质量必须能够满足人的健康与安全的基本需求。因此，农产品质量安全指需要由法律规范、实行强制监管、保障的，主要应当是农产品质量的安全要求。凡是能够满足强制性质量安全标准的农产品，即为无公害农产品。

二、我国农产品质量安全立法

（一）《农产品质量安全法》的立法目的

《农产品质量安全法》第1条规定："为保障农产品质量安全，维护公众健康，促进农业和农村经济发展，制定本法。"因此，《农产品质量安全法》的立法目的包括两个层次，即人的健康、安全和促进农业和农村经济发展。

（二）我国农产品质量安全立法

农业乃立国之本、生存之本。作为一个农业大国，依法治理农产品质量安全问题是党和政府的重要职责和使命，全国人大常委会于1993年颁行《产品质量法》（2000年7月修改），1995年颁行《食品卫生法》，但《产品质量法》只适用于"经过加工、制作的产品"，不适用于未经加工、制作的农业初级产品；而《食品卫生法》（该法由2009年6月1日施行的《食品安全法》明令废止）也不能调整农业生产活动，且食品卫生与农产品质量安全并不能完全等同。我国农产品质量安全处于无法可依的状态，农产品生产存在着大量的质量安全问题，如掺假使杂、药物残留和重金属等有害物质含量以及微生物污染和生物毒素含量超标，严重威胁人民群众的健康、安全和农村经济发展。为了从源头上实现保障农产品的质量安全，保护公众的生命和健康，促进农业和农村经济的发展，有必要制定专门的农产品质量安全法。2002年农业部就向国务院提交了关于农产品质量安全的立法建议。2003年6月起，组织专家开展了《农产品质量安全法》的立法调研和起草工作。在广泛调研和认真研究国内外相关法律的基础上，起草了《农产品质量安全法（草案）》，最终形成了《农产品质量安全法（送审稿）》。2004年1月30日，农业部将《农产品质量安全法（送审稿）》报送国务院法制办。在认真征求各部委和各省人民政府意见后，曾经三易其稿。经过前后约5年时间的反复酝酿，2006年4月29日，十届全国人大常委会第二十一次会议审议通过了《农产品质量安全法》，这部法律自2006年11月1日起正式施行。

《农产品质量安全法》由8章56条构成，分别包括总则、农产品质量安全标准、农产品产地、农产品生产、农产品包装和标识、监督检查、法律责任和附则。《农产品质量安全法》的正式颁布，填补了我国在农产品质量安全立法上的空白，使我国农产品质量安全从此有了强有力的法律保障。该法将对农产品实现"从农田到餐桌"的全程监管方式，在我国农产品质量安全立法史上意义重大，影响深远。

三、农产品质量安全的基本制度

《农产品质量安全法》从我国农业生产的实际出发，遵循农产品质量安全管理的客观规律，针对保障农产品质量安全的主要环节和关键点，重点确立了七项基本制度。这七项基本制度的内容分别是：①政府统一领导、农业主管部门依法监管、其他有关部门分工负责的农产品质量安全管理体制。②农产品质量安全标准的强制实施制度。政府有关部门应当按照保障农产品质量安全的要求，依法制定和发布农产品质量安全标准并监督实施；不符合农产品质量安全标准的农产品，禁止销售。③防止因农产品产地污染而危及农产品质量安全的"农产品产地管理"制度。④农产品的包装和标识管理制度。⑤农产品质量安全监督检查制度。⑥农产品质量安全的风险分析、评估制度和农产品质量安全的信息发布制度。⑦对农产品质量安全违法行为的责任追究制度。

保障农产品质量安全七项基本制度具有很强的针对性和可操作性，建立了农产品从农田到市场全程监管体系，是完善农产品质量安全监管长效机制的制度保障。

第二节 农产品质量安全标准

一、建立和健全农产品质量安全标准体系

《农产品质量安全法》第 11 条规定："国家建立健全农产品质量安全标准体系。农产品质量安全标准是强制性的技术规范。农产品质量安全标准的制定和发布，依照有关法律、行政法规的规定执行。"法律同时还规定，制定农产品质量安全标准应当充分考虑农产品质量安全风险评估结果，并听取农产品生产者、销售者和消费者的意见，保障消费安全。农产品质量安全标准应当根据科学技术发展水平以及农产品质量安全的需要，及时进行修订。

农产品质量安全是当今世界各国普遍关注的热点问题。我国十分重视农产品质量安全工作，并大力开展农产品安全技术标准体系建设。农产品质量安全标准已从新中国成立初期的农作物种子、种畜禽标准发展到涉及农产品品种标准、产地环境标准、生产加工技术规范、产品等分级、安全卫生、包装贮运等农产品生产的全过程。目前我国已制定颁布农产品质量安全国家标准 1281 项，行业标准 3272 项，地方标准 7000 余项，另有加工食品国家标准和行业标准 671 项，初步建立了农产品及食品质量安全标准体系框架。《农产品质量安全法》的颁布及施行必将为建立和健全农产品质量安全标准体系提供强有力的法律支撑。

二、农产品质量安全标准的实施

《农产品质量安全法》第 14 条规定："农产品质量安全标准由农业行政主管部门商有关部门组织实施。"

农产品质量安全标准的制定，推进了我国"无公害食品行动计划"的实施，全面提高农产品质量安全水平，不断适应新时期农业和农村经济结构战略性调整。目前，世界上许多国家和地区对农产品的质量安全都制定了一整套严格而规范的标准。《农产品质量安全法》的颁布与施行也顺应了我国农产品在出口贸易中突破技术性贸易壁垒的需要，从而提升我国农产品在国际、国内市场上的竞争力。

第三节 农产品产地和农产品生产

一、对农产品产地管理方面的基本规定

农产品产地环境对农产品质量安全具有直接、重大的影响。近年来，因为农产品产地的土壤、大气、水体被污染而严重影响农产品质量安全的问题时有发生。抓好农产品产地管理，是保障农产品质量安全的前提，而农产品的生产过程则是影响农产品质量安全的关键环节。

（一）对政府部门在农产品产地管理中的规定

《农产品质量安全法》第 15 条第 1 款明确规定："县级以上地方人民政府农业行政主管部门按照保障农产品质量安全的要求，根据农产品品种特性和生产区域大气、土壤、水体中有毒有害物质状况等因素，认为不适宜特定农产品生产的，提出禁止生产的区域，报本级人民政府批准后公布。具体办法由国务院农业行政主管部门商国务院环境保护行政主管部门制定。"在对农产品禁止生产区域的调整方面，《农产品质量安全法》第 15 条第 2 款中也同时进行了规定："……依照前款规定的程序办理。"

《农产品质量安全法》对县级以上人民政府在农产品产地管理中的法定行政职责进行了具体规定:"县级以上人民政府应当采取措施,加强农产品基地建设,改善农产品的生产条件。县级以上人民政府农业行政主管部门应当采取措施,推进保障农产品质量安全的标准化生产综合示范区、示范农场、养殖小区和无规定动植物疫病区的建设。"

(二) 从生产源头上确保农产品的质量安全

《农产品质量安全法》严格禁止任何人、任何单位"在有毒有害物质超过规定标准的区域生产、捕捞、采集食用农产品和建立农产品生产基地"。这对从生产源头上确保农产品的质量安全起到了至关重要的作用,可以有效地保障农产品的质量安全,提升农产品质量,增强农产品的国际、国内市场竞争力。

(三) 防止农产品产地受到环境污染

针对我国农产品产地环境被污染的事件时有发生的状况,《农产品质量安全法》第18条规定:"禁止违反法律、法规的规定向农产品产地排放或者倾倒废水、废气、固体废物或者其他有毒有害物质。农业生产用水和用作肥料的固体废物,应当符合国家规定的标准。"并且,《农产品质量安全法》第19条还规定:"农产品生产者应当合理使用化肥、农药、兽药、农用薄膜等化工产品,防止对农产品产地造成污染。"这一规定,为有效地防止农产品产地受到环境污染提供了法律依据。

二、对农产品生产管理方面的基本规定

农产品质量控制是一个从生产到消费的有机、连续的过程,不能人为地割裂。《农产品质量安全法》根据农产品生产的基本规律,对农产品生产管理方面作出了具体规定:

(一) 明确政府部门的职责

《农产品质量安全法》第20条规定,国务院农业行政主管部门和省、自治区、直辖市人民政府农业行政主管部门应当制定保障农产品质量安全的生产技术要求和操作规程。县级以上人民政府农业行政主管部门应当加强对农产品生产的指导。同时,依法确立农业投入品的安全使用制度,《农产品质量安全法》明确规定县级以上人民政府农业行政主管部门应当加强对农业投入品使用的管理和指导,建立健全农业投入品的安全使用制度;农业科研教育机构和农业技术推广机构应当加强对农产品生产者质量安全知识和技能的培训。

(二) 实行许可制度的特别规定

《农产品质量安全法》第21条第1款规定,对可能影响农产品质量安全的农药、兽药、饲料和饲料添加剂、肥料、兽医器械,依照有关法律、行政法规的规定实行许可制度。法律还要求国务院农业行政主管部门和省、自治区、直辖市人民政府农业行政主管部门应当定期对可能危及农产品质量安全的农药、兽药、饲料和饲料添加剂、肥料等农业投入品进行监督抽查,并公布抽查结果。

(三) 建立农产品生产记录

《农产品质量安全法》第24条规定,农产品生产企业和农民专业合作经济组织应当建立农产品生产记录,如实记载下列事项:①使用农业投入品的名称、来源、用法、用量和使用、停用的日期;②动物疫病、植物病虫草害的发生和防治情况;③收获、屠宰或者捕捞的日期。对农产品生产记录,法律要求其保存时间为2年,并禁止伪造农产品生产记录。同时,国家鼓励其他农产品生产者建立农产品生产记录,以加强农产品生产的规范化管理。

(四) 合理使用农业投入品

所谓农业投入品,一般是指投入到农业生产过程中的各类物质生产资料,如农药、化肥、兽药、饲料或饲料添加剂、种子等重要农业生产资料。农业投入品是农业生产的物质基础,任何农业生产都离不开农业投入品。农产品生产者应当按照法律、行政法规和国务院农业行政主管部门的规定，合理使用农业投入品，严格执行农业投入品使用安全间隔期或者休药期的规定，防止危及农产品质量安全。禁止在农产品生产过程中使用国家明令禁止使用的农业投入品。

（五）严格农产品的检验制度

《农产品质量安全法》第 26 条专门规定，农产品生产企业和农民专业合作经济组织，应当自行或者委托检测机构对农产品质量安全状况进行检测；经检测不符合农产品质量安全标准的农产品，不得销售。

（六）加强自律管理

《农产品质量安全法》对农产品生产管理还作出规定：农民专业合作经济组织和农产品行业协会对其成员应当及时提供生产技术服务，建立农产品质量安全管理制度，健全农产品质量安全控制体系，加强自律管理。

第四节　农产品包装和标识

为了方便广大消费者识别农产品的质量安全状况，《农产品质量安全法》建立了农产品质量安全追溯制度，对农产品包装和标识作出了具体规定。

一、要按照规定包装或者附加标识

《农产品质量安全法》第 28 条规定，农产品生产企业、农民专业合作经济组织以及从事农产品收购的单位或者个人销售的农产品，按照规定应当包装或者附加标识的，须经包装或者附加标识后方可销售。包装物或者标识上应当按照规定标明产品的品名、产地、生产者、生产日期、保质期、产品质量等级等内容；使用添加剂的，还应当按照规定标明添加剂的名称。农产品包装和标识规定的具体办法由国务院农业行政主管部门制定。

二、要符合国家有关强制性的技术规范

《农产品质量安全法》规定，农产品在包装、保鲜、贮存、运输中所使用的保鲜剂、防腐剂、添加剂等材料，应当符合国家有关强制性的技术规范，以维护公众的健康和安全。

三、要对转基因农产品按规定进行标识

随着现代生物科学技术的发展和应用，转基因农产品越来越多地引起人们的广泛关注。为此，《农产品质量安全法》第 30 条专门规定："属于农业转基因生物的农产品，应当按照农业转基因生物安全管理的有关规定进行标识。"显然，法律这一规定有效地保障和维护了广大消费者的"知悉真情权"。

四、其他方面的规定

为了保障公众的健康及安全，《农产品质量安全法》第 31 条对依法需要实施检疫的动植物及其产品，要求其"应当附具检疫合格标志、检疫合格证明"；该法第 32 条还规定销售的农产品必须符合农产品质量安全标准，生产者可以申请使用无公害农产品标志。农产品质量符合国家规定的有关优质农产品标准的，生产者可以申请使用相应的农产品质量标志。同时禁止冒用法律所规定的农产品质量标志。

第五节　监督检查和法律责任

一、监督检查

依法实施对农产品质量安全状况进行监督检查，是农产品质量安全监管部门必须履行的法定职责。建立农产品质量安全监督检查制度，可以全面、及时、准确地掌握和了解农产品质量安全状况。

（一）不得上市销售的农产品

《农产品质量安全法》第33条规定，有下列情形之一的农产品，不得销售：①含有国家禁止使用的农药、兽药或者其他化学物质的；②农药、兽药等化学物质残留或者含有的重金属等有毒有害物质不符合农产品质量安全标准的；③含有的致病性寄生虫、微生物或者生物毒素不符合农产品质量安全标准的；④使用的保鲜剂、防腐剂、添加剂等材料不符合国家有关强制性的技术规范的；⑤其他不符合农产品质量安全标准的。严格禁止不符合标准的农产品上市销售。

（二）建立农产品质量安全监测制度

农产品质量安全监测制度的具体内容主要包括：监测计划的制定依据、监测的区域、监测的品种和数量、监测的时间、产品抽样的地点和方法、监测的项目和执行标准、判定的依据和原则、承担的单位和组织方式、呈送监测结果和分析报告的格式、结果公告的时间和方式等。

《农产品质量安全法》明确了国家建立农产品质量安全监测制度。县级以上人民政府农业行政主管部门应当按照保障农产品质量安全的要求，制定并组织实施农产品质量安全监测计划，对生产中或者市场上销售的农产品进行监督抽查。监督抽查结果由国务院农业行政主管部门或者省、自治区、直辖市人民政府农业行政主管部门按照权限予以公布。

法律规定：监督抽查检测应当委托符合"具备相应的检测条件和能力"的"从事农产品质量安全检测的机构"进行，并且该机构"由省级以上人民政府农业行政主管部门或者其授权的部门考核合格"。抽查检测时，不得向被抽查人收取费用，抽取的样品不得超过国务院农业行政主管部门规定的数量。上级农业行政主管部门监督抽查的农产品，下级农业行政主管部门不得另行重复抽查。法律还规定：农产品质量安全检测机构应当依法实施计量认证合格。

农产品生产者、销售者对监督抽查检测结果有异议的，可以自收到检测结果之日起5日内，向组织实施农产品质量安全监督抽查的农业行政主管部门或者其上级农业行政主管部门申请复检。

采用国务院农业行政主管部门会同有关部门认定的快速检测方法进行农产品质量安全监督抽查检测，被抽查人对检测结果有异议的，可以自收到检测结果时起4小时内申请复检。复检不得采用快速检测方法。

因检测结果错误给当事人造成损害的，依法承担赔偿责任。

（三）建立抽查检测和进货检查验收制度

农产品批发市场应当设立或者委托农产品质量安全检测机构，对进场销售的农产品质量安全状况进行抽查检测；发现不符合农产品质量安全标准的，应当要求销售者立即停止销售，并向农业行政主管部门报告。农产品销售企业对其销售的农产品，应当建立健全进货检查验收制度；经查验不符合农产品质量安全标准的，不得销售。

（四）社会监督和现场检查

国家鼓励单位和个人对农产品质量安全进行社会监督。任何单位和个人都有权对违反本法的行为进行检举、揭发和控告。有关部门收到相关的检举、揭发和控告后，应当及时处理。

县级以上人民政府农业行政主管部门在农产品质量安全监督检查中，可以对生产、销售的农产品进行现场检查，调查了解农产品质量安全的有关情况，查阅、复制与农产品质量安全有关的记录和其他资料；对经检测不符合农产品质量安全标准的农产品，有权查封、扣押。

（五）发生农产品质量安全事故时的规定

当发生农产品质量安全事故时，有关单位和个人应当采取控制措施，及时向所在地乡级人民政府和县级人民政府农业行政主管部门报告；收到报告的机关应当及时处理并报上一级人民政府和有关部门。发生重大农产品质量安全事故时，农业行政主管部门应当及时通报同级食品药品监督管理部门。

对于进口的农产品，法律规定必须按照国家规定的农产品质量安全标准进行检验。尚未制定有关农产品质量安全标准的，应当依法及时制定，未制定之前，可以参照国家有关部门指定的国外有关标准进行检验。

二、法律责任

《农产品质量安全法》分别从行政责任、民事责任、刑事责任三个方面规定了相应的法律责任。

（一）行政责任

农产品质量安全监督管理人员不依法履行监督职责，或者滥用职权的，依法给予行政处分。农产品质量安全检测机构伪造检测结果的，责令改正，没收违法所得，并处5万元以上10万元以下罚款，对直接负责的主管人员和其他直接责任人员处1万元以上5万元以下罚款；情节严重的，撤销其检测资格。

农产品质量安全检测机构出具的检测结果不实，造成重大损害的，撤销其检测资格。

使用农业投入品违反法律、行政法规和国务院农业行政主管部门的规定的，依照有关法律、行政法规的规定处罚。

农产品生产企业、农民专业合作经济组织未建立或者未按照规定保存农产品生产记录的，或者伪造农产品生产记录的，责令限期改正；逾期不改正的，可以处2000元以下罚款。

对销售的农产品未按照规定进行包装、标识的，责令限期改正；逾期不改正的，可以处2000元以下罚款。

使用的保鲜剂、防腐剂、添加剂等材料不符合国家有关强制性的技术规范的，责令停止销售，对被污染的农产品进行无害化处理，对不能进行无害化处理的予以监督销毁；没收违法所得，并处2000元以上2万元以下罚款。

《农产品质量安全法》第50条规定："农产品生产企业、农民专业合作经济组织销售的农产品有本法第33条第1~3项或者第5项所列情形之一的，责令停止销售，追回已经销售的农产品，对违法销售的农产品进行无害化处理或者以监督销毁；没收违法所得，并处2000元以上2万元以下罚款。农产品销售企业销售的农产品有前款所列情形的，依照前款规定处理、处罚。农产品批发市场中销售的农产品有第1款所列情形的，对违法销售的农产品依照第1款规定处理，对农产品销售者依照第1款规定处罚。农产品批发市场违反本法第37条第1款规定的，责令改正，处2000元以上2万元以下罚款。"

此外，对冒用农产品质量标志的，法律也作出了"责令改正，没收违法所得，并处2000元以上2万元以下罚款"的规定。

为规范行政部门依法行政，法律还根据不同情况，对有关行政部门的处理、处罚权限进行了明确规定，具体涉及县级以上人民政府农业行政主管部门及工商行政管理部门。

（二）民事责任

对于违反《农产品质量安全法》第44条的规定，农产品质量安全检测机构伪造检测结果，造成损害的，依法承担赔偿责任。当农产品质量安全检测机构出具的检测结果不实，造成损害的，也必须依法承担赔偿责任。

《农产品质量安全法》第45条规定："违反法律、法规规定，向农产品产地排放或者倾倒废水、废气、固体废物或者其他有毒有害物质的，依照有关环境保护法律、法规的规定处罚；造成损害的，依法承担赔偿责任。"

生产、销售《农产品质量安全法》明令禁止销售的农产品，给消费者造成损害的，依法承担赔偿责任。消费者可以向农产品批发市场要求赔偿；属于生产者、销售者责任的，农产品批发市场有权追偿。消费者也可以直接向农产品生产者、销售者要求赔偿。

（三）刑事责任

违反《农产品质量安全法》的规定，构成犯罪的，依法追究刑事责任。

学术视野

《农产品质量安全法》的实施催生了农产品质量安全管理的法制化管理，以农业国家标准为龙头、农业行业标准为主体、地方农业标准为基础、企业标准为补充的全国农产品质量标准体系已基本建立。然而，由于农产品产地环境污染、投入品的不科学使用、运输和经营过程的污染等，特别是一些不法生产者违规使用残留农药、兽药、饲料添加剂等投入品的违法行为，使得一些农产品中重金属、农药等有毒、有害物质残留超标，引起的人畜中毒事件仍时有发生，严重危害了人民群众的身体健康和生命安全。从目前情况看，对《农产品质量安全法》的讨论主要涉及三个方面的问题：

1. 农产品质量安全监管体制。《农产品质量安全法》确立统一管理与分工负责相结合的监管体制，县级以上地方人民政府统一领导、协助本行政区域内的农产品质量安全工作，并采取措施，建立健全农产品质量安全服务体系，提高农产品安全水平。但这种监管体制受到地方利益和管理者的认识水平的严重挑战。以武汉曝光海南毒豇豆事件为例，负有监管之职的海南农业主管人员并没有从农产品质量安全的高度认识事件的性质，相反却指责武汉质量检测部门破坏潜规则，即对农产品的检查，如有问题，内部先打招呼，由产地政府派出技术部门下基层调查、指导、严控源头。这种所谓的内部控制制度，在本质上就是要掩盖事实真相，置人民群众健康安全于不顾，以所谓的地方利益凌驾于人民的生命健康安全之上。农产品质量安全监管部门依法对农产品生产进行监管，对产品质量提供检测和信用担保，如果农产品质量监管部门及具体的执法人员屈从于潜规则，按照地方利益需要实施农产品质量安全监督，让全国人民吃上放心食品无疑是一句空话。

2. 有毒、有害物质管理。《农产品质量安全法》所遵循的一条重要原则是全程监控与突出源头治理相结合。在遵循全程监控的基础上，重点对农产品生产源头、产地环境、农业投入品和生产过程加强管理，建立市场准入制度。由于农产品生产、加工和销售涉及不同的行为主体，必须根据实际情况采取从严要求与区别对待相结合，对农民重在引导、教育和技术指导，对农民专业合作社、生产企业、批发市场等组织化程度较高的主体重在健全制度、规范行为。但从实践看，在农产品生产过程中，农业投入品如农药、饲料、添加剂等却缺乏具体的使用标准,究竟如何使用农药、饲料、添加剂等投入品,或因利益驱使或因缺乏必要的农产品质量安全意识或没有具体的使用、添加标准,导致农产品毒影笼罩。国内毒蔬菜事件频发,主要在于农药滥用。虽然国家对农药等有毒、有害物质制定了相应的管理措施和管理办法,但这些管制物质的生产、使用过程的管理非常薄弱,有些剧毒农药如甲胺磷按照规定只能使用于水稻,但它对蔬菜的虫害效果好、价格便宜、工艺简单,每个农药厂都能生产,从而导致使用管理的失控。对农药必须实行登记管理、必须严格监控使用过程,只有严格的有毒、有害物质管理,才能真正实现农产品质量安全。

3. 农产品检测监管。虽然我国近年来正在努力建立农产品检测体系,但远远不能适应农产品检测监管的需要。一方面,检测技术人员达不到农产品检测所要求的水平,另一方面检测成本高。对农产品检测采用收费检测制度的结果导致即使能够买得起检测设备,也没有经费进行检测。因此,我国有毒、有害的农产品事件频发,与农产品检测监管环节存在的问题有着直接的联系。同时,必须加强农产品质量预防体系建设,真正实现从源头上保证农产品的质量安全。

理论思考与实务应用

一、理论思考

(一)名词解释

农产品　产地　农产品质量安全

(二)简答题

1. 制定农产品质量安全标准时应当充分考虑哪些因素?为什么?
2. 农业转基因生物的农产品应当如何进行标识?
3. 法律规定不得销售的农产品有哪些?
4. 违反农产品质量安全法应承担什么法律责任?

(三)论述题

从"苏丹红"到毒豇豆,从毒牛奶到毒大米,农产品质量事故频发、影响巨大。从农产品质量安全角度,你认为应如何完善农产品质量安全措施?

二、实务应用

(一)案例分析示范

案例一[1]

2008年10月23日《新闻联播》播出四川广元地区柑橘遭遇病虫害大实蝇的消息,让广元以北300公里的邻省陕西的橘农有了信心。很明显,没有了这个说近不近、说远不远的邻近产区的竞争,"咱没虫的橘子没准能卖个好价"。但是事与愿违,现实却向一个完全相反的方向发展。在晚间黄金时间里,《新闻联播》证实了已在网络间流传许久的橘子生蛆传闻,但同时也令橘子进入了食品安全黑名单之列,而这是最近一段时间国内继牛奶、鸡蛋之后又一条引人关注的食品安全新闻。10月27日下午,"良种柑橘之乡"——陕西省城固县政府传达紧急通知,令该县所有县级负责人以及涉及农业、果业部门的有关负责人参加全县柑橘促销会,在全县橘子销售几近停滞的情况下,今年柑橘销售仅1.7万吨,只占总产的10.6%。城固人终于回过味来了,"电视里只说了四川橘子生了蛆,但没说哪的橘子没生蛆,竟把我们牵累

---

[1] 根据《南方周末》提供的资料整理,载 http://www.infzm.com/content/19610。

了……"同样受累的还有湖北、浙江、福建的橘农。

问：如何评价"四川长虫，全国吃药"现象？

【评析】橘子发生病虫害是一种常见的自然现象，四川橘子生蛆也只是大实蝇危害的结果。然而，一则关于橘子病虫害的新闻却对全国橘农带来灾难性的影响。一方面，连续的农产品质量安全事故使人们产生高度的戒备，对橘子的恐惧实际折射出的是人们对市场食品安全信心的丧失；另一方面，对农产品实行产地管理、加强农产品标记、标识管理，进一步落实农产品产地管理制度，有助于降低农产品因市场安全所带来的风险。

案例二[1]

随着武汉市农业局率先公开例行的一次抽检结果——来自海南三亚的豇豆样品水胺硫磷农药超标，海南农产品农药超标随后被全国众多地方的农检部门所证实。然而，最雷人的不是"毒豇豆"本身，对于武汉公开曝光的行为，有三亚市农业部门工作人员却表示"特别的不理解"，认为这样做"于国于民都无益"，不仅没有给三亚面子，也没有给农业部面子。话语中充斥着一股吊诡的味道。然而，并不仅仅是武汉一个地方，北京、上海、重庆、广州……全国十多个地方对海南部分农产品的抽检都发现了农药超标，更有记者在海南发现国家已明令禁止的高毒农药依然被用于农业生产。铁证如山，为什么海南农业部门还会有人觉得委屈呢？原来，武汉农业部门打破了一条潜规则：对农产品的检查，一旦查出有问题，内部打招呼，然后有问题的地方不声不响地派出技术部门下基层调查、指导，严控源头。这么多年形成的规则，不能随随便便就打破。武汉方面的"曝光行动坏了规矩，伤害了兄弟单位的感情"。

农业部门最大的规矩是让全国人民吃上安全、放心的食品，而不是某个地方、某个部门的所谓面子。农业部门是接受民众委托对农产品生产进行管理，对产品质量提供检测和信用担保的部门，如果农业部门可以用捂住真相来搪塞民众，那就是渎职，是犯罪；让不合格的农产品上市，就是不给全国人民面子，不给自己面子。

问：如何评价农产品管理的"潜规则"？

【评析】保障农产品质量安全是各级地方政府及其主管机关——农业部门的基本职责，农业部门执法必须依据《农业产品质量安全法》，以维护人民群众的健康、安全为己任。任何形式的内部监控制度都必须符合《农产品质量安全法》的规定。因此，以地方利益、以部门面子为由，以所谓的"潜规则"为基础，指责公开不合格的、有毒的农产品的执法行为是错误的。

案例三[2]

十年回溯，中国的食品安全似乎正陷入"治乱循环"的怪圈。1999年5月23日，中山市沙朗镇28位民工因食用高毒通心菜险些丧命。"封存、彻查"，成为官员面对此类事件的第一反应。2000年"肥仔米"——包含一类致癌物黄曲霉毒素的过期大米——事件，却让全国各工商所追查其去向。2001年毒菜事件后，长沙在重点农贸市场、大型超级市场设立无公害蔬菜销售专柜和专卖店。2003年南京秦淮区副区长一家中毒，秦淮区给每个农贸市场配备了一台检测机，组织专人夜查猪肉，早查蔬菜和豆制品，以杜绝有毒蔬菜混进市场。2004年8月9日，卫生部紧急参照欧盟制定标准，批准黄花菜中使用焦亚硫酸钠和硫磺等两种食品添加剂，

---

[1] 根据《南方周末》提供的资料整理，载http://www.infzm.com/content/42125.
[2] 根据《南方周末》提供的资料整理，载http://www.infzm.com/content/44849.

结束了黄花菜无标准生产的历史。其后的毒韭菜、毒豆角、毒面粉、毒牛奶……以今年以来最为严重的蔬菜农药超标为例,其原因主要在于农药滥用。但相较美国农药残超标比例常在2%~4%之间的水平,中国的蔬菜农残超标显然并不正常。"按规定,农药必须实行登记制度。登记在哪个作物上,才能在哪个作物上用。"但现在的问题是,菜农经常有意或无意地张冠李戴。"登记在限定作物上,往往用在别的作物上。一些用于谷类的高毒农药由于杀虫能力更强,往往就被滥用于蔬菜上。"

如甲胺磷实际仅登记于水稻使用上,但农民拿到手很方便,就用到蔬菜上,就容易酿致"毒蔬菜"悲剧。"它对蔬菜的虫害效果很好,价格便宜、工艺简单,每个县的农药厂都能生产,导致使用的管理上失控。"再如韭菜本应使用乐斯本这种低毒、低残留杀虫剂,但无良的种植者却经常使用3911这种被禁止用于蔬果作物的低成本高毒杀虫剂。

"剧毒农药,要跟枪支弹药一样管起来。农药生产厂家,要像管理人民币印刷厂一样管理。枪支弹药能管好,食品安全怎么会管不好?"

人们似乎永远在恐惧中迈向明天,于是,2010年春节之后,从长沙到上海,从广州到哈尔滨,原本流行于网络的游戏"开心农场",已经以新兴产业的形式兴起于现实中国:从农场"认领"土地,自己播种瓜果蔬菜的种子,不施肥、纯绿色。

"比起市场上买的,我们吃的都是在农场里亲手种的,更加绿色安全,吃起来比较放心。"

问:从"开心农场"的兴起,谈谈你对农产品质量安全的认识。

【评析】"开心农场"的兴起反映了人们农产品质量安全的重视,体现了人们对绿色食品的追求,同时,也反映了人们对农产品生产质量安全的担忧。要解决这一问题,必须加强农产品生产、使用过程中的监管。首先,必须严格加强农产品生产、使用过程的投入品的管理,对农药、饲料、添加剂等建立严格的质量标准体系;其次,必须加强对农产品的检测监控,对农药等投入品实行过程进行监管;再次,加强农产品运输、经营管理,防止农产品污染;最后,加强产地生产环境监控,严格执行《农产品质量安全法》的各项规定。

(二) 案例分析实训

案例一

2001年广东河源发生484名市民食肉中毒事件掀起全国彻查猪肉品质的运动。调查结果显示,"瘦肉精"——一种刺激受体的肾上腺类神经兴奋剂——成为事故的始作俑者,禁止在饲料中添加"瘦肉精"以提高猪肉瘦肉率的行为,成为生猪饲养的明文规定。正当人们以为吃到"放心肉"而欢欣的时候,人们却发现国家禁止性规定在巨大的利益面前根本不起作用。

2005年,江西应用技术学院黄金校区发生一起75名学生因食用含"瘦肉精"的牛肉而引起的集体化学性食物中毒。2006年8月14日,广东惠州惠城区河南岸一间小五金厂,5名工人因吃了"瘦肉精"超标1000倍的猪肝而引起中毒。2008年11月浙江嘉兴中茂塑胶实业有限公司70名员工在午饭后开始出现手脚发麻、心率加快、呕吐等症状。出现症状的员工,都吃了红烧大肉。一查原因,罪魁祸首依然是"瘦肉精"。

"违法私了,成了行业公开的秘密。很多猪场使用了'瘦肉精',后来却什么事情都没有。"广东一位农业科技公司总经理透露。

问:针对"瘦肉精"之患屡禁不止的情况,能否通过立法加重生产者的处罚?为什么?

案例二[1]

2008年8月初,《健康时报》报道称：武汉3名女婴疑似因食用某品牌奶粉后出现性早熟,乳房开始发育,雌激素水平竟已达到成年女性的水平。在经过医院的一番诊疗之后,家长质疑,3人长期食用的同一品牌奶粉就是罪魁祸首。随后,江西、山东、广东也爆出3起类似病例。虽然,这些婴儿分布于不同的地区,但共同的一点是这些婴儿都服用了同一品牌的奶粉。2010年8月7日,这一品牌的生产商在其官方网站刊发公开信,称"生产销售的产品是安全的,不存在添加任何'激素'等违规物质的行为"。与此同时,卫生部专家称：目前还没有证据表明,奶粉导致婴幼儿性早熟。某权威人士也公开称：国家有明文规定激素是不允许添加到奶粉中的,"奶企业在产品中添加激素,对企业是一点商业价值都没有",他怀疑如果牛奶遭激素污染,可能来源于产奶环节,问题可能出在养殖环境,厂家应该对奶源进行彻底检验。

受害婴儿家长在忙于治疗自己的孩子的同时,却陷入了一个更尴尬的境地：虽然激素是能用仪器检测出来,但是现时还不是必检项目。国家权威检测机构称：除某些保健食品之外,目前我国药检部门尚未开展食品检测业务,"要检测奶粉中的激素成分,现在肯定不能送检,而且不受理个人申请"。

一个消费者的合法权益正在被扼杀。

问：本案受害人应如何维护自己的合法权益？理由是什么？

案例三[2]

2008年3月三鹿集团接到消费者反映,有婴幼儿食用三鹿婴幼儿奶粉后,出现尿液变色或尿液中有颗粒现象。同年6月中旬,三鹿集团又陆续接到婴幼儿患肾结石等病状去医院治疗的信息,但这些信息均被企业隐瞒,也没有引起各地政府主管机关重视。9月以后,三鹿毒奶粉事件被新闻媒体不断曝光。9月11日晚,卫生部指出近期甘肃等地报告多例婴幼儿泌尿系统结石病例,调查发现患儿多有食用三鹿牌婴幼儿配方奶粉的历史,经相关部门调查,高度怀疑石家庄三鹿集团股份有限公司生产的三鹿牌婴幼儿配方奶粉受到三聚氰胺污染。卫生部专家指出三聚氰胺是一种化工原料,可导致人体泌尿系统产生结石。石家庄三鹿集团股份有限公司也在11日晚发布产品召回声明,称经公司自检发现2008年8月6日前出厂的部分批次三鹿婴幼儿奶粉受到三聚氰胺的污染,市场上大约有700吨。

9月13日,国务院启动国家重大食品安全事故Ⅰ级响应机制,成立应急处置领导小组,由卫生部牵头,国家质检总局、工商总局、农业部、公安部、食品药品监管局等部门和河北省人民政府参加,共同处置三鹿牌婴幼儿配方奶粉重大安全事故工作,并宣布对因食用三鹿牌奶粉而患结石病的患儿实行免费治疗。9月15日全国医疗机构共接诊、筛查食用三鹿牌婴幼儿配方奶粉的婴幼儿近万名,临床诊断患儿1253名。同时,初步调查"三鹿奶粉事故"所获得的证据表明,"三鹿奶粉事故"目前主要发生在奶源生产、收购、销售环节。国务院公布奶粉检验结果：全国共有175家婴幼儿奶粉生产企业,对除在之前已经停止生产婴幼儿奶粉的66家企业外的109家产品生产企业的491批次婴幼儿奶粉进行了检验,其中包括伊利、蒙牛在内的22家企业69批次检出含量不同的三聚氰胺,占这些企业的20.18%,占总批次的14.05%。

9月18日,"三鹿"患儿小涛的父亲正式向河南省镇平县人民法院起诉三鹿公司,这是国内消费者起诉毒奶粉首案。

---

[1] 根据《南方周末》提供的资料整理,载http://www.infzm.com/content/48662.
[2] 根据《南方周末》提供的资料整理,载http://www.infzm.com/content/20636.

9月19日，国务院办公厅再次发出通知，通知明确规定，"对因食用含有三聚氰胺婴幼儿奶粉患泌尿系统结石症的婴幼儿给予免费检查、治疗，务求使患病婴幼儿尽快恢复健康。免费治疗所需费用由同级财政预拨垫支，中央财政对确有困难的予以适当支持。事件责任查明后，再按有关法律法规由责任企业赔付"。2008年12月1日，卫生部通报称全国累计报告因食用三鹿牌奶粉和其他个别问题奶粉导致泌尿系统出现异常的患儿29万余人。通报指出，全国因三鹿牌婴幼儿奶粉事件累计筛查婴幼儿2238万余人次，大多数患儿仅有泌尿系统少量泥沙样结石而接受门诊治疗，部分患儿泌尿系统患结石症需住院诊治。据统计，累计住院患儿共5.19万人，目前仍在住院的患儿有861人，累计收治重症患儿154例。

问：(1)《消费者权益保护法》是否应赋予消费者集体诉讼的权利？
(2) 从消费者权益保护的角度看，能否对经营者实施惩罚性赔偿？

主要参考文献

1. 《农产品质量安全法释义》编写组编：《中华人民共和国农产品质量安全释义》，中国法制出版社2006年版。

2. 马雷、张洪程："我国农产品质量安全保障体系效能分析"，载《中国粮油学报》2006年第1期。

第九章
消费者权益保护法律制度

【本章概要】 消费是指人们消耗物质资料以满足物质和文化生活需要的过程，是社会再生产的重要环节，是生产、交换、分配的目的与归宿。消费者是市场经济的重要参与者，作为经营者的经济利益相对人，消费者是指为生活消费需要购买、使用商品或者接受服务的人。与经营者拥有资本优势相对应，消费者在市场经济运行中处于明显的经济弱势地位。为了维护市场经济的健康发展和保障消费者合法权益不受非法侵害，《消费者权益保护法》赋予了消费者依法享有保障安全权、知悉真情权、自主选择权、公平交易权、依法求偿权、依法结社权、获取知识权以及维护尊严权、批评监督权，同时确立了作为市场活动相对人的经营者必须对购买、使用或接受其服务的消费者承担依法定或约定履行的义务，听取意见和接受监督的义务，保障人身、财产安全的义务，不作虚假宣传的义务，出具相应的凭证和单据的义务以及不得从事不公平、不合理交易的义务和不得侵犯消费者的人身权的义务，并对违反消费者权益保护法所规定的义务的经营者设置了相应的法律责任和消费者权益救助机制。因此，《消费者权益保护法》通过确认消费者的权利和明确经营者的义务，建立消费者权益保护的法律机制，维护公平、自由、竞争、有序的市场经济秩序。

【学习目标】 本章学习应全面了解消费者权益保护的必要性，了解消费者权益保护立法的现状，重点掌握：①消费者、经营者的概念及构成条件，以明确《消费者权益保护法》的适用范围；②消费者权利的内容，尤其应掌握保障安全权、知悉真情权、自主选择权、公平交易权、依法求偿权等权利范畴；③经营者的义务以及相应的法律责任；④经营者侵害消费者权益时的法律保护机制，包括国家和社会对消费者权益的保护机制。

第一节 消费者权益保护法概述

一、消费和消费者

消费，通常是指人们消耗物质资料以满足物质和文化生活需要的过程，作为社会再生产的重要环节，是生产、交换、分配的目的与归宿。广义的消费包括生产消费和生活消费。《消费者权益保护法》中所指的消费，主要是指生活消费，即人类为满足个人需求对各种生活资料的消耗。生活消费的形式包括三种：一是购买商品；二是使用商品；三是接受服务。作为一种例外，我国《消费者权益保护法》第62条规定："农民购买、使用直接用于农业生产的生产资料，参照本法执行。"以更好地保护农民这一特殊群体的合法权益，保证农民生活的安全和农业生产的稳定和发展。

消费者，是指为生活消费需要而购买、使用经营者提供的商品或接受经营者所提供的服务的市场主体。1978年5月10日，国际标准化组织消费者政策委员会在日内瓦召开的第一届年会上，把"消费者"一词定义为："为个人目的购买或使用商品和服务的个体社会成员"。从总体上看，国外立法的惯例，一般只把个人作为消费主体纳入消费者权益保护法的调整范围。如美国、泰国、俄罗斯等。《消费者权益保护法》第2条明确规定："消费者为生活消费需要购买、使用商品或者接受服务,其权益受本法保护。……"消费者具有以下法律特征:①就消费的性质来说,消费者的消费是指个人的生活消费,不包括生产资料的消费。②就消费的主体而言,消费者指的是自然人或家庭,一般不包括法人或社会团体。但是,考虑到我国现实中单位生活消费的普遍性,以及单位消费实际上最终也落实到个人消费这一特点,我国在消费者权益保护立法上也将单位的生活消费纳入了调整范围。③就获得商品和服务的手段来说,是通过市场交换即购买来实现的。④就消费的客体范围而言,不仅是实物,也包括服务。

二、我国保护消费者权益的立法状况

消费者权益保护法是调整国家、经营者以及消费者之间在保护消费者权益过程中发生的社会关系的法律规范的总称。消费者权益是指消费者依法享有的权利以及该权利受到保护时给消费者带来的应得利益,其核心是消费者的权利。我国十分重视消费者权益的保护工作,特别是改革开放以来,我国先后制定了一系列保护消费者权益的法律、法规。1993年10月31日,第八届全国人民代表大会常委会第四次会议通过了《中华人民共和国消费者权益保护法》,于1994年1月1日起施行。(2009年8月27日第十一届全国人民代表大会常务委员会第十次会议对该法进行了第一次修正。2013年10月25日第十二届全国人民代表大会常务委员会第五次会议对该法进行了第二次修正。)这是自新中国成立以来制定的第一部以消费者为主体,以消费者权益为核心,保护消费者权益的专门性法律。《消费者权益保护法》的颁布和实施,对于保护消费者的合法权益,规范经营者的经营行为,加强对商品和服务质量的监督,维护社会经济秩序,促进社会主义市场经济的健康发展,都具有十分重要的意义。

第二节 消费者的权利

一、消费者的权利

消费者权利是消费者权益在法律上的体现,是消费者在消费领域中依法所应享有的为或不为一定的行为以及要求经营者和其他有关主体为或不为一定行为的法律许可与保障。《消费者权益保护法》第7~15条以专章的形式具体规定了消费者的九项权利:

(一)保障安全权

保障安全权是消费者最基本的权利。其他很多权利都是由此而派生出来的。消费者有权要求经营者提供的商品和服务符合保障人身、财产安全的要求。这是消费者最主要的权利。消费者的保障安全权包括人身安全权和财产安全权。所谓人身安全权是指消费者在购买、使用商品和接受服务时,享有保护身体各器官及其机能的完整以及生命不受危害的权利。人身安全权是法律赋予消费者的最基本的权利。财产安全权是指消费者在购买、使用商品和接受服务过程中的财产不受危害的权利。为了保障消费者安全权的实现,法律赋予消费者有权要求经营者提供的商品或服务,符合保障人身、财产安全的要求。

(二)知悉真情权

知悉真情权也称为了解权、知情权。指消费者享有知悉其购买、使用的商品或者接受的服务的真实情况的权利。消费者每购买一种商品或者接受一项服务,都是同商品的出售者或者服务的提供者订立和履行一项相应的合同,而订立合同的基本要求就是当事人的意思表示要真实、明确。为了做到这一点,消费者就需要充分了解这种商品或者服务,《消费者权益保护法》确认消费者的知悉真情权包括以下具体内容:①知悉商品或者服务的基本情况,如商品的名称、产地、生产者以及生产日期等;②知悉商品或服务的技术状况,如商品的用途、性能、规格、等级、主要成分、检验合格证明、使用说明书等；③知悉商品或服务的价格和售后服务情况。

（三）自主选择权

自主选择权是指消费者享有自主选择商品或者服务的权利。《消费者权益保护法》规定：消费者有权自主选择提供商品或者服务的经营者，自主选择提供商品品种或者服务方式，自主决定购买或者不购买任何一种商品，接受或者不接受任何一项服务。消费者在自主选择商品或者服务时，有权进行比较、鉴别和挑选。

（四）公平交易权

公平交易权是指消费者在购买商品或者接受服务时，有权获得质量保障、价格合理、计量正确等公平交易条件，并拒绝经营者的强制交易行为的权利。

（五）依法求偿权

依法求偿权是指消费者因购买、使用商品或者接受服务而受到人身、财产损害的，享有依法获得赔偿的权利。消费者在购买、使用商品时，其合法权益受到损害的，可以向销售者要求赔偿。销售者赔偿后，属于生产者的责任或者属于向销售者提供商品的其他销售者的责任的，销售者有权向生产者或者其他销售者追偿。消费者或者其他受害人因商品缺陷造成人身、财产损害的，可以向销售者要求赔偿，也可以向生产者要求赔偿。属于生产者责任的，销售者赔偿后，有权向生产者追偿；属于销售者责任的，生产者赔偿后，有权向销售者追偿。消费者在接受服务时，其合法权益受到损害的，可以向服务者要求赔偿。

（六）依法结社权

依法结社权是指消费者享有的依法成立维护自身合法权益的社会团体的权利。在实际生活中，消费者相对于经营者来说，往往处于弱者的地位。现代的经营者大多是企业，有些还是大型的集团公司，他们往往掌握着某些消费品的专营权，或者彼此之间达成联合或默契，共同一致地对付消费者。而消费者则是孤立、分散的个体，难以与经营者相抗衡。鉴于这种情况，《消费者权益保护法》规定："消费者享有依法成立维护自身合法权益的社会团体的权利。"明确地用法律赋予消费者可以组织起来，维护自身合法权益的权利。

（七）获取知识权

获取知识权，又称受消费教育权、求教知识权，是指消费者享有获得有关消费和消费者权益保护方面的知识的权利。保障这一权利的目的是使消费者更好地掌握所需商品或者服务的知识和使用技能，了解有关消费者权益保护方面的知识和消费争议解决办法的知识，提高自我保护能力。获取知识权具体包括获得有关消费方面的知识和获得有关消费者权益保护方面的知识的权利。

（八）维护尊严权

维护尊严权是指消费者在购买、使用商品和接受服务时，享有其人格尊严、民族风俗习惯得到尊重的权利。这是尊重和保障人权的重要内容，也是社会文明进步的表现。《消费者权益保护法》明确规定：经营者不得对消费者进行侮辱、诽谤，不得搜查消费者的身体及其携带的物品，不得侵犯消费者的人身自由。如有违反，应当停止侵害，恢复名誉，消除影响，赔礼道歉，并赔偿损失。

（九）监督批评权

监督批评权是指消费者享有对商品或者服务以及保护消费者权益工作进行监督，提出批评建议的权利。此外，法律还赋予消费者有权检举、控告国家机关及其工作人员在保护消费者权益工作中的违法失职行为，有权对保护消费者权益工作提出批评、建议。各有关国家机关还设有专门的信访机构，以确保公民行使这一权利。

二、消费者权益的保护

保护消费者的合法权益，需要个人、团体、社会和国家的共同努力，其中国家对消费者权益保护尤为重要，也是国家应尽的职责。对消费者权益的保护分为两种类型：①是国家对消费者权益的保护；②社会对消费者权益的保护。

（一）国家对消费者权益的保护

国家运用国家调节机制解决消费者问题，通过制定《消费者权益保护法》等法律、法规，使消费者权益保护法律化、制度化。国家对消费者权益保护既是国家经济职能的重要表现，也是消费者权益保护的最重要的形式。

1. 立法保护。国家立法机关通过制定法律保护消费者的权益。有效保护消费者权益的前提是有法可依。国家立法机关对消费者权益的保护体现在两个方面：①立法机关通过制定反映消费者意见和要求的消费者权益保护法律制度，明确规定消费者享有的权利和经营者的义务，使消费者权益的保护具有法律依据；②立法机关通过对现行法律的修改、废止等不断完善消费者权益保护法律制度，以便适应新的经济发展水平及消费者权益保护的执法需要。

2. 行政保护。《消费者权益保护法》第32条规定："各级人民政府工商行政管理部门和其他有关行政部门应当依照法律、法规的规定，在各自的职责范围内，采取措施，保护消费者的合法权益。"第34条规定："有关国家机关应当依照法律、法规的规定，惩处经营者在提供商品和服务中侵害消费者合法权益的违法犯罪行为。"

3. 司法保护。《消费者权益保护法》第35条规定："人民法院应当采取措施，方便消费者提起诉讼。对符合《中华人民共和国民事诉讼法》起诉条件的消费者权益争议，必须受理，及时审理。"通过加强司法保护工作，处理好各种消费者权益争议案件，使已经制定的有关保护消费者的合法权益的法律、法规得到切实执行，切实保障消费者的合法权益。

（二）社会对消费者权益的保护

保护消费者的合法权益是全社会的共同责任，国家鼓励、支持一切组织和个人对损害消费者合法权益的行为进行监督，以维护消费者的合法权益。

1. 消费者组织的保护。消费者为维护自身合法权益，有权行使结社权，成立各种消费者组织。从实践上看，各种消费者组织对于消费者权益的维护起着重要的作用。消费者组织是指依法成立的对商品和服务进行社会监督的保护消费者合法权益的社会团体。消费者组织包括消费者协会和其他消费者组织，其基本任务是对市场商品和服务进行监督，指导公众消费，帮助或代表消费者调查、处理消费争议，维护广大消费者的权益。消费者组织不得从事商品经营和营利性服务，不得以牟利为目的向社会推荐商品和服务。我国的消费者协会和其他的消费者组织是依法成立的对商品和服务进行社会监督的保护消费者合法权益的社会团体，依据《消费者权益保护法》的规定，消费者协会在保护消费者合法权益方面履行下列职能：①向消费者提供消费信息和咨询服务；②参与有关行政部门对商品和服务的监督、检查；③就有关消费者的合法权益问题，向有关行政部门反映、查询，提出建议；④受理消费者的投诉，并对投诉事项进行调查、调解；⑤投诉事项涉及商品和服务质量问题的可以提请鉴定部门鉴定，鉴定部门应当告知鉴定结论；⑥就损害消费者合法权益的行为，支持受损害的消费者提起诉讼；⑦对损害消费者合法权益的行为，通过大众传播媒介予以揭露、批评。

2. 新闻舆论机构的保护。广播、电视、报刊等新闻舆论机构，应做好维护消费者合法权益的宣传。一方面，经常地宣传有关消费者权益的基本知识和典型事例；另一方面，及时地将损害消费者合法权益的行为和现象曝光并予以抨击。

第三节 经营者的义务

经营者是为消费者提供商品或者服务的市场主体，包括生产者、销售者以及具有服务行为的服务者。经营者是与消费者相互对应的主体，消费者所享有的权利在一定程度上就是经营者的义务，因为消费者的权利在一定程度上是通过经营者履行义务来实现的。《消费者权益保护法》确认经营者在消费者权保护方面承担法律规定的义务。

一、依法定或约定履行的义务

1. 经营者向消费者提供商品或者服务，应当依照《产品质量法》和其他有关法律、法规的规定履行义务。

2. 经营者和消费者有约定的，应当按照约定履行义务，但双方的约定不得违背法律、法规的规定。

3. 经营者提供商品或者服务，按照国家规定或者与消费者的约定而承担包修、包换、包退或者其他责任的，应当按照国家规定或者约定履行，不得故意拖延或者无理拒绝。

二、听取意见和接受监督的义务

经营者在销售商品时，应当听取消费者对其提供的商品的意见，接受消费者的监督。经营者接受消费者的监督必须以适当的方式，为消费者行使监督权提供可能的条件。比如，经营者通过设置意见簿、公平秤、值班经理和挂牌上岗、明码标价等措施，给消费者提供监督机会和条件，提高服务质量。

三、保障人身、财产安全的义务

1. 经营者应当保证其提供的商品或者服务符合保障人身、财产安全的要求。对可能危及人身、财产安全的商品和服务，应当向消费者作出真实的说明和明确的警示，并说明和标明正确使用商品或者接受服务的方法以及防止危害发生的方法。

2. 经营者发现其提供的商品或者服务存在严重缺陷，即使正确使用商品或者接受服务仍然可能对人身、财产安全造成危害的，应当立即向有关行政部门报告和告知消费者，并采取防止危害发生的措施。

四、不作虚假宣传的义务

1. 经营者应当向消费者提供有关商品或者服务的真实信息，不得作引人误解的虚假宣传。

2. 经营者对消费者就其提供的商品或者服务的质量和使用方法等问题提出的询问，应当作出真实、明确的答复。

3. 商店提供商品应当明码标价。

4. 经营者应当标明其真实名称和标记。

5. 租赁他人柜台或者场地的经营者，应当标明其真实名称和标记。

五、出具相应的凭证和单据的义务

经营者提供商品或者服务，应当按照国家有关规定或者商业惯例向消费者出具购货或者服务单据；消费者索要购货凭证或者服务单据的，经营者必须出具。

六、提供符合要求的商品或服务的义务

1. 保证在正常使用商品或者接受服务的情况下其提供的商品或者服务应当具有的质量、性能、用途和有效期限；但消费者在购买该商品或者接受该服务前已经知道其存在瑕疵的除外。

2. 以广告、产品说明、实物样品或者其他方式表明商品或者服务的质量状况的，应当保证其提供的商品或者服务的实际质量与表明的质量状况相符。

七、不得从事不公平、不合理的交易的义务

1. 经营者不得以格式合同、通知、声明、店堂告示等方式作出对消费者不公平、不合理的规定，或者减轻、免除其损害消费者合法权益应当承担的民事责任。
2. 格式合同、通知、声明、店堂告示等含有前款所列内容的，其内容无效。

八、不得侵犯消费者的人身权的义务

经营者不得以任何方式对消费者进行侮辱、诽谤，不得殴打消费者，不得以任何借口搜查消费者的身体及其携带的物品，不得侵犯消费者的人身自由。

第四节 违反消费者权益保护法的法律责任

我国法律为维护消费者的合法权益，不仅明确了经营者的产品质量义务，也对经营者违反法定义务、侵害消费者合法权益的行为规定了各种法律责任。

一、经营者违反消费者权益保护法的民事责任

1. 提供商品或者服务有下列情形之一的，除《消费者权益保护法》另有规定外，应依照《产品质量法》和其他有关法律、法规的规定，承担民事责任：①商品存在缺陷的；②不具备商品应当具备的使用性能而出售时未作说明的；③不符合在商品或者其包装上注明采用的商品标准的；④不符合商品说明、实物样品等方式表明的质量状况的；⑤生产国家明令淘汰的商品或者销售失效、变质的商品；⑥销售的商品数量不足的；⑦服务的内容和费用违反约定的；⑧对消费者提出的修理、重作、更换、退货、补足商品数量、退还货款和服务费用或者赔偿损失的要求，故意拖延或者无理拒绝的；⑨法律、法规规定的其他损害消费者权益的情形。

2. 提供商品或者服务，造成消费者或者其他受害人人身伤害的，应当支付医疗费、治疗期间的护理费、因误工减少的收入等费用，造成残疾的，还应当支付残疾者生活自助具费、生活补助费、残疾赔偿金以及由其扶养的人所必需的生活费等费用。

3. 提供商品或者服务，造成消费者或者其他受害人死亡的，应当支付丧葬费、死亡赔偿金以及由死者生前扶养的人所必需的生活费等费用。

4. 违反《消费者权益保护法》第25条规定，侵害消费者的人格尊严或者侵犯消费者人身自由的，应当停止侵害、恢复名誉、消除影响、赔礼道歉，并赔偿损失。

5. 提供商品或者服务，造成消费者财产损害的，应当按照消费者的要求，以修理、重作、更换、退货、补足商品数量、退还货款和服务费用或者赔偿损失等方式承担民事责任。消费者与经营者另有约定的，按照约定履行。

6. 对国家规定或者经营者与消费者约定包修、包换、包退的商品，经营者应当负责修理、更换或者退货。经营者以邮购方式、预收款方式提供商品或者服务的，应当按照约定提供。未按照约定提供的，应当按照消费者的要求履行约定或者退回货款或预付款；并应当承担预付款的利息、消费者必须支付的合理费用。

7. 所提供的商品依法经有关行政部门认定为不合格的商品，消费者要求退货的，经营者应当负责退货。

8. 提供商品或者服务有欺诈行为的，应当按照消费者的要求增加赔偿其受到的损失，增加赔偿的金额为消费者购买商品的价款或者接受服务的费用的1倍。

消费者的合法权益受到损害后，根据不同情况确定损害赔偿主体：

1. 消费者在购买、使用商品时，其合法权益受到损害的，可以向销售者要求赔偿。消费者或者其他受害人因商品缺陷造成人身、财产损害的，可以向销售者要求赔偿，也可以向生产者要求赔偿。

2. 消费者在接受服务时，其合法权益受到损害的，可以向服务者要求赔偿。

3. 消费者在购买、使用商品或者接受服务时，其合法权益受到损害，因原企业分立、合并的，可以向变更后承受其权利义务的企业要求赔偿。

4. 使用他人营业执照的违法经营者提供商品或者服务，损害消费者合法权益的，消费者可以向其要求赔偿，也可以向营业执照的持有人要求赔偿。

5. 消费者在展销会、租赁柜台购买商品或者接受服务，其合法权益受到损害的，可以向销售者或者服务者要求赔偿，展销会结束或者柜台租赁期满后，也可以向展销会的举办者、柜台的出租者要求赔偿。展销会的举办者、柜台的出租者赔偿后，有权向销售者或者服务者追偿。

6. 消费者因经营者利用虚假广告提供商品或者服务，其合法权益受到损害的，可以向经营者要求赔偿。广告的经营者发布虚假广告的，消费者可以请求行政主管部门予以惩处。广告的经营者不能提供经营者的真实名称、地址的，应承担赔偿责任。

二、经营者违反消费者权益保护法的行政责任

经营者有下列情形之一，《产品质量法》和其他有关法律、法规对处罚机关和处罚方式有规定的，依照法律、法规的规定执行；法律、法规未作规定的，由工商行政管理部门责令改正，可以根据情节单处或者并处警告、没收违法所得、处以违法所得1倍以上5倍以下的罚款，没有违法所得的处以1万元以下的罚款；情节严重的，责令停业整顿、吊销营业执照：

1. 生产、销售的商品不符合保障人身、财产安全要求的。
2. 在商品中掺杂、掺假，以假充真，以次充好，或者以不合格商品冒充合格商品的。
3. 生产国家明令淘汰的商品或者销售失效、变质的商品的。
4. 伪造商品的产地，伪造或者冒用他人的厂名、厂址，伪造或者冒用认证标志、名优标志等质量标志的。
5. 销售的商品应当检验、检疫而未检验、检疫或者伪造检验、检疫结果的。
6. 对商品或者服务作引人误解的虚假宣传的。
7. 对消费者提出的修理、重做、更换、退货、补充商品数量、退还货款和服务费用或者赔偿损失的要求，故意拖延或者无理拒绝的。
8. 侵害消费者人格尊严或者侵犯消费者人身自由的。
9. 法律、法规规定的对损害消费者权益应当予以处罚的其他情形。

经营者对行政处罚决定不服的，可以申请复议或向人民法院提起诉讼。

三、经营者和国家机关工作人员违反消费者权益保护法的刑事责任

1. 经营者提供商品或者服务，造成消费者或者其他受害人人身伤害或死亡，构成犯罪的，依法追究刑事责任。

2. 以暴力、威胁等方法阻碍有关行政部门工作人员依法执行职务的，依法追究刑事责任；拒绝、阻碍有关行政部门工作人员依法执行职务，未使用暴力、威胁方法的，由公安机关依照《治安管理处罚法》的规定处罚。

3. 国家机关工作人员玩忽职守或者包庇经营者侵害消费者合法权益的行为的，由其所在单位或者上级机关给予行政处分；情节严重，构成犯罪的，依法追究刑事责任。

> **学术视野**

《消费者权益保护法》在完善社会维权机制、解决消费权益纠纷、打击侵害消费者权益的违法行为、提高消费者依法维权意识等方面发挥了积极的作用。但因其立法时理论储备与实践经验不足,对消费者权益保护也存在相当的问题。

一、消费者权利范围问题

权利是保护消费者的基本依据。《消费者权益保护法》以法律的形式赋予消费者9项权利,使消费者在其权益受到损害时能够凭借法律的力量,维护自身的权益。但是,随着市场经济的发展、营销方式的变化,特别是网络经济的出现,仅仅9项权利已经不足以保护消费者,或者说,消费者受到损害的权利已经超出了9项权利的范围,这里面非常突出的是消费者的隐私权。隐私权虽然受民法保护,但是在消费关系中越来越多地涉及个人隐私的内容,经营者未经允许,为了谋利擅自泄露消费者个人隐私的现象屡见不鲜。因此,有必要扩大《消费者权益保护法》保护消费者权利的范围。

二、后悔权与消费者权益保护[1]

消费者后悔权是消费者知情权、选择权的延伸,一些信誉良好的商场已有一定程度的实践,消费者后悔权通常是指消费者在购买商品后的一定时间内,可不需要说明任何理由,把商品无条件地退回给经营者,并不承担任何费用。消费者后悔权是在《消费者权益保护法》修改呼声渐高的环境下提出的,着眼于进一步拓宽消费者权益保护范围,扩大该法的调整对象。后悔权的设立不仅造福于消费者,而且有利于规范企业的经营行为,提升企业的竞争力。但消费者后悔权行使应受到严格限制,以避免权利被滥用。

1. 严格限制使用范围。这种限制主要包括四种消费形式:①购买标的金额巨大的,比如商品房、汽车这类。②网上购物、电视购物。有的时候还没有看到商品,鼠标就点击了,点击就等于承诺了,合同就生效了。③现实当中存在先交钱后看合同或者先交钱后签合同的买卖行为,因为这本身就不是一种道德的签约方式,不看合同怎么让人先交钱呢?④上门推销。有网友反映,一些推销员上门推荐保健品,老年消费者比较多,一看"返老还童"就买了。结果交了钱拿了货,转身就后悔,再转身找售货员就找不到了。即使找到了,合同已经履行完毕了。所以这4种情况可以考虑消费者单方解除合同权利。

2. 严格限定消费者后悔权行使的期限。任何权利都是有保质期的。比如在美国,有的撤销权往往是3天,欧盟往往规定是14天。因此,基于我们的消费者在当前不太规范的市场环境下往往不够理性,我国企业经营行为也还没有深度自律的情况下,我国《消费者权益保护法》应借鉴欧盟的规定即14天。但对于法律规定之外的情况,立法者可以不予强制。换言之,从商业竞争策略和商业伦理角度来看,笔者认为,我国经营者应采取无因退货的方式,自愿地赋予消费者后悔权,进而增强企业的核心竞争力。

三、行政保护体制问题

行政保护是履行保护消费者权益的一项重要的法律制度。现行《消费者权益保护法》体现行政保护的制度主要涉及第32条第1款"各级人民政府工商行政管理部门和其他有关行政部门应当依照法律、法规规定,在各自的职责范围内,采取措施,保护消费者的合法权益"、

---

[1] "消法颁布十五年迎重大修改,买房或将有'冷静期'",载 http://www.taotang.com.cn/vh/news/newsinto.asp?newsid=120079,访问时间:2015年6月24日。

第33条"有关行政部门在各自的职责范围内,应当定期或者不定期对经营者提供的商品和服务进行抽查检验,并及时向社会公布抽查检验结果。有关行政部门发现并认定经营者提供的商品或者服务存在缺陷,有危及人身、财产安全危险的,应当立即责令经营者采取停止销售、警示、召回、无害化处理、销毁、停止生产或者服务等措施",以及第56条"经营者有下列情形之一,除承担相应的民事责任外,其他有关法律、法规对处罚机关和处罚方式有规定的,依照法律、法规的规定执行;法律、法规未作规定的,由工商行政管理部门或者其他有关行政部门责令改正,可以根据情节单处或者并处警告、没收违法所得、处以违法所得1倍以上10倍以下的罚款,没有违法所得的,处以50万元以下的罚款;情节严重的,责令停业整顿、吊销营业执照:①提供的商品或者服务不符合保障人身、财产安全要求的;②在商品中掺杂、掺假,以假充真,以次充好,或者以不合格商品冒充合格商品的;③生产国家明令淘汰的商品或者销售失效、变质的商品的;④伪造商品的产地,伪造或者冒用他人的厂名、厂址,篡改生产日期,伪造或者冒用认证标志等质量标志的;⑤销售的商品应当检验、检疫而未检验、检疫或者伪造检验、检疫结果的;⑥对商品或者服务作虚假或者引人误解的宣传的;⑦拒绝或者拖延有关行政部门责令对缺陷商品或者服务采取停止销售、警示、召回、无害化处理、销毁、停止生产或者服务等措施的;⑧对消费者提出的修理、重作、更换、退货、补足商品数量、退还货款和服务费用或者赔偿损失的要求,故意拖延或者无理拒绝的;⑨侵害消费者人格尊严、侵犯消费者人身自由或者侵害消费者个人信息依法得到保护的权利的;⑩法律、法规规定的对损害消费者权益应当予以处罚的其他情形"的规定。这些规定明确了在制定消费者权益保护措施、调解解决消费纠纷和查处侵害消费者权益案件的三个主要方面的行政作用,体现了政府领导下,以一个部门为主,多部门各司其职、相互配合的行政保护构架。但是,实际操作中矛盾很多:①在制定消费者保护措施方面,由于各部门分工不够明确,在一些方面主次难分,一个部门如果制定保护消费者权益的规章有可能因涉及其他部门的权限而裹足不前,造成消费者权益保护措施严重滞后;②在受理消费者申诉方面,也由于各部门分工不够明确,造成各部门受理范围不清,而在强调依法行政的趋势下,各部门只好谨慎从事;③在受理申诉方面,由于受理申诉的职责与处罚侵害消费者权益违法行为的职责往往不属于同一部门,也弱化了打击违法行为、保护消费者权益的力度。

总之,现行《消费者权益保护法》应当在研究如何建立更加有效的消费者权益行政保护体系的基础上,通过法律修改,借鉴其他国家的做法,建立消费者权益保护工作的综合协调机制,进一步规定消费者权益保护行政部门的各项具体职责。

四、维权途径问题

维权途径是保护消费者权益的关键问题。现行《消费者权益保护法》为消费者提供了五种维权途径,但是这五种途径都不能有效地发挥作用,严重地影响到消费者权益的落实。

1. "与经营者协商和解"。在市场秩序比较混乱、信用缺失问题突出、政府管理滞后的转轨时期,经营者的自律意识尚待逐步提高,通过"与经营者和解"的方式解决消费纠纷,尚难成为一条主要的途径。

2. "请求消费者协会调解"。由于消费者协会是社团性质的组织,受职能限制,对经营者与消费者的纠纷只能运用调解手段来解决,缺乏强制力保证。因此,调解成功率不高。

3. "向有关行政机关申诉"。由于《消费者权益保护法》没有赋予行政机关对消费纠纷进行行政裁决的手段,行政机关也只能通过行政调解的办法解决消费纠纷,而且即使在双方当事人达成行政调解协议的情况下,若一方当事人不履行协议,行政机关也没有强制执行的办法。因此,行政机关也难以成为消费者依法维权的靠山。

4. "根据与经营者达成的仲裁协议提请仲裁机关仲裁"。目前，消费者选择仲裁途径解决消费纠纷受到一定的制约，主要是消费者一般在购买商品、与经营者发生消费纠纷后，才需要考虑选择仲裁途径解决纠纷，而请求仲裁是以消费者和经营者双方自愿为基础的，但此时很少有经营者愿意与消费者达成通过仲裁解决消费纠纷的协议。客观上，使得消费纠纷仲裁制度难以有效地发挥作用。

5. "向人民法院提起诉讼"。目前我国的诉讼制度比较传统，针对小额消费纠纷和群体性诉讼，虽然有的审判机关已经在积极探索、尝试灵活便捷的诉讼方式，但就全国来说，还没有建立适合消费纠纷特点的诉讼制度。繁琐的诉讼程序和漫长的诉讼时间严重地限制了诉讼作为消费者权益保护最后防线的作用。

五、举证责任和费用问题

建立合理的举证责任制度与消费纠纷的顺利解决关系密切。目前《消费者权益保护法》中对于发生消费纠纷时的举证责任没有作专门的规定，按照消费纠纷属于民事纠纷范畴的推论，消费纠纷应当实行"谁主张、谁举证"的举证原则。但是消费纠纷中存在不同于一般民事纠纷的差异性，即消费者在消费纠纷中处于弱者的地位，如果这些工作要消费者去做，一方面消费者要承担商品检测鉴定的费用，而高额的检测费往往超过纠纷商品本身的价值，使消费者望而却步；另一方面消费者单方送检，即使通过商品检测鉴定查明了问题，经营者也有可能以种种原因不承认检验结论。这一情况的存在也是目前消费纠纷解决难的一个重要原因。所以，根据消费纠纷的特点，按照举证责任与举证能力相适应的合理原则，应确立体现保护弱者、倾向于消费者一边的举证责任制度。当消费者因商品质量问题提出赔偿请求的主张时，消费者的举证责任应当明确地规定在提供购买凭证、展示商品存在缺陷或瑕疵（不需检测）两点上，如果经营者对消费者提出的求偿主张有异议的话，应当实行举证责任倒置。此外，如果侵权事实成立的话，应当明确规定由经营者承担检测费用。

六、赔偿主体问题

确定赔偿主体的问题是落实消费者求偿权的关键。目前，《消费者权益保护法》对侵害消费者权益的行为发生后的赔偿主体作了规定：消费者在购买、使用商品时，其合法权益受到损害的，可以向销售者要求赔偿；消费者或者其他受害人因商品缺陷造成人身、财产损害的，可以向销售者要求赔偿，也可以向生产者要求赔偿。这样的规定，虽然很明确，消费者可以因瑕疵商品引起的财产损害，要求销售者先行赔偿，避免了生产者与销售者相互推诿的问题，有利于消费者求偿权的落实。但是，这样规定也容易造成对《消费者权益保护法》相关规定理解的歧义，认为消费者因瑕疵商品受到损害时，只能向销售者求偿。为此，应当在规定销售者负有承担先行赔偿义务的同时，明确消费者对赔偿主体的选择权。

理论思考与实务应用

一、理论思考

（一）名词解释

消费者　经营者　消费者权利　经营者义务　保障安全权　知悉真情权　自主选择权

（二）简答题

1. 什么是消费者？《消费者权益保护法》规范的消费者的特点有哪些？
2. 什么是经营者？经营者对消费者承担哪些义务？
3. 简要说明消费者权益保护的途径和方法。

4. 消费者权益受到侵害时应如何确定赔偿责任主体?

(三) 论述题

1. 根据《消费者权益保护法》和《产品质量法》的相关规定,比较分析产品责任与产品质量责任的联系与区别。

2. 随着电子与网络技术的广泛运用,你认为应从哪些方面强化消费者权益的保护?具体有何建议?

二、实务应用

(一) 案例分析示范

案例一

2005年8月1日郭某甲(1930年8月30日生)的儿子郭某乙代表郭某甲等6位亲属与被告常州民航航空旅行社签订旅游合同,约定由郭某甲、蒋某等6人参加被告组织的青岛、蓬莱、烟台、威海5日游,旅游费用为每人798元,另保险费10元,保险类别是旅行社责任险、个人意外险,双方对违约责任等其他事项作了约定。合同签订后,郭某甲等人支付了旅游费用,并于8月4日随旅行社组织的团队外出旅游。8月6日旅游团到达威海国际海水浴场参观,郭某甲自愿参加了海滨浴场下海游泳活动,期间,郭某甲因突发昏迷等症状被送威海金海医院救治,诊断结论为:脑出血。被告在郭某甲出现意外后要求下海游客在"下海自愿书"上签名,以此证明游泳活动是游客自选的自愿参加项目,被告已履行了向游客告知安全自负的义务。该"下海自愿书"上郭某甲的签名是其未成年的亲属陶某在郭某甲出现意外送医院后代签的字。郭某甲经医院抢救无效于2005年8月14日死亡。郭某甲的3个子女放弃相关的索赔权利,由郭某甲的妻子蒋某向华安财产保险股份有限公司常州中心支公司及旅行社提起保险合同纠纷之诉。被告辩称,被告已经全面履行了合同约定的义务,组织旅游活动不存在任何过错。游客下海游泳属于游客自选项目,不是旅游的项目范围,同时被告对下海的危险性多次进行了告知,尽到了合同中约定的风险提示义务。原告之夫明知自己的年龄和身体状况而从事不适当的户外活动,本身存在重大过错。原告之夫旅游后反映了身体不适,被告及时处置,及时送往医院,尽到了相应的救助义务。原告之夫死亡的后果是由于其自身疾病引起,属于被告无法预料及控制的情形,故其死亡的后果与被告无关。而且原告已经因在被告处投保的意外险中获得了医疗费、丧葬费、死亡赔偿金共计8万余元。

问:本案原告能否依据《消费者权益保护法》要求被告旅行社赔偿?

【评析】保险公司对游客家属作出的意外伤害赔偿,是基于游客与保险公司双方的保险合同关系而作出的赔偿。本案旅行社在对游客履行告知义务上有瑕疵,没有在游客下海前履行提醒和告知注意安全和考虑注意自身健康状况的义务。因此,旅行社对游客的意外死亡负有一定的责任。保险公司的意外险赔偿,不能抵销旅行社的责任,旅行社还应当承担相应的赔偿责任。但在适用法律的过程中应当注意到,本案游客的死亡原因主要与其身体状况有关,游客没有充分考虑到自身年龄和健康导致损害发生,并不完全是旅行社提供的服务造成了游客的损害,下海游泳只是游客损害结果的一个诱因,故本案不能适用《消费者权益保护法》及相关的法律规定对受害人进行赔偿。

案例二

2004年5月8日上午,赵某到朱某开办的超市购物时,怀疑质量有问题,要求雇员陈某更换,双方发生冲突。陈某一怒之下,取出货架中的一柄菜刀,朝赵某头、肩、手部一番猛砍,而后畏罪潜逃。期间,朱某及其他两名员工,由于被吓呆而未能及时制止。经法医鉴定,赵某被砍成重伤,构成一级伤残。鉴于就赔偿一事协商未果,加之陈某一直未抓获归案,赵某遂诉请法院判令朱某赔偿医疗费、残疾生活补助费、残疾赔偿金等共计23万余元。

问:赵某能否依据《消费者权益保护法》要求朱某赔偿?

【评析】朱某应当赔偿。理由是:尽管对赵某伤害是陈某的犯罪行为所致,但朱某同样负有对赵某的安全保障义务。一方面,《消费者权益保护法》等相关法律已明确规定,尽好注意义务并为消费者提供安全的消费环境是经营者的法定职责;另一方面,追求经营利益与风险共存,权利与义务是一致的,作为经营者在其经营场所内,应当更能预见可能发生的危险、应当有较强控制突发事件的能力、应当能够采取必要防止或减轻措施,即经营者在追求经营利益同时还必须承担保障消费者人身、财产安全的责任。

案例三[1]

2009年8月湖南卫视快乐女声"四进三"的比赛中,"专业评审"为选手郁某投票打分实际为14票,28分,却被主持人汪某宣告为11票,22分。2009年8月31日,北京观众董某因湖南卫视对选手"郁某"的计分错误,以《消费者权益保护法》为据,向北京市宣武区法院起诉了湖南卫视,状告湖南卫视侵犯观众知情权,并向法庭提供了电视截屏和重播录像。董某认为,按照《消费者权益保护法》的规定:消费者享有知悉其购买、使用的商品或者接受的服务的真实情况的权利。观众作为电视节目消费者,收看电视台提供的电视节目,电视台从电视观众的收看中获取收益。因此,观众与电视台的关系属于消费者与经营者的关系,应当适用《消费者权益保护法》。针对董某的起诉,湖南卫视法律顾问公开表示,根据现行民事侵权法律制度,湖南卫视无主观恶意、无违法行为、更没有损害事实的发生,"任何追究湖南卫视此次失误行为侵权的说法都为无稽之谈"。

问:电视选秀节目的观众是否是消费者?电视台侵犯了消费者的何种权利?

【评析】《消费者权益保护法》第2条规定:"消费者为生活需要购买、使用商品或者接受服务,其权益受本法保护……"由此可见,消费者是指为了生活需要而购买、使用或者接受服务的居民。所谓为了生活需要,仅指消费者购买、使用或接受服务的目的是用于个人或家庭消耗,而不是牟利。虽然购买商品表明了消费者与经营者之间的有偿关系,但消费者使用商品或接受服务时,却并不一定与经营者之间存在有偿关系。由此,消费者与经营者之间的关系,《消费者权益保护法》并没有要求必须存在有偿关系。

电视台作为公共机构提供的是一种精神服务,不管是商品服务还是精神服务都必须真实,观众作为精神消费者,不管是买票去现场的观众,还是在家收看转播的,都应当构成《消费者权益保护法》上的消费者,接受了电视台提供的精神服务。"经营者应当向消费者提供有关商品或者服务的真实信息",作为电视节目的经营者,电视台负有提供真实信息的义务,湖南卫视计分错误的行为侵犯了观众的知情权。虚假的信息和表演不仅侵犯了知情权,也是对观众"选择权"的侵犯。

(二)案例分析实训

案例一

山东省青岛市市民孙女士在一家洗浴中心洗浴时,一名男子(刘先生)忽然闯进来……

---

[1] 根据《南方周末》提供的资料整理,载http://www.infzm.com/content/34137。

受惊过度的孙女士从此噩梦缠身，患上了急性应激障碍，需接受心理治疗。刘先生误闯女浴室时，洗浴中心设有男女分区的警示牌，而男宾当时酒后意识不清也未加注意。此外，女浴室门口的服务员当时离岗。2003年7月，孙女士将某洗浴中心和误入女浴室的刘先生共同诉至市南法院，向他们索赔5000元精神损害赔偿和3000多元的医疗费及误工费等。

问：孙女士是否可以依据《消费者权益保护法》维护自己的权益？

案例二

蔡先生2008年5月2日在某大卖场购买了一台液晶电视机。由于商场断货，6月29日，店家才送货上门并安装。8月6日蔡先生搬进了新家，开始使用电视机。到了8月8日晚上，蔡先生一家准备收看北京奥运会开幕式，电视机却出现了故障。8月10日，厂家维修人员上门检查，发现电视机确实存在质量问题。随后，蔡先生亲自来到该大卖场，要求换机，但店员却以购机已超过99天为由，拒绝换机。在该卖场店长出示的保障服务条款中，相关的服务条款均注明了"自发票开具之日起"的字样。因此，店家在计算时间时，使用了5月2日的购机时间，而非6月29日的送货时间。卖场近2个月的延迟供货，轻松"吃掉了"消费者近2个月的维权机会。

问：商店"迟延送货"能否吃掉2个月的维权机会？如果你是蔡先生的代理人，你会如何处理？

案例三

2010年5月25日，万某到小区附近的一家商店，买回一只热水瓶。他老伴拿去灌开水，在返回途中，热水瓶突然爆炸。万某老伴被炸伤、烫伤多处，住院治疗花了近2000元。2010年7月21日，万某在老伴伤后，去找销售商店要求赔偿损失，商店负责人却说，这是产品质量问题，商店不负赔偿责任，要万某去找热水瓶的生产厂家。

问：商店负责人的说法正确吗？如果万某向你咨询，你会如何回答？

主要参考文献

1. 李大华编著：《以案说法：消费者权益保护法》，中国社会文献出版社2004年版。
2. 许水俊编著：《消费者权益保护法（案例学理精解）》，中国经济出版社2004年版。
3. 法律出版社法规中心编：《消费者权益保护法手册/法律掌中宝系列》，法律出版社2007年版。
4. 王兴运主编：《消费者权益保护法条文释义与典型案例》，陕西人民出版社2007年版。

第十章

价格法律制度

【本章概要】本章主要介绍了价格法的立法宗旨、适用范围、基本原则和管理机构，基本价格制度和价格形式，定价主体的价格行为，价格总水平调控和价格监督检查和法律责任。价格是商品价值的货币表现。价格法是调整价格关系的法律规范的总称。价格关系是在价格的制定、执行和监督过程中发生的经济关系。《价格法》适用的价格仅指商品价格和服务价格。经营者和政府是我国的法定定价主体。价格形式包括市场调节价、政府指导价和政府定价三种。稳定市场价格总水平是国家重要的宏观经济政策目标。政府可以通过价格保护、干预和紧急措施防止重要商品价格过低、重要商品和服务价格过分上涨和市场价格总水平出现剧烈波动等异常情况的出现。政府价格主管部门应当建立价格监测制度，用以监测重要商品和服务价格的变动。

【学习目标】本章重点问题是经营者的不正当价格行为；难点问题是价格欺诈；基本知识点包括价格法的宗旨、基本原则、价格形式和价格监督检查和法律责任。

第一节 价格法概述

一、价格与价格立法

价格是商品价值的货币表现，它是反映市场供求关系、资源稀缺程度的信号，是引导优化市场资源配置的重要工具，在市场机制中发挥着重要的作用。价格法是调整价格关系的法律规范的总称。价格关系是在价格的制定、执行和监督过程中发生的经济关系。

价格问题直接关系到经济发展、群众生活和社会稳定，把价格管理纳入法制轨道，是国民经济管理法制化的极为重要的一环。我国曾长期采用行政手段对价格实行集中控制和管理，改革开放后，价格改革成为经济体制改革的重要内容。1997年12月29日第八届人大常委会第二十九次会议通过了《中华人民共和国价格法》，自1998年5月1日起施行。《价格法》是整个价格法律体系中的基本法。它的制定和颁布，对于巩固价格成果，深化价格改革，进一步规范价格行为，发挥价格合理配置资源的作用，稳定市场价格总水平，保持社会主义市场经济健康发展具有重要意义。历经将近二十年的实施，价格法也暴露出一些和社会主义市场经济发展不相协调的问题。为进一步放开市场监管，我国《价格法》的修订工作正在紧锣密鼓地进行中。

二、《价格法》的立法宗旨、适用范围、基本原则和管理机构

（一）立法宗旨

《价格法》第1条明确规定其立法宗旨，是规范价格行为，发挥价格合理配置资源的作用，稳定市场价格总水平，保护消费者、经营者的合法权益，促进社会主义市场经济健康发展。

（二）适用范围

《价格法》适用于中华人民共和国境内发生的价格行为。在中国境内的所有个人、法人和其他组织进行价格活动，都必须遵守《价格法》。但是，根据《香港特别行政区基本法》的规定，《价格法》不适用于香港特别行政区。

《价格法》适用的价格仅指商品价格和服务价格,商品价格是指各类有形产品和无形资产的价格;服务价格是指各类有偿服务的收费。不包括利率、汇率、保险费率、证券及期货的价格,它们的价格适用有关法律、行政法规的规定,不适用《价格法》。

国家行政机关的收费是国家行政机关行使行政职能,依法向特定对象实施特定管理,提供特定服务收取的费用。因其内容较为复杂,《价格法》仅作了原则规定,即国家行政机关的收费,应当依法进行,严格控制收费项目,限定收费范围和标准,但收费的具体管理办法由国务院另行规定。

(三)价格工作的基本原则

1. 支持和促进公平、公开、合法的市场竞争,维护正常的价格秩序。
2. 对价格活动实行管理、监督和必要的调控。

(四)价格管理机构

我国价格管理机构是各级人民政府价格主管部门和有关部门。它们的分工权限是:国务院价格主管部门统一负责全国的价格工作;国务院其他有关部门在各自的职责范围内,负责有关价格工作;县级以上地方各级人民政府价格主管部门负责本行政区域内的价格工作。

县级以上地方各级人民政府其他有关部门在各自的职责范围内负责有关的价格工作。

第二节 基本价格制度和价格形式

一、基本价格制度

《价格法》第3条规定,我国的基本价格制度是:实行并逐步完善宏观经济调控下主要由市场形成价格的机制。这一制度是对我国长期采用行政手段对价格实行集中控制和管理模式的改革,是建立和发展社会主义市场经济体制的必然要求。基本价格制度的确立,标志着我国的价格形成机制由国家定价为主向国家宏观调控下的市场定价为主转换。在价格形式上,大多数商品和服务价格实行市场调节价,极少数商品和服务价格实行政府指导价或者政府定价;在定价主体上,由政府定价为主向经营者定价为主转换。使价值规律、供求规律成为价格形成的基本的支配规律;使国家对价格的调控方式从直接调控价格为主向间接调控价格为主转换。

二、价格形式

价格形式是价格法确认的各类商品和经营性服务收费标准的表现方式。与我国基本价格制度相适应,《价格法》按照定价主体和价格形成途径不同,规定了市场调节价、政府指导价和政府定价的价格形式。

(一)市场调节价

市场调节价是由经营者自主制定,通过市场竞争形成的价格。对市场调节价,经营者享有充分定价权,但这并不是说经营者可以毫无限制地任意制定,它的形成要受到价值规律、市场供求关系、消费者的消费倾向与心理等诸多因素的限制。因此说市场调节价的定价主体是经营者,价格形成途径是通过市场竞争。市场调节价是主要的价格形式,适宜于在市场竞争中形成价格的绝大多数商品和服务项目均实行市场调节价,由经营者自主制定。

(二)政府指导价

政府指导价是由政府价格主管部门或者其他有关部门,按照定价权限和范围规定基准价及其浮动幅度,指导经营者制定的价格。基准价是确定价格计算中准价格水平的价格。政府指导价具有双重定价主体。政府通过制定基准价和浮动幅度,达到控制价格水平的目的,经营者可以在政府规定的基准价和浮动幅度内制定、调整价格（浮动价）。因此它是最典型的行政定价和市场调节相结合的价格形式。与1987年颁布的《价格管理条例》不同，《价格法》没有将最高限价、最低的保护价、定价差率、定价利润等规定为政府指导价的表现形式，而是将它们列为政府对市场调节价的干预措施，这体现了市场价格机制的要求。

（三）政府定价

政府定价是由政府价格主管部门或者其他有关部门按照定价权限和范围制定的价格。政府定价也应符合价值规律，但具有强制性，其定价主体是政府，经营者必须执行，它的适用范围和制定受到严格的限制。

政府指导价和政府定价适用于不适宜在市场竞争中形成价格的极少数商品和服务项目。

第三节　定价主体的价格行为

一、经营者的价格行为

经营者和政府是我国的法定定价主体。经营者主要是市场调节价的定价主体，其价格行为的规范与否，直接关系市场价格秩序的建立和价格总水平的稳定。

（一）经营者自主定价的范围、定价原则和定价依据

1. 自主定价范围。界定市场调节价格范围的客观标准是在商品和服务项目价格是否适宜于市场竞争中形成。价格法采用排除法的方式划定了经营者自主定价的范围，即在明确规定了政府指导价和政府定价的范围后，规定除适用政府指导价和政府定价之外的所有商品和服务价格，均实行市场调节价，由经营者自主制定。

2. 定价原则。经营者定价，应当遵循公平、合法和诚实信用的原则。公平指经营者的价格行为应当符合价值规律，遵循公平原则，合理制定价格；合法指经营者定价必须符合国家法律、法规，否则，定价行为无效；诚实信用要求在经营和在价格活动中恪守诚信原则，货真价实，按质论价，不损害消费者利益。

3. 定价依据。经营者定价的基本依据是生产经营成本和市场供求状况。价格的形成受多种因素的限制，但生产经营成本和供求关系是决定价格的最基本要素，只有将生产经营成本核定准确，才能制定出合理的价格，只有尊重供求规律，才能实现产品价值。因此，生产者应当通过努力改进生产经营管理水平，降低生产经营成本，为消费者提供价格合理的商品和服务，从而在市场竞争中获取合法利润，而不应采取弄虚作假等非法价格行为获取利润。

（二）经营者的价格权利和义务

1. 经营者的价格权利。经营者进行价格活动，享有以下权利：①自主制定属于市场调节的价格；②在政府指导价规定的幅度内制定价格；③制定属于政府指导价、政府定价产品范围内的新产品的试销价格，特定产品除外；④检举、控告侵犯其依法自主定价权利的行为。

2. 经营者的价格义务。经营者在价格活动中应履行的基本义务有：

（1）遵守法律、法规。

（2）执行依法制定的政府指导价、政府定价和法定的价格干预措施、紧急措施。

（3）明码标价。即经营者销售、收购商品和提供服务，应当按照政府价格主管部门的规定明码标价，注明商品的品名、产地、规格、等级、计价单位、价格或者提供服务的项目、收费标准等有关情况，不得在标价之外加价出售商品。不得收取任何未予标明的费用。

（4）经营者应当根据其经营条件建立、健全内部价格管理制度，准确记录与核定商品和

服务的生产经营成本，不得弄虚作假。

（5）向价格主管部门提供价格管理和监督检查所必需的资料。

（三）经营者的不正当价格行为

《价格法》第14条规定，经营者不得有下列不正当价格行为：

1. 相互串通，操纵市场价格，损害其他经营者或消费者的合法权益。
2. 在依法降价处理鲜活商品、季节性商品、积压商品等商品外，为了竞争对手或者独占市场，以低于成本的价格倾销，扰乱正常的生产经营秩序，损害国家利益或者其他经营者的合法权益。
3. 捏造、散布涨价信息，哄抬价格，推动商品价格过高上涨的。
4. 利用虚假的或者使人误解的价格手段，诱骗消费者或者其他经营者与其进行交易的。
5. 提供相同商品或者服务，对具有同等交易条件的其他经营者实行价格歧视。
6. 采取抬高等级或者压低等级手段收购、销售商品或者提供服务，变相提高或者压低价格。
7. 违反法律、法规的规定牟取暴利。
8. 法律、行政法规禁止的其他不正当价格行为。

其中第四种不正当价格行为属于价格欺诈。针对该项行为，原国家发展计划委员会在2001年发布了《禁止价格欺诈行为的规定》，该规定明确了两种类型的价格欺诈，其中第一种是第6条规定的价格表示方面的价格欺诈。具体有九种不同情形，包括：

1. 标价签、价目表等所标示商品的品名、产地、规格、等级、质地、计价单位、价格等或者服务的项目、收费标准等有关内容与实际不符，并以此为手段诱骗消费者或者其他经营者购买的。
2. 对同一商品或者服务，在同一交易场所同时使用两种标价签或者价目表，以低价招徕顾客并以高价进行结算的。
3. 使用欺骗性或者误导性的语言、文字、图片、计量单位等标价，诱导他人与其交易的。
4. 标示的市场最低价、出厂价、批发价、特价、极品价等价格表示无依据或者无从比较的。
5. 降价销售所标示的折扣商品或者服务，其折扣幅度与实际不符的。
6. 销售处理商品时，不标示处理品和处理品价格的。
7. 采取价外馈赠方式销售商品和提供服务时，不如实标示馈赠物品的品名、数量或者馈赠物品为假劣商品的。
8. 收购、销售商品和提供服务带有价格附加条件时，不标示或者含糊标示附加条件的。
9. 其他欺骗性价格表示。依据国家发展和改革委员会2006年发布的《关于〈禁止价格欺诈行为的规定〉有关条款解释意见的通知》，该项规定包括不如实标示馈赠物品或者服务标示价格（或价值）和采取返还有价赠券方式销售商品或者提供服务时，有价赠券在使用上有附加条件，且没有在经营场所的显著位置明确标示行为。

第二种是规定在《禁止价格欺诈行为的规定》第7条当中的价格手段方面的价格欺诈。具体包括六种情形：

1. 虚构原价，虚构降价原因，虚假优惠折价，谎称降价或者将要提价，诱骗他人购买的。
2. 收购、销售商品和提供服务前有价格承诺，不履行或者不完全履行的。
3. 谎称收购、销售价格高于或者低于其他经营者的收购、销售价格，诱骗消费者或者经营者与其进行交易的。

4. 采取掺杂、掺假,以假充真,以次充好,短缺数量等手段,使数量或者质量与价格不符的。

5. 对实行市场调节价的商品和服务价格,谎称为政府定价或者政府指导价的。

6. 其他价格欺诈手段。

二、政府的定价行为

(一) 政府的定价范围

确定政府指导价和政府定价范围的标准是商品和服务的垄断程度、资源稀缺程度和重要程度。《价格法》第18条规定,下列商品和服务价格,政府在必要时可以实行政府指导价或者政府定价:①与国民经济发展和人民生活关系重大的极少数商品价格,如原油、天然气的出厂价,粮食订购,食盐价格等;②资源稀缺的少数商品,如金银矿产品的收购价等;③自然垄断经营商品,如自来水、煤气、集中供热等;④重要的公用事业,如公共交通、电信等;⑤重要的公益性服务,如学校、医院等。

随着具体商品和服务的垄断程度、资源稀缺程度和重要程度的变化,上述实行政府指导价和政府定价的商品和服务范围也会改变。例如,原先认为的重要公用事业方面的可实施政府定价或政府指导价的电信行业。2000年颁布实施的《电信条例》第24条规定:电信资费分为市场调节价、政府指导价和政府定价。在实施了十多年后,为贯彻落实党的十八届三中全会关于全面深化改革、完善主要由市场决定价格的机制精神,按照国务院《关于取消和下放一批行政审批项目的决定》要求,2014年5月5日,工业和信息化部和国家发展改革委联合发布《关于电信业务资费实行市场调节价的通告》。通告宣布所有电信业务资费至2014年5月10日开始实行市场调节价,彻底放开各类电信业务资费。从此以后,电信企业可以根据市场情况和用户需求制定电信业务资费方案,自主确定具体资费结构、资费标准及计费方式。

(二) 定价权限

定价权限是各级人民政府价格主管部门和其他有关部门制定商品和服务价格的职责和权力范围。政府指导价、政府定价的定价权限和具体适用范围,以中央和地方的定价目录为依据。

定价目录只能由国务院和省、自治区、直辖市两级价格主管部门制定,省级以下各级人民政府不得制定定价目录,未列入定价目录的一律实行市场调节价,政府定价部门按照目录制定政府指导价、政府定价,不得越权定价,否则,要承担相应的法律责任。

(三) 定价依据、方式和程序

1. 定价依据。制定政府指导价、政府定价,应当依据有关商品或者服务的社会平均成本和市场供求状况,国民经济与社会发展要求及社会发展要求的承受能力,实行合理的购销差价、批零差价、地区差价和季节差价。

2. 定价方式和程序。政府价格主管部门指定政府指导价、政府定价,应当开展价格、成本调查,听取消费者、经营者和有关方面的意见。制定关系群众切身利益的公用事业价格、公益性服务价格、自然垄断经营的商品价格等政府指导价、政府定价,应当建立听证会制度,由政府主管部门主持,征求消费者、经营者和有关方面的意见,论证其必要性、可行性。通过开展价格、成本调查和实行价格听证会制度,可以为定价提供科学依据,减少定价的盲目性和片面性,使政府制定价格更具有科学性、全面性和符合实际。

政府指导价、政府定价制定后,由制定价格的部门向消费者、经营者公布。政府制定价格实行价格公告制度,以提高定价的透明度,规范政府的定价行为,便于经营者执行和消费者监督。

政府指导价、政府定价的具体适用范围、价格水平,应当根据经济运行情况,按照规定的定价权限和程序适时调整。消费者、经营者可以对政府指导价、政府定价提出调整建议。

第四节　价格总水平调控

一、价格总水平调控的含义

价格总水平是指在一定时期内全社会所有商品和服务价格的综合平均水平。它是一个国家国民经济总量是否平衡、经济发展是否健康有序的重要标志。价格总水平调控是国家通过经济、法律和行政等手段，对价格总水平的变动进行的直接或间接的干预和约束，其目的在于保证价格总水平调控目标的实现。

根据《价格法》的规定，绝大多数适宜在市场竞争中形成价格的商品和服务价格均已放开，但是放开价格不等于放任不管。新形势下政府对价格的管理必须适应社会主义市场经济的要求，对价格总水平进行调控正是新形势下国家对价格的管理。实行价格总水平调控，对于加强和改善宏观经济调控，促进国民经济发展具有重要的作用。

二、价格总水平调控目标的确定和实现

《价格法》规定，稳定市场价格总水平是国家重要的宏观经济政策目标。国家根据国民经济发展的需要和社会承受能力，确定市场价格总水平调控目标，列入国民经济和社会发展计划，并综合运用货币、财政、投资、进出口等方面的政策和措施，予以实现。确定价格总水平调控目标，既要保障国民经济快速发展，又要把价格涨幅控制在国民经济和人民生活能承受的范围内。国家通过经济、法律和行政手段保证价格总水平调控目标实现，其中，以经济和法律手段为主，行政手段为辅。具体讲，就是综合运用货币、财政、投资、进出口等政策，建立重要商品储备制度，设立价格调节基金，并采取价格保护、干预和紧急措施等手段调控价格，稳定市场，实现价格总水平调控目标。

三、价格保护措施、干预措施和紧急措施

（一）价格保护措施

《价格法》规定，政府在粮食等重要农产品的市场购买价格过低时，可以在收购中实行保护价格，并采取相应的经济措施保证其实现。保护价格是政府为了保护重要商品的生产者利益而确定的最低市场购买价格。粮食等重要农产品的生产受自然条件影响很大，如果市场购买价格过低，会影响农民生产积极性，并导致市场供给短缺，影响宏观经济环境及社会稳定。为保证农业的稳定发展，保护农民的生产积极性，可对其实行保护价。

（二）价格干预措施

这是政府为防止市场价格可能出现过分上涨而采取的措施。《价格法》规定，当重要商品和服务价格显著上涨或者有可能显著上涨时，国务院和省、自治区、直辖市人民政府可以对部分价格采取限定差价或者利润率、规定限价、实行提价申报制度和调价备案制度等干预措施。价格干预是政府对价格总水平调控的行政手段之一。有权采取价格干预措施的只有国务院和省、自治区、直辖市人民政府，省、自治区、直辖市人民政府采取价格干预措施，应当报国务院备案。

（三）价格紧急措施

当市场价格总水平出现剧烈波动等异常状态时，国务院可以在全国范围内或者部分区域内采取临时集中定价权限、部分或者全面冻结价格的紧急措施。采取价格紧急措施的条件是整个市场价格总水平出现剧烈波动，个别或部分商品价格的上涨不在此列。有权采取这一措施的主

体只有国务院。它也是政府对价格总水平进行调控采取的行政手段。

价格干预措施和紧急措施是在特殊情况下采取的,当实行价格干预措施、紧急措施的情形消除后,应当及时解除干预措施和紧急措施。

四、价格监督制度

《价格法》规定,为适应价格调整和管理的需要,政府价格主管部门应当建立价格监测制度,对重要商品、服务价格的变动进行监测。通过价格监测,能够及时掌握市场变动情况,了解重要商品、服务价格的变动情况,从中准确、全面地分析和预测物价和经济形势,为政府宏观经济决策提供可靠依据。因此,建立价格监测制度对政府宏观调控价格具有重要作用。

原国家发展计划委员会1994年发布的《城市基本生活必需品和服务收费价格监测办法》、1996年发布的《关于修订城市居民基本生活必需品和服务项目价格监测办法》、《部分重要商品生产区价格监测办法》等法规,对价格监测制度的内容作了全面规定。

第五节 价格监督检查和法律责任

一、价格监督检查

价格监督检查是对遵守价格法律、法规和政策等情况进行的监督检查活动。实行价格监督检查制度,有利于国家价格法规的贯彻执行,维护市场经济秩序,保护经营者和消费者合法权益,实现国家价格管理职能。《价格法》规定了专门机构监督检查、社会监督、舆论监督等几种价格监督检查形式。

(一)专门机构的监督检查

专门机构的监督检查是指各级人民政府价格主管部门依法对价格活动进行的监督检查,是价格主管部门行使行政职权的行为,其行为具有法律效力。同时,它也是价格监督检查的基本形式和主要形式,专门机构对监督检查中发现的价格违法行为可以实施行政处罚,这种监督不同于价格的社会监督和舆论监督。《价格法》规定,县级以上各级价格主管部门,依法对价格活动进行监督检查,并可依照价格法的规定对价格违法行为实施行政处罚。

政府价格主管部门进行价格监督检查时,可以行使下列职权:①询问当事人或有关人员,并要求其提供证明材料和与价格违法行为有关的其他资料;②查询、复制与价格违法行为有关的账簿、单据、凭证、文件及其他资料,核对与价格违法行为有关的银行资料;③检查与价格违法行为有关的财物,必要时可以责令当事人暂停相关营业;④在证据可能丢失或者以后难以取得的情况下,可以依法先行登记保存,当事人或者有关人员不得转移、隐匿或者销毁。

随着网络技术的发展,各级政府部门也在积极探索新的监督形式,如上海。上海市发展和改革委员会借助信息公开的力量通过开展各种形式的便民服务对各类主体的定价行为进行有效监督。不仅公开了政府定价目录,而且还公开了重要商品、公益服务价格以及中介服务收费和收费许可证查询方面的便民服务。这其中尤其还在2012年开始了超市商品价格专项公布活动,俗称比价。通过政府推进的网络晒价、价比三家活动,方便消费者省时省力比价、明明白白消费,促进市场价格信息更加公开透明。超市商品价格专项活动结果则通过"上海发布"微博、"上海发展改革"微博、上海市发展和改革委员会网站、上海市价格监测与成本调查队网站等网络平台对外公布。调查的范围包括全市十多家大型综合超市的几十家门店。商品则涵盖食用油、大米、方便面、牙膏牙刷、洗发水等涉及市民吃穿住行等大众化商品。公布周期为一月一期。通过逐步完善价格信息公布工作,提升价格信息服务民生功能。

价格主管部门价格工作人员在价格监督检查中负有正当使用证据，保守商业秘密的义务。即价格工作人员不得将依法取得的资料或者了解的情况用于依法进行价格管理以外的任何其他目的，不得泄露当事人的商业秘密。

（二）社会监督和舆论监督

社会监督和舆论监督是指非国家权力机构对价格行为进行的不具法律效力的、属于民间性质的监督。

价格监督检查涉及面广，只依靠政府价格主管部门监督是不够的，应当发挥群众监督和舆论监督的作用，作为专门机构监督检查的补充。

社会监督主体广泛，《价格法》规定，消费者组织、职工价格监督组织、居民委员会、村民委员会等组织以及消费者，有权对价格行为进行社会监督。政府价格主管部门应当保障群众的价格监督作用。

新闻单位有权进行价格舆论监督。

（三）对价格违法行为的举报制度

对价格违法行为的举报制度指公民、法人及其他组织以口头或者书面形式向价格主管部门投诉、举报价格违法的行为。《价格法》明确规定，政府主管部门应当对举报人员给予鼓励并负责为举报者保密。

二、违反《价格法》的法律责任

违反《价格法》的法律责任是指公民、法人及其他组织违反《价格法》的各项规定应承受的法律制裁。它是国家为保障《价格法》的执行作出的强制性规定。

（一）经营者的价格违法行为及其法律责任

经营者不执行政府指导价、政府定价及法定的价格干预措施、紧急措施的，责令改正，没收违法所得，可以并处违法所得5倍以下的罚款；没有违法所得的，可以处以罚款；情节严重的，责令停业整顿。

经营者有《价格法》第14条所列不正当价格行为之一的，责令改正，没收违法所得，可以并处违法所得5倍以下的罚款；没有违法所得的，予以警告，可以并处罚款；情节严重的，责令停业整顿，或者由工商行政管理机关吊销营业执照。有关法律对《价格法》第14条所列行为的处罚及处罚机关另有规定的，可以依照有关法律的规定执行。例如我国《反不正当竞争法》对不正当价格行为有相似的规定，也可以依据反不正当竞争法的有关规定执行。

由于《价格法》第14条第1、2项不正当价格行为是在比较大的地域范围内形成的，必须明确认定权限。对此，《价格法》规定，第14条第1、2项所列行为，属于全国性的，由国务院价格主管部门认定；属于是省及省以下区域性的，由省、自治区、直辖市人民政府价格主管部门认定。

经营者违反明码标价规定的，责令改正。没收违法所得，可以并处5000元以下罚款。经营者被责令暂停相关营业而不停业，或者转移、隐匿、销毁依法登记保存的财物的，处相关营业所得或者转移、隐匿、销毁的财物价值1倍以上3倍以下的罚款。经营者拒绝按照规定提供监督检查所需资料或者提供虚假资料的，责令改正，予以警告；逾期不改正的，可以处以罚款。经营者因价格违法行为致使消费者或者其他经营者多付价款的，应当退还多付部分；造成损害的，应当依法承担赔偿责任。

（二）价格管理机构的法律责任

地方各级人民政府或者各级人民政府有关部门违反《价格法》规定，超越定价权限和范围擅自制定、调整价格或者不执行法定的价格干预措施、紧急措施的，责令改正，并可以通报批评；对直接负责的主管人员和其他责任人员，依法给予行政处分。

（三）价格工作人员的价格违法行为及其法律责任

价格工作人员泄露国家秘密、商业秘密以及滥用职权、徇私舞弊、玩忽职守、索贿受贿，构成犯罪的，依法追究刑事责任；尚不构成犯罪的，依法给予处分。

学术视野

近年来价格法的修改也是大家热议的话题。大家普遍认为价格法适用范围模糊、听证程序存在缺陷、不正当价格行为界定模糊、价格总水平调控制度缺陷明显、价格监管制度不尽合理等。同时也指出需要研究价格法和反垄断法、消费者权益保护法、立法法、电力法等法律法规的冲突和协调问题。

理论思考与实务应用

一、理论思考

（一）名词解释

价格法　价格关系　政府指导价

（二）简答题

1. 简述价格法的立法宗旨。
2. 简述价格法的适用范围。
3. 简述经营者的不正当价格行为。

（三）论述题

论述我国价格听证制度现存问题及其对策。

二、实务应用

（一）案例分析示范[1]

案例一

某医药公司百盛店2006年3月16日在店外广告宣称"9块9，买三赠一"。经查，实际上顾客买三盒0.5克×10粒9块9减肥胶囊，送一袋0.5克×5粒的赠品。

问：（1）该公司的广告是否构成价格欺诈？

（2）该公司违反了《价格法》规定的经营者的哪项义务？

【评析】（1）构成。属于采取价外馈赠方式销售商品时，不如实标示馈赠物品的品名、数量的价格欺诈。

（2）经营者的行为违反了《价格法》第14条第4项之规定，属"利用虚假的或者使人误解的价格手段，诱骗消费者或者其他经营者与其进行交易"的价格欺诈行为。原国家发展计划委员会2001年颁布的《禁止价格欺诈行为的规定》详细阐释了价格欺诈的种类。具体来说，该公司违反了该《规定》第6条第7项的规定，属"采取价外馈赠方式销售商品和提供服务时，不如实标示馈赠物品的品名、数量或者馈赠物品为假劣商品的"的价格欺诈行为。

---

[1] 实务应用部分案例和一些分析来自金华市发展与改革委员会网站上编辑的"不正当价格行为的典型案例"，具体内容参见 http://www.winjh.gov.cn/news/news_view.asp?newsid=2369.

案例二

2005年9月30日，某家电有限公司在《××晚报》第10版标题为《××家电10·1刮起购物欢乐风暴》中称："购松下42寸（42PA50C）等离子17 480元/台，送松下电饭煲一台，+500元送松下SC-HT603家庭影院七件套价值3980元"。经查，松下SC-HT603家庭影院七件套于9月底上柜销售，10月2日～22日实际零售价为2620～3800元/套。广告中所称的赠品价值与实际不符。

问：（1）该公司行为是否构成价格欺诈？

（2）如果构成价格欺诈，属于何种类型的价格欺诈？

【评析】（1）构成。

（2）属于广告中所称的赠品价值与实际不符的价格欺诈行为。《价格法》第14条第4项对价格欺诈作了原则性规定。《禁止价格欺诈行为的规定》则对价格欺诈作了详细列举，经营者的该项行为落入了该《规定》当中的概括性条款，即第6条第9项的"其他欺骗性价格表示"的价格欺诈行为。国家发展和改革委员会2006年颁布的《关于〈禁止价格欺诈行为的规定〉有关条款解释意见的通知》将不如实标示馈赠物品或者服务标示价格（或价值）的价格欺诈行为视为该"其他欺骗性价格表示"当中的一种。

案例三

2005年1月17日某摄影彩扩有限公司打出"×××数码冲印大减价0.58元/张"、"×××数码冲印送数码相机包、摄像机包（办会员卡）"广告。2005年1月22日晚上，相关单位的经营者及摄影行业协会人员等11人，以摄影行业协会的名义，在某会议室召开会议。会议针对"×××数码冲印大减价0.58元/张"的广告及数码冲印价格进行协调，会议最后形成了"门市价：要求基本统一"，每张价格不低于0.70元等6条"彩扩经营制度"，参会中6家单位的经营者在"彩扩经营制度"上签名。1月25日晚上，×××在市区城南桥西侧的"×××数码冲印大减价0.58元/张"广告牌被换为"×××数码冲印送数码相机包、摄像机包（办会员卡）"。

问：该商定彩扩经营制度行为违反了《价格法》哪条规定？

【评析】相关单位的经营者及摄影行业协会人员等11人，以摄影行业协会的名义，召开会议，协调数码冲印价格，并达成了每张价格不低于0.70元等6条彩扩经营制度。该行为明显违反了《价格法》第14条第1项规定，属"相互串通，操纵市场价格，损害其他经营者或者消费者的合法权益"价格违法的行为。

（二）案例分析实训

案例一

2005年9月30日，某家电有限公司在商场POP广告称买34寸厦华彩电送逐行DVD，买186升美菱冰箱送美的电磁炉。未完全告知赠送商品的品名（具体型号）、数量等。

问：该公司违反了价格法规定的经营者的哪项义务？

案例二

中国电信某分公司2005年12月初推出合家欢B套餐"固定电话+小灵通=返还月租费18元"。广告的优惠方式中说明："固定电话和小灵通捆绑，每月的通话费保底消费25元，返还固定电话的月租费18元。同时小灵通开通七彩铃音业务"。在该广告中隐瞒了小灵通开通七彩铃音业务要收取七彩铃音的月使用费的事实。(实际在小灵通开通七彩铃音业务之后,要向用户每月收取 3~5 元的"七彩铃音"月使用费。)

问:该行为是否属于价格欺诈?依据是什么?

案例三

某商场销售规格为 330mm 梦园果盆,标价签上标示的产地为"捷克";金边喇叭花果斗标价签上标示的产地为"日本"。经查,前者实际产地为上海,后者实际产地为杭州富阳。

问:该行为属于什么性质的价格欺诈?依据是什么?

主要参考文献

1. 戴冠来:"修订《价格法》有关条款的探讨——兼谈贯彻十八届四中全会全面推进依法治国的决定",载《价格理论与实践》2014 年第 10 期。
2. 黄勇、吴白丁:"健全价格法律体系 依法推进价格改革——论《价格法》的修改路径",载《价格理论与实践》2014 年第 11 期。
3. 陈志:"新改革背景下完善价格法之思考——基于韩国价格调控的经验",载《法学》2014 年第 4 期。
4. 林国光:"价格法十周年回顾——兼议价格法的修改与完善",载《中国物价》2008 年第 6 期。
5. 王常志:"从《价格法》实施十年来看我国价格法制建设",载《中国价格监督检查》2008 年第 7 期。

第十一章 广告法律制度

【本章概要】 本章介绍了广告的概念和特征、广告准则、广告活动、广告审查和违反广告法所应承担的法律责任。法律意义上的广告是指商品经营者或者服务提供者承担费用,通过一定媒介和形式直接或者间接地介绍自己所推销的商品或者所提供的服务的商业广告。广告法是国家在调整广告活动过程中所发生的各种社会关系的法律规范的总称。广告活动的主体包括广告主、广告经营者、广告发布者。广告管理是国家为保护国家、社会的利益和消费者的权益,对广告活动采取审查、监督、检查的办法来实现广告真实性的行为。县级以上人民政府工商行政管理部门是广告监督管理机关。广告的一般准则包括真实合法、诚实信用、健康发展、清楚明白、正当竞争和易于识别原则。特殊商品广告,包括药品、医疗器械、农药、烟草、食品、酒类和化妆品广告,还应遵循特殊准则。广告活动是指广告主、广告经营者、广告发布者在设计、制作、发布广告的过程中所从事的法律行为。户外广告是广告活动的一种特殊形式。

【学习目标】 本章重点问题是广告的一般和特殊准则;难点问题是虚假广告的认定;基本知识点包括广告和广告法的概念、特征、广告活动、广告审查和法律责任。

第一节 广告法概述

一、广告的概念

广告取名自广而告之,它作为一种宣传手段有广义和狭义之分。广义的广告是指广告活动的主体为了取得商业赢利或实现政治主张或服务社会生活,通过一定的媒介和形式直接或间接进行的宣传活动。包括以实现赢利为目的的商业广告、以服务政治主张为目的的政治广告以及如社会福利、社会救济等以改善社会生活为目的的社会广告。狭义的广告仅指商业广告,即广告活动的主体为了实现赢利的目的,通过各种媒介和途径推销商品、介绍服务或宣传企业的活动。

法律意义上的广告,是一个狭义的概念,专指商业广告,而不包括其他的政治广告、社会广告等。根据《广告法》规定,广告是指商品经营者或者服务提供者通过一定媒介和形式直接或者间接地介绍自己所推销的商品或者所提供的服务的商业广告。《广告法》调整的商业广告包括三大类:

1. 商品广告,即将商品作为广告的中心,广告围绕商品的名称、用途、性能、优势、价格、优惠等进行宣传,以达到推销商品、实现赢利的目的。

2. 服务广告,即广告不以推销实物为目的,而是为了使某种服务为人所知并被消费者普遍接受而进行的宣传活动。

3. 形象广告,即以广告的形式树立商品经营者或者服务提供者的企业形象,通过提高企业商业信誉和知名度的方法来促进企业的商业发展,最终仍以赢利作为最终目的。

二、广告的特征

1. 广告的目的在于介绍商品经营者或者服务提供者所推销的商品、提供的服务以及商品经营者或者服务提供者本身。这一特征是广告的本质特征，同时也是商业广告和非商业广告的根本区别。根据介绍内容的不同，广告可以分为商品广告、服务广告和形象广告。

2. 广告的设计、制作和发布都要通过一定媒介和形式进行。根据传播媒介和形式的不同，广告又可分为印刷品广告、临时性广告、店堂广告、户外广告等不同种类。

3. 广告费用由商品经营者或者服务提供者承担，即由广告主承担。广告费用包括广告的设计费用、制作费用、发布费用、代理费用等。

三、广告法的概念及其立法

广告法，是国家在调整广告活动过程中所发生的各种社会关系的法律规范的总称。广告法调整广告主、广告经营者、广告发布者和广告代言人在中华人民共和国境内从事广告活动所发生的社会关系，主要是广告监督管理机关、广告审查机关与广告行为的主体之间发生的各种管理关系。

广告活动的主体（以下简称广告主体）包括广告主、广告经营者、广告发布者、广告代言人。其中，《广告法》所称的广告主，是指为推销商品或者服务，自行或者委托他人设计、制作、发布广告的自然人、法人或者其他组织。《广告法》所称的广告经营者，是指接受委托提供广告设计、制作、代理服务的自然人、法人或者其他组织，如依法设立的广告公司。《广告法》所称的广告发布者，是指为推销商品或者服务，自行或者委托他人设计、制作、发布广告的自然人、法人或者其他组织，包括广播、电视、报纸、杂志等大众媒介单位。《广告法》所称的广告代言人，是指广告主以外的，在广告中以自己的名义或者形象对商品、服务作推荐、证明的自然人、法人或者其他组织。

为了规范广告活动，促进广告业的健康发展，保护消费者的合法权益，维护社会经济秩序，发挥广告在社会主义市场经济中的积极作用，国务院于1982年2月发布了《广告管理暂行条例》，1987年10月，国务院又发布了《广告管理条例》，并于1988年1月发布了《广告管理条例施行细则》。1994年10月27日第八届全国人大常委会第十次会议通过了《广告法》，自1995年2月1日起施行。这是我国的广告基本法。经过二十来年的实施，为了适应进一步规范广告活动、促进广告业健康发展和保护消费者合法权益的需要，《广告法》的修订于2015年4月24日第十二届全国人民代表大会常务委员会第十四次会议通过。本次修订主要围绕六个方面进行：①完善广告定义，扩大调整范围；②补充、完善广告准则；③严格规范广告活动；④明确界定虚假广告的概念与表现形式；⑤采取多种方式加强监督管理；⑥补充、完善法律责任制度，提高行政处罚的可操作性和震慑力。

四、广告管理体制

广告管理是国家为保护国家、社会的利益和消费者的权益，对广告活动采取审查、监督、检查的办法来实现广告真实性的行为。广告管理包括：①对广告主、广告经营者、广告发布者的主体资格进行审查、监督；②对广告的内容进行管理；③对广告违法行为进行制裁。

《广告法》规定：国务院工商行政管理部门主管全国广告的监督管理工作，国务院有关部门在各自的职责范围内负责广告管理相关工作。县级以上地方工商行政管理部门主管本行政区域的广告监督管理工作，县级以上地方人民政府有关部门在各自的职责范围内负责广告管理相关工作。

其主要职责是：制定广告规章，执行国家的广告市场管理政策、法规；审批、登记广告经营者；颁布广告业务许可证；对广告业务进行经常性的检查监督，会同有关部门制定户外广告的设置、张贴、规划,并负责监督实施;会同物价部门制定广告收费标准;制裁广告违法行为等。

第二节 广告准则

广告准则是法律对广告内容、形式等作出的必须遵守的原则和限制。它是广告活动主体设计、制作和发布广告时所应遵循的一般性准则;同时也是广告审查机关对广告依法进行审查的依据和标准。我国《广告法》除应当符合公序良俗以及社会的经济发展要求之外,还确立了以下准则:

一、广告的一般准则

(一) 真实合法原则

广告应当真实、合法,符合社会主义精神文明建设的要求,这是广告法的核心。真实、合法的具体表现是广告不得含有虚假、夸大的内容,不得欺骗和误导消费者。《广告法》规定:"广告中涉及专利产品或者专利方法的,应当标明专利号和专利种类。未取得专利权的,不得在广告中谎称取得专利权。禁止使用未授予专利权的专利申请和已经终止、撤销、无效的专利作广告。"

《广告法》规定,广告以虚假或者引人误解的内容欺骗、误导消费者的,构成虚假广告。构成虚假广告的具体情形包括:① 推销的商品或者服务不存在的;②推销的商品的性能、功能、产地、用途、质量、规格、成分、价格、生产者、有效期限、销售状况、曾获荣誉等信息,或者服务的内容、提供者、形式、质量、价格、销售状况、曾获荣誉等信息,以及与商品或者服务有关的允诺等与实际情况不符,对购买行为有实质性影响的;③使用虚构、伪造或者无法验证的科研成果、统计资料、调查结果、文摘、引用语等信息作证明材料的;④虚构使用商品或者接受服务的效果的;⑤以虚假或引人误解的内容欺骗、误导消费者的其他情形。

(二) 诚实信用原则

广告主、广告经营者、广告发布者之间在广告活动中应当依法订立书面合同,明确各方的权利和义务。其在从事广告活动的过程中,不仅应当遵守法律、行政法规,也应根据书面合同遵循公平、诚实信用的原则。

(三) 健康发展原则

广告内容应当有利于人民的身心健康,促进商品和服务质量的提高,保护消费者的合法权益,遵守社会公德和职业道德,维护国家的尊严和利益。广告不得损害未成年人和残疾人的身心健康。广告内容应当有利于未成年人的身心健康发展,广告使用的语言、文字、画面不得含有歧视、侮辱残疾人的内容。适用于未成年人和残疾人的商品广告,应当真实、清晰,商品质量应当可靠,不得损害未成年人和残疾人的安全、健康。广告使用无民事行为能力人、限制民事行为能力人的名义、形象的,应当事先取得其监护人的书面同意。酒类广告以及利用非禁止媒介发布烟草制品广告,不得使用未成年人的名义或形象。

广告不得有下列情形:①使用或者变相使用中华人民共和国的国旗、国徽、国歌、军旗、军徽、军歌;②使用或者变相使用国家机关或者国家机关工作人员的名义或者形象;③使用"国家级"、"最高级"、"最佳"等用语;④损害国家的尊严或者利益,泄露国家秘密;⑤妨碍社会安定,损害社会公共利益;⑥危害人身、财产安全,泄露个人隐私;⑦妨碍社会公共秩序或者违背社会良好风尚;⑧含有淫秽、色情、赌博、迷信、恐怖、暴力的内容;⑨含有民族、种族、宗教、性别歧视的内容；⑩妨碍环境、自然资源或者文化遗产保护；⑪法律、行政法规规定禁止的其他情形。

（四）清楚明白原则

广告中对商品的性能、功能、产地、用途、质量、成分、价格、生产者、有效期限、允诺等或者对服务的内容、提供者、形式、质量、价格、允诺等有表示的，应当清楚、明白。广告中表明推销的商品或者服务附带赠送的，应当明示赠送的品种、规格、数量、有效期限和方式。法律、行政法规规定广告中应当明示的内容，应当显著、清晰表示。广告使用数据、统计资料、调查结果、文摘、引用语等引证内容的，应当真实、准确，并表明出处。引证内容有适用范围和有效期限的，应当明确表示。

（五）正当竞争原则

广告不得贬低其他生产经营者的商品或者服务。利用广告公然贬低其他生产经营者的商品或者服务，是一种不正当竞争行为。它不仅损害了其他生产经营者的合法权益，破坏了社会主义市场经济的竞争秩序，而且还违背了广告应该公平、诚实、信用的原则，因此《广告法》规定禁止在广告中含有贬低内容，广告主、广告经营者不得利用广告诋毁其他生产经营者的商业信誉、商品声誉。

（六）易于识别原则

广告应当具有可识别性，能够使消费者辨明其为广告。大众传播媒介不得以新闻报道形式发布广告。通过大众传播媒介发布的广告应当显著标明"广告"，与其他非广告信息相区别，不得使消费者产生误解。广播电台、电视台发布广告，应当遵守国务院有关部门关于时长、方式的规定，并应当对广告时长作出明显提示。

二、特殊商品广告的特殊准则

（一）药品、医疗器械广告

药品和医疗器械直接关系到人民的身体健康和生命安全，属于国家实行特殊管理的商品，因此对药品、医疗器械广告的要求不同于一般广告。药品、医疗器械广告不得有下列内容：①不得含有不科学的表示功效的断言或者保证；②不得说明治愈率或者有效率；③不得与其他药品、医疗器械的功效和安全性或者其他医疗机构比较；④不得利用医药科研单位、学术机构、医疗机构、行业协会或者专业人士、患者的名义作推荐、证明；⑤不得含有法律、行政法规规定禁止的其他内容。

1. 药品广告。处方药广告应当显著标明"本广告仅供医学药学专业人士阅读"，非处方药广告应当显著标明"请按药品说明书或者在药师指导下购买和使用"。

《广告法》规定，下列药品不得发布广告：麻醉药品、精神药品、医疗用毒性药品、放射性药品等特殊药品，药品类易制毒化学品，以及戒毒治疗的药品、医疗器械和治疗方法，不得作广告。

2. 医疗器械广告。推荐给个人自用的医疗器械的广告，应当显著标明"请仔细阅读产品说明书或者在医务人员的指导下购买和使用"。医疗器械产品注册证明文件中有禁忌内容、注意事项的，广告中应当显著标明"禁忌内容或者注意事项详见说明书"。

（二）农药广告

农药、兽药、饲料和饲料添加剂广告不得含有下列内容：①表示功效、安全性的断言或者保证；②利用科研单位、学术机构、技术推广机构、行业协会或者专业人士、用户的名义或者形象作推荐、证明；③说明有效率；④违反安全使用规程的文字、语言或者画面；⑤法律、行政法规规定禁止的其他内容。

（三）烟草广告

这里所称的烟草广告，是指烟草制品生产者或者经销者（简称烟草经营者）发布的，含有烟草企业名称、标识，烟草制品名称、商标、包装、装潢等内容的广告。我国对烟草制品包括卷烟、雪茄烟、烟丝、复制烟叶等实行专卖管理。由于吸烟有害身体健康，因此我国对烟草制品的广告实行严格限制的原则。

新修订的《广告法》对发布烟草广告的媒介、形式、场所以及烟草广告内容作了进一步的限制。包括：①禁止利用广播、电影、电视、报纸、期刊、图书、音像制品、电子出版物、移动通信网络、互联网等大众传播媒介和形式发布或者变相发布烟草广告；②禁止在公共场所、医院和学校的建筑控制地带、公共交通工具设置烟草广告；③禁止设置户外烟草广告、橱窗烟草广告；④烟草制品生产者或者经营者发布的迁址、更名、招聘等启事中，不得含有烟草制品名称、商标、包装、装潢以及类似内容；⑤其他商品或者服务的广告、公益广告中，不得含有烟草制品名称、商标、包装、装潢以及类似内容。这意味着除了在烟草制品专卖点的店堂室内可以采取张贴、陈列等形式发布经国务院工商行政管理部门批准的烟草广告，以及烟草制品生产者向烟草制品销售者内部发送的经国务院工商行政管理部门批准的烟草制品广告外，其他任何形式的烟草广告均被禁止。

烟草广告中不得有下列情形：①吸烟形象；②不得诱导、怂恿吸烟；③不得明示或者暗示吸烟有利于人体健康、解除疲劳、缓解精神紧张；④不得使用低焦油含量、低危害等用语。

烟草广告中应当显著标明"吸烟有害健康"。

（四）酒类广告

酒类广告不得出现以下内容：①诱导、怂恿饮酒或者宣传无节制饮酒；②饮酒的动作；③表现驾驶车、船、飞机等活动；④明示或者暗示饮酒有消除紧张和焦虑、增加体力等功效。

酒类广告应当符合卫生许可的事项，禁止涉及疾病治疗功能，并不得使用医疗用语或者易使推销的商品与药品、医疗器械相混淆的用语。

（五）教育、培训广告

教育、培训广告不得含有下列内容：①对升学、通过考试、获得学位学历或者合格证书，或者对教育、培训的效果作出明示或者暗示的保证性承诺；②明示或者暗示有相关考试机构或者其工作人员、考试命题人员参与教育、培训；③利用科研单位、学术机构、行业协会、专业人士、受益者的名义或者形象作推荐、证明。

（六）招商等有投资回报预期的商品或者服务广告

招商等有投资回报预期的商品或者服务广告，应当对可能存在的风险以及风险责任承担有合理提示或者警示，并不得含有下列内容：①对未来效果、收益或者与其相关的情况作出保证性承诺，明示或者暗示保本、无风险或者保收益等，国家另有规定的除外；②利用学术机构、行业协会、专业人士、受益者的名义或者形象作推荐、证明。

（七）房地产广告

房地产广告，房源信息应当真实，面积应当表明为建筑面积或者套内建筑面积，并不得含有下列内容：①升值或者投资回报的承诺；②以项目到达某一具体参照物的所需时间表示项目位置；③违反国家有关价格管理的规定；④对规划或者建设中的交通、商业、文化教育设施以及其他市政条件作误导宣传。

第三节 广告活动

一、广告活动的概念与特征

广告活动是指广告主、广告经营者、广告发布者、广告代言人在设计、制作、发布、代言广告的过程中所从事的法律行为。

广告活动与其他民事活动相比较，具有以下特征：

（一）从事广告活动的主体是广告主、广告经营者、广告发布者、广告代言人

根据《广告法》的规定，广告主、广告经营者和广告发布者必须具有从事广告活动的合法资格。只有具有法定资格的经济组织和个人从事的广告活动才能得到法律的承认和保护。

对于广告主来讲，无论是自行设计、制作、发布广告，还是委托他人设计、制作、发布广告，都必须是以自己合法生产经营的商品或者所从事的服务活动作为前提，即广告中所推销的商品或者所提供的服务应该符合广告主经工商行政管理部门依法核准的经营范围。广告主不得将超越其经营范围的商品或者服务内容制作、发布广告。

对于广告经营者、广告发布者来讲，其从事广告活动必须要取得合法经营资格。所谓合法经营资格，一方面是指广告经营者和广告发布者是依法设立的，并经过工商行政管理机关核准登记。其中，从事广告经营的，应当具备必要的专业技术人员、制作设备并依法办理兼营广告的登记；另一方面是指广告经营者和发布者应当具有合法的经营范围，即其设计、制作、发布的广告内容必须属于广告主委托的业务范围。

对于广告代言人来讲，广告代言人在广告中对商品、服务作推荐、证明，应当依据事实，符合有关法律、行政法规规定，并不得为其未使用过的商品或者未接受过的服务作推荐、证明。

（二）广告活动包括广告的设计、制作和发布

广告活动不是一种单一的活动，它包括广告的设计，制作和发布三种形式，而且从事广告活动的方式多种多样，既可以是广告主自行设计、制作、发布广告，也可以由广告主委托广告经营者或者广告发布者代理设计、制作、发布广告。

（三）广告活动是一种法律行为

各类广告主体应该树立广告责任感，严格按照法律规定从事广告活动，保证广告的真实性、合法性，否则法律不予承认和保护，并依法追究其法律责任。

根据《广告法》的规定，从事广告行为必须遵循有关规定。

二、广告活动的一般规定

广告主、广告经营者、广告发布者之间在广告活动中应当依法订立书面合同，明确各方的权利和义务。广告合同因签订主体的不同而具有不同的合同名称：广告主和广告经营者签订的为加工承揽合同或广告委托代理合同；广告主和广告发布者签订的是广告发布合同；广告经营者和广告发布者签订的是广告代理发布合同。

广告主、广告经营者、广告发布者不得在广告活动中进行任何形式的不正当竞争。不正当竞争，是指经营者违反《反不正当竞争法》的规定损害其他经营者的合法权益，扰乱社会经济秩序的行为。

法律、行政法规规定禁止生产、销售的商品或者提供的服务，以及禁止发布广告的商品或者服务，不得设计、制作、发布广告。

三、广告主从事广告活动的规定

广告主从事广告活动，除了符合上述一般规定外，还必须遵守下列规定：

（一）对广告主经营范围的规定

广告主自行或者委托他人设计、制作、发布广告，所推销的商品或者所提供的服务应当符合广告主的经营范围。广告主的行为只有在其经营范围之内才受到法律的保护，超越其经营范围的行为，不仅法律不承认其效力，而且还要受到法律的制裁。

（二）对广告主委托对象的规定

广告主委托设计、制作、发布广告，应当委托具有合法经营资格的广告经营者、广告发布者。

（三）对广告主证明文件的规定

广告主自行或者委托他人设计、制作、发布广告，应当具有或者提供真实、合法、有效的下列证明文件：①营业执照以及其他生产、经营资格的证明文件；②质量检验机构对广告中有关商品质量内容出具的证明文件；③确认广告内容真实性的其他证明文件；④需要有关行政主管部门审查的，还应当提供有关批准文件。

（四）对使用他人名义、形象的规定

广告主在广告中使用他人名义、形象的，应当事先取得他人的书面同意；使用无民事行为能力人、限制民事行为能力人的名义、形象的，应当事先取得其监护人的书面同意。

四、广告经营者、广告发布者从事广告活动的规定

广告经营者、广告发布者在从事广告活动的过程中，除了符合一般规定以外，还必须遵循下列规定：

（一）应当具有法定的主体资格

广告经营者、广告发布者资质标准，是从事广告经营活动的基本资格要求，是广告监督管理机关对广告经营者、广告发布者经营审批的重要依据，也是广告监督管理机关对广告经营者、广告发布者经营广告活动进行监督检查的重要内容。从事广告经营的，应当具有必要的专业技术人员、制作设备，并依法办理公司或者广告经营登记，方可从事广告活动。广播电台、电视台、报刊出版单位的广告业务，应当由其专门从事广告业务的机构办理，并依法办理兼营广告的登记。

（二）应当明确广告经营范围

广告经营范围，是广告监督管理机关针对广告经营者、广告发布者的基本条件、从业人员的基本素质，确认其经营业务的许可范围。其内容规范为：①设计指根据广告目标进行的广告创意、构思，广告中的音乐、语言、文字、画面等经营性创作活动；②制作指根据广告设计要求，制作可供刊播、设置、张贴散布的广告作品等经营性活动；③发布指利用一定媒介或形式，发布各类广告，利用其他形式发布带有广告性质的信息的经营活动；④代理指广告经营者接受广告主或广告发布者委托，从事的广告市场调查、广告信息咨询、企业形象策划、广告战略策划、广告媒介安排等经营活动。

（三）应当依法核实广告内容

广告经营者、广告发布者依据法律、行政法规查验有关证明文件，核实广告内容。对内容不实或者证明文件不全的广告，广告经营者不得提供设计、制作、代理服务，广告发布者不得发布。广告经营者和广告发布者未履行核实查验义务，发布虚假广告，欺骗和误导消费者的，应当与广告主承担连带责任。

（四）应当健全广告业务管理制度

广告经营者、广告发布者按照国家有关规定，建立、健全广告业务的承接登记、审核、档案管理制度。其中，承接登记制度是指广告主提出广告业务以及广告经营者、发布者接收广告业务时应履行的法定登记手续；审核制度是指广告经营者和广告发布者对承接的广告业务依法进行审查的制度；档案管理制度则是指广告经营者、广告发布者对承接、审查的广告业务归纳整理，进行存档的管理制度。《广告法》要求建立上述一整套的规章制度，其目的在于保证广告活动的正规化，便于广告监督管理机关对其实施有效的监督和管理。

（五）应当公开广告收费标准

广告收费应当合理、公开，收费标准和收费办法应当向物价和工商行政管理部门备案。广告经营者、广告发布者应当公布其收费标准和收费办法。根据《广告法》的规定，广告收费应当合理，具体数额由参与广告活动的各方主体自行协商确定，确定后的广告收费标准和收费办法应当向物价部门和工商行政管理部门公开并备案。此外，广告经营者和广告发布者还应当向社会公布其收费标准和收费方法，公布方式既可以采用公告形式也可以通过新闻媒介予以公布。

（六）应当提供真实资料

广告发布者向广告主、广告经营者提供的媒介覆盖率、收视率、发行量等资料应当真实。否则，广告主和广告经营者有权要求其赔偿经济损失。

（七）应当合法使用他人的名义和肖像

广告经营者在广告中使用他人名义、形象的，应当事先取得他人的书面同意；使用无民事行为能力人、限制民事行为能力人的名义、形象的，应当事先取得其监护人的书面同意。

五、对未成年人的保护

本次广告法修订突出了对未成年人的保护。总则中要求广告不得损害未成年人和残疾人的身心健康，分则还具体规定：不得在中小学校、幼儿园内开展广告活动；不得利用中小学生和幼儿的教材、教辅材料、练习册、文具、教具、校服、校车等发布或者变相发布广告；在针对未成年人的大众传播媒介上不得发布药品、医疗器械、医疗、网络游戏、化妆品、美容、保健食品、酒类广告。

针对14周岁以下未成年人的商品或者服务的广告不得含有下列内容：①劝诱其要求家长购买广告商品或者服务；②可能引发其模仿不安全行为。

六、户外广告、互联网等其他渠道发布的广告规定

（一）户外广告

户外广告是广告活动的一种特殊形式，是指利用公共场所、建筑物、显示牌、交通工具等外部空间设置所从事的广告活动。由于户外广告直接影响周围环境，因此对其更应加以适当限制，实行统一规划和管理。《广告法》规定，有下列情形之一的，不得设置户外广告：①利用交通安全设施、交通标志的；②影响市政公共设施、交通安全设施、交通标志使用的；③妨碍生产或者人民生活，损害市容市貌的；④在国家机关、文物保护单位、风景名胜区等的建筑控制地带，或者县级以上地方人民政府禁止设置户外广告的区域设置的。

根据2006年5月22日国家工商行政管理总局发布并自2006年7月1日起施行的《户外广告登记管理规定》，户外广告包括：①利用户外场所、空间、设施发布的，以展示牌、电子显示装置、灯箱、霓虹灯为载体的广告；②利用交通工具、水上漂浮物、升空器具、充气物、模型表面绘制、张贴、悬挂的广告；③在地下铁道设施，城市轨道交通设施，地下通道，以及车站、码头、机场候机楼内外设置的广告；④以其他形式在户外设置、悬挂、张贴的广告。

户外广告的内容必须真实、合法，符合社会主义精神文明建设的要求，不得以任何形式欺骗和误导消费者；各种户外广告设施的设计、制作和安装、设置，应当符合相应的技术、质量标准，不得粗制滥造；户外广告应当定期维修、保养，做到整齐、安全、美观；户外广告使用文字、汉语拼音、计量单位等，应当符合国家规定，书写规范准确。

（二）互联网等其他渠道发布的广告

任何单位或者个人未经当事人同意或者请求，或者当事人明确表示拒绝的，不得向其住宅、交通工具、固定电话、移动电话或者个人电子邮箱等发送广告。

互联网信息服务提供者利用互联网发布广告，不得影响用户正常使用网络。在互联网页面以弹出等形式发布的广告，应当显著标明关闭标志，确保一键关闭。

公共场所的管理者或者电信业务经营者、互联网信息服务提供者对其明知或者应知的利用其场所或者信息传输、发布平台发送、发布违法广告的，应当予以制止。

第四节 广告审查

一、广告审查的概念

广告审查，是指在广告发布前，由广告经营者、广告发布者、广告审查机关依法对广告内容是否合法、真实等进行的审查、核实活动。建立广告审查制度，是为了尽可能地不使违法广告得到发布，健全广告发布的防范机制。

二、广告审查的形式

（一）广告经营者和广告发布者对广告内容的审查

广告经营者和广告发布者在接受广告主的委托设计、制作、发布广告时，应当依法查验广告主提供的有关证明文件是否齐备、有效，认真核实广告内容是否真实、合法。对内容不实或者证明文件不全的广告，广告经营者不得提供设计、制作、代理服务，广告发布者不得发布。

（二）有关行政主管部门对特殊商品广告内容的审查

根据《广告法》规定，利用广播、电影、电视、报纸、期刊以及其他媒介发布药品、医疗器械、农药、兽药等商品的广告和法律、行政法规规定应当进行审查的其他广告，必须在发布前依照有关法律、行政法规提请有关行政主管部门对广告内容进行审查；未经审查，不得发布。

广告主申请广告审查，应当依法向有关广告审查机关提交有关证明文件。广告审查机关应当依照法律、行政法规对广告作出审查决定。任何单位和个人不得伪造、变造或者转让广告审查决定文件。

第五节 法律责任

一、广告主体违反《广告法》应当承担的法律责任

（一）发布虚假广告所应承担的法律责任

违反《广告法》规定，发布虚假广告的，由工商行政管理部门责令停止发布广告，责令广告主在相应范围内消除影响，处广告费用3倍以上5倍以下的罚款，广告费用无法计算或者明显偏低的，处20万元以上100万元以下的罚款；2年内有3次以上违法行为或者有其他严重情节的，处广告费用5倍以上10倍以下的罚款，广告费用无法计算或者明显偏低的，处100

万元以上 200 万元以下的罚款，可以吊销营业执照，并由广告审查机关撤销广告审查批准文件、1 年内不受理其广告审查申请。

广告经营者、广告发布者明知或者应知广告虚假仍设计、制作、发布的，由工商行政管理部门没收广告费用，并处广告费用 3 倍以上 5 倍以下的罚款，广告费用无法计算或者明显偏低的，处 20 万元以上 100 万元以下的罚款；2 年内有 3 次以上违法行为或者有其他严重情节的，处广告费用 5 倍以上 10 倍以下的罚款，广告费用无法计算或者明显偏低的，处 100 万元以上 200 万元以下的罚款，并可以吊销营业执照、吊销广告发布登记证件。

广告主、广告经营者、广告发布者有前两款规定行为，构成犯罪的，依法追究刑事责任。

发布虚假广告使购买商品或者接受服务的消费者的合法权益受到损害的，由广告主依法承担民事责任。广告经营者、广告发布者不能提供广告主的真实名称、地址和有效联系方式的，消费者可以要求广告经营者、广告发布者先行赔偿。关系消费者生命健康的商品或者服务的虚假广告，造成消费者损害的，其广告经营者、广告发布者、广告代言人应当与广告主承担连带责任。其他方面的商品或者服务的虚假广告，造成消费者损害的，其广告经营者、广告发布者、广告代言人，明知或者应知广告虚假仍设计、制作、发布或者作推荐、证明的，应当与广告主承担连带责任。

（二）违反《广告法》禁止性规定的法律责任

有下列行为之一的，由工商行政管理部门责令停止发布广告，对广告主处 20 万元以上 100 万元以下的罚款，由广告审查机关撤销广告审查批准文件、1 年内不受理其广告审查申请；对广告发布者，由工商行政管理部门没收广告费用，并处 20 万元以上 100 万元以下的罚款：①发布有本法第 9 条、第 10 条规定的禁止情形的广告的；②违反本法第 15 条规定发布处方药广告、药品类易制毒化学品广告、戒毒治疗的医疗器械和治疗方法广告的；③违反本法第 20 条规定，发布声称全部或者部分替代母乳的婴儿乳制品、饮料和其他食品广告的；④违反本法第 22 条规定发布烟草广告的；⑤违反本法第 37 条规定，利用广告推销禁止生产、销售的产品或者提供的服务，或者禁止发布广告的商品或者服务的；⑥违反本法第 40 条第 1 款规定，在针对未成年人的大众传播媒介上发布医疗、药品、保健食品、医疗器械、化妆品、酒类、美容广告，以及不利于未成年人身心健康的网络游戏广告的。

（三）违反《广告法》对于特殊商品的规定的法律责任

有下列行为之一的，由工商行政管理部门责令停止发布广告，责令广告主在相应范围内消除影响，处广告费用 1 倍以上 3 倍以下的罚款，广告费用无法计算或者明显偏低的，处 10 万元以上 20 万元以下的罚款；情节严重的，处广告费用 3 倍以上 5 倍以下的罚款，广告费用无法计算或者明显偏低的，处 20 万元以上 100 万元以下的罚款，可以吊销营业执照，并由广告审查机关撤销广告审查批准文件、1 年内不受理其广告审查申请：①违反本法第 16 条规定发布医疗、药品、医疗器械广告的；②违反本法第 17 条规定，在广告中涉及疾病治疗功能，以及使用医疗用语或者易使推销的商品与药品、医疗器械相混淆的用语的；③违反本法第 18 条规定发布保健食品广告的；④违反本法第 21 条规定发布农药、兽药、饲料和饲料添加剂广告的；⑤违反本法第 23 条规定发布酒类广告的；⑥违反本法第 24 条规定发布教育、培训广告的；⑦违反本法第 25 条规定发布招商等有投资回报预期的商品或者服务广告的；⑧违反本法第 26 条规定发布房地产广告的；⑨违反本法第 27 条规定发布农作物种子、林木种子、草种子、种畜禽、水产苗种和种养殖广告的；⑩违反本法第 38 条第 2 款规定，利用不满 10 周岁的未成年人作为广告代言人的；⑪违反本法第 38 条第 3 款规定，利用自然人、法人或者其他组织作为广告代言人的；⑫违反本法第 39 条规定，在中小学校、幼儿园内或者利用与中小学生、幼儿有关的物品发布广告的；⑬违反本法第40条第2款规定，发布针对不满14周岁的未成年人的商品或者服务的广告的；⑭违反本法第46条规定，未经审查发布广告的。

广告经营者、广告发布者明知或者应知有前款规定违法行为仍设计、制作、发布的，由工商行政管理部门没收广告费用，并处广告费用1倍以上3倍以下的罚款，广告费用无法计算或者明显偏低的，处10万元以上20万元以下的罚款；情节严重的，处广告费用3倍以上5倍以下的罚款，广告费用无法计算或者明显偏低的，处20万元以上100万元以下的罚款，并可以吊销营业执照、吊销广告发布登记证件。

(四) 违反广告审查规定的法律责任

违反广告法规定，隐瞒真实情况或者提供虚假材料申请广告审查的，广告审查机关不予受理或者不予批准，予以警告，1年内不受理该申请人的广告审查申请；以欺骗、贿赂等不正当手段取得广告审查批准的，广告审查机关予以撤销，处10万元以上20万元以下的罚款，3年内不受理该申请人的广告审查申请。

违反广告法规定，伪造、变造或者转让广告审查批准文件的，由工商行政管理部门没收违法所得，并处1万元以上10万元以下的罚款。

有广告法规定的违法行为的，由工商行政管理部门记入信用档案，并依照有关法律、行政法规规定予以公示。

广播电台、电视台、报刊音像出版单位发布违法广告的，或者以新闻报道形式发布广告的，除由工商行政管理部门依照本法处罚外，有关部门还应当对负有责任的主管人员和直接责任人员依法给予处分；情节严重的，并可以暂停媒体的广告发布业务。

(五) 广告代言人的法律责任

广告代言人有下列情形之一的，由工商行政管理部门没收违法所得，并处违法所得1倍以上2倍以下的罚款：①违反本法第16条第1款第4项规定，在医疗、药品、医疗器械广告中作推荐、证明的；②违反本法第18条第1款第5项规定，在保健食品广告中作推荐、证明的；③违反本法第38条第1款规定，为其未使用过的商品或者未接受过的服务作推荐、证明的；④明知或者应知广告虚假仍在广告中对商品、服务作推荐、证明的。

(六) 因侵权行为所应承担的责任

广告主、广告经营者、广告发布者违反《广告法》规定，有下列侵权行为之一的，依法承担民事责任：①在广告中损害未成年人或者残疾人的身心健康的；②假冒他人专利的；③贬低其他生产经营者的商品或者服务的；④广告中未经同意使用他人名义、形象的；⑤其他侵犯他人合法民事权益的。

二、广告专门机关及其工作人员违反《广告法》的责任

广告审查机关对违法的广告内容作出审查批准决定的，对负有责任的主管人员和直接责任人员，由任免机关、监察机关依法给予处分；构成犯罪的，依法追究刑事责任。

工商行政管理部门对在履行广告监测职责中发现的违法广告行为或者对经投诉、举报的违法广告行为，不依法予以查处的，对负有责任的主管人员和直接责任人员，依法给予处分。

工商行政管理部门和负责广告管理相关工作的有关部门的工作人员玩忽职守、滥用职权、徇私舞弊的，依法给予处分。

构成犯罪的，依法追究刑事责任。

学术视野

二十几年前颁布的《广告法》不仅存在诸多问题,包括:一是广告准则内容不够完备,针对性不强,药品、医疗器械、农药、兽药、烟草等广告准则内容较为单薄,保健食品、医疗、教育、培训、房地产等广告缺乏专门规定。二是广告活动规范不够明晰,广告主、广告经营者、广告发布者和广告代言人的义务与责任缺乏清晰界定,对未成年人权益保护不够,对网络广告的监管需要加强。三是虚假广告的认定标准亟待明确,有效惩治虚假广告的法律依据还不完善。四是法律责任的针对性和操作性不强,惩处力度不够,难以有效遏制广告违法行为。全国人大常委会将广告法修改列入十二届全国人大常委会立法规划的一类项目和2014年6月初次审议的法律案。广告法修订草案经2014年6月4日国务院第50次常务会议讨论通过。修订草案的主要内容包括:补充、完善广告准则、严格规范广告主体的行为、明确界定构成虚假广告的具体情形、提高法律责任的可操作性和震慑力。此外,修订草案还规定国家鼓励、支持开展公益广告宣传活动。[1]

理论思考与实务应用

一、理论思考
(一) 名词解释
广告法 虚假广告 广告代言人
(二) 简答题
1. 简述《广告法》所称的广告和其特征。
2. 简述广告活动要遵守的一般准则。
3. 简述不能设置户外广告的情形。
(三) 论述题
评析《广告法》新修改的主要内容。

二、实务应用
(一) 案例分析示范[2]

案例一

某晚报刊登了某公司的一则广告,广告称:该公司生产的B氏电子治疗器,系专利技术产品,专利保护号:85100782,对治疗肝炎和腰腿痛有特效,并曾被选送"布鲁塞尔尤里卡"世界博览会参展。该治疗器疗效高、无副作用,最适宜治疗乙型肝炎与腰腿痛,经全国26个省市医院600多例临床证明,治愈率达95%。对骨质增生、类风湿、关节炎、各种神经痛、支气管炎、神经衰弱、偏瘫、闭经痛经、痔疮等均有明显疗效,被患者称为"神匣子",是家庭必备的治病工具。消费者巩某多年为腰痛所困扰,见广告后即按广告标明的地址汇款购买,一个月后,治疗器寄到,巩某遂按说明书使用,但几个月后,腰痛依旧,疗效全无。巩某怀疑该治

---

[1] 参见全国人大网的关于《中华人民共和国广告法(修订草案)》的说明,载 http://www.npc.gov.cn/npc/lfzt/2014/2014-08/31/content_1876851.htm.

[2] 案例示范分析部分案例和相关分析来自深圳大学网站。案例一载 http://cms.szu.edu.cn/course/jingpin2008/jingjifa/E_ReadNews.asp?NewsID=536;案例二载 http://cms.szu.edu.cn/course/jingpin2008/jingjifa/E_ReadNews.asp?NewsID=535;案例三载 http://cms.szu.edu.cn/course/jingpin2008/jingjifa/E_ReadNews.asp?NewsID=532.

疗器言过其实，便将该治疗器送有关部门检验，结果证实该治疗器在使用时能使人产生一定的舒服感，但对治病却无甚功效。巩某向该公司所在地的工商行政管理部门作了举报。工商行政管理部门接到举报后，派专人进行调查，结果发现所谓专利产品、选送参加"布鲁塞尔尤里卡"世界博览会、治愈率达95%等纯属公司杜撰。

问：（1）本广告为何性质？
（2）本广告违反了《广告法》的什么规定？

【评析】（1）该广告属欺骗和误导消费者的虚假广告。

（2）本广告违反了《广告法》当中所规定的：广告不得含有虚假的内容，不得欺骗和误导消费者，并要求广告中涉及专利产品或者专利方法的，应当标明专利号和专利种类。未取得专利权的，不得在广告中谎称取得专利权。禁止使用未授予专利权的专利申请和已经终止、撤销、无效的专利做广告。本广告中所提到的"选送'布鲁塞尔尤里卡'世界博览会"的说法与客观事实有出入；另外，广告中所称的"经全国26个省、市医院600多例临床证明，治愈率达95%"没有根据；还有，广告中"神匣子"的说法片面地夸大了产品的性能、功效；最后，此广告中的"专利保护号：85100782"是编造的。

案例二

2006年3月4日乐邦利公司与绿美公司签订《乐邦利电视直销供货合同书》，约定由绿美公司向乐邦利公司提供DW-5型不锈钢净水器并委托乐邦利公司制作播放净水器广告。3月6日乐邦利公司又委托××有线电视台在乐邦利直销节目中制作并播放净水器广告。广告把自来水描绘成含有害物质，在净水器过滤后才清纯可靠。该广告每天播放4次，直至3月25日，广告播出后在覆盖地区居民中产生强烈反响，许多市民纷纷去信去电指责自来水公司。为此，自来水公司以××有线电视台、乐邦利公司和绿美公司为被告，向法院提起诉讼，认为广告侵犯了自来水公司的名誉权，要求更正和赔偿损失。

问：本广告违反了《广告法》的什么规定？

【评析】 本广告违反了《广告法》当中所规定的：广告不得贬低其他生产经营者的商品或者服务。这是广告中的不正当竞争行为。依据《广告法》规定，对于贬低其他生产经营者的商品和服务的广告行为，广告主应承担相应的民事责任和行政责任。法院最终判决××有线电视台、乐邦利公司和绿美公司停止侵权，在电视上道歉，并赔偿自来水公司损失10万元。

案例三

赵某到住所附近某电影院看电影，在其入场时，看到影院门口贴着××牌香烟的烟盒模型广告。烟盒上标明了该种香烟由某烟草公司生产，广告由某广告公司制作。赵某认为在电影院做香烟广告违反《广告法》，即将此事向工商局反映，工商局经调查属实。

问：本广告违反了《广告法》的什么规定？

【评析】 本广告违反了《广告法》当中所规定的：禁止利用广播、电影、电视、报纸、期刊发布烟草广告。禁止在各类等候室、影剧院、会议厅堂、体育比赛场馆等公共场所设置烟草广告。烟草广告中必须标明'吸烟有害健康'。违反该条规定的，广告监督管理机关应责令负有责任的广告主、广告经营者、广告发布者停止发布，没收广告费用，可以并处广告费用1倍以上5倍以下的罚款。

(二) 案例分析实训

案例一[1]

曾经有近20家广告客户在全国15家报纸、杂志上刊登过"获国家专利的人体电子增高器"广告。广告称："经临床试验证明，半年内可增高3～7厘米，效果显著，无副作用，产品已通过中国科学院、有关单位医师、高级工程师及专家鉴定，符合科学及医学原理，效果良好，适合16～25岁男女青年佩带，是青春期矮小青少年的最佳健美增高器"。有的厂家在说明书上说："经河北省医学院附属医院对石家庄市第十五中学48名同学的临床试验，均增高5～7厘米。"实际上这则广告上的产品使许多上当的青少年不仅没有增高，反而灼伤了身体。

问：(1) 这些增高广告违反了《广告法》的哪条规定？
(2) 这些增高广告和一般的虚假广告有何不同？

案例二[2]

2002年，湖北移动通信有限责任公司黄冈分公司（以下简称黄冈移动公司）与黄冈日报社下的《鄂东晚报》合办了一个栏目，用于黄冈移动公司企业形象宣传。在该栏目的第16期中，未经许可使用了梅某原在《湖北日报》上发表的文章《"全球通"连着山里的家》，且未署名。梅某发现后，认为黄冈移动公司与《鄂东晚报》侵犯了其依法享有的著作权，且合办栏目的性质是一种商业广告性质，即与《鄂东晚报》联系，但《鄂东晚报》认为，这是报社正常转载，由于疏忽，未署名及未支付报酬。双方多次交涉未果，梅某遂向法院起诉。

问：企业形象宣传是否属于商业广告？

案例三[3]

据北京晚报记者杨某报道，近期来，发现一些商家请来酷似毛主席的演员做酒厂形象代言人；篡改毛主席语录搞促销；摆放现任国家领导人的照片，用来做宣传和促销。

问：该类广告是否违法？如违法，应依据《广告法》什么规定予以处理？

主要参考文献

1. 崔银河编著：《广告法规与职业道德》，中国传媒大学出版社2008年版。
2. 温智、王桂霞主编：《广告道德与法规》，清华大学出版社2009年版。
3. 于林洋："论广告法视野下虚假荐证责任制度之重构——'三鹿门'事件下的追问与反思"，载《法商研究》2009年第3期。
4. 夏定、程兰、王叔良："《广告法》修订需注意的几方面问题"，载《中国广告》2013年第12期。
5. 陈绚、张洋："虚假广告的责任追究与监管——2014广告法草案专题研究"，载《国际新闻界》2014年第9期。

---

[1] 本案例来自深圳大学网站，载http://cms.szu.edu.cn/course/jingpin2008/jingjifa/E_ReadNews.asp?NewsID=533.
[2] 本案例来自110法律咨询网，载http://www.110.com/ziliao/article-39889.html.
[3] 本案例来源于《北京晚报》2007年6月22日，第3版。

第十二章
反垄断法律制度

【本章概要】反垄断法是调整国家在规制市场主体和其他相关组织以控制市场为目的而实施的反竞争行为过程中所发生的社会关系的实体法和程序法的总和。反垄断法的规制对象主要为滥用市场支配地位行为、限制竞争协议行为、经营者集中、行政性垄断行为。大多数国家的反垄断法适用对象涵盖以下四类主体，即经营者、政府、事业单位和行业协会。世界大多数国家的立法和执法实践表明，反垄断法的宗旨通常呈现出多元化，至少涵盖维护竞争、促进经济效率和保护消费者利益三大基本目标。因为国情的差异，各国的反垄断法执法机构设置也存在很多不同之处。从整体上来看，当前世界各国的反垄断执法机构设置可以分为三种基本类型，即二元行政主管型、行政主管机关与顾问机构型、专门单一机关型。从我国《反垄断法》第9条与第10条的规定来看，我国采取二元化立法模式，分别设立议事协调机构和具体执法机构。

【学习目标】把握反垄断法的规制对象和使用范围，理解反垄断法的立法宗旨，熟练掌握反垄断法规制的四大类垄断行为，了解我国反垄断执法机关的设置。

第一节 反垄断法概述

一、反垄断法的概念

反垄断法在不同的国家和地区有不同的称谓，美国称为反托拉斯法（Anti-Trust Law），欧盟称为竞争法（Competition Law），我国台湾地区称为公平交易法（Fair Trade Law）。尽管如此，但是它们表达的要义是基本一致的，我们通称为反垄断法（Anti-Monopoly Law）。反垄断法是调整国家在规制市场主体和其他相关组织以控制市场为目的而实施的反竞争行为过程中所发生的社会关系的实体法和程序法的总和。理解反垄断法概念时要注意以下三个方面内容：

（一）反垄断法规制的主体是市场主体

垄断一般是企业或者联合组织的行为，因此这里所称的市场主体包括企业、企业联合组织以及其他社会组织和机构。如日本和我国台湾地区的反垄断法中明确规定该法的适用对象为"事业者和事业者团体"；德国的法律中规定，反垄断法规制"企业和企业的联合组织"；英国和美国等国家的反垄断法也都对"私人"或公司、企业的垄断行为进行规制。在各国实践中，某些非市场主体也实施了垄断行为，如政府机构或社会组织（行业协会等）在经济生活中对市场资源的垄断和限制竞争的行为。从对市场机制的破坏作用和影响来说，这些垄断和市场垄断都是一样的，都对统一市场的形成和资源的有效配置产生障碍，因而也应该成为反垄断法规制的主体范围。因为这时的政府机构和社会组织的行为不是被作为行政行为对待，而是视为"企业"的市场行为。[1]

---

[1] 王晓晔："反垄断法中的政府行为"，载《第四届竞争法与竞争政策国际研讨会论文集》，2004年10月。

（二）反垄断法规制的行为是反竞争的行为

现代反垄断法认为，市场主体占有市场垄断地位的本身并不当然违法，因此也不属于反垄断法的规制对象。但是如果市场主体凭借自身的市场优势地位，从事限制竞争或排挤竞争的行为，则将受到反垄断法的制约。反垄断法律中所规制的行为不仅包括独家垄断和寡头垄断，而且还包括以企业合并方式谋求垄断的行为、以联合方式限制竞争的行为，以及以其他形式（如政府滥用行政权力）进行限制竞争的行为等。这些行为的共同特征就是"以控制市场为目的排斥或限制竞争"。因此，只要是符合这一特征的行为都应当属于反垄断法的范围。

（三）反垄断法是结合实体规定和程序规定的法律规范总和

在大多数国家，反垄断法都是由一个基本法和若干特别法以及众多的行政法规构成的一个法规范群，包含了实体规范和程序规范。如美国在《谢尔曼反托拉斯法》之外，还专门针对滥用垄断地位和不正当竞争行为颁布《克莱顿法》和《联邦贸易委员会法》以及《反托拉斯民事诉讼法》等。众多的行政法规范对具体的法律实施具有重要的意义。因为垄断案件的审理需要十分艰难复杂的调查过程，既涉及公法领域，又涉及私法领域，因此多数国家规定了专门的行政执法机构。对垄断行为的规制一般都通过行政法规进行，对案件的调查审理作了特别的程序规定。如美国的"横向兼并指南"、"知识产权许可反托拉斯指南"等，日本除了《禁止私人垄断及确保公平交易法》之外，还有"关于审查公司合并事务处理基准"等行政法规。

二、反垄断法的规制对象

在现代反垄断政策指导思想下，现代反垄断法规制的对象主要集中在以下四个方面。

（一）滥用市场支配地位行为

滥用市场支配地位（Abuse Dominant Position）是指企业凭借已经获得的市场支配地位，对市场的其他主体进行不公平的交易或者排挤竞争对手的行为。现代反垄断法理论认为，企业通过正常的工业发展途径获得优势地位行为本身并不会引起反垄断法关注，但是企业在获得这些优势地位以后滥用自身经济力量实施垄断的行为则将受到法律的惩罚。滥用市场支配地位行为在具体实践中的表现形式是多样化的。

（二）限制竞争协议行为

限制竞争协议（Restraint Agreements），也称为卡特尔协议（Cartel），它是指两个或者两个以上具有竞争关系的企业之间达成旨在排除、限制竞争的协议。这种协议不仅仅是指企业间达成的正式书面协议，也包括非书面的联合行动合意。限制竞争协议行为导致市场竞争受到人为的抑制，因此各国反垄断法原则上对之加以禁止；但是考虑到其在某些情况下的积极效果，各国反垄断法基本又毫无例外的规定了豁免制度。限制竞争协议在实践中应用的领域涉及经济生活的方方面面。

（三）企业合并行为

企业合并（Merger and Acquisition，M&A）不仅包含资产转移型的合并，还要扩大到一个企业能够对另一个企业发生支配性影响的所有方式，包括持有其他公司的股份、取得其他企业的资产、受让或承租其他企业全部或主要部分的营业或财产，与其他企业共同经营或受其他企业委托经营、干部兼任、直接或间接地控制其他企业的人事任免等实现市场力量集中之目的的行为，我国立法称之为经营者集中。虽然现代反垄断法并不当然认为企业获得垄断地位行为本身是违法的，但是出于对垄断势力的防范，很多国家反垄断法规定了企业合并控制制度。企业合并控制制度的存在表明现代反垄断法并未完全摆脱结构主义的色彩。

（四）行政性垄断

行政性垄断（Administrative monopoly）是相对于市场垄断而言的，它是指行政机关和公共组织滥用行政权力，排除或者限制竞争而形成的垄断。行政性垄断是行政权力在市场经济中的异化，对市场经济的健康发展产生巨大的危害性。反垄断法有必要对政府行政权力导致的限制竞争行为和垄断行为加以规制。行政性垄断在具体实践中的表现形式是五花八门，这在经济体制转轨的国家表现得尤为突出。

三、反垄断法的适用范围

从各国的反垄断相关立法来看，反垄断法适用范围是由一系列制度共同划定的。

（一）适用对象

大多数国家的反垄断法适用对象涵盖以下四类主体，即经营者、政府、事业单位和行业协会。

1. 经营者。反垄断法作为经济宪法，它所关注的基本内容是社会经济生活秩序。经营者是市场经济活动的核心主体，是直接影响市场经济秩序的庞大社会群体。因此，反垄断法的适用对象首先集中在经营者身上。经营者是反垄断法适用的主要对象，这是世界各国反垄断法所达成的一致共识。

2. 政府。在反垄断法发展早期，受国家主权主义理论的影响，反垄断法基本不干预政府所作所为。美国最高法院在1943年的帕克诉布朗案中确认了这一原则，在这个案件的判决中指出："国会不要求国家服从谢尔曼法，因此，国家可以自己的名义，以私人不被允许的反竞争方式从事管理或者行为。"[1] 但是伴随着政府在市场竞争秩序的影响不断增加以及行政权力滥用现象日益突出的问题，各国反垄断法逐步放弃传统理论而开始关注政府行为对市场竞争制度的影响。我国《反垄断法》专门对行政机关滥用权力限制竞争作出了禁止规定。

3. 事业单位。根据1998年国务院颁布的《事业单位登记管理暂行条例》规定：事业单位是以社会公益为目的，由国家机关举办或者其他组织利用国有资产举办的，从事教育、科技、文化、卫生等活动的社会服务组织。由这个定义可以看出，事业单位具有公益性、国有性、服务性三个最明显的特征。从理论上讲，它不存在与经营者同样的经济动因来实施垄断行为。但是实践中客观上出现了事业单位实施垄断行为现象，例如沈阳苏家屯卫生防疫站指定交易案。我国《反垄断法》也对事业单位滥用法律授予的权力实施限制竞争的行为作出了禁止性规定。

4. 行业协会。行业协会是一种非营利性组织，它是由商业中的竞争者所构成，其目的在于促进和提高该行业中的一个或多项经济利益或者该领域所覆盖成员的经济利益。[2] 反垄断法与行业协会之间是有着密切的关系的。一方面，行业协会在实现自己职能的过程中，为了行业领域的健康发展和全体会员的共同利益，会约束会员尤其是会员企业的活动，使其遵守竞争规则并运用行业协会的自治权来对违反竞争规则的行为进行规范，这些行为的结果与反垄断法维护自由、公平竞争的目的是不谋而合的；但另一方面，行业协会为了实现会员企业利益的最大化会倡导会员企业从事所谓的行业"自律"行为，希望会员企业之间不要自相残杀，进行激烈的竞争，最好能签订价格同盟等协议。行业协会从事的这些行为实际上是损害、限制竞争的行为，而这些使竞争无法正常进行的行为正是反垄断法所要制约的对象。[3] 目前，很多国家的反垄断法明确将行业协会纳入其适用对象范围。我国《反垄断法》明确禁止行业协会实施垄断行为，并规定了比较严厉的法律责任。

---

[1] Parker v. Brown, 317 U. S. 341, 350~351 (1943).
[2] 鲁篱：《行业协会经济自治权研究》，法律出版社2003年版，第4页。
[3] 孟雁北："反垄断法视野中的行业协会"，载《云南大学学报（法学版）》2004年第3期。

(二) 适用除外制度

反垄断法的适用除外是指国家为了保护整个国民经济的发展，在反垄断法中规定的对特定行业或企业的特定行为不适用反垄断法内容的法律制度。反垄断法豁免制度是各国反垄断法共有的一项法律制度，但因各国国情的差异，其立法形式并不完全一样。有的国家直接在反垄断法中作出规定，如德国；有的国家则单独制定单行豁免法律，如美国；还有的国家则采取二者混合模式，如日本。

反垄断法适用除外的规定一般有以下几个主要方面：

1. 国家垄断。国家垄断是指国家凭借政治权力对某些产业领域或经营活动实施独占控制而形成的垄断，主要在某些特定行业如邮政、烟草等通过专营的形式实行。

2. 自然垄断。自然垄断是指由于某些产业的自然性质所形成的垄断，这些产业内的企业如果实行市场竞争则可能导致社会资源的浪费，如电信、电力、供水、供气等行业一般都获国家特许实行垄断经营，在反垄断法适用的范围之外，由国家实行监管。但随着科学技术的发展和促使经营效率的提高，保护消费者利益，自然垄断行业逐渐实行改革，适度引入了市场竞争。因此，自然垄断行业就受到政府监管和反垄断法适用的双重规制。

3. 知识产权。知识产权是国家通过知识产权法直接规定的赋予权利人独占权利，列入反垄断法适用除外范围的垄断。如专利、商标等。给予知识产权权利人垄断权的目的是为了激励和保护发明创造的积极性，推动社会生产力的发展。但是，如果在行使知识产权时凭借独占权从事限制或者排除市场竞争的行为，导致社会进步的障碍，则也要受到反垄断法的规制。

4. 农业。农业是各国的基础产业，本身具有可增值幅度小和深受自然条件影响的特点。为了保证农业的稳定发展，世界上很多国家反垄断法都明确规定不适用于这一领域的相关行为。例如欧共体为了避免农业生产者之间毁灭性竞争，对农产品行业不适用欧共体竞争法。[1] 我国农业还比较落后，需要保护程度远远超过西方国家社会。鉴于此，我国《反垄断法》对农业生产者及农村经济组织在农产品生产、加工、销售、运输、储存等经营活动中实施的联合或者协同行为适用除外制度。

(三) 豁免制度

反垄断法豁免制度是指对于违反垄断法的行为，由于其满足一定的要件而不受到反垄断法禁止与归责的制度，它是世界各国反垄断法所具有的共同制度。

我国《反垄断法》第15条规定，经营者能够证明所达成的协议属于下列情形之一的，不适用本法第13、14条的规定：①为改进技术、研究开发新产品的；②为提高产品质量、降低成本、增进效率，统一产品规格、标准或者实行专业化分工的；③为提高中小经营者经营效率、增强中小经营者竞争力的；④为实现节约能源、保护环境、救灾救助等社会公共利益的；⑤因经济不景气，为缓解销售量严重下降或者生产明显过剩的；⑥为保障对外贸易和对外经济合作中的正当利益的；⑦法律和国务院规定的其他情形。属于前款第1~5项情形，不适用本法第13、14条规定的，经营者还应当证明所达成的协议不会严重限制相关市场的竞争，并且能够使消费者分享由此产生的利益。

(四) 域外适用制度

反垄断法的域外适用制度是指一个国家的反垄断法对发生在国外的但是影响到本国国内市场竞争制度的行为进行反垄断管辖的制度，它是近代市场经济和全球化的必然产物。

---

[1] 王晓晔：《企业合并中的反垄断问题》，法律出版社1996年版，第293页。

反垄断法域外适用有着深刻的社会经济根源，随着国际经济的发展，跨国企业的活动对本国的市场产生了许多巨大的影响，国家为了维护本国的经济利益作出域外适用规定是势在必行的。美国是世界上最早实行反垄断法域外适用的国家。早在1911年，美国最高法院在审理"美国烟草公司案"时就确立了其反托拉斯法的域外适用。1945年，美国最高法院在审理"美国铝公司案"时正式确立了反垄断法域外适用的效果原则。法官Hand指出，谢尔曼法也适用于外国企业在美国境内订立的协议，只要"其意图是影响美国出口，且事实上也影响了美国出口"。Hand法官在当时依据的是习惯法，即"任何一个国家都有权规定，即使对于那些不属于本国的臣民，也不得在其国家领域外从事被这个国家谴责的且对其境内能够产生不良后果的行为"。这就确立了美国反垄断法域外适用的"效果原则（effects doctrine）"。效果原则扩大了美国反垄断法域外适用的效力的同时，也给其他各国有关方面的立法带来了巨大的借鉴意义，即它为母国和东道国监管跨国公司并购活动提供了基本的法理依据。以"效果原则"为基础确立的反垄断法的域外适用制度对其他国家也产生了巨大影响，欧共体、德国、澳大利亚等国家相继在其反垄断法中建立了反垄断法域外适用制度；有的国家如日本等，虽然没有在其反垄断法中明确规定这一原则，但通常通过立法解释和法院判决来确认反垄断法的域外适用原则。

我国《反垄断法》第2条规定，中华人民共和国境内经济活动中的垄断行为，适用本法；中华人民共和国境外的垄断行为，对境内市场竞争产生排除、限制影响的，适用本法。

四、反垄断法的立法宗旨

立法宗旨是反垄断法制定的指导思想，它决定着反垄断基本法律制度的设置与科学性问题。世界大多数国家的立法和执法实践表明，反垄断法的宗旨通常呈现出多元化，至少涵盖维护竞争、促进经济效率和保护消费者利益三大基本目标。

根据我国《反垄断法》第1条规定，保护市场公平竞争、提高经济运行效率、维护消费者利益和社会公共利益是我国反垄断法的四个基本宗旨。

（一）保护市场公平竞争

在经济学中，帕累托最优是衡量社会资源配置状态的核心标准，而帕累托最优的实现机制主要依赖于竞争。"任何对完全竞争市场的偏离都会导致效率损失，偏离的程度越强，经济效率的损失程度也就越强。"[1]因此，竞争机制在现代社会资源配置中具有举足轻重的地位。虽然截止到目前，我国市场经济已经取得长足发展，但是各种垄断问题依然大量存在，它们严重阻碍了我国市场经济的进一步发展。因此，打破垄断、促进市场展开公平竞争是我国反垄断法的第一要务。

（二）提高经济运行效率

发展经济总体上有两种方式，即粗放型与集约型。虽然我国地大物博，但是由于人口基数本身有近13亿，这些资源平均到具体人口上则也是非常少的。因此，粗放型的模式是无法从根本上解决问题的；况且伴随着可持续发展理论的提出，短期见效的粗放型经济增长模式已被各国所抛弃，代替的是集约型经济。集约型的经济本身关注效率最大化问题，即以最小的投入获得最大的产出。根据X-无效率理论，竞争的压力会迫使完全竞争从而促使其成本最小化，而缺乏竞争会使垄断者的无效率成为可能。经济学"无谓损失理论"则发现，垄断高价造成了部分对双方有益的交易无法进行，造成经济蛋糕缩小。这些理论在我国实践中都得到了验证，例如金融、通讯、交通、保险、电力、供水、供电等这些企业长期处于独家经营的状态，

---

[1] 胡甲庆：《反垄断法的经济逻辑》，厦门大学出版社2007年版，第45页。

缺乏外部竞争，经营效率不高；但是通过垄断高价却把消费者的利益转移到经营者身上，造成社会福利的损失，估计这类损失每年达到 1300~2020 亿元。[1] 因此，中国要进一步提高经济运行效率必须打破不合理的垄断、促进市场的有效竞争。中国经济现状与社会发展需求客观上决定了提高经济运行效率是反垄断法追求的重要目标。

（三）保护消费者合法权益与社会公共利益

消费者保护是当前各国社会关注的一个焦点，很多国家专门制定了消费者权益保护法律制度。我国 1993 年颁布了《消费者权益保护法》，它确立消费者国家与社会保护原则。虽然我国消费者保护工作已经取得长足发展，但目前在社会现实中侵害消费者权益的案件还是很多的。这些案件中涉及经济利益纠纷的主要集中在那些具有市场优势地位的企业身上，例如"银联跨行查询收费案件"、"杭州电信强制托收保险费案"、"微软捆绑销售、超高定价案"等。这些案件不仅严重侵害了消费者利益，而且直接影响着市场健康发展。反垄断法作为经济宪法，无论是从维护市场竞争制度角度还是从对市场主体关注的角度，都应该对消费者权益保护问题作出相应表态与规定。我国有部分学者甚至认为，反垄断法的终极任务就是保护消费者。[2]

经济法是以社会为本位之法，保护公共利益是现代经济法承载的重要历史使命。"以维护自由公平竞争秩序为己任的反垄断法是现代市场经济的基本法律之一，是现代经济法的核心。"[3] 所以，保护社会公共利益自然是我国反垄断法的宗旨所在。

第二节 规制的垄断行为

一、限制竞争协议行为

（一）限制竞争协议的概念与性质

限制竞争协议（Restraint Agreements），也称为卡特尔协议（Cartel）或者垄断协议，它是指两个或者两个以上具有竞争关系的企业之间达成旨在排除、限制竞争的协议。这种协议不仅仅是指企业间达成的正式书面协议，也包括非书面的联合行动合意。企业之间达成的反竞争协议，既可以是书面协议，也可以是口头协议（君子协议）；既可以是双方正式签署的规范性文件，也可以是双方传递的电报、传真和信件；既可以是横向的协议，也可是纵向的协议。[4] 此外，有些国家还把非通过意思交流而是自觉跟从他人的协同行为也作为限制竞争的行为，例如欧盟、美国等。

虽然限制竞争协议行为并不直接对市场结构产生影响，但它在经济生活中更为普遍，对市场的影响以及对竞争机制的破坏作用一点也不亚于垄断。[5] 这主要表现在：①限制竞争协议直接损害未参与共谋协议之企业的利益。限制竞争协议可使已进入市场的非"联合"者的经营活动严重受挫，或使其业务的发展受到直接或间接的威胁，尤其是那些遭受联合抵制的经营者，往往是客户被夺、业务量锐减，损失惨重，甚至遭受灭顶之灾。联合行为还可能排挤小企

---

[1] 徐士英等：《竞争法新论》，北京大学出版社 2006 年版，第 197 页。

[2] 颜运秋："反垄断法应以保护消费者为终极目的"，载《消费经济》2005 年第 5 期。

[3] 杜文学："垄断与竞争：制度安排与价值决定——反垄断与充分竞争的法经济学思考"，载《兰州铁道学院学报》2001 年第 5 期。

[4] 阮方民：《欧盟竞争法》，中国政法大学出版社 1998 年版，第 141~142 页。

[5] 国家工商行政管理局：《现代竞争法的理论与实践》，法律出版社 1993 年版，第 20 页。

业的建立与发展，限制"联合"成员以外的竞争者进入市场，使其丧失参与公平竞争的机会。[1] ②限制竞争协议严重损害消费者的利益，使消费者不能在进行购买时自由地比较和选择，被迫接受所有具有竞争关系的企业的一致定价或一样的交易条件，极有可能形成不合理不公平的交易。但是限制竞争协议行为本身也并不是没有任何存在的合理价值的。有些限制竞争协议在一定程度上限制了市场竞争，但它能够有效地避免因市场过度竞争而导致资源浪费局面的发生，从而促进社会经济整体发展。

（二）限制竞争协议行为的表现形式

限制市场竞争协议可以分为横向限制竞争协议和纵向限制竞争协议两类。

1. 横向限制竞争协议行为。根据我国《反垄断法》第13条规定，禁止的横向限制竞争协议行为主要为：①固定或者变更商品价格；②限制商品的生产数量或者销售数量；③分割销售市场或者原材料采购市场；④限制购买新技术、新设备或限制开发新技术、新产品；⑤联合抵制交易；⑥国务院反垄断执法机构认定的其他垄断协议。

2. 纵向限制竞争协议行为。我国《反垄断法》第14条规定，禁止经营者与交易相对人达成下列垄断协议：①固定向第三人转售商品的价格；②限定向第三人转售商品的最低价格；③国务院反垄断执法机构认定的其他垄断协议。

（三）限制竞争协议行为的查处

1. 限制竞争协议的构成要件。

（1）主体的认定。限制竞争行为的主体是指在同一经济层次中的有竞争关系的企业（横向限制竞争），或者具有供销关系的企业（纵向限制竞争）。

（2）具有限制竞争的共同目的。主体之间具有限制竞争的"合意"是认定横向限制竞争行为的主观要件。这种合意包括有法律拘束力的意思表示和并不具有法律效力的其他合意表示。很多国家执法实践表明，参与限制竞争协议的主体为逃避法律规制往往掩盖或消灭证据。很多国家为此建立了反推规则，即如果其他事实证据能够证实限制竞争的协议确实存在的话，就推定这种协议主观具有故意性。[2]

（3）实施了限制竞争的行为。企业之间不管有没有以书面形式订立协议或者口头的非正式协议，只要通过协调行为共谋，采取了限制竞争的实际行动，就属于法律所规制的内容。

（4）导致限制竞争的后果。在考虑此项要素时，多数国家都认为对市场的影响不一定要实际发生，只要能证明对市场的影响在一定程度上有发生的可能性及这种影响的严重性，就足以推断这种影响的存在。

上述主要是横向限制竞争协议的构成要件，关于纵向竞争协议的主要表现形式限制转售价格有着严格的构成条件。①限制转售价格必须有两个以上的交易关系存在，即"初次销售"（制造商与经销商的交易关系）与"转售"（经销商与零售商的交易关系）是两个独立的销售关系。如果经销商与制造商之间属代理关系，不存在转售价格的控制问题。②从事交易者非母子公司关系或丧失独立地位的企业。经销商不具有独立人格就不能认定转售的价格控制，而只视为公司"内部"关系。③限制转售价格必须是带有"强制性"的。限制转售价格是上游厂商对下游经销商构成有拘束力的限制行为，而不包括单纯的"建议价格"行为。凡订有罚则或以拒绝交易相要挟等内容的契约，即属"强制性"价格限制。

2. 限制竞争协议的法律责任。由于限制竞争协议对市场竞争的严重影响，各国反垄断法

---

[1] 吕明瑜："限制竞争协议及立法思考"，载《经济师》2003年第6期。
[2] 戴奎生等：《竞争法研究》，中国大百科全书出版社1993年版，第91~92页。

都对其加以格外关注。如果经营者之间的限制竞争协议得不到反垄断法的豁免,那么他们将面临反垄断法的严厉惩罚。

我国《反垄断法》对限制竞争协议行为规定了如下责任:经营者违反本法规定,达成并实施垄断协议的,由反垄断执法机构责令停止违法行为,没收违法所得,并处上一年度销售额1%以上10%以下的罚款;尚未实施所达成的垄断协议的,可以处50万元以下的罚款。经营者主动向反垄断执法机构报告达成垄断协议的有关情况并提供重要证据的,反垄断执法机构可以酌情减轻或者免除对该经营者的处罚。行业协会违反本法规定,组织本行业的经营者达成垄断协议的,反垄断执法机构可以处50万元以下的罚款;情节严重的,社会团体登记管理机关可以依法撤销登记。

二、滥用市场支配地位行为

(一) 滥用市场支配地位的概念

滥用市场支配地位(Abuse Dominant Position),是指企业凭借已经获得的市场支配地位,对市场的其他主体进行不公平的交易或者排挤竞争对手的行为。有的学者称其为企业滥用经济优势,"指在竞争的市场中,经济上处于支配地位的经营者,凭借自己的优势地位对其他竞争者,特别是中小企业所采取的排挤和限制的行为"。[1] 也有学者称其为企业滥用控制地位,"指少数大企业滥用其优势地位,对其他企业施加影响和控制,从而限制有效竞争的行为"。[2] 虽然这些概念的形式是存在一定的差异,但是它们有关滥用市场支配地位行为的本质表述是一致的,都涵盖了"市场支配地位滥用"与"损害竞争"基本要义。

(二) 滥用市场支配地位行为表现形式

根据我国《反垄断法》第17条规定,法律禁止的滥用市场支配地位行为是:①以不公平的高价销售商品或者以不公平的低价购买商品;②没有正当理由,以低于成本的价格销售商品;③没有正当理由,拒绝与交易相对人进行交易;④没有正当理由,限定交易相对人只能与其进行交易或者只能与其指定的经营者进行交易;⑤没有正当理由搭售商品,或者在交易时附加其他不合理的交易条件;⑥没有正当理由,对条件相同的交易相对人在交易价格等交易条件上实行差别待遇;⑦国务院反垄断执法机构认定的其他滥用市场支配地位的行为。

(三) 市场支配地位的认定

市场支配地位是指经营者在相关市场内具有能够控制商品价格、数量或者其他交易条件,或者能够阻碍、影响其他经营者进入相关市场能力的市场地位。我国《反垄断法》第18条规定,认定经营者具有市场支配地位,应当依据下列因素:①该经营者在相关市场的市场份额,以及相关市场的竞争状况;②该经营者控制销售市场或者原材料采购市场的能力;③该经营者的财力和技术条件;④其他经营者对该经营者在交易上的依赖程度;⑤其他经营者进入相关市场的难易程度;⑥与认定该经营者市场支配地位有关的其他因素。

为了便于对市场支配地位作出认定,我国《反垄断法》还建立了推定规则。第19条规定,有下列情形之一的,可以推定经营者具有市场支配地位:①一个经营者在相关市场的市场份额达到1/2的;②两个经营者在相关市场的市场份额合计达到2/3的;③三个经营者在相关市场的市场份额合计达到3/4的。有前款第②、③项规定的情形,其中有的经营者市场份额不足1/10的,不应当推定该经营者具有市场支配地位。被推定具有市场支配地位的经营者,有证据证明不具有市场支配地位的,不应当认定其具有市场支配地位。

---

〔1〕 包锡妹:《反垄断法的经济分析》,中国社会科学出版社2003年版,第160页。

〔2〕 倪振峰编著:《竞争与竞争法》,华东师范大学出版社1996年版,第173页。

(四)"滥用"的认定

根据行为主义理论,企业获得市场支配地位本身并不违反法律;只有当特定的企业滥用这种市场优势地位时,法律才对其进行加以限制或者禁止。因此,在确定经营者的市场支配地位后,应该进一步考虑具有市场支配地位的企业是否滥用了这种市场控制力在相关市场领域内从事了限制市场竞争的行为。

从目前世界各国的反垄断立法来看,大多数国家和地区在反垄断法中明确规定了滥用市场支配地位的具体情形。德国《反限制竞争法》第19条第4款规定,滥用,即如一个具有市场支配地位的企业作为某种商品或服务的供应者或需求者:①以对市场上的竞争产生重大影响的方式,并无实质上合理的理由,损害其他企业的竞争可能性。②提出与在有效竞争条件下理应存在的报酬和其他条件相悖的报酬或其他条件;在此,特别应当考虑企业在存在有效竞争的类似市场上的行为方式。③提出的报酬或其他交易条件差于该支配市场的企业本身在类似市场上向同类购买人所要求的报酬或其他交易条件,但该差异在实质上是合理的除外。④拒绝另一个企业以适当报酬进入自己的网络或其他基础设施,但以该另一个企业出于法律上或事实上的理由,非使用他人网络或其他基础设施无法在前置或后置市场上作为支配市场企业的竞争者从事活动为限;如支配市场的企业证明这种使用因企业经营方面或其他方面的事由是不可能的或不能合理期待的,不在此限。欧共体法院在"霍夫曼—拉罗赫案"中,对于滥用的解释为:"滥用是一种关于优势地位企业行为的客观概念,滥用行为系指能影响市场结构,使市场中之竞争程度为之减弱的一切行为与措施;并通过与商业运营中产品与服务正常竞争状况下比较,认为会对现有市场竞争程度之维持或成长造成影响。"[1]

这些规定与解释为判定经营者的行为是否属于反垄断法所禁止的滥用市场支配地位行为奠定了基础,对我国具有一定借鉴意义。在这个环节上,我国目前是由执法机关根据合理原则来进行认定的。

(五)法律责任

我国反垄断法对滥用市场支配地位行为确立了行政责任与民事责任:即经营者违反本法规定,滥用市场支配地位的,由反垄断执法机构责令停止违法行为,没收违法所得,并处上一年度销售额1%以上10%以下的罚款;经营者实施垄断行为,给他人造成损失的,依法承担民事责任。

三、经营者集中行为

(一) 经营者集中行为的概念与种类

经营者集中在不同国家和地区的反垄断法中有着不同的称呼,如结合(Merge)、联合(Combination)、兼并或收购(Acquisition)、接管(Take over)等。在立法上,我国反垄断法最终采用了"经营者集中"这个术语,它是指两个或者两个以上的经营者进行合并或者通过取得股权或者资产的方式取得对其他经营者的控制权或者通过合同等方式取得对其他经营者的控制权或者能够对其他经营者施加决定性影响。

根据集中参与者原先所在市场领域的差异,经营者集中可以分为横向经营者集中、纵向经营者集中与混合经营者集中三类。

横向经营者集中是指相同或者相似产品的生产者和销售者之间的集中,其显著的经济效果是由于市场经营规模扩大而带来的规模经济。横向集中被认为最有可能引起垄断和破坏市场竞

---

[1] 文学国:《滥用与规制——反垄断法对企业滥用市场优势地位行为之规制》,法律出版社2003年版,第146页。

争,因为横向集中直接影响市场结构,它提高了参与企业的市场占有率,市场集中度也因此提高。

纵向经营者集中是指处于不同生产或销售环节的企业之间的集中,其实质是将原来的市场交易关系内化成企业内部的管理关系。纵向集中能够减少信息收集、谈判、签约等交易成本,也不直接导致企业市场占有率的提高和市场势力的增强,但集中后的企业会增强对上、下游市场的控制力量,而导致影响市场竞争力量的对比发生不良的变化。正因为纵向集中存在着对市场竞争的潜在威胁,它也成为反垄断法规制的对象。

混合经营者集中是指分属不同产业领域的企业的集中,如信息产业和保健食品行业的集中、金融企业与制造业的集中等,在当今各国合并案例中,混合集中已成趋势。由于混合集中各方之间不存在竞争关系,其对市场竞争并不产生直接的消极影响。但集中能增强企业的经济力量,除了加强对参与企业主要产品市场的控制外,还可能使原来不同市场的产品产生优势地位,其影响竞争的潜在威胁不能忽视。

(二)经营者集中的申报制度

由于并不是所有的经营者集中行为都会对市场产生实质性的不良影响,因此,反垄断执法机关并不需要对所有的经营者集中案件进行审查。为了解决对经营者集中行为的规制效率,现代反垄断法建立了经营者集中的申报制度。只有达到法定申报标准的经营者集中案件,参与者才必须依法向反垄断执法机关进行申报,只有在获得批准后才能实施集中行为。

我国《反垄断法》第 21 条规定:经营者集中达到国务院规定的申报标准的,经营者应当事先向国务院反垄断执法机构申报,未申报的不得实施集中。《国务院关于经营者集中申报标准的规定》规定,经营者集中达到下列标准之一的,经营者应当事先向国务院商务主管部门申报,未申报的不得实施集中:①参与集中的所有经营者上一会计年度在全球范围内的营业额合计超过 100 亿元人民币,并且其中至少两个经营者上一会计年度在中国境内的营业额均超过 4 亿元人民币;②参与集中的所有经营者上一会计年度在中国境内的营业额合计超过 20 亿元人民币,并且其中至少两个经营者上一会计年度在中国境内的营业额均超过 4 亿元人民币。经营者集中未达到本规定第 3 条规定的申报标准,但按照规定程序收集的事实和证据表明该经营者集中具有或者可能具有排除、限制竞争效果的,国务院商务主管部门应当依法进行调查。但是根据《反垄断法》第 22 条规定,经营者集中有下列情形之一的,可以不向国务院反垄断执法机构申报:①参与集中的一个经营者拥有其他每个经营者 50% 以上有表决权的股份或者资产的;②参与集中的每个经营者 50% 以上有表决权的股份或者资产被同一个未参与集中的经营者拥有的。

根据《经营者集中申报办法》规定:通过合并方式实施的经营者集中,由参与合并的各方经营者申报;其他方式的经营者集中,由取得控制权或能够施加决定性影响的经营者申报,其他经营者予以配合。申报人应当提交完备的文件、资料,商务部应对申报人提交的文件、资料进行核查。商务部发现申报的文件、资料不完备的,可以要求申报人在规定期限内补交。申报人逾期未补交的,视为未申报。

(三)经营者集中的审查

1. 审查标准及权衡因素。从各国反垄断法对经营者集中控制所实行的审查标准来看,总体上有三类:①实质减少竞争标准,它是指按照是否减少市场竞争,对竞争产生实质限制作用为标准对企业合并进行控制,这以美国为典型。美国 1914 年颁布的《克莱顿法》中规定:如果可能实质上削弱竞争或造成垄断,那么一个公司通过购买另一竞争公司的全部或大部分股票而吞并该公司的做法是法律禁止的。②市场支配力标准,它是以合并是否加强了市场支配地位,影响竞争为控制企业合并的标准,欧盟就是采用这种标准的。根据欧盟的《合并条例》规定,如果一项合并创设或者加强市场支配地位,从而使得共同市场或共同市场的一大部分的有效竞争受到严重妨碍,该合并得宣布与共同市场不一致而不被批准。③经济效率,即把是否损害市场效率,尤其是相关市场上消费者福利作为对合并进行控制的主要考虑因素。在实践中,很多国家将上述标准综合起来,多方面考虑企业合并对市场经济的影响来控制合并。

我国采取的标准如下:具有或者可能具有排除、限制竞争效果的,国务院反垄断执法机构应当作出禁止经营者集中的决定;但是经营者能够证明该集中对竞争产生的有利影响明显大于不利影响,或者符合社会公共利益的,国务院反垄断执法机构可以作出对经营者集中不予禁止的决定。

2. 审查期限。不同国家和地区在审查期限上有所不同。根据我国《反垄断法》规定,国务院反垄断执法机构应当自收到经营者提交的符合本法第23条规定的文件、资料之日起30日内,对申报的经营者集中进行初步审查,作出是否实施进一步审查的决定,并书面通知经营者。国务院反垄断执法机构决定实施进一步审查的,应当自决定之日起90日内审查完毕,作出是否禁止经营者集中的决定,并书面通知经营者。有下列情形之一的,国务院反垄断执法机构经书面通知经营者,可以延长前款规定的审查期限,但最长不得超过60日:①经营者同意延长审查期限的;②经营者提交的文件、资料不准确,需要进一步核实的;③经营者申报后有关情况发生重大变化的。

3. 审查结果。经营者集中具有或者可能具有排除、限制竞争效果的,国务院反垄断执法机构应当作出禁止经营者集中的决定。对不予禁止的经营者集中,国务院反垄断执法机构可以决定附加减少集中对竞争产生不利影响的限制性条件。

四、行政性垄断行为

(一) 行政性垄断行为的概念

行政性垄断是指行政机关和公共组织滥用行政权力排除或者限制竞争而形成的垄断。传统反垄断法理论认为,"行政性垄断是我国体制转轨时期的特殊产物,其最终解决无疑需要深化经济体制和政治体制改革"。[1] 将反垄断法适用于行政垄断,其实已经是各国和地区常见的做法。美国、欧盟和我国台湾地区的立法都将行政机关作为反垄断法的管辖对象,而苏联及东欧国家出现过与我国性质相同的行政垄断问题,其反垄断法中往往有对行政垄断的直接规定。如俄罗斯在《关于禁止和商品市场中限制竞争活动的法律》中规定,联邦行政权力机构、联邦各部门的行政权力机构和各市政府当局所从事的与反垄断法规相抵触的行为,以及会趋向阻止、限制和排除竞争的行为都适用该法律。匈牙利的《禁止不正当竞争法》中也明确规定:如国家行政机构的决议损害了竞争的自由,竞争监督机构可以作为一方当事人请求法律救济。

(二) 行政性垄断行为的危害

行政性垄断本质上是公权力在市场管理的异化的产物,它不仅直接侵害了当事人的合法权益,更是严重损害了市场竞争机制。行政性垄断行为的危害具体有以下几个方面:

1. 行政性垄断扭曲市场机制。行政性垄断大多是为了本地区、本部门的利益运用行政权力,人为地设置障碍、肢解和割裂市场,无法形成开放统一的市场体系。这种行为必定扭曲市场机制的有效运转,使市场失去应有的调节功能,降低资源配置的效率。

2. 行政性垄断违背公平竞争原则。行政性垄断通过其不正当行使行政权力,在市场上人

---

[1] 参见王先林:"略论我国反垄断立法中的禁止行政性垄断制度",载《安徽大学学报(哲学社会科学版)》2005年第6期。

为制造出地位不平等的竞争者，对企业的经营或加以特别保护，或进行强制干预，或滥用行政命令强制企业从事限制竞争的行为。不仅与公平竞争理念相悖，从本质上抹杀了市场竞争的精神，也使企业的利益受到侵害。

3. 行政性垄断削弱企业竞争能力。行政性垄断从表面上看似乎可以维护局部的利益，但这种做法恰恰忽视了利益产生的根源——企业竞争机制的培育。它是以牺牲整体利益、长远利益作为代价的。有了政府的保护或者压制，企业在市场上失去了竞争的动力和压力，创新机制减弱，腐朽力量增添，影响社会经济的发展。

（三）行政性垄断行为的表现形式

根据我国《反垄断法》的规定，行政性垄断行为主要有以下五大类具体表现形式：

1. 滥用行政权力，限定或者变相限定单位或者个人经营、购买、使用其指定的经营者提供的商品。

2. 滥用行政权力，实施下列行为，妨碍商品在地区之间的自由流通：①对外地商品设定歧视性收费项目、实行歧视性收费标准，或者规定歧视性价格；②对外地商品规定与本地同类商品不同的技术要求、检验标准，或者对外地商品采取重复检验、重复认证等歧视性技术措施，限制外地商品进入本地市场；③采取专门针对外地商品的行政许可，限制外地商品进入本地市场；④设置关卡或者采取其他手段，阻碍外地商品进入或者本地商品运出；⑤妨碍商品在地区之间自由流通的其他行为。

3. 滥用行政权力，以设定歧视性资质要求、评审标准或者不依法发布信息等方式，排斥或者限制外地经营者参加本地的招标投标活动。

4. 滥用行政权力，采取与本地经营者不平等待遇等方式，排斥或者限制外地经营者在本地投资或者设立分支机构。

5. 滥用行政权力，强制经营者从事法定禁止的垄断行为。

（四）行政性垄断行为的治理

行政性垄断源于行政权力的滥用，因此对行政性垄断的规制必定要通过行政法律和竞争法律的共同调整才能取得效果。一方面通过行政法明确限制行政权力的范围和执行程序，防止行政权力的滥用；另一方面，通过反垄断法对不正当行使行政权力导致和可能导致市场竞争机制受损的行为规定具体的法律责任。

我国《反垄断法》规定：行政机关和法律、法规授权的具有管理公共事务职能的组织滥用行政权力，实施排除、限制竞争行为的，由上级机关责令改正；对直接负责的主管人员和其他直接责任人员依法给予处分。反垄断执法机构可以向有关上级机关提出依法处理的建议。法律、行政法规对行政机关和法律、法规授权的具有管理公共事务职能的组织滥用行政权力实施排除、限制竞争行为的处理另有规定的，依照其规定。

第三节 反垄断法的执行机制

一、反垄断法的执法机关

（一）国外的反垄断执法机关设置

因为国情的差异，各国的反垄断法执法机构设置也存在很多不同之处。从整体上来看，当前世界各国的反垄断执法机构设置可以分为三种基本类型，即二元行政主管型、行政主管机关与顾问机构型、专门单一机关型。

二元主管型是指反垄断法行政执法存在两个行政执法机关的模式。根据两个行政机关之间关系，这种模式又可以分为平行式与从属式。平行式以美国为典型，美国反托拉斯执法主体是司法部反托拉斯局和联邦贸易委员会，司法部反托拉斯局和联邦贸易委员会是相互平行的两个机构，共同负责执行反托拉斯法，具体职责有着明确划分。从属式以法国为典型，法国反垄断执法体系包括法国经济财政工业部和竞争委员会，经济财政工业部负责反垄断案件的调查，并将案件提交竞争委员会。

行政主管与顾问机构型是指反垄断执法除了存在一个确定职权的行政机构外还存在一个顾问机构的模式。这种模式依据顾问机构职权性质又可以分为纯顾问型和非纯顾问型。纯顾问型以德国最为典型，德国反垄断执法体系包括联邦经济部、联邦卡特尔局、州卡特尔局和反垄断委员会。经济部是联邦政府中负责宏观经济管理的部门，其主要职责之一是制定包括反垄断政策在内的竞争政策，它是根据1957年《反垄断限制竞争法》设立的独立的联邦机关，隶属于联邦经济部长。卡特尔局局长和副局长由经济部长提名，经内阁决议后由总统任命。卡特尔局按行业分类，内设9个审议处、1个基础处和1个欧洲处。卡特尔局享有执法权、处罚权、批准权、监督权等。州卡特尔局隶属于州政府，负责州内卡特尔事务。反垄断委员会是独立的咨询机构。[1] 非纯顾问型以英国为典型，英国的反垄断执法机构体系包括公平贸易局和垄断与兼并委员会。公平贸易局属于政府范围，领导者是公平贸易总局长。垄断与兼并委员会享有报告职能和上诉职能。限制性行为法院的主要职责是根据总局长的报告审理限制性贸易协议和零售价格维持案件，以决定这些行为是否与公众利益一致。1998年的英国《竞争法》将垄断与兼并委员会由竞争委员会替代，并继续行使相关职权。

专门单一机关型是指反垄断行政执法机关是唯一的模式，日本和韩国是典型。日本公正交易委员会是根据1947年《禁止反垄断法》设立的反垄断执法机关。公正交易委员会隶属于首相，独立行使职权。在实施反垄断法的过程中，具有准立法和司法机关的性质。公正交易委员会采取委员会制，由主席和4个委员组成。公正交易委员会事务总局，负责公正交易委员会的日常事务。公正交易委员会事务总局在秘书处的领导下，下设办公厅、经济事务局和调查局。

（二）我国的反垄断执法机关设置

虽然我国有着本身的特殊国情，反垄断立法不能照搬其他国家模式；但是很多国家的实践已经证明了反垄断执法机关必须具有相对高度独立和权威的地位，这样才能保证反垄断法的有效实施。在我国当前反垄断立法中，这种高度独立的反垄断执法机构设置受到了极大的冲击，其主要原因在于政府部门对反垄断执法权力资源的争夺。相关执法部门之间对反垄断执法权力资源的争夺不仅导致反垄断法出台阻力加剧，也使得应有的设置反垄断执法机构方案得不到立法采纳。

从我国《反垄断法》第9条与第10条的规定来看，我国采取二元化立法模式，分别设立议事协调机构和具体执法机构。国务院设立反垄断委员会，负责组织、协调、指导反垄断工作，履行下列职责：①研究拟订有关竞争政策；②组织调查、评估市场总体竞争状况，发布评估报告；③制定、发布反垄断指南；④协调反垄断行政执法工作；⑤国务院规定的其他职责。国务院规定的承担反垄断执法职责的机构依照反垄断法规定，负责反垄断执法工作。

根据第十一届全国人民代表大会第一次会议批准的国务院机构改革方案和《国务院关于机构设置的通知》（国发〔2008〕11号），具体负责我国反垄断执法的机关分别为商务部、国家

---

[1] 参见覃有土、常茜奕："论中国反垄断执法机构的设置"，载《法学论坛》2004年第1期。

发改委和国家工商总局。它们分工如下：商务部依法对经营者集中行为进行反垄断审查，指导企业在国外的反垄断应诉工作，开展多、双边竞争政策交流与合作；国家发改委负责组织制定和调整少数由国家管理的重要商品价格和重要收费标准，依法查处价格违法行为和价格垄断行为等；国家工商总局负责垄断协议、滥用市场支配地位、滥用行政权力排除限制竞争方面的反垄断执法工作（价格垄断行为除外）。

二、对涉嫌垄断行为的调查

（一）调查的启动

反垄断执法机构依法对涉嫌垄断行为进行调查。对涉嫌垄断行为，任何单位和个人都有权向反垄断执法机构举报；举报采用书面形式并提供相关事实和证据的，反垄断执法机构应当进行必要的调查。

（二）职权与义务

反垄断执法机构调查涉嫌垄断行为，可以采取下列措施：①进入被调查的经营者的营业场所或者其他有关场所进行检查；②询问被调查的经营者、利害关系人或者其他有关单位或者个人，要求其说明有关情况；③查阅、复制被调查的经营者、利害关系人或者其他有关单位或者个人的有关单证、协议、会计账簿、业务函电、电子数据等文件、资料；④查封、扣押相关证据；⑤查询经营者的银行账户。

反垄断执法机构调查涉嫌垄断行为，执法人员不得少于两人，并应当出示执法证件。执法人员进行询问和调查，应当制作笔录，并由被询问人或者被调查人签字。反垄断执法机构及其工作人员对执法过程中知悉的商业秘密负有保密义务。被调查的经营者、利害关系人或者其他有关单位和个人应当配合反垄断执法机构依法履行职责，不得拒绝、阻碍反垄断执法机构的调查。被调查的经营者、利害关系人有权陈述意见。反垄断执法机构应当对被调查的经营者、利害关系人提出的事实、理由和证据进行核实。反垄断执法机构对涉嫌垄断行为经调查核实后，认为构成垄断行为的，应当依法作出处理决定，并可以向社会公布。

（三）承诺制度

对反垄断执法机构调查的涉嫌垄断行为，被调查的经营者承诺在反垄断执法机构认可的期限内采取具体措施消除该行为后果的，反垄断执法机构可以决定中止调查。中止调查的决定应当载明被调查的经营者承诺的具体内容。

反垄断执法机构决定中止调查的，应当对经营者履行承诺的情况进行监督。经营者履行承诺的，反垄断执法机构可以决定终止调查。有下列情形之一的，反垄断执法机构应当恢复调查：①经营者未履行承诺的；②作出中止调查决定所依据的事实发生重大变化的；③中止调查的决定是基于经营者提供的不完整或者不真实的信息作出的。

三、涉嫌垄断行为的企业权利救济机制

（一）发达国家及其地区反垄断法救济制度

美国反托拉斯法对企业提供的救济机制主要集中在《联邦贸易委员会法》中。根据该法第5条规定，如果行政相对人对初步裁决不服，可以在规定的时间内向委员会本身提出上诉，要求进行重新审查。这个规定所提供的救济机制可以称为行政上诉和行政复审。除此以外，《联邦贸易委员会法》还提供了司法复审救济机制。根据该法第5条（c）款规定委员会停止令中，要求其停止不正当竞争方法或不公正的，或欺骗性行为及惯例的个人、合伙人、公司，在该停止令送达后的60天内，可以书面形式，向其居住、营业或行为实施地的美国上诉法院申请复审，以废除委员会的停止令。法院应将申请书副本及时送交委员会，委员会应及时把诉讼记录送交法院。根据申请书，法院有权同委员会同时决定有关的问题，法院有权确认、修改

或废除委员会的命令。委员会对事实的判决，若有证据支持，是终局性的。委员会的命令被确认时，法院将发布自己的命令，要求当事人遵守委员会的命令。如果任何当事人向法院请求增加证据，必须证明增加的证据同该案相关，而且为什么在委员会诉讼中，未能提出的合理理由，法院可以命令委员会增加该证据，并依据新证据，委员会可修改其对事实的判决，或作出新判决，并把修改后的判决或新判决制作成文件。如果新判决或修改后的判决，有证据的支持，则是终局性的。除由最高法院予以审理外，法院的判决和禁止令是终局性的。

欧盟对反垄断执法对象提供的权利救济机制分散在相关法律文件中，其中《欧共体条约》第229条最为重要。根据《欧共体条约》第229条，欧洲法院对委员会的裁决有着不受限制的审查权、修改权和采取某些强制性措施的权利。此外，根据第1/2003号条例的第31条规定，法院在审查委员会处以罚款决定方面享有不受限制的权利，法院可以撤销、减少或者增加对企业的罚款数额。如果当事人对反垄断执法机关的决定不服，那么可以依法向欧洲法院寻求救济。欧共体法院分为初审法院和欧洲法院，审查欧共体委员会裁决首先由初审法院进行。如果当事人对初审法院的判决还是不服，则有权可以在判决作出后的2个月内向欧洲法院提出上诉，寻求进一步救济。

（二）中国相关救济机制构建

给予涉嫌垄断案件的企业提供必要的法律救济是我国反垄断法制定过程中必须考虑的一个重要问题，这是由我国社会发展情况所客观决定的。虽然我国经济体制改革取得了巨大的成就，但是政企不分现象还是比较严重。政府与企业之间的利益牵连导致了很多市场机制受到了极大扭曲，行政性垄断成为我国现代市场经济发展过程中的一大毒害。虽然很多反垄断法专家指出，由于中国客观存在地区与部门利益分割现象，要想保证反垄断法的有效实施，必须建立一个高度独立、利益关系超脱的反垄断执法机构。但是受诸多因素的影响，我国反垄断执法机构实行反垄断委员会与执法机构二元化模式。由于这种模式本身无法保证反垄断执法机构在经济利益等方面与相关市场或者行业的经营者没有瓜葛，因此这就很可能导致反垄断执法活动中存在不当动机问题。为了保证企业在反垄断实施过程中得到公正的待遇，我国反垄断法有必要给予企业提供法定的救济制度。涉嫌企业如果认为反垄断执法活动存在违法或者不当行为时，则可以依法寻求救济。这样在最大程度上保证反垄断法在我国社会中得以正确实施。

我国传统法律对于行政执法的对象提供的救济通常包括陈述与申诉制度、行政复议与行政诉讼。由于反垄断执法本质上最终属于行政执法，所以我国反垄断法在给企业提供的救济制度设计基本沿袭了传统的法律。《反垄断法》第53条规定，对反垄断执法机构依据本法第28、29条作出的决定不服的，可以先依法申请行政复议；对行政复议决定不服的，可以依法提起行政诉讼；对反垄断执法机构作出的前款规定以外的决定不服的，可以依法申请行政复议或者提起行政诉讼。

沿袭传统的法律对行政行为相对人的救济基本制度设置本身是符合我国具体国情的，但是在具体制度尤其是行政复议与行政诉讼上则有必要作适度调整。因为传统的行政复议与行政诉讼中都可能出现相关利害关系主体与行政性垄断势力勾结而导致制度形同虚设的局面。实践中，这种情形已经出现，有的人对此指出："反观中国社会中公有企业优势地位的滥用与行政垄断的泛滥成灾，我们不能不说中国司法审判机关的消极和对垄断地位的取得及优势地位的滥用的不作为，使中国反垄断法规范成为'没有牙齿的怪物'，客观上助长了垄断，破坏了司法统一的基础。"[1]我们建议，有关反垄断执法所引发的行政复议与行政诉讼，其管辖实行浮动制，即管辖层次至少应当在涉案利害关系主体的共同的上一级部门或者法院。这样至少在理论上可以有效治理地区与部门垄断现象。

学术视野

1. 相对市场支配地位理论的争论。理论界对相对市场支配地位理论存在较大的认识分歧。有的认为，相对市场支配地位理论有其独特的内容，我国《反垄断法》第18条对此作了原则性的规定；有的则认为，不管是从相对优势地位理论的经济学基础，还是在实务运用中对竞争秩序的保护程度来看，相对优势地位理论都存在严重的缺陷，无力成为规范竞争的理论。

2. 行政性垄断行为的治理。有关治理行政性垄断的观点可以分为三类，即体制改革论、法律控制论和综合治理论。体制改革论认为行政垄断是体制性产物，必须通过深化体制改革特别是政治体制改革才能彻底解决，法律手段难以有效解决行政垄断问题。法律控制论充分肯定了法律在治理行政性垄断中的作用，但就在如何以法律手段解决行政垄断问题的认识上还存在很大分歧，具体有反垄断法规制论、行政法或者宪法规制论、多种法律控制论。综合治理论认为在我国转型时期行政垄断问题复杂，需要从体制改革、引入竞争机制、健全法制等多方面入手，否则难以达到预期的效果。

理论思考与实务应用

一、理论思考

（一）名词解释

反垄断法　滥用市场支配地位　限制竞争协议　经营者集中　行政性垄断　自然垄断　反垄断法的适用除外制度　豁免制度

（二）简答题

1. 简述反垄断法规制的对象。
2. 简述反垄断法的适用范围。
3. 简述限制竞争协议的影响。
4. 简述行政性垄断的危害。

（三）论述题

1. 试述中国反垄断法宗旨。
2. 论述世界主要国家反垄断执法机构的配置模式及我国的模式。

二、实务应用

（一）案例分析示范

案例一

自从国家工商行政管理部门以及产品质量部门等对产品检查力度的加大，回收利用中秋节尚未销售完的月饼重新利用的事件也逐步减少。由于企业必须处理掉尚未销售的月饼，这导致了某些食品企业的生产成本不断增加。为了改变这种不良局面，在2009年中秋节即将来临之际，益金达等几家食品生产企业临时召开会议。会议的主题是"节约成本，合理减产"。根据

---

[1] 王艳林：《中国经济法理论问题》，中国政法大学出版社2001年版，第90页。

几家企业的估算，该地区的月饼市场实际需求量大约为以前的80%。据此，与会的食品生产企业应自觉在各自往年的生产数量上减少20%。会议完毕的第二天，当地的某些报纸头条做了报道。这一报道引发了人们对该会议的是非争论。有的人认为这种行为合情合理但更多的人则认为这属于不正当竞争行为。原告所在地的工商行政管理部门在社会舆论的压力于2009年8月10日对益金达等几家食品生产企业进行了调查，认定原告的行为属于联合减产不正当竞争行为并作出了行政处罚决定书。其处罚内容有两项：①责令原告立即停止联合减产行为；②对原告益金达等几家食品生产企业各罚款人民币50万元。原告不服，依法向人民法院提起行政诉讼。一审法院维持了行政处罚决定书第1项处罚，变更第2项处罚内容，改为罚款人民币36万元。原告依然不服，依法提起上诉。原告认为，节约是中华美德，其行为目的并不是为了限制市场竞争，而是为了合理节约而且其所实施的行为并没有导致卖方市场的出现。二审法院采取了原告的上诉主张，撤销了一审法院第××号行政判决书，撤销了某工商局对这些企业的处罚决定书。

问：益金达等几家食品生产企业的行为是属于合理的商业行为还是属于法律所禁止的联合限制减产的不正当竞争行为？

【评析】本案虽然案件情节并不复杂，但案件审判过程中所必须处理的问题还是比较复杂的。法院必须对两个问题作出合理的裁定：①企业是否具有限制市场竞争的主观动机；②企业的行为是否属于法律豁免的类型。对于第一个问题，笔者认为虽然企业之间召开了会议进行商讨减少月饼市场的产量，在广义上讲是存在一定程度的限制市场竞争的动机。但是与会企业最后所达成的协议并不是无限制的减少了月饼的供应，而是根据市场上实际的消费需求合理削减了产量，限制市场竞争的目的并不是很明显有害。法院可以裁定其不存在严格意义上的限制市场竞争行为的动机。对于第二个问题，如果法院裁定原告益金达等几家食品公司存在限制竞争的主观目的，但是由于该行为可以合理地降低企业的生产成本。这不仅有利于企业本身，也有利于消费者，其行为的实际结果与社会公共利益是基本一致的。所以这些企业之间的限制市场供应协议应得到法律的豁免。因此，二审法院的最终裁定是科学的。

案例二

原告天津虹桥电子设备制造股份有限公司原为一家国有军工企业，1998年经过企业改制成为一家从事开发民用家电智能产品的股份有限公司。由于企业前身资本和技术的积累以及相对完善的现代企业经营机制，原告天津虹桥电子设备制造股份有限公司很快在家用智能产品市场上取得了巨大的成功，其不仅开发出一系列先进的家电智能产品，而且这些产品在相关市场上占有了很大比例。根据有关官方统计资料显示，原告天津虹桥电子设备制造股份有限公司在2008年3月初的市场份额就高达69%。被告北京太华电子有限公司是2000年新成立的一家电子产品销售公司，主要从事家用智能产品的经销业务。2009年5月上旬被告北京太华电子有限公司与原告天津虹桥电子设备制造股份有限公司签订了一份供销协议，除了其他内容，双方约定：被告必须按照原告指定的价格销售原告所提供的产品，否则原告将有权停止向被告继续供货并依法追究被告违约责任。从双方签订协议至2013年9月，由于市场替代产品的出现以及原告所指定的商品价格偏高导致了被告北京太华电子有限公司产品的积压。2013年10月1日，为了解决产品（原告生产）库存积压问题以及周转公司资金，被告北京太华电子有限公司利用特定的黄金假日进行降价促销。由于促销价格大大低于平时原告指定的最低价格，所以引发消费者的哄抢，截至2013年10月3日被告北京太华电子有限公司库存地的原告产品就销售一空。因此被告急电原告要求提供产品用以促销。原告在收到电函得知被告促销其产品价格低于协议所指定的价格后,拒绝向被告继续提供货物,导致了被告的巨大经济损失。在双方协商失败后,2013年11月8日,原告向被告所在地的人民法院提起诉讼要求被告承担违约责任。被告在答辩状中否认自己违约行为,认为自己的行为符合正常的商业习惯,并未实质上违反双方合同约定的内容。

问:原告的行为属于正当的合同行为还是属于滥用市场支配地位从事限制转售价格的行为?

【评析】合同自由原则是民法的基本原则之一,其基本内容是当事人可以自由决定是否订立合同、订立合同的对象、合同的内容、合同的方式等。但随着垄断的出现与发展,大多数国家通过竞争法来对合同自由原则加以限制,目的在于矫正传统民商法机制下形式上的合同自由所造成实质合同不自由从而导致公平竞争秩序受到抑制和破坏的社会现象。当合同内容构成对市场竞争秩序破坏时,该具体合同行为和内容将面临竞争法的审查。禁止限制转售价格行为是竞争法的重要内容之一。本案中,原告天津虹桥电子设备制造股份有限公司是一个拥有69%市场份额的企业,具有市场绝对的支配地位,其与被告北京太华有限公司为两个独立且无裙带关系的经营者。原告在与被告签订产品供销合同时规定被告必须按照原告指定的价格销售产品,否则不仅有权单方停止供货并可以向被告追究违约责任。这构成了反垄断法所禁止的限制转售价格行为,依法应承担法律责任。

案例三

被告广东汰达药业股份公司是一家主要从事抗癌药品开发的企业。经过多年的攻关研究,2009年底被告终于成功地开发出新一代抗癌药品。因该药功效非常良好,所以在不到半年的时间里,被告的新产品市场份额就急剧上升。到2010年12月底,据公司自己的市场调查表明,该公司新开发的抗癌药品在该市场上大概占有53%。原告原为被告所投资建立的药房连锁店之一,后来被告将该大药房整个营业以140万的价格转让给一个民营企业并依法更名为广西华胜大药房。基于这个特殊的历史血缘关系,原告与被告的业务来往十分密切。在被告成功开发新一代抗癌药品并供不应求时,被告仍然优先按时向原告发货。为了解决以前尚未销售完的老一代抗癌药品,2010年底,被告与原告口头约定被告每给原告发一次新一代抗癌药品货物时,原告应从被告处进70%的老一代抗癌药品用于原告日常销售中搭配销售给购买者;原告必须按时结清所有货款包括老一代抗癌药品的货款以支持被告开发其他药品;如果原告年终无法销售完老一代抗癌药品,原告可以按进货价格退还给被告,但原告应尽力销售老一代抗癌药品。2012年底,原告累计从被告进货金额为314万元,其中,用于老一代抗癌药品进货金额为128万元,尚未销售完的老一代抗癌药品金额为96万元。原告按照与被告当初的口头约定,向被告提出退货返还款项。由于被告股权的变更,公司高层管理人员也发生了巨大变化,新任公司的董事长拒绝了原告的要求。原告在与被告多次协商未果的情况下,于2013年3月正式向人民法院提起诉讼,要求法院判决被告违约。

问:原告与被告就老一代抗癌药品的供销关系是属于搭售行为,还是正常的买卖行为?

【评析】搭售有四个认定具体要件:①企业具有市场优势地位。只有那些具有市场支配地位的经营者才有能力去实施这种行为,所以国外反垄断法一般直接规定这种行为的主体是具有市场支配地位的企业。②结卖品与搭售品是两个独立的产品或者服务。在搭售行为中,购买方所需的商品被称为结卖品(the tying product),被搭售的商品被称为搭卖品(the tied product)。两者应为独立的商品。如果两商品被认定为非独立产品或者结卖品与搭卖品在判断上属于同一种产品时,则不构成搭售行为。如鞋与鞋带的关系、汽车与配件之间的关系、某一产品与其售后服务之间的关系,一般不被认为是互相独立的产品而是一个产品。③严重违背了购买者的意愿。在商品交易中必然存在买者与卖者之间的讨价与还价现象。虽然双方达成了交易但并不表示双方完全满意自己的交易行为,往往存在一些勉强之处,这也是一种可以理解与接受的社会现象。但如果因为交易双方力量的差异导致这种勉强达到一定程度时,法律一般都会出面干涉。搭售或者附加不合理交易条件行为就是这种情形的典型表现。至于如何判断勉强程度,这往往由法官结合具体案情来裁决。④搭售行为的负面影响超过了正面影响。客观而言,虽然搭售行为会对市场竞争带来很多的负面影响,但搭售行为也存在一些合理因素,如产生最佳技术效益,确保产品质量和消费者安全等。本案中,原告在抗癌药市场上具有支配地位,其通过口头协议将与新一代抗癌药品无配套使用关系且具有独立性的老一代的药品搭售给原告,由于搭售行为不存在任何的合理性。因此,被告的行为构成搭售行为,依法应承担责任。

(二) 案例分析实训

案例一

2009年3月3日,连云港市建筑材料和建筑机械行业协会混凝土委员会组织连云港润丰混凝土有限公司、连云港东盛商品混凝土制品有限公司、连云港新电混凝土有限公司、连云港中港混凝土有限公司、连云港苏锦混凝土制品有限公司等16家预拌混凝土企业,召开会议,协商订立"预拌混凝土企业行业自律条款"及"检查处罚规定",内容包括:①对行业协会的机构设置和具体运作作出规定。明确由协会常设委员会及成员单位总经理组成的协调领导小组召集会议,对本地砼市场行情进行分析,调整成员单位的工程量;由常设委员会成员单位牵头组织成员单位和办公室专职工作人员,对其他成员单位进行监督检查;由业务信息工作组负责收集市场信息。②对会员企业的生产线、搅拌车、泵送设备进行打分,并以此确定各成员单位市场份额,约定"各成员单位产量所占当年的市场份额和企业在砼协会内的设备得分挂钩,设备得分多少即为该单位在协会内所占的工程量的比例"。③明确市场划分原则,即"市区的砼市场原则上按东西区域、就近安排来划分"。④要求成员单位以企业设备得分为标准,交纳15~30万元的保证金。⑤要求成员单位的销售合同必须到协会备案,没有到协会备案的项目或合同视为违约,予以处罚。协会运作前成员单位订立的尚未履行的合同,一律作废,由协会统一协调。规定已经停产的成员单位不予分配当年的市场份额,其占用的市场份额由协会统一调配,平衡现有成员单位的工程量。⑥明确成员单位未经协会统一分配私自承接工程,"按该单位工程的总用砼量给予30元/m^3的处罚";工程量隐瞒不报的,"按隐瞒量30元/m^3给予处罚",被处罚两次以上的,"协会进行进一步制裁,直至由协会各成员单位轮流派出设备将其通道堵塞"。⑦约定成员单位不配合协会检查的,"每次给予1000元的处罚"。不服从工程分配的,计入成员单位年度分配比率中,不予补偿。⑧约定协会分配的工程量超出或不足年度分配比率的,按月给予适当调整。年度超出或不足的量,次年6月份前调整完毕。⑨约定主要由常设委员会成员单位实施对违约单位的处罚,协会在调整工程量时给予照顾。

"行业自律条款"及"检查处罚规定"订立后,当事人即着手实施。2009年3月17日,混凝土委员会要求成员单位上报每日工程量。3月21日,要求成员单位将在建工程合同报协会办公室备案。本局立案调查前,成员单位应当事人要求上报混凝土工程量,并将销售合同报当事人处备案。当事人对成员单位上报的工程量进行统计分析,作为工程分配协调的参考依据。为保障协议的实施,当事人还多次组织对成员单位的检查。2009年3月20日,当事人通知检查,随后3月26日,对连云港港加新型建材有限公司"误接其他成员单位工程"及连云港富佳混凝土有限公司"漏报工程量"处以1000元罚款,对江苏天建混凝土有限公司"未通过协会同意,擅自供应其他成员单位承接的工程"处以 10 000 元罚款。

问:连云港市建筑材料和建筑机械行业协会混凝土委员会的行为构成垄断行为吗?

案例二

云南省昆明市中级人民法院 2014 年 7 月 30 日上午开庭审理了由云南盈鼎生物能源股份有限公司(以下简称"原告")诉中国石油化工股份有限公司、中国石油化工股份有限公司云南石油分公司(以下简称"两被告")拒绝交易纠纷一案。据悉,这是云南省法院受理的首例垄断纠纷,同时也是全国石油系统涉及拒绝交易纠纷的首案。

据原告诉讼代理律师称,原告是具备规模生产合格达标资质生物柴油的示范企业。经过多年研发,成功研制出以"地沟油"为原料,经过有效加工,使"地沟油"变为可供使用的生物柴油,该生物柴油项目在云南省能源局立项,并经环评合格。目前,原告在昆明市嵩明县杨林工业开发区建有 1.5 万吨/年的生物柴油生产线,其生产的柴油产品质量达到国家标准,生物柴油市场推广的条件已经完全具备。原告同时也认为,其生产的生物柴油已符合纳入销售体系的法定条件,但由于我国成品油市场实行统一销售制度,被告作为成品油销售企业具有绝对市场支配地位,却拒不履行义务,滥用市场支配地位,无正当理由拒绝收购原告提供的生物柴油,致使原告的生物柴油难以进入市场,生产陷入困境,造成巨大的经济损失,同时也阻碍了可再生能源产业的发展。

为此,原告请求法院判令被告按照《中华人民共和国可再生能源法》第 16 条第 3 款规定将原告符合国家标准的生物柴油纳入其燃料销售系统,同时赔偿原告经济损失人民币 300 万元和本次诉讼的全部费用。

而两被告则认为,他们已将生物柴油纳入了自己的销售渠道,并为生物柴油这一新能源的推广发展作出了积极地努力,两被告方未销售原告生产的生物柴油,是因为在诉讼之前原告方并未向两被告提出完整的交易条件及请求,同时也没有提供原告燃料符合国家标准的有效依据。两被告方还认为,生物柴油作为新能源产品,要经历封闭运行和全面推广两个阶段,虽然目前云南省已确定昆明市为试点城市,以全市公共交通车辆为封闭运行试点,但尚未到全面推广的阶段。如果现在将生物柴油推广到市场,还缺乏明确的配套政策。此外,两被告认为自己系云南省百家成品油销售企业之一,不具有市场垄断地位。为此,不符合拒绝交易的法律特征,同时原告请求赔偿人民币 300 万元也无事实及法律依据,请求法院驳回原告的诉讼请求。

问:被告的行为构成滥用市场支配地位吗?

案例三

2008 年 9 月,可口可乐公司拟以约 179.2 亿港元收购汇源果汁集团有限公司。2008 年 9 月 18 日,可口可乐公司向商务部递交了申报材料。9 月 25 日、10 月 9 日、10 月 16 日和 11 月 19 日,可口可乐公司根据商务部要求对申报材料进行了补充。11 月 20 日,商务部认为可口可乐公司提交的申报材料达到了《反垄断法》第 23 条规定的标准,对此项申报进行立案审查,并通知了可口可乐公司。由于此项集中规模较大、影响复杂,2008 年 12 月 20 日,初步阶段审查工作结束后,商务部决定实施进一步审查,书面通知了可口可乐公司。在进一步审查过程中,商务部对集中造成的各种影响进行了评估,并于 2009 年 3 月 20 日前完成了审查工作。审查工作结束后,商务部依法对此项集中进行了全面评估,确认集中将产生如下不利影响:①集中完成后,可口可乐公司有能力将其在碳酸软饮料市场上的支配地位传导到果汁饮料市场,对现有果汁饮料企业产生排除、限制竞争效果,进而损害饮料消费者的合法权益。②品牌是影响饮料市场有效竞争的关键因素，集中完成后，可口可乐公司通过控制"美汁源"和"汇源"两个知名果汁品牌，对果汁市场控制力将明显增强，加之其在碳酸饮料市场已有的支配地位以及相应的传导效应，集中将使潜在竞争对手进入果汁饮料市场的障碍明显提高。③集中挤压了国内中小型果汁企业生存空间，抑制了国内企业在果汁饮料市场参与竞争和自主创新的能力，给中国果汁饮料市场有效竞争格局造成不良影响，不利于中国果汁行业的持续健康发展。鉴于上述原因，根据《反垄断法》第28条和第29条，商务部认为，此项经营者集中具有排除、限制竞争效果，将对中国果汁饮料市场有效竞争和果汁产业健康发展产生不利影响。鉴于参与集中的经营者没有提供充足的证据证明集中对竞争产生的有利影响明显大于不利影响或者符合社会公共利益，在规定的时间内，可口可乐公司也没有提出可行的减少不利影响的解决方案。因此，决定禁止此项经营者集中。

问：此项经营者集中案件是否应当予以禁止？

案例四

工程造价学是近年来建筑管理业内的热门专业，几乎所有工程从开工到竣工都要求全程预算，有自己的核心预算人员是每家建筑单位必备的"秘密武器"。为此，工程造价也成为业内职业培训及相关技能比赛的热门项目。据悉，工程造价技能的学习或比赛操作，都必须使用专业的软件程序及其操作平台。而生产这类软件程序的企业，在我国主要有斯维尔、广联达、上海鲁班软件有限公司。这三家公司占据了这类市场的主要份额。2014年年初，教育部首次将"工程造价基本技能"列为"2013～2015年全国职业院校技能大赛"赛项之一。业内习惯将由教育部组织的比赛称为"国赛"，由各省组织的选拔比赛称为"省赛"。当年4月1日，以广东省教育厅、高职院校、行业企业等组成的工程造价广东"省赛"组委会发通知称，大赛由广东省教育厅主办，广州城建职业学院承办，广联达软件股份有限公司"协办"。在随后组委会公布的《赛项技术规范》和《竞赛规程》中都明确，赛事软件指定使用广联达独家的认证系统、广联达土建算量软件GCL2013和广联达钢筋算量软件GGJ2013。一直在积极介入"工程造价基本技能"国赛和各地省赛事的斯维尔公司，认为广东省教育厅指定独家赛事软件的做法，有滥用行政权力之嫌，违反了反垄断法。斯维尔多次与广东省教育厅进行商洽，要求给予公平竞争的机会。在沟通无效的情况下，当年4月26日，斯维尔遂向广州市中院提起行政诉讼。

问：被告的行为构成行政性垄断吗？

主要参考文献

1. 王先林：《竞争法学》，中国人民大学出版社2009年版。
2. 种明钊主编：《竞争法》，法律出版社2008年版。
3. 时建中主编：《反垄断法——法典释评与学理探源》，中国人民大学出版社2008年版。
4. 倪振峰编著：《竞争法案例教程》，复旦大学出版社2005年版。
5. 徐士英主编：《新编竞争法教程》，北京大学出版社2009年版。
6. 黄勇、董灵：《反垄断法经典判例解析》，人民法院出版社2002年版。
7. 尚明主编：《主要国家（地区）反垄断法律汇编》，法律出版社2004年版。
8. 王晓晔主编：《中华人民共和国反垄断法详解》，知识产权出版社2008年版。

第十三章 财政法律制度

【本章概要】 国家财政是国家参与国民收入的分配和再分配的重要手段，在宏观调控和保障社会稳定方面都具有重要的作用。财政法是调整国家及其他主体在国民收入的分配和再分配过程中所形成的各种财政关系的法律规范的总称。从形式上看，财政关系可以分为财政收入关系、财政管理关系和财政支出关系三种。财政收入关系的范围主要包括税收征收关系、资产收益关系、国债发行关系、费用征收关系等；财政管理关系主要包括财政预算关系、国库经理关系和审计监督关系等；财政支出关系主要包括财政采购关系、财政贷款关系、财政投资关系、财政转移支付关系等。财政法的体系一般包括财政法总则、财政管理体制法、国家预算法、国有资产管理法、国债法、税收法、政府采购法、转移支付法和财政监督法等。在我国财政法的体系中，预算法是从总体上对财政收支活动进行规范的法；税收和国债是获取财政收入的最重要来源，因此税法和国债法是调整财政收入管理关系的主要部门法；财政支出的最重要途径是政府采购和转移支付，政府采购法和转移支付法是调整财政支出管理关系的主要部门法。本章在阐释财政、财政法的基本原理基础上，结合我国现行财政立法现状，重点对预算法律制度、国债法律制度、转移支付法律制度、政府采购法律制度进行了理论探讨和法律解析。

【学习目标】 通过本章的学习，要求学生能够初步了解、熟悉财政法的基本原理；熟悉、理解我国现行的预算法律制度、国债和外债管理法律制度、转移支付和政府采购法律制度；初步具有综合运用财政法学基本知识观察、分析、处理有关实务问题的能力。

第一节 财政与财政法概述

一、财政的一般原理

（一）财政的概念

英文中的"财政"一词即 public finance，是由日本学者采用汉语"财"与"政"的词义，将其译为"财政"，20 世纪初传入中国；应当说，"财政"这个词翻译得很成功，它把"财"和"政"结合起来，准确地表现了财政作为政治和经济连接点的基本特征。[1] "财政"概念在不同情境下有不同的解说：①指一种行为，即国家为了满足公共需要而参与国民收入分配的活动，包括财政收入、财政管理和财政支出等；②指一种制度，即财政活动据以运行的机构和规则体系，包括法律规定的显性制度，以及财政活动中自发形成的、有待法律确认的隐性制度；③指一种社会关系，包括国家机关之间以及它们与财政行政相对人之间在财政活动过程中发生的相互制约的或具有管理性质的财政行政关系，以及各种主体之间的经济利益分配关系。我们一般所指的财政是国家财政，包括中央财政和地方财政。国家财政是国家参与国民收入的分配和再分配的重要手段，在宏观调控和保障社会稳定方面都具有重要的作用。没有国家，就

---

[1] 王源扩："财政法基本理论问题研究回顾与探析"，载《江西财经大学学报》2004 年第 2 期。

不会有国家财政,而没有国家财政,国家就无法实现其职能。

(二)财政的特征

财政作为公共经济,与私人经济中的企业财务、私人家计等有许多不同。财政的基本特征是:

1. 财政的国家主体性。国家财政的主体是国家,它以国家的强制力为保障,同时,财政活动需以国家的法律为依据,促进国家实现自身职能。

2. 财政的社会公益性。国家财政的目的是满足公共需求,实现社会各方面的平衡发展,它不能如企业那样以营利为目标。当然这并不意味着财政就不能或不应该追求经济效益,而是说在两者可以兼得时,就兼顾两者;在不能兼得时,就应该宁可亏损或不盈利也要实现社会目标。

3. 财政的内容多样性。财政包括财政收入、财政支出、财政管理三个部分,每个部分又包括十分广泛的领域,这些都是私人经济所不具备的。

(三)财政的职能

财政的职能是实现国家对经济的宏观调控,具体体现在三个主要方面:

1. 调节收入分配的职能。即通过各种财政分配手段诸如税收、补贴、投资、预算、财政信用等调节中央与地方、国家与企业、国家与个人之间的利益分配关系,以实现收入公平合理的分配。同时,国家财政还要调节积累与消费的比例关系、各地区之间的经济平衡关系等。

2. 优化资源配置的职能。即运用国家权力引导人力和物力的流向,使有限的资源形成优化的资产结构、产业结构、技术结构及地区结构,达到高效地配置资源的目的,使人力、物力、财力资源得到最佳利用。

3. 稳定社会经济的职能。即通过合理的财政政策和措施,维持社会总供给与总需求的平衡,保持社会经济的稳定发展。具体说来,在经济层面上,通过各种经济主体之间有效地分配收入、配置资源,有助于保障经济领域的公平和效率,从而有助于保障宏观经济的各项目标的实现,实现经济的稳定增长;在社会层面上,财政的上述两项职能的实现,不仅有助于保障经济公平,而且更有助于保障社会分配领域里的社会公平,保障基本人权,从而也有利于社会稳定。

二、财政法的概念和调整对象

财政法是调整国家及其他主体在国民收入的分配和再分配过程中所形成的各种财政关系的法律规范的总称。有学者进一步分析认为,现代财政法是建立在民主宪政基础上、以增进全民福利和社会发展为目标、调整财政关系的法律规范的总称。财政法是经济法的重要组成部分,在宏观调控和保障社会公平方面具有重要的作用。

财政关系是财政法的调整对象。国家在主持财政分配和再分配过程中,必然要和其他主体形成各种各样的财政关系。从形式上看,财政关系可以分为财政收入关系、财政管理关系和财政支出关系三种。财政收入关系的范围主要包括税收征收关系、资产收益关系、国债发行关系、费用征收关系等;财政管理关系主要包括财政预算关系、国库经理关系和审计监督关系等;财政支出关系主要包括财政采购关系、财政贷款关系、财政投资关系、财政转移支付关系等。

三、财政法的体系

在我国,20世纪80年代的文献倾向于采用较广义的财政法概念,认为财政法一般由财政管理体制法、预算法、税法、国有企业财务、预算外资金管理、财政支出制度、基建投资制度、财政监督制度等构成。进入20世纪90年代以后,不仅会计法、审计法、基建投资法等日渐独立，税法也有逐步分化的趋势，大部分法学文献转而采用较狭义的财政法概念，认为财政法的体系一般包括财政法总则、财政管理体制法、国家预算法、国有资产管理法、国债法、税收法、政府采购法、转移支付法和财政监督法等。依照财政的收入、支出和管理的分类，结合法学上的效力要求及功能定位，财政法的体系可以解构为以下几个层次：

（一）财政基本法

财政基本法主要涉及财政法的一些基本制度，如财政法的原则、财政权力的分配、政府间的财政关系、财政收入和支出的形式，以及重要的财政收支制度、预算制度、监督制度等，对财政收入、支出和财政资金的管理都有普遍的效力。财政基本法本身即具有宪法性文件的特性，其内容可能以专门的法律表现出来，如日本1947年制定的《财政法》；也可能直接在宪法中加以涵盖，如《德国基本法》中有关公共财政的内容。由于我国宪法缺乏对财政制度方面的规定，为保证财政领域法律的统一实施，以适应现代财政法治的基本要求，我国宜尽快制定财政基本法。

（二）财政平衡法

财政平衡法主要涉及政府间的财政关系，因此又可称为财政收支划分法，中央政府及各级地方政府的收支范围、下级政府对上级的财政上缴、上级政府对下级的财政拨款，都通过财政平衡法予以规范。目前我国的财政平衡法大都表现为由国务院制定的行政法规，财政利益分配的权力完全操纵在中央政府手中，加之分配标准不明确，程序不完备，应通过立法从根本上加以改变。

（三）财政预算法

财政预算法是政府财政行为科学、民主、公开、规范的重要制度保障，它主要包括预算编制、审批、执行和监督等方面的法律规定，同时也包括财政资金入库、管理和出库的相关内容。由于政府的所有收入都应该纳入预算，所有的开支也必须通过预算，因此，预算可以成为人民控制和监督政府财政权力的重要形式，而预算立法的目的也正在于保障这种积极功能的实现。

（四）财政支出法

财政支出法主要包括财政转移支付法、财政采购法、财政投资法。财政转移支付法主要规范政府无对价的资金拨付行为，如政府间转移支付、政府对企业的补贴或对公民的救济等。财政采购法主要规范政府有对价的资金拨付行为，如采购物资、采购劳务等。财政投资法主要规范政府对公用企业、基础设施、高科技企业等的投资行为，通过选题、立项、评估、审批、监督等环节的制度控制，达到降低成本、提高效率、防治腐败等目的。

（五）财政收入法

财政收入法主要包括税法、国债法、彩票法、费用征收法，以及财产收益法。税收在财政收入结构中的重要地位，使得税法很早就成为公法关注的对象，并已经形成相对独立的体系。国债也是现代国家财政收入的重要形式。

随着我国社会主义市场经济体制的逐步确立，我国的财政立法也不断完善起来，但是，财政法到目前为止还是由一系列法律法规所组成，并没有统一的财政法典。从财政法体系的角度看，由于预算法对预算关系的调整既涉及财政收入，又涉及财政支出，是从总体上对财政收支活动进行规范的法，因此它是财政法中的核心法；由于税收和国债是获取财政收入（包括弥补赤字）的最重要的来源，因此，调整税收关系和国债关系的税法和国债法也就是调整财政收入关系的主要部门法；由于财政支出的最重要的途径是政府采购和转移支付，因而政府采购法和转移支付法应当是调整财政支出管理关系的重要部门法。由于税收法律制度内容较多，故单列一章介绍。

第二节 预算法律制度

一、预算和预算法概述

预算，又称国家预算、政府预算或财政预算，是按法定程序编制、审查和批准的国家年度财政收支计划，是国家组织分配财政资金的重要工具，也是国家宏观调控的重要经济杠杆。从形式上看，国家预算是按照一定标准将财政收入和财政支出分门别类地列入特定的表格，使人们清楚地了解政府的财政活动，其功能首先是反映政府的财政收支状况。但从实际内容来看，国家预算的编制是政府对财政收支的计划安排，预算的执行是财政收支的筹措和使用过程，国家决算则是国家预算执行的总结。因此，国家预算反映政府活动的范围、方向和政策。

预算法，是调整在国家进行预算资金的筹集、分配、使用和管理过程中发生的经济关系的法律规范的总称。

预算法的调整对象是在国家进行预算资金的筹集、分配、使用和管理的过程中发生的经济关系，简称预算关系。它包括预算程序关系和预算实体关系两个方面。前者是预算主体在履行预算的编制、议定、执行的程序的过程中发生的经济关系，后者是在组织、取得和分配使用预算资金过程中所发生的经济关系。这两类预算关系是密切相关的。

预算法素有编制、议定、执行，世界各国都非常重视预算立法。许多国家不仅在宪法上对基本的预算体制作出规定，而且还制定专门的预算法。我国在确立实行社会主义市场经济体制以后，第八届全国人大第二次会议于1994年3月22日通过了《中华人民共和国预算法》，自1995年1月1日起施行。1995年11月2日国务院通过了《中华人民共和国预算法实施条例》，自颁布之日起生效。随我国经济社会发展，预算改革深入推进、预算监督不断加强。为适应改革发展要求，有必要对《预算法》作出修改。酝酿十年，历经四审，2014年8月31日，第十二届全国人大常委会第十次会议通过了《关于修改〈中华人民共和国预算法〉的决定》。重新修订后的预算法自2015年1月1日起施行，仍保持原来的十一章框架，由原来的79条增加到101条，明确其立法宗旨为"规范政府收支行为，强化预算约束，加强对预算的管理和监督，建立健全全面规范、公开透明的预算制度，保障经济社会的健康发展"，充分体现了财税体制改革总体要求，在预算管理诸多方面取得了重大突破。

二、预算体系

预算体系，是依据国家的政权结构形式、行政区域划分和财政管理体制而确定的各级政权预算所构成的协调统一的整体。通常有一级政权，就会有一级财政，也就有一级预算。各级政府的财权大小要通过预算收支范围的划分具体体现出来。政府的活动范围和方向又受到预算收支规模的制约。

（一）预算体系的层级

在现代社会，大多数国家都实行多级预算。国家预算一般由中央预算和地方预算组成。各国预算体系由于政体的不同而表现出不同的结构关系。如美国、加拿大等联邦制国家的各级预算之间是相互独立的，国家预算即政策预算，与州政府预算、地方政府预算没有直接关系。而法国、日本等中央集权制国家，虽然地方政府在财政经济管理上拥有一定的主权，但中央政府对地方政府却仍拥有较大的控制权力，包括事权、财权的划分以及相应的制度决策权等均集中在中央。

我国《预算法》规定，国家实行一级政府一级预算。全国预算由中央预算和地方预算组成。中央预算即中央政府预算，由中央各部门（含直属单位）的预算组成。中央各部门，是指与财政部直接发生预算缴款、拨款关系的国家机关、军队、政党组织和社会团体；直属单位，是指与财政部直接发生预算缴款、拨款关系的企业和事业单位。地方预算由各省、自治区、直辖市总预算组成。包括省（省、自治区、直辖市）级预算、市（设区的市、自治州）级预算、县（县、自治县、不设区的市、市辖区）级预算和乡（乡、民族乡、镇）级预算。地方各级总预算由地方本级政府预算和汇总的下一级总预算组成；下一级只有本级政府预算的，下一级总预算即指下一级的本级政府预算。没有下一级预算的，总预算即指本级政府预算。地方各级政府预算由本级各部门（含直属单位）的预算组成。据此，《预算法》把我国的预算分为五级，这五级预算可以归纳为两大类，即中央预算和地方预算，它们共同构成了国家的预算体系。

（二）各级预算的构成

各级预算由预算收入和预算支出组成。政府的全部收入和支出都应当纳入预算。基于完整性原则的政府预算体系包括公共财政预算、国有资本经营预算、政府性基金预算，以及社会保障预算。

自20世纪90年代以来，我国政府预算体系不断拓展和完善，在一般公共预算基础上，先后建立了政府性基金预算、国有资本经营预算和社会保险基金预算，初步形成了由一般公共预算、政府性基金预算、国有资本经营预算和社会保险基金预算组成的政府预算体系。我国《预算法》第5条第1款规定：预算包括一般公共预算、政府性基金预算、国有资本经营预算、社会保险基金预算。政府预算体系的建立健全，提高了政府预算编制的完整性，对加强政府预算管理、提高财政资金效益、增强财政预算透明度起到了积极作用。但与建立现代财政制度的要求相比，上述政府预算体系还存在定位不够清晰、分工不够明确，没有形成制度性的统筹协调机制等问题。为解决上述问题，《预算法》第5条第2款规定："一般公共预算、政府性基金预算、国有资本经营预算、社会保险基金预算应当保持完整、独立。政府性基金预算、国有资本经营预算、社会保险基金预算应当与一般公共预算相衔接。"

1. 一般公共预算。一般公共预算是指政府凭借国家政治权力，以社会管理者身份筹集以税收为主体的财政收入，安排用于保障和改善民生、推动经济社会发展、维护国家安全、维持国家机构正常运转等方面的收支预算。

中央一般公共预算包括中央各部门（含直属单位，下同）的预算和中央对地方的税收返还、转移支付预算。中央一般公共预算收入包括中央本级收入和地方向中央的上解收入。中央一般公共预算支出包括中央本级支出、中央对地方的税收返还和转移支付。地方各级一般公共预算包括本级各部门（含直属单位，下同）的预算和税收返还、转移支付预算。地方各级一般公共预算收入包括地方本级收入、上级政府对本级政府的税收返还和转移支付、下级政府的上解收入。地方各级一般公共预算支出包括地方本级支出、对上级政府的上解支出、对下级政府的税收返还和转移支付。

2. 政府性基金预算。政府性基金预算是对依照法律、行政法规的规定在一定期限内向特定对象征收、收取或者以其他方式筹集的资金，专项用于特定公共事业发展的收支预算。例如，国家通过向社会征收以及出让土地、发行彩票等方式取得政府性基金收入，专项用于支持特定基础设施建设和社会事业发展而发生的收支预算。

政府性基金预算应当根据基金项目收入情况和实际支出需要，按基金项目编制，做到以定支。政府性基金预算的管理原则是：以收定支，专款专用，结余结转下年继续使用。根据

《2009年政府收支分类科目》确定的收支范围，政府性基金主要包括：三峡工程建设基金、中央农网还贷资金、铁路建设基金、港口建设费、民航机场管理建设费、新增建设用地土地有偿使用费、大中型水库移民后期扶持基金、中央财政外汇经营基金财务收入、彩票公益金等43项。依据财政部公告（2014年第80号）关于全国政府性基金目录清单显示，现有全国性基金项目有25项。

3. 国有资本经营预算。国有资本经营预算是对国有资本收益作出支出安排的收支预算，是国家以所有者身份依法取得国有资本收益，并对所得收益进行分配而发生的各项收支预算，是政府预算的重要组成部分。国有资本经营预算收入主要包括从国家出资企业取得的利润、股利、股息和国有产权（股权）转让收入、清算收入等，支出主要用于对重要企业补充资本金和弥补一些国有企业的改革成本，等等。2008年开始实施中央国有资本经营预算，试行范围为国资委所监管企业、中国烟草总公司和中国邮政集团公司，以后还将逐步扩大范围。

国有资本经营预算应当按照收支平衡的原则编制，不列赤字，并安排资金调入一般公共预算。

4. 社会保险基金预算。社会保险基金预算是通过社会保险缴款、一般公共预算安排和其他方式筹集的收入，专项用于社会保险的收支预算。2009年起草了《国务院关于试行社会保险基金预算的意见（代拟稿）》，在广泛征求意见的基础上，于2009年12月提交国务院常务会议审议并原则通过，从2010年起在全国试编社会保险基金预算。

社会保险基金预算应当按照统筹层次和社会保险项目分别编制，做到收支平衡。

上述四类预算并非完全独立，而是有机衔接的整体。一般公共财政预算是国家预算体系的基础，政府性基金预算、国有资本经营预算和社会保障预算相对独立。要按照各自功能和定位，科学设置政府预算。将应当统筹安排使用的资金统一纳入一般公共财政预算；将具有专款专用性质且不宜纳入公共财政预算管理的资金纳入政府性基金预算；将国家以所有者身份依法取得的国有资本经营收益，并对所得收益进行分配而发生的各项收支统筹纳入国有资本经营预算；将通过一般性税收、社会保障费（税）及其他渠道筹集和安排的、专门用于社会保障的各项收支纳入社会保障预算。

三、预算管理职权

预算管理职权，是预算体系中各国家机关之间、中央和地方之间在预算管理方面的职权划分。明确划分国家各级权力机关、各级政府、各级财政部门以及各部门、各单位在预算管理中的职权，是保证严格依法管理预算的前提条件，也是保证各级预算编制、预算审批、预算执行、预算调整、决算等各个环节纳入法制化、规范化管理轨道的必要措施。根据统一领导、分级管理、权责结合的原则，我国《预算法》对预算管理职权的划分主要有以下规定：

（一）各级权力机关的预算管理职权

1. 全国人民代表大会和全国人民代表大会常务委员会的预算管理职权。《预算法》规定，全国人民代表大会审查中央和地方预算草案及中央和地方预算执行情况的报告；批准中央预算和中央预算执行情况的报告；改变或者撤销全国人民代表大会常务委员会关于预算、决算的不适当的决议。

全国人民代表大会常务委员会监督中央和地方预算的执行；审查和批准中央预算的调整方案；审查和批准中央决算；撤销国务院制定的同宪法、法律相抵触的关于预算、决算的行政法规、决定和命令；撤销省、自治区、直辖市人民代表大会及其常务委员会制定的同宪法、法律和行政法规相抵触的关于预算、决算的地方性法规和决议。

全国人民代表大会财政经济委员会对中央预算草案初步方案及上一年预算执行情况、中央预算调整初步方案和中央决算草案进行初步审查，提出初步审查意见。对此，本级政府财政部门应当将处理情况及时反馈，并将所提出的意见及处理情况及时印发全国人民代表大会代表。

2. 县级以上地方各级人民代表大会和常务委员会的预算管理职权。县级以上地方各级人民代表大会审查本级总预算草案及本级总预算执行情况的报告；批准本级预算和本级预算执行情况的报告；改变或者撤销本级人民代表大会常务委员会关于预算、决算的不适当的决议；撤销本级政府关于预算、决算的不适当的决定和命令。

县级以上地方各级人民代表大会常务委员会监督本级总预算的执行；审查和批准本级预算的调整方案；审查和批准本级政府决算；撤销本级政府和下一级人民代表大会及其常务委员会关于预算、决算的不适当的决定、命令和决议。

省、自治区、直辖市人民代表大会有关专门委员会对本级预算草案初步方案及上一年预算执行情况、本级预算调整初步方案和本级决算草案进行初步审查，提出初步审查意见。设区的市、自治州人民代表大会有关专门委员会对本级预算草案初步方案及上一年预算执行情况、本级预算调整初步方案和本级决算草案进行初步审查，提出初步审查意见，未设立专门委员会的，由本级人民代表大会常务委员会有关工作机构研究提出意见。设区的市、自治州以上各级人民代表大会有关专门委员会进行初步审查、常务委员会有关工作机构研究提出意见时，应当邀请本级人民代表大会代表参加。

县、自治县、不设区的市、市辖区人民代表大会常务委员会对本级预算草案初步方案及上一年预算执行情况进行初步审查，提出初步审查意见。县、自治县、不设区的市、市辖区人民代表大会常务委员会有关工作机构对本级预算调整初步方案和本级决算草案研究提出意见。

对各级人民代表大会常务委员会及专门委员提出的初步审查意见，本级政府财政部门应当将处理情况及时反馈，并将所提出的意见及处理情况及时印发本级人民代表大会代表。

3. 县级以下人民代表大会的预算管理职权。由于县级以下人民代表大会不设立常务委员会，因此，就由乡、民族乡、镇的人民代表大会审查和批准本级预算和本级预算执行情况的报告；监督本级预算的执行；审查和批准本级预算的调整方案；审查和批准本级决算；撤销本级政府关于预算、决算的不适当的决定和命令。

（二）各级政府的预算管理职权

1. 国务院的预算管理职权。国务院编制中央预算、决算草案；向全国人民代表大会作关于中央和地方预算草案的报告；将省、自治区、直辖市政府报送备案的预算汇总后报全国人民代表大会常务委员会备案；组织中央和地方预算的执行；决定中央预算预备费的动用；编制中央预算调整方案；监督中央各部门和地方政府的预算执行；改变或者撤销中央各部门和地方政府关于预算、决算的不适当的决定、命令；向全国人民代表大会、全国人民代表大会常务委员会报告中央和地方预算的执行情况。

2. 县级以上地方各级政府的预算管理职权。县级以上地方各级政府编制本级预算、决算草案；向本级人民代表大会作关于本级总预算草案的报告；将下一级政府报送备案的预算汇总后报本级人民代表大会常务委员会备案；组织本级总预算的执行；决定本级预算预备费的动用；编制本级预算的调整方案；监督本级各部门和下级政府的预算执行；改变或者撤销本级各部门和下级政府关于预算、决算的不适当的决定、命令；向本级人民代表大会、本级人民代表大会常务委员会报告本级总预算的执行情况。

3. 县级以下地方政府的预算管理职权。乡、民族乡、镇政府编制本级预算、决算草案；向本级人民代表大会作关于本级预算草案的报告；组织本级预算的执行；决定本级预算预备费的动用；编制本级预算的调整方案；向本级人民代表大会报告本级预算的执行情况。

经省、自治区、直辖市政府批准，乡、民族乡、镇本级预算草案、预算调整方案、决算草案，可以由上一级政府代编，并依照《预算法》第 21 条的规定报乡、民族乡、镇的人民代表大会审查和批准。

（三）各级财政部门的预算管理职权

1. 国务院财政部门的预算管理职权。国务院财政部门具体编制中央预算、决算草案；具体组织中央和地方预算的执行；提出中央预算预备费动用方案；具体编制中央预算的调整方案；定期向国务院报告中央和地方预算的执行情况。

2. 地方各级政府财政部门。地方各级政府财政部门具体编制本级预算、决算草案；具体组织本级总预算的执行；提出本级预算预备费动用方案；具体编制本级预算的调整方案；定期向本级政府和上一级政府财政部门报告本级总预算的执行情况。

3. 各部门和各单位的预算管理职权。各部门编制本部门预算、决算草案；组织和监督本部门预算的执行；定期向本级政府财政部门报告预算的执行情况。

各单位编制本单位预算、决算草案；按照国家规定上缴预算收入，安排预算支出，并接受国家有关部门的监督。

四、预算收支的范围

（一）预算收支的组成

预算收支由预算收入和预算支出组成。

1. 一般公共预算收支。依据《预算法》第 27 条规定，一般公共预算收入包括：①各项税收收入；②行政事业性收费收入；③国有资源（资产）有偿使用收入；④转移性收入；⑤其他收入。

一般公共预算支出按照其功能分类，包括：①一般公共服务支出；②外交、公共安全、国防支出；③农业、环境保护支出；④教育、科技、文化、卫生、体育支出；⑤社会保障及就业支出；⑥其他支出。按照其经济性质分类，一般公共预算包括：①工资福利支出；②商品和服务支出；③资本性支出；④其他支出。

关于政府性基金预算、国有资本经营预算和社会保险基金预算的收支范围，依据《预算法》第 28 条规定，按照法律、行政法规和国务院的规定执行。

2. 政府性基金预算收支。目前，关于政府性基金预算的收支范围尚无法律、行政法规及国务院的规定。

3. 国有资本经营预算收支。关于国有资本经营预算的收支范围，现行《国务院关于试行国有资本经营预算的意见》（国发〔2007〕26 号）规定如下：

国有资本经营预算的收入是指各级人民政府及其部门、机构履行出资人职责的企业（即一级企业，下同）上交的国有资本收益，主要包括：①国有独资企业按规定上交国家的利润；②国有控股、参股企业国有股权（股份）获得的股利、股息；③企业国有产权（含国有股份）转让收入；④国有独资企业清算收入（扣除清算费用），以及国有控股、参股企业国有股权（股份）分享的公司清算收入（扣除清算费用）；⑤其他收入。

国有资本经营预算的支出主要包括：①资本性支出。根据产业发展规划、国有经济布局和结构调整、国有企业发展要求，以及国家战略、安全等需要，安排的资本性支出。②费用性支出。用于弥补国有企业改革成本等方面的费用性支出。③其他支出。

具体支出范围依据国家宏观经济政策以及不同时期国有企业改革和发展的任务，统筹安排确定。必要时，可部分用于社会保障等项支出。

4. 社会保险基金预算收支。社会保险基金预算按险种分别编制，包括企业职工基本养老保险基金、失业保险基金、城镇职工基本医疗保险基金、工伤保险基金、生育保险基金等内容。根据国家法律法规建立的其他社会保险基金，条件成熟时，也应尽快纳入社会保险基金预算管理。关于社会保障基金预算的收支范围，依据现行《国务院关于试行社会保险基金预算的意见》（国发〔2010〕2号）规定如下：

企业职工基本养老保险基金预算包括基金收入预算和基金支出预算。基金收入主要包括基本养老保险费收入、利息收入、财政补贴收入、转移收入、上级补助收入、下级上解收入、其他收入等；基金支出主要包括基本养老金支出、医疗补助金支出、丧葬抚恤补助支出、转移支出、补助下级支出、上解上级支出、其他支出等。

失业保险基金预算包括基金收入预算和基金支出预算。基金收入主要包括失业保险费收入、利息收入、财政补贴收入、转移收入、上级补助收入、下级上解收入、其他收入等；基金支出主要包括失业保险金支出、医疗补助金支出、丧葬抚恤补助支出、职业培训和职业介绍补贴支出、转移支出、补助下级支出、上解上级支出、其他支出等。

城镇职工基本医疗保险基金预算包括基金收入预算和基金支出预算。基金收入主要包括基本医疗保险费收入、利息收入、财政补贴收入、转移收入、上级补助收入、下级上解收入、其他收入等；基金支出主要包括基本医疗保险待遇支出、转移支出、补助下级支出、上解上级支出、其他支出等。

工伤保险基金预算包括基金收入预算和基金支出预算。基金收入主要包括工伤保险费收入、利息收入、财政补贴收入、转移收入、上级补助收入、下级上解收入、其他收入等；基金支出主要包括工伤保险待遇支出、劳动能力鉴定费支出、转移支出、补助下级支出、上解上级支出、其他支出等。

生育保险基金预算包括基金收入预算和基金支出预算。基金收入主要包括生育保险费收入、利息收入、财政补贴收入、转移收入、上级补助收入、下级上解收入、其他收入等；基金支出主要包括生育保险待遇支出、医疗费支出、转移支出、补助下级支出、上解上级支出、其他支出等。

（二）预算收支的划分

《预算法》第29条规定，中央预算与地方预算有关收入和支出项目的划分、地方向中央上解收入、中央对地方税收返还或者转移支付的具体办法，由国务院规定，报全国人民代表大会常务委员会备案。

1. 预算收入的划分。预算收入划分为中央预算收入、地方预算收入、中央和地方预算共享收入。"中央预算收入"，是指按照分税制财政管理体制，纳入中央预算、地方不参与分享的收入，包括中央本级收入和地方按照规定向中央上解的收入。"地方预算收入"，是指按照分税制财政管理体制，纳入地方预算、中央不参与分享的收入，包括地方本级收入和中央按照规定返还或者补助地方的收入。"中央和地方预算共享收入"，是指按照分税制财政管理体制，中央预算和地方预算对同一税种的收入，按照一定划分标准或者比例分享的收入。按照规定，上级政府不得在预算之外调用下级政府预算的资金。下级政府不得挤占或者截留属于上级政府预算的资金。

2. 预算支出的划分。预算支出划分为中央预算支出和地方预算支出。"中央预算支出"，是指按照分税制财政管理体制，由中央财政承担并列入中央预算的支出，包括中央本级支出和中央返还或者补助地方的支出。"地方预算支出"，是指按照分税制财政管理体制，由地方财政承担并列入地方预算的支出，包括地方本级支出和地方按照规定上解中央的支出。

五、预算的编制、审批、执行和调整

（一）预算的编制

预算的编制，是指各级政府、各部门、各单位编制预算草案的活动。"预算草案"，是指各级政府、各部门、各单位编制的未经法定程序审查和批准的预算收支计划。预算编制是预算活动的起始和基础环节，是发挥预算功能的重要条件。新预算法为增强预算编制的科学性和规范性，完善了预算编制制度。

1. 预算的编制原则。

（1）适当平衡原则。《预算法》规定，中央一般公共预算必需的部分资金，可以通过举借国内和国外债务等方式筹措，举借债务应当控制适当的规模，保持合理的结构。对中央一般公共预算中举借的债务实行余额管理，余额的规模不得超过全国人民代表大会批准的限额。国务院财政部门具体负责对中央政府债务的统一管理。地方各级预算按照量入为出、收支平衡的原则编制，除预算法的规定外，不列赤字。地方政府及其所属部门不得以任何方式举借债务，以下情况除外，即经国务院批准的省、自治区、直辖市的预算中必需的建设投资的部分资金，可以在国务院确定的限额内，通过发行地方政府债券举借债务的方式筹措。举借债务的规模，由国务院报全国人民代表大会或者全国人民代表大会常务委员会批准。省、自治区、直辖市依照国务院下达的限额举借的债务，列入本级预算调整方案，报本级人民代表大会常务委员会批准。举借的债务应当有偿还计划和稳定的偿还资金来源，只能用于公益性资本支出，不得用于经常性支出。除法律另有规定外，地方政府及其所属部门不得为任何单位和个人的债务以任何方式提供担保。国务院建立地方政府债务风险评估和预警机制、应急处置机制以及责任追究制度。国务院财政部门对地方政府债务实施监督。

（2）真实性原则。真实性原则，是指预算编制必须真实、可靠，符合客观实际情况。真实性原则强调在预算编制过程中必须做到实事求是，如实反映有关情况，不得弄虚作假。因此，《预算法》第36条规定："各级预算收入的编制，应当与经济社会发展水平相适应，与财政政策相衔接。各级政府、各部门、各单位应当依照本法规定，将所有政府收入全部列入预算，不得隐瞒、少列。"预算是政府对本年度预算收支的计划安排，编制预算的目的，就是在财政分配领域充分发挥计划的功能和作用，使政府的分配活动有所遵循，有所控制。

（3）节约统筹原则。《预算法》规定，各级预算支出应当依照本法规定，按其功能和经济性质分类编制；各级预算支出的编制，应当贯彻勤俭节约的原则，严格控制各部门、各单位的机关运行经费和楼堂馆所等基本建设支出；各级一般公共预算支出的编制，应当统筹兼顾，在保证基本公共服务合理需要的前提下，优先安排国家确定的重点支出。各级预算支出的编制，应当贯彻厉行节约、勤俭建国的方针。在预算编制中，必须树立全局观念，区分轻重缓急，首先保证政府公共支出的合理需要，编制预算时必须先安排好政府公共预算，然后再合理安排其他预算。各级一般公共预算应当按照本级一般公共预算支出额的1%~3%设置预备费，用于当年预算执行中的自然灾害等突发事件处理增加的支出及其他难以预见的开支。各级一般公共预算按照国务院的规定，可以设置预算周转金，用于本级政府调剂预算年度内季节性收支差额；可以设置预算稳定调节基金，用于弥补以后年度预算资金的不足。

2. 预算的编制内容与程序关于预算的编制内容与程序，《预算法》第32、38条进行了一般规定，具体尚需出台《预算法》实施细则及相关行政法规予以明确。

《预算法》第32条规定，各级预算应当根据年度经济社会发展目标、国家宏观调控总体要求和跨年度预算平衡的需要，参考上一年预算执行情况、有关支出绩效评价结果和本年度收支预测，按照规定程序征求有关方面意见后，进行编制。各级政府依据法定权限作出决定或者制定行政措施,凡涉及增加或者减少财政收入或者支出的,应当在预算批准前提出并在预算草案中作出相应安排。各部门、各单位应当按照国务院财政部门制定的政府收支分类科目、预算支出标准和要求,以及绩效目标管理等预算编制规定,根据其依法履行职能和事业发展的需要以及存量资产情况,编制本部门、本单位预算草案。政府收支分类科目,收入分为类、款、项、目;支出按其功能分类分为类、款、项,按其经济性质分类分为类、款。

关于一般性转移支付,依据《预算法》第 38 条规定,应当按照国务院规定的基本标准和计算方法编制;应当分地区、分项目编制。县级以上各级政府应当将对下级政府的转移支付预计数提前下达下级政府。地方各级政府应当将上级政府提前下达的转移支付预计数编入本级预算。

(二) 预算的审批

预算的审批,即预算的审查和批准,是指国家各级权力机关对同级政府所提出的预算草案进行审查和批准的活动。

根据《预算法》的规定,国务院在全国人民代表大会举行会议时,向大会作关于中央和地方预算草案的报告。地方各级政府在本级人民代表大会举行会议时,向大会作关于本级总预算草案的报告。中央预算由全国人民代表大会审查和批准。地方各级政府预算由本级人民代表大会审查和批准。

1. 预审草案的初审。新预算法在人大预算审批制度方面进行了较大幅度修改。其一是增强初审机构的权力。《预算法》第 44 条分 4 款分别对中中央预算和地方各级政府预算草案的初审程序加以规定:①国务院财政部门应当在每年全国人民代表大会会议举行的 45 日前,将中央预算草案的初步方案提交全国人民代表大会财政经济委员会进行初步审查。②省、自治区、直辖市政府财政部门应当在本级人民代表大会会议举行的 30 日前,将本级预算草案的初步方案提交本级人民代表大会有关专门委员会进行初步审查。③设区的市、自治州政府财政部门应当在本级人民代表大会会议举行的 30 日前,将本级预算草案的初步方案提交本级人民代表大会有关专门委员会进行初步审查,或者送交本级人民代表大会常务委员会有关工作机构征求意见。④县、自治县、不设区的市、市辖区政府应当在本级人民代表大会会议举行的 30 日前,将本级预算草案的初步方案提交本级人民代表大会常务委员会进行初步审查。

2. 预算的审批。国务院在全国人民代表大会举行会议时,向大会作关于中央和地方预算草案以及中央和地方预算执行情况的报告;地方各级政府在本级人民代表大会举行会议时,向大会作关于总预算草案和总预算执行情况的报告。为贯彻十八届三中全会关于"审核预算的重点由平衡状态、赤字规模向支出预算和政策拓展"的要求,《预算法》规定全国人民代表大会和地方各级人民代表大会对预算草案及其报告、预算执行情况的报告重点审查下列内容:①上一年预算执行情况是否符合本级人民代表大会预算决议的要求;②预算安排是否符合本法规定;③预算安排是否贯彻国民经济和社会发展的方针政策,收支政策是否切实可行;④重点支出和重大投资项目的预算安排是否适当;⑤预算的编制是否完整,是否符合本法第 46 条的规定;⑥对下级政府的转移性支出预算是否规范、适当;⑦预算安排举借的债务是否合法、合理,是否有偿还计划和稳定的偿还资金来源;⑧与预算有关重要事项的说明是否清晰。

为加强社会公众对预算的审查监督权,《预算法》第 45 条规定:"县、自治县、不设区的市、市辖区、乡、民族乡、镇的人民代表大会举行会议审查预算草案前,应当采用多种形式,组织本级人民代表大会代表,听取选民和社会各界的意见。"

全国人民代表大会财政经济委员会向全国人民代表大会主席团提出关于中央和地方预算草案及中央和地方预算执行情况的审查结果报告。省、自治区、直辖市、设区的市、自治州人民代表大会有关专门委员会,县、自治县、不设区的市、市辖区人民代表大会常务委员会,向本级人民代表大会主席团提出关于总预算草案及上一年总预算执行情况的审查结果报告。审查结果报告应当包括下列内容:①对上一年预算执行和落实本级人民代表大会预算决议的情况作出评价;②对本年度预算草案是否符合本法的规定,是否可行作出评价;③对本级人民代表大会批准预算草案和预算报告提出建议;④对执行年度预算、改进预算管理、提高预算绩效、加强预算监督等提出意见和建议。

3. 预算的批复与备案。各级预算经本级人民代表大会批准后,本级政府财政部门应当在20日内向本级各部门批复预算。各部门应当在接到本级政府财政部门批复的本部门预算后15日内向所属各单位批复预算。县级以上各级政府财政部门应当将批复本级各部门的预算和批复下级政府的转移支付预算,抄送本级人民代表大会财政经济委员会、有关专门委员会和常务委员会有关工作机构。

预算的备案是与预算审批密切相关的一种制度,各级政府预算经自上而下批准后,必须依法自下而上向相应的国家机关备案,旨在加强预算监督。《预算法》对预算备案规定如下:①乡、民族乡、镇政府应当及时将经本级人民代表大会批准的本级预算报上一级政府备案。②县级以上地方各级政府应当及时将经本级人民代表大会批准的本级预算及下一级政府报送备案的预算汇总,报上一级政府备案,并将下一级政府依规定报送备案的预算汇总后,报本级人民代表大会常务委员会备案。③国务院将省、自治区、直辖市政府依照上述规定报送备案的预算汇总后,报全国人民代表大会常务委员会备案。④国务院和县级以上地方各级政府对下一级政府依照《预算法》第50条规定报送备案的预算,认为有同法律、行政法规相抵触或者有其他不适当之处,需要撤销批准预算的决议的,应当提请本级人民代表大会常务委员会审议决定。

为了增强转移支付的公平性、科学性和公开性,《预算法》第52条分别对财政转移支付的逐级下达期限加以规定:①中央对地方的一般性转移支付应当在全国人民代表大会批准预算后30日内正式下达。中央对地方的专项转移支付应当在全国人民代表大会批准预算后90日内正式下达。②省、自治区、直辖市政府接到中央一般性转移支付和专项转移支付后,应当在30日内正式下达到本行政区域县级以上各级政府。③县级以上地方各级预算安排对下级政府的一般性转移支付和专项转移支付,应当分别在本级人民代表大会批准预算后的30日和60日内正式下达。④对自然灾害等突发事件处理的转移支付,应当及时下达预算;对据实结算等特殊项目的转移支付,可以分期下达预算,或者先预付后结算。

(三)预算的执行

预算执行是指各级财政部门和其他预算主体贯彻实施预算的活动。预算批准后,各预算主体都必须严格执行。《预算法》明确规定,在我国,各级预算由本级政府组织执行,具体工作由本级政府财政部门负责。各部门、各单位是本部门、本单位的预算执行主体,负责本部门、本单位的预算执行,并对执行结果负责。

1. 预算执行的依据。经过权力机关依据法定程序批准的预算是预算执行的法定依据。由于我国法律规定的预算年度为公历年度,即自公历1月1日起至12月31日止,而我国的全国人大会议则在每年的春季召开,事实上造成一段时间的预算执行无预算依据的局面,为此,《预算法》第54条规定,预算年度开始后,各级预算草案在本级人民代表大会批准前,可以安排下列支出,并应当在预算草案的报告中作出说明:①上一年度结转的支出;②参照上一年同期的预算支出数额安排必须支付的本年度部门基本支出、项目支出,以及对下级政府的转移性支出;③法律规定必须履行支付义务的支出,以及用于自然灾害等突发事件处理的支出。预算经本级人民代表大会批准后，按照批准的预算执行。

2. 预算收入的组织执行。在组织预算收入方面，预算收入征收部门和单位必须依法及时、足额征收应征的预算收入，不得违反法律、行政法规规定，多征、提前征收或者减征、免征、缓征应征的预算收入。各级政府不得向预算收入征收部门和单位下达收入指标。

此外，政府的全部收入应当上缴国家金库（以下简称国库），任何部门、单位和个人不得截留、占用、挪用或者拖欠。对于法律有明确规定或者经国务院批准的特定专用资金，可以依照国务院的规定设立财政专户。

3. 预算支出的组织执行。在划拨预算支出方面，各级政府财政部门必须按照有关规定，及时、足额地拨付预算支出资金，加强对预算支出的管理和监督。各级政府、各部门、各单位的支出必须按照预算执行，不得虚假列支。为提高资金的使用效率，加强对预算支出资金的管理和监督，《预算法》规定，各级政府、各部门、各单位应当对预算支出情况开展绩效评价。

4. 国库集中收付。上述的预算收入、预算支出均必须通过国库来进行。《预算法》第61条规定，国家实行国库集中收缴和集中支付制度，对政府全部收入和支出实行国库集中收付管理。

国库是办理预算收入的收纳、划分、留解和库款支拨的专门机构。依据《预算法》规定，县级以上各级预算必须设立国库；具备条件的乡级预算也应当设立国库。国库分为中央国库和地方国库。中央国库业务由中国人民银行经理，地方国库业务依照国务院的有关规定办理。各级国库应当按照国家有关规定，及时准确地办理预算收入的收纳、划分、留解、退付和预算支出的拨付。

各级国库库款的支配权属于本级政府财政部门。除法律、行政法规另有规定外，未经本级政府财政部门同意，任何部门、单位和个人都无权冻结、动用国库库款或者以其他方式支配已入国库的库款。为了保障国库的有效运作，保证预算收支活动的顺利进行，各级政府应当加强对本级国库的管理和监督，按照国务院的规定完善国库现金管理，合理调节国库资金余额。已经缴入国库的资金，依照法律、行政法规的规定或者国务院的决定需要退付的，各级政府财政部门或者其授权的机构应当及时办理退付。按照规定应当由财政支出安排的事项，不得用退库处理。

（四）预算的调整

预算调整是因特殊情况而在预算执行中对原来预算收支进行部分调整和变更。关于预算调整，我国《预算法》的规定如下：

1. 预算调整的法定情形。《预算法》第67条规定，经全国人民代表大会批准的中央预算和经地方各级人民代表大会批准的地方各级预算，在执行中出现下列情况之一的，应当进行预算调整：①需要增加或者减少预算总支出的；②需要调入预算稳定调节基金的；③需要调减预算安排的重点支出数额的；④需要增加举借债务数额的。

依据《预算法》第71条规定，在预算执行中，地方各级政府因上级政府增加不需要本级政府提供配套资金的专项转移支付而引起的预算支出变化，不属于预算调整。接受增加专项转移支付的县级以上地方各级政府应当向本级人民代表大会常务委员会报告有关情况；接受增加专项转移支付的乡、民族乡、镇政府应当向本级人民代表大会报告有关情况。

2. 预算调整的程序及效力。在预算执行中，各级政府一般不制定新的增加财政收入或者支出的政策和措施，也不制定减少财政收入的政策和措施；必须作出并需要进行预算调整的，应当在预算调整方案中作出安排。在预算执行中，各级政府对于必须进行的预算调整，应当编制预算调整方案。预算调整方案应当说明预算调整的理由、项目和数额。在预算执行中，由于发生自然灾害等突发事件，必须及时增加预算支出的，应当先动支预备费；预备费不足支出的，各级政府可以先安排支出，属于预算调整的，列入预算调整方案。

(1) 预算调整方案的初步审查。国务院财政部门应当在全国人民代表大会常务委员会举行会议审查和批准预算调整方案的 30 日前，将预算调整初步方案送交全国人民代表大会财政经济委员会进行初步审查。

省、自治区、直辖市政府财政部门应当在本级人民代表大会常务委员会举行会议审查和批准预算调整方案的 30 日前，将预算调整初步方案送交本级人民代表大会有关专门委员会进行初步审查。

设区的市、自治州政府财政部门应当在本级人民代表大会常务委员会举行会议审查和批准预算调整方案的 30 日前，将预算调整初步方案送交本级人民代表大会有关专门委员会进行初步审查，或者送交本级人民代表大会常务委员会有关工作机构征求意见。

县、自治县、不设区的市、市辖区政府财政部门应当在本级人民代表大会常务委员会举行会议审查和批准预算调整方案的 30 日前，将预算调整初步方案送交本级人民代表大会常务委员会有关工作机构征求意见。

(2) 预算调整方案的审批。未经批准，不得调整预算。中央预算的调整方案应当提请全国人民代表大会常务委员会审查和批准。县级以上地方各级预算的调整方案应当提请本级人民代表大会常务委员会审查和批准；乡、民族乡、镇预算的调整方案应当提请本级人民代表大会审查和批准。地方各级预算的调整方案经批准后，由本级政府报上一级政府备案。

经批准的预算调整方案，各级政府应当严格执行。未经《预算法》规定的程序，各级政府不得作出预算调整的决定。对违反上述规定作出的决定，本级人民代表大会、本级人民代表大会常务委员会或者上级政府应当责令其改变或者撤销。

六、决算制度

决算，在形式上是对年度预算收支执行结果的会计报告，在实质上则是对年度预算执行结果的总结。它是预算管理程序中的最后一个环节。决算制度主要包括决算草案的编制和审批两个方面的内容。

(一) 决算草案的编制

决算草案是指各级政府、各部门、各单位编制的经法定程序审查和批准的预算收支的年度执行结果，在每一预算年度终了后按照国务院规定的时间编制。

编制决算草案的具体事项，由国务院财政部门部署。编制决算草案，必须符合法律、行政法规，做到收支真实、数额准确、内容完整、报送及时。决算在形式上包括决算报表和文字说明两个部分，其体系构成和包括的收支项目同预算是一致的，按预算数、调整预算数、决算数分别列出。一般公共预算支出应当按其功能分类编列到项，按其经济性质分类编列到款。

(二) 决算草案的审批

各部门对所属各单位的决算草案，应当审核并汇总编制本部门的决算草案，在规定的期限内报本级政府财政部门审核。各级政府财政部门对本级各部门决算草案审核后发现有不符合法律、行政法规规定的，有权予以纠正。

1. **决算草案的初步审查。** 国务院财政部门应当在全国人民代表大会常务委员会举行会议审查和批准中央决算草案的 30 日前，将上一年度中央决算草案提交全国人民代表大会财政经济委员会进行初步审查。省、自治区、直辖市政府财政部门应当在本级人民代表大会常务委员会举行会议审查和批准本级决算草案的 30 日前，将上一年度本级决算草案提交本级人民代表大会有关专门委员会进行初步审查。设区的市、自治州政府财政部门应当在本级人民代表大会常务委员会举行会议审查和批准本级决算草案的 30 日前，将上一年度本级决算草案提交本级人民代表大会有关专门委员会进行初步审查，或者送交本级人民代表大会常务委员会的有关工作机构征求意见。县、自治县、不设区的市、市辖区政府财政部门应当在本级人民代表大会常务委员会举行会议审查和批准本级决算草案的 30 日前，将上一年度本级决算草案提交本级人民代表大会常务委员会有关工作机构征求意见。

全国人民代表大会财政经济委员会和省、自治区、直辖市、设区的市、自治州人民代表大会有关专门委员会，向本级人民代表大会常务委员会提出关于本级决算草案的审查结果报告。

2. 决算草案的审批。根据《预算法》的规定，决算草案的审批主体是各级权力机关。①国务院财政部门编制中央决算草案，经国务院审计部门审计后，报国务院审定，由国务院提请全国人民代表大会常务委员会审查和批准。②县级以上地方各级政府财政部门编制本级决算草案，经本级政府审计部门审计后，报本级政府审定，由本级政府提请本级人民代表大会常务委员会审查和批准。③乡、民族乡、镇政府编制本级决算草案，提请本级人民代表大会审查和批准。

县级以上各级人民代表大会常务委员会和乡、民族乡、镇人民代表大会对本级决算草案，重点审查下列内容：①预算收入情况；②支出政策实施情况和重点支出、重大投资项目资金的使用及绩效情况；③结转资金的使用情况；④资金结余情况；⑤本级预算调整及执行情况；⑥财政转移支付安排执行情况；⑦经批准举借债务的规模、结构、使用、偿还等情况；⑧本级预算周转金规模和使用情况；⑨本级预备费使用情况；⑩超收收入安排情况，预算稳定调节基金的规模和使用情况；⑪本级人民代表大会批准的预算决议落实情况；⑫其他与决算有关的重要情况。

县级以上各级人民代表大会常务委员会应当结合本级政府提出的上一年度预算执行和其他财政收支的审计工作报告，对本级决算草案进行审查。

3. 决算草案的批复与备案。各级决算经批准后，财政部门应当在 20 日内向本级各部门批复决算。各部门应当在接到本级政府财政部门批复的本部门决算后 15 日内向所属单位批复决算。

地方各级政府应当将经批准的决算及下一级政府上报备案的决算汇总，报上一级政府备案。县级以上各级政府应当将下一级政府报送备案的决算汇总后，报本级人民代表大会常务委员会备案。

国务院和县级以上地方各级政府对下一级政府依法报送备案的决算，认为有同法律、行政法规相抵触或者有其他不适当之处，需要撤销批准该项决算的决议的，应当提请本级人民代表大会常务委员会审议决定；经审议决定撤销的，该下级人民代表大会常务委员会应当责成本级政府依照《预算法》规定重新编制决算草案，提请本级人民代表大会常务委员会审查和批准。

七、预算与决算监督

预算决算监督，是指对各级政府预算的编制、预算执行、预算调整以及决算等活动的合法性和有效性实施的监督。它是财政监督的一个重要组成部分，是预算管理的重要内容。

按监督时间前后划分，预算决算监督一般分为事前监督、日常监督和事后监督。事前监督主要是对各级政府部门编制预算、决算草案进行监督；日常监督主要是在预算资金分配过程中进行的监督；事后监督主要是在预算资金分配使用后进行的监督，主要形式是对决算的监督。按监督的内容划分，预算决算监督可以分为对预算编制的监督、对预算执行的监督、对预算调整的监督和对决算的监督等。按监督主体划分，预算决算监督包括各级国家权力机关即各级人民代表大会及其常务委员会对预算、决算进行的监督，各级政府对下一级政府预算执行的监督,各级政府财政部门对本级各部门、各单位和下一级财政部门预算执行的监督检查,以及各级政府审计部门对预算执行情况和决算实行的审计监督。

(一) 权力机关的监督

全国人民代表大会及其常务委员会对中央和地方预算、决算进行监督。县级以上地方各级人民代表大会及其常务委员会对本级和下级政府预算、决算进行监督。乡、民族乡、镇人民代表大会对本级预算、决算进行监督。

各级人民代表大会和县级以上各级人民代表大会常务委员会有权就预算、决算中的重大事项或者特定问题组织调查,有关的政府、部门、单位和个人应当如实反映情况和提供必要的材料;各级人民代表大会和县级以上各级人民代表大会常务委员会举行会议时,人民代表大会代表或者常务委员会组成人员,依照法律规定程序就预算、决算中的有关问题提出询问或者质询,受询问或者受质询的有关的政府或者财政部门必须及时给予答复。

国务院和县级以上地方各级政府应当在每年6~9月期间向本级人民代表大会常务委员会报告预算执行情况。

(二) 政府机关的监督和政府部门的监督

各级政府监督下级政府的预算执行;下级政府应当定期向上一级政府报告预算执行情况;各级政府财政部门负责监督检查本级各部门及其所属各单位预算的执行;并向本级政府和上一级政府财政部门报告预算执行情况。各级政府审计部门对本级各部门、各单位和下级政府的预算执行、决算实行审计监督,对预算执行和其他财政收支的审计工作报告应当向社会公开。

政府各部门负责监督检查所属各单位的预算执行,及时向本级政府财政部门反映本部门预算执行情况,依法纠正违反预算的行为。

八、违反预算法的法律责任

1. 各级政府及有关部门有下列行为之一的,责令改正,对负有直接责任的主管人员和其他直接责任人员追究行政责任:①未依照本法规定,编制、报送预算草案、预算调整方案、决算草案和部门预算、决算以及批复预算、决算的;②违反本法规定,进行预算调整的;③未依照本法规定对有关预算事项进行公开和说明的;④违反规定设立政府性基金项目和其他财政收入项目的;⑤违反法律、法规规定使用预算预备费、预算周转金、预算稳定调节基金、超收收入的;⑥违反《预算法》规定开设财政专户的。

2. 各级政府及有关部门、单位有下列行为之一的,责令改正,对负有直接责任的主管人员和其他直接责任人员依法给予降级、撤职、开除的处分:①未将所有政府收入和支出列入预算或者虚列收入和支出的;②违反法律、行政法规的规定,多征、提前征收或者减征、免征、缓征应征预算收入的;③截留、占用、挪用或者拖欠应当上缴国库的预算收入的;④违反《预算法》规定,改变预算支出用途的;⑤擅自改变上级政府专项转移支付资金用途的;⑥违反《预算法》规定拨付预算资金,办理预算收入收纳、划分、留解、退付,或者违反《预算法》规定冻结、动用国库款项或者以其他方式支配已入国库库款的。

3. 各级政府、各部门、各单位违反《预算法》规定举借债务或者为他人债务提供担保,或者挪用重点支出资金,或者在预算之外及超预算标准建设楼堂馆所的,责令改正,对负有直接责任的主管人员和其他直接责任人员给予撤职、开除的处分。

4. 各级政府有关部门、单位及其工作人员有下列行为之一的,责令改正,追回骗取、使用的资金,有违法所得的没收违法所得,对单位给予警告或者通报批评;对负有直接责任的主管人员和其他直接责任人员依法给予处分:①违反法律、法规的规定,改变预算收入上缴方式的;②以虚报、冒领等手段骗取预算资金的;③违反规定扩大开支范围、提高收支标准的;

④其他违反财政管理规定的行为。

上述违法行为,其他法律对其处理、处罚另有规定的,依照其规定。违反《预算法》规定,构成犯罪的,依法追究刑事责任。

各级政府未经依法批准擅自变更预算,使经批准的收支平衡的预算的总支出超过总收入,或者使经批准的预算中举借债务的数额增加的,对负有直接责任的主管人员和其他直接责任人员追究行政责任。违反法律、行政法规的规定,擅自动用国库库款或者擅自以其他方式支配已入国库的库款的,由政府财政部门责令退还或者追回国库库款,并由上级机关给予负有直接责任的主管人员和其他直接责任人员行政处分。隐瞒预算收入或者将不应当在预算内支出的款项转为预算内支出的,由上一级政府或者本级政府财政部门责令纠正,并由上级机关给予负有直接责任的主管人员和其他直接责任人员行政处分。

第三节 国债法律制度

一、国债和国债法概述

(一)国债的概念和特征

国债,又称国库券、国家公债,它是国家为实现其职能而以国家信用为基础、按照债的一般原则,通过向社会筹集资金所形成的债务。在当代,国债已构成重要的财政收入形式,成为财政政策的重要手段和国家宏观调控的重要工具。

与企业债券等其他债相比较,国债具有以下特征:

1. 国债是国家债务。国债的举债主体是国家,但是这里的国家不是像取得税收或罚没收入那样以社会公共权威的身份出现,而是以平等主体的身份出现。国债的借还遵循市场经济下自愿、有偿等一般规则。

2. 国债是以国家信用为基础的债务。与商业信用、银行信用、消费信用等不同,由于国债体现的是国家信用,所以对债权人而言是风险最小的债务。而且在发行国债的实践中,国债的利率往往高于其他债券,因而国债通常被认为是高收益、低风险的"金边债券"。

3. 国债是用以弥补财政赤字和进行宏观调控的国家债务。弥补财政赤字是发行国债的最初动因,世界许多国家都重视通过发行国债来弥补财政赤字。但是国债还具有宏观调控的职能,国债收入的取得和使用、偿还等在客观上都具有经济调节的功能,如我国政府曾多次发行特种国债,用于西部开发中的基础设施建设,既促进了西部开发,又拉动了经济增长,取得了令人满意的社会效益和经济效益。

(二)国债法的概念

国债法是调整在国债的发行、使用、偿还和管理的过程中发生的经济关系的法律规范的总称。

我国自改革开放以来就开始重视运用国债手段来弥补财政赤字和进行宏观调控。但是没有进行规范化的国债立法活动,开始几年几乎是一年一个国库券条例,这几年则大多以财政部公告或通知的形式进行国债的发行和偿还。

二、国债的分类

国债的分类对于国债立法甚为重要。由于有的国家是按照不同种类的国债分别进行立法的,因而国债的分类会直接影响到国债法的体系,并且,其本身也是国债法律制度的重要内容,与国债的发行、管理等密切相关。

依据不同的标准，可以对国债作以下不同的分类：

1. 按举借债务方式不同，国债可分为国家债券和国家借款。

（1）国家债券，是通过发行债券形成国债法律关系。国家债券是国家内债的主要形式，我国发行的国家债券主要有国库券、财政债券、国家经济建设债券、国家重点建设债券等。

（2）国家借款，是按照一定的程序和形式，由借贷双方共同协商，签订协议或合同，形成国债法律关系。国家借款是国家外债的主要形式，包括外国政府贷款、国际金融组织贷款和国际商业组织贷款等。

2. 按偿还期限不同，国债可分为定期国债和不定期国债。

（1）定期国债，是指国家发行的严格规定有还本付息期限的国债。定期国债按还债期长短又可分为短期国债、中期国债和长期国债。短期国债通常是指发行期限在 1 年以内的国债；中期国债是指发行期限在 1 年以上、10 年以下的国债；长期国债是指发行期限在 10 年以上的国债。

（2）不定期国债，是指国家发行的不规定还本付息期限的国债。这类国债的持有人可按期获得利息，但没有要求清偿债务的权利。如英国曾发行的永久性国债即属此类。

3. 按发行地域不同，国债可分为国家内债和国家外债。

（1）国家内债，是指在国内发行的国债，其债权人多为本国公民、法人或其他组织，还本付息均以本国货币支付。

（2）国家外债，是指国家在国外举借的债，包括在国际市场上发行的国债和向外国政府、国际组织及其他非政府性组织的借款等。国家外债可经双方约定，以债权国、债务国或第三国货币筹集并还本付息。

4. 按发行性质不同，国债可分为自由国债和强制国债。

（1）自由国债，又称任意国债，是指由国家发行的由公民、法人或其他组织自愿认购的国债。它是当代各国发行国债普遍采用的形式，易于为购买者接受。

（2）强制国债，是国家凭借其政治权力，按照规定的标准，强制公民、法人或其他组织购买的国债。这类国债一般是在战争时期或财政经济出现异常困难或为推行特定的政策、实现特定目标时采用。

5. 按用途不同，国债可分为赤字国债、建设国债和特种国债。

（1）赤字国债，是指用于弥补财政赤字的国债。在实行复式预算制度的国家，纳入经常预算的国债属赤字国债。由于经常性预算缺乏还本付息的资金来源，且不会产生任何直接的收益，因此，一般各国预算法都禁止发行赤字国债。

（2）建设国债，是指用于增加国家对经济领域投资的国债。在实行复式预算制度的国家，纳入资本（投资）预算的国债属建设国债。

（3）特种国债，是指为实施某种特殊政策在特定范围内或为特定用途而发行的国债。

6. 按是否可以流通，国债可分为上市国债和不上市国债。

（1）上市国债，也称可出售国债，是指可在证券交易场所自由买卖的国债。

（2）不上市国债，也称不可出售国债，是指不能自由买卖的国债。这类国债一般期限较长，利率较高，多采取记名方式发行。

此外，国债还可按推销方式的不同，分为强制国债与任意国债；按偿付方式的不同，分为普通国债与有奖国债；按举借方式的不同，分为国家债券和国家借款等。我国自改革开放以来，发行内债的形式主要是国库券、国家建设债券、国家重点建设债券、特种国债等。新中国成立以来，我国已发行的国家内债种类有 20 世纪 50 年代发行的人民胜利折实公债、经济建设公债，80年代以来发行的国库券、国家重点建设债券、特种国债、国家建设债券、财政债券、保值公债和特种定向债券等。

近年来，我国发行的国债种类主要有记账式国债、无记名国债、凭证式国债和特种定向债券。记账式国债，以记账的形式记录债权，通过证券交易所的交易系统发行和交易，可以记名、挂失。无记名国债，以实物券面的形式记录债权，不记名、不挂失，可上市流通交易，历年来发行的无记名国债券的面值分别为1元、5元、10元、20元、50元、100元、500元、1000元、5000元、10 000元等。凭证式国债，以"凭证式国债收款凭证"记录债权，是一种国家储蓄债，可以记名、挂失，不可上市流通。特种定向债券，以"特种定向债券收款凭证"记录债权，为不可上市国债，面向社会养老保险基金和待业保险基金的管理机构发行。

三、国债的发行、转让和兑付

（一）国债的发行

国债的发行是指国债的出售和购买的活动。我国对国债的发行实行严格的计划审批制。每年的政府财政预算中都包括债券的发行计划，经全国人民代表大会审议批准后，由财政部代表中央政府向个人、银行、机构投资人和证券中介机构发行债券。政府债券的发行有以下几种主要方法：

1. 公募法。即由国家公开向社会公众发行国债券的方法。可分为直接公募和间接公募两种。直接公募即由政府有关部门直接向社会发行债券，其发行费用全部由国库承担；间接公募则由政府委托银行及其他金融机构代理销售，发行费用及风险依照双方的约定。

2. 包销法。即作为发行人的政府和作为承销人的银行及其他中介机构通过承销合同确定双方的权利义务，由银行及其他中介机构承担全部国债的承销和包销任务，然后再向其他投资者发行。

3. 公卖法。即政府委托经纪人在证券交易所出售国债。

4. 摊派法。即按照国债券的发行数额分派给各地区、各部门和各单位的带有一定强制性的发行方法。

采取哪一种方法更有利于国债的发行，这需根据发行时的具体情况而定。我国最初发行债券时基本上采取了摊派和一定程度的自愿认购的方法，现在基本上已经全部采用市场化的方法来发行国债。

（二）国债的转让

国债的转让是指国债的持有者在必要时通过国债流通市场转让其债券的行为。在流通市场上办理国债转让业务的中介机构，主要有银行、证券公司和信托投资公司等，这些中介机构在办理国债转让业务时主要采取自营买卖和代理买卖两种方式进行。自营买卖是由中介机构用自有资金向债券出售人买入债券，然后再将其售出；代理买卖是中介机构根据出售人或购买人的委托买卖国债券。我国国债流通市场的交易方式主要是证券交易所交易和柜台交易。

（三）国债的兑付

国债的兑付即国债的还本付息。持有到期国债券者可到国家指定的兑付机构兑付。我国采取多渠道办理兑付的办法，国家原则上要求凡是有柜台业务的银行办事处、分理处、营业所、储蓄所以及城市信用社、信托证券部、邮政储蓄的柜台等都要办理兑付业务。兑付的期限分为集中兑付和常年兑付两种。本息的兑付方法依照发行债券时的规定进行。偿还国债本息的资金来源可以是预算盈余，或者是专门的偿债基金、预算拨款，也可以是借新债还旧债。

四、外债管理法律制度

（一）外债与外债管理法的概念

一般认为，国家外债就是国家在国外举借的各种债务，包括向外国政府、金融组织、个人的借款，在国外发行的国债等。世界银行和国际货币基金组织认为，外债是对非居民用本国或外国货币承担的契约性偿还义务的全部债务。我国国家外汇管理局将外债定义为：我国外债是指中国境内的机关、团体、企业、事业单位、金融机构或其他机构用外国货币承担的具有契约性偿还义务的全部债务。具体包括国际金融机构贷款、外国政府贷款、外国银行和金融机构贷款、买方信贷、外国企业贷款（主要是卖方信贷）、发行外币债券、国际租赁、延期付款、用现汇偿还的补偿贸易、向境内外合资银行借入的外汇资金和其他形式的债务。

我国向国外举债，主要有三种途径：①根据与国外政府间的协议取得的政府贷款；②国际金融组织的贷款；③在国外发行债券。政府贷款是政府间根据双边协议发生的贷款行为，这种贷款带有援助性质，利率一般较低，有的是无息贷款，期限也比较长。国际金融机构贷款主要是国际金融组织对其成员国发放的贷款，贷款条件一般比较优惠，但根据各金融机构设立的不同目的和具体规定，贷款的数量和使用方向受到严格的限制。在国外发行债券是由财政部代表中央政府到国外证券市场上直接发行国债，由外国政府、企业及个人自愿认购。运用这种方式举借外债，具有期限长、利率低等优点。

外债管理法是调整在外债举借和对外担保、外债偿还和风险管理、外债资金使用和外债监管等过程中所发生的经济关系的法律规范的总和，其目的是为了规范举借外债行为，提高外债资金使用效益，防范外债风险。2003年1月8日，国家发展计划委员会、财政部和国家外汇管理局联合发布了《外债管理暂行办法》，自2003年3月1日起施行。

《外债管理暂行办法》规定，国家对各类外债和或有外债实行全口径管理。举借外债、对外担保、外债资金的使用和偿还须符合国家有关法律、法规和本办法的规定。国家发展计划委员会、财政部和国家外汇管理局是外债管理部门。

（二）举借外债和对外担保

1. 借用外债计划。国家发展计划委员会会同有关部门根据国民经济和社会发展需要，以及国际收支状况和外债承受能力，制订国家借用外债计划，合理确定全口径外债的总量和结构调控目标。

2. 举借外债的分类管理制度。国家根据外债类型、偿还责任和债务人性质，对举借外债实行分类管理。

（1）国际金融组织贷款和外国政府贷款由国家统一对外举借。国家发展计划委员会会同财政部等有关部门制订世界银行、亚洲开发银行、联合国农业发展基金会和外国政府贷款备选项目规划，财政部根据规划组织对外谈判、磋商、签订借款协议和对国内债务人直接或通过有关金融机构转贷。其中，世界银行、亚洲开发银行、联合国农业发展基金会和重点国别外国政府贷款备选项目规划须经国务院批准。

（2）财政部代表国家在境外发行债券由财政部报国务院审批，并纳入国家借用外债计划。其他任何境内机构在境外发行中长期债券均由国家发展计划委员会会同国家外汇管理局审核后报国务院审批；在境外发行短期债券由国家外汇管理局审批，其中设定滚动发行的，由国家外汇管理局会同国家发展计划委员会审批。

（3）国家对国有商业银行举借中长期国际商业贷款实行余额管理，余额由国家发展计划委员会会同有关部门审核后报国务院审批。

（4）境内中资企业等机构举借中长期国际商业贷款，须经国家发展计划委员会批准。

(5) 国家对境内中资机构举借短期国际商业贷款实行余额管理,余额由国家外汇管理局核定。

(6) 国家对境内外资金融机构举借外债实行总量控制,具体办法另行制定。

(7) 外商投资企业举借的中长期外债累计发生额和短期外债余额之和应当控制在审批部门批准的项目总投资和注册资本之间的差额以内。在差额范围内,外商投资企业可自行举借外债。超出差额的,须经原审批部门重新核定项目总投资。

3. 对外担保制度。境内机构对外担保应当遵守国家法律、法规和外汇管理部门的有关规定。境内机构不得为非经营性质的境外机构提供担保。未经国务院批准,任何政府机关、社会团体、事业单位不得举借外债或对外担保。

4. 登记制度。境内机构对外签订借款合同或担保合同后,应当依据有关规定到外汇管理部门办理登记手续。国际商业贷款借款合同或担保合同须经登记后方能生效。

(三) 外债资金使用

1. 外债资金的使用方向。外债资金应当主要用于经济发展和存量外债的结构调整:国际金融组织贷款和外国政府贷款等中长期国外优惠贷款重点用于基础性和公益性建设项目,并向中西部地区倾斜;中长期国际商业贷款重点用于引进先进技术和设备,以及产业结构和外债结构调整;境内企业所借中长期外债资金,应当严格按照批准的用途合理使用,不得挪作他用,确需变更用途的,应当按照原程序报批;境内企业所借短期外债资金主要用作流动资金,不得用于固定资产投资等中长期用途。使用外债资金的固定资产投资项目应当实行项目法人责任制,由项目法人对外债资金的使用效益负责。

2. 外债资金使用的管理。外债管理部门负责对外债资金使用进行管理和监督。国家发展计划委员会依据《国家重大建设项目稽察办法》的规定,向使用外债资金的国家重大建设项目派出稽察特派员,对项目的实施和资金使用情况进行稽察。

(四) 外债偿还和风险管理

1. 外债偿还。主权外债由国家统一对外偿还。主权外债资金由财政部直接或通过金融机构转贷给国内债务人的,国内债务人应当对财政部或转贷金融机构承担偿还责任。非主权外债由债务人自担风险、自行偿还。

债务人可以用自有外汇资金偿还外债,也可经外汇管理部门核准用人民币购汇偿还外债。债务人无法偿还的外债,有担保人的,应当由担保人负责偿还。担保人按照担保合同规定需要履行对外代偿义务时,应当到外汇管理部门办理对外担保履约核准手续。

2. 外债风险管理。债务人应当加强外债风险管理,适时调整和优化债务结构:

(1) 在不扩大原有外债规模的前提下,经国家发展计划委员会核准,债务人可以通过借入低成本外债、偿还高成本外债等方式,降低外债成本,优化债务结构,其中,涉及主权外债的,需经财政部核准。

(2) 债务人可以保值避险为目的,委托具有相关资格的金融机构运用金融工具规避外债的汇率和利率风险。

(五) 外债监管

外债管理部门根据国家法律、法规和《外债管理暂行办法》有关规定,对外债和对外担保实施监管。外债管理部门履行监管职责时,有权要求债务人和相关单位提供有关资料,检查有关账目和资产。

1. 境内机构举借外债或对外担保时,未履行规定的审批手续或未按规定进行登记的,其对外签订的借款合同或担保合同不具有法律约束力。

2. 不以借款合同或担保合同等形式体现,但在实质上构成对外偿还义务或潜在对外偿还义务的对外借款或担保,须按照《外债管理暂行办法》纳入外债监管。

3. 禁止违反利益共享、风险共担原则,以保证外商直接投资固定回报等方式变相举借外债。

4. 未经外债管理部门批准,境外中资企业不得将其自身承担的债务风险和偿债责任转移到境内。

5. 经营外汇业务的金融机构在为境内机构开立外汇、外债账户和处理外汇资金往来业务时,发现违反《外债管理暂行办法》规定的行为,应当及时向有关外债管理部门报告,并协助外债管理部门进行调查。

6. 外债管理部门应当掌握外债动态,建立和完善全口径外债监测预警机制。国家外汇管理局负责外债的统计监测,定期公布外债统计数据。

7. 境内机构违反《外债管理暂行办法》规定举借外债或对外担保的,由其主管部门对直接负责的主管人员和其他直接责任人员依法给予相应的行政处分。构成犯罪的,依法追究刑事责任。

8. 外债管理部门的工作人员徇私舞弊、滥用职权或玩忽职守,由其所在部门依法给予行政处分。构成犯罪的,依法追究刑事责任。

第四节 转移支付法律制度

一、转移支付与转移支付法的概念

(一) 转移支付的概念

财政支出依据其能否直接获得经济补偿,可以分为购买支出和转移支付两大类。转移支付法律制度包括转移支付和政府采购(下节阐述)两大法律制度。

转移支付,又称补助支出、无偿支出,它是指政府通过一定形式和途径,为了解决财政失衡而将财政资金单方面无偿地转移给政府、企业和居民的制度。包括政府间转移和财政补贴两类。政府间转移是上级政府的财政收入转作下级政府的财政收入并由下级政府用作财政支出的支付。财政补贴是各级政府向企业、居民所作的财政转移支付。

财政学理论认为,"以财政支出是否与商品和服务相交换为标准,可将全部财政支出分为购买性支出和转移性支出两类"。[1] 因而,从广义上理解的转移支付,是指"政府为实现其特定的政策目标,通过一定的渠道或形式,将一部分社会资源无偿地从一个(几个)群体转移给另一个(几个)群体。根据转移支付的对象不同,可以将转移支付大致区分为政府对居民(公司)的转移支付和政府间的转移支付两类"。[2] 政府对居民、弱势阶层和低收入群体的转移支付的范围主要包括社会保障支出、财政补贴支出等。国家对个人居民基本生存权的保障采取社会保障制度,社会保障支出是社会保障制度的财力基础。国家实施的房租补贴、物价补贴等是对低收入者提供的政府财政补贴。对弱势阶层的转移支付主要表现为对农产品价格维持保护性补贴。

政府间财政转移支付,是指各级政府之间财政资金的相互转移或财政资金在各级政府之间

---

[1] 陈共主编:《财政学》,中国人民大学出版社2000年版,第6页。
[2] 丛树海主编:《财政支出学》,中国人民大学出版社2002年版,第265页。

的再分配。这种转移支付形式一般有三种：①中央政府将其预算收入的一部分向下转移给地方政府；②地方政府将其预算收入的一部分向上转移给中央政府；③同级政府之间一部分预算收入的相互转移。凡是相邻两级政府间的上级政府对下级政府的财力转移是狭义上理解的转移支付。我国在1994年分税制财政体制改革基础上确立的财政转移支付制度，是一种从狭义上理解的财政转移支付。本节是从狭义的角度来论述财政转移支付的相关内容。

（二）转移支付法的概念

财政转移支付法是指调整在财政转移支付过程中发生的经济关系的法律规范的总称，是财政法律制度的重要组成部分。从广义上理解的转移支付法包括政府对居民的转移支付制度和政府间的转移支付制度。从形式上看财政转移支付法，是指财政转移支付法律规范借以表现的外在形式，它也有广义与狭义之分：广义上的财政转移支付法，泛指凡规定有关财政转移支付方面内容的法律、法规、自治条例、规章等规范性法律文件的总称。狭义上的财政转移支付法，专指国家立法机关制定的以《财政转移支付法》冠名的单行法律。在我国尚未制定专门的《财政转移支付法》，有关财政转移支付方面内容的法律规范散见于相关法规与规章之中。

财政转移支付法律制度的内容一般包括：①转移支付的目标和原则。②转移支付的形式。目前转移支付的形式包括：社会保障支出和财政补贴支出，如定额补助、专项补助、结算补助、税收返还及其他补助形式。③转移支付的资金来源、核算标准、分配方法、支付规模和程序。④转移支付的管理和分配机构。⑤转移支付的监督及法律责任。

二、财政转移支付制度的基本框架[1]

（一）财政转移支付制度的模式

制度模式是任何一种财政转移支付制度都必须首先明确的。政府间的财政转移支付就其实质而言，是各地区之间横向的财力再分配关系，即经济上较发达的地区把政府组织的部分收入转移给经济发展水平较落后的地区。但是由于这种财力再分配行为不是各地区政府之间的自发收受关系，而是表现为国家意志，所以，没有任何一个国家的政府间财政转移支付制度采取单一的各地区政府之间平行转移财力的方式。根据国际上现有的实践，政府间转移支付的模式有两种：

1. 单一纵向模式。它是指上级政府通过特定的财政体制把各地区所创造的财力数量不等地集中起来，再根据各地区财政收支平衡状况和实施宏观调控政策的需要，将集中起来的部分财政收入以不等的数量分配给各地区，以此实现各地区间财力配置的相对均衡。这是一种单一的自上而下的纵向财政平衡模式。实际上，我国长期以来就是通过这种方式实施政府转移支付的。而且，目前世界上多数国家的政府间转移支付也都是采取这种方式进行的。区别在于，我国以往实行的单一纵向转移支付制度缺乏必要的法律规范，透明度较低，稳定性较差，随意性大；而在国外，包括美国、日本、加拿大等，则是把这种转移支付通过法律形式规范化，因而稳定性强，透明度高，较好地克服了随意性和偶然性。

2. 纵横交错模式。即对于政府间的转移支付，中央不仅统一立法，并且直接通过特定手段进行纵向的转移支付，但又同时负责组织各地区之间直接的财政转移支付。这是一种纵向为主、纵横交错的财政平衡模式。其中纵向的转移支付侧重于实现国家的宏观调控政策目标；横向的转移支付则主要用于解决财政经济落后地区公共开支不足的问题。德国的财政转移支付制度是这种模式的典型代表。

---

[1] 参见刘小明：《财政转移支付制度研究》，中国财政经济出版社2001年版，第75~76页；钟守英主编：《转移支付制度比较与借鉴》，武汉工业大学出版社1996年版，第164~165页。

(二) 财政转移支付制度中的支付方式

财政转移支付作为政府间财政收入初次分配基础上进行的再分配，有多种支付方式可供选择。中央政府在确定补助方式方面处于主动地位。尽管各国转移支付制度的支付方式千差万别，但归纳起来可分为资金转移、税收分享和税收空间转移三种方式。

1. 资金转移，就是某政府将其财政资金的一部分，以补助、拨款或上缴的形式无偿转移给另一个政府。这种支付方式的特点或者优点是，转移支付的关系明确，数量清楚，转出方和接受方都能做到心里有数。这种方式在世界各国普遍应用，作为中央政府贯彻宏观经济或社会政策的有力工具。

2. 税收分享，就是一级政府将其征收的某种税收，按照一定的标准与另一级政府分享。税收分享又分为税基分享和分成分享。税基分享是指对同一税基，多级政府可以各按一定的税率计征，也称为分率分享，如美国的公司所得税、个人所得税，联邦和州都可以依一定比例从同一税基中取得各自的税收。分成分享是先由一级政府组织征收某一分享税后，再按已确定的比例在各级政府间进行分配。税收分享从收入运动形式上表现为政府间收入的转移支付，可以用来解决政府间的纵向非均衡问题。但是因为其分享比率或分成比例是固定的，因而在初次确定比例之后，其分配格局也就固定化了，因而其不构成转移支付的主要手段。

3. 税收空间的转移，是一种间接的支付方式，是指一级政府以降低税率的形式，将一定的税收空间转让给另一级政府，使其有可能在不提高居民税收负担的情况下，提高自己的税率或开征新的税种。这种支付方式的好处是，直接提高了接受方的财政收入能力，更有利于调动它们的积极性。缺点是，对于接受方来说，这种转移在经过一定时期以后往往不再被看成是转移，转出方对这部分财力也就不再有发言权。

三、我国财政转移支付制度的现状与问题

(一) 我国财政转移支付制度的现状

我国的财政转移支付制度是在 1994 年开始实行的分税制财政管理体制的基础上建立起来的，主要是由四种形式构成。

第一种形式是"过渡期财政转移支付"。"过渡期财政转移支付"是我国在 1994 年实行分税制财政管理体制后开始设立和实施的。我国过渡期财政转移支付的核心是地区收支均衡模式。我国的收支均衡模式同时考虑了各个地区的财政能力（财政收入）和财政需求，其基本做法是：通过测算各个地区的标准财政收入和财政支出并对其进行比较，进而计算出地区的标准财政收支缺口（该地区标准财政支出大于标准财政收入的差额）。

第二种形式为"税收返还"。税收返还制度的建立是 1994 年分税制改革的关键性内容之一。税收返还制度的核心是在建立新的分税制财政管理体制的同时，确保各有关地方政府的既得利益。另外，这种形式通过"存量不动，增量调节"的办法，提高中央财政在增值税与消费税增量上的比重。

第三种形式为"专项补助"（或者说是"专项拨款"）。"专项补助"作为中央政府对地方政府的财政转移支付形式。这些专项拨款，由中央政府拨付，不列入地方的财政支出范围。这种专项拨款的主要特点是拨付款项的有条件性，是由中央根据情况和需要来确定拨款的项目、拨款的对象、拨款的金额和拨款的时间。专项拨款主要用于给予地方政府特大自然灾害救济费、特大防汛抗旱经费以及不发达地区的发展资金等。

第四种形式是"原体制补助和上交"。这种形式实际是原体制的产物。从 1988 年开始，中央政府财政部对部分省、自治区实行定额补助，与此同时部分省市向中央按照一定的比例上交。

(二) 我国财政转移支付法律制度存在的问题

1994年的分税制改革取得了很大成效，但由于这次改革的主要目的是为了解决原财政包干体制下税收调节功能弱化，财政收入增长缓慢，国家财力偏于分散，特别是中央财政收入比重不断下降的问题，而在制度设计上，缺乏对各级政府事权和支出责任进行规范、清晰划分的基础上形成的。因此，我国的分税制财政体制以及转移支付制度，与规范化的财政体制和转移支付制度相比仍有很大差距，具有一定程度的过渡色彩，目前还存在以下问题：

1. 中央政府与地方政府之间事权、财权不清晰，事权、财权不对应，资金分配办法不规范。从而造成一部分财政支出的不合理，各级政府支出责任不明确，甚至带有较大的主观随意性，从而使转移支付制度缺乏科学性。

2. 现行财政转移支付制度缺乏法律权威性。纵观各个国家财政转移支付制度最大的共性就是都制定有较高层次的法律。而我国现行的政府间财政转移支付制度依据的主要是政府规章，没有单行法律。因而现行财政转移支付制度缺乏法律权威性和统一性。

3. 现行财政转移支付制度调控力度小，均等化功能弱。由于在现行转移支付制度中税收返还形式占的比重过大，一般性转移支付比重太低，致使中央财政调控权、均等化功能过弱。

4. 监督制约机制不健全。

5. 省一级政府对地、市、县级地方政府的转移支付缺乏制度建设。

第五节 政府采购法律制度

一、政府采购与政府采购法概述

购买支出就是政府采购方面的支出。政府采购也称为公共采购。我国《政府采购法》第2条规定，政府采购是指各级国家机关、事业单位和团体组织，使用财政性资金采购依法制定的集中采购目录以内的或者采购限额标准以上的货物、工程和服务的行为。所谓采购，是指以合同方式有偿取得货物、工程和服务的行为，包括购买、租赁、委托、雇用等。货物，是指各种形态和种类的物品，包括原材料、燃料、设备、产品等。工程，是指建设工程，包括建筑物和构筑物的新建、改建、扩建、装修、拆除、修缮等。服务，是指除货物和工程以外的其他政府采购对象。这一定义包含以下要点：①政府采购的主体是各级国家机关、事业单位、团体组织，不包括国有企业。②政府采购所使用的资金是财政性资金，是指纳入预算管理的资金。以财政性资金作为还款来源的借贷资金，视同财政性资金。③政府采购的对象必须是集中采购目录以内的或者采购限额标准以上的货物、工程和服务（包括政府自身需要的服务和政府向社会公众提供的公共服务）。

政府采购制度作为财政制度的重要组成部分，在西方国家已有二百多年的历史。1761年美国就颁布了《政府采购法》。英国政府于1782年设立了文具公用局，专门负责政府集中采购工作。随着政府在国内自由市场经济的发展过程中角色的不断变化，政府采购制度的目标和作用也发生着相应的变化。同时，随着采购方式的不断改进，政府采购制度的规则也在不断地更新。

政府采购法是调整政府采购关系的法律规范的总和。为了规范政府采购行为，提高政府采购资金的使用效益，维护国家利益和社会公共利益，保护政府采购当事人的合法权益，促进廉政建设，2002年6月29日第九届全国人民代表大会常务委员会第二十八次会议通过了《中华人民共和国政府采购法》，自2003年1月1日起施行。该法施行后，在中华人民共和国境内进行的政府采购都适用《政府采购法》的规定。但是，使用国际组织和外国政府贷款进行的政府采购，贷款方、资金提供方与中方达成的协议对采购的具体条件另有规定的，可以适用其规定，但不得损害国家利益和社会公共利益。另外，对因严重自然灾害和其他不可抗力事件所实施的紧急采购和涉及国家安全和秘密的采购，也不适用《政府采购法》。军事采购法规则由中央军事委员会另行制定。

政府采购法自 2003 年 1 月 1 日实施以来，对规范政府采购行为、提高政府采购资金的使用效益、促进廉政建设发挥了重要作用。但是，政府采购活动中也暴露出质量不高、效率低下等问题。为此，有必要制定条例，完善政府采购制度，进一步促进政府采购的规范化、法制化，构建规范透明、公平竞争、监督到位、严格问责的政府采购工作机制。2014 年 8 月 31 日，中华人民共和国第十二届全国人民代表大会常务委员会第十次会议通过《中华人民共和国主席令》（第十四号）对《政府采购法》其中的三项条款进行修改。2014 年 12 月 31 日国务院第 75 次常务会议通过《中华人民共和国政府采购法实施条例》（以下简称"实施条例"），并于 2015 年 3 月 1 日起施行。关于政府采购法的适用范围，《实施条例》第 7 条进一步加以规定：政府采购工程以及与工程建设有关的货物、服务，采用招标方式采购的，适用《中华人民共和国招标投标法》及其实施条例；采用其他方式采购的，适用政府采购法及实施条例。前述所称工程，是指建设工程，包括建筑物和构筑物的新建、改建、扩建及其相关的装修、拆除、修缮等；所称与工程建设有关的货物，是指构成工程不可分割的组成部分，且为实现工程基本功能所必需的设备、材料等；所称与工程建设有关的服务，是指为完成工程所需的勘察、设计、监理等服务。政府采购工程以及与工程建设有关的货物、服务，应当执行政府采购政策。

二、政府采购法的基本原则和管理机构

（一）政府采购法的基本原则

1. 政府采购应当遵循公开透明原则、公平竞争原则、公正原则和诚实信用原则。

2. 自由竞争原则。任何单位和个人不得采用任何方式，阻挠和限制供应商自由进入本地区和本行业的政府采购市场。

3. 预算原则。政府采购应当严格按照批准的预算执行。

4. 集中采购和分散采购相结合的原则。政府采购实行集中采购和分散采购相结合。依据《实施条例》规定，所谓集中采购，是指采购人将列入集中采购目录的项目委托集中采购机构代理采购或者进行部门集中采购的行为；所称分散采购，是指采购人将采购限额标准以上的未列入集中采购目录的项目自行采购或者委托采购代理机构代理采购的行为。集中采购目录包括集中采购机构采购项目和部门集中采购项目。技术、服务等标准统一，采购人普遍使用的项目，列为集中采购机构采购项目；采购人本部门、本系统基于业务需要有特殊要求，可以统一采购的项目，列为部门集中采购项目。集中采购的范围由省级以上人民政府公布的集中采购目录确定；属于中央预算的政府采购项目，其集中采购目录由国务院确定并公布；属于地方预算的政府采购项目，其集中采购目录由省、自治区、直辖市人民政府或者其授权的机构确定并公布。省、自治区、直辖市人民政府或者其授权的机构根据实际情况，可以确定分别适用于本行政区域省级、设区的市级、县级的集中采购目录和采购限额标准。纳入集中采购目录的政府采购项目，应当实行集中采购。

5. 实现政策目标原则。政府采购应当有助于实现国家的经济和社会发展政策目标，包括保护环境，扶持不发达地区和少数民族地区，促进中小企业发展等。《实施条例》第 6 条规定，国务院财政部门应当根据国家的经济和社会发展政策，会同国务院有关部门制定政府采购政策，通过制定采购需求标准、预留采购份额、价格评审优惠、优先采购等措施，实现节约能源、保护环境、扶持不发达地区和少数民族地区、促进中小企业发展等目标。

6. 国货优先原则。政府采购应当采购本国货物、工程和服务。但有下列情形之一的除外：①需要采购的货物、工程或者服务在中国境内无法获取或者无法以合理的商业条件获取的；②为在中国境外使用而进行采购的；③其他法律、行政法规另有规定的。

7. 信息公开原则。政府采购的信息应当在政府采购监督管理部门指定的媒体上及时向社会公开发布，但涉及商业秘密的除外。为防止暗箱操作，遏制寻租腐败，保证政府采购公平、公正，《实施条例》作了以下规定：一是项目信息须公开。政府采购项目采购信息应当在指定媒体上发布。采购项目预算金额应当在采购文件中公开。采用单一来源采购方式，只能从唯一供应商处采购的，还应当将唯一供应商名称在指定媒体上公示。二是采购文件须公开。采购人或者采购代理机构应当在中标、成交结果公告的同时，将招标文件、竞争性谈判文件、询价通知书等采购文件同时公告。三是中标、成交结果须公开。中标、成交供应商确定后，应当在指定媒体上公告中标、成交结果。中标、成交结果公告内容应当包括采购人和采购代理机构的名称、地址、联系方式，项目名称和项目编号，中标或者成交供应商名称、地址和中标或者成交金额，主要中标或者成交标的的名称、规格型号、数量、单价、服务要求以及评审专家名单。四是采购合同须公开。采购人应当在政府采购合同签订之日起2个工作日内，将政府采购合同在省级以上人民政府财政部门指定的媒体上公告。五是投诉处理结果须公开。财政部门对投诉事项作出的处理决定，应当在指定媒体上公告。

8. 回避原则。在政府采购活动中，采购人员及相关人员与供应商有利害关系的，必须回避。供应商认为采购人员及相关人员与其他供应商有利害关系的，可以申请其回避。这里所称相关人员，包括招标采购中评标委员会的组成人员、竞争性谈判采购中谈判小组的组成人员、询价采购中询价小组的组成人员等。《实施条例》第9条规定，在政府采购活动中，采购人员及相关人员与供应商有下列利害关系之一的，应当回避：①参加采购活动前3年内与供应商存在劳动关系；②参加采购活动前3年内担任供应商的董事、监事；③参加采购活动前3年内是供应商的控股股东或者实际控制人；④与供应商的法定代表人或者负责人有夫妻、直系血亲、三代以内旁系血亲或者近姻亲关系；⑤与供应商有其他可能影响政府采购活动公平、公正进行的关系。供应商认为采购人员及相关人员与其他供应商有利害关系的，可以向采购人或者采购代理机构书面提出回避申请，并说明理由。采购人或者采购代理机构应当及时询问被申请回避人员，有利害关系的被申请回避人员应当回避。

(二) 政府采购的监督管理机构

各级人民政府财政部门是负责政府采购监督管理的部门，依法履行对政府采购活动的监督管理职责；各级人民政府其他有关部门依法履行与政府采购活动有关的监督管理职责。

三、政府采购当事人

(一) 政府采购当事人的概念

政府采购当事人是指在政府采购活动中享有权利和承担义务的各类主体，包括采购人、供应商和采购代理机构等。采购人是指依法进行政府采购的国家机关、事业单位、团体组织。供应商是指向采购人提供货物、工程或者服务的法人、其他组织或者自然人。采购代理机构，是指集中采购机构和集中采购机构以外的采购代理机构。集中采购机构是设区的市级以上人民政府依法设立的非营利事业法人，是代理集中采购项目的执行机构；集中采购机构以外的采购代理机构，是从事采购代理业务的社会中介机构。

(二) 采购人和采购代理机构的权利和义务

采购人采购纳入集中采购目录的政府采购项目，必须委托集中采购机构代理采购；采购未纳入集中采购目录的政府采购项目，可以自行采购，也可以委托集中采购机构在委托的范围内代理采购。纳入集中采购目录属于通用的政府采购项目的，应当委托集中采购机构代理采购；属于本部门、本系统有特殊要求的项目，应当实行部门集中采购；属于本单位有特殊要求的项目，经省级以上人民政府批准，可以自行采购。采购人可以委托经国务院有关部门或者省级人民政府有关部门认定资格的采购代理机构，在委托的范围内办理政府采购事宜；采购人有权自行选择采购代理机构，任何单位和个人不得以任何方式为采购人指定采购代理机构。采购人在政府采购活动中应当维护国家利益和社会公共利益，公正廉洁，诚实守信，执行政府采购政策，建立政府采购内部管理制度，厉行节约，科学合理确定采购需求。

采购人依法委托采购代理机构办理采购事宜的，应当由采购人与采购代理机构签订委托代理协议，并应当明确代理采购的范围、权限和期限等具体事项。采购人和采购代理机构应当按照委托代理协议履行各自义务，采购代理机构不得超越代理权限。集中采购机构应当根据采购人委托制定集中采购项目的实施方案，明确采购规程，组织政府采购活动，不得将集中采购项目转委托；集中采购机构进行政府采购活动，应当符合采购价格低于市场平均价格、采购效率更高、采购质量优良和服务良好的要求。

采购代理机构应当建立完善的政府采购内部监督管理制度，具备开展政府采购业务所需的评审条件和设施；采购代理机构应当提高确定采购需求，编制招标文件、谈判文件、询价通知书，拟订合同文本和优化采购程序的专业化服务水平，根据采购人委托在规定的时间内及时组织采购人与中标或者成交供应商签订政府采购合同，及时协助采购人对采购项目进行验收。

采购人、采购代理机构应当根据政府采购政策、采购预算、采购需求编制采购文件。采购需求应当符合法律法规以及政府采购政策规定的技术、服务、安全等要求。政府向社会公众提供的公共服务项目，应当就确定采购需求征求社会公众的意见。除因技术复杂或者性质特殊，不能确定详细规格或者具体要求外，采购需求应当完整、明确。必要时，应当就确定采购需求征求相关供应商、专家的意见。

（三）供应商的资格和权利义务

1. 供应商参加政府采购活动应当具备的条件。①具有独立承担民事责任的能力。②具有良好的商业信誉和健全的财务会计制度。③具有履行合同所必需的设备和专业技术能力。④有依法缴纳税收和社会保障资金的良好记录。⑤参加政府采购活动前3年内，在经营活动中没有重大违法记录。重大违法记录是指供应商因违法经营受到刑事处罚或者责令停产停业、吊销许可证或者执照、较大数额罚款等行政处罚。供应商在参加政府采购活动前3年内因违法经营被禁止在一定期限内参加政府采购活动，期限届满的，可以参加政府采购活动。⑥法律、行政法规规定的其他条件。

除此以外，采购人还可以根据采购项目的特殊要求，规定供应商的特定条件，但不得以不合理的条件对供应商实行差别待遇或者歧视待遇。依据《实施条例》第20条规定，采购人或者采购代理机构有下列情形之一的，属于以不合理的条件对供应商实行差别待遇或者歧视待遇：①就同一采购项目向供应商提供有差别的项目信息；②设定的资格、技术、商务条件与采购项目的具体特点和实际需要不相适应或者与合同履行无关；③采购需求中的技术、服务等要求指向特定供应商、特定产品；④以特定行政区域或者特定行业的业绩、奖项作为加分条件或者中标、成交条件；⑤对供应商采取不同的资格审查或者评审标准；⑥限定或者指定特定的专利、商标、品牌或者供应商；⑦非法限定供应商的所有制形式、组织形式或者所在地；⑧以其他不合理条件限制或者排斥潜在供应商。

采购人可以要求参加政府采购的供应商提供有关资质证明文件和业绩情况，并根据《政府采购法》规定的供应商条件和采购项目对供应商的特定要求，对供应商的资格进行审查。依据《实施条例》第17条规定，供应商应该提供下列证明材料：①法人或者其他组织的营业执照等证明文件，自然人的身份证明；②财务状况报告，依法缴纳税收和社会保障资金的相关材料；③具备履行合同所必需的设备和专业技术能力的证明材料；④参加政府采购活动前3年内在经营活动中没有重大违法记录的书面声明；⑤具备法律、行政法规规定的其他条件的证明材料。采购项目有特殊要求的，供应商还应当提供其符合特殊要求的证明材料或者情况说明。

采购人或者采购代理机构对供应商进行资格预审的，资格预审公告应当在省级以上人民政府财政部门指定的媒体上发布。已进行资格预审的，评审阶段可以不再对供应商资格进行审查。资格预审合格的供应商在评审阶段资格发生变化的，应当通知采购人和采购代理机构。资格预审公告应当包括采购人和采购项目名称、采购需求、对供应商的资格要求以及供应商提交资格预审申请文件的时间和地点。提交资格预审申请文件的时间自公告发布之日起不得少于5个工作日。

2. 供应商组成联合体参加政府采购。两个以上的自然人、法人或者其他组织可以组成一个联合体，以一个供应商的身份共同参加政府采购。以联合体形式进行政府采购的，参加联合体的供应商均应当具备《政府采购法》第22条规定的条件，并应当向采购人提交联合协议，载明联合体各方承担的工作和义务。联合体各方应当共同与采购人签订采购合同，就采购合同约定的事项对采购人承担连带责任。

联合体中有同类资质的供应商按照联合体分工承担相同工作的，应当按照资质等级较低的供应商确定资质等级。以联合体形式参加政府采购活动的，联合体各方不得再单独参加或者与其他供应商另外组成联合体参加同一合同项下的政府采购活动。

3. 政府采购当事人的禁止行为。政府采购当事人不得相互串通损害国家利益、社会公共利益和其他当事人的合法权益；不得以任何手段排斥其他供应商参与竞争。

采购人不得向供应商索要或者接受其给予的赠品、回扣或者与采购无关的其他商品、服务。

供应商不得以向采购人、采购代理机构、评标委员会的组成人员、竞争性谈判小组的组成人员、询价小组的组成人员行贿或者采取其他不正当手段谋取中标或者成交。

采购代理机构不得以向采购人行贿或者采取其他不正当手段谋取非法利益不得以不正当手段获取政府采购代理业务，不得与采购人、供应商恶意串通操纵政府采购活动；采购代理机构工作人员不得接受采购人或者供应商组织的宴请、旅游、娱乐，不得收受礼品、现金、有价证券等，不得向采购人或者供应商报销应当由个人承担的费用。

四、政府采购的方式

根据《政府采购法》的规定，政府采购可以采用以下方式：公开招标；邀请招标；竞争性谈判；单一来源采购；询价；国务院政府采购监督管理部门认定的其他采购方式。但是，公开招标应作为政府采购的主要采购方式。

1. 公开招标方式。公开招标是政府采购主要的采购方式，与其他采购方式不是并行的关系。公开招标与其他采购方式相比，无论是透明度上，还是程序上，都是最富有竞争力和规范的采购方式，也能最大限度地实现公开、公正、公平原则。该方式具有信息发布透明、选择范围广、竞争范围大、公开程度高等特点。但公开招标的弊端是时间长、成本大、程序复杂。《实施条例》第23条规定，采购人采购公开招标数额标准以上的货物或者服务，符合政府采购法第29条、第30条、第31条、第32条规定情形或者有需要执行政府采购政策等特殊情况的，经设区的市级以上人民政府财政部门批准，可以依法采用公开招标以外的采购方式。

2. 邀请招标方式。符合下列情形之一的货物或者服务,可以依照《政府采购法》采用邀请招标方式采购:①具有特殊性,只能从有限范围的供应商处采购的;②采用公开招标方式的费用占政府采购项目总价值的比例过大的。

3. 竞争性谈判方式。符合下列情形之一的货物或者服务,可以依照《政府采购法》采用竞争性谈判方式采购:①招标后没有供应商投标或者没有合格标的或者重新招标未能成立的;②技术复杂或者性质特殊,不能确定详细规格或者具体要求的;③因采购人不可预见的或者非因采购人拖延导致采用招标所需时间不能满足用户紧急需要的;④因采购艺术品或者因专利、专有技术或者因服务的时间、数量事先不能确定等导致不能事先计算出价格总额的。

4. 单一来源方式。符合下列情形之一的货物或者服务,可以依照《政府采购法》采用单一来源方式采购:①因货物或者服务使用不可替代的专利、专有技术,或者公共服务项目具有特殊要求,导致只能从某一特定供应商处采购的;②发生了不可预见的紧急情况不能从其他供应商处采购的;③必须保证原有采购项目一致性或者服务配套的要求,需要继续从原供应商处添购,且添购资金总额不超过原合同采购金额10%的。

5. 询价方式。采购的货物规格、标准统一、现货货源充足且价格变化幅度小的政府采购项目,可以依照《政府采购法》采用询价方式采购。

五、政府采购的程序

1. 负有编制部门预算职责的部门在编制下一财政年度部门预算时,应当将该财政年度政府采购的项目及资金预算列出,报本级财政部门汇总。部门预算的审批,按预算管理权限和程序进行。采购人应当根据集中采购目录、采购限额标准和已批复的部门预算编制政府采购实施计划,报本级人民政府财政部门备案。

2. 各种采购方式的程序(略)。

3. 验收程序。采购人或者其委托的采购代理机构应当组织对供应商履约的验收。大型或者复杂的政府采购项目,应当邀请国家认可的质量检测机构参加验收工作。验收方成员应当在验收书上签字,并承担相应的法律责任。

4. 采购文件保存。采购人、采购代理机构对政府采购项目每项采购活动的采购文件应当妥善保存,不得伪造、变造、隐匿或者销毁。采购文件的保存期限为从采购结束之日起至少保存15年。

六、政府采购合同

1. 政府采购合同适用的法律。我国《政府采购法》第43条第1款规定:"政府采购合同适用合同法。采购人和供应商之间的权利和义务,应当按照平等、自愿的原则以合同方式约定。"从该条规定可知,政府采购合同属于特别合同、有名合同,《政府采购法》对政府采购合同的规定属于特别法,而《合同法》为一般法。一般法与特别法的关系是,特别法有不同规定的,特别法优先;特别法缺乏规定的,参照一般法进行补充。

2. 政府采购合同的形式和条款。政府采购合同应当采用书面形式。国务院政府采购监督管理部门应当会同国务院有关部门,规定政府采购合同必须具备的条款。国务院财政部门应当会同国务院有关部门制定政府采购合同标准文本。

3. 政府采购合同的签订和法律效力。采购人与中标、成交供应商应当在中标、成交通知书发出之日起30日内,按照采购文件确定的事项签订政府采购合同。采购文件要求中标或者成交供应商提交履约保证金的,供应商应当以支票、汇票、本票或者金融机构、担保机构出具的保函等非现金形式提交。履约保证金的数额不得超过政府采购合同金额的10%。中标、成交通知书对采购人和中标、成交供应商均具有法律效力。中标、成交通知书发出后,采购人改变中标、成交结果的，或者中标、成交供应商放弃中标、成交项目的，应当依法承担法律责任。中标或者成交供应商拒绝与采购人签订合同的，采购人可以按照评审报告推荐的中标或者成交候选人名单排序，确定下一候选人为中标或者成交供应商，也可以重新开展政府采购活动。

4. 政府采购合同的备案与公告。政府采购项目的采购合同自签订之日起7个工作日内，采购人应当将合同副本报同级政府采购监督管理部门和有关部门备案。采购人应当自政府采购合同签订之日起2个工作日内，将政府采购合同在省级以上人民政府财政部门指定的媒体上公告，但政府采购合同中涉及国家秘密、商业秘密的内容除外。

5. 政府采购合同的履行。采购人应当按照政府采购合同规定，及时向中标或者成交供应商支付采购资金。政府采购项目资金支付程序，按照国家有关财政资金支付管理的规定执行。

经采购人同意，中标、成交供应商可以依法采取分包方式履行合同。

政府采购合同分包履行的，中标、成交供应商就采购项目和分包项目向采购人负责，分包供应商就分包项目承担责任。

6. 政府采购合同的变更、中止或者终止。政府采购合同的双方当事人不得擅自变更、中止或者终止合同；政府采购合同继续履行将损害国家利益和社会公共利益的，双方当事人应当变更、中止或者终止合同。有过错的一方应当承担赔偿责任，双方都有过错的，各自承担相应的责任。

七、质疑与投诉

（一）质疑

供应商对政府采购活动事项有疑问的，可以向采购人或者采购代理机构提出询问，采购人或者采购代理机构应当在3个工作日内对供应商依法提出的询问作出答复。供应商提出的询问或者质疑超出采购人对采购代理机构委托授权范围的，采购代理机构应当告知供应商向采购人提出。政府采购评审专家应当配合采购人或者采购代理机构答复供应商的询问和质疑。

供应商认为采购文件、采购过程和中标、成交结果使自己的权益受到损害的，可以在知道或者应知其权益受到损害之日起7个工作日内，以书面形式向采购人或者采购代理机构提出质疑。供应商应知其权益受到损害之日，是指：①对可以质疑的采购文件提出质疑的，为收到采购文件之日或者采购文件公告期限届满之日；②对采购过程提出质疑的，为各采购程序环节结束之日；③对中标或者成交结果提出质疑的，为中标或者成交结果公告期限届满之日。

（二）投诉

质疑供应商对采购人、采购代理机构的答复不满意或者采购人、采购代理机构未在规定的时间内作出答复的，可以在答复期满后15个工作日内向同级政府采购监督管理部门投诉。

财政部门处理投诉事项采用书面审查的方式，必要时可以进行调查取证或者组织质证。对财政部门依法进行的调查取证，投诉人和与投诉事项有关的当事人应当如实反映情况，并提供相关材料。投诉人捏造事实、提供虚假材料或者以非法手段取得证明材料进行投诉的，财政部门应当予以驳回。财政部门受理投诉后，投诉人书面申请撤回投诉的，应当终止投诉处理程序。财政部门处理投诉事项，需要检验、检测、鉴定、专家评审以及需要投诉人补正材料的，所需时间不计算在投诉处理期限内。财政部门对投诉事项作出的处理决定，应当在省级以上人民政府财政部门指定的媒体上公告。投诉人对政府采购监督管理部门的投诉处理决定不服或者政府采购监督管理部门逾期未作处理的，可以依法申请行政复议或者向人民法院提起行政诉讼。

八、监督检查

(一) 监督检查的机构和内容

政府采购监督管理部门应当加强对政府采购活动及集中采购机构的监督检查。政府采购监督管理部门不得设置集中采购机构,不得参与政府采购项目的采购活动。采购代理机构与行政机关不得存在隶属关系或者其他利益关系。

监督检查的主要内容是:①有关政府采购的法律、行政法规和规章的执行情况;②采购范围、采购方式和采购程序的执行情况;③政府采购人员的职业素质和专业技能。

(二) 集中采购机构的内部监督

集中采购机构应当建立健全内部监督管理制度。采购活动的决策和执行程序应当明确,并相互监督、相互制约。经办采购的人员与负责采购合同审核、验收人员的职责权限应当明确,并相互分离。

(三) 集中采购机构工作人员的任用、培训和考核

集中采购机构的采购人员应当具有相关职业素质和专业技能,符合政府采购监督管理部门规定的专业岗位任职要求。

集中采购机构对其工作人员应当加强教育和培训;对采购人员的专业水平、工作实绩和职业道德状况定期进行考核。采购人员经考核不合格的,不得继续任职。

(四) 政府采购项目的监督检查

政府采购项目的采购标准应当公开;采购人必须按照《政府采购法》规定的采购方式和采购程序进行采购。任何单位和个人不得违反《政府采购法》规定,要求采购人或者采购工作人员向其指定的供应商进行采购;采用《政府采购法》规定的采购方式的,采购人在采购活动完成后,应当将采购结果予以公布。

政府采购监督管理部门应当对政府采购项目的采购活动进行检查,政府采购当事人应当如实反映情况,提供有关材料;政府采购监督管理部门应当对集中采购机构的采购价格、节约资金效果、服务质量、信誉状况、有无违法行为等事项进行考核,并定期如实公布考核结果。此外,依据《实施条例》第60条规定,财政部门对集中采购机构的考核事项还包括:①政府采购政策的执行情况;②采购文件编制水平;③采购方式和采购程序的执行情况;④询问、质疑答复情况;⑤内部监督管理制度建设及执行情况;⑥省级以上人民政府财政部门规定的其他事项。财政部门应当制定考核计划,定期对集中采购机构进行考核,考核结果有重要情况的,应当向本级人民政府报告。

采购人发现采购代理机构有违法行为的,应当要求其改正。采购代理机构拒不改正的,采购人应当向本级人民政府财政部门报告,财政部门应当依法处理;采购代理机构发现采购人的采购需求存在以不合理条件对供应商实行差别待遇、歧视待遇或者其他不符合法律、法规和政府采购政策规定内容,或者发现采购人有其他违法行为的,应当建议其改正。采购人拒不改正的,采购代理机构应当向采购人的本级人民政府财政部门报告,财政部门应当依法处理。

(五) 政府采购的行政监督和社会监督

依照法律、行政法规的规定对政府采购负有行政监督职责的政府有关部门,应当按照其职责分工,加强对政府采购活动的监督。各级人民政府财政部门和其他有关部门应当加强对参加政府采购活动的供应商、采购代理机构、评审专家的监督管理,对其不良行为予以记录,并纳入统一的信用信息平台。审计机关应当对政府采购进行审计监督。政府采购监督管理部门、政府采购各当事人有关政府采购活动,应当接受审计机关的审计监督。监察机关应当加强对参与政府采购活动的国家机关、国家公务员和国家行政机关任命的其他人员实施监察。

各级人民政府财政部门对政府采购活动进行监督检查，有权查阅、复制有关文件、资料，相关单位和人员应当予以配合。审计机关、监察机关以及其他有关部门依法对政府采购活动实施监督，发现采购当事人有违法行为的，应当及时通报财政部门。

任何单位和个人对政府采购活动中的违法行为，有权控告和检举，有关部门、机关应当依照各自职责及时处理。

(六) 法律责任

1. 采购人、采购代理机构有下列情形之一的，责令限期改正，给予警告，可以并处10万元以下罚款，对直接负责的主管人员和其他直接责任人员，由其行政主管部门或者有关机关给予处分，并予通报：①应当采用公开招标方式而擅自采用其他方式采购的；②擅自提高采购标准的；③委托不具备政府采购业务代理资格的机构办理采购事务的；④以不合理的条件对供应商实行差别待遇或者歧视待遇的；⑤在招标采购过程中与投标人进行协商谈判的；⑥中标、成交通知书发出后不与中标、成交供应商签订采购合同的；⑦拒绝有关部门依法实施监督检查的。

2. 采购人、采购代理机构及其工作人员有下列情形之一，构成犯罪的，依法追究刑事责任；尚不构成犯罪的，处以5万元以上25万元以下罚款，有违法所得的，并处没收违法所得，属于国家机关工作人员的，依法给予行政处分：①与供应商或者采购代理机构恶意串通的；②在采购过程中接受贿赂或者获取其他不正当利益的；③在有关部门依法实施的监督检查中提供虚假情况的；④开标前泄露标底的。

3. 有前述违法行为之一影响中标、成交结果或者可能影响中标、成交结果的，按下列情况分别处理：①未确定中标、成交供应商的，终止采购活动；②中标、成交供应商已经确定但采购合同尚未履行的，撤销合同，从合格的中标、成交候选人中另行确定中标、成交供应商；③采购合同已经履行的，给采购人、供应商造成损失的，由责任人承担赔偿责任。

4. 采购人对应当实行集中采购的政府采购项目，不委托集中采购机构实行集中采购的，由政府采购监督管理部门责令改正；拒不改正的，停止按预算向其支付资金，由其上级行政主管部门或者有关机关依法给予其直接负责的主管人员和其他直接责任人员处分；采购人未依法公布政府采购项目的采购标准和采购结果的，责令改正，对直接负责的主管人员依法给予处分。

5. 采购人有下列情形之一的，由财政部门责令限期改正，给予警告，对直接负责的主管人员和其他直接责任人员依法给予处分，并予以通报：①未按照规定编制政府采购实施计划或者未按照规定将政府采购实施计划报本级人民政府财政部门备案；②将应当进行公开招标的项目化整为零或者以其他任何方式规避公开招标；③未按照规定在评标委员会、竞争性谈判小组或者询价小组推荐的中标或者成交候选人中确定中标或者成交供应商；④未按照采购文件确定的事项签订政府采购合同；⑤政府采购合同履行中追加与合同标的相同的货物、工程或者服务的采购金额超过原合同采购金额10%；⑥擅自变更、中止或者终止政府采购合同；⑦未按照规定公告政府采购合同；⑧未按照规定时间将政府采购合同副本报本级人民政府财政部门和有关部门备案。

6. 采购人、采购代理机构有下列情形之一的，依照《政府采购法》第71条、第78条的规定追究法律责任：①未依照政府采购法和本条例规定的方式实施采购；②未依法在指定的媒体上发布政府采购项目信息；③未按照规定执行政府采购政策；④违反本条例第15条的规定导致无法组织对供应商履约情况进行验收或者国家财产遭受损失；⑤未依法从政府采购评审专家库中抽取评审专家；⑥非法干预采购评审活动；⑦采用综合评分法时评审标准中的分值设置未与评审因素的量化指标相对应;⑧对供应商的询问、质疑逾期未作处理;⑨通过对样品进行检测、对供应商进行考察等方式改变评审结果;⑩未按照规定组织对供应商履约情况进行验收。

7. 采购人、采购代理机构违反政府采购法规定隐匿、销毁应当保存的采购文件或者伪造、变造采购文件的,由政府采购监督管理部门处以2万元以上10万元以下的罚款,对其直接负责的主管人员和其他直接责任人员依法给予处分;构成犯罪的,依法追究刑事责任。

8. 供应商有下列情形之一的,处以采购金额5‰以上10‰以下的罚款,列入不良行为记录名单,在1~3年内禁止参加政府采购活动,有违法所得的,并处没收违法所得,情节严重的,由工商行政管理机关吊销营业执照;构成犯罪的,依法追究刑事责任:①提供虚假材料谋取中标、成交的;②采取不正当手段诋毁、排挤其他供应商的;③与采购人、其他供应商或者采购代理机构恶意串通的;④向采购人、采购代理机构行贿或者提供其他不正当利益的;⑤在招标采购过程中与采购人进行协商谈判的;⑥拒绝有关部门监督检查或者提供虚假情况的;⑦向评标委员会、竞争性谈判小组或者询价小组成员行贿或者提供其他不正当利益;⑧中标或者成交后无正当理由拒不与采购人签订政府采购合同;⑨未按照采购文件确定的事项签订政府采购合同;⑩将政府采购合同转包;⑪提供假冒伪劣产品;⑫擅自变更、中止或者终止政府采购合同。供应商有前述第①~⑤、⑦项规定情形的,中标、成交无效。评审阶段资格发生变化,供应商未依照本条例第21条的规定通知采购人和采购代理机构的,处以采购金额5‰的罚款,列入不良行为记录名单,中标、成交无效。

9. 供应商捏造事实、提供虚假材料或者以非法手段取得证明材料进行投诉的,由财政部门列入不良行为记录名单,禁止其1~3年内参加政府采购活动。

10. 有下列情形之一的,属于恶意串通,对供应商处以采购金额5‰以上10‰以下的罚款,列入不良行为记录名单,在1~3年内禁止参加政府采购活动,有违法所得的,并处没收违法所得,情节严重的,由工商行政管理机关吊销营业执照;构成犯罪的,依法追究刑事责任;对采购人、采购代理机构及其工作人员,有下列情形之一,构成犯罪的,依法追究刑事责任;尚不构成犯罪的,处以罚款,有违法所得的,并处没收违法所得,属于国家机关工作人员的,依法给予行政处分。①供应商直接或者间接从采购人或者采购代理机构处获得其他供应商的相关情况并修改其投标文件或者响应文件;②供应商按照采购人或者采购代理机构的授意撤换、修改投标文件或者响应文件;③供应商之间协商报价、技术方案等投标文件或者响应文件的实质性内容;④属于同一集团、协会、商会等组织成员的供应商按照该组织要求协同参加政府采购活动;⑤供应商之间事先约定由某一特定供应商中标、成交;⑥供应商之间商定部分供应商放弃参加政府采购活动或者放弃中标、成交;⑦供应商与采购人或者采购代理机构之间、供应商相互之间,为谋求特定供应商中标、成交或者排斥其他供应商的其他串通行为。

11. 采购代理机构在代理政府采购业务中有违法行为的,按照有关法律规定处以罚款,可以依法取消其进行相关业务的资格,构成犯罪的,依法追究刑事责任。集中采购机构有下列情形之一的,由财政部门责令限期改正,给予警告,有违法所得的,并处没收违法所得,对直接负责的主管人员和其他直接责任人员依法给予处分,并予以通报:①内部监督管理制度不健全,对依法应当分设、分离的岗位、人员未分设、分离;②将集中采购项目委托其他采购代理机构采购;③从事营利活动。

12. 政府采购当事人违反政府采购法及其实施条例规定,给他人造成损失的,依法承担民事责任。

13. 政府采购评审专家未按照采购文件规定的评审程序、评审方法和评审标准进行独立评审或者泄露评审文件、评审情况的,由财政部门给予警告,并处2000元以上2万元以下的罚款;影响中标、成交结果的,处2万元以上5万元以下的罚款,禁止其参加政府采购评审活动。政府采购评审专家与供应商存在利害关系未回避的,处2万元以上5万元以下的罚款,禁止其参加政府采购评审活动;收受采购人、采购代理机构、供应商贿赂或者获取其他不正当利益,构成犯罪的,依法追究刑事责任;尚不构成犯罪的,处2万元以上5万元以下的罚款,禁止其参加政府采购评审活动。政府采购评审专家有上述违法行为的,其评审意见无效,不得获取评审费;有违法所得的,没收违法所得;给他人造成损失的,依法承担民事责任。

14. 政府采购监督管理部门的工作人员在实施监督检查中违反《政府采购法》规定滥用职权,玩忽职守,徇私舞弊的,依法给予行政处分;构成犯罪的,依法追究刑事责任。

15. 财政部门在履行政府采购监督管理职责中违反政府采购法和实施条例规定,滥用职权、玩忽职守、徇私舞弊的,对直接负责的主管人员和其他直接责任人员依法给予处分;直接负责的主管人员和其他直接责任人员构成犯罪的,依法追究刑事责任。

16. 政府采购监督管理部门对供应商的投诉逾期未作处理的,给予直接负责的主管人员和其他直接责任人员行政处分。

17. 政府采购监督管理部门对集中采购机构业绩的考核,有虚假陈述,隐瞒真实情况的,或者不作定期考核和公布考核结果的,应当及时纠正,由其上级机关或者监察机关对其负责人进行通报,并对直接负责的人员依法给予行政处分。集中采购机构在政府采购监督管理部门考核中,虚报业绩,隐瞒真实情况的,处以2万元以上20万元以下的罚款,并予以通报;情节严重的,取消其代理采购的资格。

18. 任何单位或者个人阻挠和限制供应商进入本地区或者本行业政府采购市场的,责令限期改正;拒不改正的,由该单位、个人的上级行政主管部门或者有关机关给予单位责任人或者个人处分。

学术视野

财政法制的完备需要财政法学理论研究的深入及配套制度建构。学术界继续深入对财政、公共财政概念、财政法的内容体系、地位和基本原则等问题的研究。在市场经济国家,作为财政法之重要组成部分的预算法,其对于政府财政行为的有效约束、公共财政职能的充分发挥起到了十分重要的作用。2015年1月1日起施行的新《预算法》,突出预算的完整性,政府全部收支纳入预算管理;遵循预算公开原则,强调预算必须接受社会监督;更加符合经济规律,拓展预算审核重点、完善地方债管理等多处修改,传递出建立现代财政制度的改革方向。但是还需按照新预算法确定的原则及授权,抓紧修订预算法实施条例,研究制定财政转移支付、财政资金支付、政府债务管理、政府综合财务报告等方面的规章制度,加快形成一套较完善的现代预算制度,增强新《预算法》的可操作性、可执行性,为依法理财奠定坚实的制度基础。财政转移支付立法是财政法治建设中的重要内容。徐阳光博士的《财政转移支付制度的法学解析》分为源流篇、理念篇和制度篇三大部分,对财政转移支付法的历史渊源、当代发展、法治理念、制度构建等重要问题进行了深入、系统的分析;从制度创新层面对我国财政转移支付法律制度的构建作出了设计,对财政转移支付法的要素、法律行为、法律关系、法律责任等核心问题进行了具体的论证。

政府采购制度,是现代公共财政制度体系的重要内容,也是政府财政实现资源优化配置的重要手段。长期以来,国内外学界关于政府采购基本理论的研究围绕着政府采购的内涵界定、原则、基本功能展开。国内理论界关于政府采购的内涵界定主要持以下两种具有代表性的观点，即购买支出论和采购制度论。对于政府采购所应遵循的原则，Sue Arrow Smith 指出，政府采购的基本原则应重点体现在竞争、公开、商业标准和透明度四个方面；国内有学者较早地提出了政府采购应该遵循的基本原则，主要包括：经济有效性、竞争性、公开性和公平性四大原则。关于政府采购的基本功能，国外研究认为，政府采购可以促进经济发展、消除贫困、保护私有部门发展等功能，从国内的研究来看，普遍认为政府采购本身具有资源配置功能、宏观调控功能、经济稳定与发展功能、公共政策功能等。

理论思考与实务应用

一、理论思考
（一）名词解释
财政法　国债　转移支付　政府采购
（二）简答题
1. 简述财政的概念和财政法的体系。
2. 简述预算的编制原则。
3. 简评我国转移支付制度。
（三）论述题
1. 试论市场经济条件下国债的功能，以及我国制定国债法的必要性。
2. 试述政府采购法的基本原则和采购方式。

二、实务应用
（一）案例分析示范

案例一

财政部 2010 年 3 月 11 日公告，为筹集财政资金，支持国民经济和社会事业发展，财政部决定发行 2010 年记账式附息（六期）国债。本期国债为 3 年期固定利率附息债，计划发行面值总额 260 亿元，全部进行竞争性招标，不进行承销团成员追加投标。

本期国债通过全国银行间债券市场、证券交易所债券市场发行，其中试点商业银行柜台销售部分不再另行分配额度。发行时间安排方面，本期国债 2010 年 3 月 17 日招标，3 月 18 日开始发行并计息，3 月 22 日发行结束。本期国债 2010 年 3 月 24 日起上市交易，各交易场所交易方式为现券买卖和回购，其中试点商业银行柜台为现券买卖。招标方式上，本期国债采用多种价格（混合式）招标方式，标的为利率。全场加权平均中标利率为票面利率，发行手续费率为承销面值的 0.05%。[1]

问：请结合国债法相关理论与规定，分析说明本实例。

【评析】1. 记账式国债与凭证式国债。国债，又称国家公债，是国家以其信用为基础，为筹集财政资金，支持国民经济和社会事业发展，按照债的一般原则，通过向社会筹集资金所形成的债权债务关系。从债券形式来看，我国发行的国债可分为凭证式国债、无记名（实物）国债和记账式国债三种。记账式国债又名无纸化国债，准确定义是：由财政部通过无纸化方式发行的、以电脑记账方式记录债权，并可以上市交易的债券。记账式国债以记账形式记录债权、通过证券交易所的交易系统发行和交易，可以记名、挂失。投资者进行记账式证券买卖，

---

[1] 参见 http://finance.qq.com/a/20100312/001526.htm，访问时间：2010 年 9 月 27 日。

必须在证券交易所设立账户。由于记账式国债的发行和交易均无纸化,所以效率高,成本低,交易安全。记账式国债与凭证式国债的区别如下:

(1) 债权记录方式不同。记账式国债通过债券托管系统记录债权,投资者购买记账式国债必须开设账户;购买凭证式国债则不需开设账户,由发售银行向投资者出示凭证式国债收款单作为债权记录的证明。

(2) 票面利率确定机制不同。记账式国债的票面利率是由国债承购包销团成员投标确定的;凭证式国债的利率是由财政部和中国人民银行参照同期银行存款利率及市场供求情况等因素确定的。

(3) 流通或变现方式不同。记账式国债可以上市流通;凭证式国债不可以上市流通,但可以提前兑取。

(4) 到期前卖出收益预知程度不同。记账式国债二级市场交易价格是由市场决定的,买卖价格(净价)有可能高于或低于发行面值。当卖出价格高于买入价格时,表明卖出者不仅获得了持有期间的国债利息,同时还获得了部分价差收益;当卖出价格低于买入价格时,表明卖出者虽然获得了持有期间的国债利息,但同时也付出了部分价差损失。因此,投资者购买记账式国债于到期前卖出,其收益是不能提前预知的。而凭证式国债在发行时就将持有不同时间提前兑取的分档利率作了规定,投资者提前兑取凭证式国债,按其实际持有时间及相应的利率档次计付利息。也就是说,投资者提前兑取凭证式国债所能获得的收益是提前预知的,不会随市场利率的变动而变动。

2. 记账式国债的发行。记账式国债一般分为交易所市场发行、银行间债券市场发行以及同时在银行间债券市场和交易所市场发行(又称为跨市场发行)三大情况。一般来说,交易所市场发行和跨市场发行的记账式国债散户投资者都可以购买,而银行间债券市场发行的多是针对机构投资者的,个人投资者并不是所有品种都可以购买的。

(1) 国债发行的价格与利率。国债发行的价格,是指国债发行时的出售价格或购买价格。国债发行的价格不一定就是国债的票面值,它可以是低于票面值发行,少数情况下也可以是高于票面值发行。按照国债发行价格与其票面值的关系,可以分为平价发行、减价发行和增价发行三种发行价格。

比较上述三种发行价格,从财政的角度看,平价发行是最为有利的。首先,采取这种价格发行国债,政府按事先规定的票面值取得预期收入,又按此偿还本金。除需按正常的利息率支付一定的债息外,不会给政府财政带来额外负担,有利于财政收入的管理和预算的顺利执行。其次,按照票面值出售债券,不会对市场利率带来上涨或下降的压力,如果不考虑政府宏观调控的因素,这是有利于经济稳定的。最后,国债登记面额与发行价格一致,还有助于避免债券的投机之弊。

国债的利率就是政府因举债所应支付的利息额与借入本金额之间的比率。利率的确定,主要参照以下三种因素:①金融市场利率水平。金融市场利率高,国债利率必须相应提高,金融市场利率低,国债利率也可相应降低。否则,如果二者相距甚远,就会出现因国债利率过低而致使国债发售不出去,或因国债利率过高而致使政府蒙受不必要损失的状况。②政府信用状况。政府信用良好,国债利率可相应降低,政府信用不佳,国债利率只能较高。③社会资金供给量。社会资金供给充裕时,国债利率可相应下调,社会资金供给匮乏时,国债利率就必须上调。

(2) 国债发行的公募招标方式。招标方式是通过投标人的直接竞价来确定国债的发行价格(或收益率),发行人将投标人的报价,自高价向低价排列,自低利率排到高利率,发行人从高价（或低利率）选起，直到达到需要发行的数额为止。因此，所确定的价格恰好是供求决定的市场价格。从招标竞争标的物看，存在缴款期、价格和收益率招标三种形式；从确定中标的规则看，有单一价格（美国式）招标与多种价格（荷兰式）招标之分。

案例二

2005年6月，卫生部委托中化国际招标有限责任公司（简称"中化公司"）就政府采购"卫生部2004年中央补助地方公共卫生专项资金降低孕产妇死亡率和消除新生儿破伤风项目"进行公开招标，北京北辰亚奥科技有限公司（简称"亚奥公司"）参加了其中第16包医用制氧机的投标。7月5日，中化公司公布江苏鱼跃医疗设备有限公司（简称"鱼跃公司"）中标。7月20日，亚奥公司向中化公司书面质疑鱼跃公司的投标资格，中化公司7月26日作出答复。对此，亚奥公司提出质疑并于同年8月4日向财政部提起投诉。亚奥公司认为，鱼跃公司于2004年才取得"试"字号注册证，不可能有投标产品3年的销售业绩，该公司没有大量生产过此次投标产品，不符合投标规定。

财政部受理后，责令鱼跃公司提供了投标产品3年内生产和销售业绩的有效证明材料。经调查取证，财政部认定鱼跃公司提供的证明材料有效，并于2005年9月15日作出《关于北京北辰亚奥科技有限公司投诉事项的处理决定》。亚奥公司不服，向财政部申请行政复议。复议后，财政部维持了《处理决定》，认为鱼跃公司"基本符合招标文件的要求"，"具备投标人资格"。

亚奥公司不服财政部作出的政府采购投诉处理决定，于2006年2月向北京市第一中级人民法院提起行政诉讼。7月28日，北京市一中院一审判决，以事实不清为由，撤销了财政部的投诉处理决定。一中院经审理认为：根据《政府采购供应商投诉处理办法》第17条的规定，财政部门受理政府采购供应商的投诉后，应当对投诉事项全面进行审查，依法作出相应处理决定。而在这起案件中，财政部作出的处理决定仅对鱼跃公司的投标资料和证明材料是否符合招标文件中的相关规定进行了认定，而对亚奥公司关于该公司投标产品是否符合投标规定的投诉事项未予评述，即认定亚奥公司投诉无效，事实不清。对此，一中院认为财政部所作处理决定应予撤销。[1]

问：根据我国《政府采购法》的有关规定，分析本案争议解决程序是否合法。

【评析】这是财政部首次在政府采购行政诉讼案件中败诉。此案集中反映了我国政府采购中的种种制度缺陷：包括招标采购程序、评标专家制度、供应商资格审查制度、综合评标方法等都存在严重的缺陷，以及规范政府采购的两部现行法律——《政府采购法》与《招标投标法》的冲突。以下重点分析政府采购争议的解决程序问题。[2]

根据我国现行的《政府采购法》，供应商维权的主要方式有质疑程序、投诉程序、行政复

---

[1] 详细案情可参见 http://www.chinabidding.com/zxzx-detail-548273.html，访问时间：2010年9月27日。

[2] 庭审中，财政部是否是此案的监管部门也成为双方争议的焦点。北京现代沃尔的代理人认为，《政府采购法》第13条明确规定：各级人民政府财政部门是负责政府采购监督管理的部门。原告针对此次政府采购过程中的违法行为，理应向财政部投诉。而财政部的代理人则认为，医疗救治项目是国务院批准的重大建设项目，采用公开招标方式，应当适用《招标投标法》。按照国务院划分的行政监督职责，对于国家重大建设项目的投诉，应由国家发改委处理。财政部代理人还辩称，接到原告投诉后，财政部并没有行政不作为，而是于2005年2月23日，请国家发改委、卫生部等有关人员召开协调会。会上研究决定，把此投诉移交发改委处理。这样不仅避免了两部门重复处理，而且符合法律规定。财政部也曾多次在电话里和原告公司负责人沟通，因此并不是没有给予企业任何答复意见。尽管双方各执一词，但从一审判决来看，法院最终还是采纳了原告方的意见。

议程序、行政诉讼程序、民事诉讼程序等。

1. 质疑程序。《政府采购法》规定，供应商认为采购文件、采购过程和中标、成交结果使自己的权益受到损害的，可以在知道或者应知其权益受到损害之日起7个工作日内，以书面形式向采购人提出质疑。采购人应当在收到供应商的书面质疑后7个工作日内作出答复，并以书面形式通知质疑供应商和其他有关供应商，但答复的内容不得涉及商业秘密。北京现代沃尔根据《政府采购法》的有关规定，向采购人——招标采购代理机构以及国家发改委、国家卫生部提出了书面质疑，但其答复难以令他们满意。本案中，7月20日亚奥公司向中化公司书面质疑鱼跃公司的投标资格，中化公司7月26日作出答复，符合法律规定。

2. 投诉程序。质疑供应商对采购人、采购代理机构的答复不满意或者采购人、采购代理机构未在规定的时间内作出答复的，可以在答复期满后15个工作日内向同级政府采购监督管理部门投诉。按照《财政部政府采购管理暂行办法》的有关规定，财政部负责全国政府采购的管理和监督工作，其中一项职责是处理中央政府采购中的投诉事项。

3. 行政复议程序。政府采购监督管理部门应当在收到投诉后30个工作日内，对投诉事项作出处理决定，并以书面形式通知投诉人和与投诉事项有关的当事人。

4. 行政诉讼程序。投诉人对政府采购监督管理部门的投诉处理决定不服或者政府采购监督管理部门逾期未作处理的，可以依法申请行政复议或者向人民法院提起行政诉讼。北京现代沃尔以书面形式向负责同级政府采购的监督管理部门——财政部提出了投诉，要求财政部对上述采购事实和行为人进行查处。但是财政部也没有对投诉作出明确答复。因此，北京现代沃尔以"财政部的不作为行政行为直接侵害了投标供应商的合法权益"为由提起行政诉讼，将财政部告上了法庭。

（二）案例分析实训

案例一

结合如下2009年全国财政收入决算表，试运用所学财政法理论作如下分析：
1. 预算收入的构成分析。
2. 预算与决算编制程序与内容，以及二者之间的关系。

2009年全国财政收入决算表

单位：亿元

项目	预算数	决算数	决算数为预算数的%	决算数为上年决算数的%
一、税收收入	58 673.33	59 521.59	101.4	109.8
国内增值税	19 326.33	18 481.22	95.6	102.7
国内消费税	4434.00	4761.22	107.4	185.4
出口货物增值税、消费税	-6708.00	-6486.61	96.7	110.6
营业税	8145.00	9013.98	110.7	118.2
进口货物增值税、消费税	7995.00	7729.79	96.7	104.6
企业所得税	11 845.00	11 536.84	97.4	103.2
个人所得税	3982.00	3949.35	99.2	106.1

续表

项　目	预算数	决算数	决算数为预算数的%	决算数为上年决算数的%
资源税	440.00	338.24	76.9	112.1
城市维护建设税	1595.00	1544.11	96.8	114.9
房产税	735.00	803.66	109.3	118.1
印花税	607.00	897.49	147.9	68.4
其中：证券交易印花税	252.58	510.38	202.1	52.1
城镇土地使用税	870.00	920.98	105.9	112.7
土地增值税	570.00	719.56	126.2	133.9
车船税	155.00	186.51	120.3	129.3
船舶吨税	21.00	23.79	113.3	118.2
车辆购置税	970.00	1163.92	120.0	117.6
关税	1900.00	1483.81	78.1	83.8
耕地占用税	333.00	633.07	190.11	201.4
契税	1385.00	1735.05	125.3	132.7
烟叶税	73.00	80.81	110.7	119.8
其他税收收入		4.80		130.4
二、非税收入	7556.67	8996.71	119.1	126.6
专项收入	1727.00	1636.99	94.8	105.3
行政事业性收费收入	1976.00	2317.04	117.3	108.5
罚没收入	933.00	973.86	104.4	108.4
其他收入	2920.67	4068.82	139.3	161.5
全国财政收入	66 230.00	68 518.30	103.5	111.7
调入中央预算稳定调节基金	505.00	505.00	100.0	45.9
支出大于收入的差额	9500.00	9500.00	100.0	2681.3

案例二[1]

2009年12月7日，昌平中医院（买方）与健德联合公司（卖方）签订一份政府采购合同。合同约定，经北京市京发招标有限公司以"BJJF—2009—640"号招标文件在国内公开招标，并经评标委员会评定，确定健德联合公司为中标人，昌平中医院向健德联合公司购买一台口腔数字全景X光机；合同总价为86万元人民币；交货时间为合同签订后3个月内；交货地

---

[1] 参见：北京市海淀区人民法院（2010）民字第9935号民事判决书：北京市昌平区中医医院诉北京健德联合口腔医疗设备有限公司政府采购合同案。

点为昌平中医院。在合同一般条款中约定，提交货物的技术规范应与招标文件规定的技术规范和技术规范附件及其投标文件的技术规范偏差表相一致。货物运抵现场后，买方应在7日内组织验收。在卖方违约的情况下，买方经同级政府采购监督管理机关审批后，可向卖方发出书面通知，部分或全部终止合同。卖方应在合同签订后7天内，按约定的方式向买方提交合同总价5%（不超过5%）的履约保证金；履约保证金用于补偿买方因卖方不能履行其合同义务而蒙受的损失。

合同签订后，健德联合公司依约将履约保证金43 000元汇至昌平区财政局指定账号内。2010年2月4日，健德联合公司将货物送至昌平中医院。2010年2月10日，健德联合公司对货物进行现场安装及调试，并对昌平中医院进行了基本的使用培训。昌平中医院拒绝其继续对设备进行安装，并将健德联合公司已交付的设备进行了封存。诉讼中，昌平中医院与健德联合公司均认可双方没有对设备进行验收，没有签署验收意见和备案。

2010年3月3日，昌平中医院向健德联合公司发出解除合同通知书，称健德联合公司所供设备于2010年2月10日安装调试后发现设备实际性能与合同及投标文件中所述的技术规范严重不符。该设备无技术规格表中所列20、21、22项性能，并且无DICOM标准协议接口，不能满足PACS系统接入需要，与昌平中医院现有数字化口内片机及干式激光打印机不能兼容。2010年3月4日，健德联合公司向昌平中医院发函答复称，健德联合公司投标产品在增加软件和相关插件后可以实现上述四项功能，健德联合公司已经将医院的信息提供给了厂家，并订购了所有的插件和协议。

昌平中医院于2010年3月3日、2010年3月8日，分两次将《关于口腔数字全景X光机情况说明》及《关于口腔数字全景X光机情况说明（二）》交到昌平区财政局，但并未得到昌平区财政局同意解除合同的审批意见。2010年6月24日，昌平中医院向昌平区财政局递交一份解除政府采购合同申请书，要求解除其与健德联合公司之间签订的《口腔数字全景X光机政府采购合同》，同时昌平中医院称合同第19.1条的约定是健德联合公司在合同文本中新增加的条款，招标文件并无此条规定。2010年6月28日，昌平区财政局回函称，昌平中医院与健德联合公司在采购合同中约定的第19.1条，内容并无法律依据，也与该项目招标文件规定不一致，不属于政府采购合同必须具备的条款。按照《中华人民共和国政府采购法》第50条的规定，请昌平中医院依法行使相关合同权利。

2010年5月19日，本院向西诺德公司发函，针对该设备增加软件及相关插件后是否能实现设备功能及产品质量有无影响等事项进行咨询。西诺德公司向本院回函称："健德联合公司购买并销售给昌平中医院的设备，在安装了软件及插件后产品型号不会改变，产品质量无影响，可以完全满足医院招标所规定的要求。"

上述事实有下列证据证明：

1. 政府采购合同：证明双方之间依法订立了买卖合同，以及该买卖合同约定的内容。
2. 使用培训证明：证明被告其已对原告进行基本使用培训。
3. 照片两张：证明原告将已交付的设备封存。
4. 数字化全景机安装过程通行的做法分两步函件：证明被告已向原告说明需要安装软件和相关插件方能实现第20、21、22、25项功能。
5. 解除合同的通知书：证明原告向被告以书面方式要求解除合同。
6. 关于昌平中医院解除合同通知书的答复：证明被告以书面方式不同意解约。
7. 解除政府采购合同申请书：证明原告向昌平区财政局申请解除政府采购合同。
8. 昌平区财政局回函：证明昌平区财政局认为合同第19.1条的约定不合法，不属于政府采购合同必备的条款。

问:根据《政府采购法》的相关规定,结合本案事实,试分析本案的争议焦点:

(1) 健德联合公司的行为是否已构成根本违约,双方签订的政府采购合同是否应该解除?

(2) 43 000 元的履约保证金是否应归昌平中医院所有?

主要参考文献

1. 刘剑文、熊伟:《财政税收法》,法律出版社 2009 年版。
2. 张守文主编:《财税法教程》,中国政法大学出版社 1996 年版。
3. 肖捷主编:《中华人民共和国政府采购法辅导读本》,经济科学出版社 2002 年版。
4. 张馨:《比较财政学教程》,中国人民大学出版社 1997 年版。
5. 刘溶沧、赵志耘主编:《中国财政理论前沿》,社会科学文献出版社 1999 年版。
6. 解学智、刘尚希主编:《公共收入》,中国财政经济出版社 2000 年版。

第十四章

税收法律制度

【本章概要】 税收是国家为了实现其职能,凭借社会公共权力,根据法律法规,对纳税人强制无偿征收,取得财政收入的一种形式。税收的重要职能和作用在于:筹集国家财政收入、调节社会经济活动、引导资源配置、帮助国家进行宏观调控、促进对外经济技术交流。税法是财政法的组成部分,也是国家实施宏观调控、维护经济稳定的重要手段。本章介绍税收和税法的一般知识、我国现行的主要税种、税收管理体制和税收征收管理法律制度。其中介绍我国的现行税种:流转税、所得税、财产税、特定行为税和资源税;我国税收管理体制的中心内容,即全面推行分税制;税收征收管理作为税务机关对纳税人依法征收税款和进行税务监督管理的总称,其中《税收征收管理法》是基本的税收征收法律文件。

【学习目标】 本章重点掌握税法的概念、特征;税收法律关系的构成;各税收及其计征方法;税收征收管理法律制度,其中着重掌握税款征收法律制度、税收保全措施、税收强制执行措施、代位权和撤销权、税务检查及争议处理。

第一节 税法概述

一、税收的概念、特征和作用

（一）税收的概念

税收是国家为了实现其职能,凭借社会公共权力,根据法律法规,对纳税人包括法人企业、非法人企业和单位以及自然人强制无偿征收,取得财政收入的一种形式。税收是国家财政收入的主要来源,体现了国家主权和国家权力。随着我国对外开放的扩大和社会主义市场经济的发展,税收在国民经济中的地位和作用日益增强。

（二）税收的特征

1. 税收的强制性。税收的强制性是指税收参与社会物品的分配是依据国家的政治权力,而不是财产权力,即和生产资料的占有没有关系。税收的强制性具体表现在税收是以国家法律的形式规定的,不依法纳税者要受到法律的制裁。

2. 税收的无偿性。税收的无偿性是指从微观的征税过程来说,国家并不向纳税人支付对价就取得纳税人的税款,并不存在对纳税人的偿还问题。但是如果从财政活动的宏观整体来看,税收是政府提供公共物品和服务的基础,即所谓"取之于民、用之于民"。特别是在社会主义条件下,税收具有马克思所说的"从一个处于私人地位的生产者身上扣除的一切,又会直接或间接地用来为处于私人地位的生产者谋福利"的性质。

3. 税收的固定性。税收的固定性是指税收是国家按照法律预先规定的范围、标准和环节征收的,税法的规定具有相对稳定性。纳税人取得了应纳税的收入或发生了应纳税的行为,就必须按预定标准如数缴纳,而不能改变这个标准。

(三) 税收的重要作用

1. 筹集国家财政收入。筹集国家财政收入是税收的首要作用，由于税收分配是一种无偿分配，税收收入又具有及时、充裕、稳定、可靠的特点，因此，税收一直都是政府财政收入的主要来源。特别是在现代经济中，绝大多数国家财政收入的80%以上都是通过税收筹集的。

2. 税收成为调节社会经济活动，均衡分配，正确处理国家、集体、个人三者经济利益关系的重要手段。税收能够在一定程度上调节各种经济成分、各种行业、各种产品生产经营者的收入差距。税收分配，不仅有利于政企分开，而且也有利于企业进行公平竞争。

3. 税收成为国家宏观经济调控的一个重要杠杆。它有助于完善经济运行机制，引导社会资金流动，调整产业结构，调节生产发展。税种、税目和税率的设置与调整，减免税的规定，体现了国家运用经济杠杆鼓励或者限制生产经营，从而促使社会总需求和总供给的基本平衡，促进企业在公平税负基础上展开竞争，提高社会效益和经济效益。

4. 税收促进对外经济技术交流。在涉外税收工作中，既维护国家主权和税收权益，又实行平等互利、税负从轻、优惠从宽、手续从简的原则等来吸引外资；还通过税收鼓励或者限制商品的进出口，保障对外经济技术贸易的正常开展。

5. 税收成为强化国家经济监督，健全国家经济管理职能的有力武器。通过税收征管的活动，保护合法经营，制裁越权减免税、拖欠税款、偷税和抗税不缴等不法行为。

二、税法的概念和构成要素

(一) 税法和税收制度的概念

税法是调整国家通过税务机关与纳税人之间产生的、无偿征收一定货币或者实物的税收征纳关系的法律规范的总称。一个国家的税收制度总是通过税收立法加以明确规定的。

所谓税收制度，是一个国家的税负结构、税收管理体制及征收管理制度的总称。它包括国家向纳税人征税的法律依据及税务部门的工作规程。税负结构即税种体系，它主要解决国家对什么收入和行为征税，征多少，即多大程度上参与国民收入的分配的问题。税收管理体制是指中央和地方之间划分税收管理权限的制度。这些权限包括税收政策的制定，税法的颁布，税种的开征和停征，税目的增减，税率的调整，减税免税权等。我国现行的税收管理体制是"统一领导，分级管理"，即分中央和地方（省、自治区、直辖市）两级。税收可划分为中央税、地方税以及中央和地方共享税。征收管理制度是指税务部门依据税法开展征税工作的工作规程，一般由管理、检查和征收三个环节构成。

(二) 税法的构成要素

1. 纳税人（课税主体）。纳税人是纳税义务人的简称，是税法规定的直接负有纳税义务的法人和自然人，法律术语称为课税主体。纳税人是税收制度构成的最基本的要素之一，任何税种都有纳税人。从法律角度划分，纳税人包括法人和自然人两种。税法中往往还规定有扣缴义务人，即负有代扣纳税人应纳税款、代缴给征税机关义务的单位或个人，如工薪发放单位、房管部门、集市贸易市场管理部门、出版社等。纳税主体不同于税收主体，税收主体指的是国家。

2. 课税对象（课税客体）。课税对象又称征税对象，是税法规定的征税的目的物，法律术语称为课税客体。课税对象是一个税种区别于另一税种的主要标志，是税收制度的基本要素之一。每一种税都必须明确规定对什么征税，体现着税收范围的广度。一般来说，不同的税种有着不同的课税对象，不同的课税对象决定着税种所应有的不同性质。根据征税对象的不同，可把我国税收分成五类：流转税，是对商品销售额或服务性业务的营业额征税；所得税，是对所得额或收益额征税；财产税，是按财产的价值额或租价额征税；行为税，是依法对特定的行为征税；资源税，是对资源级差收入征税。

3. 税目。税目是课税对象的具体项目。设置税目的目的：①为了体现公平原则，根据不同项目的利润水平和国家经济政策，通过设置不同的税率进行税收调控；②为了体现"简便"原则，对性质相同、利润水平相同且国家经济政策调控方向也相同的项目进行分类，以便按照项目类别设置税率。有些税种不分课税对象的性质，一律按照课税对象的应税数额采用同一税率计征税款，因此没有必要设置税目，如企业所得税。有些税种具体课税对象复杂，需要规定税目，如消费税、营业税，一般都规定有不同的税目。

4. 税率。税率是应纳税额与课税对象之间的比例，是计算应纳税额的尺度，它体现征税的深度。税率的设计，直接反映着国家的有关经济政策，直接关系着国家的财政收入的多少和纳税人税收负担的轻重，是税收制度的中心环节。我国现行税率大致可分为三种：

（1）比例税率。实行比例税率，对同一征税对象不论数额大小，都按同一比例征税。

（2）定额税率。定额税率是税率的一种特殊形式。它不是按照课税对象规定征收比例，而是按照征税对象的计量单位规定固定税额，所以又称为固定税额，一般适用于从量计征的税种。

（3）累进税率。累进税率指的是这样一种税率，即按征税对象数额的大小，划分若干等级，每个等级由低到高规定相应的税率，征税对象数额越大税率越高，数额越小税率越低。累进税率因计算方法和依据的不同，又分以下几种：全额累进税率、全率累进税率、超额累进税率、超率累进税率。

5. 纳税环节。纳税环节是商品在流转过程中缴纳税款的环节。任何税种都要确定纳税环节，有的比较明确、固定，有的则需要在许多流转环节中选择确定。确定纳税环节，是流转课税的一个重要问题。它关系到税制结构和税种的布局，关系到税款能否及时足额入库，关系到地区间税收收入的分配，同时关系到企业的经济核算和是否便利纳税人缴纳税款等问题。

6. 纳税期限。纳税期限是负有纳税义务的纳税人向国家缴纳税款的最后时间限制。它是税收强制性、固定性在时间上的体现。确定纳税期限，要根据课税对象和国民经济各部门生产经营的不同特点来决定。如流转课税，当纳税人取得货款后就应将税款缴入国库，但为了简化手续，便于纳税人经营管理和缴纳税款（降低税收征收成本和纳税成本），可以根据情况将纳税期限确定为1天、3天、5天、10天、15天或1个月。

7. 减税、免税。减税是对应纳税额少征一部分税款；免税是对应纳税额全部免征。减税免税是对某些纳税人和征税对象给予鼓励和照顾的一种措施。减税免税的类型有：一次性减税免税、一定期限的减税免税、困难照顾型减税免税、扶持发展型减税免税等。

8. 违章处理。违章处理是对有违反税法行为的纳税人采取的惩罚措施，包括加收滞纳金、处以罚款、追究刑事责任等。违章处理是税收强制性在税收制度中的体现，纳税人必须按期足额的缴纳税款，凡有拖欠税款、逾期不缴税、偷税抗税等违反税法行为的，都应受到制裁（包括刑事制裁和行政处罚制裁等）。

三、税收法律关系

（一）税收法律关系的概念和特点

税收法律关系，是指国家与纳税人之间根据税法规定形成的税收权利和义务关系。明确税收法律关系，实际上就是要明确谁纳税、谁收税、征纳双方各有什么权利义务、收税是对什么征收、纳税人不纳税应负什么法律责任等问题。

税收法律关系有以下特点：

1. 税收是以国家为主体的特定分配关系，所以税收法律关系中征税一方主体始终是国家，税务机关代表国家行使征税权。

2. 在税收法律关系中，征税一方享有征收权利，纳税一方负有缴纳义务，并不奉行等价有偿原则。

3. 税法规定的权利义务，不以征纳双方当事人的主观意志为转移。

（二）税收法律关系的要素

税收法律关系的要素由主体、内容和客体构成。

1. 税收法律关系的主体，是指根据法律规定在税收法律关系中享有权利和承担义务的主体。包括征税主体和纳税主体。征税主体是国家，在具体的税收法律关系中，分别由行政管理机关和税务职能机关代表。纳税主体指纳税义务人，包括社会组织和个人，具体有国有企业、集体企业、联营企业、股份制企业、外商投资企业和外国企业、私营企业、城乡个体工商户、非法人经济实体、税法规定应纳税的个人、以法人名义参与某些经济活动的事业单位等。

2. 税收法律关系的内容，是指征纳双方所享有的权利和应承担的义务。

3. 税收法律关系的客体，是指税收法律关系主体的权利和义务共同指向的对象，包括货币、实物、行为。如流转税中的销售收入额或营业收入额，所得税中的所得额或收益额，财产税中的财产数量、价值或租价，特定行为税中的一定的行为，等等。

（三）税收法律关系的产生、变更和终止

税收法律关系依据一定的法律事实而产生、变更或终止。引起税收法律关系产生的法律事实有：纳税义务人发生了税法规定的应税行为或事件；新的纳税义务人出现；等等。引起税收法律关系变更的法律事实有：税法的修订；纳税方式的变动；纳税人的收入或财产状况发生变化；由于不可抗力致使纳税人难以履行原定的纳税义务；等等。引起税收法律关系终止的法律事实有：纳税义务人履行了纳税义务；纳税人符合免税的条件；税种的废除；纳税人的消失；等等。

第二节　我国现行的主要税种

根据征税对象的不同，可以把我国的现行税种划分为流转税、所得税、财产税、特定行为税和资源税。

一、流转税

流转税是以商品流转额和非商品营业额（服务收入）为征税对象的一个税种。流转税的征税对象是流转额，"流转额"既包括商品销售收入额，也包括各种劳务、服务的业务收入额。流转税税源大、范围广，在我国各种税收收入中占第一位。流转税这一税种包括增值税、土地增值税、消费税、营业税和关税等。

（一）增值税

1. 增值税和增值税法。增值税是指以产品新增加的价值，即增值额为征税对象的一种税。增值额是指货物的销售收入额扣除购入原材料等支出额以后的余额。我国于1984年9月18日由国务院发布了《增值税条例（草案）》，开始试行增值税制度。1993年12月13日国务院又颁布了《增值税暂行条例》，自1994年1月1日起生效，开始全面推行增值税制度。在2008年11月5日国务院又修订了《增值税暂行条例》，修订后的该条例于2009年1月1日起施行。财政部和国家税务总局于2008年12月15日通过了《增值税暂行条例实施细则》，自2009年1月1日起施行（2011年修订）。

2. 增值税的纳税主体。增值税的纳税主体是在我国境内销售货物或者提供加工、修理修配劳务以及进口货物的单位和个人。这里的货物是指有形动产，包括电力、热力、气体在内。加工，是指受托加工货物，即委托方提供原料及主要材料，受托方按照委托方的要求，制造货物并收取加工费的业务。修理修配，是指受托对损伤和丧失功能的货物进行修复，使其恢复原状和功能的业务。销售货物，是指有偿转让货物的所有权。加工、修理修配劳务（以下称应税劳务），是指有偿提供加工、修理修配劳务（单位或者个体工商户聘用的员工为本单位或者雇主提供加工、修理修配劳务，不包括在内）。增值税的纳税人分为一般纳税人和小规模纳税人两种，符合下列条件的纳税人是小规模纳税人：①从事货物生产或提供应税劳务的纳税人，以及以从事货物生产或提供应税劳务为主，并兼营货物批发或零售的纳税人，年应征增值税销售额在 50 万元以下的；②除①项以外的纳税人，年应税销售额在 80 万元以下的；③年应征增值税销售额超过小规模纳税人标准的其他个人按小规模纳税人纳税；非企业性单位、不经常发生应税行为的企业可选择按小规模纳税人纳税。年应税销售额超过上述标准的纳税人为一般纳税人。

3. 增值税的税率。纳税人销售或者进口粮食、食用植物油、自来水、暖气、冷气、热水、煤气、石油液化气、天然气、沼气、居民用煤炭制品、图书、报纸、杂志、饲料、化肥、农药、农机、农膜以及国务院规定的其他货物的，税率为 13%；除上述货物外，纳税人销售、进口货物或者提供加工、修理修配劳务，基本税率为 17%；小规模纳税人销售货物或提供应税劳务，税率为 3%；纳税人出口货物，除国务院另有规定外，税率为零。

4. 计征办法。增值税实行价外计征的办法，实行根据发货票注明税金进行税款抵扣的制度。商品零售环节的发货票不单独注明资金，因为商品零售继续实行价内税，税金已包含在价格之内。一般纳税人销售货物或者提供应税劳务，应纳税额为当期销项税额抵扣当期进项税额后的余额。应纳税额计算公式：应纳税额 = 当期销项税额 − 当期进项税额。增值税的进项税额是指纳税人购进货物或接受应税劳务的支付或负担，并在计算增值税的应纳税额时允许抵扣的增值税税款。纳税人销售货物或者应税劳务，按照销售额和《增值税暂行条例》第 2 条规定的税率计算并向购买方收取的增值税额，为销项税额。销项税额计算公式：销项税额 = 销售额 × 税率。小规模纳税人销售货物或者应税劳务，以销售额和规定的 3% 征收率计算应纳税额，不抵扣进项税额。应纳税额计算公式：应纳税额 = 销售额 × 征收率。纳税人进口货物，按组成计税价格和规定的税率计算应纳税额，不得抵扣任何税额。

免征增值税的项目。下列项目免征增值税：①农业生产者销售的自产农业产品；②避孕药品和用具；③古旧图书；④直接用于科学研究、科学试验和教学的进口仪器、设备；⑤外国政府、国际组织无偿援助的进口物资和设备；⑥由残疾人组织直接进口供残疾人专用的物品；⑦销售的自己使用过的物品。此外，根据国家税务总局 2014 年 10 月 11 日发布的《关于小微企业免征增值税和营业税有关问题的公告》（国家税务总局公告 2014 年第 57 号）规定，增值税小规模纳税人月销售额或营业额不超过 3 万元（含 3 万元），免征增值税。其中，以 1 个季度为纳税期限的增值税小规模纳税人，季度销售额不超过 9 万元的，免征增值税。增值税小规模纳税人兼营营业税应税项目的，应当分别核算增值税应税项目的销售额和营业税应税项目的营业额，月销售额不超过 3 万元（按季纳税 9 万元）的，免征增值税。

（二）土地增值税

1. 土地增值税和土地增值税法。土地增值税是对单位和个人有偿转让土地使用权的增收益进行征税的一个税种。为了规范土地、房地产市场交易秩序，合理调节土地增值收益，维护国家权益，1993 年 11 月 26 日国务院通过了《土地增值税暂行条例》，自 1994 年 1 月 1 日起施行。因土地增值税是房地产宏观调控的重要措施，做好土地增值税征管和清算工作是贯彻依法治税要求的重要体现。因此，2013年6月20日我国国家国税总局发布《关于进一步做好土地增值税征管工作的通知》，通知要求加强土地增值税的征管工作和清算工作。

2. 纳税主体。土地增值税的纳税主体是转让国有土地使用权、地上建筑物及其附着物并取得收入的单位和个人。

3. 征税对象。土地增值税的征税对象是转让房地产所取得的增值额。即纳税人转让房地产所取得的收入减除法定扣除项目金额后的余额。纳税人转让房地产所取得的收入，包括货币收入、实物收入和其他收入。计算增值额的扣除项目包括：取得土地使用权所支付的金额；开发土地的成本、费用；新建房及配套设施的成本、费用，或者旧房及建筑物的评估价格；与转让房地产有关的税金；财政部规定的其他扣除项目。

4. 税率。土地增值税实行四级超率累进税率：增值额未超过扣除项目金额50%的部分，税率为30%。增值额超过扣除项目金额50%、未超过扣除项目金额100%的部分，税率为40%。增值额超过扣除项目金额100%、未超过扣除项目金额200%的部分，税率为50%。增值额超过扣除项目金额200%的部分，税率为60%。

5. 土地增值税的免征。有下列情形之一的，免征土地增值税：①纳税人建造普通标准住宅出售，增值额未超过扣除项目金额20%的；②因国家建设需要依法征用、收回的房地产。

（三）消费税

1. 消费税法概述。消费税是对特定的消费品和消费行为征收的一种税。消费税只选择一部分消费品和消费行为征税，而且只在消费品生产、流通或消费的某一环节征收，税率、税额也根据不同消费品的种类、档次、结构、功能以及供求、价格等情况而有差别。但是消费税最终都要转嫁到消费者身上，由消费者负担。开征消费税具有重要的意义：消费税可以为国家建设筹集资金；可以正确引导消费方向；可以调节收入差距，缓解分配不公现象；限制一些特殊消费品如烟、酒的生产和消费等。国务院于1993年12月13日颁布了《消费税暂行条例》，自1994年1月1日起施行。在2008年11月5日国务院又修订了《消费税暂行条例》，修订后的该条例于2009年1月1日起施行。财政部和国家税务总局于2008年12月15日通过了《消费税暂行条例实施细则》，自2009年1月1日起施行。

2. 消费税的纳税义务人。消费税的纳税义务人是在中华人民共和国境内生产、委托加工和进口《消费税暂行条例》规定的消费品的单位和个人，以及国务院确定的销售《消费税暂行条例》规定的消费品的其他单位和个人。

3. 征税范围。征税范围包括烟、酒及酒精、化妆品、护肤护发品、贵重首饰及珠宝玉石、鞭炮和焰火、汽油、柴油、汽车轮胎、摩托车、小汽车。从2006年4月1日起新增高尔夫球以及球具、高档手表、游艇、木制一次性筷子、实木地板等项目。

4. 税率。采用比例税率。14类应税消费品的税率有高有低。应税消费中税率最高的是烟类中的甲类卷烟，税率为45%。税率最低的是小排气量的小汽车，为1%。

（四）营业税

1. 营业税和营业税法。营业税是指对在我国境内提供应税劳务、转让无形资产或者销售不动产的单位和个人就其营业收入额征收的一种税。这里的劳务、转让无形资产或者销售不动产是指有偿提供条例规定的劳务、有偿转让无形资产或者有偿转让不动产所有权的行为（以下称应税行为）。解放初期，我国将营业税合并入工商统一税。1984年9月国务院颁布《营业税条例（草案）》，开始征收营业税。1993年12月13日国务院颁布《营业税暂行条例》，自1994年1月1日起施行。在2008年11月5日国务院又修订了《营业税暂行条例》，修订后的该条例于 2009 年 1 月 1 日起施起。财政部和国家税务总局于 2011 年修订了《营业税暂行条例实施细则》，自 2011 年 11 月 1 日起施行。

2. 纳税主体。根据我国现行《营业税暂行条例》及其实施细则的规定，凡在我国境内从事交通运输、建筑业、金融保险、邮电通信、文化体育业、娱乐业、服务业以及转让无形资产或者销售不动产的单位和个人，为营业税的纳税主体。

3. 税目和税率。根据我国《营业税暂行条例》及其实施细则规定，现行营业税的税目为 9 个，分别为交通运输业、建筑业、金融保险业、邮电通信业、文化体育业、娱乐业、服务业、转让无形资产和销售不动产。税率除娱乐业为 5% ~ 20% 外，其余都为 3% ~ 5%。但是，2011 年 11 月 16 日，我国财政部和国家税务总局共同印发了《营业税改征增值税试点方案》的通知（以下简称《营改增方案》），从而标志着我国开启了营业税转型改革的大门。《营改增方案》规定，从 2012 年 1 月 1 日开始，首先在交通运输业、部分现代服务业等生产性服务业开展试点，逐步推广至其他行业。其中税率是在现行增值税 17% 标准税率和 13% 低税率基础上，新增 11% 和 6% 两档低税率。租赁有形动产等适用 17% 税率，交通运输业、建筑业等适用 11% 税率，其他部分现代服务业适用 6% 税率。具体计税方式为，交通运输业、建筑业、邮电通信业、现代服务业、文化体育业、销售不动产和转让无形资产，原则上适用增值税一般计税方法。金融保险业和生活性服务业，原则上适用增值税简易计税方法。随着相继在上海、北京等 9 省市交通运输业和部分现代服务业开展上述"营改增"试点，取得了积极的成效。2013 年 4 月 23 日，我国国家税务总局发布《关于做好扩大营业税改征增值税试点工作的意见》，进一步开始在全国范围扩大"营改增"试点。并且，在 2013 年底我国财政部和国税总局将铁路运输、邮政业、电信业也纳入"营改增"的试点行业范围内。

4. 应纳税额的计算。纳税人提供应税劳务、转让无形资产或者销售不动产，按照营业额和规定的税率计算应纳税额。应纳税额计算公式：应纳税额 = 营业额 × 税率。

5. 营业税的免征。下列项目免征营业税：①托儿所、幼儿园、养老院、残疾人福利机构提供的育养服务，婚姻介绍，殡葬服务；②残疾人员个人提供的劳务；③医院、诊所和其他医疗机构提供的医疗服务；④学校和其他教育机构提供的教育劳务，学生勤工俭学提供的劳务；⑤农业机耕、排灌、病虫害防治、植保、农牧保险以及相关技术培训业务，家禽、牲畜、水生动物的配种和疾病防治；⑥纪念馆、博物馆、文化馆、美术馆、展览馆、书画院、图书馆、文物保护单位举办文化活动的门票收入，宗教场所举办文化、宗教活动的门票收入；⑦境内保险机构为出品货物提供的保险产品。另外，国家税务总局 2014 年 10 月 11 日发布的《关于小微企业免征增值税和营业税有关问题的公告》（国家税务总局公告 2014 年第 57 号）规定，营业税纳税人，月销售额或营业额不超过 3 万元（含 3 万元，下同）的，免征营业税。其中，以 1 个季度为纳税期限的营业税纳税人，季度销售额或营业额不超过 9 万元的，免征营业税。增值税小规模纳税人兼营营业税应税项目的，应当分别核算增值税应税项目的销售额和营业税应税项目的营业额，月营业额不超过 3 万元（按季纳税 9 万元）的，免征营业税。

（五）关税

1. 关税和关税法。关税是主权国家对进出国境（或关境）的货物和物品所征收的一种税。关税一般由设在边境、沿海口岸或国家指定的其他水、陆、空国际交往通道的海关来征收。关税是一种特殊的税种，它是维护国家主权和经济利益，执行国家对外经济政策的重要手段。关税可以分为进口关税和出口关税。

我国关于关税方面的法律主要是全国人民代表大会常务委员会于 1987 年 1 月通过、2000 年 7 月 8 日第九届全国人民代表大会常务委员会第十六次会议修正的《中华人民共和国海关法》，由国务院发布的 2004 年 1 月 1 日起实施的《中华人民共和国进出口关税条例》，及 1951 年 5 月 16 日起实施的《中华人民共和国海关进出口税则》和《中华人民共和国海关进出口税则暂行实施条例》。

2. 关税的纳税主体。关税的纳税主体是准许进口货物的收货人、准许出口货物的发货人和准许进出境物品的所有人。

3. 征税对象。关税的征税对象是海关依照关税条例审定的完税价格。进口税从价计征，进口税的计算公式为：进口税税额＝完税价格×进口税税率。其中，进口货物的完税价格由海关以符合条件的成交价格以及该货物运抵中华人民共和国境内输入地点起卸前的运输及其相关费用、保险费为基础审查确定。这里进口货物的成交价格是指卖方向中华人民共和国境内销售该货物时买方为进口该货物向卖方实付、应付的，并按照本条例的费用规定调整后的价款总额，包括直接支付的价款和间接支付的价款。

出口货物的完税价格由海关以该货物的成交价格以及该货物运至中华人民共和国境内输出地点装载前的运输及其相关费用、保险费为基础审查确定（出口关税不计入完税价格）。

出口货物的成交价格，是指该货物出口时卖方为出口该货物应当向买方直接收取和间接收取的价款总额。

4. 税率。关税的税率为比例税率。进出口货物的税率分为进口税率和出口税率。进口税率进口关税设置最惠国税率、协定税率、特惠税率、普通税率、关税配额税率等税率。对进口货物在一定期限内可以实行暂定税率。出口关税设置出口税率。对出口货物在一定期限内可以实行暂定税率。优惠税率适用于与我国签订关税互惠协议的国家或者地区的进口货物，普通税率适用于未签订关税互惠协议的国家或者地区的进口货物。最惠国税率适用于原产于共同适用最惠国待遇条款的世界贸易组织成员的进口货物，原产于与中华人民共和国签订含有相互给予最惠国待遇条款的双边贸易协定的国家或者地区的进口货物，以及原产于中华人民共和国境内的进口货物。协定税率适用于原产于与中华人民共和国签订含有关税优惠条款的区域性贸易协定的国家或者地区的进口货物。特惠税率适用于原产于与中华人民共和国签订含有特殊关税优惠条款的贸易协定的国家或者地区的进口货物。任何国家或者地区违反与中华人民共和国签订或者共同参加的贸易协定及相关协定，对中华人民共和国在贸易方面采取禁止、限制、加征关税或者其他影响正常贸易的措施的，对原产于该国家或者地区的进口货物可以征收报复性关税，适用报复性关税税率。

5. 关税的减征或者免征。下列进出口货物，免征关税：①关税税额在人民币 50 元以下的一票货物。②无商业价值的广告品和货样。③外国政府、国际组织无偿赠送的物资。④在海关放行前损失的货物。⑤进出境运输工具装载的途中必需的燃料、物料和饮食用品。在海关放行前遭受损坏的货物，可以根据海关认定的受损程度减征关税。法律规定的其他免征或者减征关税的货物，海关根据规定予以免征或者减征。⑥中华人民共和国缔结或者参加的国际条约规定减征、免征关税的货物、物品。另外，特定地区、特定企业或者有特定用途的进出口货物，可以减征或者免征关税。特定减税或者免税的范围和办法由国务院规定。

二、所得税

所得税即收益税，是以企业和个人因为从事劳动、经营和投资所取得的各种收益为征税对象的税。

所得税制首创于英国，现在已经成为世界上许多国家的重要税种，美国、日本等国家的个人所得税就占总税收收入的 60%～80%，成为调节纳税人收入的主要手段。所得税的特点主要有：首先，征税对象是纳税人的全年所得额或收益额；其次，它以纳税人的实际负担能力为征税原则；最后，它是国家对纳税人的收入直接进行调节的手段。所得税主要包括企业所得税、外商投资企业和外国企业所得税、个人所得税和农业税。

（一）企业所得税

1. 企业所得税和企业所得税法。企业所得税是指对我国境内企业就其生产、经营所得和其他所得所征收的一种税。2007年3月，国家对企业所得税制度进行了重大改革，《企业所得税暂行条例》和《外商投资企业和外国企业所得税法》（以下简称"两税"）合并为《中华人民共和国企业所得税法》。《中华人民共和国企业所得税法》由我国第十届全国人民代表大会第五次会议于2007年3月16日通过并公布，自2008年1月1日起施行。新《企业所得税法》的颁布实施结束了境内不同所有制企业适用不同企业所得税和不同企业所得税法的局面。针对我国内外资企业税收待遇的不同、税负差异较大的问题，实现公平税负，是新《企业所得税法》的重要目标。在新《企业所得税法》中，以企业的经济收益能力进行平等的税收负担的分配，统一了内外资企业适用的税率、税前扣除标准，乃至各种税收优惠措施，实行了内资企业与外资企业的无差别待遇，促进平等竞争机会的形成，促进统一、规范、公平竞争的市场环境的建立。在构建平等的税收法治环境和市场竞争环境的同时，新《企业所得税法》亦同时兼顾了税收的宏观调控作用，调整了企业所得税的税收优惠方式和内容，构建了"产业优惠为主、区域优惠为辅"的新税收优惠机制。调整后的税收优惠机制以部分税收利益为激励，引导国内外资金进入符合国家产业政策、区域发展政策的行业和区域中，有利于推动企业的技术进步和产业升级、优化国民经济结构。

2. 纳税主体。根据《企业所得税法》，企业和其他取得收入的组织（以下统称企业）为企业所得税的纳税人，需缴纳企业所得税。企业分为居民企业和非居民企业。所谓居民企业，是指依法在中国境内成立，或者依照外国（地区）法律成立但实际管理机构在中国境内的企业。所谓非居民企业，是指依照外国（地区）法律成立且实际管理机构不在中国境内，但在中国境内设立机构、场所的，或者在中国境内未设立机构、场所，但有来源于中国境内所得的企业。个人独资企业、合伙企业不适用企业所得税法，由投资人、合伙人作为纳税人主体，依照《个人所得税法》征收个人所得税，适用5%~35%的五级超额累进税率。

3. 征税对象。应税所得必须具有所得来源合法性和所得连续性的特征，它是扣除成本费用以后的纯收益。这些所得均应是有合法来源的所得，企业非法所得不属于企业所得税的征税对象，而是采用全部没收，并采用罚款等处罚措施。企业所得税的征税对象是企业取得的生产经营所得和其他所得，但并不是说，企业取得的任何一项所得，都是企业所得税的征税对象。确定企业的一项所得是否属于征税对象，要遵循以下原则：①必须是具有合法来源的所得。②应纳税所得是扣除成本费用以后的纯收益。企业取得任何一项所得，都必然有相应的消耗和支出，只有企业取得的所得扣除为取得这些所得而发生的成本费用支出后的余额，才是企业所得税的应税所得。③企业所得税的应纳税所得必须是货币或实物所得。各种荣誉性、知识性以及体能、心理所得等收益，都不是应税所得。④企业所得税的应纳税所得包括来源于中国境内、境外的所得。按照居民税收管辖权原则，凡中国的企业，应就其来源于境内、境外的所得征收企业所得税。但为了避免重复课税，居民企业来源于中国境外的应税所得、非居民企业在中国境内设立机构、场所，取得发生在中国境外但与该机构、场所有实际联系的应税所得、居民企业从其直接或者间接控制的外国企业分得的来源于中国境外的股息、红利等权益性投资收益，外国企业在境外实际缴纳的所得税税额中属于该项所得负担的部分，上述所得若已在境外缴纳的所得税税额，可以从其当期应纳税额中抵免，抵免限额为该项所得依照规定计算的应纳税额；超过抵免限额的部分，可以在以后5个年度内，用每年度抵免限额抵免当年应抵税额后的余额进行抵补。

（1）收入总额的确认。企业以货币形式和非货币形式从各种来源取得的收入，为收入总额。包括：①销售货物收入；②提供劳务收入；③转让财产收入；④股息、红利等权益性投资收益；⑤利息收入；⑥租金收入；⑦特许权使用费收入；⑧接受捐赠收入；⑨其他收入。收入总额中的下列收入为不征税收入：①财政拨款；②依法收取并纳入财政管理的行政事业性收费、政府性基金；③国务院规定的其他不征税收入。

（2）准予扣除项目。计算应纳税所得额时准予扣除的项目，是指与纳税人取得收入有关的成本、费用和损失。纳税人在生产经营活动中，对所发生的费用支出必须严格区分经营性支出和资本性支出。资本性支出不得在发生当期直接扣除，必须按税法法规规定分期折旧、摊销或计入有关投资的成本。纳税人申报的扣除项目必须真实、合法。与纳税人取得收入有关的成本、费用和损失包括：①成本。即生产经营成本，是指纳税人为生产、经营商品和提供劳务等所发生的各项直接费用和各项间接费用。②费用。即纳税人为生产经营商品和提供劳务等所发生的销售（经营）费用、管理费用和财务费用。③税金。即纳税人按规定缴纳的消费税、营业税、城乡维护建设税、资源税、土地增值税。教育费附加，可视同税金。④损失。即纳税人生产经营过程中的各项营业外支出、已发生的经营亏损和投资损失以及其他损失。

下列项目允许按照规定的范围和标准扣除：

第一，借款利息支出。① 纳税人在生产、经营期间，向金融机构借款的利息支出，按照实际发生数扣除；向非金融机构借款的利息支出，包括纳税人之间相互拆借的利息支出，按照不高于金融机构同类、同期贷款利率计算的数额以内的部分，准予扣除。利息支出，是指建造、购进的固定资产竣工决算投产后发生的各项贷款利息支出。但是，建造、购进的固定资产在尚未竣工决算投产前的利息，应全部计入该项固定资产原值，不得扣除。此外，纳税人经批准集资的利息支出就不高于同期、同类商业银行贷款利率的部分也允许扣除，超过部分不得扣除。② 从事房地产开发业务的纳税人为开发房地产而借入资金所发生的借款费用，在房地产完工之前发生的，应计入有关房地产的开发成本。③纳税人从关联方取得的借款金额超过其注册资本50%的，超过部分的利息支出，不得在税前扣除。④电信企业经国务院和国家发改委批准发行的企业债券属于企业正常的借款费用，所支付的利息，允许企业在计算当期应纳税所得额时据实扣除。

第二，工资、薪金支出。工资、薪金支出是纳税人每一纳税年度支付给在本企业任职或与其有雇佣关系的员工的所有现金或非现金形式的劳动报酬，包括基本工资、奖金、津贴、补贴（含地区补贴、物价补贴和误餐补贴）、年终加薪、加班，以及与任职或者受雇有关的其他支出。

第三，职工工会经费、职工福利费、职工教育经费。纳税人实际发放的工资高于确定的计税工资标准的，应按其计税工资总额分别计算扣除职工的工会经费、职工福利费和教育经费；纳税人实际发放的工资低于确定的计税工资标准的，应按其实际发放的工资总额分别计算扣除职工的工会经费、职工福利费和教育经费。

第四，公益、救济性的捐赠。纳税人（金融保险除外）用于公益、救济性的捐赠，在年利润总额12%以内的部分，准予在计算应纳税所得额时扣除。金融、保险企业用于公益、救济性的捐赠支出在不超过企业当年应纳税所得额外负担1.5%的标准以内的可以据实扣除，超过部分不予扣除。所谓公益、救济性的捐赠,是指纳税人通过中国境内非营利的社会团体[1]、国家机关向教育、民政等公益事业和遭受自然灾害地区、贫困地区的捐赠。

第五,业务招待费。纳税人发生的与其生产、经营业务直接相关的业务招待费,在下列规定比例范围内,可据实扣除;超过标准的部分,不得在税前扣除。

全年销售(营业)收入额在1500万元及其以下的,不超过销售(营业)收入净额的5‰;全年销售(营业)收入净额超过1500万元的部分,不超过该部分的3‰。

纳税人申报扣除的业务招待费,主管税务机关要求提供证明资料的,应提供有效凭证或资料。不能提供的,不得在税前扣除。

级距	全年销售(营业)收入	扣除比例	速算扣除数
1	1500万元以上	5‰	0
2	超过1500万元	3‰	3万元

业务招待费用的扣除标准可按收入分段计算,也可用简便方法计算。简便计算的公式为:
业务招待费扣除标准=销售(营业)收入净额×所属当级扣除比例+当级速算增加数。

收入净额是指纳税人从事生产、经营活动所得的收入扣除销售折扣、销货退回等各项支出后的收入额,包括基本业务收入和其他业务收入。

第六,各类保险基金和统筹基金。①企业为全体雇员按国务院或省级人民政府规定的比例或标准缴纳的补充养老保险、补充医疗保险,可以在税前扣除。②企业为全体雇员按国务院或省级人民政府规定的比例或标准补缴的基本或补充养老、医疗和失业保险,可在补缴当期直接扣除;金额较大的,主管税务机关可要求企业在不低于3年的期间内分期均匀扣除。

第七,财产保险和运输保险费用。纳税人参加财产保险和运输保险,按照规定缴纳的保险费用,准予扣除。保险公司给予纳税人的无赔款优待,应计入当年应纳税所得额。规定为特殊工种职工支付的法定人身安全保险费,准予在计算应纳税所得额时按实扣除。

第八,固定资产租赁费。纳税人根据生产经营需要租入固定资产而支付的租赁费,分别按下列规定处理:①纳税人以经营租赁方从出租方取得固定资产,其符合独立纳税人交易原则的租金可根据受益时间均匀扣除。②纳税人以融资租赁方式取得固定资产,其租金支出不得扣除,但可按规定提取折旧费用。融资租赁是指在实质上转移与一项资产所有权有关的全部风险和报酬的一种租赁。

第九,坏账损失与坏账准备金。纳税人发生的坏账损失,原则上应按实际发生额据实扣除。经报税务机关批准,也可提取坏账准备金。提取坏账准备金的纳税人发生的坏账损失,应冲减坏账准备金;实际发生的坏账损失,超过已提取的坏账准备金的部分,可在发生当期直接扣除;已核销的坏账收回时,应相应增加当期的应纳税所得额。

经批准可提取坏账准备金的纳税人,除另有规定者外,坏账准备金提取比例为年末应收账款余额的5%。

纳税人发生的关联方之间的任何往来账款,一般不得提取坏账准备金。关联方之间往来账

---

[1] 这里所说的社会团体,包括中国青少年发展基金会、希望工程基金会、宋庆龄基金会、减灾委员会、中国红十字会、中国残疾人联合会、中国青年志愿者协会、老区促进会、中国之友研究基金会、全国老年基金会、中国绿化基金会、光华科技基金会、中国文学艺术基金会、中国人口福利基金会,以及经民政部门批准成立的其他非营利的公益性组织。

款也不得确认为坏账。但关联企业的应收账款，经法院判决债务方企业可以作为坏账损失在税前扣除。

第十，企业资产发生永久或实质性损害的损失。自2005年9月1日起，企业资产发生永久或实质性损害，按以下规定处理：①企业的各项资产当有确凿证据证明已发生永久或实质性损害时，扣除变价收入、可收回的金额以及责任和保险赔偿后，应确认为财产损失。②企业须及时申报扣除财产损失，需要相关税务机关审核的，应及时报核，不得在不同纳税年度人为调剂。企业非因计算错误或其他客观原因而有意未及时申报的财产损失，逾期不得扣除。确因税务机关原因未能按期扣除的，在主管税务机关审核批准后，必须调整所属年度的申报表，并相应抵退税款，不得改变财产损失所属纳税年度。

第十一，固定资产转让费用。纳税人转让各类固定资产发生的费用，允许扣除。

第十二，盘亏、毁损净损失。纳税人当期发生的固定资产和流动资产盘亏、毁损净损失，由其提供清查盘存资料，经主管税务机关审核后，准予扣除。除金融保险企业等国家规定允许从事信贷业务的企业外，其他企业直接借出的款项，由于债务人破产、关闭、死亡等原因无法收回或逾期无法收回的，一律不得作为财产损失在税前进行扣除；其他企业委托金融保险企业等国家规定允许从事信贷业务的企业借出的款项，由于债务人破产、关闭、死亡等原因无法收回或逾期无法收回的，准予作为财产损失在税前进行扣除。企业因存货盘亏、毁损、报废等原因不得从增值税销项税金中抵扣的进项税金，应视同企业财产损失，准予与存货损失一起在所得税前按规定进行扣除。

第十三，汇兑损益。纳税人在生产、经营期间发生的外国货币存、借和以外国货币结算的往来款项增减变动时，由于汇率变化而与记账本位币折合发生的汇兑损益，计入当期所得或在当期扣除。

第十四，支付给总机构的管理费。纳税人按规定支付给总机构的与本企业生产、经营有关的管理费，须提供总机构出具的管理费汇集范围、定额、分配依据和方法等证明文件，经主管税务机关审核后，准予扣除。总机构结余的管理费可结转下一年度使用，但须相应核减下年度的提取比例。凡具备法人资格和综合管理职能，并且为下属分支机构和企业提供管理服务又无固定经营收入来源的总机构可以提取管理费。管理费的核定，一般以上年实际发生的管理费合理支出数额为基数，并考虑当年费用增减因素合理确定。增减因素主要是物价水平、工资水平、职能变化和人员变动等。

第十五，会员费。纳税人加入工商业联合会缴纳的会员费，在计算应纳税所得额准予扣除。工商业联合会结余的会员费可结转下年度使用，但须相应核减缴纳会员费的数额。纳税人按省及省级以上民政、物价、财政部门批准的标准，向依法成立的协会、学会等社团组织缴纳的会费，经主管税务机关审核后允许在所得税前扣除。

第十六，残疾人就业保障基金。纳税人根据省、自治区、直辖市人民政府统一规定缴纳的残疾人就业保障基金，可在税前扣除。

第十七，税控收款机购置费用。税控收款机购置费用达到固定资产标准的，应按固定资产管理，其按规定提取的折旧额可在企业计算缴纳所得税前扣除；达不到固定资产标准的，购置费用可在所得税前一次扣除。

第十八，新产品、新技术、新工艺研究开发费用。企业研究开发新产品、新技术、新工艺所发生的各项费用，包括新产品设计费、工艺规程制定费、设备调整费、原材料和半成品的试验费、技术图书资料费、未纳入国家计划的中间试验费、研究机构人员的工资、研究设备的折旧、与新产品的试制、技术研究有关的其他经费以及委托其他单位进行科研试制的费用，不受比例限制，计入管理费用扣除。

（3）不予扣除项目。在计算应纳税所得额时，下列支出不得扣除：①向投资者支付的股息、红利等权益性投资收益款项；②企业所得税税款；③税收滞纳金；④罚金、罚款和被没收财物的损失；⑤企业发生的公益性捐赠支出，在年度利润总额12%以外的部分；⑥赞助支出；⑦未经核定的准备金支出；⑧与取得收入无关的其他支出。

4. 税率。所谓税率是指应纳税额与应纳税所得额的比率。税率是税收的一个重要原因，是企业所得税法的一个基本要素。在其他计税因素不变的前提下，税率的高低决定税额的多少，因此，税率直接体现着国家的经济政策和税收政策，是税收制度的灵魂。企业所得税的税率，也是吸引外商投资、调节企业收入的重要手段，直接影响到国家财政收入的多少，影响到纳税人负担的轻重，影响到外商投资规模的大小。目前，国际上所得税税率主要形式有两种，即累进税率和比例税率。累进税率虽具有弹性调节功能，但激励功能较差，在一定程度上会阻碍高额盈利企业的发展。我国企业所得税实行比例税率，其原因主要是：与累进税率相比，比例税率具有计算简便、透明度高等优点，并体现了税负的横向公平，有利于促进经济的发展。目前世界上多数国家的公司所得税都采用比例税率。我国企业所得税税率为25%。非居民企业在中国境内未设立机构、场所的，或者虽设立机构、场所但取得的所得与其所设机构、场所没有实际联系的，就其来源于中国境内的所得缴纳企业所得税，适用税率为20%。

5. 我国所得税资产的税务处理。

（1）固定资产的税务处理。

第一，固定资产的计价规则。固定资产是指使用期限超过12个月的房屋、建筑物、机器、运输工具以及其他与生产经营有关的设备、器具、工具等。不属于生产经营主要设备的物品，单位价值在2000元以上的，并且使用期限超过两年的，也应当作为固定资产。未作为固定资产管理的工具、器具等，作为低值易耗品可以一次或分期扣除。固定资产的计价以原价为标准。由于固定资产的取得方式不同，其原价的组成内容也有所区别：①建设单位交来完工的固定资产，根据建设单位交付使用的财产清册中所确定的价值计价；②自制、自建的固定资产，在竣工使用时按实际发生的成本计价；③购入的固定资产，按购入价加上发生的包装费、运杂费、安装费以及缴纳的税金后的价值计价；④从国外引进的设备，按设备买价加上进口环节的税金、国内运杂费、安装费等费用之后的价值计价；⑤融资租赁租入的固定资产，按照租赁协议或者合同确定的价款加上运输费、途中保险费、安装调试费以及投入使用前发生的利息支出和汇兑损益等费用之后的价值计价；⑥受捐赠的固定资产，按发票所列金额加上企业负担的运输费、保险费、安装调试费等确定；无所附发票的，按同类设备的市价确定；⑦盘盈的固定资产，按同类固定资产的重置完全价值计价；接受投资的固定资产，应当按该资产折旧程度，以合同、协议确定的合理价格或者评估确认的价格确定；⑧在原有固定资产基础上进行改、扩建，按照固定资产的原价，加上改、扩建发生的支出，减去改、扩建过程中发生的固定资产变价收入后的余额确定。

第二，固定资产的折旧范围。可以提取折旧的固定资产有：房屋、建筑物；在用的机器设备、运输车辆、器具、工具；季节性停用和大修理停用的机器设备；以经营租赁方式租出的固定资产；以融资租赁方式租入的固定资产；财政部规定的其他应当计提折旧的固定资产。

不可以提取折旧的固定资产有：房屋、建筑物以外未投入使用的固定资产；以经营租赁方式租入的固定资产；以融资租赁方式租出的固定资产；已足额提取折旧仍继续使用的固定资产；与经营活动无关的固定资产；单独估价作为固定资产入账的土地；其他不得计算折旧扣除的固定资产。

第三,固定资产的折旧方法。纳税人的固定资产,应当从投入使用月份的次月起计提折旧;停止使用的固定资产,应当从停止使用月份的次月起,停止计提折旧。固定资产的折旧方法和折旧年限,企业可以根据实际情况,在规定范围内合理选择直线法、工作量法、加速折旧法、年限总和法。在计算固定资产折旧前,应当先估计残值,将其从固定资产原值中扣除。

第四,固定资产的折旧年限。固定资产的最短年限为:①房屋、建筑物,为20年;②飞机、火车、轮船、机器、机械和其他生产设备,为10年;③与生产经营活动有关的器具、工具、家具等为5年;④飞机、火车、轮船以外的运输工具,为4年;⑤电子设备为3年。固定资产由于特殊原因需要缩短折旧年限的,可以由企业提出申请,经当地税务机关审核后,逐级上报国家税务局批准。

(2)无形资产的税务处理。无形资产按照取得时的实际成本计价,具体规定如下:①投资者作为资本金或者合作条件投入的无形资产,按照评估确认或者合同、协议约定的金额计价;②购入的无形资产,按照实际支付的价款计价;③自行开发并且依法申请取得的无形资产,按照开发过程中的实际支出计价;④接受捐赠的无形资产,按照发票、账单所列金额或者同类无形资产的市价计价。

但下列无形资产不得计算摊销费用扣除:①自行开发的支出已在计算应纳税所得额时扣除的无形资产;②自创商誉;③与经营活动无关的无形资产;④其他不得计算摊销费用扣除的无形资产。无形资产的摊销采用直线法,按照合同规定的有效期限和实际受益期孰短原则摊销。受让或者投资的无形资产,法律和合同或者企业申请书分别规定有效期限和受益期限的,按法定有效期限与合同或企业申请书中规定的受益年限孰短原则摊销;法律没有规定使用年限的,按照合同或者企业申请书中规定的受益年限摊销;法律和合同或者企业申请书没有规定使用年限的,或者自行开发的无形资产,摊销期限不得少于10年。

(3)递延资产的税务处理。递延资产是指不能全部计入当年损益,应当在以后年度内分期摊销的各项费用,包括开办费、租入固定资产的改良支出等。租入固定资产的改良支出,是指以经营租赁方式租入固定资产改良工程所发生的全部支出。也就是为增加租入固定资产的使用效果或延长其使用寿命,而对其进行改装、翻修、改建等支出。该项支出一般较大,并且与多个年度的收益有关,不应作为当期费用处理,而应作为递延资产管理,在固定资产租赁有效期内分期摊入成本费用。

(4)存货等流动资产的税务处理。流动资产是指可以在一年内或者超过一年的一个营业周期内变现或者运用的资产,包括现金及各种存款、存货、应收及预付款项等。纳税人的商品、材料、产成品、半成品等存货的计算,应当以实际成本为准。纳税人各项存货的发生和领用,其实际成本价的计算方法,可以在先进先出法、后进先出法、加权平均法、移动平均法等方法中任选一种。

(5)金融资产的税务处理。金融资产处置业务是指企业通过购买、吸收入股等方式,从我国境内金融资产管理公司取得我国境内其他企业的股权、债权、实物资产以及由上述资产组合的整体资产(以下简称"重置资产"),再将上述重置资产进行转让、收回、置换和出售等形式的处置,并取得相应的回报。企业取得重置资产,以购买时的实际支出或吸收入股时的作价为原价。企业处置重置资产取得的收入,扣除有关资产的原价、费用及损失后的净收益,应当计算缴纳企业所得税。企业分期或者分批处置重置资产的,应当在其资产处置收入超过该单项或该组合资产重置资产原价时,就超过原价的部分,计入企业当期应纳税所得额,计算征收企业所得税。企业处置重置资产发生的损失,可以从企业当期应纳税所得额中扣除。

(6)接受捐赠的税务处理。企业所接受的非货币资产(包括固定资产、无形资产和其他货物）捐赠，应依据资产评估部门出具的资产评估报告确定的价格计入有关资产项目，同时作为企业当年度收益。在弥补企业以前年度所发生的亏损后，计算缴纳企业所得税。若弥补以前年度亏损后的余额较小，企业一次性纳税有困难的，经主管税务机关审批，可在不超过5年的期限内平均计入企业应纳税所得额。企业接受的货币捐赠，应一次性计入企业当年年度收益，计算缴纳企业所得税。

6. 税收优惠。企业所得税的法定减免优惠主要包括以下内容：

（1）国家对重点扶持和鼓励发展的产业和项目，给予企业所得税优惠。

（2）企业的下列收入为免税收入：①国债利息收入；②符合条件的居民企业之间的股息、红利等权益性投资收益；③在中国境内设立机构、场所的非居民企业从居民企业取得与该机构、场所有实际联系的股息、红利等权益性投资收益；④符合条件的非营利组织的收入。

（3）企业的下列所得，可以免征、减征企业所得税：①从事农、林、牧、渔业项目的所得；②国家重点扶持的公共基础设施项目投资经营的所得；③从事符合条件的环境保护、节能节水项目的所得；④符合条件的技术转让所得；⑤《企业所得税法》第3条第3款规定的所得。

（4）符合条件的小型微利企业，减按20%的税率征收企业所得税。国家需要重点扶持的高新技术企业，减按15%的税率征收企业所得税。

（5）民族自治地方的自治机关对本民族自治地方的企业应缴纳的企业所得税中属于地方分享的部分，可以决定减征或者免征。自治州、自治县决定减征或者免征的，须报省、自治区、直辖市人民政府批准。

（6）创业投资企业从事国家需要重点扶持和鼓励的创业投资，可以按投资额的一定比例抵扣应纳税所得额。

（7）企业的固定资产由于技术进步等原因，确需加速折旧的，可以缩短折旧年限或者采取加速折旧的方法。

（8）企业综合利用资源，生产符合国家产业政策规定的产品所取得的收入，可以在计算应纳税所得额时减计收入。

（9）企业购置用于环境保护、节能节水、安全生产等专用设备的投资额，可以按一定比例实行税额抵免。

（二）个人所得税

1. 个人所得税和个人所得税法。个人所得税是以个人（自然人）取得的各项应税所得为对象征收的一种税。我国于1980年9月颁布施行《个人所得税法》，全国人大常委会分别于1993年、1999年、2005年、2007年（两次修正）、2011年进行了六次修正。现行《中华人民共和国个人所得税法》是根据2011年6月30日第十一届全国人民代表大会常务委员会第二十一次会议《关于修改〈中华人民共和国个人所得税法〉的决定》第六次修正后施行的。个人所得税的特点：①实行分类征收；②累进税率与比例税率并用；③费用扣除额较宽；④计算简便；⑤采用源泉扣缴和自行申报两种征收方法。

2. 个人所得税的纳税人。个人所得税的纳税主体是指在中国境内有住所，或者无住所而在境内居住满一年的从中国境内和境外取得所得的个人；在中国境内无住所又不居住或者无住所而在境内居住不满一年的从中国境内取得所得的个人，包括中国公民、个体工商户、外籍个人等。

3. 个人所得税的征税对象。个人所得税的征税对象是个人取得的应税所得。《个人所得税法》列举征税的个人所得共11项，具体包括：

（1）工资、薪金所得。工资、薪金所得，是指个人因任职或者受雇而取得的工资、薪金、奖金、年终加薪、劳动分红、津贴以及与任职或者受雇有关的其他所得。

（2）个体工商户的生产、经营所得。个体工商户的生产、经营所得，是指个体工商户从事工业、手工业、建筑业、交通运输业、商业、饮食业、服务业、修理业以及其他行业生产、经营取得的所得；个人经政府有关部门批准，取得执照，从事办学、医疗、咨询以及其他有偿服务活动取得的所得；其他个人从事个体工商业生产、经营取得的所得；上述个体工商户和个人取得的与生产、经营有关的各项应纳税所得。

（3）对企事业单位的承包经营、承租经营所得。对企事业单位的承包经营、承租经营所得，是指个人承包经营、承租经营以及转包、转租取得的所得，包括个人按月或者按次取得的工资、薪金性质的所得。

（4）劳务报酬所得。劳务报酬所得，是指个人从事设计、装潢、安装、制图、化验、测试、医疗、法律、会计、咨询、讲学、新闻、广播、翻译、审稿、书画、雕刻、影视、演出、表演、广告、展览、技术服务、介绍服务、经纪服务、代办服务以及其他劳务取得的所得。

（5）稿酬所得。稿酬所得是指个人因其作品以图书、报刊形式出版、发表而取得的所得。

（6）特许权使用费所得。特许权使用费所得，是指个人提供专利权、商标权、著作权、非专利技术以及其他特许权的使用权取得的所得；提供著作权的使用权取得的所得，不包括稿酬所得。

（7）利息、股息、红利所得。利息、股息、红利所得，是指个人拥有债权、股权而取得的利息、股息、红利所得。

（8）财产租赁所得。财产租赁所得，是指个人出租建筑物、土地使用权、机器设备、车船以及其他财产取得的所得。

（9）财产转让所得。财产转让所得，是指个人转让有价证券、股权、建筑物、土地使用权、机器设备、车船以及其他财产取得的所得。

（10）偶然所得。偶然所得，是指个人得奖、中奖、中彩以及其他偶然性质的所得。

（11）其他所得。其他所得，是指经国务院财政部门确定征税的其他所得。

4. 个人所得税的应纳税所得额。

（1）工资、薪金所得，以每月收入额减除费用3500元后的余额，为应纳税所得额。

（2）个体工商户的生产、经营所得，以每一纳税年度的收入总额减除成本、费用以及损失后的余额，为应纳税所得额。

（3）对企事业单位的承包经营、承租经营所得，以每一纳税年度的收入总额，减除必要费用后的余额，为应纳税所得额。

（4）劳务报酬所得、稿酬所得、特许权使用费所得、财产租赁所得，每次收入不超过4000元的，减除费用800元；4000元以上的，减除20%的费用，其余额为应纳税所得额。

（5）财产转让所得，以转让财产的收入额减除财产原值和合理费用后的余额，为应纳税所得额。

（6）利息、股息、红利所得，偶然所得和其他所得，以每次收入额为应纳税所得额。

个人将其所得对教育事业和其他公益事业捐赠的部分，按照国务院有关规定从应纳税所得中扣除。

对在中国境内无住所而在中国境内取得工资、薪金所得的纳税义务人和在中国境内有住所而在中国境外取得工资、薪金所得的纳税义务人，可以根据其平均收入水平、生活水平以及汇率变化情况确定附加减除费用，附加减除费用适用的范围和标准由国务院规定。纳税义务人从中国境外取得的所得，准予其在应纳税额中扣除已在境外缴纳的个人所得税税额。但扣除额不得超过该纳税义务人境外所得依照本法规定计算的应纳税额。

5. 个人所得税的税率。

（1）工资、薪金所得，适用超额累进税率，税率为3%～45%（税率表附后）。

（2）个体工商户的生产、经营所得和对企事业单位的承包经营、承租经营所得，适用5%～35%的超额累进税率（税率表附后）。

（3）稿酬所得，适用比例税率，税率为20%，并按应纳税额减征30%。

（4）劳务报酬所得，适用比例税率，税率为20%。对劳务报酬所得一次收入畸高的，可以实行加成征收，具体办法由国务院规定。

（5）特许权使用费所得，利息、股息、红利所得，财产租赁所得，财产转让所得，偶然所得和其他所得，适用比例税率，税率为20%。

具体工资、薪金所得适用税率见下表：

级数	全月应纳税所得额		税率（%）	速算扣除数
	含税级距	不含税级距		
1	不超过1500元的	不超过1455元的	3	0
2	超过1500～4500元的部分	超过1455～4155元的部分	10	105
3	超过4500～9000元的部分	超过4155～7755元的部分	20	555
4	超过9000～35 000元的部分	超过7755～27 255元的部分	25	1005
5	超过35 000～55 000元的部分	超过27 255～41 255元的部分	30	2755
6	超过55 000～80 000元的部分	超过41 255～57 505元的部分	35	5505
7	超过80 000元的部分	超过57 505元的部分	45	13 505

（注：本表所称全月应纳税所得额是指以每月收入额减除费用3500元以及附加减除费用后的余额。）

个体工商户的生产、经营所得和对企事业单位的承包经营、承租经营所得适用税率及速算扣除数见下表：

级数	全年应纳税所得额		税率（%）	速算扣除数
	含税级距	不含税级距		
1	不超过15 000元的	不超过14 250元的	5	0
2	超过15 000～30 000元的部分	超过14 250～27 750元的部分	10	750
3	超过30 000～60 000元的部分	超过27 750～51 750元的部分	20	3750
4	超过60 000～100 000元的部分	超过51 750～79 750元的部分	30	9750
5	超过100 000元的部分	超过79 750元的部分	35	14 750

（注：本表所称全年应纳税所得额是指以每一纳税年度的收入总额减除成本、费用以及损失后的余额。）

6. 个人所得税的免纳。下列各项个人所得，免纳个人所得税：

（1）省级人民政府、国务院部委和中国人民解放军军以上单位，以及外国组织、国际组织颁发的科学、教育、技术、文化、卫生、体育、环境保护等方面的奖金。

（2）国债和国家发行的金融债券利息。其中，国债利息是指个人持有中华人民共和国财政部发行的债券而取得的利息所得；国家发行的金融债券利息，是指个人持有经国务院批准发行的金融债券而取得的利息所得。

（3）按照国家统一规定发给的补贴、津贴。具体是指按照国务院规定发给的政府特殊津贴、院士津贴、资深院士津贴，以及国务院规定免纳个人所得税的其他补贴、津贴。

（4）福利费、抚恤金、救济金。

（5）保险赔款。

（6）军人的转业费、复员费。

（7）按照国家统一规定发给干部、职工的安家费、退职费、退休工资、离休工资、离休生活补助费。

（8）依照我国有关法律规定应予免税的各国驻华使馆、领事馆的外交代表、领事官员和其他人员的所得。

（9）中国政府参加的国际公约、签订的协议中规定免税的所得。

（10）经国务院财政部门批准免税的所得。

（11）在中国境内无住所，但是在一个纳税年度中在中国境内连续或者累计居住不超过90日的个人，其来源于中国境内的所得，由境外雇主支付并且不由该雇主在中国境内的机构、场所负担的部分，免予缴纳个人所得税。

7. 个人所得税的减征。有下列情形之一的，经批准可以减征个人所得税：①残疾、孤老人员和烈属的所得；②因严重自然灾害造成重大损失的；③其他经国务院财政部门批准减税的。

8. 应纳税所得额的计算。

（1）工资、薪金所得，以每月收入额减除费用2000元后的余额，为应纳税所得额。

（2）个体工商户的生产、经营所得，以每一纳税年度的收入总额，减除成本、费用以及损失后的余额，为应纳税所得额。其中成本、费用是指纳税义务人从事生产、经营所发生的各项直接支出和分配计入成本的间接费用以及销售费用、管理费用、财务费用；损失是指纳税义务人在生产、经营过程中发生的各项营业外支出。

（3）对企事业单位的承包经营、承租经营所得，以每一纳税年度的收入总额，减除必要费用后的余额，为应纳税所得额。其中收入总额是指纳税义务人按照承包经营、承租经营合同规定分得的经营利润和工资、薪金性质的所得；减除必要费用是指按月减除2000元。

（4）财产转让所得，以转让财产的收入额减除财产原值和合理费用后的余额，为应纳税所得额。财产原值是指：①有价证券，为买入价以及买入时按照规定交纳的有关费用；②建筑物，为建造费或者购进价格以及其他有关费用；③土地使用权，为取得土地使用权所支付的金额、开发土地的费用以及其他有关费用；④机器设备、车船，为购进价格、运输费、安装费以及其他有关费用；⑤其他财产，参照以上方法确定。合理费用是指卖出财产时按照规定支付的有关费用。

（5）利息、股息、红利所得，偶然所得和其他所得，以每次收入额为应纳税所得额。个人将其所得对教育事业和其他公益事业捐赠的部分，按照国务院有关规定从应纳税所得中扣除。纳税义务人从中国境外取得的所得，准予其在应纳税额中扣除已在境外缴纳的个人所得税额。但扣除额不得超过该纳税义务人境外所得依照本法规定计算的应纳税额。

9. 个人所得税的征收管理。个人所得税采取源泉扣缴税款和自行申报两种纳税方法。以所得人为纳税义务人，以支付所得的单位或者个人为扣缴义务人。在两处以上取得工资、薪金所得和没有扣缴义务人的，纳税义务人应当自行申报纳税。扣缴义务人每月所扣的税，自行申报纳税人每月应纳的税，都应在次月 7 日内缴入国库，并向税务机关报送纳税申报表。2006 年 11 月 6 日国家税务总局制定了《个人所得税自行纳税申报办法（试行）》，规定：凡依据《个人所得税法》负有纳税义务的纳税人，有下列情形之一的，应当按照该办法的规定办理纳税申报：①年所得 12 万元以上的；②从中国境内两处或者两处以上取得工资、薪金所得的；③从中国境外取得所得的；④取得应税所得，没有扣缴义务人的；⑤国务院规定的其他情形。

（三）农业税

农业税和农业税法。农业税是国家对一切从事农业生产、有农业收入的单位和个人征收的一种税，俗称"公粮"。1958 年 6 月 3 日，第一届全国人民代表大会常务委员会第九十六次会议通过《中华人民共和国农业税条例》，1994 年 1 月 30 日，国务院发布《关于对农业特产收入征收农业税的规定》。2005 年 12 月 29 日第十届全国人民代表大会常务委员会第十九次会议通过决定：第一届全国人民代表大会常务委员会第九十六次会议于 1958 年 6 月 3 日通过的《中华人民共和国农业税条例》自 2006 年 1 月 1 日起废止，中国从此取消了农业税。

三、财产税

财产税是指对拥有应纳税财产的人征收的一种地方税，包括房产税和契税。其特点是，征税对象是房屋等财产的价值额或租价额，税额只同财产的数量或价值相联系；可以就财产的占有征税，也可以就财产的转移征税，因而对限制财产占有、奖励居民自建房屋和保护房主合法权益方面有特殊作用；它属于地方税，是市政建设的一项资金来源。

（一）房产税

1. 房产税和房产税法。房产税是以房屋为征税对象，按房屋的计税余值或租金收入为计税依据，向产权所有人征收的一种财产税。现行的房产税法是 1986 年 9 月 15 日国务院发布的《中华人民共和国房产税暂行条例》，从当年 10 月 1 日开始实施。房产税的特点：①房产税属于财产税中的个别财产税，其征税对象只是房屋；②征收范围限于城镇的经营性房屋；③区别房屋的经营使用方式规定征税办法，对于自用的房屋按房产计税余值征收，对于出租、出典的房屋按租金收入征税。

2. 房产税的纳税人。房产税在城市、县城、建制镇和工矿区征收。房产税由产权所有人缴纳。产权属于全民所有的，由经营管理的单位缴纳。产权出典的，由承典人缴纳。产权所有人、承典人不在房产所在地的，或者产权未确定及租典纠纷未解决的，由房产代管人或者使用人缴纳。

3. 房产税的征税对象。房产税依照房产原值一次减除 10% ~ 30% 后的余值计算缴纳。具体减除幅度，由省、自治区、直辖市人民政府规定。没有房产原值作为依据的，由房产所在地税务机关参考同类房产核定。房产出租的，以房产租金收入为房产税的计税依据。

4. 房产税的税率。房产税的税率，依照房产余值计算缴纳的，税率为 1.2%；依照房产租金收入计算缴纳的，税率为 12%。

5. 房产税的免纳。下列房产免纳房产税：国家机关、人民团体、军队自用的房产；由国家财政部门拨付事业经费的单位自用的房产；宗教寺庙、公园、名胜古迹自用的房产；个人所有非营业用的房产；经财政部批准免税的其他房产。除上述规定者外，纳税人纳税确有困难的，可由省、自治区、直辖市人民政府确定，定期减征或者免征房产税。

（二）契税

1. 契税和契税法。契税是对在我国境内转移土地、房屋权属，由承受的单位和个人缴纳的一种税。我国契税方面现行有效的规范性文件是国务院颁布的《契税暂行条例》和财政部颁布的《契税暂行条例细则》，都自 1997 年 10 月 1 日起施行。

2. 契税的纳税人。在中华人民共和国境内转移土地、房屋权属，承受的单位和个人为契税的纳税人，应当依照规定缴纳契税。

3. 征税对象。契税的征税对象是在我国境内所转移的土地和房屋权属。所称转移土地、房屋权属是指下列行为：国有土地使用权出让；土地使用权转让，包括出售、赠与和交换；房屋买卖；房屋赠与；房屋交换。

4. 契税的税率。契税税率为 3%～5%。契税的适用税率，由省、自治区、直辖市人民政府在规定的幅度内按照本地区的实际情况确定，并报财政部和国家税务总局备案。

5. 契税的计税依据。契税的计税依据：①国有土地使用权出让、土地使用权出售、房屋买卖，为成交价格；②土地使用权赠与、房屋赠与，由征收机关参照土地使用权出售、房屋买卖的市场价格核定；③土地使用权交换、房屋交换，为所交换的土地使用权、房屋的价格的差额。如果前述成交价格明显低于市场价格并且无正当理由的，或者所交换土地使用权、房屋的价格的差额明显不合理并且无正当理由的，由征收机关参照市场价格核定。

6. 契税的减征或者免征。有下列情形之一的，减征或者免征契税：①国家机关、事业单位、社会团体、军事单位承受土地、房屋用于办公、教学、医疗、科研和军事设施的，免征；②城镇职工按规定第一次购买公有住房的，免征；③因不可抗力灭失住房而重新购买住房的，酌情准予减征或者免征；④财政部规定的其他减征、免征契税的项目。

四、特定行为税

特定行为税，又称特定目的税，是指对某些法定行为的实施征收的一种税。特定行为税具有鲜明的政策性和因时制宜的灵活性。特定行为税包括固定资产投资方向调节税（2000 年开始暂停征收）、筵席税、屠宰税、车船使用税、城市维护建设税、印花税等。此处只介绍印花税。

1. 印花税和印花税法。印花税是对经济活动和经济交往中书立、领受的应税经济凭证所征收的一种税。印花税具有以下特点：①兼有凭证税和行为税的性质；②征收范围广泛；③税收负担比较轻；④由纳税人自行完成纳税义务。1988 年 8 月，国务院公布了《中华人民共和国印花税暂行条例》，于同年 10 月 1 日起生效。

2. 印花税的纳税人。在中华人民共和国境内书立、领受《印花税暂行条例》所列举凭证的单位和个人，都是印花税的纳税义务人。具体有：立合同人、立账簿人、立据人和领受人。

3. 印花税的征税对象。现行印花税只对《印花税暂行条例》列举的凭证征税，具体有五类：经济合同，产权转移书据，营业账簿，权利、许可证照和经财政部确定征收的其他凭证。

4. 印花税的计税依据。印花税根据不同征税项目，分别实行从价计征和从量计征两种征收方式：

（1）从价计税情况下计税依据的确定。①各类经济合同，以合同上记载的金额、收入或费用为计税依据；②产权转移书据以书据中所载的金额为计税依据；③记载资金的营业账簿，以实收资本和资本公积两项合计的金额为计税依据。

（2）从量计税情况下计税依据的确定。实行从量计征的其他营业账簿和权利、许可证照，以计税数量为计税依据。

5. 印花税的税率。现行印花税采用比例税率和定额税率两种税率。比例税率有五档，即 1‰、4‰、5‰、3‰和 0.5‰。适用定额税率的是权利、许可证照和营业账簿税目中的其他账簿，单位税额均为每件 5 元。

6. 应纳税额的计算。按比例税率计算应纳税额的方法：应纳税额 = 计税金额 × 适用税率。

按定额税率计算应纳税额的方法:应纳税额=凭证数量×单位税额。

7. 印花税的缴纳方法。印花税实行由纳税人根据规定自行计算应纳税额,购买并一次贴足印花税票(以下简称贴花)的缴纳办法。为简化贴花手续,应纳税额较大或者贴花次数频繁的,纳税人可向税务机关提出申请,采取以缴款书代替贴花或者按期汇总缴纳的办法。

8. 印花税票。印花税票是缴纳印花税的完税凭证,由国家税务总局负责监制。其票面金额以人民币为单位,分为壹角、贰角、伍角、壹元、贰元、伍元、拾元、伍拾元、壹佰元九种。印花税票为有价证券。印花税票可以委托单位或个人代售,并由税务机关付给5%的手续费,支付来源从实征印花税款中提取。

五、资源税

资源和资源税有广义和狭义的理解。资源税是以各种自然资源为课税对象,为了调节资源级差收入并体现国有资源有偿使用而征收的一种税。1993年12月25日国务院发布了《资源税暂行条例》,1993年12月30日财政部发布了《资源税暂行条例实施细则》,并于1993年12月30日起施行。但是,我国《资源税暂行条例》所指的资源只是矿产品和盐,连土地也没有包括在内。这是狭义理解的资源税。广义理解的资源税还包括土地资源税。主要的法律规范是国务院2006年12月修订的《城镇土地使用税暂行条例》和国务院2007年12月1日发布、2008年1月1日起《耕地占用税暂行条例》。本节只介绍《资源税暂行条例》和《城镇土地使用税暂行条例》。资源税的特点:①只对特定资源征税;②具有收益税性质;③具有级差收入税的特点;④实行从量定额征收。

(一) 资源税

1. 资源税的纳税义务人。在中华人民共和国境内开采《资源税暂行条例》规定的矿产品或者生产盐的单位和个人,为资源税的纳税义务人。

2. 资源税的征收范围。应当征收资源税的矿产品和盐共有七类:原油、天然气、煤炭、其他非金属矿原矿、黑色金属矿原矿、有色金属矿原矿和盐。

3. 资源税的税目和税额幅度。原油为8~30元/吨;天然气为2~15元/千立方米;煤炭为0.3~5元/吨;其他非金属矿原矿为0.5~20元/吨或者立方米;黑色金属矿原矿为2~30元/吨;有色金属矿原矿为0.4~30元/吨;固体盐为10~60元/吨,液体盐为2~10元/吨。

4. 资源税的税额计算。①纳税人开采或生产的应税产品用于销售的,其计算公式:应纳税额=销售数量×单位税额;②纳税人将开采或生产的应税产品自用或捐赠的,其计算公式:应纳税额=自用数量或捐赠数量×单位税额;③收购未完税产品,于收购环节代扣代缴资源税,其计算公式:应代扣代缴资源税=收购数量×单位税额。

5. 资源税的减免。①开采原油过程中用于加热、修井的原油,免税;②纳税人开采或者生产应税产品过程中,因意外事故或者自然灾害等原因遭受重大损失的,由省、自治区、直辖市人民政府酌情决定减税或者免税;③国务院规定的其他减税、免税项目。

(二) 城镇土地使用税

1. 城镇土地使用税。城镇土地使用税是以征收范围内的土地为征税对象,以实际占用的土地面积为计税依据,按规定税额对拥有土地使用权的单位和个人征收的一种税。城镇土地使用税的特点:①对占用或使用土地的行为征税;②征税对象是国有土地;③征收范围比较广;④实行差别幅度税额。

2. 土地使用税的征收范围。城镇土地使用税的征收范围是城市、县城、建制镇、工矿区。

3. 土地使用税的纳税人。在城市、县城、建制镇、工矿区范围内使用土地的单位和个人,为城镇土地使用税的纳税义务人。所称单位,包括国有企业、集体企业、私营企业、股份制企业、外商投资企业、外国企业以及其他企业和事业单位、社会团体、国家机关、军队以及其他单位;所称个人,包括个体工商户以及其他个人。

4. 土地使用税的适用税额。土地使用税每平方米年税额如下:①大城市 1.5～30 元;②中等城市 1.2～24 元;③小城市 0.9～18 元;④县城、建制镇、工矿区 0.6～12 元。

5. 土地使用税的计税依据。土地使用税以纳税人实际占用的土地面积为计税依据。

6. 土地使用税的计算方法。应纳税额＝计税土地面积×适用税额。土地使用税按年计算、分期缴纳。

7. 土地使用税的税收优惠。下列土地免缴土地使用税:①国家机关、人民团体、军队自用的土地;②由国家财政部门拨付事业经费的单位自用的土地;③宗教寺庙、公园、名胜古迹自用的土地;④市政街道、广场、绿化地带等公共用地;⑤直接用于农、林、牧、渔业的生产用地;⑥经批准开山填海整治的土地和改造的废弃土地,从使用的月份起免缴土地使用税 5～10 年;⑦由财政部另行规定免税的能源、交通、水利设施用地和其他用地。

第三节 税收管理体制和税收征收管理法律制度

一、税收管理体制

税收管理体制,是指划分中央和地方政府之间税收管理权限的一项重要制度。

1993 年,根据发展社会主义市场经济的总体要求,中央对税收管理体制进行了重大的改革。其中心内容是全面推行分税制,即从 1994 年 1 月 1 日起,将原来的地方财政包干体制,改为在合理划分中央与地方事权基础上的分税制,建立中央税收和地方税收体系。分税制改革的原则和主要内容是:按照中央与地方政府的事权划分,合理确定各级财政的支出范围;根据事权与财权相结合原则,将税种统一划分为中央税、地方税、中央和地方共享税,并建立中央税收和地方税收体系,分设中央与地方两套税务机构分别征管;科学核定地方收支数额,逐步实行比较规范的中央财政对地方的税收返还和转移支付制度;建立和健全分级预算制度,硬化各级预算约束。

分税制财政管理体制的具体内容如下:

(一) 中央与地方事权和支出的划分

根据中央政府与地方政府事权的划分,中央财政主要承担国家安全、外交和中央国家机关运转所需经费,调整国民经济结构、协调地区发展、实施宏观调控所必需的支出以及由中央直接管理的事业发展支出。具体包括:国防费,武警经费,外交和援外支出,中央级行政管理费,中央统管的基本建设投资,中央直属企业的技术改造和新产品试制费,地质勘探费,由中央财政安排的支农支出,由中央负担的国内外债务的还本付息支出,以及中央本级负担的公检法支出和文化、教育、卫生、科学等各项事业费支出。

地方财政主要承担本地区政权机关运转所需支出以及本地区经济、事业发展所需支出。具体包括:地方行政管理费,公检法支出,部分武警经费,民兵事业费,地方统筹的基本建设投资,地方企业的技术改造和新产品试制经费,支农支出,城市维护和建设经费,地方文化、教育、卫生等各项事业费,价格补贴支出以及其他支出。

(二) 中央与地方收入的划分

根据事权与财权相结合的原则,按税种划分中央与地方的收入。将维护国家权益、实施宏观调控所必需的税种划为中央税;将同经济发展直接相关的主要税种划为中央与地方共享税;

将适合地方征管的税种划为地方税，并充实地方税税种，增加地方税收入。具体划分如下：

中央固定收入包括：关税，海关代征消费税和增值税，消费税，中央企业所得税，地方银行和外资银行及非银行金融企业所得税，铁道部门、各银行总行、各保险总公司等集中交纳的收入（包括营业税、所得税、利润和城市维护建设税），中央企业上缴利润等。外贸企业出口退税，除1993年地方已经负担的20%部分列入地方上缴中央基数外，以后发生的出口退税全部由中央财政负担。

地方固定收入包括：营业税（不含铁道部门、各银行总行、各保险总公司集中交纳的营业税），地方企业所得税（不含上述地方银行和外资银行及非银行金融企业所得税），地方企业上缴利润，个人所得税，城镇土地使用税，城市维护建设税（不含铁道部门、各银行总行、各保险总公司集中交纳的部分），房产税，车船使用税，印花税，屠宰税，耕地占用税，契税，遗产和赠与税，土地增值税，国有土地有偿使用收入等。

中央与地方共享收入包括：增值税、资源税、证券交易税。增值税中央分享75%，地方分享25%。资源税按不同的资源品种划分，大部分资源税作为地方收入，海洋石油资源税作为中央收入。证券交易税，中央与地方各分享50%。

（三）税务机构改革

实行分税制，必须进行税务机构改革，建立中央和地方两套税收体系，分设中央税务机构和地方税务机构。中央税收体系由中央直接管理，地方税收体系由地方自行管理，按照分级管理的原则，确定各自的管理权限。

二、税收征收管理法律制度

税收征收管理是税务机关对纳税人依法征收税款和进行税务监督管理的总称。我国的税收征收管理制度由1992年9月4日第七届全国人民代表大会常务委员会第二十七次会议通过，并于1993年1月1日起施行的《中华人民共和国税收征收管理法》确立。该法于1995年2月28日第八届全国人民代表大会常务委员会第十二次会议《关于修改〈中华人民共和国税收征收管理法〉的决定》修正。2001年4月28日第九届全国人民代表大会常务委员会第二十一次会议进行了修订。2013年6月29日第十二届全国人民代表大会常务委员会第三次会议《关于修改〈中华人民共和国文物保护法〉等十二部法律的决定》对该法进行了第二次修正。2002年10月15日国务院制定的《中华人民共和国税收征收管理法实施细则》生效实施，根据2012年11月9日《国务院关于修改和废止部分行政法规的决定》修订。税收征收管理法律制度主要有税务管理、税款征收、税务检查、法律责任等内容。《税收征收管理法》规定，凡依法由税务机关征收的各种税收的征收管理，均适用本法。但是耕地占用税、契税、农业税、牧业税征收管理的具体办法，由国务院另行制定。关税及海关代征税收的征收管理，依照法律、行政法规的有关规定执行。中华人民共和国同外国缔结的有关税收的条约、协定同《税收征收管理法》有不同规定的，依照条约、协定的规定办理。

（一）税务管理

1. 税务登记。根据规定，企业在外地设立的分支机构和从事生产、经营的场所，个体工商户和从事生产、经营的事业单位（以下统称"从事生产、经营的纳税人"）自领取营业执照之日起30日内，都必须持有关证件，向税务机关申报办理税务登记。税务机关应当自收到申报之日起30日内审核并发给税务登记证件。从事生产、经营的纳税人应当按照国家有关规定，持税务登记证件，在银行或者其他金融机构开立基本存款账户和其他存款账户，并将其全部账号向税务机关报告。

2. 账簿、凭证管理。纳税人、扣缴义务人按照有关法律、行政法规和国务院财政、税务主管部门的规定设置账簿,根据合法、有效凭证记账,进行核算。必须按照国务院财政、税务主管部门规定的保管期限保管账簿、记账凭证、完税凭证及其他有关资料,不得伪造、变造或者擅自损毁。

税务机关是发票的主管机关,负责发票印制、领购、开具、取得、保管、缴销的管理和监督;单位、个人在购销商品、提供或者接受经营服务以及从事其他经营活动中,应当按照规定开具、使用、取得发票。

国家根据税收征收管理的需要,积极推广使用税控装置。纳税人应当按照规定安装、使用税控装置,不得损毁或者擅自改动税控装置。

3. 纳税申报。纳税人必须依照法律、行政法规规定或者税务机关依照法律、行政法规的规定确定的申报期限、申报内容如实办理纳税申报,报送纳税申报表、财务会计报表以及税务机关根据实际需要要求纳税人报送的其他纳税资料。

(二) 税款征收

税款征收是税务机关依法征收税款的活动。

1. 依法征税。税务机关依照法律、行政法规的规定征收税款,不得违反法律、行政法规的规定开征、停征、多征、少征、提前征收、延缓征收或者摊派税款。除税务机关、税务人员以及经税务机关依照法律、行政法规委托的单位和人员外,任何单位和个人不得进行税款征收活动。

2. 税款的代扣、代收。扣缴义务人依照法律、行政法规的规定履行代扣、代收税款的义务。对法律、行政法规没有规定负有代扣、代收税款义务的单位和个人,税务机关不得要求其履行代扣、代收税款义务。扣缴义务人依法履行代扣、代收税款义务时,纳税人不得拒绝。纳税人拒绝的,扣缴义务人应当及时报告税务机关处理。

3. 税款的缴纳和延期缴纳。纳税人、扣缴义务人按照法律、行政法规规定或者税务机关依照法律、行政法规的规定确定的期限,缴纳或者解缴税款;纳税人因有特殊困难,不能按期缴纳税款的,经省、自治区、直辖市国家税务局、地方税务局批准,可以延期缴纳税款,但是最长不得超过3个月。

4. 滞纳金。纳税人未按照规定期限缴纳税款的,扣缴义务人未按照规定期限解缴税款的,税务机关除责令限期缴纳外,从滞纳税款之日起,按日加收滞纳税款5‰的滞纳金。

5. 减税、免税。纳税人可以依照法律、行政法规的规定书面申请减税、免税。减税、免税的申请须经法律、行政法规规定的减税、免税审查批准机关审批。地方各级人民政府、各级人民政府主管部门、单位和个人违反法律、行政法规规定,擅自作出的减税、免税决定无效,税务机关不得执行,并向上级税务机关报告。

6. 完税凭证。税务机关征收税款时,必须给纳税人开具完税凭证。扣缴义务人代扣、代收税款时,纳税人要求扣缴义务人开具代扣、代收税款凭证的,扣缴义务人应当开具。

7. 应纳税额的核定。纳税人有下列情形之一的,税务机关有权核定其应纳税额:①依照法律、行政法规的规定可以不设置账簿的;②依照法律、行政法规的规定应当设置账簿但未设置的;③擅自销毁账簿或者拒不提供纳税资料的;④虽设置账簿,但账目混乱或者成本资料、收入凭证、费用凭证残缺不全,难以查账的;⑤发生纳税义务,未按照规定的期限办理纳税申报,经税务机关责令限期申报,逾期仍不申报的;⑥纳税人申报的计税依据明显偏低,又无正当理由的。

8. 税收保全措施。对未按照规定办理税务登记的从事生产、经营的纳税人以及临时从事经营的纳税人,由税务机关核定其应纳税额,责令缴纳;不缴纳的,税务机关可以扣押其价值相当于应纳税款的商品、货物。扣押后缴纳应纳税款的，税务机关必须立即解除扣押，并归还所扣押的商品、货物；扣押后仍不缴纳应纳税款的，经县以上税务局（分局）局长批准，依法拍卖或者变卖所扣押的商品、货物，以拍卖或者变卖所得抵缴税款。

税务机关有根据认为从事生产、经营的纳税人有逃避纳税义务行为的，可以在规定的纳税期之前，责令限期缴纳应纳税款；在限期内发现纳税人有明显的转移、隐匿其应纳税的商品、货物以及其他财产或者应纳税的收入的迹象的，税务机关可以责成纳税人提供纳税担保。如果纳税人不能提供纳税担保，经县以上税务局（分局）局长批准，税务机关可以采取下列税收保全措施：①书面通知纳税人开户银行或者其他金融机构冻结纳税人的金额相当于应纳税款的存款；②扣押、查封纳税人的价值相当于应纳税款的商品、货物或者其他财产。

纳税人在上述规定的限期内缴纳税款的，税务机关必须立即解除税收保全措施；限期期满仍未缴纳税款的，经县以上税务局（分局）局长批准，税务机关可以书面通知纳税人开户银行或者其他金融机构从其冻结的存款中扣缴税款，或者依法拍卖或者变卖所扣押、查封的商品、货物或者其他财产，以拍卖或者变卖所得抵缴税款。纳税人在限期内已缴纳税款，税务机关未立即解除税收保全措施，使纳税人的合法利益遭受损失的，税务机关应当承担赔偿责任。个人及其所扶养家属维持生活必需的住房和用品，不在税收保全措施的范围之内。

9. 税收强制执行措施。从事生产、经营的纳税人、扣缴义务人未按照规定的期限缴纳或者解缴税款，纳税担保人未按照规定的期限缴纳所担保的税款，由税务机关责令限期缴纳；逾期仍未缴纳的，经县以上税务局（分局）局长批准，税务机关可以采取下列强制执行措施：①书面通知其开户银行或者其他金融机构从其存款中扣缴税款；②扣押、查封、依法拍卖或者变卖其价值相当于应纳税款的商品、货物或者其他财产，以拍卖或者变卖所得抵缴税款。税务机关采取强制执行措施时，对上述所列纳税人、扣缴义务人、纳税担保人未缴纳的滞纳金同时强制执行。但是个人及其所扶养家属维持生活必需的住房和用品，不在强制执行措施的范围之内。

10. 出境管理。欠缴税款的纳税人或者他的法定代表人需要出境的，应当在出境前向税务机关结清应纳税款、滞纳金或者提供担保。未结清税款、滞纳金，又不提供担保的，税务机关可以通知出境管理机关阻止其出境。

11. 税收与其他权利和行政处罚的关系。税务机关征收税款，税收优先于无担保债权，法律另有规定的除外；纳税人欠缴的税款发生在纳税人以其财产设定抵押、质押或者纳税人的财产被留置之前的，税收应当先于抵押权、质权、留置权执行。纳税人欠缴税款，同时又被行政机关决定处以罚款、没收违法所得的，税收优先于罚款、没收违法所得。

12. 代位权和撤销权。欠缴税款的纳税人因怠于行使到期债权，或者放弃到期债权，或者无偿转让财产，或者以明显不合理的低价转让财产而受让人知道该情形，对国家税收造成损害的，税务机关可以依照《合同法》第73、74条的规定行使代位权、撤销权。税务机关依照该规定行使代位权、撤销权的，不免除欠缴税款的纳税人尚未履行的纳税义务和应承担的法律责任。

13. 超纳税款的处理。纳税人超过应纳税额缴纳的税款，税务机关发现后应当立即退还；纳税人自结算缴纳税款之日起3年内发现的，可以向税务机关要求退还多缴的税款并加算银行同期存款利息，税务机关及时查实后应当立即退还；涉及从国库中退库的，依照法律、行政法规有关国库管理的规定退还。

14. 补缴和追征。因税务机关的责任，致使纳税人、扣缴义务人未缴或者少缴税款的，税务机关在3年内可以要求纳税人、扣缴义务人补缴税款，但是不得加收滞纳金；因纳税人、扣缴义务人计算错误等失误,未缴或者少缴税款的,税务机关在3年内可以追征税款、滞纳金;有特殊情况的,追征期可以延长到5年。对偷税、抗税、骗税的,税务机关追征其未缴或者少缴的税款、滞纳金或者所骗取的税款,不受该规定期限的限制。

(三)税务检查

1. 税务机关有权进行下列税务检查:①检查纳税人的账簿、记账凭证、报表和有关资料,检查扣缴义务人代扣代缴、代收代缴税款账簿、记账凭证和有关资料;②到纳税人的生产、经营场所和货物存放地检查纳税人应纳税的商品、货物或者其他财产,检查扣缴义务人与代扣代缴、代收代缴税款有关的经营情况;③责成纳税人、扣缴义务人提供与纳税或者代扣代缴、代收代缴税款有关的文件、证明材料和有关资料;④询问纳税人、扣缴义务人与纳税或者代扣代缴、代收代缴税款有关的问题和情况;⑤到车站、码头、机场、邮政企业及其分支机构检查纳税人托运、邮寄应纳税商品、货物或者其他财产的有关单据、凭证和有关资料;⑥经县以上税务局(分局)局长批准,凭全国统一格式的检查存款账户许可证明,查询从事生产、经营的纳税人、扣缴义务人在银行或者其他金融机构的存款账户。税务机关在调查税收违法案件时,经设区的市、自治州以上税务局(分局)局长批准,可以查询案件涉嫌人员的储蓄存款。税务机关查询所获得的资料,不得用于税收以外的用途。

2. 税务检查中的税收保全措施和强制执行措施。税务机关对从事生产、经营的纳税人以前纳税期的纳税情况依法进行税务检查时,发现纳税人有逃避纳税义务行为,并有明显的转移、隐匿其应纳税的商品、货物以及其他财产或者应纳税的收入的迹象的,可以按照《税收征收管理法》规定的批准权限采取税收保全措施或者强制执行措施。

3. 税务机关调查税务违法案件时,对与案件有关的情况和资料,可以记录、录音、录像、照相和复制。

4. 税务机关派出的人员进行税务检查时,应当出示税务检查证和税务检查通知书,并有责任为被检查人保守秘密;未出示税务检查证和税务检查通知书的,被检查人有权拒绝检查。纳税人、扣缴义务人必须接受税务机关依法进行的税务检查,如实反映情况,提供有关资料,不得拒绝、隐瞒。

5. 税务机关依法进行税务检查时,有权向有关单位和个人调查纳税人、扣缴义务人和其他当事人与纳税或者代扣代缴、代收代缴税款有关的情况,有关单位和个人有义务向税务机关如实提供有关资料及证明材料。

(四)法律责任和税务争议

1. 纳税人、扣缴义务人违反税收征收管理规定的法律责任。纳税人、扣缴义务人违反税收征收管理规定的行为主要有:未按照规定的期限申报办理税务登记、变更或者注销登记的;未按照规定设置、保管账簿或者保管记账凭证和有关资料的;未按照规定将财务、会计制度或者财务、会计处理办法和会计核算软件报送税务机关备查的;未按照规定将其全部银行账号向税务机关报告的;未按照规定安装、使用税控装置,或者损毁或者擅自改动税控装置的。有以上行为之一的,由税务机关责令限期改正,可以处2000元以下的罚款;情节严重的,处2000元以上1万元以下的罚款。扣缴义务人未按照规定设置、保管代扣代缴、代收代缴税款账簿或者保管代扣代缴、代收代缴税款记账凭证及有关资料的,由税务机关责令限期改正,可以处2000元以下的罚款;情节严重的,处2000元以上5000元以下的罚款。

2. 偷税行为。偷税是纳税人伪造、变造、隐匿、擅自销毁账簿、记账凭证,或者在账簿上多列支出或者不列、少列收入,或者经税务机关通知申报而拒不申报或者进行虚假的纳税申报,不缴或者少缴应纳税款的行为。对纳税人偷税的,由税务机关追缴其不缴或者少缴的税款、滞纳金,并处不缴或者少缴的税款50%以上5倍以下的罚款;构成犯罪的,依法追究刑事责任。扣缴义务人采取前列手段,不缴或者少缴已扣、已收税款,由税务机关追缴其不缴或者少缴的税款、滞纳金,并处不缴或者少缴的税款50%以上5倍以下的罚款;构成犯罪的,依法追究刑事责任。以假报出口或者其他欺骗手段,骗取国家出口退税款的,由税务机关追缴其骗取的退税款,并处骗取税款1倍以上5倍以下的罚款;构成犯罪的,依法追究刑事责任。对骗取国家出口退税款的,税务机关可以在规定期间内停止为其办理出口退税。

3. 抗税行为。抗税是以暴力、威胁方法拒不缴纳税款的行为。对于抗税行为,除由税务机关追缴其拒缴的税款、滞纳金外,依法追究刑事责任;情节轻微,未构成犯罪的,由税务机关追缴其拒缴的税款、滞纳金,并处拒缴税款1倍以上5倍以下的罚款。

4. 非法印制发票行为。非法印制发票的,由税务机关销毁非法印制的发票,没收违法所得和作案工具,并处1万元以上5万元以下的罚款;构成犯罪的,依法追究刑事责任。

5. 税务机关和税务人员违反税法的法律责任。

(1) 税务机关违反规定擅自改变税收征收管理范围和税款入库预算级次的,责令限期改正,对直接负责的主管人员和其他直接责任人员依法给予降级或者撤职的行政处分。税务人员徇私舞弊,对依法应当移交司法机关追究刑事责任的不移交,情节严重的,依法追究刑事责任。

(2) 未经税务机关依法委托征收税款的,责令退还收取的财物,依法给予行政处分或者行政处罚;致使他人合法权益受到损失的,依法承担赔偿责任;构成犯罪的,依法追究刑事责任。

(3) 税务机关、税务人员查封、扣押纳税人个人及其所扶养家属维持生活必需的住房和用品的,责令退还,依法给予行政处分;构成犯罪的,依法追究刑事责任。

(4) 税务人员与纳税人、扣缴义务人勾结,唆使或者协助纳税人、扣缴义务人有《税收征收管理法》第63、65、66条规定的行为,构成犯罪的,依法追究刑事责任;尚不构成犯罪的,依法给予行政处分。税务人员利用职务上的便利,收受或者索取纳税人、扣缴义务人财物或者谋取其他不正当利益,构成犯罪的,依法追究刑事责任;尚不构成犯罪的,依法给予行政处分。税务人员徇私舞弊或者玩忽职守,不征或者少征应征税款,致使国家税收遭受重大损失,构成犯罪的,依法追究刑事责任;尚不构成犯罪的,依法给予行政处分。税务人员滥用职权,故意刁难纳税人、扣缴义务人的,调离税收工作岗位,并依法给予行政处分。税务人员对控告、检举税收违法违纪行为的纳税人、扣缴义务人以及其他检举人进行打击报复的,依法给予行政处分;构成犯罪的,依法追究刑事责任。

6. 税务争议的处理。纳税人、扣缴义务人、纳税担保人同税务机关在纳税上发生争议时,必须先依照税务机关的纳税决定缴纳或者解缴税款及滞纳金或者提供相应的担保,然后可以依法申请行政复议;对行政复议决定不服的,可以依法向人民法院起诉。当事人对税务机关的处罚决定、强制执行措施或者税收保全措施不服的,可以依法申请行政复议,也可以依法向人民法院起诉。当事人对税务机关的处罚决定逾期不申请行政复议也不向人民法院起诉、又不履行的,作出处罚决定的税务机关可以采取《税收征收管理法》第40条规定的强制执行措施,或者申请人民法院强制执行。

> **学术视野**
>
> 税法学基础理论研究主要集中在以下几个方面:税收法律关系(包括税收行为)、税权、

税法的基本原则、税法体系、税法运行等。

一、税法特征、税法体系、税法学方法论

关于税法的概念特征,有学者认为,税法既属于以宏观经济管理关系为调整对象的经济法律体系,又属于以国家税务机关与纳税人之间行政关系为调整对象的行政法律体系范畴。因此,税收法律具有经济性、隶属性、单方意志性和强制性。[1] 有学者论述了税法的调控功能,认为税收和税法具备调控社会经济的功能。税法的调控功能具有显、隐两方面特征,具有一定的独特长处。[2] 关于税法体系,有学者认为是税法在法律形式上的整体布局和法律内容上的严密规范。针对我国现行税法体系存在的问题,我国应努力提升税法的协调性、可操作性,提高税法级次,尽快建立以税收基本法为核心、以税收法律为主、行政法规为辅的科学统一的、完整的税法体系。[3]

二、税法的基本原则、税法学基本范畴

关于税法的基本原则,漆多俊教授认为,支配税法全部内容的基本原则可分为税收法定原则、税收公平原则、税收效率原则、社会政策原则。[4] 而刘剑文教授认为,税法的基本原则应从根本的宪法层面上进行研究,通过对税收与宪政、税法与宪法互动关系的分析,税收法定原则应当是税法的基本原则,而且是最高指导原则。如果从其他一些具体价值角度考虑,税收公平原则、税收效率原则也可以列为税法的基本原则。[5] 关于我国税法的范畴体系,学界共识认为税法范畴分为一般范畴、基本范畴和核心范畴。一般范畴是指那些概括和反映局部或简单税法现象的基本概念。基本范畴是指那些概括和反映较大范围或较复杂的税法现象的基本概念。核心范畴是指那些概括和反映整体税法现象的最基本的概念。税法的核心范畴是税。

三、税收法律关系、税收行为

学界关于税收法律关系的研究一致认为,在中国税收法律关系中,一些传统的观念与时代的发展之间存在相当大的距离,无法令人信服。比如,怎样定位纳税人?纳税人除了纳税义务外,有没有其他权利?纳税人为什么要纳税?纳税人到底给谁纳税?这些问题不澄清,将无法让纳税人主动、积极、心甘情愿地去纳税,也将给中国税收征管工作带来一系列障碍,说到底,将影响中国法治目标的实现。由此有学者就税收法律关系的性质提出了"分层面关系说",认为在抽象的层面,将税收法律关系的性质整体界定为公法上的债务关系,在具体的层面,也就是法技术的层面,将税收法律关系的性质界定为债务关系和权力关系。[6] 把税收视为一种公法上的债务关系的观点逐渐被学界所认同,有学者已经开始运用税收之债的理论来重新构建税收实体法的体系,从税收之债的要素、税收之债的成立、确定、变更与消灭等方面论述了我国税收实体法的基本法律制度。[7]

四、税权、可税性

税权的配置与运行状况是一个国家税收法律制度优劣的基本标志。税权作为一种十分重要的国家权力资源,应当通过立法进行有效的配置和制约,以实现其良好的效益。有学者认为,"税权"是税法学的一个基本范畴,在性质上属于"公法上的债权"。税权效力是指国家税权

---

[1] 王亮、刘雁鸿:"税法的概念特征",载《经济师》2003年第4期。
[2] 李嘉宁:"论税法的调控功能",载《湖北社会科学》2003年第1期。
[3] 徐健:"关于完善我国税法体系的探讨",载《山西财政税务专科学校学报》2003年第3期。
[4] 漆多俊主编:《经济法学》,武汉大学出版社2004年版,第486~488页。
[5] 刘剑文主编:《税法学》,北京大学出版社2007年版,第91~103页。
[6] 刘剑文主编:《税法学》,人民出版社2003年版,第88~94页。
[7] 刘剑文主编:《税法学》,人民出版社2003年版,第301~368页。

基于税收关系在法律上所表现出来的各种控制力,包括确立税收债务、税务管理、税收债务的履行、税收债务的违反、自力执行、第三人对税收债权的侵害、税收一般优先权等七个方面。[1] 关于可税性问题,有学者研究提出税法上可税性的构成要件:法的渊源符合税法、税收要素具有法律明确性、法律规范制定程序符合税法、法律争议的解决符合税法。[2]

五、税收行为、税法效力、税法漏洞补充

有学者对税收行为范畴进行了研究,认为税收行为是税法学行为理论的基本范畴,从理论和实践需要的角度,提出"税收行为"范畴,并探讨各类税收行为的同一性和差异性,在此基础上,进一步解析了税收行为范畴提炼的理论与实践意义。[3] 有学者对中国税法效力减损问题进行了系统研究,对基本范畴进行了解析,提出了税法效力减损的定义,对税法效力减损的构成要素进行了分析并论述了税法实效及成因,最后对税收立法、执法、司法和守法效力减损提出了若干纠正建议。[4] 有学者对税法漏洞补充进行了系统研究,提出了税法漏洞的定义,论述了税法漏洞的认定和税法漏洞的补充。税法漏洞补充的方法主要包括类推适用、目的性限缩和目的性扩张。[5]

理论思考与实务应用

一、理论思考

(一)名词解释

计税依据　土地增值税　超额累进税率　分税制　流转税

(二)简答题

1. 简述增值税纳税人如何区分一般纳税人和小规模纳税人。
2. 简述税法对社会分配机制的调控作用。
3. 简述偷税行为的法律责任。
4. 简述印花税的征税范围。

(三)论述题

1. 有位个体杂货店老板在"侃大山"时说:"工商、环卫的有偿服务、合理收费,大小还有个道理,而税务机关没给我们办什么事,却月月要纳税,还规定不准拖欠,咱这心里总觉得别扭。"试分析这位个体老板有这种心态的原因。
2. 《税收征收管理法》对税收保全措施作了怎样的规定?
3. 试论税收效率原则。

二、实务应用

(一)案例分析示范

案例一

A和甲系表兄弟。2003年6月A于北京购得某处房产(非普通住房),但11月房产证明尚未办妥,A出国承担某研究项目,于是,A委托甲代为办理房产证明并代为保管该房产。

---

[1] 魏俊:"税权效力概念浅议",载《山东工商学院学报》2003年第4期。
[2] 刘景明:"也论税法上的可税性",载刘剑文主编:《财税法论丛》(第2卷),法律出版社2003年版。
[3] 张守文:"税收行为范畴的提炼及其价值",载《税务研究》2003年第7期。
[4] 蔡巧萍:"中国税法效力减损问题研究",载刘剑文主编:《财税法论丛》(第2卷),法律出版社2003年版。
[5] 刘剑文主编:《税法学》,人民出版社2003年版,第245~268页。

2004年8月，甲与乙就买卖该房产达成协议，9月甲、乙签订房屋买卖合同，约定甲以60万元的价格将该房产转让给乙，乙在3个月内支付价金。乙支付50%的价款后，甲应将该房产交付给乙，并办理房产转移手续。在乙支付全部价款后，甲应将房产转移证明及相关的证明文件交给乙。

合同签订后，甲、乙按合同的约定全部履行了合同。乙取得房屋的产权证明。房产转移后，甲、乙按规定缴纳了营业税、土地增值税、契税和印花税。

2006年10月，A回国后，向甲主张返还该房产。甲以房产已转让为由拒绝。A提起诉讼要求甲返还该房产。法院经审理后认为，甲无处分权，甲与乙之间的房屋买卖合同无效，但甲已将房产交付给乙并办理了房产转移登记手续，其房产所有权转移有效，A无权要求乙返还该房产。法院判定乙取得房屋的所有权，甲应将转让房产所得的价款返还给A。

乙认为其与甲订立的合同无效，因此并无纳税的义务，于是要求税务机关返还其所缴纳的税款。

税务机关则认为，房屋转让的相关税种的征税对象是房屋产权转移这一物权行为，而不是针对债权行为。尽管甲、乙间的房屋买卖合同被认定为无效，但房屋产权仍为乙所取得，产权已发生了变更。基于该房产变更的事实，税务机关有权进行纳税。

甲则提出，他并非房产的所有权人，在房屋买卖合同被认定为无效后，房屋产权转移的事实与他无关。房产转让的相关纳税义务的承担者应为A，他并无纳税义务。因此，甲要求税务机关返还其已缴纳的税款。

A则认为，甲缴纳税款是基于其与乙签订的房屋买卖合同，税款征收是针对该债权行为。房屋产权转让并不是依据该买卖合同，因此，A对因签订该买卖合同而发生的纳税义务不应当承担责任。

各方就此发生争执，税务机关拒绝返还税款，A拒绝缴纳税款。

问：(1) 财产转移行为如何课税？

(2) 本案中作为相关税种的纳税人对其已纳税款，是否有权要求税务机关返还？

【评析】本案涉及财产转让的课税问题。在一般情况下，财产转移，在当事人间先作成转移原因的债权行为，而后再作成履行该债权行为的物权行为，在本案中甲、乙订立买卖合同而后履行即是如此。在对转移财产课税时，针对不同的法律行为征税，其法律效果即有所不同。

1. 转移财产的物权行为与债权行为。在财产转让的法律行为中，有债权行为和物权行为的区分，其中债权行为是以设立、变更、终止债权为目的的行为，其效力在于在当事人之间发生、变更或终止"给付请求权"。债权人只能请求债务人实施给付，而不能直接支配债务人应交付的物。物权行为则是民事主体直接设立、变更、终止物权的法律行为。其结果是直接发生物权变动，行为人直接取得、变更和终止物权。在以交付行为为标的的合同中，物权行为是债权行为的标的，债权行为是原因行为，物权行为是履行行为。尽管物权行为往往与债权行为有着密切的联系，但物权行为一般被认为是债权行为之外的、独立存在的一类民事法律行为。基于债权合同而生的物权行为，区别于债权行为而有其独立的成立要件。

正因为物权行为与债权行为有着原则性的区别，其成立要件、法律效果均有所不同，因此，基于不同的征税目的，即可能选择不同的法律行为进行征税。对财产转移进行课征的税收，如就该财产转移原因的债权行为征税，则自债权成立之日起纳税义务成立。即使其后该债权未被履行，如财产未交付或未登记，该财产移转人或承受人仍应负有缴纳税款的义务。而如就财产转移的物权行为征税，则在债权成立时纳税义务并不发生，而是于财产被实际交付或登记时，该财产移转人才发生相应的纳税义务。即使债权行为嗣后无效或被撤销，只要存在财产转让的经济事实，财产移转人的纳税义务都不消灭。对债权行为或物权行为进行选择，作为不同税种的征税对象，与纳税义务的发生有着直接关系。

在本案中，房屋产权转让主要涉及营业税、契税、土地增值税和印花税。各个不同的税种选择的征税对象有所区别，故有必要对其是对债权行为还是物权行为征税从我国的现行法上进行考察。

2. 财产转移行为课税的选择。

(1) 营业税的课税基础。我国《营业税暂行条例》明确规定了营业税的征税范围，在中华人民共和国境内提供本条例规定的劳务、转让无形资产或者销售不动产的单位和个人，为营业税的纳税人，应当依照本条例缴纳营业税。在民法上不动产一般指土地及其定着物。因此，房屋买卖应属于营业税的征税范围。依营业税法的规定，营业税的纳税义务发生时间，为纳税人收讫营业收入款项或者取得索取营业收入款项凭据的当天。纳税人转让土地使用权或者销售不动产，采用预收款方式的，其纳税义务发生时间为收到预收款的当天。营业税的缴纳以房屋产权所有人取得营业收入为前提，而不以房屋交付和登记为前提，因此，营业税是对销售不动产的债权行为征税。

(2) 契税的课税基础。《契税暂行条例》第 1 条规定，在中华人民共和国境内转移土地、房屋权属，承受的单位和个人为契税的纳税人，应当缴纳契税。其第 2 条对转移土地、房屋权属的范围进行了界定，规定转移土地、房屋权属包括国有土地使用权出让，土地使用权转让，包括出售、赠与和交换，房屋买卖，房屋赠与和房屋交换。但该房屋买卖是指房屋买卖合同的债权行为还是房屋交付并登记的物权行为，则契税暂行条例中并无更具体的规定。但从契税成立的时间来看，《契税暂行条例》规定，契税的纳税义务发生时间，为纳税人签订土地、房屋权属转移合同的当天，或者纳税人取得其他具有土地、房屋权属转移合同性质凭证的当天。纳税人应当自纳税义务发生之日起 10 日内，向土地、房屋所在地的契税征收机关办理纳税申报，并在契税征收机关核定的期限内缴纳税款。根据这一规定，只要房屋买卖合同一经成立，契税的纳税义务即告成立，其纳税期限为纳税义务发生之后的 10 天，而与房屋是否交付和是否办理产权转移登记手续无关，与买卖合同是否履行无关。《契税暂行条例》还规定，纳税人应当持契税完税凭证和其他规定的文件材料，依法向土地管理部门、房产管理部门办理有关土地、房屋的权属变更登记手续。纳税人未出具契税完税凭证的，土地管理部门、房产管理部门不予办理有关土地、房屋的权属变更登记手续。按此规定，契税的缴纳应在房屋产权转移登记之前，完税是为完成物权行为的重要条件之一。因此，从我国契税的规定来说，契税应当是针对房屋买卖合同这一债权行为来征税的。那么，如果房屋买卖合同无效或被撤销，契税是否仍有缴纳的必要，《契税暂行条例》则没有规定。从合同无效的法律后果来看，合同无效即自始不发生法律效力，即合同溯及合同成立时消灭，其法律状态恢复到合同尚未签订时。因此，既然契税是针对债权行为征收，那么债权行为因无效而消灭的场合，作为课税基础的经济行为消灭，则契税已无征收的合理依据，如仍保持课税的后果，似有违立法的本意。

(3) 土地增值税的课税基础。《土地增值税暂行条例》及其实施细则对土地增值税的课税要素作出了具体的规定，即转让国有土地使用权、地上的建筑物及其附着物（以下简称"转让房地产"）并取得收入的单位和个人，为土地增值税的纳税义务人（以下简称"纳税人"），应依法缴纳土地增值税。转让国有土地使用权、地上的建筑物及其附着物并取得收入，是指以出售或者其他方式有偿转让房地产的行为。土地增值税按照纳税人转让房地产所取得的增值额为计税依据计算征收。从这一规定看，土地增值税以房屋产权转让并实际取得收入为前提。在合同订立后，如果合同尚未履行，房屋产权人并无取得收入的可能，即无所谓土地增值税的纳税义务。因此，土地增值税应当是针对物权行为征收，只有房屋产权人依照房屋买卖合同的约定，交付房屋产权并办理产权变更证明登记，土地增值税的纳税义务才发生。但《土地增值税暂行条例》第10条规定，纳税人应自转让房地产合同签订之日起7日内向房地产所在地主管税务机关办理纳税申报，并在税务机关核定的期限内缴纳土地增值税。第12条同时规定，纳税人未按照本条例缴纳土地增值税的，土地管理部门、房产管理部门不得办理有关的权属变更手续。从而房屋买卖合同一经签订，即发生纳税人的纳税申报义务，而在缴纳土地增值税之前，则并无办理物权变更的可能。以此推定，土地增值税似与房屋产权变更的物权行为无关。

(4) 印花税的课税基础。《印花税暂行条例》第1条规定，在中华人民共和国境内书立、领受本条例所列举凭证的单位和个人，都是印花税的纳税义务人（以下简称"纳税人"），应当按照规定缴纳印花税。印花税的征税范围包括以下应纳税凭证：购销、加工承揽、建设工程承包、财产租赁、货物运输、仓储保管、借款、财产保险、技术合同或者具有合同性质的凭证；产权转移书据；营业账簿；权利、许可证照；经财政部确定征税的其他凭证。其中产权转移书据，是指单位和个人产权的买卖、继承、赠与、交换、分割等所立的书据。因此，房屋产权人订立的房屋买卖合同亦属于印花税的征税范围。根据印花税的相关法律规定，应纳税凭证应当于书立或者领受时贴花，即在合同的签订时、书据的立据时、账簿的启用时和证照的领受时贴花。因此，房屋买卖合同一经订立，印花税的纳税义务即告发生。合同签订时即应贴花，履行完税手续。因此，不论合同是否履行或能否按期履行，都一律按照规定贴花。即使合同履行后，实际结算金额与合同所载金额不一致的，对已履行并贴花的合同，发现实际结算金额与合同所载金额不一致的，一般不再补贴印花。因此，就房屋买卖合同而言，印花税系以订立房屋买卖合同的债权行为为课税基础。

因此，从我国法律规定来看，与不动产转让相关的税种的成立均以债权行为的成立并生效为前提。那么，一旦债权行为无效或被撤销，则纳税义务溯及消灭，则是合逻辑的结果。就本案来说，甲、乙达成房屋买卖协议，并签订了房屋买卖合同。合同订立后，双方根据合同的约定进行了实际履行。根据《合同法》第51条的规定，无处分权的人处分他人财产，经权利人追认或无处分权的人订立合同后取得处分权的，该合同有效。甲对该房屋并无处分权，A作为房屋产权所有人对该处分行为并未加以追认，故该合同因欠缺处分权而无效。那么该房屋买卖合同的债权行为无效，其自始、绝对不发生法律效力。那么，契税、土地增值税、营业税、印花税的课税基础已溯及地消灭，因此，契税等的纳税义务亦应消灭。故此，作为相关税种的纳税人对其已纳税款，应有权要求税务机关返还。

3. 债权行为无效与纳税义务的变更。一般说来，买卖合同在因欠缺必要的生效要件而导致其无效时，合同自始、当然不发生法律效力。在合同已履行完毕的场合，双方当事人负有恢复原状的义务，使债权债务关系完全归于消灭。如该财产转移行为因债权行为无效而消灭其既往的效力，并恢复原状排除转移财产的法律和经济效果，实现课税构成要件的原因即溯及消灭，未缴纳的税款即不再征收，已缴纳的税款亦应即时返还。在本案中，尽管该房屋买卖合同因欠缺处分权而被认定为无效，但其经济效果却并未因此而消灭，基于民法的物权行为理论，该房屋产权转让的物权行为仍为有效。

那么，如根据民法制度，某债权行为被认定为无效或被撤销，而基于物权行为独立性，其物权变动的经济效果得以维持，那么课税基础是债权行为还是物权行为，则对纳税义务的成立将产生重要的影响。对财产转移进行课征的税收，如就该财产转移原因的债权行为征税，则自债权成立之日起纳税义务成立。即使其后该债权未被履行，如财产未交付或未登记，该财产移转人或承受人仍应负有缴纳税款的义务。如该债权行为无效或被撤销，则课税基础消灭，税收构成要件未满足，纳税义务也溯及地不成立。而如就财产转移的物权行为征税，则在债权成立时纳税义务并不发生，而是于财产被实际交付或登记时，该财产移转人才发生相应的纳税义务。即使债权行为嗣后无效或被撤销，只要存在财产转让的经济事实，财产移转人的纳税义务都不消灭。

在本案中，该房屋买卖合同因欠缺处分权而无效，但由于甲已进行了房屋交付和房屋产权登记，根据物权无因性原则和公示、公信原则，该物权变动的行为应当是有效的。因此，尽管该房屋转让的债权行为归于无效，但产权转让的经济效果仍得以维持。那么，在这种情况下，如仅仅因为债权行为无效而无视已事实形成的经济效果，使得税收构成要件无法满足，则与税收的本意相去甚远。从某种意义上说，税收是对经济行为所产生的经济效果征税，只有在经济效果产生并得以维持之后，税收构成要件才是完全得到满足的。债权行为是经济人为实现其经济目的而作出的契约行为，其并不表征某种经济结果，而只是表明产生经济结果的可能性，只有在该契约得以完全履行并产生某种经济收益后，税收才有征收的可能。从这个意义上说，债权行为在确定税收构成要件中并没有绝对的意义。在税收征管过程中，尽管借由债权行为衡量某种经济行为存在可能，但在债权行为与经济结果不相符的情况下，则该债权行为即无法成为表征经济行为的税收要素。因此，税收构成要件是否借由债权行为加以评判，其关键在于该税种选择对经济行为本身还是对经济行为所产生的收益征收。在经济行为本身即为征税对象的情况下，其课税基础必然是债权行为；而在仅对经济效果征税的场合，尽管为判断纳税事实的便利，往往以债权行为为基础来判定纳税事实是否成立，但在债权行为与其所表征的经济行为不相符时，经济实质即应取代债权行为而成为判断纳税事实的基础。随着实质课税原则在税收征管中重要程度的提升，经济实质的判断更是成为税收征管的重要内容。

在肯定物权独立性和无因性的情况下，债权行为与物权行为的存续即可能存在一定的差异。在债权行为无效而物权行为有效的情况下，债权行为本欲达成的经济效果便借由独立的物权行为得以实现。在对经济效果征税的场合，则物权行为效果的判断即应取代债权行为。在债权行为无效而物权行为有效，且债权行为本欲达成的经济效果已由物权行为加以表征的场合，物权行为应是课税的基础。

课税基础是为债权行为还是物权行为，应当是与征税对象直接相关的。从我国规定的税种来说，商品税是针对流转额为征税对象，所得税以纯所得额为征税对象，财产税则是针对财产课征。商品税和所得税的纳税义务的成立，不仅要求纳税人具备税法所规定的经济行为，还必须实现某种收益。尽管财产税是针对财产征收，但其纳税义务的成立仍与财产的归属和产权变动有着直接的关系。只有财产权利实质发生变动，财产税的纳税义务才能成立或变动。而行为税则是针对特定的行为征收，其纳税义务的成立并不以发生某种法律或经济后果为前提，只要该特定行为发生，其纳税义务即可能成立。因此，税款缴纳后，发生经济效果的原因事实，如债权行为溯及地消灭时，只有在不仅该债权行为无效或被撤销，且基于该债权行为发生的经济效果一并恢复原状时，纳税义务也才溯及地消灭。在仅债权行为或原因行为无效而其发生的经济效果仍维持时，针对该经济效果征收的税种，其纳税义务并不因此而发生变化。

4. 本案的结论。具体到本案中，营业税属于商品税，只有经营商品销售和各种服务业务并取得营业收入的情况下，其纳税义务成立。因此，单纯签订不动产转让协议，并不表明其纳税义务成立。只有在其销售收入实现时，其税收构成要件才现实的满足。营业税的成立应以不动产产权的实际变更并取得收入为前提。其经济效果的判断应当是以物权行为的效力为基础，而非债权行为。

契税和土地增值税是针对不动产转让行为所发生的不动产所有权变动的结果所征收的税

种。因此，契税和土地增值税纳税义务的成立均以产权转移的经济效果为前提，必须以能够衡量经济实质的债权行为和物权行为为其课税基础。

印花税则属于行为税，是对书立、受领具有法律效力的凭证的行为征收的一种税。因此，订立房屋转让合同的行为本身即属于印花税的征税对象，订立合同行为将实现的经济效果，则与印花税的纳税义务无关。因此，判断印花税的相关的应税事实，只需对债权行为加以认定即可。

在本案中尽管作为物权变动原因的房屋买卖合同被认定为无效，但由于其物权行为仍为有效，其物权变动的经济效果仍得以维持，因此，针对经济效果征收的税种，如营业税、契税和土地增值税，其纳税义务已基于该经济效果产生的事实而成立，并不受债权行为无效的影响。相关的纳税义务人无权要求返还已缴纳的税款。

案例二[1]

2004 年 8 月 12 日，江阴市地税稽查局在对本市一所重点中学代扣代缴个人所得税情况进行检查时，发现该中学 2004 年上半年共少代扣代缴教职工工资、薪金个人所得税 40.58 万元。该市地税稽查局依据《税收征收管理法》第 68 条的规定，分别于 2004 年 8 月 14 日和 8 月 18 日向该中学下达了"税务处理决定书"和"税务行政处罚决定书"（已履行告知手续），责令该中学在接到通知后 15 日内补缴 40.58 万元的个人所得税和少缴税款一倍的罚款。至 2004 年 9 月 4 日，该中学既未缴纳税款，也未缴纳罚款。于是，经地税稽查局局长批准，2004 年 9 月 5 日稽查局从该中学银行账户中强行扣缴了 40.58 万元的税款和 40.58 万元的罚款。

2004 年 9 月 8 日，该中学在依法提供纳税担保并经地税机关认可的情况下，向市地税局提出复议申请，要求撤销地税稽查局的处理决定和处罚决定，并退还强制执行的税款和罚款。市地税局依法作出复议决定：撤销地税稽查局的处理决定和处罚决定；退还强制执行的税款和罚款。

问：地税稽查局能否对该学校采取税收强制执行措施？地税稽查局在采取税收强制执行措施的过程中有哪些违法或者错误的行为？

【评析】地税稽查局依据《税收征收管理法》第 68 条的规定，要求该中学补税、给予罚款并采取税收强制执行措施是完全错误的。《税收征收管理法》第 68 条规定："纳税人、扣缴义务人在规定期限内不缴或者少缴应纳或者应解缴的税款，经税务机关责令限期缴纳，逾期仍未缴纳的，税务机关除依照本法第 40 条的规定采取强制执行措施追缴其不缴或者少缴的税款外，可以处不缴或者少缴的税款 50% 以上 5 倍以下的罚款。"首先，该条规定的扣缴义务人在规定期限内不缴或者少缴应解缴的税款，是指扣缴义务人已经代扣代缴了的税款没有按规定的期限进行解缴，并不是指少代扣代缴的税款。其次，该条规定税务机关可以依照该法第 40 条的规定对扣缴义务人采取强制执行措施追缴其不缴或者少缴的税款。这里所指的扣缴义务人应当是从事生产经营的扣缴义务人，因为依照《税收征收管理法》第 40 条的规定，对从事生产、经营的纳税人、扣缴义务人可以采取税收强制执行措施，而不能对非从事生产经营的纳税人、扣缴义务人采取税收强制执行措施。因此，地税稽查局对一个非从事生产经营的扣缴义务人应扣未扣的税款采取税收强制执行措施是违法的。

同时，地税稽查局对该中学采取的税收强制执行措施中的以下行为是违法的：首先，由稽

---

[1] 陈少英主编：《税法学案例教程》，北京大学出版社 2007 年版，第 245 页。

查局局长批准采取税收强制执行措施属于越权审批，属于违法采取税收强制执行措施。根据《税收征收管理法》第40条的规定，税收强制执行措施应当由县以上税务局（分局）局长批准。这里所说的税务局（分局）局长并不包括稽查局的局长。国家税务总局《关于稽查局有关执法权限的批复》再一次对此问题进行了明确："《中华人民共和国税收征收管理法》及其实施细则中规定应当经县以上税务局（分局）局长批准后实施的各项权力，各级税务局所属的稽查局局长无权批准。"因此，经地税稽查局局长批准采取税收强制执行措施本身是违反法定程序的，是违法的。其次，根据《税收征收管理法》第88条第3款的规定，当事人对税务机关的处罚决定逾期不申请行政复议也不向人民法院起诉又不履行的，作出处罚决定的税务机关可以采取该法第40条规定的强制执行措施，或者申请人民法院强制执行。而该市地税稽查局在扣缴义务人的法定复议期和诉讼期内就对其罚款采取强制执行措施，显然也是违法的。

根据以上分析，地税稽查局在该案件的处理过程中，无论是适用法律依据方面，还是适用法律的程序方面，均有多处错误或违法的情形，所以市地税局撤销其处理决定和处罚决定，并责令其退还强制执行的税款和罚款是完全正确的。

案例三[1]

某地一摩托车修理修配企业开展促销活动，在销售应税劳务的同时，向接受应税劳务的客户赠送摩托车机油，并在开具发票时，在同一张发票上分别反映了应税劳务收入与折扣额（机油价款），并以应税劳务收入与机油价款的差额作为计税依据计提增值税。对于该企业赠送机油的行为，税务机关认为属于视同销售，应征增值税，该企业对此表示不理解。

该企业认为，根据国家税务总局《关于增值税若干具体问题的规定》，纳税人采取折扣方式销售货物，如果销售额和折扣额在同一发票上分别注明的，可按折扣后的销售额征收增值税。该企业的财务处理方式完全按照税法规定，应属于以折扣方式销售货物的行为。

问：（1）该企业的无偿赠送行为是否会产生税收法律关系？
（2）结合本案分析税收法律关系的构成。

【评析】本案涉及的法律问题是在什么条件下会产生税收法律关系，也即在什么情况下纳税人应该承担纳税义务，以及税收法律关系的具体构成。

1. 税收法律关系的产生。税收法律关系，是指由税法确认和保护的，在国家征税机关与单位、个人之间基于税法事实而形成的权利义务关系，税收法律关系由主体、内容、客体等要素构成，它们是互相联系、不可分割的统一整体。税收法律关系处于不断发展变化之中，这一发展变化过程可概括为税收法律关系的产生、变更和终止。

税收法律关系的产生是指在税收法律关系主体之间形成权利义务关系。税收法律关系的产生以引发纳税义务的法律事实为基础和标志，而纳税义务产生的标志是纳税主体进行的应当课税的行为，如销售货物、开始生产、取得应税收入等。

税收法律关系产生的关键因素是基于税法的明确规定，产生了税法规定的法律事实。《增值税暂行条例实施细则》明确规定，对于企业以自产、委托加工或购买的货物无偿赠送他人，属于视同销售行为，应征增值税。在本案中该企业以自产、委托加工或购买的货物无偿赠送他人的行为即是税收法律事实。如果该企业根据《增值税若干具体问题的规定》的规定认为的"折扣"，包括实物折扣，并可以抵减销售额，那么就与《增值税暂行条例实施细则》的规定

---

[1] 参见 http://www.ck100.com/shiwu/200910/71193.html，访问时间：2010年9月12日。

相抵触。根据对同一种规定上位法优于下位法的原则,《增值税若干具体问题的规定》属于规范性文件,而《增值税暂行条例实施细则》属于行政规章,行政规章相对于规范性文件有优先适用的效力。

通过以上的分析我们知道,折扣销售仅限于对货物的价格折扣,而不包括实物折扣,该企业赠送机油不应视为以折扣方式销售货物的行为。在本案中该企业的无偿赠送机油的行为是税法规定的税收法律事实,产生增值税法律关系,对无偿赠送的机油视同销售,应该征收增值税。税务机关作为征税主体,有权对该企业的经营行为依法征税。

2. 税收法律关系的构成。根据法理学理论,法律关系由主体、内容和客体构成。按照这个理论,税收法律关系也可以分为主体、内容和客体。

(1) 税收法律关系的主体,简称税法主体,是指税收法律关系的参加者,即享有税收权利、承担税收义务的双方当事人。根据我国《税收征收管理法》第4条的规定,税法的一方主体是代表国家行使税收管理权和履行国家税收征管职能的各级征税机关(包括各级税务机关、财政机关和海关);另一方是指依据税收法律、行政法规的规定负有纳税义务的纳税人和依法负有代扣代缴、代收代缴义务的扣缴义务人。税收法律关系的主体一方始终是代表国家行使征税权的税收机关。本案中如没有税务机关的参与,不成立税收法律关系。

(2) 税收法律关系的内容。税收法律关系的内容,是指税收法律关系主体双方在征税活动中依法享有的权利和承担的义务,征税主体的权利和纳税主体的义务、征税主体的义务和纳税主体的权利往往是相互对应的。从表面上看,税收法律关系主体中征税主体是权利主体,纳税主体是义务主体。但从本质上看,税收法律关系的主体双方都享有一定的权利并承担一定的义务。

(3) 税收法律关系的客体。税收法律关系的客体,简称税法客体,是指税收法律关系主体双方的权利和义务所共同指向和作用的客观对象。税收法律关系的客体包括物和行为两大类。属于物的就是按照税法中规定的征税对象以及相应的税率计算出来的,应当上缴国家的货币或实物,也就是税款。属于行为的是指国家权力机关及其下属税收征管理机关在制定、颁布、实施税法的过程中享有税收管理权限、履行工作职责的行为,以及纳税人特定的行为事实,如车船的使用行为、筵席行为等。

从具体内容来看,税法的构成要素主要包括税法主体、课税客体、税率、纳税环节、纳税期限、纳税地点、税收优惠、违章处理等八项。

在本案中,税务机关和摩托车修理修配企业是税法的主体;税务机关依法征税的权力和由此产生的义务,以及摩托车修理修配企业纳税的义务及与纳税义务对应的权利是税法的内容;而机油和应该缴纳的税款,以及税务机关对摩托车修理修配企业税收征收中的行为则是税法的客体。

(二) 案例分析实训

案例一

在奶片的生产、销售链条上各个企业之间发生了如下几笔业务:

1. 孙某个体承包经营的凯隆奶牛场向光明乳业出售了一批牛奶,出售价格为100万元。
2. 光明乳业利用购进的这批牛奶,制造了优质的奶粉,并向康利食品公司出售,其出售价格为200万元。
3. 康利食品公司利用购进的这批奶粉,制作了奶片销售给佳佳超市,销售价格为400万元。

4. 佳佳超市将购进的这批奶片全部售出，获利600万元。

问：上述业务中所有的企业都是增值税的一般纳税人，所有的价格都不含税价，请计算各企业的增值税纳税情况。

案例二

北京某大学教授2007年1月取得工资、薪金所得5000元（不包含养老保险金、医疗保险金、失业保险金以及住房公积金等准予税前扣除项目），政府特许津贴100元，加班费1000元，个人先进奖2000元。

问：这位教授应当缴纳多少个人所得税？

案例三

2008年10月，亚光金银首饰厂为了保持和主要客户的良好关系，赠送给各主要客户一批金银首饰，该批首饰同类产品不含增值税总价为6万元；同样是在该月，亚光金银首饰厂为了奖励先进员工，将刚刚开发成功的新型项链发给员工10条，该类首饰尚未在市场销售，因此没有同类产品可作参考，亚光金银首饰厂将其成本定为4000元每条，另外亚光金银首饰厂还在市场上零售了总价为20万元（不含增值税）的各类金银首饰。已知新型项链的成本利润率为6%，消费税税率为5%。

问：亚光金银首饰厂在10月份共应缴纳多少消费税？

主要参考文献

1. 滕祥志：《税法实务与理论研究》，法律出版社2008年版。
2. 汤洁茵：《金融创新的税法规制》，法律出版社2010年版。
3. 孙健波：《税法解释研究：以利益平衡为中心》，法律出版社2007年版。
4. 刘剑文、熊伟：《税法基础理论》，北京大学出版社2004年版。
5. 黄士洲：《税务诉讼的举证责任》，北京大学出版社2004年版。
6. ［美］维克多·瑟仁伊：《比较税法》，丁一译，北京大学出版社2006年版。

第十五章 金融法律制度

【本章概要】金融市场是市场经济最为重要的领域，因为金融业的特殊性，国家必须要对金融业实施严格的监管。我国的金融经营模式和金融监管模式采用分业经营和分业监管的模式。中央银行是一国重要的宏观经济机构，主导着整个金融市场。在我国，中国人民银行是一个特殊的国家机关，在国务院领导下，制定和执行货币政策，防范和化解金融风险，维护金融稳定。中国人民银行也在法律授权下，对人民币和外汇进行管理。商业银行是指依法设立，以吸收公众存款、发放贷款、办理结算等为业务的，以营利为目的的企业法人，它是整个金融市场的基础，因此需要对其进行严格的监管。《商业银行法》规定了商业银行的设立和组织机构、存贷款的基本规则以及监督管理制度。《银行业监督管理法》则明确了银行监管机构、银行监管职责和监管措施。

【学习目标】通过本章的学习，学生应当掌握金融法的调整对象、金融监管的必要性和金融经营模式和监管模式等基本的金融法理论。在中央银行法律制度中，需要掌握的基本知识有中央银行的性质、地位、职能等，其中特别是掌握中央银行的金融监管职能、决策和执行货币政策职能、管理人民币和外汇的职能。在商业银行法律制度中，需要掌握的基本知识有商业银行的特征，以及设立、变更、接管和终止。商业银行的业务范围、存贷款的基本制度、银监会对商业银行的监督制度等也需要重视。

第一节 金融法律制度概述

一、金融、金融市场与金融法

（一）金融与金融市场

金融是指货币资金的融通和信用活动。与货币流通和银行信贷有关的活动或者业务都可以称为金融。金融的内容主要包括：货币的发行、流通与回笼，现金管理，信贷、信托、结算、票据、外汇，证券发行与交易，黄金及贵金属，保险，等等。

金融市场是商品经济发展的产物，泛指所有资金供给与需求进行交易的场所。作为金融商品交易的金融市场有三大构成要素，即金融市场主体、金融商品和市场场所。

金融市场主体包括中央银行、投资人（资金供给者）、筹资人（资金需求者）、金融中介。在金融市场上，资金总供应与总需求的平衡由中央银行掌握，从而金融市场的最终操纵权握在中央银行手中。金融中介是筹资人和投资人进行金融交易的桥梁，间接融资市场通过银行来进行，直接融资市场也需通过证券公司的证券经纪人作中介来实现。金融和金融市场虽涉及银行、票据、证券、保险等各个方面，但由于所有的金融活动都必然直接或间接与银行有关，而且往往是通过银行为中心来进行的，因而银行就成为金融最重要的组成部分，成为金融的中心。金融市场的客体是金融商品，即货币与货币资金及其他金融工具，如金银、外汇、商业票据、银行票据、政府证券、公司债券、股票、可转让大额定期存单等。

按照不同的标准，可以对金融市场作不同的分类。按交易中介划分，包括直接金融市场与间接金融市场。其中融资供求双方当事人即筹资人和投资人之间直接（或通过金融中介机构代理）进行货币资金有偿借贷或投资，产生法律上的债权债务关系或投资收益关系，称为直接金融。融资双方当事人通过银行机构作为媒介而分别发生两个资金借贷行为，产生法律上的两个债权债务关系，称为间接金融。按交易对象划分，包括货币市场、资本市场、黄金市场、外汇市场、保险市场。货币市场是指交易期限在1年以内的短期金融交易市场，包括同业拆借市场、票据贴现市场、短期政府债券市场、证券回购市场、大额可转让定期存单等。其功能在于借助于各种短期资金融通工具将资金需求者和资金供应者联系起来，满足资金需求者的资金流行性需要。资本市场是交易期限在1年以上的长期金融市场，主要满足企业的中长期投资需要。按交易程度划分，包括发行市场（又称一级市场）、流通市场（又称二级市场）。按金融商品交割时间划分，包括现货市场与期货市场等。现货市场是指在金融交易后的1~3日内立即付款交割的市场；期货市场是指在金融交易成交日后合约所规定的日期如几周、几个月之后进行交割的市场。

(二) 金融法的概念和调整对象

金融法是调整金融关系的法律规范的总称。金融法的调整对象是金融关系，金融关系是指在金融活动中各主体之间发生的社会关系。由于金融活动中既包括金融规制和监管也包括金融交易，因此金融关系包括了金融交易关系和金融规制监管关系。金融交易关系是金融法主体之间在金融交易过程中形成的平等主体之间的经济关系。金融规制监管关系包括了金融调控关系和金融监管关系两种。金融调控关系是指国家借助一定货币金融工具对经济进行调控的过程中所形成的社会关系。金融业的特殊性决定了政府必须对金融业进行监管，在金融监管过程中形成的社会关系被称为金融监管关系。

金融法是商法和经济法共同研究的领域，但是商法侧重对金融交易关系的研究，经济法则侧重对金融规制监管关系的研究。本书中的中央银行法律制度、商业银行法律制度、证券法律制度和保险法律制度主要介绍金融规制监管法律，为了体系的完整性也简单介绍金融交易法律制度。

二、金融监管

(一) 金融监管的必要性

金融监管是指金融监管机构对金融机构及其活动是否符合法律法规的要求所进行的监督、检查、处罚等一系列行为的总称。金融业需要国家的监管，原因在于：①金融市场是市场经济体系的动脉，是市场配置的高级形式。金融体系安全、高效、稳健运行，对经济全局的稳定和发展至关重要。由于金融业渗透到社会经济生活的各个领域，又是一个特殊的高风险行业，一旦金融机构出现危机很容易在整个金融体系中引起连锁反应，引发全局性、系统性的金融风波，从而导致经济秩序的混乱，甚至引发严重的政治经济危机。可见加强金融监管，防范金融风险的极端重要性。②金融交易存在十分突出的信息不对称。存款人、被保险人、投资者等金融服务的消费者没有实力和技能对有关信息进行分析。因此缺少政府监管，金融服务提供者就可能在垄断信息的基础上不受监督进行交易，从而损害金融消费者的利益。政府必须对金融机构进行持续性的监督，保护消费者利益，维护公众对于金融的信心。

(二) 金融经营模式和金融监管模式

金融经营是采取分业营业还是混业营业一直争议较大。分业经营具有以下优势：①可以有效控制金融风险。由于不同金融业之间具有防火墙，因此一个行业出了问题不会冲击整个金融体系。②分业经营有利于提高金融监管的效率。在分业经营模式下，金融监管专业化分工明确，有利于提高监管效率。其弊端在于金融资金运动被局限在行业范围内，资金运用效率降低，不利于金融机构做大做强。混业经营的优势在于：①多元化经营可以给金融机构带来更多利润，从而降低经营风险；②多元化金融服务可以给客户提供一条龙金融服务，提高服务效率。其弊端在于不利于风险控制和金融监管，容易导致大范围的金融危机。从金融业发展来看，混业经营代表金融业发展趋势，但是一个国家采取何种金融经营模式应当立足本国经济和金融发展的具体情况。由于我国金融业发展处于初级阶段，金融市场发育并不完善，因此我国采取了分业经营的模式，《商业银行法》、《证券法》和《保险法》等金融法规都以法律形式确立了这一金融经营模式。

在分业经营的模式下，金融监管采取分业监管的模式，也就是成立不同的金融监管机构，分别对银行业、证券业和保险业进行监管。但是随着金融业务混业经营的转变，金融监管模式也日益朝着混业监管的方向转变。许多国家成立了单一的金融监管机构。我国的金融监管模式采用分业监管的模式。中国人民银行、银监会、证监会和保监会分别依法对银行、证券和保险业进行监管。

第二节　中央银行法律制度

一、中央银行概述

（一）中央银行的概念

中央银行是一国最为重要的宏观经济机构。它是发行的银行，垄断了纸币发行权；是政府的银行，一般由政府出资或受政府控制，同时为政府提供金融服务；是银行的银行，其主要业务对象是普通银行，主持清算，为普通银行保管准备金，充当银行业的最后贷款人；是管理金融的银行，依法对金融业实施监督和管理。[1]

（二）中央银行的性质

从各国的中央银行立法来看，对于中央银行的性质界定是不一致的。有的规定为官方机构，有的则规定为股份公司，有的则并不明确，只规定为法人。

中国人民银行是一个特殊的国家机关。首先它具有国家机关的特性。从其资本来源看，中国人民银行的全部资本由国家出资，属于国家所有；从其职能看，中国人民银行在国务院领导下，制定和实施货币政策，对金融业实施监督管理。但是中国人民银行又不同于一般国家行政机关，其特殊性体现在对金融业进行管理时它更多的是采用经济手段，如调节存、贷款利率，在公开市场上买卖国债和其他政府债券，以实现其货币金融政策。由于中国人民银行拥有资本和资产，可以依法从事经营活动且在一定程度上可以营利，这也是一般国家机关所不具备的特征。

（三）中央银行的法律地位

中央银行的法律地位是指通过法律形式规定中央银行在整个国家机构体系中的地位，核心就是中央银行在制定和执行货币政策时享有多大的权利，或者说其相对于政府具有多大的政策独立性。经济学家已达成的一个共识是，货币政策的制定与执行与本国政治相对分离，即由独立的机构（中央银行）来制定与实施货币政策，更有利于提高社会整体福利和保持经济长期稳健运行，货币政策直接受到政府控制可能导致过度通货膨胀。[2]

政策独立性中又包括两个方面的内容：①目标独立性，即中央银行可以自主选择货币政策

---

[1] 陈晓：《中央银行法律制度研究》，法律出版社1997年版，第135页。
[2] 伏军："中央银行货币政策独立性及其法律制度研究"，载《上海财经大学学报》2006年第5期。

的最终目标;②工具独立性,即中央银行在明确货币政策目标之后,可以自主选择和运用货币政策工具。为了能实现政策独立性,必须建立相应的保障机制,其中有组织独立性、人事独立性和财政独立性。从各国的实践来看,政策独立性主要是指工具独立性,很少有国家赞成目标独立性的,即允许中央的权限仅在于通过自身的判断来制定自己的业务操作工具,但不能自主制定货币政策目标。从各国中央银行立法来看,各国中央银行的法律地位与各国的政治体制、经济发展水平等因素密切相关。有的国家中央银行独立性很强,中央银行不受政府的干涉,可以独立地制定和执行货币政策,并直接对国会负责。有的国家中央银行则独立性较弱,中央银行接受政府的指令,货币政策的制定和实施要经政府的批准。

中国人民银行属于独立性较弱的中央银行。它直属于国务院,《中国人民银行法》第2条第2款规定,"中国人民银行在国务院领导下,制定和执行货币政策,防范和化解金融风险,维护金融稳定"。中国人民银行就年度货币供应量、利率、汇率和国务院规定的其他重要事项作出的决定,报国务院批准后执行。中国人民银行就前款规定以外的其他有关货币政策事项作出决定后,即予执行,并报国务院备案。由于中国人民银行是重要的经济宏观调控部门,因此法律规定它"应当向全国人民代表大会常务委员会提出有关货币政策情况和金融业运行情况的工作报告"。

虽然中国人民银行独立性较弱,但是其在国务院的领导下,还是具有相对独立性的。这体现在"中国人民银行在国务院领导下依法独立执行货币政策,履行职责,开展业务,不受地方政府、各级政府部门、社会团体和个人的干涉"。

(四)中央银行的组织机构

1. 中国人民银行的领导机构。《中国人民银行法》第10条明确规定了中国人民银行的领导机构——行长、副行长的设置以及任免:"中国人民银行设行长一人,副行长若干人。""中国人民银行行长的人选,根据国务院总理的提名,由全国人民代表大会决定;全国人民代表大会闭会期间,由全国人民代表大会常务委员会决定,由中华人民共和国主席任免。中国人民银行副行长由国务院总理任免。"

《中国人民银行法》第11条还规定了中国人民银行的领导体制,即行长负责制:"中国人民银行实行行长负责制。行长领导中国人民银行的工作,副行长协助行长工作。"

2. 货币政策委员会。中国人民银行设立货币政策委员会。货币政策委员会的职责、组成和工作程序,由国务院规定,报全国人民代表大会常务委员会备案。中国人民银行货币政策委员会应当在国家宏观调控、货币政策制定和调整中,发挥重要作用。

3. 中国人民银行的派出机构。中国人民银行可以根据履行职责的需要设立分支机构,作为中国人民银行的派出机构。中国人民银行对分支机构实行统一领导和管理。中国人民银行的分支机构根据中国人民银行的授权,维护本辖区的金融稳定,承办有关业务。

4. 从业规范。中国人民银行的行长、副行长及其他工作人员应当恪尽职守,不得滥用职权、徇私舞弊,不得在任何金融机构、企业、基金会兼职。

中国人民银行的行长、副行长及其他工作人员,应当依法保守国家秘密,并有责任为与履行其职责有关的金融机构及当事人保守秘密。

(五)中央银行的职能

中国人民银行的基本职责是制定和执行货币政策,防范和化解金融风险,维护金融稳定。具体职责是:①发布与履行其职责有关的命令和规章;②依法制定和执行货币政策;③发行人民币,管理人民币流通;④监督管理银行间同业拆借市场和银行间债券市场;⑤实施外汇管理,监督管理银行间外汇市场;⑥监督管理黄金市场;⑦持有、管理、经营国家外汇储备、黄金储备；⑧经理国库；⑨维护支付、清算系统的正常运行；⑩指导、部署金融业反洗钱工作，负责反洗钱的资金监测；负责金融业的统计、调查、分析和预测；作为国家的中央银行，从事有关的国际金融活动；国务院规定的其他职责。

归纳下来有三大职能：

1. 宏观调控功能，主要体现为依法制定和实施货币政策，发行人民币并管理人民币流通。

2. 金融服务职能，包括持有、管理、经营国家外汇储备、黄金储备；经理国库；维护支付、清算系统的正常运行；负责金融业的统计、调查、分析和预测；作为国家的中央银行，从事有关的国际金融活动。这里需要注意的是为了防止中央银行向政府直接融资导致中央银行无法控制货币发行量，导致通货膨胀。《中国人民银行法》严禁中国人民银行向政府直接融资。第29条规定，中国人民银行不得对政府财政透支，不得直接认购、包销国债和其他政府债券。第30条规定，中国人民银行不得向地方政府、各级政府部门提供贷款，不得向非银行金融机构以及其他单位和个人提供贷款，但国务院决定中国人民银行可以向特定的非银行金融机构提供贷款的除外。

3. 一般金融监管职能。随着银行监管职能被转移给银监会，修改后的《中国人民银行法》没有提到"监管"两个字，但是中国人民银行作为金融业的核心，对于整个金融业当然进行着宏观上的监督管理。"防范和化解金融风险，维护金融稳定"是中国人民银行的一般金融职能。为了能使中国人民银行更好地发挥金融监管职能，法律也赋予了其一定的金融监管职权。

(1) 有权对金融市场实施宏观调控。中国人民银行依法监测金融市场的运行情况，对金融市场实施宏观调控，促进其协调发展。

(2) 直接监督检查权。《中国人民银法》第32条规定，中国人民银行有权对金融机构以及其他单位和个人的下列行为进行检查监督：①执行有关存款准备金管理规定的行为；②与中国人民银行特种贷款有关的行为；③执行有关人民币管理规定的行为；④执行有关银行间同业拆借市场、银行间债券市场管理规定的行为；⑤执行有关外汇管理规定的行为；⑥执行有关黄金管理规定的行为；⑦代理中国人民银行经理国库的行为；⑧执行有关清算管理规定的行为；⑨执行有关反洗钱规定的行为。

(3) 建议监督检查权。中国人民银行根据执行货币政策和维护金融稳定的需要，可以建议国务院银行业监督管理机构对银行业金融机构进行检查监督。国务院银行业监督管理机构应当自收到建议之日起30日内予以回复。

(4) 全面监督检查权。当银行业金融机构出现支付困难，可能引发金融风险时，为了维护金融稳定，中国人民银行经国务院批准，有权对银行业金融机构进行检查监督。

(5) 信息收集权。中国人民银行根据履行职责的需要，有权要求银行业金融机构报送必要的资产负债表、利润表以及其他财务会计、统计报表和资料。

二、货币政策及货币政策工具

(一) 货币政策的概念和目标

货币政策是指中央银行为实现一定的经济目标而运用各种货币政策工具控制和调节货币供应量与货币流向，从而实现国家宏观调控目标的方针和措施。货币政策是宏观经济政策的重要组成部分，同时又为一定时期的经济和社会发展目标服务。

货币政策的目标是指制定和执行一定货币政策所要实现的价值取向。国际上有单目标和多目标两种类型。美国联邦储备系统就把稳定币值、充分就业、经济增长和平衡国际收支作为政策目标。而英国、德国等国家则仅仅把维护币值稳定作为货币政策目标。国际货币基金组织也强调了单目标的稳定币值。

我国《中国人民银行法》第 3 条规定我国的货币政策目标是"保持货币币值的稳定，并以此促进经济增长"。可见我国的货币政策目标是将货币币值稳定放在第一位，即在货币币值稳定的基础上促进经济增长。

(二) 货币政策工具

货币政策工具是指中央银行在执行货币政策时能够作用或影响货币供应量的措施或手段。根据《中国人民银行法》的规定，中国人民银行为执行货币政策可以运用的货币政策工具是：要求银行业金融机构按照规定的比例交存存款准备金；确定中央银行基准利率；为在中国人民银行开立账户的银行业金融机构办理再贴现；向商业银行提供贷款；在公开市场上买卖国债、其他政府债券和金融债券及外汇；国务院确定的其他货币政策工具。中国人民银行为执行货币政策，运用前款所列货币政策工具时，可以规定具体的条件和程序。其中的存款准备金、再贴现和公开市场业务是最典型、最重要的货币政策工具。

1. 存款准备金政策。存款准备金是限制金融机构信贷扩张、保证客户提取存款和资金清算需要而准备的资金。存款准备金政策是指中央银行依法规定和调整商业银行交存中央银行的存款准备金比率，从而控制货币供应量的措施。金融机构只要经营存款业务，就必须向中央银行交存一定比例的存款准备金，其初始的意义是为了保证商业银行的支付和清算，后来逐渐发展成为重要的货币政策工具，中央银行只要提高或降低商业银行向中央银行交存存款准备金的比率，就可以在一定程度上控制商业银行的信贷扩张规模，从而间接调控货币供应量。

2. 再贴现政策。贴现是指票据持有人将未到期的票据向银行兑取现金，银行买进未到期的票据以获取票据期间利息，待票据到期后由银行兑取现金的活动。再贴现是指银行或其他金融机构为了取得现金将其贴现获得的未到期票据转让给中央银行的活动。这时中央银行就成为所谓的最后贷款者。再贴现政策是指中央银行依法规定可以申请再贴现的票据类型和额度，规定和调整再贴现利率，从而调节货币供应量的货币政策。如果中央银行提高再贴现率，就会增加商业银行的再贴现成本，使商业银行减少贴现和再贴现以收缩贷款和投资，市场的货币供应量也会随之缩减，货币供应量缩减导致市场利率上升，而利率上升又会降低市场的货币需求。反之，如果中央银行降低再贴现率，就会增加市场的货币供应量，降低市场利率，刺激社会的货币需求。因此，为了刺激经济增长，应该实施降低再贴现率的政策；为了控制通货膨胀、稳定物价，应该实施提高再贴现率的政策。

3. 公开市场业务政策。我国的公开市场业务是指中央银行通过在公开市场上买卖国债、其他政府债券和金融债券及外汇等来调节货币供应量的货币政策工具。当金融市场资金缺乏时，中央银行可以通过买进有价证券，引起市场货币供应量的增加和利率的下降；反之，中央银行则可以通过卖出有价证券，收回基础货币，引起市场货币供应量的减少和利率的上升。

三、货币发行和管理制度

(一) 人民币发行法律制度

人民币的发行权属于中国人民银行。人民币由中国人民银行统一印制、发行。这从法律上确定了中国人民银行作为唯一货币发行机关的地位。中央银行垄断货币发行权是其最基本最重要的标志，也是中央银行发挥其全部职能的基础。[1]

(二) 人民币管理法律制度

《中国人民银行法》、《人民币管理条例》是最主要的人民币管理法律规范。它们确定了人

---

[1] 唐波主编：《新编金融法学》，北京大学出版社 2006 年版，第 127 页。

民币在我国的法定货币地位：人民币是中华人民共和国的法定货币；以人民币支付中华人民共和国境内的一切公共的和私人的债务，任何单位和个人不得拒收。

为了维护人民币的法定地位，稳定金融秩序，必须对人民币提供法律保护。禁止故意毁损人民币。禁止在宣传品、出版物或者其他商品上非法使用人民币图样。任何单位和个人不得印制、发售代币票券，以代替人民币在市场上流通。中国公民出入境、外国人出入境携带人民币实行限额管理制度，具体限额由中国人民银行规定。法律禁止伪造、变造人民币。禁止出售、购买伪造、变造的人民币。禁止运输、持有、使用伪造、变造的人民币。办理人民币存取款业务的金融机构发现伪造、变造的人民币，数量较多、有新版的伪造人民币或者有其他制造贩卖伪造、变造的人民币线索的，应当立即报告公安机关；数量较少的，由该金融机构两名以上工作人员当面予以收缴，加盖"假币"字样的戳记，登记造册，向持有人出具中国人民银行统一印制的收缴凭证，并告知持有人可以向中国人民银行或者向中国人民银行授权的国有独资商业银行的业务机构申请鉴定。对伪造、变造的人民币收缴及鉴定的具体办法，由中国人民银行制定。办理人民币存取款业务的金融机构应当将收缴的伪造、变造的人民币解缴当地中国人民银行。

四、外汇管理法律制度

（一）外汇和外汇管制

外汇是指以外币表示的可以用作国际清偿的支付手段和资产，它包括：①外国货币，包括纸币、铸币；②外币支付凭证，包括票据、银行存款凭证、邮政储蓄凭证等；③外币有价证券，包括政府债券、公司债券、股票等；④特别提款权、欧洲货币单位；⑤其他外汇资产。

外汇管制也可以称为外汇管理，是一国政府为维护国际收支平衡和汇价水平的稳定，稳定本国货币的比价，采用各种政策、法令、规定和措施，对外汇买卖和国际结算实行限制的政策。由于各国的经济、政治条件不同，外汇管制的方法和措施也各不相同。一个国家随着不同时期经济、贸易、金融、国际收支状况等条件的变化，对外汇管制所采取的方法和措施也各不相同。我国曾经实行全面的、严格的外汇管制。1993年底，党中央提出"改革外汇管理体制，建立以市场为基础的有管理的浮动汇率制度和统一规范的外汇市场，逐步使人民币成为可兑换的货币"的改革方向和目标，外汇管制逐渐松动。1996年底，人民币经常项目可兑换已经实现。1996年公布的《中华人民共和国外汇管理条例》体现了这一阶段我国外汇管理制度改革的成果。随着中国经济的快速发展和国际经济形势的变化，2008年8月国务院公布了新修订的《中华人民共和国外汇管理条例》，对原来的外汇管理制度作了大幅度的修改。《外汇管理条例》第2条和第4条规定："国务院外汇管理部门及其分支机构，依法履行外汇管理职责，负责本条例的实施。""境内机构、境内个人的外汇收支或者外汇经营活动，以及境外机构、境外个人在境内的外汇收支或者外汇经营活动，适用本条例。"

（二）我国的外汇管理

1. 外汇管理的基本制度。

（1）外汇管理机构。我国的外汇管理机关是国务院外汇管理部门及其分支机构，它依法履行外汇管理职责。同时我国实行国际收支统计申报制度，国务院外汇管理部门也有义务对国际收支进行统计、监测，定期公布国际收支状况。国务院外汇管理部门依法持有、管理、经营国家外汇储备，遵循安全、流动、增值的原则。

（2）经营外汇的金融机构。《外汇管理条例》第7条规定，经营外汇业务的金融机构应当按照国务院外汇管理部门的规定为客户开立外汇账户，并通过外汇账户办理外汇业务。经营外汇业务的金融机构应当依法向外汇管理机关报送客户的外汇收支及账户变动情况。第36条规定，经营外汇业务的金融机构发现客户有外汇违法行为的，应当及时向外汇管理机关报告。这意味着经营外汇业务的金融机构有义务配合外汇管理机关对外汇进行管理。

（3）对经常外汇项目不做限制，对资本项目外汇有比较严格的限制。为了便利国际贸易，我国对经常性国际支付和转移不予限制。由于我国金融市场发育并不完善，为了防止国际资本流动对我国国际收支平衡和对国家经济的冲击，目前我国对资本项目外汇有着比较严格的限制。经常项目是指国际收支中涉及货物、服务、收益及经常转移的交易项目等。资本项目是指国际收支中引起对外资产和负债水平发生变化的交易项目，包括资本转移、直接投资、证券投资、衍生产品及贷款等。

（4）外币禁止在境内流通。《外汇管理条例》第8条规定，中华人民共和国境内禁止外币流通，并不得以外币计价结算，但国家另有规定的除外。

（5）境内机构、境内个人的外汇收入。修改后的《外汇管理条例》不再要求外汇收入强制调回国内。第9条规定，境内机构、境内个人的外汇收入可以调回境内或者存放境外；调回境内或者存放境外的条件、期限等，由国务院外汇管理部门根据国际收支状况和外汇管理的需要作出规定。

（6）国际收支严重失衡下的保障措施。国际收支出现或者可能出现严重失衡，以及国民经济出现或者可能出现严重危机时，国家可以对国际收支采取必要的保障、控制等措施。

2. 经常项目外汇。《外汇管理条例》第12条规定，经常项目外汇收支应当具有真实、合法的交易基础。经营结汇、售汇业务的金融机构应当按照国务院外汇管理部门的规定，对交易单证的真实性及其与外汇收支的一致性进行合理审查。外汇管理机关有权对前款规定事项进行监督检查。目的是为了防止无交易背景的逃骗汇及洗钱等违法犯罪活动。

第13条规定，经常项目外汇收入，可以按照国家有关规定保留或者卖给经营结汇、售汇业务的金融机构。这表明修改后的《外汇管理条例》不再要求经常项目外汇收入强制结汇。经常项目外汇支出，应当按照国务院外汇管理部门关于付汇与购汇的管理规定，凭有效单证以自有外汇支付或者向经营结汇、售汇业务的金融机构购汇支付。

携带、申报外币现钞出入境的限额，由国务院外汇管理部门规定。

3. 资本项目外汇管理。

（1）境外资本在境内投资。境外机构、境外个人在境内直接投资，经有关主管部门批准后，应当到外汇管理机关办理登记。境外机构、境外个人在境内从事有价证券或者衍生产品发行、交易，应当遵守国家关于市场准入的规定，并按照国务院外汇管理部门的规定办理登记。[1]

（2）境内资本在境外投资。境内机构、境内个人向境外直接投资或者从事境外有价证券、衍生产品发行、交易，应当按照国务院外汇管理部门的规定办理登记。国家规定需要事先经有关主管部门批准或者备案的，应当在外汇登记前办理批准或者备案手续。[2]

---

[1] QFII（Qualified Foreign Institutional Investors）即合格境外机构投资者。QFII机制是指外国专业投资机构到境内投资的资格认定制度。是一国在货币没有实现完全可自由兑换、资本项目尚未开放的情况下，有限度地引进外资、开放资本市场的一项过渡性的制度。这种制度要求外国投资者若要进入一国证券市场，必须符合一定的条件，得到该国有关部门的审批通过后汇入一定额度的外汇资金，并转换为当地货币，通过严格监管的专门账户投资当地证券市场。

[2] QDII（Qualified Domestic Institutional Investors）即合格境内机构投资者。QDII机制是指在人民币资本项下不可兑换、资本市场未开放的条件下，在一国国内设立，经该国有关部门批准，有控制地允许境内机构投资境外资本市场的股票、债券等有价证券投资业务的一项制度安排。

(3) 外债管理和对外担保管理。国家对外债实行规模管理。借用外债应当按照国家有关规定办理，并到外汇管理机关办理外债登记。国务院外汇管理部门负责全国的外债统计与监测，并定期公布外债情况。

对外担保属于或有负债，因此国家对对外担保的管理参照外债管理。《外汇管理条例》规定了对外担保业务的准入制度和对外担保合同登记制度。第19条规定："提供对外担保，应当向外汇管理机关提出申请，由外汇管理机关根据申请人的资产负债等情况作出批准或者不批准的决定；国家规定其经营范围需经有关主管部门批准的，应当在向外汇管理机关提出申请前办理批准手续。申请人签订对外担保合同后，应当到外汇管理机关办理对外担保登记。经国务院批准为使用外国政府或者国际金融组织贷款进行转贷提供对外担保的，不适用前款规定。"

(4) 对外贷款管理。银行业金融机构在经批准的经营范围内可以直接向境外提供商业贷款。其他境内机构向境外提供商业贷款，应当向外汇管理机关提出申请，外汇管理机关根据申请人的资产负债等情况作出批准或者不批准的决定；国家规定其经营范围需经有关主管部门批准的，应当在向外汇管理机关提出申请前办理批准手续。向境外提供商业贷款，应当按照国务院外汇管理部门的规定办理登记。

(5) 资本项目的外汇收入和外汇支出。修改后的《外汇管理条例》改革了资本项目外汇管理方式，除国家规定无需批准的以外，经外汇管理机关批准，资本项目外汇收入可以保留或者卖给经营结汇、售汇业务的金融机构。

资本项目外汇支出，应当按照国务院外汇管理部门关于付汇与购汇的管理规定，凭有效单证以自有外汇支付或者向经营结汇、售汇业务的金融机构购汇支付。国家规定应当经外汇管理机关批准的，应当在外汇支付前办理批准手续。依法终止的外商投资企业，按照国家有关规定进行清算、纳税后，属于外方投资者所有的人民币，可以向经营结汇、售汇业务的金融机构购汇汇出。

(6) 流入资本的用途管理。为了防止热钱涌入资本市场和房地产市场对我国经济造成冲击，《外汇管理条例》对流入资本进行用途管理，第23条规定："资本项目外汇及结汇资金，应当按照有关主管部门及外汇管理机关批准的用途使用。外汇管理机关有权对资本项目外汇及结汇资金使用和账户变动情况进行监督检查。"

4. 金融机构的外汇管理。金融机构外汇经营往往在短期内形成大量外汇收支，可能会影响国家的国际收支，造成国家经济的不稳定，因此各国都不同程度地对本国金融机构的外汇业务进行管理。具体规则是：

金融机构经营或者终止经营结汇、售汇业务，应当经外汇管理机关批准；经营或者终止经营其他外汇业务，应当按照职责分工经外汇管理机关或者金融业监督管理机构批准。

外汇管理机关对金融机构外汇业务实行综合头寸管理，具体办法由国务院外汇管理部门制定。

金融机构的资本金、利润以及因本外币资产不匹配需要进行人民币与外币间转换的，应当经外汇管理机关批准。

5. 人民币汇率和外汇市场管理。

(1) 人民币汇率。我国现在的人民币汇率实行以市场供求为基础的、有管理的浮动汇率制度。其形成机制是通过外汇市场以供求关系作为决定汇率的主要依据，并主要运用经济手段调节外汇供求以保持其相对稳定。自2005年7月21日起，我国开始实行以市场供求为基础、参考一篮子货币进行调节、有管理的浮动汇率制度。人民币汇率不再盯住单一美元，形成更富弹性的人民币汇率机制。

(2) 外汇市场。我国的外汇市场是银行间的外汇市场。银行间外汇市场是指经国家外汇管理局批准可以经营外汇业务的境内金融机构（包括银行、非银行金融机构和外资金融机构）之间通过中国外汇交易中心进行人民币与外币之间的交易市场。任何境内金融机构之间不得在交易中心之外进行人民币与外币之间的交易。

外汇市场交易的币种和形式由国务院外汇管理部门规定和调整。外汇市场交易遵循公开、公平、公正和诚实信用的原则进行运作。国务院外汇管理部门依法监督管理全国的外汇市场。中国人民银行根据货币政策的要求和外汇市场的变化，依法对外汇市场进行调控。

6. 违反外汇管理法的法律责任。外汇违法行为是指违反国家外汇管理法规、规定的违法犯罪行为。主要可以分为逃汇、套汇和其他违法扰乱金融行为三大类。

(1) 逃汇。有违反规定将境内外汇转移境外，或者以欺骗手段将境内资本转移境外等逃汇行为的，由外汇管理机关责令限期调回外汇，处逃汇金额30%以下的罚款；情节严重的，处逃汇金额30%以上等值以下的罚款；构成犯罪的，依法追究刑事责任。

(2) 套汇。有违反规定以外汇收付应当以人民币收付的款项，或者以虚假、无效的交易单证等向经营结汇、售汇业务的金融机构骗购外汇等非法套汇行为的，由外汇管理机关责令对非法套汇资金予以回兑，处非法套汇金额30%以下的罚款；情节严重的，处非法套汇金额30%以上等值以下的罚款；构成犯罪的，依法追究刑事责任。

(3) 其他违法扰乱金融行为。其他违法扰乱金融行为包括：违反规定将外汇汇入境内的；违反规定携带外汇出入境的；有擅自对外借款、在境外发行债券或者提供对外担保等违反外债管理行为的；违反规定，擅自改变外汇或者结汇资金用途的；私自买卖外汇、变相买卖外汇、倒买倒卖外汇或者非法介绍买卖外汇数额较大的；未经批准擅自经营结汇、售汇业务的。法律也对这些违法扰乱金融行为规定了法律责任。

第三节 商业银行法律制度

一、商业银行法概述

(一) 商业银行的产生和发展

商业银行是商品经济发展到一定阶段的产物。在中世纪，威尼斯就出现了商业银行的萌芽，为了便利威尼斯的国际贸易，从商人中出现了专门提供货币保管、汇兑等业务的货币经营商人。随着经营规模的扩大，这些货币经营商开始吸收存款、发放贷款。1694年苏格兰银行问世，标志着现代商业银行的出现。商业银行是现代金融体系的核心，一方面国家通过商业银行来实现货币政策，商业银行被称为"国家货币政策的传送带"；另一方面商业银行提供的存款、贷款和支付清算业务构成了金融业的基础。

(二) 商业银行的概念和特征

商业银行是指依法设立，以吸收公众存款、发放贷款、办理结算等为业务，以营利为目的的企业法人。商业银行具有以下几个特点：①商业银行是依法设立的企业法人。这里的依法不仅是指《商业银行法》，而且还指《公司法》。这是由它的特殊经营范围和经营对象所决定的。②商业银行是以营利为目的的自主经营、自担风险、自负盈亏、自我约束的企业法人。商业银行依法开展业务，不受任何单位和个人的干涉。商业银行以其全部法人财产独立承担民事责任。③商业银行是以经营货币业务为主的企业法人。它与一般企业最大的区别就是它直接经营货币这种特殊商品。其中吸收公众存款业务是界定商业银行实质的核心要素。[1]

（三）商业银行的组织体制和组织形式

我国商业银行的组织体制采用总分行制，也就是法律允许商业银行在其总行之外，设立国内外分支机构。商业银行对其分支机构实行全行统一核算，统一调度资金，分级管理的财务制度。商业银行分支机构不具有法人资格，在总行授权范围内依法开展业务，其民事责任由总行承担。

商业银行的组织形式、组织机构适用《公司法》的规定。因此我国商业银行的组织形式有两种：有限责任公司和股份有限公司。

（四）商业银行的设立、变更、接管和终止

1. 设立。由于商业银行的特殊性，各国对商业银行的设立采用核准制，对商业银行的市场准入进行严格的监管。《商业银行法》第11条规定，设立商业银行，应当经国务院银行业监督管理机构审查批准。未经国务院银行业监督管理机构批准，任何单位和个人不得从事吸收公众存款等商业银行业务，任何单位不得在名称中使用"银行"字样。

（1）设立的条件。设立商业银行，应当具备下列条件：①有符合《商业银行法》和《公司法》规定的章程；②有符合《商业银行法》规定的注册资本最低限额；[2]③有具备任职专业知识和业务工作经验的董事、高级管理人员；[3]④有健全的组织机构和管理制度；⑤有符合要求的营业场所、安全防范措施和与业务有关的其他设施。设立商业银行，还应当符合其他审慎性条件。

（2）设立的程序。设立商业银行必须向银监会申请，获得批准后由国务院银行业监督管理机构颁发经营许可证，并凭该许可证向工商行政管理部门办理登记，领取营业执照。[4]

（3）分支机构的设立。商业银行根据业务需要可以在中华人民共和国境内外设立分支机构。设立分支机构必须经国务院银行业监督管理机构审查批准。在中华人民共和国境内的分支机构，不按行政区划设立。商业银行在中华人民共和国境内设立分支机构，应当按照规定拨付与其经营规模相适应的营运资金额。拨付各分支机构营运资金额的总和，不得超过总行资本金总额的60%。经批准设立的商业银行分支机构，由国务院银行业监督管理机构颁发经营许可证，并凭该许可证向工商行政管理部门办理登记，领取营业执照。

2. 变更。

（1）事项变更。《商业银行法》第24条规定，商业银行有下列变更事项之一的，应当经国务院银行业监督管理机构批准：①变更名称；②变更注册资本；③变更总行或者分支行所在地；④调整业务范围；⑤变更持有资本总额或者股份总额5%以上的股东；⑥修改章程；⑦国

---

[1] 彭冰："商业银行的定义"，载《北京大学学报（哲学社会科学版）》2007年第1期。

[2]《商业银行法》第13条规定："设立全国性商业银行的注册资本最低限额为10亿元人民币。设立城市商业银行的注册资本最低限额为1亿元人民币，设立农村商业银行的注册资本最低限额为5000万元人民币。注册资本应当是实缴资本。国务院银行业监督管理机构根据审慎监管的要求可以调整注册资本最低限额，但不得少于前款规定的限额。"

[3]《商业银行法》第27条规定了董事、高级管理人员资格的消极条件："有下列情形之一的，不得担任商业银行的董事、高级管理人员：①因犯有贪污、贿赂、侵占财产、挪用财产罪或者破坏社会经济秩序罪，被判处刑罚，或者因犯罪被剥夺政治权利的；②担任因经营不善破产清算的公司、企业的董事或者厂长、经理，并对该公司、企业的破产负有个人责任的；③担任因违法被吊销营业执照的公司、企业的法定代表人，并负有个人责任的；④个人所负数额较大的债务到期未清偿的。"

[4]《商业银行法》第14、15条规定了设立商业银行申请所要提交的文件和资料。

务院银行业监督管理机构规定的其他变更事项。更换董事、高级管理人员时，应当报经国务院银行业监督管理机构审查其任职资格。这里需要注意的是，任何单位和个人购买商业银行股份总额5%以上的，应当事先经国务院银行业监督管理机构批准。

（2）主体变更。商业银行的分立、合并，适用《公司法》的规定。商业银行的分立、合并，应当经国务院银行业监督管理机构审查批准。

3. 商业银行的接管。商业银行已经或者可能发生信用危机，严重影响存款人的利益时，国务院银行业监督管理机构可以对该银行实行接管。接管的目的是对被接管的商业银行采取必要措施，以保护存款人的利益，恢复商业银行的正常经营能力。被接管的商业银行的债权债务关系不因接管而变化。

接管由国务院银行业监督管理机构决定，并组织实施。国务院银行业监督管理机构的接管决定应当载明下列内容：①被接管的商业银行名称；②接管理由；③接管组织；④接管期限。接管决定由国务院银行业监督管理机构予以公告。

接管自接管决定实施之日起开始。自接管开始之日起，由接管组织行使商业银行的经营管理权力。

接管期限届满，国务院银行业监督管理机构可以决定延期，但接管期限最长不得超过2年。

有下列情形之一的，接管终止：①接管决定规定的期限届满或者国务院银行业监督管理机构决定的接管延期届满；②接管期限届满前，该商业银行已恢复正常经营能力；③接管期限届满前，该商业银行被合并或者被依法宣告破产。

4. 商业银行的终止。商业银行的终止是指商业银行出现了法律规定的或章程约定的情形，其主体资格归于消灭的法律行为。商业银行终止的情形有三种，《商业银行法》第72条规定，"商业银行因解散、被撤销和被宣告破产而终止"。

（1）因解散而终止。商业银行因分立、合并或者出现公司章程规定的解散事由需要解散的，应当向国务院银行业监督管理机构提出申请，并附解散的理由和支付存款的本金和利息等债务清偿计划。经国务院银行业监督管理机构批准后解散。

商业银行解散的，应当依法成立清算组，进行清算，按照清偿计划及时偿还存款本金和利息等债务。国务院银行业监督管理机构监督清算过程。

（2）因被撤销而终止。商业银行因吊销经营许可证被撤销的，国务院银行业监督管理机构应当依法及时组织成立清算组，进行清算，按照清偿计划及时偿还存款本金和利息等债务。

（3）因破产而终止。商业银行不能支付到期债务，经国务院银行业监督管理机构同意，由人民法院依法宣告其破产。商业银行被宣告破产的，由人民法院组织国务院银行业监督管理机构等有关部门和有关人员成立清算组，进行清算。商业银行破产清算时，在支付清算费用、所欠职工工资和劳动保险费用后，应当优先支付个人储蓄存款的本金和利息。

（五）商业银行的业务范围与经营原则

1. 业务范围。各国的金融体制决定了商业银行的业务范围。我国的金融体制属于分业制，因此银行、保险和证券等金融业分离，法律禁止或限制各类不同金融机构之间的业务交叉。

（1）可经营业务。《商业银行法》第3条规定，商业银行可以经营下列部分或者全部业务：①吸收公众存款；②发放短期、中期和长期贷款；③办理国内外结算；④办理票据承兑与贴现；⑤发行金融债券；⑥代理发行、代理兑付、承销政府债券；⑦买卖政府债券、金融债券；⑧从事同业拆借；⑨买卖、代理买卖外汇；⑩从事银行卡业务；⑪提供信用证服务及担保；⑫代理收付款项及代理保险业务；⑬提供保管箱服务；⑭经国务院银行业监督管理机构批准的其他业务。经营范围由商业银行章程规定，报国务院银行业监督管理机构批准。商业银行经中国人民银行批准，可以经营结汇、售汇业务。

（2）禁止经营业务。《商业银行法》第43条规定了商业银行禁止经营的业务，"商业银行在中华人民共和国境内不得从事信托投资和证券经营业务，不得向非自用不动产投资或者向非银行金融机构和企业投资，但国家另有规定的除外"。

对第43条的理解，必须注意以下两点：①商业银行禁止经营的业务只限于在中华人民共和国境内；②禁止经营业务的范围一直是在变化的。第43条最后规定的"国家另有规定的除外"给未来的混业经营留下了口子。

2. 经营原则。《商业银行法》第4条第1款规定，商业银行以安全性、流动性、效益性为经营原则，实行自主经营，自担风险，自负盈亏，自我约束。安全性是指银行资产免遭风险，安全收回资产本息的可靠性程度。流动性是指商业银行能够随时付出资金和收回资金的能力。效益性是指商业银行以利润最大化为经营目标。商业银行的三大经营原则是矛盾的统一，其中流动性是安全性的保障，安全性是效益性的前提，而效益性是商业银行经营的最终目的。商业银行作为负债经营行业所固有的脆弱性、金融风险的系统危害性以及金融在经济体系中的重要性决定了商业银行的经营是把安全性放在第一位的。

二、存款和贷款法律制度

（一）存款法律制度

1. 存款的概念和分类。存款是指存款人在其开设的金融机构存款账户上存入货币资金的行为，或者指依法具有吸收存款资格的金融机构接受存款人存入货币资金的行为。在我国，根据不同的标准，习惯上将存款分为以下几类：单位存款和个人储蓄存款；活期存款、定期存款和定活两便存款；人民币存款和外币存款。单位存款，也称机构存款，是指个人储蓄存款以外的所有存款。具体是指企业、事业、机关、部队和社会团体在金融机构办理的人民币存款。我国一般称其为"对公存款"。《商业银行法》、《支付结算办法》、《银行账户管理办法》、《现金管理暂行条例》等构成了我国单位存款法律制度的渊源。其立法目的是对单位存款的严格管理，监督使用。储蓄是指个人将其所有的人民币或外币存入储蓄机构的活动。《商业银行法》规定了储蓄存款的基本原则是："存款自愿、取款自由、存款有息，为存款人保密。"《商业银行法》、《储蓄管理条例》等构成了我国储蓄存款法律制度的渊源。

2. 存款业务的基本规则。存款法律制度的基本规则体现为对存款人的保护。《商业银行法》第29条规定："商业银行办理个人储蓄存款业务，应当遵循存款自愿、取款自由、存款有息、为存款人保密的原则。对个人储蓄存款，商业银行有权拒绝任何单位或者个人查询、冻结、扣划，但法律另有规定的除外。"

对单位存款，商业银行有权拒绝任何单位或者个人查询，但法律、行政法规另有规定的除外；有权拒绝任何单位或者个人冻结、扣划，但法律另有规定的除外。

商业银行应当按照中国人民银行规定的存款利率的上下限，确定存款利率，并予以公告。

商业银行应当按照中国人民银行的规定，向中国人民银行交存存款准备金，留足备付金。

商业银行应当保证存款本金和利息的支付，不得拖延、拒绝支付存款本金和利息。

（二）贷款法律制度

1. 贷款法律制度的渊源。贷款是商业银行最重要的资产业务，构成了我国商业银行收入的主要来源。《中国人民银行法》、《商业银行法》、《银行业监督管理法》、《合同法》、《担保法》等法律构成了我国贷款法律制度的渊源。[1]《贷款通则》则是 1996 年 6 月中国人民银行依法发布的有关贷款业务的专门性金融规章,是中资金融机构开展贷款业务的基本依据。该通则包括 12 章共 80 条,自 1996 年 8 月 1 日起施行。[2]

2. 贷款业务的基本规则。

(1) 贷款的评估、调查和审批。商业银行贷款,应当对借款人的借款用途、偿还能力、还款方式等情况进行严格审查。商业银行贷款,应当实行审贷分离、分级审批的制度。

(2) 贷款担保。商业银行贷款,借款人应当提供担保。商业银行应当对保证人的偿还能力、抵押物、质物的权属和价值以及实现抵押权、质权的可行性进行严格审查。经商业银行审查、评估,确认借款人资信良好,确能偿还贷款的,可以不提供担保。

(3) 利率。商业银行应当按照中国人民银行规定的贷款利率的上下限,确定贷款利率。

(4) 贷款合同签订。商业银行贷款,应当与借款人订立书面合同。合同应当约定贷款种类、借款用途、金额、利率、还款期限、还款方式、违约责任和双方认为需要约定的其他事项。

(5) 关系人贷款。《商业银行法》第 40 条规定,商业银行不得向关系人发放信用贷款;向关系人发放担保贷款的条件不得优于其他借款人同类贷款的条件。前款所称关系人是指:①商业银行的董事、监事、管理人员、信贷业务人员及其近亲属;②前项所列人员投资或者担任高级管理职务的公司、企业和其他经济组织。

(6) 贷款归还。借款人应当按期归还贷款的本金和利息。借款人到期不归还担保贷款的,商业银行依法享有要求保证人归还贷款本金和利息或者就该担保物优先受偿的权利。商业银行因行使抵押权、质权而取得的不动产或者股权,应当自取得之日起 2 年内予以处分。借款人到期不归还信用贷款的,应当按照合同约定承担责任。

第四节　银行监管法律制度

一、银行监管概述

(一) 银行监管的必要性

银行业因为具有的特性需要政府的监管。首先,银行业容易出现市场失灵。主要表现在外部性和信息不对称。外部性体现为银行的系统风险。银行在经营过程中严重依赖存款和少量准备金,负债期限短,但是资产期限较长,资产与负债期限失配,银行是否出现挤兑,完全取决于社会公众的信息。同时银行的杠杆率也远远高于其他企业,所谓杠杆率就是资产负债表中负债部分与股权的比率。高杠杆率说明股本这个用于弥补亏损的防护垫十分薄弱,银行倒闭风险增加。因此银行业具有高风险性和公众信心维持性。一旦单个银行发生风险,风险会转移到其他银行,形成所谓的多米诺骨牌效应。其次,商业银行对于市场经济具有至关重要的作用。商

---

[1]《商业银行法》第四章就贷款的基本规则作了规定,《合同法》第十二章就借款合同作了原则规定。
[2] 需要注意的是《贷款通则》已经落后于我国的金融发展实践,有关部门正在着手修改,2010 年初由央行牵头的《贷款通则》已报到国务院法制办,进入更广范围内的意见征求阶段。除了《贷款通则》以外,银监会出台了大量行政规章,如《固定资产贷款管理暂行办法》、《项目融资业务指引》、《流动资金贷款管理暂行办法》、《单位定期存单质押贷款管理规定》、《个人定期存单质押贷款办法》、《商业银行并购贷款风险管理指引》、《商业助学贷款管理办法》、《银团贷款业务指引》、《汽车贷款管理办法》、《商业银行房地产贷款风险管理指引》等,规范了商业银行从事的具体种类的贷款业务。

业银行发生风险将对整个市场经济产生重大的冲击。

(二) 现代银行监管理念

现代银行监管出现了一些新的理念，巴塞尔委员会在2004年颁布的《新巴塞尔协议》给世界各国的银行业监管提供了指导性的文件。它提出良好的公司治理结构和内控制度是防范风险的第一道防线，市场约束机制、社会公众和专业机构的监督是第二道防线，政府监管是第三道防线。监管当局要做的是，充分调动银行业管理的积极性，发挥市场防范风险的激励与约束作用，将损失和风险控制在最低程度。《新巴塞尔协议》将最低资本要求、监管机制和市场约束并列为银行监管的三大支柱。其中信息披露是市场约束的重要方式，通过银行进行及时、全面和准确的信息披露，使市场了解银行的风险及资本充足率，更好地约束银行管理和控制风险。

二、我国银行业监管机构的职责和措施

(一) 职责

2003年国务院成立了中国银行业监督管理委员会，负责对全国银行业金融机构及其业务活动监督管理的工作。[1] 其职责如下：

1. 依照法律、行政法规制定并发布对银行业金融机构及其业务活动监督管理的规章、规则。

2. 依照法律、行政法规规定的条件和程序，审查批准银行业金融机构的设立、变更、终止以及业务范围。未经国务院银行业监督管理机构批准，任何单位或者个人不得设立银行业金融机构或者从事银行业金融机构的业务活动。

3. 申请设立银行业金融机构，或者银行业金融机构变更持有资本总额或者股份总额达到规定比例以上的股东的，国务院银行业监督管理机构应当对股东的资金来源、财务状况、资本补充能力和诚信状况进行审查。

4. 银行业金融机构业务范围内的业务品种，应当按照规定经国务院银行业监督管理机构审查批准或者备案。需要审查批准或者备案的业务品种，由国务院银行业监督管理机构依照法律、行政法规作出规定并公布。

5. 对银行业金融机构的董事和高级管理人员实行任职资格管理。具体办法由国务院银行业监督管理机构制定。

6. 对银行业金融机构的审慎监管。审慎监管是指监管部门以防范和化解银行业风险为目的，通过制定一系列金融机构必须遵守的周密而谨慎的审慎经营规则，客观评价金融机构的风险状况，并及时进行风险监测、预警和控制的监管模式。审慎经营规则包括风险管理、内部控制、资本充足率、资产质量、损失准备金、风险集中、关联交易、资产流动性等内容。这些规则可以由法律、行政法规规定，也可以由国务院银行业监督管理机构依照法律、行政法规制定。

7. 国务院银行业监督管理机构应当建立银行业突发事件的发现、报告岗位责任制度。银行业监督管理机构发现可能引发系统性银行业风险、严重影响社会稳定的突发事件的，应当立即向国务院银行业监督管理机构负责人报告；国务院银行业监督管理机构负责人认为需要向国务院报告的，应当立即向国务院报告，并告知中国人民银行、国务院财政部门等有关部门。

---

[1] 银监会监管的对象有在中华人民共和国境内设立的商业银行、城市信用合作社、农村信用合作社等吸收公众存款的金融机构以及政策性银行。金融资产管理公司、信托投资公司、财务公司、金融租赁公司以及经国务院银行业监督管理机构批准设立的其他金融机构。

(二) 监管措施

为了保证银监会监管职权的行使,《银行业监督管理法》赋予了其相应的监督管理措施:

1. 要求银行业金融机构报送资料。银行业监督管理机构根据履行职责的需要,有权要求银行业金融机构按照规定报送资产负债表、利润表和其他财务会计、统计报表、经营管理资料以及注册会计师出具的审计报告。

2. 现场检查。银行业监督管理机构根据审慎监管的要求,可以采取下列措施进行现场检查:①进入银行业金融机构进行检查;②询问银行业金融机构的工作人员,要求其对有关检查事项作出说明;③查阅、复制银行业金融机构与检查事项有关的文件、资料,对可能被转移、隐匿或者毁损的文件、资料予以封存;④检查银行业金融机构运用电子计算机管理业务数据的系统。进行现场检查,应当经银行业监督管理机构负责人批准。现场检查时,检查人员不得少于2人,并应当出示合法证件和检查通知书;检查人员少于2人或者未出示合法证件和检查通知书的,银行业金融机构有权拒绝检查。

3. 谈话。银行业监督管理机构根据履行职责的需要,可以与银行业金融机构董事、高级管理人员进行监督管理谈话,要求银行业金融机构董事、高级管理人员就银行业金融机构的业务活动和风险管理的重大事项作出说明。

4. 责令信息披露。银行业监督管理机构应当责令银行业金融机构按照规定,如实向社会公众披露财务会计报告、风险管理状况、董事和高级管理人员变更以及其他重大事项等信息。

5. 对违反审慎经营规则的处理。银行业金融机构违反审慎经营规则的,国务院银行业监督管理机构或者其省一级派出机构应当责令限期改正;逾期未改正的,或者其行为严重危及该银行业金融机构的稳健运行、损害存款人和其他客户合法权益的,经国务院银行业监督管理机构或者其省一级派出机构负责人批准,可以区别情形,采取下列措施:①责令暂停部分业务、停止批准开办新业务;②限制分配红利和其他收入;③限制资产转让;④责令控股股东转让股权或者限制有关股东的权利;⑤责令调整董事、高级管理人员或者限制其权利;⑥停止批准增设分支机构。

银行业金融机构整改后,应当向国务院银行业监督管理机构或者其省一级派出机构提交报告。国务院银行业监督管理机构或者其省一级派出机构经验收,符合有关审慎经营规则的,应当自验收完毕之日起3日内解除对其采取的有关措施。

6. 接管。银行业金融机构已经或者可能发生信用危机,严重影响存款人和其他客户合法权益的,国务院银行业监督管理机构可以依法对该银行业金融机构实行接管或者促成机构重组,接管和机构重组依照有关法律和国务院的规定执行。

7. 撤销金融机构。银行业金融机构有违法经营、经营管理不善等情形,不予撤销将严重危害金融秩序、损害公众利益的,国务院银行业监督管理机构有权予以撤销。

三、对商业银行的审慎监管

审慎监管是指监管部门以防范和化解银行业风险为目的,通过制定一系列金融机构必须遵守的周密而谨慎的经营规则,客观评价金融机构的风险状况,并及时进行风险监测、预警和控制的监管模式。银行业的审慎监管是通过两方面内容实现的:①通过银行等金融机构执行监管当局制定的审慎经营规则,加强内部风险管理;②通过监管当局检查金融机构的审慎经营规则的执行情况,进行审慎评估并及时进行风险预警和控制。

由此可见,确定审慎经营规则是审慎监管的基础。根据《银行业监督管理法》第21条规定,银行业金融机构的审慎经营规则,由法律、行政法规规定,也可以由国务院银行业监督管理机构依照法律、行政法规制定。银行业金融机构应当严格遵守审慎经营规则。目前,中国银监会及其他有关部门已制定了一系列审慎经营规则,包括风险管理、内部控制、资本充足率、资产质量、损失准备金、风险集中、关联交易、资产流动性等方面的内容。

1. 资本充足率监管。资本充足率是银行审慎监管的核心,其贯穿于商业银行设立、经营和市场退出的全过程,对商业银行的影响是全方位的。资本充足率是指银行资本总额与加权资产总额的比率,反映商业银行在存款人和债权人的资产遭到损失之前,银行能以自有资本承担损失的程度。银行经营所造成的各种损失最终需要通过银行资本来缓冲和吸收、消化。银行资本通常被看作银行的最后一道防线,当银行出现风险管理不善而造成亏损的情况下,资本可以吸收损失从而防范银行倒闭。因此,资本充足率是衡量银行承担风险的综合指标,同时也能抑制风险资产的过度膨胀,保护存款人和其他债权人的利益。

《商业银行法》第39条第1项规定商业银行资本充足率不得低于8%。2012年银监会发布的《商业银行资本管理办法(试行)》对有关资本充足率的计算、监督检查、有关信息披露作了详细的规定。

2. 资产流动性监管。流动性是指银行在一定时间内,以合理的成本筹集一定数量的资金来满足客户当前或未来的资金需求。商业银行保持流动性具有重要意义,因为商业银行"短钱长用"的经营模式会导致资金缺口,形成流动性压力。商业银行只有保持流动性才能确保存款人资金能按时偿付,树立存款人对商业银行的信心。《商业银行法》第39条第2项规定贷款余额与存款余额的比例不得超过75%,第3项规定商业银行流动性资产余额与流动性负债余额的比例不得低于25%。

3. 信用风险监管。信用风险是指在以信用为中介的交易中,交易一方因各种原因不愿或无力履行合同条件而构成违约,致使一方造成损失。对信用风险的监管包括资产质量监管、风险集中监管和关联交易监管等。《商业银行法》第39条第4项规定商业银行对同一借款人的贷款余额与商业银行资本余额的比例不得超过10%。

学术视野

中国的金融法律制度的完善是与中国市场经济的改革进程密切相关的。在这一过程中,大量的金融法律问题需要理论对此作出回应。本部分列举一些学术界近年讨论较多的重大问题,以供同学们进一步学习时思考。

我国金融经营模式和金融监管体制是采用混业经营还是分业经营?如果采用混业经营时采用何种模式?金融法应当对此作出何种回应?有学者认为我国当前的金融市场发展现状决定了近期我们必须坚持分业经营,但是可以在坚持分业经营的基础上有序开展某些交叉性的业务,分业监管的体制也需要进行变革,由机构监管转向功能监管,同时在不同金融监管机构间建立监管协调机制。[1] 有学者则提出未来的发展目标是实现混业经营,而监管体制要变革为建立一个统一的金融监管机构。[2] 在实践中出现的金融控股公司带来了很多新的问题和挑战,有学者认为要从监管重点、监管体制和监管方法上进行改革。[3]

对于中央银行法律制度的研究,主要集中在以下几个问题:①中国人民银行独立性问题。

---

[1] 路漫:"我国金融分业监管的法律问题与立法建议",载《中国金融》2007年第4期。
[2] 惠康、任保平、钞小静:"后危机时代中国金融监管模式的选择",载《西北大学学报(哲学社会科学版)》2010年第3期。
[3] 陈道富:"我国金融控股集团监管的若干思考",载《上海金融》2004年第9期。

有学者认为中国人民银行的独立性呈现逐步的历史发展趋势，但是与西方国家相比，独立性比较弱。需要循序渐进，对增强《中国人民银行法》进行修改，使中国人民银行的独立性获得法律保障。[1] ②关于中央银行货币政策的透明度和问责问题。有学者认为中央银行独立性问题将透明度和责任制的问题推到了货币制度讨论的前沿。货币政策的透明度和责任制将推动货币政策的有效性。[2] 也有学者分析了货币政策透明度对我国的启示，认为中国人民银行需要进一步加强货币政策透明度建设。[3] ③关于中央银行金融稳定职能的发挥问题。银监会设立以后，中央银行的职能集中到制定和执行货币政策，防范和化解金融风险，维护金融稳定。这里就涉及中央银行如何履行维护金融稳定的职责，有学者认为中央银行在维护金融稳定方面的作用有限，应当和其他政府部门共同做好维护稳定的工作。[4] 有学者认为中国人民银行应当与银监会做好协调工作，共同为金融稳定作出贡献。[5]

关于外汇管理法律制度，研究主要集中在资本项目的放松管制问题。有学者认为我国目前并不适宜资本项目自由化。[6] 也有研究者对如何改善我国资本项目外汇管理提出政策建议。[7]

关于商业银行法律制度，研究主要集中以下问题：①危机银行的处理问题。有研究者提出我国要建立危机银行处理机制和市场退出机制，维护金融体系稳定。[8] 有学者则提出了我国银行危机救助法律体系的完善的政策建议。[9] ②银行监管中的消费者保护。有学者提出我国银行消费者保护制度长期缺失，应当尽快地加以完善。[10]

理论思考与实务应用

一、理论思考

（一）名词解释

金融监管　货币政策　外汇管制　经常项目　套汇　资本项目　商业银行　审慎监管　资本充足率

（二）简答题

1. 如何理解中国人民银行的法律性质？
2. 如何理解中国人民银行的独立性？
3. 如何理解我国《商业银行法》第43条的规定？
4. 《商业银行法》中保护存款人的制度有哪些？
5. 《商业银行法》中贷款的基本制度有哪些？

---

[1] 杨松、闫海："中国人民银行独立性：条文分析与规范重构"，载《时代法学》2008年第3期。
[2] 穆良平、程均丽："货币政策透明度制度兴起的背景分析"，载《金融研究》2004年第5期。
[3] 徐杰："货币政策透明化及对中国的启示"，载《国家行政学院学报》2009年第5期。
[4] 卢克贞："人民银行与我国的金融稳定——对《中国人民银行法》第二条的思考"，载《金融理论与实践》2006年第4期。
[5] 朱大旗、邱潮斌："关于中国人民银行与银监会职责分工的探讨——兼评《中国人民银行法》的修订与《银行业监督管理法》的制定"，载《甘肃政法学院学报》2004年第2期。
[6] 常金华："我国资本项目自由化面临的障碍分析"，载《上海经济研究》2007年第12期。
[7] 朱茜："改进资本项目外汇管理若干政策建议"，载《上海金融》2007年第4期。
[8] 刘光锐："银行危机处理与市场退出法律机制的比较研究"，载《政治与法律》2002年第5期。
[9] 徐孟州、郑人玮："论我国银行危机救助法律制度的改革与完善"，载《法学杂志》2004年第2期。
[10] 李金泽："论我国银行业消费者保护与自律机制之完善"，载《时代法学》2004年第6期。

（三）论述题
1. 结合我国近期经济形势，分析中国人民银行采取的货币政策。
2. 如何理解中国人民银行维护金融稳定的职能？
3. 如何理解金融监管部门在危机商业银行处理中的作用？
4. 如何理解银行监管的必要性？
5. 审慎监管的内涵有哪些？

二、实务应用
（一）案例分析示范

案例一

甲商业银行为了扩大盈利，在银行内部设立了信托部和证券部，分别从事信托业务和证券投资业务，同时将银行资金投入到证券部，在证券二级市场进行证券投资。由于国内房地产市场火爆，甲银行也投资1亿元入股某房地产公司，成为该房地产公司的大股东。

问：甲银行的行为违反了《商业银行法》的哪些规定？应当承担何种法律责任？

【评析】按照《商业银行法》第43条的规定，商业银行在中华人民共和国境内不得从事信托投资和证券经营业务，不得向非自用不动产投资或者向非银行金融机构和企业投资，但国家另有规定的除外。甲银行违反规定，从事信托业务和证券经营业务，并将资金违规投入股票二级市场和参股房地产企业。依照《商业银行法》第74条的规定应承担相应的行政法律责任，构成犯罪的，依法追究刑事责任。

案例二

2001年某信用社主任张某通过他人介绍认识李某。李某为甲公司法定代表人。2002年李某以甲公司的名义向该信用社申请贷款。张某与负责贷款的信用社员工说李某人很可靠，不用调查了，同时在贷款审批表上签字表示同意放贷。由于李某经营不善，贷款过还款期限尚未归还。

问：张某的行为违反了哪些贷款管理法律制度？应当承担何种法律责任？

【评析】张某的行为违反了《商业银行法》第35条规定："商业银行贷款，应当对借款人的借款用途、偿还能力、还款方式等情况进行严格审查。商业银行贷款，应当实行审贷分离、分级审批的制度。"在本案中张某在贷款审批过程中，没有对借款人的资信状况作出任何调查，没有履行任何贷款手续，擅自发放贷款。如果这一违法行为给信用社造成巨大损失的，张某的行为构成了违法发放贷款罪，要承担刑事责任。

案例三

甲银行与A公司签订借款合同，如该借款合同履行，则甲银行违反了《商业银行法》第39条关于商业银行资产负债比例管理方面的规定。

问：该借款合同是否有效，理由何在？

【评析】金融法的调整对象是由金融调控、监管关系和金融业务关系构成。私人自治原则贯穿金融业务关系，是银行法的原则。银行监管是私人自治原则的补充。《商业银行法》关于法律行为的规范体现了私人自治原则，具有私法规范属性。因此，对该法中的包含"不得""应当"等表示方式的法律规范的解释，就应当注意坚持私人自治的要求，不应一概解释为属于强制性规范。如果当事人违反上列规范不应认为其行为属于合同法规定的违反法律、行政法规的强制性规定而认为合同无效。因为这些强制性规定旨在规范商业银行本身的行为而不是商业银行的行为相对人的行为。否则，作为商业银行的客户因无法得知无效的原因将受到无法预知的损失，商业银行也将因合同无效招致损失，比如利息损失、担保利益的丧失等。

案例四

甲厂是一家内资企业，从事稀土金属的冶炼和提纯。2005年到2006年期间，甲厂收到从日本汇入的5笔预收货款，累计金额85万美元，而收到款项的1年多时间内，该厂没有申领出口收汇核销单，收汇情况与海关出口实绩明显不符。经查，甲厂没有出口稀土的资格，80万美元的款项实际是该厂向日本客户的借款。

问：甲厂的行为是否合法？应当承担何种法律责任？

【评析】对外借款属于资本项目下的外汇，在我国属于受管制的外汇类型。《外汇管理条例》第18条第1款规定："国家对外债实施规模管理。借用外债应当按照国家有关规定办理，并到外汇管理机关办理外债登记。"《境内机构借用国际商业贷款管理办法》第4条规定："境内机构借用国际商业贷款应当经外汇局批准。……"甲厂从日本收到的85万美元属于对外借款，应当报外汇局批准。但是甲厂通过虚构交易，将该款项伪装为预收货款。甲厂的行为属于违法行为。按照《外汇管理条例》，外汇管理局可以对该行为实施行政处罚。

（二）案例分析实训

案例一

甲为A商业银行的股东，持有该商业银行6%的股权。由于甲资金紧张，欲出售其在A商业银行的股份。乙正欲投资商业银行，遂出资购买了甲的股份，成为A商业银行的新股东。

问：如何合法合规地完成这笔股权交易？在这笔交易中，A商业银行的法律义务是什么？

案例二

王某为甲银行信贷部主任。李甲为乙公司经理，其兄李乙为甲银行监事。2005年乙公司向甲银行申请贷款，李甲让李乙找到王某打招呼，请求他利用手中的权力给乙公司优惠担保贷款。王某碍于李乙的面子，同时也考虑到乙公司有能力提供担保，估计还款没有问题，事后也没有多审查，就以比普通担保贷款低2%的优惠利率向乙公司提供200万元的担保贷款。乙公司由于经营不善，贷款到期后无法偿还。

问：王某的行为违反了哪些贷款管理法律制度？应当承担何种法律责任？

案例三

2001年甲银行向社会发出公告，提出即日起将对数额低于100元的账户每年收取10元的小额账户管理费。消费者乙向当地法院提起诉讼，要求甲银行退回收取的小额账户管理费，其理由是这种做法违反了存款有息的原则，而且侵犯了消费者的知情权和选择权。

问：法院是否应当支持乙的诉讼请求？理由是什么？

案例四

1999年4月，原告包某到上海市老西门邮电所缴付当月电话费，递给当班营业员5张百元面额的人民币，营业员收款后，称其中一张是假币，并拒绝原告复看一下的要求，转身进入里间，在离开原告视线的情况下开出一张中国人民银行上海分行的"假币没收证明"。原告认为邮局工作人员利用暗箱操作的方式没收假币，违反有关规定，又因邮局没收假币系中国人民银行上海分行委托，故向上海浦东新区法院提起行政诉讼，请求法院撤销中国人民银行上海分行没收其100元的行为。被告辩称：中国人民银行上海分行并未委托邮局没收假币，邮局仅仅是使用了中国人民银行上海分行统一印制的没收单，因此没收是邮局的行为，而不是银行的行为。发现假币一律没收是一种制度，而不是行政处罚，不需要任何程序，工作人员的过错不影响本案的事实。

问：被告的辩称是否合理？能否得到法院的支持？

案例五

四川宜宾喜捷镇红楼梦村村委会把多年来拖欠农民的400万元土地款印成了精美的代金券，替代人民币发给了农民。这些代金券可以在本村内转让、赠与，还可以继承。该代金券印制精美，底色为白色，正面的橘黄色花纹和人民币的防伪花纹相似。和人民币一样，代金券上也印有编码，面值也分别用大写的汉字和小写的阿拉伯数字显示。人民币上印有"中国人民银行"的字样，这些代金券上印的则是"红楼梦村民委员会"，券面上盖有村委会公章。代金券背面的"说明"里明确告知，此券可以在"本村村民之间转让、继承、赠与"，但没有标注兑换的时间和有效期限。

问：红楼梦村村委会的做法是否合法？应当承担何种法律责任？

主要参考文献

1. 韩龙主编：《金融法》，清华大学出版社、北京交通大学出版社2008年版。
2. 唐波主编：《新编金融法学》，北京大学出版社2006年版。
3. 陈晓：《中央银行法律制度研究》，法律出版社1997年版。
4. 周仲飞、郑晖编著：《银行法原理》，中信出版社2004年版。
5. 张忠军：《金融监管法论——以银行法为中心的研究》，法律出版社1998年版。

第十六章
票据法律制度

【本章概要】 票据是为便利商品交易和信用活动而创设的债权有价证券，具有工具属性和技术性。票据结算是支付结算的极为重要的方式之一。票据法是国家专门规定票据关系以及与票据行为有密切关系的非票据关系的法律规范的总称，是技术性、专业性极强的法律体系。本章阐释了票据、票据关系、票据行为、票据权利、票据基础关系、票据抗辩、票据伪造与票据变造、票据丧失及补救的一般理论和我国有关的法律规范；对本票与汇票的异同、支票与汇票的异同进行了讨论。以汇票为核心，阐释了出票、背书、承兑、保证、追索等票据行为的公认原理及我国现行法律规则。在注重释明基本概念、基本知识和基本原理的同时，对我国《票据法》、最高人民法院《关于审理票据纠纷案件若干问题的规定》、《票据管理实施办法》、《支付结算办法》等现行票据法律规范适用中的重要问题作了简要分析。此外，对我国《票据法》中规定的"涉外票据的法律适用"和"法律责任"也作了简要介绍。

【学习目标】 票据在社会经济生活中因具有多种重要功能而受到重视，学习、研究票据法具有重要的理论价值和现实意义。票据法具有强行性、技术性和内在的国际统一性特点，因而决定了相关的理论观点与实务操作都具有一定的学习难度。要求学生通过本章的学习初步掌握票据法理论关于票据行为、票据权利和票据责任等的一般规定，熟悉我国现行票据法律规范关于汇票、本票、支票的具体规定，并能运用所学理论分析相关的实务例证。

第一节 票据法概述

一、票据的一般理论

（一）票据的含义

票据制度是商品经济的产物，它随商品经济的出现而出现，并随商品经济的发展而不断发达，是商品经济中不可少的经济制度和法律制度。[1]当商品经济发展到一定阶段时，作为一般等价物的货币由于限量发行，已经不能满足商品交易的支付结算需要，加之随交易范围和规模的扩大，在商品生产者之间的买和卖在时、空上发生分离，即商品实体的转移和货币的结算不能在同时、同地进行，货币结算也不方便时，需要某种信用工具来反映此类交易活动而产生的债权债务关系，便产生了票据及相应的运行规则。

票据有广义和狭义两方面含义。广义的票据是指各种商业活动中与权利结合在一起的有价证券和凭证，如提单、运货单、账单、股票、国库券、企业（公司）债券、汇票、本票、支票等；狭义的票据则专指现代各国有关票据立法上所称票据，即汇票、本票、支票三种。由于各国法律基本无统一的票据定义，所以学理上通常将各国有关汇票、本票、支票的界定进行综

---

[1] 参见王小能编著：《票据法教程》，北京大学出版社 2001 年版，第 11～12 页。刘心稳：《票据法》，中国政法大学出版社 1999 年版，第 21～22 页。梁宇贤：《票据法新论》，五南图书出版公司 1986 年版，第 5～6 页。郑洋一：《票据法之理论与实务》，三民书局 1984 年版，第 5～6 页。

合,并依此概括票据定义:出票人依票据法发行的、承诺自己无条件支付或委托他人无条件支付一定金额的有价证券。票据是债权有价证券。票据的内容是债权债务关系,外在表现为具有要式性、无因性的特定证券。根据有价证券原理,票据债权债务关系的确认和行使以持有票据为必要条件。票据作为有价证券,其主要特征如下:

1. 票据是设权证券。票据权利在票据作成之前并不存在,只是依据票据的作成而发生。票据的作成不是为了证明已经存在的权利,而是创设新的权利,并使之与原来已经存在的权利相分离而独立存在,这与仓单、提单或公司股票等证权证券有质的区别。

2. 票据是完全有价证券。有价证券是表示具有财产价值的民事权利的证券。凡票据权利的发生、移转和行使以持有证券为必要条件,没有证券也就没有票据权利,离开证券也就不能主张票据权利,所以称之为完全有价证券或绝对有价证券;而股票、公司债券、仓单、彩票等是不完全有价证券,也称相对有价证券,其权利的发生不以作成证券为必要条件。

3. 票据是无因证券。票据都是基于一定的原因而设立的,但票据关系与原因关系各自独立。票据只要要式具备,票据的持有人即可以按照票据所载文义向债务人行使票据权利,而不负举证责任。

4. 票据是要式证券。票据的记载事项、记载方式必须完全符合法律的规定,否则票据无效。

5. 票据是文义证券。票据上的权利和义务,完全依据票据上所记载文字的含义确定,票据以外的任何记载和解释不能改变票据的效力。

6. 票据是债权证券。票据所表示的权利,是一种以给付为目的的债权,票据持有人可以依票据记载的金额,向票据的特定债务人(如承兑付款人、出票人)行使请求付款权。

7. 票据是金钱证券。票据所表示的债权,应以金钱给付,在这个意义上,持有票据就意味着持有票据上记载的金钱。

8. 票据是流通证券。票据一经作成交付,在到期前,持票人可以背书转让,在市场上自由流通,并不像一般债权的转让那样须按民事法律的规定通知债务人。

(二)票据的种类

关于票据的种类,学理上和票据实务中依不同标准有不同的分类:

1. 依付款期限不同,分即期票据和远期票据,前者见票即付,后者一般在将来某一到期日支付。

2. 依记载权利人名称方式的不同,可分为记名票据、指示票据和无记名票据。记名票据或称抬头票据,是指出票人在票据上载明收款人姓名或名称的票据。指示票据,是指出票人除在票据上载明收款人姓名或名称外,还记载"或其他指定人"的票据。无记名票据是指在票据上不记载收款人的姓名或名称,或者仅记载"付于来人"字样的票据。

3. 按照票据关系当事人资格是否重叠为标准,票据可分为一般票据和变式票据。一般票据,是指出票人、付款人及收款人分别为三个独立的行为主体,三者的身份不发生任何重叠的票据。变式票据,是指出票人、付款人及收款人中有一人兼任数个票据当事人身份的票据。变式票据又可分为三种:指己票据,又称己受票据,指出票人兼为收款人的票据;对己票据,又称己付票据,是指出票人兼为付款人的票据;付受票据,是指付款人兼为收款人的票据。

4. 按照票据的付款要求不同,票据可分为光票和跟单票据。光票,指在付款时不需要附带任何其他单据即可发生付款效力的票据。光票多在异地交易中使用,卖方以买方为付款人而签发,当持票人向付款人提示付款时,只须提交票据本身即可。跟单票据,指须随附一些单据才能发生付款效力的票据。

5. 按照出票和付款的地域不同为标准,可分为国内票据和国际票据。国内票据,指出票地、付款地及流通领域均在同一国境内的票据。国际票据,指发行与流通跨越两国或两国以上的票据。如出票地、付款地不在同一国,或出票人、付款人不在同一国等。

关于票据的种类,各国的法律规定差异较大。法国和德国的法律规定,票据法规范汇票和本票,对支票则单独立法;日本早期票据立法规定,票据包括汇票、本票和支票,而现行的日本票据法不包括支票;英美法系国家则认为票据分为汇票和本票两种,支票则属于汇票之一。在我国,1995 年 5 月颁布、2004 年 8 月修正的《票据法》将现行流通的票据分为汇票、本票和支票,亦即我国法定的票据种类有三种:

1. 汇票。汇票是出票人签发的,委托付款人在见票时或者在指定日期无条件支付确定的金额给收款人或者持票人的信用凭证。汇票可依出票人和承兑人不同加以分类:①依出票人不同,分银行汇票和商业汇票。银行为出票人的为银行汇票;企业或个人签发的汇票是商业汇票。②依承兑人不同,分银行承兑汇票和商业承兑汇票。银行或企业单位签发汇票,须经银行承兑的汇票为银行承兑汇票;而商业承兑汇票的出票人和承兑人都是企业单位。

2. 本票。本票是出票人签发的,承诺自己在见票时无条件支付确定的金额给收款人或者持票人的信用凭证。本票按出票人不同可分为银行本票和商业本票。我国《票据法》上所称的本票是指银行本票,且限于见票即付。

3. 支票。支票是出票人签发的,委托办理支票存款业务的银行或其他金融机构在见票时无条件支付确定的金额给收款人或者持票人的票据。我国《支付结算办法》规定支票有三类:①现金支票,指票据正面印有"现金"字样、只能用来支取现金的支票;②转账支票,指票据正面印有"转账"字样、只能用来转账的支票;③普通支票,指票据上未印有"现金"或"转账"字样、既可用来支取现金也可用来转账的支票。但是,普通支票左上角划两条平行线的,则为划线支票。划线支票只能用来转账,不得支取现金。

(三) 票据的功能

票据在现代经济社会中被广泛使用,并发挥着极其重要的作用,其主要功能有以下几个方面:

1. 汇兑作用。汇兑作用是指票据是替代现金进行异地输送的良好汇兑工具。汇款人只要将款项交给金融中介机构,由其作为出票人将签发的汇票寄往异地或交汇款人持往异地,持票人即可凭票向异地兑取现金或办理转账。可避免现金输送可能带来的麻烦和风险。

2. 支付作用。汇票、本票作为汇兑工具的功能逐渐形成以后,在交易中以交付票据代替现金支付的方式逐渐流行起来,从而形成了票据的支付作用。以票据代替现金进行支付,可节省交易双方点钞的时间及避免点钞可能出现的错误。

3. 结算作用。在商业交往中,当事人之间的债权与债务结算通过现金和转账两种方式。转账结算与现金结算相比,更加简便、快捷和安全。而在转账结算条件下,必须使用一定的结算工具,票据作为一种结算工具其功能在于媒介商品流通,使交换得以迅速、安全、规范地进行。

4. 融资、融物作用。票据的融资作用是指票据筹集资金的作用。票据的融资作用主要是通过票据贴现来实现的。所谓票据贴现,亦即未到期票据的买卖行为,即未到期票据的持票人通过卖出票据(即转让票据权利)来获得所需要的资金,实现融资的目的。票据还可以转贴现、再贴现,多次进行资金融通。票据融资已成为现代货币金融市场的一个重要组成部分。票据的融物作用是指:付款人为实现商品交易以交付延期票据形式,表明债权债务关系的确立和转移,实际上也是票据的融资功能。

二、票据法概况

(一) 票据法的概念和特征

票据是为便利商品交易和信用活动而创设的债权有价证券,具有工具属性和技术性。为保障交易便捷和信用安全,当代各国都通过专门票据立法,强行规范票据信用关系以及与票据信用行为有密切关系的非票据关系。票据法是规定票据制度、调整票据关系的法律规范的总和。与一般的法律比较,票据法具有如下特点:

1. 票据法具有强行性。票据法属于经济法的一种,根据法律规范的性质,法律规范可以分为强行性规范和任意性规范两种。凡是法律规定的内容不允许依当事人的意思而变更适用的为强行性法律规范;凡是法律规定的内容仅为补充或解释当事人意思的为任意性法律规范。票据法中票据的种类、要式等均由法律规范直接规定,故是一种强行性法律规范。

2. 票据法具有技术性。法律规定的内容有两类:一类是规定具有社会意义的条款,称为社会性规范;另一类是规定具有技术意义的条款,如行人车辆靠右边行的规定等,称为技术性规范。票据法中有许多规定都是技术性的规定,例如背书的格式、承兑的要求等,因而具有技术性。

3. 票据法具有内在的国际统一性。从本质上说,票据制度是为商品经济和国际贸易服务的,因此,尽管票据法通常是由一国自己制定、自行实施的,属于国内法的范畴。但是,由于票据是一种金钱支付手段,票据也必然要求随商品一起跨越国家的屏障而成为世界的支付手段。世界经济一体化需要世界票据一体化,从发展的角度看,有一个国际统一的票据法,是有利于各国和世界经济发展的。

(二) 票据法的国际统一与我国票据立法

随着世界各国国内、国际经济往来中票据结算的日益普及,票据成为商业信用和交易普遍使用的结算工具,世界各国和国际的票据立法也日益得到发展。由于各国票据及其法律制度的立法技术和立法体例不同,自19世纪以来至20世纪初,对票据的国际交流带来了极大不便。于是从19世纪后半叶起,各国相继开展了票据法律的国际统一运动,并逐渐形成了三大票据法律制度的立法体系,即日内瓦公约体系、英美法体系和联合国统一票据法体系。日内瓦公约体系成员国包括几乎所有的欧洲大陆国家和一些拉美国家。其票据信用立法体例的基本特点是实行分离主义,即将汇票与本票规定在《汇票本票法》或《票据法》或《商法典》中,而将支票以另外的法律专门规定在《支票法》中。英国、美国和其他普通法国家保留自己的立法传统,在票据立法体例上采取合并主义,将汇票、本票、支票规定在一部法律中。20世纪70年代以后,联合国国际贸易法委员会为促使各国票据及其信用法律制度的协调和统一,着手制定一项国际汇票与本票的统一法草案,最终于1988年12月经联合国第四十三次大会通过了《国际汇票本票公约》,并于1990年6月30日前开放供各国签字。按《国际汇票本票公约》的有关规定,该公约须经至少10个国家批准或加入后方能生效。

我国唐朝时出现"飞钱"、"贴"等原始票据,1929年也颁布过《票据法》。新中国成立后,与计划经济体制相适应,国内一度取消了汇票、本票。从1952年起个人不得使用支票,企业和单位也以使用转账支票为主。20世纪80年代以后,随着工作重点日益转移到经济建设上来,票据使用逐渐广泛深入。票据立法也随之逐渐发展和完善起来。1981年我国开始试办票据承兑、贴现业务;1984年中国人民银行发布了《商业汇票承兑、贴现暂行办法》;1988年9月国务院发布《现金管理暂行条例》,允许银行发行本票和汇票;同年12月,中国人民银行发布《银行结算办法》,规定全面推行银行汇票、商业汇票、银行本票和支票结算制度;1993年5月,中国人民银行发布《商业汇票办法》。为适应市场经济的发展和金融体制改革深化的要求，1995年5月10日第八届全国人民代表大会常委会第十三次会议通过了《中华人民共和国票据法》，该法共7章111条，自1996年1月1日起施行（2004年8月28日第十届全国人民代表大会常务委员会第十一次会议作了个别条款的修改）。此后，中国人民银行先后发布了《商业汇票承兑、贴现与再贴现管理暂行办法》（1997年5月22日发布，自同日起施行）、《票据管理实施办法》（1997年6月23日经国务院批准，同年8月21日中国人民银行发布，自10月1日起施行）、《支付结算办法》（1997年9月19日中国人民银行发布，同年12月1日起施行），从而进一步完善了我国的票据法律制度。

第二节 票据法律关系

一、票据法律关系的概念与构成

（一）票据法律关系的概念

票据法律关系是指票据当事人之间在票据的签发和转让等过程中发生的权利义务关系。

票据法律关系可分为票据关系和票据法上的非票据关系。票据关系是指当事人之间基于票据行为而发生的债权债务关系，如出票人与受款人之间的关系、受款人与付款人之间的关系、背书人与被背书人之间的关系等。票据法上的非票据关系则是指由票据法所规定的，不是基于票据行为直接发生的法律关系，如票据上的正当权利人对于因恶意而取得票据的人行使票据返还请求权而发生的关系，因手续欠缺而丧失票据上权利的持票人对于出票人或承兑人行使利益偿还请求权而发生的关系，票据付款人付款后请求持票人交还票据的关系等。总的来说，票据关系是票据当事人之间的基本法律关系，为了保障该基本法律关系中权利义务的实现，法律另外作出了相应规定，当事人之间依照这类规定而发生的权利义务关系，即为票据法上的非票据关系。

票据关系与票据的基础关系不同。票据关系的发生是基于票据的授受行为，那么当事人之间为何而授受票据，则是基于一定的原因或前提，这种授受票据的原因或前提关系即是票据的基础关系，如基于购买货物或返还资金而授受票据，该购货关系和返还资金关系即是票据的基础关系。在法理上，票据的基础关系往往都是民法上的法律关系。票据关系与票据的基础关系具有密切的联系。一般来说，票据关系的发生总是以票据的基础关系为原因和前提的，正因如此，《票据法》第10条第1款规定："票据的签发、取得和转让，应当遵循诚实信用的原则，具有真实的交易关系和债权债务关系。"这里的交易关系和债权债务关系就是基础关系的范畴。但是，票据关系一经形成，就与基础关系相分离，基础关系是否存在，是否有效，对票据关系都不起影响作用。这就是说，如果票据当事人违反《票据法》的上述规定而签发、取得和转让了没有真实的交易关系和债权债务关系的票据，该票据只要符合法定的形式要件，票据关系就是有效的，该票据关系的债务人就必须依票据上的记载事项对票据债权人承担票据责任，而不得以该票据没有真实的交易和债权债务关系为由而进行抗辩。除非依《票据法》第13条第2款之规定，持票人是不履行约定义务的与自己有直接债权债务关系的人，票据债务人才可进行抗辩。此外，票据关系因一定原因失效，亦不影响基础关系的效力。《票据法》第18条明确规定："持票人因超过票据权利时效或者因票据记载事项欠缺而丧失票据权利的，仍享有民事权利，可以请求出票人或者承兑人返还其与未支付的票据金额相当的利益。"因此，票据关系与票据的基础关系不容混淆。

(二) 票据法律关系的构成

票据法律关系与其他民事法律关系一样，由主体（即当事人）、内容和客体三大要素所构成。

1. 票据法律关系的主体。票据法律关系的主体即是指票据法律关系的当事人。因票据而发生的法律关系是一种债权债务关系，因而该关系之当事人可概括为债权人和债务人。但是，票据法律关系是一种特殊的关系，其主体都有特定的名称，被冠以不同名称的当事人在票据法律关系中具有不同的地位和作用，因此，其当事人也就显得较为复杂。总括而言，该等当事人有出票人（亦称"发票人"）、持票人、承兑人、付款人、受款人、背书人、被背书人、保证人等。由于票据的种类不同，当事人的构成不尽一样，票据行为的性质不同，当事人的称谓亦有区别，在某些情况下，同一个当事人可以有两个名称，即具有双重身份，如汇票中的付款人在承兑汇票后又称为承兑人等。

2. 票据法律关系的内容。票据法律关系的内容是指票据法律关系的主体依法所享有的权利和承担的义务。权利和义务是票据法律关系的实质所在。该等权利是指票据法律关系的当事人依照票据法或票据行为可以为一定行为或要求他人为一定行为。例如，依照《票据法》第5条和第9条之规定，票据当事人可以委托其代理人在票据上签章，票据的原记载人可以对票据上一些非主要记载事项进行更改；依据汇票出票人的出票行为，持票人可以要求承兑人或其他付款人按票据上所记载的金额付款等。该等义务系指票据法律关系的当事人依照票据法或票据行为必须进行或不进行一定的行为。例如，依照《票据法》第13条的规定，票据债务人不得以自己与出票人或者与持票人的前手之间的抗辩事由，对抗持票人。

3. 票据法律关系的客体。票据法律关系的客体是指票据法律关系的权利和义务所共同指向的对象。该对象亦称为标的。这是权利义务的载体，否则权利义务即无所依归。鉴于票据法律关系是因支付或清偿一定的金钱而发生的法律关系，因而，其客体只能是一定数额的金钱，而不是某种物品。尽管签发票据的原因可能是由于买卖某种货物（即物品）而引起的，但因票据关系是一种独立的法律关系，与票据的基础关系不同，因而基础关系中的客体（即物品）并不是票据关系中的客体，故物品也就不能成为票据法律关系的客体，由此也不允许用其他物品来代替金钱进行支付或清偿。

二、票据行为

(一) 票据行为的概念

票据行为是指票据关系的当事人之间以发生、变更或终止票据关系为目的而进行的法律行为。在理解这一概念时，应把握以下几个要点：

1. 票据行为是在票据关系当事人之间进行的行为。该当事人包括：①出票人（亦称"发票人"）。这是指依法定方式作成票据并在票据上签名盖章，并将票据交付给收款人的人。②收款人（亦称"抬头人"）。这是指票据到期并经提示后收取票款的人。收款人有时又是持票人。③付款人。这是指根据出票人的命令支付票款的人。④持票人。即指持有票据的人。占有票据的收款人、被背书人或来人抬头票据的持有人都是票据的持票人。⑤承兑人。即汇票的主债务人，这是指接受汇票之出票人的付款委托，同意承担支付票款义务的人。⑥背书人。这是指在转让票据时，在票据背面签字或盖章，并将该票据交付给受让人的票据收款人或持有人。⑦被背书人。这是指被记名受让票据或接受票据转让的人。⑧保证人。即为票据债务提供担保的人。⑨其他当事人。

2. 票据行为是以设立、变更或终止票据关系为目的的行为。这表明，票据行为是一种意思表示行为，即票据关系之当事人进行票据行为时都是有目的地设定、变更或终止某项票据权利或义务,并将该种意思表现于外。事实行为不具备意思表示的因素,因而其不属票据行为。

3. 票据行为是一种合法行为。票据行为是一种民事法律行为。根据《民法通则》第54条之规定,民事法律行为是一种合法行为,故票据行为就是一种合法行为。换言之,凡是行为主体不合格、意思表示不真实、行为内容违法等的违法行为就不是票据行为,不受法律的保护。

(二) 票据行为成立的有效条件

票据行为是一种民事法律行为,故其必须符合民事法律行为成立的一般条件。根据《民法通则》和《票据法》的有关规定,票据行为的成立,必须符合以下基本条件:

1. 行为人必须具有从事票据行为的能力。从事票据行为的能力亦称票据能力。票据能力可概括为权利能力和行为能力。所谓权利能力,是指行为人可以享有票据上的权利和承担票据上的义务的资格。所谓行为能力,则是指行为人可以通过自己的票据行为取得票据上的权利和承担票据上的义务的资格。

根据一般民法理论,法人的权利能力与行为能力是一致的,即如果法人不能享有票据上的权利和承担票据上的义务,即也不能通过自己的行为取得该权利和承担该义务。至于法人是否具有从事某一票据行为的能力,则只能依法律的规定而定。从《票据法》及其他有关法律、法规的规定来看,法人的票据行为能力并无严格限制,法人可以依法从事各种票据行为。

公民的权利能力与行为能力往往不尽一致,即公民可以享有票据上的权利和承担票据上的义务,但却不一定能通过自己的行为取得该权利和承担该义务。《票据法》第6条规定:"无行为能力人或者限制民事行为能力人在票据上签章的,其签章无效……"因此,在票据行为中,在票据上签章的自然人必须是具有完全民事行为能力的人,否则,该签章不具有任何效力,签章者并不因此而成为票据上的债务人,其他票据当事人也不得据此签章向无行为能力人或限制行为能力人主张任何票据债权。此外,法律、法规禁止公民从事某项票据行为的,公民即不具有从事该行为的能力。

2. 行为人的意思表示必须真实或无缺陷。依照民法的一般原则,意思表示真实应是行为人的内心意思与外在表示一致,意思表示无缺陷即是意思表示不存在法律上的障碍或欠缺。票据行为作为一种意思表示行为,即必须意思表示真实且无缺陷。鉴于票据行为的特殊性,更应该注重的是票据行为的外在表示形式,即形式上的合法性。但是,我国《票据法》第12条第1款规定:"以欺诈、偷盗或者胁迫等手段取得票据的,或者明知有前列情形,出于恶意取得票据的,不得享有票据权利。"这一规定表明,尽管票据的形式符合法定条件,但从事票据行为的意思表示不真实或存在缺陷,票据持有人亦不得享有票据上的权利,该等行为无效。具体来说:

(1) 因欺诈而取得票据的行为。这是指票据受让人故意告知签发人或转让人虚假情况,或者故意隐瞒真实情况,诱使签发人或转让人作出错误的出票行为或转让行为。由于签发人或转让人受蒙骗而不知真实情况,作出的出票或转让行为并不是其真实意思的反映,故其是无效的。

(2) 因偷盗而取得票据的行为。这是指行为人在票据权利人或票据保管人不知情的情况下窃取其票据而占为己有的行为。实际上,票据权利人并未作出任何转让票据的意思表示,当然非法占有人取得票据的行为也就不能成为有效的行为,不受法律的保护。

(3) 因胁迫而取得票据的行为。这是指行为人以给公民及其亲友的生命、健康、荣誉、名誉、财产等造成损害或者以给法人、其他组织的荣誉、名誉、财产等造成损害为要挟,迫使对方作出违背真实意思表示而签发或转让票据的行为。签发票据的人或转让票据的人,因精神受到恐吓作出的行为不是其真实的意思表示,故而该行为是无效的。

（4）因恶意而取得票据的行为。这是指票据取得人明知票据转让者存在权利上的瑕疵，没有处分、转让票据的权利，仍受让其票据的行为。恶意是相对善意而言的。票据取得人明知票据转让者因欺诈、偷盗、胁迫而取得票据，还受让该票据，这表明行为人有主观上的恶性，意思表示有缺陷，故其行为不受法律的保护。换言之，如果票据取得人不知道或者不可能知道票据转让者存在权利上的瑕疵，没有处分、转让票据的权利而受让其票据，根据民法理论中善意取得原则，只要票据形式合法，该票据取得人获得的票据即受法律保护。在实践中，受让人除明知转让人因欺诈、偷盗、胁迫而无权处分票据的情形之外，还可能会明知票据转让者无权转让票据的其他情形，如转让者转让拾得的票据、转让者转让因他人疏忽而不当取得的票据等，亦应推定为恶意取得，该取得票据之行为无效。

除上述情形之外，根据《民法通则》第58条之规定，行为人之间恶意串通损害国家、集体或者第三人利益的，其行为无效。该规定亦适用于票据行为。

3. 票据行为的内容必须符合法律、法规的规定。票据行为是一种合法行为，故其内容必须符合法律、法规的规定。我国《票据法》第3条规定："票据活动应当遵守法律、行政法规，不得损害社会公共利益。"凡违背法律的规定而进行的行为，将不取得票据行为的法律效力。需要明确的是，这里所指的"合法"主要是指票据行为本身必须合法，即票据行为的行使程序、记载的内容等合法，至于票据的基础关系涉及的行为是否合法，则与此无关。例如当事人发出票据是基于买卖关系，如果该买卖关系违反法律、法规而无效，则不影响票据行为的有效性。

4. 票据行为必须符合法定形式。票据行为是一种要式行为，即须采用法律规定的形式，因此，票据行为必须符合法律、法规规定的形式。我国《票据法》对此内容作了详尽的规定，具体表现在以下几个方面：

（1）关于签章。在票据上，签章是票据行为生效的一个重要条件。"签章"与"签名"不是同一个概念。国外票据法律普遍使用的是"签名"的概念，然而我国在传统和实践中习惯于使用盖章表现特定身份，特别是企事业单位及组织的盖章具有很强的法律效力。因此，我国《票据法》第7条第1款规定："票据上的签章，为签名、盖章或者签名加盖章。"这就是说，签章既包括签名，也包含盖章，这是我国票据法上一个特有的概念。具体来说，行为人在票据上签章，可以采用签名、盖章或者签名加盖章的其中之一。

票据上的签章是票据行为表现形式中绝对应记载的事项，如无该项内容，票据行为即为无效。票据上的签章因票据行为的性质不同，签章人也不相同。票据签发时，由出票人签章；票据转让时，由背书人签章；票据承兑时，由承兑人签章；票据保证时，由保证人签章；票据代理时，由代理人签章；持票人行使票据权利时，由持票人签章；等等。

《票据法》第7条第2款规定："法人和其他使用票据的单位在票据上的签章，为该法人或者该单位的盖章加其法定代表人或者其授权的代理人的签章。"根据该规定，法人和其他单位的签章必须同时采用两种方式，即该法人或该单位的盖章和该法人或该单位的法定代表人或者其授权的代理人的签章。这是法律规定的特定要求，否则，票据行为就不产生效力。

最高人民法院《关于审理票据纠纷案件若干问题的规定》（以下简称《票据法司法解释》）第41条和中国人民银行发布的《支付结算办法》第23条，就票据的签章要求作出了详尽的规定：①银行汇票的出票人在票据上的签章和银行承兑汇票的承兑人的签章，应为经中国人民银行批准使用的该银行汇票专用章加其法定代表人或其授权的代理人的签名或者盖章；②商业汇票的出票人在票据上的签章，为该法人或者该单位的财务专用章或者公章加其法定代表人、单位负责人或者其授权的代理人的签名或者盖章；③银行本票的出票人在票据上的签章，应为经中国人民银行批准使用的该银行本票专用章加其法定代表人或其授权的代理人的签名或者盖章；④单位在票据上的签章，应为该单位的财务专用章或者公章加其法定代表人或其授权的代理人的签名或者盖章；⑤个人在票据上的签章，应为该个人的签名或者盖章；⑥支票的出票人和商业承兑汇票的承兑人在票据上的签章，应为其预留银行的签章。

但是，根据《票据法司法解释》第42条之规定，银行汇票、银行本票的出票人以及银行承兑汇票的承兑人在票据上未加盖规定的专用章而加盖该银行的公章，支票的出票人在票据上未加盖与该单位在银行预留签章一致的财务专用章而加盖该出票人公章的，签章人应当承担票据责任。

关于票据的签名，《票据法》第7条第3款规定："在票据上的签名，应当为该当事人的本名。"这一规定主要是针对公民而言的。鉴于公民使用姓名的情况较为复杂，如有的人除本名外，还有乳名、学名；还有的人有一个或多个笔名，甚至有的人取了外文名等，故票据法强调公民在票据上签名时只能使用本名。《票据管理实施办法》第16条规定，该本名是指符合法律、行政法规以及国家有关规定的身份证件上的姓名。

根据《票据法司法解释》第46条和《支付结算办法》第24条之规定，出票人在票据上的签章不符合规定的，票据无效；承兑人、保证人在票据上的签章不符合规定的，或者无民事行为能力人、限制民事行为能力人在票据上签章的，其签章无效，但不影响其他符合规定签章的效力；背书人在票据上的签章不符合规定的，其签章无效，但不影响其前手符合规定签章的效力。

（2）关于票据记载事项。票据记载相关事项是票据行为的一项重要内容。票据记载事项一般分为绝对记载事项、相对记载事项、非法定记载事项等。绝对记载事项是指票据法明文规定必须记载的，如无记载，票据即为无效的事项；相对记载事项是指某些应该记载而未记载，适用法律的有关规定而不使票据失效的事项；非法定记载事项是指票据法规定由当事人任意记载的事项。

根据《支付结算办法》的规定，票据上可以记载《票据法》及该办法规定事项以外的其他出票事项，但是该记载事项不具有票据上的效力，银行不负审查责任。由于票据种类的不同，记载的事项亦不一样，如下表所示，这里只说明各类票据共同必须绝对记载的内容：①票据种类的记载。即汇票、本票、支票的记载。②票据金额的记载。我国《票据法》第8条规定："票据金额以中文大写和数码同时记载，二者必须一致，二者不一致的，票据无效。"这一规定与国外票据立法不尽相同。国外普遍的做法是：票据金额同时以文字和数码记载，两者有差异时，以文字记载的金额为准。我国《票据法》则要求票据金额必须以中文大写和数码同时记载，两者必须一致，否则票据即为无效。③票据收款人的记载。收款人是票据到期收取票款的人，并且是票据的主债权人，因此，票据必须记载这一内容，否则票据即为无效。④年月日的记载。这一般是指发票年月日的记载。年月日是判定票据权利义务的发生、变更和终止的重要标准，因此票据必须将此作为必须记载的事项，否则票据即为无效。

记载事项	内 容	汇票	本票	支票
绝对事项	表明"××"的字样	√	√	√
	无条件支付的委托	√	√	√
	确定的金额	√	√	√
	付款人名称	√	×	√
	收款人名称	√	√	×
	出票日期	√	√	√
	出票人签章	√	√	√
相对事项	付款日期	√	×	×
	付款地	√	√	√
	出票地	√	√	√

正是基于票据金额、日期、收款人名称等内容在票据上的重要性，我国《票据法》第9条第2款规定："票据金额、日期、收款人名称不得更改，更改的票据无效。"因此，有关人员在进行票据行为时，必须严格审查这三项内容是否有过更改。如果确属记载错误或需要重新记载，只能由出票人重新签发票据。根据《票据法司法解释》第43条之规定，在前述情形下，付款人或者代理付款人对此类票据付款的，应当承担责任。

（三）票据行为的代理

1. 代理概述。票据行为是一种民事法律行为，故民法中的代理亦适用票据行为。

我国《票据法》对票据行为的代理作了相应规定。该法第5条第1款规定："票据当事人可以委托其代理人在票据上签章，并应当在票据上表明其代理关系。"根据这一规定，票据行为的代理必须具备以下条件：①票据当事人必须有委托代理的意思表示。根据票据代理的特殊性，该种授权委托一般以书面形式，即授权委托书的方式为宜。②代理人必须按被代理人的委托在票据上签章。代理人在行使代理权时，必须在票据上以自己的名字或名称作签章。如果代理人未在票据上以自己的名字或名称签章，则不产生票据代理的效力。③代理人应在票据上表明代理关系，即注明"代理"字样或类似的文句。凡是符合上述条件的，该票据行为的代理即对被代理人发生法律效力，其后果由被代理人承担。

2. 无权代理。票据上的无权代理主要表现为行为人没有被代理人的授权而以代理人名义在票据上签章。根据我国《票据法》第5条第2款之规定，没有代理权而以代理人名义在票据上签章的，应当由签章人承担票据责任。所谓票据责任是指票据债务人向持票人支付票据金额的义务。如果没有代理权以代理人名义在票据上签章，签章人应承担向持票人支付票据金额的义务。但是，签章人承担这一责任，必须存在三个条件：①必须是无权代理人在票据上以自己的名义签章。不论该票据记载的被代理人是何人，只要无权代理人在票据上以自己的名义签章，其就应对此行为承担责任。②必须是行为人没有代理权。如果行为人不能证明自己具有代理权，即使票据上记载为被代理人代理并以自己的名义签章，也应承担责任。③必须是该行为能产生票据上的效力。如果无权代理人的行为不能产生票据上的效力，那么他不承担无权代理的责任。例如无权代理人系无民事行为能力人等。

3. 越权代理。在民法理论上，越权代理的越权部分，亦属无权代理，但是其与前述所言的无权代理不同的是：后者从一开始就没有代理权，而前者则有代理权，只是行为人超越了被代理人的授权范围而进行代理行为。在票据行为代理中，越权代理实则表现为增加了被代理人的票据义务。根据《票据法》第5条第2款之规定，代理人超越代理权限的，应当就其超越权限的部分承担票据责任。

三、票据权利与抗辩

（一）票据权利

1. 票据权利的概念。票据权利是指持票人向票据债务人请求支付票据金额的权利。根据我国《票据法》第4条第4款的规定，票据权利包括付款请求权和追索权。

票据权利是票据关系中票据债权人享有的权利，是一种证券权利，产生于票据债务人的票据行为，因此在学理上，该权利也叫票据上的权利。这与票据法上的权利不是同一概念。票据法上的权利是根据票据法的规定所产生的权利，从广义上讲，票据权利也属于票据法上的权利范畴，但一般认为，票据法上的权利在性质上属于非票据关系，例如，《票据法》第5条规定的票据当事人可以委托其代理人在票据上签章的委托权，第9条规定票据的原记载人可以更改票据上一些非主要记载事项等，该等权利就是票据法上的权利，而非票据权利。

2. 票据权利的内容。票据权利是以获得一定金钱为目的的债权。债权是一种请求权，即请求他人为一定行为或不为一定行为的权利。票据权利作为一种金钱债权，表现为请求支付一定数额货币的权利。如前所述，我国《票据法》规定票据权利为付款请求权和追索权。这表明票据权利的内容与一般的金钱债权不同。一般的金钱债权是一种简单的一次性的请求权，而票据权利则体现为二次请求权。第一次请求权是付款请求权，这是票据上的主要权利；第二次请求权为追索权，这是指第一次请求权（即付款请求权）得不到满足时，向付款人以外的票据债务人要求清偿票据金额及有关费用的权利，故该权利又称偿还请求权。由于追索权是一种附条件的权利，即有赖于第一次请求权不能实现才得以行使的权利，故又叫从票据权利。正因如此，《票据法司法解释》第4条规定："持票人不先行使付款请求权而先行使追索权遭拒绝提起诉讼的，人民法院不予受理。除有《票据法》第61条第2款和本规定第3条所列情形外，持票人只能在首先向付款人行使付款请求权而得不到付款时，才可以行使追索权。"

3. 票据权利的取得。票据权利的取得，亦称票据权利的发生。票据权利是以持有票据为依据的，因此，行为人合法取得票据，即取得了票据权利。根据一般情形，当事人取得票据主要有以下几种情况：①从出票人处取得。出票是创设票据权利的票据行为，从出票人处取得票据，即取得票据权利。②从持有票据的人处受让票据。票据通过背书或交付等方式可以转让他人，以此取得票据即获得票据权利。③依税收、继承、赠与、企业合并等方式获得票据。

根据我国《票据法》的有关规定，行为人合法取得票据，依法取得票据权利，必须注意以下几个问题：

（1）票据的取得，必须给付对价。对价是一个特定的法律概念，是指当事人一方在获得某种利益时，必须给付对方相应的代价。《票据法》第10条第2款规定："票据的取得，必须给付对价，即应当给付票据双方当事人认可的相对应的代价。"这里所指的"相对应的代价"就是指相当或相等的代价。如出票人签发一张金额为5万元的汇票，收款人提供5万元的商品，该商品即是相对应的代价。该等对价是否相当或相等，一般以票据双方当事人签订的合同或达成的协议为准。如果一方当事人提供不符合双方认可的对价，不仅构成民法中的违约责任，而且在票据法中也被认为是无对价，只有在事后追认同意的，才构成对价。票据的取得是无对价或无相当对价的，根据票据法的一般原理，只要票据取得人取得票据没有恶意，即不存在欺诈、偷盗、胁迫等，那么他自然享有票据权利，但该票据权利不得优于其前手。所谓"前手"是指在票据签章人或者持票人之前签章的其他票据债务人。这就是说，凡是无对价或无相当对价取得票据的,如果属于善意取得,仍然享有票据权利,但票据持有人必须承受其前手的权利瑕疵。如果前手的权利因违法或有瑕疵而受影响或丧失,该持票人的权利也因此而受影响或丧失。

(2) 因税收、继承、赠与可以依法无偿取得票据的,不受给付对价之限制。这是一种例外的情况。由于法律允许一些无偿法律行为存在,故也承认一方当事人给付他方当事人某种利益时,他方当事人只接受该种利益而无须支付任何报酬。所以《票据法》第11条第1款规定:"因税收、继承、赠与可以依法无偿取得票据的,不受给付对价的限制。但是,所享有的票据权利不得优于其前手的权利。"这一规定一方面强调了在法律认可的无偿关系情况下,可以取得票据并不受给付对价之限制;另一方面又对无偿取得票据者的票据权利作了相应的限制。这一限制表现在两个方面:①由此取得的票据权利范围不得超过其前手的权利范围;②如果前手的权利有瑕疵,票据取得人取得的权利亦受此影响。

(3) 因欺诈、偷盗、胁迫、恶意或重大过失而取得票据的,不得享有票据权利。前述有关部分对欺诈、偷盗、胁迫和恶意取得票据的情形已作过说明,这里不再赘述。该等行为取得的票据,即使票据的要式齐全、票据的背书连续,也不得享有票据权利,由此而触犯其他法律、法规的,还要依法追究其相应的法律责任。

根据《票据法》第12条第2款之规定,"持票人因重大过失取得不符合本法规定的票据的,也不得享有票据权利"。民法理论上的重大过失是指行为人因疏忽或过于自信不仅没有遵守法律对他较高的注意之要求,甚至连人们一般应当注意并能够注意的要求都未达到,以致造成某种损害后果。此处的持票人因重大过失取得票据是指票据受让人虽不是明知,但如果凭一般业务交往和日常生活之基本经验和习惯稍加注意就可知道票据转让人转让的票据是不符合票据法规定的票据。在此情况下,票据取得人不得享有票据权利。但是,应该注意的是,如果持票人因重大过失取得符合票据法规定的有效票据,是否享有票据权利,《票据法》没有规定。如果持票人因重大过失而没有注意到票据转让人对票据没有处分权,尽管该票据是有效票据,亦应视为不得享有票据权利。

4. 票据权利的消灭。票据权利的消灭是指因发生一定的法律事实而使票据权利不复存在。票据权利消灭之后,票据上的债权、债务关系也随之消灭。在一般情况下,票据权利可因履行、免除、抵销等事由的发生而消灭。这里主要说明票据权利因时效而消灭的情形。

我国民法确定的时效主要是指消灭时效,这是指权利人在法律规定的时效期间内不行使权利,即引起权利丧失的一种制度。根据我国《票据法》第17条之规定,票据权利因在一定期限内不行使而消灭的情形有四种:

(1) 持票人对票据的出票人和承兑人的权利,自票据到期日起2年。见票即付的汇票、本票,自出票日起2年。这是有关付款请求权的时效规定。依此规定,持票人对票据的出票人和承兑人、本票的发票人享有的付款请求权,自票据到期日起2年内不行使,见票即付的汇票、本票的付款请求权,自出票日起2年内不行使,其权利归于消灭。

(2) 持票人对支票出票人的权利,自出票日起6个月。这也是有关付款请求权的时效规定。依此规定,持票人对支票的出票人的付款请求权,自出票日起6个月内不行使,其权利归于消灭。

(3) 持票人对前手的追索权,自被拒绝承兑或者被拒绝付款之日起6个月。这是有关追索权的时效规定。持票人的付款请求权被拒绝之后,自被拒绝承兑或者被拒绝付款之日起6个月不行使追索权的,该项权利归于消灭。

(4) 持票人对前手的再追索权,自清偿日或者被提起诉讼之日起3个月。这也是有关追索权的时效规定。再追索权是指受到追索而偿还了票款的人因取得票据上的权利而向其前手再追索的追索权。票据的被追索人偿还了票款之后，即取得持票人的同一权利，故有权向其前手行使追索权。根据我国《票据法》的规定，被追索人清偿了票款之后，自清偿日或者被提起诉讼之日起3个月内，应向其前手行使再追索权，否则即丧失该权利。

根据《票据法司法解释》第13条和第18条之规定，前述四种情形中，第一种和第二种所指的权利，包括付款请求权和追索权；第三种和第四种所指的追索权，不包括对票据出票人的追索权。

上述时效的规定都适用民法上有关时效中断和中止的有关规定。但是，根据《票据法司法解释》第20条之规定，上述票据权利时效发生中断的，只对发生时效中断事由的当事人有效。

5. 票据权利的行使与保全。票据权利的行使是指票据权利人向票据债务人提示票据，请求实现票据权利的行为，如请求承兑、提示票据请求定期付款、行使追索权等。票据权利的保全是指票据权利人防止票据权利丧失的行为，如为防止付款请求权与追索权因时效而丧失，采取中断时效的行为；为防止追索权丧失而请求作成拒绝证明的行为等。

票据权利人为了防止票据权利的丧失，在人民法院审理、执行票据纠纷案件时，可以请求人民法院依法对票据采取保全措施或者执行措施。根据《票据法司法解释》第8条之规定，经当事人申请并提供担保，对具有下列情形之一的票据，可以依法采取保全措施或者执行措施：①不履行约定义务，与票据债务人有直接债权债务关系的票据当事人所持有的票据；②持票人恶意取得的票据；③应付对价而未付对价的持票人持有的票据；④记载有"不得转让"字样而用于贴现的票据；⑤记载有"不得转让"字样而用于质押的票据；⑥法律或者司法解释规定有其他情形的票据。

无论是票据权利的行使还是保全，都涉及一个在何地进行的问题。根据民法的一般原理，在债的履行中，除特定物的给付外，凡债务的清偿，除非当事人之间有特别约定，应当在债权人的住所进行。但是，票据是一种流通证券，转让较为频繁，因而票据债务人往往很难确定票据到期时的债权人，到债权人处履行债务亦较为困难。为此，《票据法》第16条规定："持票人对票据债务人行使票据权利，或者保全票据权利，应当在票据当事人的营业场所和营业时间内进行，票据当事人无营业场所的，应当在其住所进行。"此处所指的票据当事人是指对票据债务承担义务的承兑人、付款人、保证人、出票人或前手背书人等。此处所指的住所，依照《民法通则》第39条之规定，"法人以它的主要办事机构所在地为住所"，以及该法第15条之规定，"公民以他的户籍所在地的居住地为住所，经常居住地与住所不一致的，经常居住地视为住所"。

6. 票据权利的补救。票据权利与票据是紧密相连的。如果票据一旦丧失，票据权利的实现就会受到影响。为此，我国《票据法》第15条规定了票据丧失后的补救措施。该补救措施主要有三种形式，即挂失止付、公示催告、普通诉讼。无论是采取哪一种补救措施，均必须符合以下几个条件：①必须有丧失票据的事实。所谓丧失票据（或票据丧失）是指票据因灭失、遗失、被盗等原因而使票据权利人脱离其对票据的占有。在此情况下，票据的物质客体可能已经消灭，或者虽然还存在但失票人不知其在何处。②失票人必须是真正的票据权利人。③丧失的票据必须是未获付款的有效票据。如果是已经付款的票据，或者属于必要记载事项不全的票据，或手续欠缺以及时效届满其权利已消灭的票据等，均不得采取该等补救措施。以下分别对三种补救措施逐一说明。

（1）挂失止付。这是指失票人将丧失票据的情况通知付款人并由接受通知的付款人暂停支付的一种方法。我国《票据法》第15条第1款规定："票据丧失，失票人可以及时通知票据的付款人挂失止付，但是，未记载付款人或者无法确定付款人及其代理付款人的票据除外。"根据这一规定，挂失止付的票据应当是不属于未记载付款人的票据或者无法确定付款人及其代理付款人的票据。未记载付款人的汇票、本票、支票属于无效票据，故不能挂失止付；无法确定付款人的代理付款人（一般指银行）的银行汇票、银行承兑汇票、银行本票是由代理付款人在见票时直接支付票款，且代理付款人的名称都未在票据上记载，经背书转让后，更难确定代理付款人，故挂失止付通知无法送达，当然也不能挂失止付。

失票人在通知票据的付款人或者代理付款人挂失止付时，应当填写挂失止付通知书并签章。根据《票据管理实施办法》第19条的规定，挂失止付通知书应当记载下列事项：①票据丧失的时间和事由；②票据种类、号码、金额、出票日期、付款日期、付款人名称、收款人名称；③挂失止付人的名称、营业场所或者住所以及联系方法。

《票据法》第15条第2款规定："收到挂失止付通知的付款人，应当暂停支付。"依此规定，付款人对通知止付的票据，应承担停止付款的义务，否则，应承担民事赔偿责任。

挂失止付并不是票据丧失后票据权利补救的必经程序，它仅仅是失票人在丧失票据后可以采取的一种暂时的预防措施，以防止票据被冒领或骗取。因此，失票人既可在票据丧失后先采取挂失止付，再紧接着申请公示催告或提起诉讼；也可以不采取挂失止付，直接向人民法院申请公示催告，由法院在受理后发出停止支付通知，或向法院直接起诉。但是，票据丧失后，票据极易被冒领、骗取，而且法院在受理公示催告或起诉时有一个过程，故失票人应在票据丧失后通知付款人挂失止付为宜。根据《票据管理实施办法》第20条的规定，付款人或者代理付款人自收到挂失止付通知书之日起12日内没有收到人民法院的止付通知书的，自第13日起，挂失止付通知书失效。但是，如果付款人或者代理付款人在收到挂失止付通知书前，已经依法向持票人付款的，不再接受挂失止付。

（2）公示催告。这是指在票据丧失后，由失票人向人民法院提出申请，请求人民法院以公告方法通知不确定的利害关系人限期申报权利，逾期未申报者，则权利失效，而由人民法院通过除权判决宣告所丧失的票据无效的一种制度或程序。我国《民事诉讼法》第十八章规定了公示催告程序，该法第218条规定，"按照规定可以背书转让的票据持有人，因票据被盗、遗失或者灭失，可以向票据支付地的基层人民法院申请公示催告"。我国《票据法》第15条第3款规定："失票人应当在通知挂失止付后3日内，也可以在票据丧失后，依法向人民法院申请公示催告……"根据《民事诉讼法》的规定，票据丧失后的公示催告程序如下：

第一，失票人向票据支付地的基层人民法院提出公示催告的申请。票据支付地是指票据的履行地。银行汇票以出票人所在地为支付地；商业汇票以承兑人或付款人所在地为支付地；银行本票以出票人所在地为支付地；支票以出票人开户银行所在地为支付地。票据的代理付款银行是受付款人的委托向持票人支付票款，因此，代理付款银行所在地不能确定为票据支付地。失票人向人民法院递交公示催告申请书时，应当写明票面金额、出票人、持票人、背书人等主要内容和申请的理由以及事实等。如果是已通知挂失止付的，应当在通知挂失止付后3日内向人民法院提出公示催告的申请。

第二，人民法院决定受理申请后，应当同时向付款人及代理付款人发出止付通知，并自立案之日起3日内发出公告。止付通知是由人民法院向付款人发出的停止付款的通知，如果付款人拒不止付，由此给失票人造成损失的，应承担相应的责任。付款人接到停止付款通知后，应当停止支付，直至公示催告程序终结。公告是由人民法院在受理公示催告申请后，以公开文字形式向社会发出的旨在敦促利害关系人限期申报权利的一种告示。该公告应当在全国性的报刊上登载。人民法院应在受理申请后3日内发出公告，公示催告的期间不得少于60日，涉外票据可根据情况适当延长，但最长不得超过90日。

第三，人民法院收到利害关系人的申报后，应当裁定终结公示催告程序。人民法院在收到利害关系人提出的票据权利主张后，应通知公示催告申请人在指定的期间查看票据。如果公示催告的票据与利害关系人出示的票据不一致的，法院应裁定予以驳回利害关系人的申报。

第四，公示催告期间届满以及在判决作出前，没有利害关系人申报权利的，公示催告申请人应当自申报权利期间届满的次日起1个月内申请法院作出判决。法院判决丧失票据无效。判决应当公告，并通知付款人。判决生效后，公示催告申请人有权依据判决向付款人请求付款或向其他票据债务人行使追索权。至此，票据丧失后的权利补救措施完成。

（3）普通诉讼。这是指丧失票据的失票人向人民法院提起民事诉讼，要求法院判定付款人向其支付票据金额的活动。《票据法》第15条第3款规定："失票人应当在通知挂失止付后3日内，也可以在票据丧失后，……向人民法院提起诉讼。"失票人向人民法院提起诉讼以补救票据权利的，应注意以下几点：①票据丧失后的诉讼被告一般是付款人，但在找不到付款人或付款人不能付款时，也可将其他票据债务人（出票人、背书人、保证人等）作为被告。②诉讼请求的内容是要求付款人或其他票据债务人在票据的到期日或判决生效后支付或清偿票据金额。③失票人在向法院起诉时，应提供所丧失的票据的有关书面证明。④失票人向法院起诉时，应当提供担保，以防止由于付款人支付已丧失的票据票款后可能出现的损失。担保的数额相当于票据载明的金额。⑤在判决前，丧失的票据出现时，付款人应以该票据正处于诉讼阶段为由暂不付款，而将情况迅速通知失票人和人民法院。法院应终结诉讼程序。失票人与提示人对票据债权人没有争议的，应由真正的票据债权人持有票据并向付款人行使票据权利；如失票人与提示人对票据债权人有争议的，任何一方均可向法院起诉，由法院确认。在判决生效后，丧失的票据出现时，付款人不为付款，应将情况通知失票人。如果失票人与提示人对票据权利没有争议的，由真正的票据权利人向付款人行使票据权利；如有争议，任何一方可向法院起诉，请求确认权利人。

（二）票据抗辩

1. 票据抗辩的概念。票据抗辩是指票据的债务人依照《票据法》的规定，对票据债权人拒绝履行义务的行为。票据抗辩是票据债务人的一种权利，是债务人保护自己的一种手段。法律之所以规定债务人可以在一定情况下具有拒绝履行义务的权利，这主要是基于票据是一种可流通证券，让与极为频繁，在每一个转让环节都有可能使票据出现缺陷，因此，赋予债务人的票据抗辩权则可依法保护其合法利益。

2. 票据抗辩的种类。票据债务人行使抗辩权的情形较为复杂，前述有关内容已提及一些。从总的来看，票据抗辩权的行使必须严格依照《票据法》的规定进行，否则，不得行使抗辩权。根据抗辩原因不同以及抗辩效力的不同，票据抗辩可分为两种：

（1）对物抗辩。这是指对基于票据本身的内容而发生的事由所进行的抗辩。该抗辩可以对任何持票人提出。其主要包括以下情形：①以票据行为不成立为由而抗辩。如票据应记载的内容有欠缺；票据债务人无行为能力；无权代理或超越代理权进行票据行为；票据上有禁止记载的事项（如付款附有条件、记载到期不合法）；背书不连续；持票人的票据权利有瑕疵（如因欺诈、偷盗、胁迫、恶意、重大过失取得票据）等。②依票据记载不能提出请求而为的抗辩。如票据未到期、付款地不符等。③票据载明的权利已消灭或已失效而为的抗辩。如票据债权因付款、抵销、提存、免除、除权判决、时效届满而消灭等。④票据权利的保全手续欠缺而为的抗辩。如应作成拒绝证书而未作等。⑤票据上有伪造、变造情形而为的抗辩。

（2）对人抗辩。这是指票据债务人对抗特定债权人的抗辩。这一抗辩多与票据的基础关系有关。例如，甲签发一张票据给乙而购买商品，甲就可以乙未交货，不具有对价为由向乙主张抗辩。为此，《票据法》第13条第2款亦规定："票据债务人可以对不履行约定义务的与自己有直接债权债务关系的持票人，进行抗辩。"在理解这一规定时，应注意的是：票据债务人只能对基础关系中的直接相对人不履行约定义务的行为进行抗辩，该基础关系必须是该票据赖以产生的民事法律关系，而不是其他的民事法律关系；如果该票据已被不履行约定义务的持票人转让给第三人，而该第三人属于善意、已对价取得票据的持票人，则票据债务人不能对其进行抗辩。

3. 票据抗辩的限制。对票据抗辩予以限制是各国立法普遍采用的做法。我国《票据法》第13条第1款亦规定："票据债务人不得以自己与出票人或者与持票人的前手之间的抗辩事由，对抗持票人。但是，持票人明知存在抗辩事由而取得票据的除外。"这便是对票据抗辩限制的规定。根据这一规定，我国《票据法》中对票据抗辩的限制主要表现在以下方面：

(1) 票据债务人不得以自己与出票人之间的抗辩事由对抗持票人。这就是说，如果票据债务人（如承兑人、付款人）与出票人之间存在抗辩事由（如出票人与票据债务人存在合同纠纷；出票人存入票据债务人的资金不够等），该票据债务人不得以此抗辩事由对抗善意持票人。

(2) 票据债务人不得以自己与持票人的前手之间的抗辩事由对抗持票人。例如，票据债务人与持票人的前手（如背书人、保证人等）存在抵销关系，而持票人的前手将票据转让给了持票人，票据债务人就不能以其与持票人的前手存在抗辩事由而拒绝向持票人付款。

上述对票据抗辩的限制实际是把票据债务人与出票人之间存在的抗辩以及票据债务人与其前债权人（持票人的前手）之间所存在的抗辩限制在他们之间而不允许将这些抗辩扩大到其他人。这主要在于保证票据作为一种流通和支付工具的正常使用和流通，不致使票据权利人缺乏安全感而无端造成善意持票人的经济损失。但是如果持票人明知票据债务人与出票人之间存在抗辩以及票据债务人与其前债权人之间存在抗辩，这表明持票人具有主观恶意，票据债务人可以对其主张抗辩，拒绝付款。在此情况下，票据债务人应对持票人的恶意行为承担举证责任。

(3) 凡是善意的、已付对价的正当持票人可以向票据上的一切债务人请求付款，不受前手权利瑕疵和前手相互间抗辩的影响。例如，持票人不知道其前手取得票据存在欺诈、偷盗、胁迫、重大过失等情形，并已为取得票据支付了相当的代价，那么票据债务人不能以持票人的前手存在权利瑕疵而对抗持票人。

(4) 持票人取得的票据是无对价或不相当对价的，由于其享有的权利不优于其前手的权利，故票据债务人可以对抗持票人前手的抗辩事由对抗该持票人。

《票据法司法解释》第23条规定："代理付款人在人民法院公示催告公告发布以前按照规定程序善意付款后，承兑人或者付款人以已经公示催告为由拒付代理付款人已经垫付的款项的，人民法院不予支持。"

(三) 票据的伪造和变造

伪造和变造的票据直接影响票据权利，因此，我国《票据法》第14条对票据的伪造和变造的责任和效力作了规定。

1. 票据的伪造。票据的伪造是指假冒他人名义或虚构他人的名义而进行的票据行为。一般认为，票据上的伪造包括票据的伪造和票据上签章的伪造两种。前者是指假冒他人或虚构他人的名义进行出票行为，如在空白票据上伪造出票人的签章或者盗盖出票人的印章而进行出票；后者则是指假冒他人名义而进行出票行为之外的其他票据行为，如伪造背书签章、承兑签章、保证签章等。票据的伪造与票据的无权代理不同的是,票据伪造的伪造人必须是假冒他人名义签章,而票据的无权代理则是在票据上表明了代理关系,将被代理人的姓名或名称记载在票据上并由代理人签章,因此两者不能等同。

票据的伪造行为是一种扰乱社会经济秩序、损害他人利益的行为,在法律上不具有任何票据行为的效力。由于其从一开始就是无效的,故持票人即使是善意取得,对被伪造人也不能行使票据权利。对伪造人而言,由于票据上没有以自己名义所作的签章,因此也不应承担票据责任。但是,如果伪造人的行为给他人造成损害的,必须承担民事责任,构成犯罪的,还应承担刑事责任。

根据《票据法》第14条第2款之规定,票据上有伪造签章的,不影响票据上其他真实签章的效力。这就是说,在票据上真正签章的人,仍应对被伪造的票据的债权人承担票据责任,票据债权人按票据法的规定提示承兑、提示付款或行使追索权时,在票据上真正签章人不能以伪造为由进行抗辩。

2. 票据的变造。票据的变造是指无权更改票据内容的人,对票据上签章以外的记载事项加以变更的行为。例如,变更票据上的到期日、付款日、付款地、金额等。构成票据的变造,须符合以下条件:①变造的票据是合法成立的有效票据;②变造的内容是票据上所记载的除签章以外的事项;③变造人无权变更票据的内容。

有些行为与票据的变造相似,但不属于票据的变造:①有变更权限的人依法对票据进行的变更,这属于有效变更,不属于票据的变造;②在空白票据上经授权进行补记的,由于该空白票据欠缺有效成立的条件,此等补记只是使票据符合有效票据的条件,不属于票据的变造;③变更票据上的签章的,属于票据的伪造,而不属于票据的变造。

根据《票据法》第14条第3款之规定,票据的变造应依照签章是在变造之前或之后来承担责任。如果当事人签章在变造之前,应按原记载的内容负责;如果当事人签章在变造之后,则应按变造后的记载内容负责;如果无法辨别是在票据被变造之前或之后签章的,视同在变造之前签章。例如,甲签发一张本票交受款人乙,金额为2万元,乙背书转让给丙,丙取得本票后将金额改为5万元然后转让给丁,丁又背书转让给戊。因甲乙签章在变造之前,故应就2万元负责;丙为变造人,应对其所变造的文义负责,即对5万元负责;丁签章在变造之后,应对5万元负责。如果戊向甲请求付款,甲只负责付给2万元。戊已付给丁5万元,其所受损失3万元应向丁和丙请求赔偿。但是,在实践中,变造人可能签章,也可能不签章,无论是否签章,其都应就行为承担法律责任。尽管被变造的票据仍为有效,但是,票据的变造是一种违法行为,故变造人的变造行为给他人造成经济损失的,应对此承担赔偿责任,构成犯罪的,应承担刑事责任。

第三节 汇 票

一、汇票的概念及分类

(一) 汇票的概念

汇票是出票人签发的,委托付款人在见票时或在指定日期无条件支付确定的金额给收款人或者持票人的票据。它与本票、支票相比,具有以下法律特征:

1. 从当事人方面来看,汇票在出票时,其基本当事人有三方:出票人、付款人和收款人。出票人是签发汇票的人,付款人是受出票人委托支付票据金额的人,收款人是凭汇票向付款人请求支付票据金额的人。而本票的基本当事人只有出票人和收款人。支票的基本当事人虽然也有三个，但其付款人仅限于办理支票存款业务的银行或其他金融机构，而汇票的付款人则没有这一限制。

2. 汇票是委付证券，是一种支付命令，而本票是一种自付证券，是一种自我付款的承诺。因其为委付证券，故汇票的出票人和付款人之间必须具有真实的委托付款关系，并具有支付汇票金额的可靠的资金来源。

3. 汇票须经承兑。承兑是汇票独有的法律行为，是汇票区别于本票和支票的重要特征。它是指付款人承诺在汇票到期日支付汇票金额的一种票据行为。汇票一经承兑，付款人就取代出票人而成为票据的主债务人。

4. 付款日不同。汇票除有见票即付的情况外，还有定日付款、出票后定期付款和见票后定期付款等情况，而本票和支票在付款期限的规定上一般只有见票即付的情况。

（二）汇票的分类

汇票依不同的标准，可作不同的分类：

1. 依出票人身份的不同，可分为银行汇票和商业汇票。我国《票据法》第19条第2款也明文规定："汇票分为银行汇票和商业汇票。"银行汇票是指出票银行签发的，由其在见票时按照实际结算金额无条件支付给收款人或者持票人的票据。银行汇票是一种变式汇票，即己付汇票，其基本当事人只有两个，即出票人和收款人，出票银行既是出票人，又是付款人。商业汇票是指出票人签发的，委托付款人在指定日期无条件支付确定的金额给收款人或者持票人的票据。商业汇票的出票人为银行以外的企业或其他组织；其付款人可以是银行，也可是银行以外的企业或其他组织。凡由银行承兑的，称为银行承兑汇票；凡由银行以外的付款人承兑的，称为商业承兑汇票。商业汇票则因其主债务人不一定为社会公众所熟知，其流通性远逊于银行汇票。

2. 依汇票到期日的不同，汇票分为即期汇票和远期汇票。即期汇票，即见票即付的汇票，以持票人提示汇票之日作为汇票到期日。远期汇票是指必须到约定日期才能请求付款的汇票。按约定日期的方法不同，远期汇票又可分为以下四种：①定期汇票，即出票时以某一确定日为到期日的汇票；②计期汇票，即以出票日后一定期间为到期日的汇票；③见票后定期汇票，指以承兑后一定期间为到期日的汇票；④分期付款汇票，指将票面金额分成若干部分，并分别指定到期日的汇票。

3. 依记载权利人名称方式的不同，可分为记名汇票、指示汇票和无记名汇票。记名汇票，或称抬头汇票，是指出票人在票据上载明收款人姓名或名称的汇票。这种汇票的生效条件是：出票人须在制票后将票据交给票载的收款人，以后的受让人则必须以背书的连续性证明其票据权利。指示汇票，是指出票人除在汇票上载明收款人姓名或名称外，还记载"或其他指定人"的汇票。无记名汇票是指在汇票上不记载收款人的姓名或名称，或者仅记载"付于来人"字样的汇票。该种汇票依交付而转让。

4. 按照票据关系当事人资格是否重叠为标准，汇票可分为一般汇票和变式汇票。一般汇票，是指出票人、付款人及收款人分别为三个独立的行为主体，三者的身份不发生任何重叠的汇票。变式汇票，是指出票人、付款人及收款人中有一人兼任数个票据当事人身份的汇票。变式汇票又可分为三种：①指己汇票，又称己受汇票，指出票人兼为收款人的汇票；②对己汇票，又称己付汇票，是指出票人兼为付款人的汇票；③付受汇票，是指付款人兼为收款人的汇票。我国《票据法》对变式汇票未作规定，但在实践中是存在这三种汇票的。

5. 按照汇票的付款要求不同，汇票可分为光票和跟单汇票。光票，指在付款时不需要附带任何其他单据即可发生付款效力的汇票。光票多在异地交易中使用，卖方以买方为付款人而签发，当持票人向付款人提示付款时，只须提交汇票本身即可。跟单汇票，指须随附一些单据才能发生付款效力的汇票。它与光票的区别是，跟单汇票到期付款时不仅需要提示汇票本身，还需提示随汇票所附的各种单据，如发票、提单、税票或保险单等，才能获得付款。

6. 按照出票和付款的地域不同为标准，可分为国内汇票和国际汇票。国内汇票，指出票地、付款地及流通领域均在同一国境内的汇票。国际汇票，指发行与流通跨越两国或两国以上的汇票。如出票地、付款地不在同一国，或出票人、付款人不在同一国等。

二、汇票的票据行为

（一）汇票出票

1. 汇票出票的概念及其记载事项。汇票的出票，又称汇票的发票，是指出票人签发汇票并将其交付给收款人的票据行为。它是创设汇票的基本票据行为，或称汇票的主票据行为。

汇票的出票包括签发票据和交付两个行为。前者是指出票人依据法定款式将应记载事项记载于票据上，并签章于其上；后者又称发行，是指出票人将已作成的汇票交付给他人。出票若无交付行为，则该票据尚不能发生效力，不能算作出票行为的完成。根据我国《票据法》的规定，出票人签发的汇票必须记载以下事项：①表明"汇票"的字样；②无条件支付的委托；③确定的金额；④付款人名称；⑤收款人名称；⑥出票日期；⑦出票人签章。

汇票未记载上述事项之一的，汇票无效。另外，在汇票上应当清楚、明确地记载付款日期、付款地、出票地等事项。如果汇票上未记载付款日期的，视为见票即付；未记载付款地的，以付款人的营业场所、住所或经常居住地为付款地；未记载出票地的，以出票人的营业场所、住所或经常居住地为出票地。付款日期可以按照下列形式之一记载：①见票即付；②定日付款；③出票后定期付款；④见票后定期付款。上述付款日期均为汇票到期日。

汇票上可以记载法定事项以外的其他出票事项，但是，该记载事项不具有汇票上的效力。

2. 汇票出票的条件及其效力。关于汇票出票的条件，我国《票据法》规定，出票时"汇票的出票人必须与付款人具有真实的委托关系，并且具有支付票据金额的可靠的资金来源"，出票人"不得签发无对价的汇票用以骗取银行或其他票据当事人的资金"。

汇票出票后就使票据完成，票据进入流通领域，票据关系人依完成的票据所载文义而享有票据权利、承担票据义务。这就是出票的效力。出票行为对出票人自身而言，使其承担了保证该汇票承兑和付款的责任，在汇票得不到承兑或者付款时，应当向持票人清偿法律规定的金额和费用；对票载收款人而言，其效力就是使其享有票据上的权利，即付款请求权和追索权；对票载付款人而言，出票行为并不必然对其发生约束力，出票行为仅使付款人获得了付款的资格（可能性），并未使付款成为其义务，只有当付款人承兑时，付款人才负有付款的义务，成为汇票的主债务人。

（二）背书

1. 背书的概念。背书是指持票人在票据背面或者粘单上记载有关事项并签章的票据行为。持票人通过背书并交付汇票，可以将汇票权利转让给他人，也可以将一定的汇票权利授予他人行使。其中，作背书转让的持票人为背书人，接受票据受让背书的人为被背书人，被背书人接受票据后可以再次背书，称为再背书。

2. 背书的分类。背书依不同标准可作不同的分类：

（1）依背书的目的不同可分为转让背书和非转让背书。转让背书是指持票人以转让票据权利为目的的背书，但是，汇票上记载有"不得转让"字样的，汇票不得背书转让。非转让背书是指持票人以转让票据权利以外的其他目的而为的背书，又分为委任背书和设质背书两种。委任背书或称委托收款背书，是指持票人为委托他人（被背书人）代为领取票款而为的背书。我国《票据法》第35条第1款就委任背书作了规定："背书记载'委托收款'字样的，被背书人有权代背书人行使被委托的汇票权利。但是，被背书人不得再以背书转让汇票权利。"设质背书或称质权背书，是指背书人以票据权利设定质押为目的的背书。背书人为出质人，被背书人为质权人。《票据法》第35条第2款规定："汇票可以设定质押；质押时应当以背书记载'质押'字样。被背书人依法实现其质权时，可以行使汇票权利。"票据设质，实质上是《担保法》中规定的权利质押。

（2）依背书的效力不同划分，背书可分为一般转让背书和特殊转让背书。一般转让背书是具有完全的无限制效力的转让背书，其依记载事项完全与否，又可分为完全背书和空白背书。完全背书或称记名背书，是指需要载明被背书人名称并由背书人签章的背书。空白背书是指不记载被背书人名称的背书，又称无记名背书。我国《票据法》不承认无记名背书。特殊转让背书是转让效力受到一定限制的背书，又可分为禁止背书的背书、无担保背书、回头背书和期后背书等。

3. 背书的格式。背书的格式，包括三方面内容：

（1）应记载事项。各国票据法均规定，背书应记载背书人签章、被背书人名称（空白背书除外）和背书日期。背书未记载日期的，视为在汇票到期日前背书。我国《票据法》第29条也有此规定。

（2）得记载的事项。我国《票据法》第34条规定："背书人在汇票上记载'不得转让'字样，其后手再背书转让的，原背书人对后手的被背书人不承担保证责任。"其中的"不得转让"即为得（可以）记载事项。

（3）不得记载的事项。我国《票据法》第33条规定："背书不得附有条件。背书时附有条件的，所附条件不具有汇票上的效力。将汇票金额的一部分转让的背书或者将汇票金额分别转让给二人以上的背书无效。"此规定即为不得记载的事项。

4. 背书的连续。所谓背书连续，是指在票据转让中，转让汇票的背书人和受让汇票的被背书人在汇票上的签章依次前后衔接。即本次背书人应是前一次背书的被背书人。

背书连续的效力，分为对持票人的效力和对付款人的效力。就持票人而言：①背书连续产生证明力，可证明持票人享有票据权利；②背书形式上不连续，而实质上连续，即以其他合法方式取得汇票的，必须依法举证，以实质连续证明背书连续后可以主张汇票权利；③形式和实质均不连续时，持票人只能行使追索权或利益偿还请求权。我国《票据法》第31条第1款规定了对持票人的效力。

就付款人的效力而言：①付款人应负查验背书是否连续的责任；②背书不连续而付款时，造成的损失由付款人负责。

5. 背书的效力。或称背书后的法律后果，包括转让背书的效力和非转让背书的效力两种。

转让背书的效力有三：①通过背书将票据权利由背书人转移给被背书人。②背书人负有担保责任，即后手应当对其直接前手背书的真实性负责；背书人以背书转让汇票后，即承担保证其后手所持汇票承兑和付款的责任；背书人在汇票得不到承兑或者付款时，应当向持票人清偿法律规定的金额和费用；对被拒绝承兑、被拒绝付款或者超过付款提示期限的汇票进行背书转让的，背书人应当承担汇票责任。③权利证明的效力，即持票人只需以背书的连续即可证明其取得票据权利。

非转让背书的效力因其种类的不同而不同，就委任背书而言，背书的效力仅产生对被背书人代理权的授予，而不产生票据权利的转移。因此，被背书人有权代背书人行使被委托的汇票权利,如再为委任背书,但不得为转让背书。就设质背书而言,也不发生权利转移的效力,而只使被背书人取得对票据权利的质权,只有在被背书人依法实现其质权时,才可以行使汇票权利。

(三) 承兑

1. 承兑的概念及效力。承兑是指汇票付款人承诺在汇票到期日支付汇票金额的票据行为。付款人承兑汇票后,作为汇票承兑人,便成为汇票的主债务人,应当承担到期付款的责任。

2. 承兑的分类。承兑的分类一般有两种:①依承兑有无限制,分为单纯承兑和不单纯承兑。前者是指不附加任何条件的承兑,后者是指对汇票上记载的文义加以变更或限制而为的承兑。又可分为一部承兑和附条件承兑。我国《票据法》第43条不承认附条件承兑,附有条件的,视为拒绝承兑,对一部承兑则未作规定。②依承兑的方式不同,分为正式承兑和略式承兑,前者又称完全承兑,是指在汇票正面记载承兑文句,并由付款人签章的承兑行为,后者是指付款人只签章而无承兑文句的承诺行为。我国《票据法》第42条只承认正式承兑。

3. 承兑的程序。汇票承兑的程序因汇票付款日的不同而有区别。见票即付的汇票无须提示承兑。而定日付款、出票后定期付款、见票后定期付款的汇票则应提示承兑,即这类汇票应经提示承兑和承兑两个阶段。

(1) 提示承兑。提示承兑是指持票人向付款人出示汇票,并要求付款人承诺付款的行为。提示是承兑的前提和条件,是行使和保全票据权利的手段。我国《票据法》第39、40条规定:定日付款或者出票后定期付款的汇票,持票人应当在汇票到期日前向付款人提示承兑。见票后定期付款的汇票,持票人应当自出票日起1个月内向付款人提示承兑。汇票未按照规定期限提示承兑的,持票人丧失对其前手的追索权。

(2) 承兑及承兑期间。付款人对向其提示承兑的汇票,应当自收到提示承兑的汇票之日起3日内承兑或者拒绝承兑。付款人收到持票人提示承兑的汇票时,应当向持票人签发收到汇票的回单。回单上应当记明汇票提示承兑的日期并签章。

4. 承兑与拒绝承兑的格式。关于承兑的格式,我国《票据法》第42条第1款规定:"付款人承兑汇票的,应当在汇票正面记载'承兑'字样和承兑日期并签章;见票后定期付款的汇票,应当在承兑时记载付款日期。"可见,我国只承认正式承兑。另外,根据该条第2款规定,汇票上未记载承兑日期的,以付款人收到提示承兑的汇票之日起的第3日为承兑日期。付款人决定承兑,并依法记载承兑事项后,应将汇票交还给持票人。

拒绝承兑在国外一般只须口头表示并退票即可。但在我国,依《票据法》第62条第2款的规定,付款人拒绝承兑的,必须出具拒绝证明或者退票理由书,否则,要承担由此而产生的民事责任。

(四) 保证

1. 保证的概念及其成立。保证是指票据债务人以外的他人充当保证人,担保票据债务履行的票据行为。它是适用于汇票、本票的附属票据行为。保证人为出票人、承兑人保证的,应将保证事项记载在票据正面,保证人为背书人保证的,应将保证事项记载在票据的背面或粘单上。保证事项应包括"保证"字样、保证人名称和住所、被保证人名称、保证日期、保证人签章等。但保证人在汇票或者粘单上未记载被保证人名称的,已承兑的汇票,以承兑人为被保证人;未承兑的汇票,以出票人为被保证人。保证人未记载保证日期的,以出票日期为保证日期。保证不得附有条件,附有条件的,不影响保证人的保证责任。保证人必须是由票据债务人以外的他人担任。依照《票据管理实施办法》的规定,保证人是指具有代为清偿票据债务能力的法人、其他组织或者个人。国家机关、以公益为目的的事业单位、社会团体、企业法人的分支机构和职能部门不得为保证人；但法律另有规定的除外。

2. 保证的效力。保证的效力，是使保证人依法承担保证责任。依我国《票据法》规定，保证人一经在汇票上或者粘单上作出保证后，除被保证人的债务因汇票记载事项欠缺而无效的外，应对合法取得汇票的持票人所享有的汇票权利承担保证责任。被保证的汇票，保证人应与被保证人对持票人承担连带责任。汇票到期后得不到付款的，持票人有权向保证人请求付款，保证人应当足额付款。保证人为两人以上的，保证人之间承担连带责任。保证人清偿票据债务后，可以行使持票人对被保证人及其前手的追索权。

（五）付款

1. 付款的概念及其效力。票据付款有广义和狭义之分。广义的付款是指一切票据债务人向票据权利人支付票据金额的行为。狭义的付款是指付款人或代理付款人向票据权利人支付票据金额的行为。此处所讲的付款是指狭义的付款。

付款是一种消灭票据债权债务关系的行为。其效力是：付款人依法足额付款后，全体票据债务人的责任，包括付款责任和担保责任都被解除。由于付款行为不必在票据上为任何意思表示，付款后即可收回票据，消灭票据关系，所以，有学者说它不是票据行为，只是一种准票据行为。

2. 付款的程序。付款程序包括提示、支付和收回汇票三个阶段，对此，我国《票据法》第五节作了专门规定。

（1）付款提示。或称提示付款，是指持票人在法定的日期内向付款人出示票据，行使付款请求权以保全票据权利的行为。这个法定日期，依我国《票据法》第53条的规定，采期间主义而非期日主义。即见票即付的汇票，自出票日起1个月内向付款人提示付款；定日付款、出票后定期付款或者见票后定期付款的汇票，自到期日起10日内向承兑人提示付款。

持票人未按照规定期限提示付款的，持票人将丧失对其前手的追索权。但在作出说明后，承兑人或者付款人仍应当继续对持票人承担付款责任。另外，持票人通过委托收款银行或者通过票据交换系统向付款人提示付款的，视同持票人提示付款。

此外，持票人在以下情形可不为付款提示：①付款人拒绝承兑，无须再为提示；②票据丧失，只能通过公示催告或普通诉讼来救济；③因不可抗力不能在规定期限提示，可直接行使追索权；④付款人或承兑人主体资格消灭，持票人无法提示。

（2）票款支付。关于票款支付，我国《票据法》第54条规定付款人必须在持票人提示付款的当日足额付款，即即时付款，不得分期或延期付款。另依该法第58条的规定，付款人在到期日前，对定日付款、出票后定期付款或者见票后定期付款的汇票提前付款的，由付款人自行承担所产生的责任。

在票款支付时，持票人得委托银行收款，付款人也可委托银行付款。但受托银行的责任，限于按照汇票上记载的事项将汇票金额转入持票人账户或划出付款人的账户。

付款人及其代理付款人（指根据付款人的委托，代其支付票据金额的银行和城乡信用合作社）在付款时，负有审查的义务。即应当审查持票人提示的汇票背书是否连续，并应审查提示付款人的合法身份证明或者有效证件。付款人及其代理付款人以恶意或者重大过失付款的，应当自行承担责任。

（3）收回汇票。汇票是返还证券，付款人付款后，有向持票人收回汇票的权利。对持票人拒不记载"收清"字样和签章的，付款人可拒绝付款。我国《票据法》第55条规定："持票人获得付款的，应当在汇票上签收，并将汇票交给付款人。持票人委托银行收款的，受委托的银行将代收的汇票金额转账收入持票人账户，视同签收。"

三、追索权

(一) 追索权的概念及其特征

追索权,又称偿还请求权,是指持票人在汇票到期不获付款或期前不获承兑或有其他法定原因发生时,向其前手请求偿还票据金额及其损失的权利。追索权是一种票据权利,是法律上为补充付款请求权而设定的第二次请求权。

在追索权关系中,其当事人分为追索权人和被追索权人。前者是指行使追索权的人,也就是持票人;后者也称偿还义务人,是指有偿还持票人票据金额及其损失责任的人,包括出票人、背书人、保证人、承兑人等,他们原则上对持票人负有连带清偿责任。持票人可以向他们中的任何一个人行使追索权。但持票人为出票人时,对其前手无追索权,只对承兑人有追索权;持票人为背书人时,对其后手无追索权;禁止背书人对其直接被背书人的后手不负票据责任,即不受追索。

追索权的特征有以下五个:①追索原因的法定性,即只有发生了到期不获付款、期前不获承兑或其他法定原因时,才产生追索权;②追索权行使的前提性,即只有持票人履行了保全手续后才可以行使追索权;③追索对象的可选择性,即被追索人不以持票人的直接前手为限,而可由追索权人自由选择其前手中的任何一个进行追索;④追索权主体的可变更性,即被追索人履行了票据义务后成为持票人,可再次向其前手行使追索权,从而使追索权主体发生更替;⑤追索权的可转移性,即追索权不像一般债权那样,行使一次得到满足后就消灭,而是由追索权人(持票人)不断地向其前手追索,直至票据上最后债务人偿还后,整个票据关系消灭时,追索权才消灭。

(二) 追索权行使的原因

追索权行使的原因也称追索权行使的条件,是持票人的付款请求权得不到实现。分为到期的追索原因和到期前的追索原因两种。前者是指汇票到期被拒绝付款;后者是指汇票到期日前承兑人拒绝承兑,或承兑人(或者付款人)死亡、逃匿、破产或因违法而被责令终止业务活动等。我国《票据法》第61条对此作出了明文规定。

(三) 追索权行使的程序

按照《票据法》的有关规定,追索权的行使包括以下程序:

1. 票据提示。持票人要行使追索权,必须先在法定期限内向付款人提示票据,请求承兑或者付款,否则,将丧失追索权。但此程序有例外,如发生了付款人或承兑人死亡、逃匿等原因无法为提示,或付款人、承兑人被宣告破产、被责令终止业务活动时,持票人可免除票据提示而直接行使追索权。

2. 取得拒绝证明。票据不获承兑或付款,或者无法为付款提示或承兑提示的,持票人应请求作成拒绝证明或依法取得其他有关证明,以便行使追索权。承兑人拒绝承兑或者付款人拒绝付款的,必须出具拒绝证明或者出具退票理由书。拒绝证明应包括被拒绝承兑、付款的票据的种类及其主要记载事项,拒绝承兑、付款的事实依据和法律依据,拒绝承兑、付款的时间及签章等。退票理由书应包括所退票据的种类,退票的事实依据和法律依据,退票时间及退票人签章等。承兑人或付款人未出具拒绝证明或者退票理由书的,应当承担因此而产生的民事责任。

因承兑人或者付款人死亡、逃匿或者其他原因,持票人不能取得拒绝证明的,可以依法取得其他有关证明,如医院或有关单位出具的承兑人、付款人的死亡证明,司法机关出具的承兑人、付款人的逃匿证明,公证机关出具的具有证明效力的文书等。承兑人或者付款人被人民法院宣告破产的,人民法院的有关司法文书具有拒绝证明的效力。承兑人或者付款人因违法被责令终止业务活动的，有关行政主管部门的处罚决定具有拒绝证明的效力。

3. 通知拒绝事由。通知拒绝事由，也即进行追索通知，以便使票据的全体债务人作好偿债准备。我国《票据法》第66条规定："持票人应当自收到被拒绝承兑或者被拒绝付款的有关证明之日起3日内，将被拒绝事由书面通知其前手；其前手应当自收到通知之日起3日内书面通知其再前手。持票人也可以同时向各汇票债务人发出书面通知。……在规定期限内将通知按照法定地址或者约定的地址邮寄的，视为已经发出通知。"但是，通知义务并不是行使追索权的必经程序，未按规定期限通知的，持票人仍可以行使追索权。不过，因延期通知给其前手或者持票人造成损失的，要在汇票金额限度内承担对该损失的赔偿责任。

4. 确定追索对象，请求偿还。追索通知发出后，如无债务人自动偿还，追索权人就可确定具体的追索对象进行追索。我国《票据法》第68条规定："汇票的出票人、背书人、承兑人和保证人对持票人承担连带责任。持票人可以不按照汇票债务人的先后顺序，对其中任何一人、数人或者全体行使追索权。持票人对汇票债务人中的一人或者数人已经进行追索的，对其他汇票债务人仍可以行使追索权。……"

持票人在向追索对象行使追索权时，应当向其出示汇票、拒绝证明或退票理由书或其他具有法定证明效力的文书，请求其依法偿还追索的金额。该请求可以诉讼方式，也可以非诉讼方式进行。

请求偿还的金额，即追索金额，不同于票据金额。按《票据法》规定包括以下金额和费用：①被拒绝付款的汇票金额；②汇票金额自到期日或者提示付款日起至清偿日止的利息；③取得有关拒绝证明和发出通知书的费用。被追索人清偿债务时，持票人应当交出汇票和有关拒绝证明，并出具所收到利息和费用的收据。

5. 进行再追索。被追索人清偿债务后，与持票人享有同一权利，可以向其他汇票债务人行使再追索权，请求其他汇票债务人支付以下金额和费用：①已清偿的全部金额；②前项金额自清偿日起至再清偿日止的利息；③发出通知的费用。行使再追索权的被追索人获得清偿时，应当交出汇票和有关拒绝证明，并出具所收到利息和费用的收据。

第四节 本票与支票

一、本票的法律规定

（一）本票的概念及其特点

本票是指出票人签发的，承诺自己在见票时无条件支付确定的金额给收款人或者持票人的票据。在国外，本票依持票人的不同，可分为银行本票和商业本票，而我国《票据法》只承认银行本票，亦即银行签发的，承诺自己在见票时无条件支付确定的金额给收款人或者持票人的票据。银行本票又可以分为定额本票和不定额本票。

本票具有一般票据所共有的性质，但又有不同于汇票和支票的一些特点。如本票是自付证券，是出票人自己承诺支付款项的票据；而汇票和支票是委付证券，是由出票人委托他人支付款项的票据。本票出票时当事人只有出票人和收款人，出票人即为付款人，所以本票无须记载付款人的名称；而汇票、支票当事人一般有出票人、付款人和收款人三方。本票是自付证券，其出票人始终是主债务人，他必须对本票债务承担绝对的偿付义务，因此，本票无须承兑，这与汇票须经承兑不同。

(二) 本票的法定记载事项

本票是一种要式证券，因此，我国《票据法》对本票上的记载事项作了明文规定。本票必须记载以下事项：①表明"本票"的字样；②无条件支付的承诺；③确定的金额；④收款人名称；⑤出票日期；⑥出票人签章。本票上未记载上述规定事项之一的，本票无效。同时，《票据法》要求本票上记载付款地、出票地等事项的，应当清楚、明确。本票上未记载付款地的，以出票人的营业场所为付款地；本票上未记载出票地的，以出票人的营业场所为出票地。

(三) 本票行为的法律规范

本票行为包括出票、背书、保证、付款以及追索权的行使等。其基本法律规定同汇票。另外，《票据法》及有关法规还规定：本票的出票人必须具有支付本票金额的可靠资金来源，并保证支付；本票的出票人限于经中国人民银行批准办理本票业务的银行机构；本票出票人在持票人提示见票时，必须承担付款责任；本票的付款期限自出票日起最长不得超过2个月；本票的持票人未按照规定提示见票的，丧失对出票人以外的前手的追索权。

二、支票的法律规定

(一) 支票的概念、种类及其特征

支票是出票人签发的，委托办理支票存款业务的银行或者其他金融机构在见票时无条件支付确定的金额给收款人或者持票人的票据。

我国《支付结算办法》规定支票有三类：①现金支票，指票据正面印有"现金"字样、只能用来支取现金的支票；②转账支票，指票据正面印有"转账"字样、只能用来转账的支票；③普通支票，指票据上未印有"现金"或"转账"字样、既可用来支取现金也可用来转账的支票。但是，普通支票左上角划两条平行线的，则为划线支票。划线支票只能用来转账，不得支取现金。

支票与本票、汇票相比，具有以下特征：

1. 付款人要求不同。支票的付款人仅限于办理支票存款业务的银行或者其他金融机构。这与汇票有明显区别，汇票的付款人不局限于金融机构，其他具有支付汇票金额的可靠资金来源的任何企业都可以充当汇票关系的付款人。

2. 支票不必经过承兑，不存在承兑行为。而汇票在出票时或者出票后必须经过承兑。

3. 支票是委付证券，是一种支付命令。而本票是自付证券，是一种支付承诺。这是支票和本票的显著区别。

4. 支票必须见票即付。见票即付是支票付款的唯一形式，而汇票、本票则有定期、定日等多种付款形式。

(二) 支票的法定事项

支票具有要式性，它必须具有《票据法》规定的要件才能有效。按《票据法》的规定，支票必须记载下列事项：①表明"支票"的字样；②无条件支付的委托；③确定的金额；④付款人名称；⑤出票日期；⑥持票人签章。支票上未记载上述事项之一的，其支票无效。

另外，《票据法》还规定，支票上的金额可以由出票人授权补记，未补记前的支票，不得使用；支票上未记载收款人名称的，经出票人授权可以补记；支票上未记载付款地的，付款人的营业场所为付款地；支票上未记载出票地的，出票人的营业场所、住所或者经常居住地为出票地；出票人可以在支票上记载自己为收款人；支票的付款人为支票上记载的出票人开户银行。

(三) 支票行为的法律规范

支票的票据行为包括出票、背书、付款以及追索权的行使。这些行为除应遵循《票据法》

总则及对汇票相关行为的有关规定外，还必须遵守以下规定：

1. 开立支票存款账户，申请人必须使用其本名，并提交证明其身份的合法证件。账户开立和支票领用，应当有可靠的资信，并存入一定的资金。开立支票存款账户，申请人应当预留其本名的签名式样和印鉴。

2. 支票的出票人所签发的支票金额不得超过其付款时在付款人处实有的存款金额。出票人签发的支票金额超过其付款时在付款人处实有的存款金额的，为空头支票。禁止签发空头支票。支票的出票人不得签发与其预留本名的签名式样或者印鉴不符的支票。

3. 出票人必须按照签发的支票金额承担保证向该持票人付款的责任。出票人在付款人处的存款足以支付支票金额时，付款人应当在当日足额付款。

4. 支票限于见票即付，不得另行记载付款日期。另行记载付款日期的，该记载无效。支票的持票人应当自出票日起 10 日内提示付款；异地使用的支票，其提示付款的期限由中国人民银行另行规定。超过提示付款期限提示付款的，付款人可以不予付款；付款人不予付款的，出票人仍应对持票人承担票据责任。

5. 付款人依法支付支票金额的，对出票人不再承担委托付款的责任，对持票人不再承担付款的责任。但是，付款人以恶意或者有重大过失付款的除外。

第五节　涉外票据的法律适用

一、涉外票据的概念

涉外票据，简而言之，是指具有涉外因素的票据。按照我国《票据法》的规定，所谓涉外票据，是指出票、背书、承兑、保证、付款等行为中，既有发生在中华人民共和国境内又有发生在中华人民共和国境外的票据。

由于涉外票据具有涉外因素，涉及国际票据法律适用的问题。因此，它与一般票据的法律适用有所不同。《票据法》基于这种不同性质，对涉外票据的法律适用问题，包括适用原则、票据当事人的行为能力、票据记载事项、票据丧失等行为的法律适用在第五章作了专章规定，以解决票据法的国际冲突。

二、涉外票据的法律适用

（一）涉外票据法律适用的原则

我国涉外票据法律适用的原则为：我国缔结或者参加的国际条约同我国《票据法》有不同规定的，适用国际条约的规定。但是，我国声明保留的条款除外。我国《票据法》和我国缔结或者参加的国际条约没有规定的，可以适用国际惯例。

（二）票据债务人行为能力的法律适用

关于票据债务人行为能力的法律适用，各国票据法规定有三种情况，即本国法主义、行为地主义和折中主义。我国《票据法》采折中主义，规定票据债务人的民事行为能力，适用其本国法律。但其民事行为能力，依照其本国法律为无民事行为能力或者为限制民事行为能力，而依照行为地法律为完全民事行为能力的，适用行为地所在国的法律。

（三）其他具体规定

1. 出票行为的法律适用。汇票、本票出票时的记载项目，适用出票地所在国的法律。支票出票时的记载事项，适用出票地所在国法律；但经当事人协议，也可以适用付款地法律。

2. 附属票据行为的法律适用。票据的背书、承兑、付款和保证行为，适用行为地法律。

3. 票据追索权的行使期限，适用出票地法律。
4. 票据的提示期限、有关拒绝证明的方式、出具拒绝证明的期限，适用付款地法律。
5. 票据丧失时，失票人请求保全票据权利的程序，适用付款地法律。

第六节 违反票据法的法律责任

一、票据法律责任概述

任何违法行为都应受到制裁，违法行为人都应承担相应的法律责任，这是法律的基本原则。票据违法行为也不例外。我国《票据法》第八章专章规定了票据违法行为人的法律责任，另外，我国《刑法》及《票据管理实施办法》和《支付结算办法》中也规定了票据违法行为人的法律责任。这些法律责任概括起来分为刑事责任、行政责任和经济民事责任三类。

二、票据法律责任的具体规定

（一）票据犯罪行为的刑事责任

票据犯罪行为是严重的票据违法行为，要受到刑事制裁。

1. 进行下列票据欺诈行为之一的，可以依法追究行为人的刑事责任：①伪造、变造票据的；②故意使用伪造、变造的票据的；③签发空头支票或者故意签发与其预留的本名签名式样或者印鉴不符的支票，骗取财物的；④签发无可靠资金来源的汇票、本票，骗取资金的；⑤汇票、本票的出票人在出票时作虚假记载，骗取财物的；⑥冒用他人的票据，或者故意使用过期或者作废的票据，骗取财物的；⑦付款人同出票人、持票人恶意串通，实施前6项行为之一的。

上述第一种行为，构成伪造、变造金融票证罪；第2~6种行为构成金融票据诈骗罪，分别按照《刑法》第177、194条的规定追究刑事责任。第7种行为按共同犯罪，以串通行为的性质定罪，追究刑事责任。

2. 金融机构工作人员在票据业务中玩忽职守，对违反《票据法》规定的票据予以承兑、付款、贴现或者保证，并且造成重大损失，构成犯罪的，按玩忽职守罪依法追究刑事责任。

（二）票据违法行为的行政责任

1. 进行上述7项票据欺诈行为之一，而情节轻微，不构成犯罪的，由公安机关依法给予处罚。

2. 金融机构直接负责的主管人员和其他直接责任人员在票据业务中玩忽职守，对违反《票据法》规定的票据予以承兑、付款、保证或者贴现，未构成犯罪的，给予警告、记过、撤职或者开除的处分。

3. 票据的付款人对见票即付或者到期的票据，故意压票、拖延支付的，由中国人民银行处以压票、拖延支付期间内每日票据金额7‰的罚款，对直接负责的主管人员和其他直接责任人员给予警告、记过、撤职或者开除的处分。

4. 签发空头支票或者签发与其预留的签章不符的支票，不以骗取钱财为目的的，由中国人民银行处以票面金额5%但不低于1000元的罚款。

5. 违反中国人民银行规定，擅自印制票据的，由中国人民银行责令改正，处以1万元以上20万元以下的罚款；情节严重的，中国人民银行有权提请有关部门吊销其营业执照。

（三）票据违法行为的经济民事责任

1. 金融机构工作人员在票据业务中玩忽职守，对违反《票据法》规定的票据予以承兑、付款、贴现或者保证，并给当事人造成损失的，由该金融机构和直接责任人员依法承担经济赔偿责任。

2. 票据的付款人故意压票、拖延支付，给持票人造成损失的，依法承担经济赔偿责任。

3. 签发空头支票或者签发与其预留的签章不符的支票，不以骗取钱财为目的的，持票人有权要求出票人赔偿支票金额2%的赔偿金。

4. 依照《票据法》规定承担上述赔偿责任以外的其他违反《票据法》的行为，给他人造成损失的，应当依法承担民事责任。

学术视野

票据法学的理论研究，主要集中于以下三方面：

1. 票据的无因性原则。围绕该原则，学者见仁见智。如有学者认为，票据的无因性原则是当前各国票据法通行的一项基本规则。但是在坚持该原则的同时，应当寻求适用该原则的适当途径，解决促进票据流通和保障票据使用安全二者之间的矛盾。也有学者从票据的无因性入手，探讨了票据不当得利的返还与抗辩。

2. 票据抗辩。如学者李玉基认为：《票据法》规定的票据抗辩权制度蕴含着丰富的法哲学理念，这些理念集中体现为安全与效率、公平与公正，以及追求正义的价值取向和利益最大化的目标。

3. 票据追索权。限制与保护是票据追索权法律制度中必须处理的一对矛盾。如何正确处理好这一矛盾，使之形成良好的机制，乃是各国票据法之追索权立法的价值取向。我国票据追索权制度也应不断完善，以适应现阶段我国市场经济发展的需要。

理论思考与实务应用

一、理论思考

（一）名词解释

票据关系　票据权利　票据行为　汇票

（二）简答题

1. 票据的概念、特征及其作用是什么？
2. 票据法律关系和票据基础关系有何区别？
3. 涉外票据的法律适用有哪些原则规定？
4. 违反《票据法》的法律责任有哪些？

（三）论述题

1. 根据我国《票据法》的规定，分析汇票上各种票据行为的效力。
2. 根据我国《票据法》的规定，分析汇票、本票和支票的区别。
3. 根据我国《票据法》的规定，试述票据权利的补救措施。

二、实务应用

（一）案例分析示范

案例一

A、B公司于2010年3月20日签订买卖合同，根据合同约定，B公司于3月25日发出100万元的货物，A公司将一张出票日期为4月1日、金额为100万元、出票后3个月付款的银行承兑汇票交给B公司。4月20日,B公司向承兑人甲银行提示承兑,承兑日期为4月20日。B公司在与C公司的买卖合同中,将该汇票背书转让给C公司,但B公司在汇票的背面记载"不得转让"字样。2010年5月20日,C公司在与D公司的买卖合同中,将其背书给D公司。

2010年7月5日,持票人D公司向甲银行提示付款时,甲银行以A公司未能足额交存票款为由,拒绝付款,并于当日签发拒绝证明。

2010年7月15日,D公司向A公司、B公司、C公司发出追索通知。C公司以D公司未在法定期限内发出追索通知为由,拒绝承担担保责任;B公司以自己在汇票上曾记载"不得转让"为由,拒绝承担担保责任。

问:(1)D公司于7月5日向甲银行提示付款的时间是否符合法律规定?如果持票人未在法定期限内提示付款,其法律后果是什么?

(2)甲银行拒绝付款的理由是否成立?

(3)C公司拒绝承担担保责任的主张是否成立?

(4)B公司拒绝承担担保责任的主张是否成立?

【评析】(1)D公司提示付款的时间符合法律规定。根据《票据法》的规定,出票后定期付款的汇票,自到期日起10日内提示付款。在本案中,提示付款期限为7月1~10日。如果持票人未在法定期限内提示付款的,则丧失对前手的追索权;但经作出说明后,承兑人或付款人仍应对持票人承担付款责任。

(2)甲银行拒绝付款的理由不成立。根据《票据法》的规定,承兑人不得以其与出票人之间的资金关系对抗持票人,拒绝支付汇票金额。

(3)C公司拒绝承担担保责任的主张不成立。根据《票据法》的规定,如果持票人未在法定期限内(3日)发出追索通知的,持票人仍可以行使追索权,但因延期通知给其前手或者出票人造成损失的,应承担该损失的赔偿责任,但赔偿的金额以汇票金额为限。

(4)B公司拒绝承担担保责任的主张成立。根据《票据法》的规定,背书人在汇票(背面)上记载"不得转让"字样,其后手再背书转让的,原背书人对其直接被背书人以后通过背书方式取得汇票的一切当事人,不负担保责任。

案例二

A、B企业于2010年4月1日签订买卖合同,合同标的额为100万元。根据合同约定,B企业于4月10日提交全部货物,A企业验收合格后,于2010年4月20日提交B企业一张出票后1个月付款的银行承兑汇票,汇票金额为100万元,出票日为4月20日,承兑人、付款人为甲银行。5月10日B企业在与C企业的买卖合同中将该汇票背书转让给C企业,B企业在背书时在汇票上记载了"不得转让"字样,C企业已支付对价。5月20日,C企业在与D企业的买卖合同中将该汇票背书转让给D企业,D企业已支付对价。D企业要求C企业提供票据保证,在C企业的请求下,乙企业作为C企业的保证人在汇票上记载"保证"字样并签章,但未记载保证日期。

5月28日,持票人D企业向甲银行提示付款,但甲银行拒绝付款。D企业于同日取得拒绝证明后,6月5日,D企业向B企业、C企业、乙企业同时发出追索通知,要求支付汇票金额、相关利息和费用共计102万元。B企业以自己在背书时曾记载"不得转让"表示拒绝;乙企业以D企业尚未向C企业进行追索,且追索金额超出汇票金额为由表示拒绝;C企业以D企业未在取得拒绝证明的3日内发出追索通知已丧失对C企业的追索权为由表示拒绝。

2012年6月5日,D企业向A企业请求行使票据权利,A企业以D企业已丧失票据权利为由表示拒绝。

问：(1) 持票人 D 企业可以向哪些票据当事人行使追索权？

(2) B 企业拒绝持票人 D 企业的理由是否成立？并说明理由。

(3) 保证人乙企业拒绝持票人 D 企业的理由是否成立？并说明理由。

(4) C 企业拒绝持票人 D 企业的理由是否成立？并说明理由。

(5) A 企业以票据权利消灭为由拒绝持票人 D 企业的理由是否成立？并说明理由。

【评析】(1) 持票人 D 企业可以向背书人 C 企业、保证人乙企业和出票人 A 企业行使追索权。

(2) B 企业拒绝理由成立。根据《票据法》的规定，背书人在汇票上记载"不得转让"字样，其后手再背书转让的，原背书人对后手的被背书人不承担保证责任。在本案中，B 企业在向 C 企业背书转让时记载"不得转让"字样，因此 B 企业对其后手 C 企业的被背书人 D 企业不承担保证责任。

(3) 保证人乙企业的理由不成立。根据《票据法》的规定，汇票保证人应与被保证人对持票人承担连带责任。持票人可以不按照汇票债务人的先后顺序，对出票人、背书人、承兑人和保证人其中任何一人、数人或者全体行使追索权。此外，持票人在行使追索权时，追索金额包括汇票金额、利息和费用。

(4) C 企业拒绝持票人 D 企业的理由不成立。根据《票据法》的规定，如果持票人未在规定期限发出追索通知，持票人仍可以行使追索权，因延期通知给其前手或者出票人造成损失的，由持票人承担该损失的赔偿责任，但赔偿的金额以汇票金额为限。

(5) A 企业以票据权利消灭为由拒绝持票人 D 企业的理由成立。根据《票据法》的规定，持票人对出票后定期付款的出票人的票据权利，自票据到期日起 2 年内不行使而消灭。在本案中，汇票到期日为 2010 年 5 月 20 日。因此，持票人 D 企业的票据权利因其未在 2010 年 5 月 20 日至 2010 年 5 月 20 日的期间行使而消灭。

案例三

为向 A 公司支付购买化工产品的货款，B 公司向自己开户的 C 银行申请开具银行承兑汇票。C 银行审核同意后，B 公司依约存入 C 银行 300 万元保证金，并签发了以自己为出票人、A 公司为收款人、C 银行为承兑人、金额为 1000 万元的银行承兑汇票，C 银行在该汇票上作为承兑人签章。B 公司将上述汇票交付 A 公司以支付货款。

A 公司收到汇票后，在约定的期限向 B 公司交付完毕化工产品。为向 D 公司支付采购原料价款，A 公司又将该汇票背书转让给 D 公司。

B 公司收到 A 公司交付的化工产品后，经过检验，发现产品存在重大质量问题，在与 A 公司多次交涉无果后，解除了合同，并将收到的化工产品全部退还 A 公司。A 公司承诺向 B 公司返还货款，但未能履行。B 公司在解除合同后，立即将该事实通知 C 银行，要求该银行不得对其开出的汇票付款。直到该汇票到期日，B 公司也未依约定将剩余汇票金额存入 C 银行。

D 公司在该汇票到期时，持票请求 C 银行付款，C 银行以 B 公司已经解除与 A 公司的合同以及 B 公司未将剩余汇票金额存入账户为由，拒绝了 D 公司的付款请求。

问：(1) C 银行拒绝 D 公司付款请求的两个理由是否能够成立？并分别说明理由。

(2) D 公司是否有权向 B 公司追索？并说明理由。

(3) 如果 A 公司应 D 公司的要求，支付了全部被追索金额，转而作为持票人向 B 公司再追索，B 公司是否有权拒绝其请求？并说明理由。

【评析】（1）C银行拒绝D公司付款请求的两个理由均不成立。首先，C银行以B公司已经解除与A公司的合同为由拒绝D公司的付款请求不成立。根据规定，D公司从A公司背书合法受让票据，是票据权利人。C银行承兑汇票后，就承担了到期向持票人无条件支付汇票金额的义务。（或者，根据规定，票据关系一经形成，就与基础关系相分离，基础关系是否存在、是否有效，对票据关系都不起影响作用。在本案中，C银行不得以B公司已经解除与A公司的合同为由拒绝D公司的付款请求。）其次，C银行不得以B公司未将剩余汇票金额存入账户为由，拒绝D公司的付款请求。根据规定，承兑人（C银行）不得以其与出票人（B公司）之间的资金关系对抗持票人，拒绝支付汇票金额。

（2）D公司有权向B公司追索。首先，持票人在票据到期不获付款时，可以不按照汇票债务人的先后顺序，对出票人、背书人、承兑人和保证人中的任何一人、数人或者全体行使追索权。其次，票据债务人不得以自己与持票人的前手之间的抗辩事由对抗持票人。在本案中，尽管A公司对B公司违约，但B公司不得以此为由对抗D公司。（或者，根据规定，凡是善意的、已支付对价的正当持票人可以向票据上的一切债务人请求付款，不受前手权利瑕疵和前手相互间抗辩的影响。在本案中，D公司属于善意、支付对价的持票人，有权向出票人B公司追索。）

（3）B公司有权拒绝A公司的请求。根据规定，票据债务人可以对不履行约定义务的与自己有直接债权债务关系的持票人，进行抗辩。在本案中，由于直接相对人A公司在买卖合同中未履行约定义务，因此B公司有权拒绝A公司的请求。

（二）案例分析实训

案例一

A公司为支付货款，2010年3月1日向B公司签发一张金额为50万元、见票后1个月付款的银行承兑汇票。B公司取得汇票后，将汇票背书转让给C公司。C公司在汇票的背面记载"不得转让"字样后，将汇票背书转让给D公司。其后，D公司将汇票背书转让给E公司，但D公司在汇票粘单上记载"只有E公司交货后，该汇票才发生背书转让效力"。后E公司又将汇票背书转让给F公司。2010年3月25日，F公司持汇票向承兑人甲银行提示承兑，甲银行以A公司未足额交存票款为由拒绝承兑，且于当日签发拒绝证明。

2010年3月27日，F公司向A、B、C、E公司同时发出追索通知。B公司以F公司应先向C、D、E公司追索为由拒绝承担担保责任；C公司以自己在背书时记载"不得转让"字样为由拒绝承担担保责任。

问：（1）D公司背书所附条件是否具有票据上的效力？
（2）B公司拒绝承担担保责任的主张是否符合法律规定？
（3）C公司拒绝承担担保责任的主张是否符合法律规定？

案例二

2010年3月10日，甲、乙两个企业签订了100万元的买卖合同。根据合同约定，乙企业于3月20日向甲企业发货后，甲企业向乙企业签发了100万元的支票，出票日期为2010年4月1日，付款人为丙银行。但甲企业在支票上未记载支票金额，授权乙企业补记。同时，甲企业在支票上记载了"该支票只能在2010年4月5日后提示付款"的字样。乙企业在支票上补记金额后，于2010年4月8日向丙银行提示付款，但甲企业的银行账户上只有20万元。

问：（1）甲企业在出票时未记载金额即将支票交给乙企业，该支票是否有效？并说明理由。

（2）甲企业在支票上记载了"本支票只能在 2010 年 4 月 5 日后提示付款"的字样，该支票是否有效？并说明理由。

（3）对于甲企业签发空头支票的行为，应承担何种法律责任？

（4）如果持票人乙企业于 2010 年 4 月 18 日向丙银行提示付款，出票人甲企业的票据责任能否解除？并说明理由。

案例三

2010 年 7 月间，某工商银行 A 市分行某办事处（相当于县级支行）办公室主任李某与其妻弟密谋后，利用工作上的便利，盗用该银行已于 1 年前公告作废的旧业务印鉴和银行现行票据格式凭证，签署了金额为人民币 100 万元的银行承兑汇票一张，出票人和付款人及承兑人记载为该办事处，汇票到期日为同年 12 月底，收款人为某省建筑公司，该建筑公司系李某妻弟所承包经营的企业。李某将签署的汇票交给了该公司后，该公司请求某外贸公司在票据上签署了保证，之后持票向某城市合作银行申请贴现。该合作银行扣除利息和手续费后，把贴现款 96 万元支付给了该建筑公司。汇票到期，城市合作银行向 A 市分行某办事处提示付款遭拒绝。

问：（1）本案中有哪些票据行为？其效力如何？为什么？

（2）某城市合作银行是否享有票据权利？如有，应如何行使？如没有，该如何处理？

（3）如果李某用已经作废的旧票据格式凭证（无出票人一栏）签署银行承兑汇票，在其他情节相同的情况下，对某城市合作银行有何影响？

主要参考文献

1. 董安生主编：《票据法》，中国人民大学出版社 2000 年版。
2. 刘心稳：《票据法》，中国政法大学出版社 1999 年版。
3. 王小能编著：《票据法教程》，北京大学出版社 2001 年版。
4. 赵新华：《票据法论》，吉林大学出版社 1998 年版。
5. 赵威：《票据权利研究》，法律出版社 1997 年版。
6. 施文森：《票据法新论》，三民书局 1987 年版。
7. 汪世虎：《票据法律制度比较研究》，法律出版社 2003 年版。

第十七章

证券法律制度

【本章概要】我国证券法规定的证券有股票、公司债券和国务院依法认定的其他证券三类。各国或地区通常根据其特有的价值观念、经济、法律和文化传统,确定各国证券法的调整范围、调整原则和调整手段。各国或地区证券法所调整的证券的范围不尽相同,因此证券市场成熟程度、金融创新程度、立法者认知程度、金融监管体制以及运用法律手段的灵活程度等因素也规定的不尽相同。但无论证券法的法律渊源如何,证券市场只有在法律调控下才能发挥积极作用。我国证券法主要调整证券发行关系、证券交易关系、证券服务关系和证券监管关系。其中证券发行制度与证券交易制度是证券法的核心,证券发行是证券市场中极为重要的活动,具有基础性作用。同时我国证券法对证券持有与交易的限制规则作了集中明确的规定。

我国《证券法》自1998年通过以来,历经2004年、2005年、2013年、2014年的修改,借鉴全球化证券法的变革经验,适应了证券市场的发展需要,证券投资者权益保护成为民众关注的基础性命题。与此同时,《中共中央关于全面深化改革若干重大问题的决定》亦明确指出:"优化上市公司投资者回报机制,保护投资者尤其是中小投资者合法权益,多渠道增加居民财产性收入,为证券投资者权益保护提供了方向。"[1]

【学习目标】通过本章学习,需要重点掌握证券发行制度与证券交易制度,这也是我国证券法规定的核心内容。证券发行是证券发行人以筹集资金为目的,依法将证券出售给投资者的法律行为,是其他证券活动开展的前提和基础。具体需掌握证券发行的具体程序。证券交易虽有场内交易与场外交易之分,但证券交易所交易始终是证券交易市场的核心,同时需掌握证券交易的具体方式。本章难点是理解公开发行与非公开发行、私募发行与公募发行的区别和证券公司与客户的关系以及证券发行审核制度的变迁等。

第一节 证券法概述

一、证券的概念和种类

证券是商品经济和信用发展的产物,是用以证明证券持有者有权取得相应权益(通常是所有权、股权或债权)的凭证。

证券可以分为有价证券和无价证券。有价证券又可以分为商品证券、货币证券和资本证券。商品证券是指因商品的买卖而发生的、表示索取与货币等值的商品的证券。商品证券包括提单、仓单、票据等。货币证券指取得付款请求权的票据,如汇票、本票、支票。资本证券是指因借贷资本而发生的、表明权利人索取与其出资额相应利益的权利凭证。资本证券主要是股票和债券。我国证券法上所指的证券是资本证券,是指发行人为筹集资本而发行的,表示持有人对发行人享有股权或债权的书面凭证。我国《证券法》第2条规定的证券包括股票、公司债券、国务院依法认定的其他证券、政府证券和证券投资基金份额。

---

[1] 吴青青:"关于证券投资者权益保护的法律思考",载《长江大学学报(社会科学版)》2014年第7期。

《证券法》的调整对象为：在中国境内，股票、公司债券和国务院依法认定的其他证券的发行和交易。该条文采取了列举的方式，首先列举了证券市场的两个基本品种，即股票和公司债券。它们体现了投资领域的两种基本关系，即股权关系和债权关系。但由于在具体形式上的发展变化，在确定基本品种的同时，又明确国务院依法认定的其他证券也属于《证券法》的调整对象，这种规定具有一定的灵活性。《证券法》未规定的，适用《公司法》和其他法律、行政法规的规定。该规定既表明了《证券法》与其他法律之间的相互衔接，又表明调整证券发行和交易行为，不是一部《证券法》所能囊括的，而且涉及若干相关的法律、行政法规。那种将证券发行的全过程、全方位，与证券有关的事项都反映在一部《证券法》中的主张，则更难以实施。所以，由《证券法》、《公司法》和相关的其他法律、行政法规共同构成证券法律制度，更加科学合理。

　　政府债券的发行和交易，由法律、行政法规另行规定。这项规定表明，政府债券是一种证券，但因其有特殊性，而另行制定法律、行政法规作调整。也更进一步说明，证券法律制度是由若干法律、行政法规结合形成的，并非单纯只指一部法律，这在《证券法》的总则和有关条款中都有体现。

　　在《证券法》调整范围的讨论中，有主张要包括所有的证券品种及各种衍生产品，尤其包括期指、期权等。但证券品种难以全部列举，如果用一个概括性很强的概念来代替，则又缺乏确定性，不便于执行。在证券法的修订过程中，扩展证券定义是一项核心工作，这也是未来证券经营机构创新发展需要重视的一项核心内容。

二、证券法的概念、调整对象和宗旨

　　证券法是调整证券关系的法律规范的总和。按照我国学术界通说，证券法调整证券发行、交易、服务和监管等行为以及由此引起的社会关系。[1] 我国《证券法》第1条规定，为了规范证券的发行和交易行为，保护投资者的合法权益，维护社会经济秩序和社会公共利益，促进社会主义市场经济的发展，制定本法。

　　（一）规范证券发行与交易

　　证券是具有特殊功能的信息商品，证券价格易波动，投资风险较高。而且证券行为涉及公众投资者利益，如果采用普通民事规则调整证券关系，必然影响到证券市场的整体运行效率。

　　（二）保护投资者的合法权益

　　证券市场是多方利益主体参与的市场结构，只有切实保护各方市场主体的合法利益，才能促进证券市场的健康发展。为平衡各方主体利益关系，各国证券法都将保护投资者利益列为证券法的基本宗旨。投资者是证券市场存续和发展的基础，是最缺乏证券市场信息的参与者，同时人数众多、力量分散。因此，我国《证券法》改变了片面注重证券市场参与者的信息披露义务，有利于扭转失衡的经济利益关系，推动我国证券市场的健康发展。[2]

　　（三）维护社会经济秩序和社会公共利益

　　证券市场是直接融资的市场，企业发行证券获得了长期投资，奠定了企业长期发展的基础。国家通过发行国债，获得了建设资金，奠定了国民经济发展的物质基础。投资者从事证券投资，可以分享国民经济发展带来的利益。为此，1975年美国议会修改后的1934年《证券交易法》第11条指出，证券市场是重要国家财产，必须得到维护和加强。

---

[1]　叶林：《证券法》，中国人民大学出版社2006年版，第30页。
[2]　叶林：《证券法》，中国人民大学出版社2008年版，第79页。

三、我国证券法制的发展概况

（一）我国证券法的修改进程

我国资本市场是伴随着社会主义市场经济体制的建立完善逐步发展起来的。资本市场财富高度集中、信息高度透明、参与主体多元，市场活动表现出明显的趋利性、博弈性、公开性、对抗性、对等性等特点。在这样的市场中，妥善平衡各方利益，保障交易公平，实现有效监管，离开法治的方法和手段是难以想象的。与其他领域相比，资本市场更加需要形成共同规则，更加强调普遍遵守规则，更加难以容忍不按规则办事。离开了规则导向，就无法形成市场预期，离开了规则约束，就无从保障交易结果，也就不可能真正形成公平高效的市场机制。[1]

在我国证券市场快速发展的过程中，证券法制一直受到国家和社会各界的关注与重视，1998年12月29日，第九届全国人民代表大会常务委员会第六次会议通过了《中华人民共和国证券法》，规定自1999年7月1日起施行。《证券法》的出台对于我国证券市场的发展具有重要的历史意义和现实意义，是我国证券市场发展过程中的重要里程碑。2004年8月28日，根据第十届全国人民代表大会常务委员会第十一次会议《关于修改〈中华人民共和国证券法〉的决定》对证券法加以修正。2005年10月27日，第十届全国人民代表大会常务委员会第十八次会议对证券法进行了全面修订。2014年8月31日第十二届全国人民代表大会常务委员会第十次会议对《证券法》进行了第三次修正。

本次《证券法》修改方向有以下几个方面：①扩展证券定义的范围。涉及信托、委托理财、份额化交易的文化产品等物权、债权、信托权益的权益凭证，都应纳入证券范围。传统商业银行的理财产品业务、投行业务、债券业务等，保险机构的投资业务等都应纳入证券业务范畴。②推进新股发行注册制，激发市场活力。市场化改革是党中央确定的经济体制改革，包括资本市场改革的指导方向。《证券法》的修改理应坚持市场化方向，进一步发挥市场配置资源的决定性作用，激发市场的活力，限制政府诸多不当的权力和行为。市场化的主要体现是新股发行的注册制改革。当前的新股发行审核制使股票发行背离了市场化原则，严重扭曲了发行市场。IPO注册制改革，其核心就是让市场实现优胜劣汰，让市场活力更充分地迸发出来。当然，注册制只是股票上市的一种方式，注册制的实施不是最终目的，改革的目的是将造假、欺诈行为降到最低，更加注重信息披露的准确性。③推动行为统一监管，实现监管合理化。在我国的实践中，同属证券性质的产品、同属证券业务的活动、同属证券交易的市场，却存在产品规则不统一、监管要求不统一、监管主体不统一的现象，不同部门分别监管不同的市场，相同性质的产品和业务实行了不同的行为规则，不利于统一市场的形成和发展。立足于行为统一监管的原则修改《证券法》，应当做到业务规则的统一、监管要求的统一和监管机构的统一。[2]

（二）我国证券法律法规体系

法治是资本市场健康发展的基础和保障。中国资本市场的健康稳步发展，与近年来国家高度重视市场基础性制度建设，尤其是建立健全法律制度体系密不可分。中国证券法律法规体系分三个层次。

1. 法律。法律由全国人民代表大会或其常务委员会制定，除《中华人民共和国宪法》外，在证券法律体系中，证券法律具有最高的法律效力。现行的证券法律包括《中华人民共和国证券法》、《中华人民共和国公司法》、《中华人民共和国证券投资基金法》。1998年12月29日第

---

[1] "法治是资本市场善治的根基——庄心一副主席在第五届'上证法治论坛'上的演讲"，载 www.csrc.gov.cn，访问时间：2015年2月10日。

[2] 李曙光："证券法修改的方向"，载《中国金融》2014年第12期。

九届全国人民代表大会常务委员会第六次会议通过了《中华人民共和国证券法》。

2. 行政法规。行政法规由国家最高行政机关国务院根据《宪法》和有关法律制定，法律效力次于法律。现行的证券行政法规、法规性文件有20件，其中2007年3月6日发布的《期货交易管理条例》于2012年10月24日修订发布，旨在规范商品期货、金融期货的交易行为，保护期货交易各方的合法权益和社会公共利益。2008年4月23日发布的《证券公司监督管理条例》、《证券公司风险处置条例》贯彻保护投资者合法权益的理念，对证券公司的规范运行和监管提出了明确要求，为促进证券行业的规范发展提供了有力的法制保障。

3. 部门规章和规范性文件。部门规章和规范性文件由中国证券监督管理机构根据法律和行政法规制定，其法律效力次于法律和行政法规。截至2012年底，现行的部门规章有71件，如《首次公开发行股票并上市管理办法》、《公司债券发行试点办法》、《证券登记结算管理办法》、《证券期货规章制定程序规定》等。现行有效的证券期货规范性文件合计400多件。

上述三个层次的规则体系相互联系形成整体，每个居于较低层位的法规制度都是对上一个层位法规制度的具体化和必要补充，形成了涵盖证券发行法律制度、证券期货交易法律制度、证券期货经营与服务机构法律制度、上市公司法律制度、信息披露法律制度、机构投资者法律制度、监督管理与法律责任制度等较健全的证券期货市场法律制度体系。[1]

四、《证券法》的基本原则

(一) 我国证券法的基本原则

证券法的基本原则应是证券法所特有的，即使不是证券法所特有的，也应是证券法精神的集中体现。因而合法原则、诚实信用原则并不是证券法的基本原则。尽管有学者指出，公开、公平和公正原则强调证券市场行为评价标准的客观性，诚信原则则更多强调证券市场参与者的主观态度，只有两者相结合，才能保障证券市场的健康发展。[2] 但笔者认为不把该原则作为证券法的基本原则，并不表明投资者或证券市场参与者不需要遵循该原则。证券法的基本原则有：

1. "三公"原则。证券的发行、交易活动，必须实行公开、公平、公正的原则。

2. 集中统一监管原则。国务院证券监督管理机构依法对全国证券市场实行集中统一监督管理。但国务院证券监督管理机构根据需要可以设立派出机构，按照授权履行监督管理职责。对证券市场进行集中统一监管是现行证券法明文规定的基本原则。但在实践中，同属证券性质的产品、同属证券业务的活动、同属证券交易的市场，却存在产品规则不统一、监管要求不统一、监管主体不统一的现象。如债券市场、私募市场、资产管理市场等都是如此。"当前修改证券法就面临这样一个市场分隔的现实，不同政府部门分别监管不同的市场，实质上是相同性质的产品和业务实行了不同的行为规则，不利于统一市场的形成和发展。"[3]

3. 自律原则。在国家对证券发行、交易活动实行集中统一监督管理的前提下，依法设立证券业协会，实行自律性管理。

4. 审计监督原则。国家审计机关对证券交易所、证券公司、证券登记结算机构、证券监督管理机构，依法进行审计监督。

---

[1] 中国证券监督管理委员会编：《中国证券监督管理委员会年报（2012）》，中国财政经济出版社2013年版，第58页。
[2] 赵旭东主编：《商法学》，高等教育出版社2007年版，第397页。
[3] 马婧妤、郭玉志："肖钢阐述证券法修改的法理和逻辑"，载中国证券网，访问时间：2013年12月29日。

(二) 境外立法关于证券法基本原则的规定

境外相关立法中,证券法的核心原则是公开原则。根据相关学者的论述,公开原则始于1854年英国的《证券法》。这一立法宗旨是通过公司信息的完全公开,防止欺诈和架空公司的行为发生,防止公司经营不当或财务紊乱,保护投资者的合法权益。[1] 美国对证券发行采取的做法是注册申报制,采纳的是信息公开主义,这是美国1933年《证券法》确立的基本原则。依据这一原则,发行人需将所有关于发行人及其发行证券的信息或资料完全公开,不得有虚假、误导和重大遗漏,否则发行人要负刑事或民事责任。[2] 日本在战后引进国外法律制度时,也将公开原则作为其《证券交易法》的核心内容加以吸收。至此,绝大多数国家都将公开原则作为证券法的基本原则。

第二节 证券业的运营和监管机构

一、证券交易所

(一) 证券交易所的概念

从理论上说,证券交易所的组织形式主要有会员制和公司制两种。会员制的证券交易所是不以营利为目的的法人,其会员由证券公司、投资公司等证券商组成,会员要向证券交易所交纳会费。在会员制证券交易所中,只有会员才能进入证券交易所交易大厅参与交易。由于会员制证券交易所不以营利为目的,收取的交易费用较低,有利于市场的繁荣活跃。

公司制的证券交易所是以营利为目的的公司法人。公司制的证券交易所通常由银行、证券公司、投资信托机构和各类企业等共同出资占有股份建立公司。由于公司制的证券交易所是以营利为目的的,因此必然在营业收入和盈利方面考虑较多,因而增加了参加买卖的证券商的负担。我国《证券法》第102条第1款规定,证券交易所是为证券集中交易提供场所和设施,组织和监督证券交易,实行自律管理的法人。

(二) 证券交易所的职能

证券交易所行使下列职能:

1. 交易保障职能。证券交易所应当为组织公平的集中竞价交易提供保障,即时公布证券交易行情,并按交易日制作证券市场行情表,予以公布。

2. 暂停上市等职能。证券交易所依照法律、行政法规的规定,办理股票、公司债券的暂停上市、恢复上市或者终止上市的事务,其具体办法由国务院证券监督管理机构制定。

3. 停牌、停市等职能。因突发性事件而影响证券交易的正常进行时,证券交易所可以采取技术性停牌的措施;因不可抗力的突发性事件或者为维护证券交易的正常秩序,证券交易所可以决定临时停市。但是证券交易所采取技术性停牌或者决定临时停市,必须及时报告国务院证券监督管理机构。

4. 实时监控的职能。证券交易所对在交易所进行的证券交易实行实时监控,并按照国务院证券监督管理机构的要求,对异常的交易情况提出报告。

5. 对上市公司信息披露的监督职能。证券交易所应当对上市公司披露信息进行监督,督促上市公司依法及时、准确地披露信息。

---

[1] 徐杰主编:《证券法理论与实务》,首都经济贸易大学出版社2000年版,第22页。

[2] 王林清:《证券法理论与司法适用》,法律出版社2008年版,第8页。

6. 制定有关规范性文件的职能。证券交易所依照证券法律、行政法规制定上市规则、交易规则、会员管理规则和其他有关规则，并报国务院证券监督管理机构批准。

二、证券公司

（一）证券公司的概念

我国证券法所称的证券公司是指依照公司法规定，经国务院证券监督管理机构审查批准的从事证券经营业务的有限责任公司或者股份有限公司。

为了加强对证券公司的监管，《证券法》规定设立证券公司，必须经国务院证券监督管理机构审查批准。未经国务院证券监督管理机构批准，不得经营证券业务。《证券法》第六章通过对相关条文进行修改，主要是为了强化对证券公司监管和拓宽证券公司的业务：①增加了设立证券公司应具备的条件和门槛，规定证券公司变更经营范围、停业、解散、申请破产的法定程序和监管；②改变了过去对证券公司综合类和经纪类业务的管理模式；③增加了对证券公司的监管措施，完善对证券公司董事、监事、高级管理人员的管理；④设立证券投资者保护基金；⑤为证券公司开展融资融券业务开了口子，但必须按照有关规定办理；⑥改变了证券公司客户交易结算资金的管理模式。

（二）证券公司的设立条件

《证券法》第124条规定，设立证券公司，应当具备下列条件：有符合法律、行政法规规定的公司章程；主要股东具有持续盈利能力，信誉良好，最近3年无重大违法违规记录，净资产不低于人民币2亿元；有符合本法规定的注册资本；董事、监事、高级管理人员具备任职资格，从业人员具有证券从业资格；有完善的风险管理与内部控制制度；有合格的经营场所和业务设施；法律、行政法规规定的和经国务院批准的国务院证券监督管理机构规定的其他条件。

（三）证券公司的证券业务

《证券法》第125条规定，经国务院证券监督管理机构批准，证券公司可以经营下列部分或者全部业务：①证券经纪；②证券投资咨询；③与证券交易、证券投资活动有关的财务顾问；④证券承销与保荐；⑤证券自营；⑥证券资产管理；⑦其他证券业务。

《证券法》第127条规定，证券公司经营本法第125条第①~③项业务的，注册资本最低限额为人民币5000万元；经营第④~⑦项业务之一的，注册资本最低限额为人民币1亿元；经营第④~⑦项业务中两项以上的，注册资本最低限额为人民币5亿元。证券公司的注册资本应当是实缴资本。国务院证券监督管理机构根据审慎监管原则和各项业务的风险程度，可以调整注册资本最低限额，但不得少于上述规定的限额。

（四）证券经纪人和证券经纪业务

1. 证券经纪人的概念。在证券交易中，代理客户买卖证券，从事中介业务的证券公司，为具有法人资格的证券经纪人。

2. 证券账户和资金账户管理。证券公司办理经纪业务，必须为客户分别开立证券和资金账户，客户开立账户，必须持有证明中国公民身份或者中国法人资格的合法证件。证券公司必须对客户交付的证券和资金按户分账进行管理，如实进行交易记录，不得作虚假记载。

3. 证券买卖委托。

（1）委托方式。证券公司办理经纪业务，应当置备统一制定的证券买卖委托书，供委托人使用。采取其他委托方式的，必须作出委托记录。客户的证券买卖委托，不论是否成交，其委托记录应当按规定的期限，保存于证券公司。

（2）代理买卖。根据《证券法》的规定，证券公司代理客户买卖证券，必须做到：不接受全权委托，不承诺收益或者赔偿损失，不接受私下委托。证券公司及其从业人员不得未经过其依法设立的营业场所私下接受客户委托买卖证券。

证券公司接受客户的证券买卖委托后,应当根据委托书载明的证券名称、买卖数量、出价方式、价格幅度等,按照交易规则代理买卖证券。买卖成交后,应当按规定制作买卖成交报告单交付客户。证券交易中确认交易行为及其交易结果的对账单必须真实,并由交易经办人员以外的审核人员逐笔审核,保证账面证券余额与实际持有的证券相一致。证券公司的从业人员在证券交易活动中,按其所属的证券公司的指令或者利用职务违反交易规则的,由所属的证券公司承担全部责任。

三、证券登记结算机构

(一) 证券登记结算机构的概念

证券登记结算机构是为证券交易提供集中的登记、托管与结算服务,是不以营利为目的的法人。设立或者申请解散证券登记结算机构必须经国务院证券监督管理机构批准。证券登记结算机构的名称中应当标明证券登记结算字样。证券登记结算机构应当依法制定章程和业务规则,并须经国务院证券监督管理机构批准。证券登记结算采取全国集中统一的运营方式。

(二) 证券登记结算机构的设立条件

《证券法》第156条规定,设立证券登记结算机构,应当具备下列条件:①自有资金不少于人民币2亿元;②具有证券登记、存管和结算服务所必需的场所和设施;③主要管理人员和从业人员必须具有证券从业资格;④国务院证券监督管理机构规定的其他条件。证券登记结算机构的名称中应当标明证券登记结算字样。

(三) 证券登记结算机构的职能

证券登记结算机构履行下列职能:①证券账户、结算账户的设立;②证券的托管和过户;③证券持有人名册登记;④证券交易所上市证券交易的清算和交收;⑤受发行人的委托派发证券权益;⑥办理与上述业务有关的查询;⑦国务院证券监督管理机构批准的其他业务。

四、证券服务机构

(一) 证券服务机构的概念

证券服务机构是指为证券交易提供投资咨询、资信评估等服务业务的专业机构。我国《证券法》规定,根据证券投资和证券交易业务的需要,可以设立专业的证券投资咨询机构、资信评估机构。投资咨询机构、财务顾问机构、资信评级机构、资产评估机构、会计师事务所从事证券服务业务,必须经国务院证券监督管理机构和有关主管部门批准。

(二) 证券服务机构业务人员的条件

《证券法》规定,投资咨询机构、财务顾问机构、资信评级机构从事证券服务业务的人员,必须具备证券专业知识和从事证券业务或者证券服务业务两年以上经验。认定其证券从业资格的标准和管理办法,由国务院证券监督管理机构制定。

(三) 证券投资咨询机构从业人员的禁止行为

证券投资咨询机构的从业人员不得从事下列行为:①代理委托人从事证券投资;②与委托人约定分享证券投资收益或者分担证券投资损失;③买卖本咨询机构提供服务的上市公司股票;④利用传播媒介或者通过其他方式提供、传播虚假或者误导投资者的信息;⑤法律、行政法规禁止的其他行为。有上述所列行为之一,给投资者造成损失的,依法承担赔偿责任。

(四) 执业与责任

证券服务机构为证券的发行、上市、交易等证券业务活动制作、出具审计报告、资产评估报告、财务顾问报告、资信评级报告或者法律意见书等文件,应当勤勉尽责,对所依据的文件资料内容的真实性、准确性、完整性进行核查和验证。其制作、出具的文件有虚假记载、误导性陈述或者重大遗漏，给他人造成损失的，应当与发行人、上市公司承担连带赔偿责任，但是能够证明自己没有过错的除外。

证券服务机构未勤勉尽责，所制作、出具的文件有虚假记载、误导性陈述或者重大遗漏的，责令改正，没收业务收入，暂停或者撤销证券服务业务许可，并处以业务收入1倍以上5倍以下的罚款。对直接负责的主管人员和其他直接责任人员给予警告，撤销证券从业资格，并处以3万元以上10万元以下的罚款。

五、证券业协会

（一）证券业协会的概念

证券业协会是证券业的自律性组织，是社会团体法人。根据《证券法》的规定，证券公司都应当加入证券业协会。证券业协会的权力机构为全体会员组成的会员大会。证券业协会的章程由会员大会制定，并报国务院证券监督管理机构备案。证券业协会设理事会。理事会成员依章程的规定由选举产生。

（二）证券业协会的职责

证券业协会履行下列职责：教育和组织会员遵守证券法律、行政法规；依法维护会员的合法权益，向证券监督管理机构反映会员的建议和要求；收集整理证券信息，为会员提供服务；制定会员应遵守的规则，组织会员单位的从业人员的业务培训，开展会员间的业务交流；对会员之间、会员与客户之间发生的证券业务纠纷进行调解；组织会员就证券业的发展、运作及有关内容进行研究；监督、检查会员行为，对违反法律、行政法规或者协会章程的，按照规定给予纪律处分；证券业协会章程规定的其他职责。

六、证券监督管理机构

（一）证券监督管理机构的概念

证券监督管理机构是指依法对证券市场实行监督管理的国务院证券监督管理机构。《证券法》规定，国务院证券监督管理机构依法对证券市场实行监督管理，维护证券市场秩序，保障其合法运行。

（二）证券监督管理机构的职责

国务院证券监督管理机构在对证券市场实施监督管理中履行下列职责：

1. 依法制定有关证券市场监督管理的规章、规则，并依法行使审批或者核准权。
2. 依法对证券的发行、上市、交易、登记、存管、结算，进行监督管理。
3. 依法对证券发行人、上市公司、证券公司、证券投资基金管理公司、证券服务机构、证券交易所、证券登记结算机构的证券业务活动，进行监督管理。
4. 依法制定从事证券业务人员的资格标准和行为准则，并监督实施。
5. 依法监督检查证券发行、上市和交易的信息公开情况。
6. 依法对证券业协会的活动进行指导和监督。
7. 依法对违反证券市场监督管理法律、行政法规的行为进行查处。
8. 法律、行政法规规定的其他职责。国务院证券监督管理机构可以和其他国家或者地区的证券监督管理机构建立监督管理合作机制，实施跨境监督管理。

（三）履职措施

国务院证券监督管理机构依法履行职责，有权采取下列措施：

1. 对证券发行人、上市公司、证券公司、证券投资基金管理公司、证券服务机构、证券交易所、证券登记结算机构进行现场检查。
2. 进入涉嫌违法行为发生场所调查取证。

3. 询问当事人和与被调查事件有关的单位和个人,要求其对与被调查事件有关的事项作出说明。

4. 查阅、复制与被调查事件有关的财产权登记、通讯记录等资料。

5. 查阅、复制当事人和与被调查事件有关的单位和个人的证券交易记录、登记过户记录、财务会计资料及其他相关文件和资料;对可能被转移、隐匿或者毁损的文件和资料,可以予以封存。

6. 查询当事人和与被调查事件有关的单位和个人的资金账户、证券账户和银行账户;对有证据证明已经或者可能转移或者隐匿违法资金、证券等涉案财产或者隐匿、伪造、毁损重要证据的,经国务院证券监督管理机构主要负责人批准,可以冻结或者查封。

7. 在调查操纵证券市场、内幕交易等重大证券违法行为时,经国务院证券监督管理机构主要负责人批准,可以限制被调查事件当事人的证券买卖,但限制的期限不得超过15个交易日;案情复杂的,可以延长15个交易日。

(四) 业务规则

1. 国务院证券监督管理机构工作人员依法履行职责,进行监督检查或者调查时,应当出示有关证件,并对知悉的有关单位和个人的商业秘密负有保密的义务。

2. 国务院证券监督管理机构工作人员必须忠于职守,依法办事,公正廉洁,不得利用自己的职务便利牟取不正当的利益。

3. 国务院证券监督管理机构依法履行职责,被检查、调查的单位和个人应当配合,如实提供有关文件和资料,不得拒绝、阻碍和隐瞒。

4. 国务院证券监督管理机构依法制定的规章、规则和监督管理工作制度应当公开。国务院证券监督管理机构依据调查结果,对证券违法行为作出的处罚决定,应当公开。

5. 国务院证券监督管理机构依法履行职责,发现证券违法行为涉嫌犯罪的,应当将案件移送司法机关处理。

6. 国务院证券监督管理机构的工作人员不得在被监管的机构中兼任职务。

(五) 证券监督管理机构的法律责任

证券监督管理机构对不符合证券法规定的证券发行、上市的申请予以核准,或者对不符合证券法规定条件的设立证券公司、证券登记结算机构或者证券交易服务机构的申请予以批准,情节严重的,对直接负责的主管人员和其他直接责任人员,依法给予行政处分。构成犯罪的,依法追究刑事责任。

(六) 拒绝、阻碍证券监督管理机构监督检查的法律责任

以暴力、威胁方法阻碍证券监督管理机构依法行使监督检查职权的,依法追究刑事责任;拒绝、阻碍证券监督管理机构及其工作人员依法行使监督检查职权未使用暴力、威胁方法的,依照治安管理处罚条例的规定进行处罚。

《证券法》的第6条明确写着:"证券业和银行业、信托业、保险业实行分业经营、分业管理,证券公司与银行、信托、保险业务机构分别设立。国家另有规定的除外。"虽然这一表述较1998年出台的《证券法》多了"国家另有规定的除外",但仍然划定了金融行业分业监管的框架。但随着类似光大、安邦等金融控股集团的出现,金融企业混业经营越来越普遍,这样的法律规定似乎已很难满足监管需求。[1]

---

[1] 李勇、解惠涵:"探秘《证券法》修订三大路径",载《中国经济周刊》2014年第12期。

第三节　证券发行

一、证券发行的概念

我国新旧证券法都未对证券发行的含义作出明确规定，理论界关于证券发行的内涵的认识也不一致。一般认为，广义上的证券发行是证券发行人依照法定程序将自己的证券出售或交付给投资者的行为。[1] 而狭义上的证券发行指证券发行人在募集证券后，制作并交付证券或以账簿划拨方式交付证券的行为。[2]

在证券发行中，不同参与主体涉及不同证券品种时，形成了一系列相互关联的法律关系。从抽象意义上讲，这些法律关系都属于证券法律关系，但具体类型不同。就证券发行结束后形成的法律关系而言，包括股权关系、债权关系。就证券发行过程中形成的法律关系而言，在证券发行人与证券承销机构之间形成了委托——代理关系，证券发行人与投资者之间形成了表面上的买卖关系。[3]

二、证券发行的审核

（一）证券发行审批和核准的一般规定

根据《证券法》的规定，发行者公开发行证券，必须符合法律、行政法规规定的条件，并依法报经国务院证券监督管理机构或者国务院授权的部门核准或者审批；未经依法核准或者审批，任何单位和个人不得向社会公开发行证券。《证券法》首次对证券的公开发行进行明确界定，第10条规定，公开发行证券，必须符合法律、行政法规规定的条件，并依法报经国务院证券监督管理机构或者国务院授权的部门核准；未经依法核准，任何单位和个人不得公开发行证券。有下列情形之一的，为公开发行：向不特定对象发行证券的；向特定对象发行证券累计超过200人的；法律、行政法规规定的其他发行行为。非公开发行证券，不得采用广告、公开劝诱和变相公开方式。

但我国的公开发行界定和监管存在一个较大的法律漏洞，即没有将股份的转让行为纳入公开发行的监管范围内。在公司和投资人之间进行交易的背景下，发行和股份的转让行为是有明显区别的，发行是公司直接向投资人销售股票的行为；而股份转让是公司股东与其他投资者之间的交易。一般情况下，股东转让股份不会构成发行行为，更是不公开发行。[4] 本书也赞同这种观点。因此，如果发行人先将股票卖给少数不受监管的特定投资者，投资者获得股票后，再将股票转卖给广大的社会公众，就可以规避我国证券法上狭义的公开发行监管了。[5] 因此，在"打击非法证券活动"中，将该转售行为界定为"变相公开发行"，纳入公开发行的监管轨道，增加了公开发行的种类和范围，细化了证券法对公开发行的界定，弥补了法律漏洞。

（二）证券发行的申请

公开发行股票，必须依照公司法规定的条件，报经国务院证券监督管理机构核准。发行人必须向国务院证券监督管理机构提交公司法规定的申请文件和国务院证券监督管理机构规定的

---

[1] 赵旭东主编：《商法学》，高等教育出版社2007年版，第402页。
[2] 王林清：《证券法理论与司法适用》，法律出版社2008年版，第93页。
[3] 王保树主编：《商法》，法律出版社2005年版，第245～246页。
[4] 沈朝晖："公开发行视角下的非公开发行股份转让"，载《金融法苑》2009年第78辑，第84页。
[5] 彭冰：《中国证券法学》，高等教育出版社2007年版，第43～52页。

有关文件。

发行公司债券，必须依照公司法规定的条件，报经国务院授权的部门审批。发行人必须向国务院授权的部门提交公司法规定的申请文件和国务院授权的部门规定的有关文件。

(三) 证券发行的审核

审核是公开发行证券的重要环节。各国证券法都把审核作为发行的重要环节来规范，在制度设计上作了很多尝试。证券发行审核制度的有效实施，可确保证券发行信息公开的合法性和适当性，规范证券发行秩序，从而健全证券一级市场，保护投资者权益。[1]

世界各国的股票发行审核制度大致可分为两种，即注册制和核准制。注册制又称为申报制，指发行人在公开发行证券时，依法定要求将应公开的所有信息向证券主管机构申报注册，并对该信息的真实性、完整性承担法律责任，证券主管机关只对申报材料进行形式审查。[2] 核准制也称为实质审查制，是证券主管机关在公开原则的基础上，依据一定的法定标准，对发行人的经营状况、管理人员资格、资本结构、资金投向、投资价值等进行实质性审查的证券发行审核制度。核准制并不排除注册制所要求的形式审查，也吸收公开原则的精神，要求发行人准确、完整地公开有关资料，供投资者作出投资决定时参考。在核准制下，证券主管机关有权否决发行公司的申请。[3]

(四) 股票发行的核准

中国资本市场是在经济体制转轨背景下诞生和发展起来的，发行体制不可避免地带有时代烙印。资本市场建立初期，限于当时各方面的局限和市场环境，在证券发行管理体制方面实行的是带有很强行政色彩的审批制度。2001年3月以后，证券发行实施核准制，即由公司提出发行申请，保荐机构根据市场需要向中国证监会推荐，中国证监会进行合规性初审后，提交发行审核委员会审核，最终经中国证监会核准后发行，核准制的核心就是监管部门进行合规性审核，以信息披露为中心强化中介机构的责任，加大市场参与各方的行为约束，减少新股发行中的行政干预。

国务院证券监督管理机构设发行审核委员会，依法审核股票发行申请。这一规定明确了发行审核委员会的法律地位和法定职责。首先，发行审核委员会设在国务院证券监督管理机构内部，是法定必须设立的机构；其次，发行审核委员会的职责是依法审核股票发行申请，也就是说这个委员会是国务院证券监督管理机构内部负责核准股票发行申请的具体职能机构，所有提交国务院证券监督管理机构的股票发行申请，都须要由发行审核委员会依法进行审核。在法律中明确规定发行审核委员会的设立和职责，是从法律上确立股票发行核准制度的一个重要内容，这是对现行的股票发行体制的一个改进，有利于提高股票发行核准过程的透明度。

发行审核委员会的成员由两部分人员构成，一部分是国务院证券监督管理机构内部的专业人员，另一部分是国务院证券监督管理机构以外的有关专家，这些专家主要包括政府综合经济管理部门、有关行业主管部门的专业人员以及经济、法律、金融、财会等有关方面的专家、学者等。这两部分人员是发行审核委员会的基本组成人员，也是法定的组成人员。在法律中规定组成发行审核委员会必须聘请国务院证券监督管理机构外的专家，主要是因为股票发行影响面广，涉及的问题多，需要由各有关方面的专家从不同方面进行审核，提出意见。这样有利于保证发行的股票的质量。

---

[1] 陈甦："析证券发行审核制度的二元结构"，载《法学杂志》2001年第1期。
[2] 王林清：《证券法理论与司法适用》，法律出版社2008年版，第144页。
[3] 王京、藤必焱编著：《证券法比较研究》，中国人民公安大学出版社2004年版，第71~72页。

发行审核委员会应当以投票方式对股票发行申请进行表决，提出审核意见。审核意见是指发行审核委员会作为一个法定机构所作出的是否同意股票发行的决议，是发行审核委员会进行审核工作的结果，也是该委员会对某支股票发行申请审核的最终程序，而不是委员会某位成员的个人意见。

2005年《证券法》修订后，根据证券市场发展的要求，证监会于2006年对发审委制度进行了第一次改革。2006年5月8日证监会审议通过了《发行审核委员会办法》，原暂行办法宣告废除。与暂行办法相比，新办法主要在两个方面进行了完善：一是将发行证券申请的审核程序分为普通程序和特别程序。发行人公开发行股票申请和可转换债券等其他公开发行的证券申请适用普通程序，而上市公司非公开发行证券申请则适用特别程序，例如不公布发行人名单、会议时间等。鉴于当时已经正式实施的《上市公司证券发行管理办法》允许上市公司向特定投资者非公开发行股票，而非公开发行股票在发行方式和投资者要求方面有别于公开发行，在信息披露形式和内容、发行时机、定价基准日、发行对象选择等方面有特殊要求，新办法对非公开发行股票的审核设定了特别程序。在特别程序中，每次参加发审委会议的委员为5名，表决投票时同意票数达到3票为通过，未达到3票为未通过，且委员不得提议暂缓表决。特别程序是一种简易程序，旨在提高发行审核的效率。二是完善了发行人接受询问和委员提议暂缓表决的制度。发审委会议对发行人的股票发行申请形成审核意见之前，可以请发行人代表和保荐代表人到会陈述和接受委员的询问；委员发现存在尚待调查核实并影响明确判断的重大问题，应当在发审委会议前以书面方式提议暂缓表决。2009年为配合创业板的运行启动了第二次改革。2009年5月证监会对《发行审核委员会办法》进行修订，明确单独设立创业板发行审核委员会，人数为35人，任期一年。同时规定主板、创业板和并购重组委员不得相互兼任。修订后的办法是现行有效的规范发审委组成和工作程序的最主要的部门规章。《证券法》第22条第1款规定，国务院证券监督管理机构设发行审核委员会，依法审核股票发行申请。从立法层面明确了发审委的地位和职权。2009年修订后的《发行审核委员会办法》第3条第3款规定，证券发行经发审委表决通过后，证监会有权依据法定条件和程序作出核准或不予核准的决定。

中国证券监督管理委员会根据发行审核委员会提出的审核意见，依照法定条件核准股票发行申请。核准程序应当公开，依法接受监督。参与核准股票发行申请的人员，不得与发行申请单位有利害关系；不得接受发行申请单位的馈赠；不得持有所核准的发行申请的股票；不得私下与发行申请单位进行接触。

证券监督管理机构的工作人员和发行审核委员会的组成人员，不履行证券法规定的职责，徇私舞弊、玩忽职守或者故意刁难有关当事人的，依法给予行政处分。构成犯罪的，依法追究刑事责任。

（五）审批或者核准的撤销

国务院证券监督管理机构或者国务院授权的部门对已作出的核准证券发行的决定，发现不符合法定条件或者法定程序，尚未发行证券的，应当予以撤销，停止发行。已经发行尚未上市的，撤销发行核准决定，发行人应当按照发行价并加算银行同期存款利息返还证券持有人；保荐人应当与发行人承担连带责任，但是能够证明自己没有过错的除外；发行人的控股股东、实际控制人有过错的，应当与发行人承担连带责任。

《证券法》修改以股票发行注册制改革为核心，推动修改完善证券法等市场基础性法律制度。市场广泛关注的股票发行注册制改革，绝不仅仅是股票发行方式的简单变化，而是事关市场运行机制和监管理念的基础性重大变革。考察不同国家和地区注册制的做法，一致的要求是,以信息披露为中心,监管者关注的是信息披露的质量,并不负责对发行人及其证券进行价值判断,发行时机、价格也完全由发行人和中介机构根据市场情况决定。证券法修改是注册制正式实施的前提,通过对现行证券法关于证券发行核准制的制度调整,明确规定注册主体、注册要求以及注册程序等安排,特别是要从法律上清楚界定信息披露的要求和不同主体对信息披露的职责边界,严格落实发行人的诚信责任和中介机构的把关责任。同时,要丰富和强化监管机关的执法措施和执法手段,完善民事、行政和刑事法律责任制度,为坚决惩治注册信息虚假行为,切实保障投资者合法权益,提供完备的法律制度保障。[1]

三、证券发行前的信息披露和股票发行后的风险承担

证券发行申请经核准或者经审批,发行人应当依照法律、行政法规的规定,在证券公开发行前,公告公开发行募集文件,并将该文件置备于指定场所供公众查阅。发行证券的信息依法公开前,任何知情人不得公开或者泄露该信息。发行人不得在公告公开发行募集文件之前发行证券。

股票依法发行后,发行人经营与收益的变化,由发行人自行负责;由此变化导致的投资风险,由投资者自行负责。

四、证券发行的承销

（一）承销和承销协议

公开发行证券的发行人有权依法自主选择承销的证券公司。证券公司不得以不正当竞争手段招揽证券承销业务。证券公司承销证券,应当同发行人签订代销或者包销协议。

（二）承销证券的核查

证券公司承销证券,应当对公开发行募集文件的真实性、准确性、完整性进行核查;发现含有虚假记载、误导性陈述或者重大遗漏的,不得进行销售活动;已经销售的,必须立即停止销售活动,并采取纠正措施。

（三）承销团

向社会公开发行的证券票面总值超过人民币5000万元的,应当由承销团承销。承销团应当由主承销和参与承销的证券公司组成。

（四）承销证券的销售

证券公司在代销、包销期内,对所代销、包销的证券应当保证先行出售给认购人,证券公司不得为本公司事先预留所代销的证券和预先购入并留存所包销的证券。证券的代销、包销期最长不得超过90日。股票发行采用代销方式,代销期限届满,向投资者出售的股票数量未达到拟公开发行股票数量70%的,为发行失败。发行人应当按照发行价并加算银行同期存款利息返还股票认购人。公开发行股票,代销、包销期限届满,发行人应当在规定的期限内将股票发行情况报国务院证券监督管理机构备案。

（五）证券发行的价格

证券发行的价格可以分为面额发行、溢价发行和折价发行。面额发行也称为平价发行,是指证券以票面上注明的金额为价格进行销售发行;折价发行是指证券以低于票面金额的价格在发行市场进行销售;溢价发行是指证券以高于其票面金额的价格在发行市场上进行销售,我国证券法规定,股票发行采取溢价发行的,其发行价格由发行人与承销的证券公司协商确定。

---

[1] "法治是资本市场善治的根基——庄心一副主席在第五届'上证法治论坛'上的演讲",载www.csrc.gov.cn,访问时间:2015年2月10日。

第四节 证券交易

一、证券交易概述

（一）证券交易的对象

证券交易的对象是指证券交易当事人能够依法进行买卖的证券。我国证券法规定，证券交易当事人依法买卖的证券，必须是依法发行并交付的证券。非依法发行的证券，不得买卖。依法发行的股票、公司债券及其他证券，法律对其转让期限有限制性规定的，在限定的期限内，不得买卖。

（二）证券的交易方式

《证券法》规定证券交易以现货交易和国务院规定的其他方式进行交易。其他交易方式包括期货交易、期权交易、融资融券交易等多种交易方式。现货交易又叫现金现货交易，是证券交易双方以自己可以支配的足额资金和证券进行交易，买卖成交后即时履行证券和价款交割手续。现货交易一般采用在证券交易所集中竞价的交易方式。集中竞价实行价格优先、时间优先的原则。价格优先是指证券交易的成交依照委托者委托价格的高低来确定。委托买入，出价高的优先于出价低的成交。委托卖出，出价低的优先于出价高的成交。时间优先是指在委托价格相同的情况下，按照委托时间的先后来确定成交，委托时间在先者优先成交。

期货交易是指交易双方交付一定比例的保证金，按照交易协议签订时的价格作为成交价格，约定一定时期以后进行清算交割的一种交易方式。期权交易又称选择权交易，是交易双方在证券交易所交易一定时期买卖某种证券的权利的交易方式。

融资融券交易又称保证金交易，是指投资者在买卖证券时只需向证券公司交付一定比例的保证金，由证券公司提供资金或证券进行交易的方式。分为融资交易和融券交易两种。2006年8月1日，中国证监会发布的《证券公司融资融券业务试点管理办法》和《证券公司融资融券业务试点内部控制指引》两个规范性文件开始实施，证券公司融资融券业务试点正式启航。融资融券业务对投资者、证券公司以及证券交易所和证券监管机构的监较高要求，我国曾于1996年严令禁止此项业务。时隔十年，融资融券业务再次开闸，带着几多机会和风险再次闯入我们的视线。融资融券交易与普通证券交易主要有三点区别：其一，是投资者从事普通证券交易，买入证券时，必须事先有足额资金；卖出证券时，则必须有足额证券。而从事融资融券交易，投资者预测证券价格将要上涨而手头没有足够的资金时可以向证券公司借入资金买入证券；预测证券价格将要下跌而手头没有证券时，则可以向证券公司借入证券卖出。其二，投资者从事普通证券交易时，其与证券公司之间只存在委托买卖的关系，因此不需要向证券公司提供担保；而从事融资融券交易时，其与证券公司之间不仅存在委托买卖的关系，还存在资金或证券的借贷关系，因此还要事先以现金或证券的形式向证券公司交付一定比例的保证金，并将融资买入的证券和融券卖出所得资金交付证券公司，作为担保物。其三，是投资者从事普通证券交易时，风险完全由其自行承担，可以买卖所有在证券交易所上市交易的证券；而从事融资融券交易时，如不能按时、足额偿还资金或证券，还会给证券公司带来风险，所以投资者只能在与证券公司约定的范围内买卖证券。

（三）证券交易的原则

1. 价格优先、时间优先的原则。证券交易的集中竞价实行价格优先、时间优先的原则。价格优先是指证券交易的成交依照委托者委托价格的高低来确定。委托买入，出价高的优先于出价低的成交。委托卖出，出价低的优先于出价高的成交。时间优先是指在委托价格相同的情况下，按照委托时间的先后来确定成交，委托时间在先者优先成交。

2. 现货交易原则。由于考虑到我国证券市场还不够成熟，法规和制度都需要完善，以及防范可能发生的金融风险和保护投资者的利益，我国证券法规定我国的证券交易必须以现货进行交易。同时，证券公司不得从事向客户融资或者融券的证券交易活动。修订后的《证券法》规定，证券交易以现货和国务院规定的其他方式进行交易。可见，修订后的证券法可以采取现货交易、期货交易、期权交易、融资融券交易等多种交易方式，扩大了证券交易的方式。

二、证券上市

（一）首次公开发行股票并在主板上市制度

1. 股票上市的概念。股票上市又称为股票上市交易、场内交易、交易所交易，是指公开发行的股票满足法定条件时，其发行人提请证券交易所予以审查并同意该股票在证券交易所集中竞价买卖。

2. 股票上市的条件。根据我国《证券法》的规定，股份有限公司申请其股票上市必须符合下列条件：①股票经国务院证券监督管理机构核准已公开发行；②公司股本总额不少于人民币3000万元；③公开发行的股份达到公司股份总数的25%以上；公司股本总额超过人民币4亿元的，公开发行股份的比例为10%以上；④公司最近3年无重大违法行为，财务会计报告无虚假记载。证券交易所可以规定高于上述规定的上市条件，并报国务院证券监督管理机构批准。

（二）首次公开发行股票并在创业板上市制度

2009年3月，中国证监会发布了《首次公开发行股票并在创业板上市管理暂行办法》。创业板作为多层次资本市场体系的重要组成部分，旨在促进自主创新企业及其他成长型创业企业的发展，在股票发行条件上，创业板与主板相比，在财务与会计方面存在较大的不同。根据《暂行办法》，创业板首次公开发行股票需符合以下财务与会计方面的条件：①最近2年连续盈利，最近2年净利润累计不少于1000万元，且持续增长；或者最近1年盈利，且净利润不少于500万元，最近一年营业收入不少于5000万元，最近2年营业收入增长率均不低于30%。净利润以扣除非经常性损益前后孰低者为计算依据。②最近一期末净资产不少于2000万元，且不存在未弥补亏损。③发行后股本总额不少于3000万元。发行人依法纳税，经营成果对税收优惠不存在严重依赖，发行人不存在重大偿债风险，不存在影响持续经营的担保、诉讼以及仲裁等重大或有事项。

（三）债券上市

证券交易所根据国务院授权的部门的决定安排政府债券上市交易。

公司申请公司债券上市交易，应当符合下列条件：①公司债券的期限为1年以上；②公司债券实际发行额不少于人民币5000万元；③公司申请债券上市时仍符合法定的公司债券发行条件。

（四）证券发行上市保荐制度

证券发行上市保荐制是指由保荐机构及其保荐代表人负责发行人证券发行上市的推荐和辅导，经尽职调查核实公司发行文件资料的真实性、准确性和完整性，督促发行人建立严格的信息披露制度，主要包括以下内容：①公司发行股票或可转换公司债券须由保荐机构推荐，中国证监会或证券交易所只接受由保荐机构推荐的发行或上市申请文件。②保荐机构及保荐代表人应当尽职调查，对发行或上市申请人的申请文件和信息披露资料进行审慎核查，并对相关文件的真实性、准确性和完整性负连带责任。③保荐机构对其推荐的公司上市后的一段期间负有持续督导义务,并对公司督导期间的不规范行为承担责任。④保荐机构要建立完备的内部管理制度,内部控制制度和工作底稿制度。⑤中国证监会对保荐机构及其保荐代表人实行持续监管。

保荐制度的核心是对企业发行上市提出了双保要求,即企业发行上市必须要由保荐机构进行保荐,并由具有保荐代表人资格的从业人员具体负责保荐工作。这样既明确了机构的责任,也将责任具体落实到了个人。

2003年12月,中国证监会发布《证券发行上市保荐制度暂行办法》,标志着保荐制度的正式建立。2005年10月,《证券法》修订时以法律的形式正式确立了这一制度。2008年10月,中国证监会对保荐制度进行了进一步充实和完善,并公布了修订后的《证券发行上市保荐业务管理办法》(以下简称《保荐办法》)。2009年5月,根据创业板市场建设的安排,考虑到创业企业的特点及其对保荐业务的独特要求,为更好地发挥保荐制度的作用,强化市场约束和风险控制,对《保荐办法》进行了适当修改,加强了保荐机构及其保荐代表人对创业板发行上市的责任。

(五)上市公司再融资制度

上市公司再融资一般是指境内上市公司在境内证券市场进行再次融资的行为。目前上市公司可通过增发、配股、非公开发行股票、可转换公司债券、认股权证和债券分离交易的可转换公司债券以及公司债券进行再融资。此外,发行境外上市外资股的境内股份有限公司可在境内证券市场发行公司债券,上市公司股东可申请发行可交换债券。中国证监会发布了《上市公司证券发行管理办法》、《公司债券发行试点办法》、《上市公司股东发行可交换公司债券试行规定》及上述规章规范性文件的配套规则,对再融资的发行条件、发行程序及信息披露等进行了规范。

(六)退市制度

退市机制有利于约束和激励上市公司,提高上市公司质量。2001年我国建立证券市场退市制度,但退市标准单一,程序冗长,经营不善的上市公司往往通过各种手段规避退市,退市难现象突出。上市公司停而不退引发了"壳资源"的炒作,相关的内幕交易和市场操纵行为也随之发生。2012年3月,国务院明确要求按照稳妥有序的原则,健全退市制度。4月,深圳证券交易所修订发布了《深圳证券交易所创业板股票上市规则》,建立了新的创业板退市制度,规定创业板公司退市后统一平移到代办股份转让系统挂牌,不支持已退市公司通过借壳恢复上市。6月,沪、深证券交易所公布了主板、中小企业板退市制度的改革方案,对2008年出台的退市办法进行了修订,增加了连续3年净资产为负,或连续3年营业收入低于1000万元,或连续20个交易日收盘价低于股票面值的公司应终止上市等市场化退市标准。7月,沪、深证券交易所分别发布修订后的交易所股票上市规则,对原规则中的退市、停复牌等内容进行了修订,之后又发布了退市制度的相关配套规则,建立"风险警示板"、"退市整理期"和"重新上市制度"等机制。2012年底,深圳证券交易所对2家中小板上市公司作出了终止上市的决定。2013年1月,上海证券交易所"风险警示板"开始正式运行时,即有23家ST公司和20家*ST公司的股票被纳入特殊交易管理机制。[1]

三、信息公开法律制度

由于证券产品的复杂性、虚拟性和交易方式的特殊性,信息不对称问题特别突出,决定了信息披露在整个资本市场运行过程中处于中心和基础地位。只有确保信息真实、准确、完整、

---

[1] 中国人民银行金融稳定分析小组:《中国金融稳定报告》,中国金融出版社2013年版,第48页。

及时,才能形成合理的市场定价,发挥资本市场有效配置资源的作用;才能引导市场预期,促进理性的投融资决策和股权文化;才能及时充分地揭示和评估市场风险,提高市场运行的稳定性。因此,必须加强信息披露监管,重点打击虚假信息披露、欺诈发行、价格操纵等违法违规行为,确保市场机制有效发挥作用。[1]

(一)证券发行和上市时的信息公开

持续信息公开是指有关证券主体依法不间断地公开披露相关信息的制度。持续信息公开的方式包括证券的发行和上市报告、中期报告、年度报告、重大事件的临时报告以及证券管理机构的各种公告等。

根据证券法的规定,经国务院证券监督管理机构核准依法公开发行股票,或者经国务院授权的部门核准依法公开发行公司债券,应当公告招股说明书、公司债券募集办法。依法公开发行新股或者公司债券的,还应当公告财务会计报告。公司公告的股票或者公司债券的发行和上市文件,必须真实、准确、完整,不得有虚假记载、误导性陈述或者重大遗漏。

经核准上市交易的证券,其发行人未按照有关规定披露信息,或者所披露的信息有虚假记载、误导性陈述或者有重大遗漏的,由证券监督管理机构责令改正,对发行人处以30万元以上60万元以下的罚款。对直接负责的主管人员和其他直接责任人员给予警告,并处以3万元以上30万元以下的罚款。构成犯罪的,依法追究刑事责任。

(二)中期报告

股票或者公司债券上市交易的公司,应当在每一会计年度的上半年结束之日起2个月内,向国务院证券监督管理机构和证券交易所提交记载以下内容的中期报告,并予公告:公司财务会计报告和经营情况;涉及公司的重大诉讼事项;已发行的股票、公司债券变动情况;提交股东大会审议的重要事项;国务院证券监督管理机构规定的其他事项。

(三)年度报告

股票或者公司债券上市交易的公司,应当在每一会计年度结束之日起4个月内,向国务院证券监督管理机构和证券交易所提交记载以下内容的年度报告,并予公告:公司概况;公司财务会计报告和经营情况;董事、监事、经理及有关高级管理人员简介及其持股情况;已发行的股票、公司债券情况,包括持有公司股份最多的前10名股东名单和持股数额;公司的实际控制人;国务院证券监督管理机构规定的其他事项。

(四)临时报告

发生可能对上市公司股票交易价格产生较大影响、而投资者尚未得知的重大事件时,上市公司应当立即将有关该重大事件的情况向国务院证券监督管理机构和证券交易所提交临时报告,并予公告,说明事件的实质。

下列情况为重大事件:公司的经营方针和经营范围的重大变化;公司的重大投资行为和重大的购置财产的决定;公司订立重要合同,可能对公司的资产、负债、权益和经营成果产生重要影响;公司发生重大债务和未能清偿到期重大债务的违约情况;公司发生重大亏损或者重大损失;公司生产经营的外部条件发生的重大变化;公司的董事、1/3以上监事或者经理发生变动;持有公司5%以上股份的股东或者实际控制人,其持有股份或者控制公司的情况发生较大变化;公司减资、合并、分立、解散及申请破产的决定;涉及公司的重大诉讼,股东大会、董事会决议被依法撤销或者宣告无效;公司涉嫌犯罪被司法机关立案调查,公司董事、监事、高

---

[1] "大力推进监管转型——肖钢同志在2014年全国证券期货监管工作会议上的讲话",载www.csrc.gov.cn,访问时间:2015年2月10日。

级管理人员涉嫌犯罪被司法机关采取强制措施；国务院证券监督管理机构规定的其他事项。

（五）信息公开的法定媒体

依照法律、行政法规规定必须作出的公告，应当在国家有关部门规定的报刊上或者在专项出版的公报上刊登，同时将其置备于公司住所、证券交易所，供社会公众查阅。

（六）信息公开的监督

国务院证券监督管理机构对上市公司年度报告、中期报告、临时报告以及公告的情况进行监督，对上市公司分派或者配售新股的情况进行监督，对上市公司控股股东和信息披露义务人的行为进行监督。

（七）相关机构、人员的信息义务

证券监督管理机构、证券交易所、承销的证券公司及有关人员，对公司依照法律、行政法规规定必须作出的公告，在公告前不得泄露其内容。

（八）赔偿责任

发行人、上市公司公告的招股说明书、公司债券募集办法、财务会计报告、上市报告文件、年度报告、中期报告、临时报告以及其他信息披露资料，有虚假记载、误导性陈述或者重大遗漏，致使投资者在证券交易中遭受损失的，发行人、上市公司应当承担赔偿责任；发行人、上市公司的董事、监事、高级管理人员和其他直接责任人员以及保荐人、承销的证券公司，应当与发行人、上市公司承担连带赔偿责任，但是能够证明自己没有过错的除外；发行人、上市公司的控股股东、实际控制人有过错的，应当与发行人、上市公司承担连带赔偿责任。

四、禁止的交易行为

（一）内幕交易行为

1. 内幕交易的概念。内幕交易是指知悉证券交易内幕信息的知情人员或者非法获取内幕信息的其他人员利用内幕信息进行证券交易活动，以获取利益或者减少经济损失的行为。我国学者对内幕交易比较有代表性的观点是："内幕交易，又称内部人交易（insider trading, insider dealing），内线交易，指内幕人员或其他非法获取内幕信息的人员以获取利益或减少损失为目的，自己或建议他人泄露内幕信息使他人利用信用进行证券交易的活动。"[1]

我国《证券法》规定，禁止证券交易内幕信息的知情人员或者非法获取内幕信息的其他人员利用内幕信息进行证券交易活动。知悉证券交易内幕信息的知情人员或者非法获取内幕信息的其他人员，不得买入或者卖出所持有的该公司的证券，或者泄露该信息，或者建议他人买卖该证券。违反者要承担相应的法律责任。

证券交易内幕信息的知情人或者非法获取内幕信息的人，在涉及证券的发行、交易或者其他对证券的价格有重大影响的信息公开前，买卖该证券，或者泄露该信息，或者建议他人买卖该证券的，责令依法处理非法持有的证券，没收违法所得，并处以违法所得1倍以上5倍以下的罚款；没有违法所得或者违法所得不足3万元的，处以3万元以上60万元以下的罚款。单位从事内幕交易的，还应当对直接负责的主管人员和其他直接责任人员给予警告，并处3万元以上30万元以下的罚款。证券监督管理机构工作人员进行内幕交易的，从重处罚。

2. 内幕信息知情人员的范围。下列人员为知悉证券交易内幕信息的知情人员：①发行人的董事、监事、高级管理人员；②持有公司5%以上股份的股东及其董事、监事、高级管理人

---

[1] 符启林主编：《证券法学》，中国金融出版社2003年版，第149页。

员，公司的实际控制人及其董事、监事、高级管理人员；③发行人控股的公司及其董事、监事、高级管理人员；④由于所任公司职务可以获取公司有关内幕信息的人员；⑤证券监督管理机构工作人员以及由于法定职责对证券的发行、交易进行管理的其他人员；⑥保荐人、承销的证券公司、证券交易所、证券登记结算机构、证券服务机构的有关人员；⑦国务院证券监督管理机构规定的其他人。

尽管新证券法将内幕交易的主体扩大了，但仍有一些问题没有加以明确，如公司的外部信息制造者是否应当纳入内幕交易的主体的问题没有规定。[1] 如在很多情况下，内幕信息不仅是发行人内部的事情，一个重要的交易往往会涉及交易的双方，相对于发行人来说，交易对方显然不可能是发行人的内部人员，但他们不仅可能获得重大信息，还可能是重大消息的制造者。其是否应当被禁止从事内幕交易，目前尚不明确。但在收购活动中，收购人虽然是上市公司的外部人，却被纳入内幕交易的禁止范围。[2]

3. 内幕信息的概念和范围。内幕信息是指证券交易活动中，涉及公司的经营、财务或者对该公司证券的市场价格有重大影响的尚未公开的信息。根据我国《证券法》的规定，下列各项信息皆属内幕信息：《证券法》第67条第2款所列重大事件；公司分配股利或者增资的计划；公司股权结构的重大变化；公司债务担保的重大变更；公司营业用主要资产的抵押、出售或者报废一次超过该资产的30%；公司的董事、监事、高级管理人员的行为可能依法承担重大损害赔偿责任；上市公司收购的有关方案；国务院证券监督管理机构认定的对证券交易价格有显著影响的其他重要信息。

在证券法的理论中，并非所有的未公开的信息都能构成内幕信息，必须符合重大性标准的信息才能构成内幕信息。重大性的确定标准是信息披露监管的基础性制度之一。因此，有学者认为确立重大性标准的出发点应是：一方面不应对发行人施加过高的信息披露义务；另一方面不应遗漏投资者作出合理投资决策所需要的信息。[3]

从世界主要国家和地区的立法例来看，对于重大性标准的认定，大体可归纳为三种模式：概括式、列举式、例示式。[4] 美国、欧盟主要采用概括式。重大性也是美国司法实践中所创立的认定内幕信息的重要标准。日本主要采取列举式。而我国和台湾地区采用的是例示式。该模式综合了概括式和列举式的优点并克服其缺点，是比较合理的模式。

（二）操纵证券交易市场行为

1. 操纵证券交易市场行为的概念。操纵证券交易市场行为是指以获取利益或者减少经济损失为目的，利用其资金、持股等优势，制造证券交易假象，诱导或者致使投资者在不了解事实真相的情况下作出证券投资决策，扰乱证券市场秩序的行为。我国证券法严格禁止任何人以操纵证券交易市场的各种手段来获取不正当利益或者转嫁风险。美国1934年《证券交易法》的反操纵条款，开创了禁止操纵市场的立法先河。[5]

2. 操纵证券交易市场的行为。下列行为是操纵证券交易市场的行为：①通过单独或者合谋，集中资金优势、持股优势或者利用信息优势联合或者连续买卖，操纵证券交易价格；②与他人串通，以事先约定的时间、价格和方式相互进行证券交易或者相互买卖并不持有的证券，

---

[1] 罗培新、卢文道等：《最新证券法解读》，北京大学出版社2006年版，第118页。
[2] 罗培新、卢文道等：《最新证券法解读》，北京大学出版社2006年版，第119页。
[3] 胡光志：《内幕交易及其法律控制研究》，法律出版社2002年版，第64~71页。
[4] 王林清：《证券法理论与司法适用》，法律出版社2008年版，第300页。
[5] 杨志华：《证券法律制度研究》，中国政法大学出版社1995年版，第281页。

影响证券交易价格或者证券交易量；③以自己为交易对象，进行不转移所有权的自买自卖，影响证券交易价格或者证券交易量；④以其他方法操纵证券交易价格。

操纵证券市场的，责令依法处理非法持有的证券，没收违法所得，并处以违法所得1倍以上5倍以下的罚款；没有违法所得或者违法所得不足30万元的，处30万元以上300万元以下的罚款。单位操纵证券市场的，还应当对直接负责的主管人员和其他直接责任人员给予警告，并处以10万元以上60万元以下的罚款。

由于操纵市场的类型多种多样，不同的学者有不同的分类。有学者将操纵市场划分为冲洗买卖、连续买卖、相对买卖及其他特殊行为类型。[1] 有学者把操纵市场划分为洗售、相对委托、扎空、连续交易操纵、恶意散布、制造虚假信息或不实资料、联合操纵。[2] 还有学者把操纵市场划分为洗售、相对委托、连续交易操纵、恶意散布谣言或不实资料、联合操纵。[3] 我国《证券法》第77条第1款以列举的方式规定了操纵市场的具体方式，但由于列举不能穷尽现实中操纵市场的一切方式，采取列举方式也不可能对将来所有操纵市场的行为加以预测，为此该条第1款第4项特别规定了一个兜底条款，即"以其他手段操纵证券市场"。这也从另一个侧面说明了在实践中操纵证券市场的手段是多种多样的。

（三）信息误导行为

信息误导行为是指有关证券主体编造并传播虚假信息或者作出虚假陈述等，影响证券交易的行为。

我国《证券法》规定，禁止国家工作人员、新闻传播媒介从业人员和有关人员编造并传播虚假信息，严重影响证券交易。禁止证券交易所、证券公司、证券登记结算机构、证券服务机构、社会中介机构及其从业人员，证券业协会、证券监督管理机构及其工作人员，在证券交易活动中作出虚假陈述或者信息误导。各种传播媒介传播证券交易信息必须真实、客观，禁止误导。

证券交易所、证券公司、证券登记结算机构、证券交易服务机构、社会中介机构及其从业人员，或者证券业协会、证券监督管理机构及其工作人员，在证券交易活动中作出虚假陈述或者信息误导的，责令改正，处以3万元以上20万元以下的罚款；属于国家工作人员的，还应当依法给予行政处分。构成犯罪的，依法追究刑事责任。

（四）欺诈客户行为

欺诈客户行为是指证券公司及其从业人员在证券交易中违背客户的真实意愿进行代理，损害客户利益的行为。

我国《证券法》规定，在证券交易中，禁止证券公司及其从业人员从事下列损害客户利益的欺诈行为：违背客户的委托为其买卖证券；不在规定时间内向客户提供交易的书面确认文件；挪用客户所委托买卖的证券或者客户账户上的资金；私自买卖客户账户上的证券，或者假借客户的名义买卖证券；为牟取佣金收入，诱使客户进行不必要的证券买卖；利用传播媒介或者通过其他方式提供、传播虚假或者误导投资者的信息；其他违背客户真实意思表示，损害客户利益的行为。

证券公司违背客户的委托买卖证券、办理交易事项，以及其他违背客户真实意思表示，办

---

[1] 叶林主编：《证券法教程》，法律出版社2005年版，第343~348页。
[2] 杨志华："证券法律责任制度研究"，载梁慧星主编：《民商法论丛》（第1卷），法律出版社1994年版，第191~196页。
[3] 吴弘主编：《中国证券市场发展的法律调控》，法律出版社2001年版，第324~326页。

理交易以外的其他事项,给客户造成损失的,依法承担赔偿责任,并处以1万元以上10万元以下的罚款。

(五) 其他禁止的交易行为

我国《证券法》还规定,违反本法规定,法人以他人名义设立账户或者利用他人账户买卖证券的,责令改正,没收违法所得,并处以违法所得1倍以上5倍以下的罚款;没有违法所得或者违法所得不足3万元的,处以3万元以上30万元以下的罚款。对直接负责的主管人员和其他直接责任人员给予警告,并处以3万元以上10万元以下的罚款。

为了制止上述禁止的交易行为,证券法明确规定,证券交易所、证券公司、证券登记结算机构、证券交易服务机构、社会中介机构及其从业人员对证券交易中发现的禁止的交易行为,应当及时向证券监督管理机构报告。

五、投资者权益的法律保护

投资者权益维护是资本市场健康发展的核心价值观和基本保障。

对于一些交易行为的禁止,根本上是保护投资者的合法权益。证券法本质上就是一部投资者保护法,通过证券法的修改,在对广大公众投资者的保护上有新的突破。一是完善证券侵权民事赔偿制度,考虑将一些成熟可行的制度规则和认定原则上升为法律规范,并通过明确代表人诉讼实施制度,建立基于同一侵权行为的裁判结果的普遍适用规则,降低诉讼成本,方便及时获赔。二是建立证券市场的公益诉讼制度,考虑依据民事诉讼法规定,由证券法明确规定可以提起公益诉讼的组织,方便投资者保护机构通过公益诉讼的方式支持和帮助投资者获得民事赔偿。三是建立和解金赔偿制度,即行政和解制度,同时,为防范"花钱买平安"的道德风险,要严格规定和解的范围,制定一系列的有关和解实施的细则来确保公平、公正、公开。四是建立监管机构责令购回制度,考虑在证券法中明确赋予监管机构必要的职责和权力,对于类似欺诈发行、欺诈销售等违法行为,监管机构经过必要程序,直接责令违法主体购回所发行或所销售的证券产品,将其所获得的不当利益"回吐"给投资者,并相应建立司法机关直接强制执行的保障机制。五是建立承诺违约强制履约制度,若此次修法能够明确监管机构可以责令其履行承诺,提出明确具体的履约要求,并相应建立司法机关强制执行的保障机制,将是一个很大的进步。六是建立侵权行为人主动补偿投资者的制度,同时并不剥夺投资者通过诉讼到法院去申请民事赔偿的权利。七是建立证券专业调解制度,考虑借鉴成熟市场建立专门金融调解员制度,由独立、公正的调解员针对金融机构和投资者之间的小额纠纷进行专业调解的做法,为快速、有效地调解纠纷提供制度基础。[1]

学术视野

1. 关于证券公司与客户的关系性质,理论界主要有两种观点,即代理说与行纪说。一些学者认为证券公司受客户委托进行证券交易,证券交易的风险和法律后果由客户承担,两者之间应当是代理人与委托人之间的关系;另一些学者则认为,证券公司以自己的名义实施证券交易的行为,行为的法律后果转由委托人承担,符合行纪的特征,且行纪人一般为依法设立的从事特定行业的经济组织,因此两者的关系是行纪关系。从证券交易的特征来看,行纪说较为合理,目前大多数学者也赞同此说。[2]

---

[1] 马婧好、郭玉志:"肖钢阐述证券法修改的法理和逻辑",载中国证券网,访问时间:2013年12月29日。
[2] 王林清:《证券法理论与司法适用》,法律出版社2008年版,第398页。

2. 在证券发行中，公开发行和非公开发行对应的概念是公募发行和私募发行。公募发行相当于公开发行，必须遵守信息披露制度的严格规定；私募发行相当于非公开发行，适用条件和范围须受到严格限制。在美国，私募证券包括公司在内部发行并由本公司职工认购的证券，包括由一家公司发行并在几家关系密切的公司范围内认购的证券，还包括由关系固定的购买者认购的、不公开作出发行广告且发行额不足15万美元的证券。[1] 我国《证券法》将证券发行分为公开发行和非公开发行，但公开发行不完全等同于外国法上的公募，非公开发行有别于外国上的私募，也有别于我国曾采用过的定向募集，从而使公开发行和非公开发行具有了特定内涵。[2]

3. 在资本市场，之所以虚假陈述、欺诈上市、内幕交易、操纵市场等违法行为频繁发生，根源均在于法律责任机制失衡。中国社科院法学所《法治蓝皮书（2014）》显示，我国现行证券法律法规施行效果不容乐观，制度的不当设计和低效率是其根本原因，民事责任、行政责任和刑事责任的配置比例呈不均衡状态。一般而言，对证券违法行为过分注重行政处罚的适用，刑事问责的力度不足，加之民事责任设置的非全面性，证券市场法律规制效果亦不太理想。事实上，通过诉讼程序解决证券纠纷难度较大，且一般都依附于侵权责任的诉讼模式，缺乏证券纠纷的特有诉讼解决机制，执法效果不尽如人意。尽管对于证券市场的违法行为有刑事处罚和行政处罚的相关规定，但民事处罚仅有两条原则性的规定，这种笼统且实践可操作性较差的民事责任赔偿规定，使得投资者针对虚假陈述等违法行为通过民事诉讼获得赔偿救济困难重重。虽然2003年《最高人民法院关于审理证券市场因虚假陈述引发的民事赔偿案件的若干规定》对证券欺诈等行为具有良好的监管作用，但因内幕交易、操纵市场行为等违规违法行为的法律责任构成要件不够具体明确，理想化的民事赔偿机制效应难以实现，公众投资者的利益诉求难以得到切实保障，证券投资者的权益保护岌岌可危。[3]

4. 建立证券市场的公益诉讼制度。在证券市场，虚假陈述、内幕交易、操纵市场等违法违规行为危害范围广，涉及受害人多，且中小投资者在诉讼能力上处于弱势地位，由专门的组织机构为投资者提起公益诉讼，有利于改变诉讼中双方当事人的不平等地位，帮助投资者获得赔偿，符合公益诉讼制度的价值取向。世界上不少国家和地区都有证券领域的公益诉讼制度，比如我国台湾地区2003年就设立了证券投资人及期货交易人保护中心，为投资者提供公益诉讼服务。我国2012年修改的民事诉讼法也专门规定了公益诉讼制度，明确对于损害社会公共利益的行为，法律规定的机关和有关组织可以向法院提起诉讼。因此，《证券法》修订时可依据民事诉讼法的规定，由证券法明确规定可以提起公益诉讼的组织，以方便投资者保护机构通过公益诉讼的方式支持和帮助投资者获得民事赔偿。[4]

5. 我国多层次资本市场的构成。主板市场是上市标准高、信息披露规范、透明度强和监管体制完善的全国性大市场，起源于20世纪90年代初期，在上海证券交易所和深圳证券交易所均有主板市场。

中小板主要服务于即将或已进入成熟期、盈利能力强，但规模较主板小的中小企业。2004年深圳证券交易所单独开设中小板之后，原则上主板企业均在上海证券交易所上市。

创业板设于深圳证券交易所，2000年后开始筹备，自2009年3月底《首次公开发行股票

---

[1] 参见徐冬根等编著：《美国证券法律与实务》，上海社会科学出版社1997年版，第111页。
[2] 叶林：《证券法》，中国人民大学出版社2006年版，第122页。
[3] 吴青青："关于证券投资者权益保护的法律思考"，载《长江大学学报（社会科学版）》2014年第7期。
[4] 《中国总会计师》编辑部："证券法修改：现实与逻辑"，载《中国总会计师》2014年第9期。

并在创业板上市管理暂行办法》颁布方正式推出。

创业板市以自主创新企业及其他成长型创业企业为服务对象。创业板设于深圳证券交易所，2000 年后开始筹备，自 2009 年 3 月底创业板上市管理暂行办法颁布方正式推出，是多层次资本市场建设的关键环节。在创业板市场上市的公司大多从事高科技业务，具有较高的成长性，但往往成立时间较短，规模较小。

全国中小企业股份转让系统（俗称新三板）是经国务院批准，依据证券法设立的全国性证券交易场所，2012 年 9 月正式注册成立，是继上海证券交易所、深圳证券交易所之后第三家全国性证券交易场所。在场所性质和法律定位上，全国股份转让系统与证券交易所是相同的，都是多层次资本市场体系的重要组成部分。全国股份转让系统与证券交易所的主要区别在于：一是服务对象不同。《国务院关于全国中小企业股份转让系统有关问题的决定》明确了全国股份转让系统的定位主要是为创新型、创业型、成长型中小微企业发展服务。这类企业普遍规模较小，尚未形成稳定的盈利模式。在准入条件上，不设财务门槛，申请挂牌的公司可以尚未盈利，只要股权结构清晰、经营合法规范、公司治理健全、业务明确并履行信息披露义务的股份公司均可以经主办券商推荐申请在全国股份转让系统挂牌。二是投资者群体不同。我国交易所市场的投资者结构以中小投资者为主，而全国股份转让系统实行了较为严格的投资者适当性制度，未来的发展方向将是一个以机构投资者为主的市场，这类投资者普遍具有较强的风险识别与承受能力。三是全国股份转让系统是中小微企业与产业资本的服务媒介，主要是为企业发展、资本投入与退出服务，不是以交易为主要目的。2012 年，经国务院批准，决定扩大非上市股份公司股份转让试点（即新三板），首批扩大试点新增上海张江高新技术产业开发区、武汉东湖新技术产业开发区和天津滨海高新区。2013 年底，新三板方案突破试点国家高新区限制，扩容至所有符合新三板条件的企业。新三板的上市条件为：①依法设立且存续（存在并持续）满两年。有限责任公司按原账面净资产值折股整体变更为股份有限公司的，存续时间可以从有限责任公司成立之日起计算。②业务明确，具有持续经营能力。③公司治理机制健全，合法规范经营。④股权明晰，股票发行和转让行为合法合规。⑤主办券商推荐并持续督导。⑥全国股份转让系统公司要求的其他条件。

理论思考与实务应用

一、理论思考

（一）名词解释

资本证券　证券经纪人　证券公开发行　现货交易　内幕交易　操纵证券市场

（二）简答题

1. 结合《证券法》的修改谈谈对"证券"内涵的理解。
2. 如何理解证券发行与证券交易的关系？
3. 简述股票发行注册制与审判制的区别。

（三）论述题

1. 论述投资者与证券公司法律关系的性质。
2. 论述证券公开发行与非公开发行的异同。

二、实务应用

(一) 案例分析示范

案例一[1]

甲公司是一家证券咨询有限责任公司,提供证券投资咨询服务,主要收入来自会员。朱某是公司董事长兼总经理,同时也是一名资深证券分析师。朱某的好友陈某意欲投资股市,于是与甲公司签订证券咨询服务合同,合同约定,陈某向甲公司不定期咨询费用。2011年1月8日朱某向陈某推荐A股票,陈某于1月8日~10日买入该股。1月10日晚,朱某在媒体中公开推荐A股票后,第二天陈某在该股上获利6%卖出。其后至4月末,朱某先推荐股票后,第二天陈某在该股上涨6%后卖出。朱某荐股与陈某短线交易合作得天衣无缝,从1月到4月,总计37次买卖股票,同时甲公司收取陈某咨询服务费735万元。交易所有一批数学博士专门在系统地设计交易相似性的程序,对每天的市场交易数据过滤,就会过滤出一批交易股票对应的账户。数学博士发现陈某交易记录和朱某推荐有一致性,将该异常情况通知了中国证监会。

中国证监会获知后,立刻立案调查,经审理后对上述行为认定如下:甲公司、朱某与陈某利用甲公司所具有的证券投资咨询专业优势及其影响,通过与陈某的特定合作模式所从事的违法行为扰乱了正常的市场秩序,侵害了公众投资者的利益,具有操纵证券市场的性质。甲公司、陈某共同构成操纵行为主体,时任甲公司的董事长兼总经理朱某是直接责任人。按照当事人的违法事实、性质、情节与社会危害程度,根据《证券法》的规定,中国证监会对甲公司、朱某和陈某作出了如下处罚:①没收甲公司违法所得735万元,并处以735万元罚款;②对朱某给予警告并处以30万元罚款;③没收陈某被中国证监会依法冻结的股票。

问:证监会的处罚是否合理?甲公司、陈某以及朱某的行为到底构成了哪种证券违法行为?

【评析】甲公司是一家证券咨询顾问公司,凭借自身对证券市场的信息优势、专业优势,为投资者提供相应的信息服务。朱某是该公司的董事兼经理,利用媒体向公众推荐股票的行为属于职务行为,所以其行为应视为甲公司所为。甲公司与陈某联手,前者荐股,后者短线操作联合获利的行为,有观点认为构成了内幕交易行为;另有观点认为是构成传播内幕信息行为,但中国证监会认定甲公司构成其他手段操纵市场行为。

案例二[2]

原告陈某诉称,其是A证券公司的老股民,多年来A证券公司的操盘必读等信息完整、准确,从未有过差错,使其养成了每日必看A证券公司信息进行操作的习惯。2007年5月11日,其买进10 000元代码为580992的雅戈尔权证。2007年5月14日,A证券公司《专业操盘必读》等信息上没有公布580992雅戈尔权证是最后一天交易日,导致其在收盘前两分钟时还全仓买进。由于A证券公司信息披露失误造成其操作错误,因而要求A证券公司赔偿权证损失30 000元。但被告证券公司主张,其与原告之间只是委托代理关系,并无信息披露义务。

问:(1) 陈某与证券公司之间是否是委托代理关系?
(2) 证券公司是否负有信息披露义务?

【评析】(1) 投资者与证券公司之间,不符合委托代理关系的法理,应认定为行纪合同关系。

---

[1] 参见唐波主编:《金融法学案例评析》,上海人民出版社2012年版,第127~128页。
[2] 参见范健、王建文:《商法学》,法律出版社2009年版,第319页。

(2) 作为从事证券经纪业务的专业经纪商，对委托人负有善良管理人的注意义务，应保证其向委托人披露信息的真实、完整和准确。

法院的审理结果是权证交易的风险由投资者自行承担，遂判决驳回起诉。

案例三[1]

张某系具备完全民事行为能力的成年公民，1999年与朋友一起开办公司，因经营不善，公司欠下巨额债务。2000年4月，张某所开办的公司因未依法申请年检，被工商行政管理机关吊销营业执照。因出资严重不实且低于法定注册资本最低比例，2003年3月，某省法院终审判决张某等人对公司债权人承担连带清偿责任，负有数额高达1.5亿元的债务。2005年3月，张某通过向父亲借款1亿元，在二级市场上增持某股份有限公司股票。该公司股权结构高度分散，在收购达到16%的时候，张某已经成为该股份有限公司的前10名股东之一。鉴于股价持续上涨，张某决定继续增持该股份公司股份，以便在合适的时候转手，以偿还其银行债务。

问：张某是否具备上市公司收购的主体资格？其收购活动是否合法？

【评析】 根据有关规定，张某个人负有数额较大的债务，到期不能清偿且呈现持续状态，其公司曾因违法而被吊销营业执照，自执照被吊销之日起未逾3年，不具备收购上市公司的主体资格。

根据上市公司收购信息披露的爬坡规则，张某在持股首次达到5%，以及其后每增持达5%的情况下，应依法停止收购，履行信息披露义务。

（二）案例分析实训

案例一

A证券公司的注册资本为5亿元，近3年连续盈利，并且管理人员和业务人员及交易设施、管理制度均健全、完善，近3年成功为若干家上市公司承销新股发行工作。

B上市公司近3年连续盈利，但一直未向股东支付股利。该公司为扩大生产经营规模拟增发新股。A公司作为B公司增发新股的承销商负责发行工作。B公司向A公司说明该公司12位董事中有4位董事对该新股发行决议持保留意见，以致辞职。但A公司为确保新股发行的顺利进行，决定暂不公布该情况，并与某报记者联系，为B公司新股发行大做文章，报道该次增发新股的目的是为了扩大经营范围，B公司决定向高科技领域扩大投资生产。B公司新股发行工作如期成功进行，A公司大量购进B公司股票。B公司股票连续涨停，股价从新股发行时的10元一路走高至80元，股民情绪高涨，其中C公司购买了B公司5亿股流通股中的500万股。直至年报披露之时，B公司预报亏损，原来向高科技领域投资的计划子虚乌有。此时，B公司股票股价大跌。C公司在年报预亏公告前得知该信息，将股票全部卖出，获利丰厚，但中小股民损失严重。

问：（1）A证券公司属何种证券公司？其业务范围包括哪些？

（2）B公司是否具备发行新股的条件？A公司购买B公司股票的行为是否合法？

（3）B公司应披露的重大事件有哪些？C公司的行为是否合法？中小股民的损失如何处理？

---

[1] 参见范健、王建文：《商法学》，法律出版社2009年版，第319页。

案例二[1]

某公司是东京证券交易所创业板的上市公司，事发当日的股票交易价格为每股 61 万日元。某证券公司交易员将"以 61 万日元的价格出售 1 股股票"的操作指令，错误的操作为"以 1 日元价格出售 61 万股股票"。在操作屏显示"输入有误"的警告后，该交易员忽视了警告提示并继续操作。证券交易所发现错误后，立即电话通知该交易员取消交易，但未能成功。该证券公司损失了 270 亿日元。

问：（1）证券公司交易员操作错误，对已完成的交易有何影响？

（2）与该证券公司从事反向交易的投资者，是否应返还所得利益，为什么？

（3）根据我国《证券法》的规定，应如何处理类似事件？

案例三[2]

股民王先生出差在飞机上，其名下的股票发生交易，因此状告证券公司擅自交易造成损失，索赔 3 万余元。王先生起诉称，2007 年 4 月与中银证券宣外大街营业部张某相识，将证券业务全部转入该公司。具体股票交易事宜，通过电话和手机短信与其联系。2007 年 6 月 7 日 10 点 32 分，我正在赴烟台的飞机上，ST 罗牛股份 5000 股被擅自买入。我没有委托也没有指令交易，该笔股票给我造成了经济损失。为此，要求证券公司赔偿该 ST 罗牛股份 5000 股交易时计价 32 344.9 元及利息。

中银证券宣外大街营业部辩称，2007 年 4 月 24 日，王先生申请在我公司开户，并签署了证券交易委托代理协议书等文件。王先生称在未作出委托和指令的情况下，在飞机上发生股票交易。而交易系统记录明确记录着王先生全部交易委托均来自客户端，通过校验客户账户和密码的方式正常委托交易。王先生的交易密码和资金密码由本人掌握，因此我公司不可能在其账户中进行证券买卖操作。王先生称发生了非本人操作的证券交易，只能证明其相关密码告知了他人或密码失密。因此不同意他的诉讼请求。

北京市宣武区人民法院经过审理后认为，当事人对自己提出的主张，有责任提供证据。因王先生主张证券公司擅自用其账户进行证券买卖操作，所提供的证据不足以说明该主张，因此，对王先生的诉讼请求不予支持。中银证券宣外大街营业部抗辩理由成立，法院予以采信。依据法律有关规定，判决驳回了王先生的诉讼请求。

宣判后，王先生提起上诉，要求改判由证券公司承担赔偿责任。

二审法院经过审理后认为：王先生应提供相应的证据证明证券公司在其股票交易中存在过错、存在损害结果且该过错与其损害结果具有因果关系，但王先生提供的证据不能证明上述待证事实。作为具有完全民事行为能力的成年人，王先生应知道开户名称和交易密码的重要性，王先生称证券公司张某代其进行交易并知道密码，但未提供证据。对其该项主张，法院不予支持。关于王先生提出的鉴定、追加当事人和涉嫌职务犯罪问题，因鉴定与追加当事人并非本案所必须，且没有充分的证据证明存在职务犯罪问题，如果王先生认为涉嫌犯罪，其应向公安机关报案。故王先生的上述理由均不能成立。依据法律有关规定，判决驳回上诉，维持原判。

问：针对该案件内容，你对法院判决是否同意，谈谈你的看法。

---

[1] 参见叶林：《证券法》，中国人民大学出版社 2008 年版，第 217 页。

[2] 参见 http://china.findlaw.cn/gongsitalv/gongsifaanli/36725.html，访问时间：2015 年 6 月 30 日。

案例四[1]

2007年1月至2月初，浙江杭萧钢构股份有限公司与中国国际基金有限公司就安哥拉住宅建设项目进行了多次谈判。2月8日，双方就安哥拉住宅建设项目合同的价格、数量、付款方式、工期等主要内容达成一致意见。2月10日~13日，双方就合同细节进行谈判，并于13日签署合同草案，合同总金额折合人民币313.4亿元。2月12日下午3点，正值杭萧钢构和中基公司的合同谈判处于收尾阶段，公司董事长在2006年度表彰大会上，首次提到：2007年对杭萧钢构来说是一个新的起点，如国外的大项目正式启动，公司在2008年的营业额争取达到120亿元，集团公司的目标是150亿元。

问：（1）上市公司应采取何种方式披露公司信息？
（2）结合我国《证券法》相关条款，具体分析杭萧钢构及其董事长的法律责任。

主要参考文献

1. 吴弘主编：《中国证券市场发展的法律调控》，法律出版社2001年版。
2. 叶林：《证券法》，中国人民大学出版社2008年版。
3. 赵旭东主编：《商法学》，高等教育出版社2007年版。
4. 徐杰主编：《证券法理论与实务》，首都经济贸易大学出版社2000年版。
5. 王林清：《证券法理论与司法适用》，法律出版社2008年版。
6. 罗培新、卢文道等：《最新证券法解读》，北京大学出版社2006年版。
7. 胡光志：《内幕交易及其法律控制研究》，法律出版社2002年版。
8. 范健、王建文：《证券法》，法律出版社2007年版。
9. 施天涛：《商法学》，法律出版社2006年版。
10. 张育军、徐明主编：《证券法苑》（第四卷），法律出版社2011年版。
11. 中国证券监督管理委员会编：《中国证券监督管理委员会年报（2012）》，中国财政经济出版社2013年版。
12. 中国人民银行金融稳定分析小组：《中国金融稳定报告》，中国金融出版社2013年版。

---

[1] 参见叶林：《证券法》，中国人民大学出版社2008年版，第295页。

第十八章

保险法律制度

【本章概要】保险是人类应对危险而设置的一种风险损失补偿机制。保险法是规范保险关系的法律规范的总称,它是由保险合同法和保险业法构成。保险合同是保险法的基础和核心。为了保障投保人、被保险人和受益人的利益,促进保险市场的有序发展,保险合同法给保险合同的内容规定了大量的强制性规范。人身保险合同和财产保险合同是保险合同的两种基本类型,两者之间存在较大的差别,保险法分别对人身保险合同和财产保险合同作了规范。保险的特殊性决定了保险业必须受到政府的监管,保险业法规定了政府监管的目的、手段、监管的内容。保险业法由四部分构成,即对保险公司的组织监管、对保险公司的经营活动的监管、对保险公司偿付能力的监管和对保险中介的监管。

【学习目标】通过本章的学习,学生应当掌握保险的概念和特征;保险法的基本原则;保险合同的一般规定;财产保险的概念和特征;人身保险的概念和特征;保险监管机构职能和监管手段;保险中介的经营规则等。需要掌握的重点问题是:最大诚信原则在保险法中的体现;保险法对于财产保险合同内容的强制性规定;保险法对于人身保险合同内容的强制性规定;保险监管的必要性等问题。需要掌握的难点问题是:保险利益原则的内涵;财产保险与人身保险的区别及其制度设计的差异;保险公司偿付能力监管的内容等。

第一节 保险与保险法概述

一、保险概述

(一) 保险的概念和特征

危险是保险的前提,没有危险也就无需保险。危险是一种不以人类意志为转移的客观存在。根据危险发生的原因不同,可以把危险划分为自然危险(如地震、风暴)、社会危险(如偷盗、战争)和经济危险(如金融风险、企业破产)。随着人类社会生产力的进步,自然风险和意外事故等风险有所降低,但是也不断地造成各种新的风险的产生。因此,为了有效应对危险,在实践中各国形成了一整套危险应对机制,包括预防手段、抢救措施和经济补偿手段等。其中经济补偿手段基于对危险发生规律的认识,建立相应的科学的储备基金,在危险发生后将其用于必要的经济补偿。它的特点是既防患于未然,又有效补偿危险发生之后的损失,避免了一味依赖被动盲目的物质储备的弊端。保险正是此类经济补偿措施的具体体现,即保险人根据对危险的科学计算,设计相应的保险险种,以收取的保险费建立保险基金,用于补偿因保险事故发生所造成的经济损失的经济补偿制度。[1]

保险有很多分类,其中最主要的分类是按保险人的性质标准,可以划分为社会保险和商业保险。

---

[1] 贾林青:《保险法》,中国人民大学出版社 2009 年版,第 10 页。

1. 社会保险，是指由国家专门机构管理并由政府委托保险公司代办，实施社会保障为目的的保险。即公民在年老、患病、失业、灾难或丧失劳动能力时，保障其基本生活的一种保险。我国目前开设的种类主要有退休养老保险、医疗保险和待业保险等。

2. 商业保险，是指具有一定营利性的保险，所以又称商业性保险。除社会保险以外的险种，都属商业保险。

我国《保险法》第2条规定："本法所称保险，是指投保人根据合同约定，向保险人支付保险费，保险人对于合同约定的可能发生的事故因其发生所造成的财产损失承担赔偿保险金责任，或者当被保险人死亡、伤残、疾病或者达到合同约定的年龄、期限等条件时承担给付保险金责任的商业保险行为。"根据这一界定和保险法的有关规定，我国《保险法》上的保险范围是：①仅指商业保险，保险法不适用于社会保险。社会保险由劳动法、社会保障法等调整。②农业保险也不能适用保险法。《保险法》第186条第1款规定："国家支持发展为农业生产服务的保险事业。农业保险由法律、行政法规另行规定。"③海上保险适用海商法的有关规定；海商法未作规定的，适用《保险法》的有关规定。

（二）保险的种类

从不同角度，对保险可以作如下分类。

1. 以保险实施为标准，可以划分为强制保险和自愿保险。

（1）强制保险，亦称法定保险，是指保险关系基于法律的强制性规定而产生，而非出于投保人意愿的保险。我国的铁路、轮船等交通工具上旅客的意外伤害保险就是强制性保险。旅客买票时保险费就包含在票价中，而无需另外再征得旅客的同意，旅客买票，保险法律关系就自动产生。

（2）自愿保险，是指保险双方须在自愿基础上订立保险合同、建立保险关系的保险。

2. 以保险标的为标准，可以划分为财产保险和人身保险。

（1）财产保险，也称为损害保险，是指以财产及其有关利益为保险标的的保险。如企业财产保险、船舶保险、机动车辆保险、飞机保险、货物运输保险、家庭财产保险等。当前国际上的财产保险种类十分广泛，几乎包括现实生活中的一切领域，只要有危险可能存在的地方，都可能开设相应的保险。

（2）人身保险，即以人的寿命和身体健康以及与之相关的事故或事件为保险标的的一类保险。如人寿、健康、伤害、残废、老年、生育、失业、教育、学生平安保险等。

3. 以保险人承担责任的方式为标准，可以划分为原保险、再保险和共同保险。

（1）原保险，即保险人对被保险人因保险事故的损失直接承担原始赔偿责任的保险，又称第一次保险。

（2）再保险，即保险人将其承担的保险业务的一部分，转移给其他保险人的第二次保险，又称分保险。其目的是分散保险危险，分散损失。我国《保险法》第28条第1款规定，保险人将其承担的保险业务，以分保形式部分转移给其他保险人的，为再保险。

（3）共同保险，也称共保，是由几个保险人同时承保一个标的，发生赔偿责任时，由承保人按照各自承保的金额比例进行分摊的保险。

二、保险法概述

（一）保险法的概念、调整对象和内容体系

保险法是调整保险关系的法律规范体系的总称。因此，要了解保险法，就必须对保险关系进行分析。保险关系分为两类：①基于保险合同的保险合同关系；②基于保险监管形成的保险监管关系。保险合同关系是民事关系，体现了平等、自愿和等价有偿的要求。保险监管关系是发生在保险监管机关与保险人及保险中介之间的监督管理关系，是行政关系，体现了监管机构与被监管对象之间地位的不平等性。

因此，本章对保险合同法做了简单介绍，本章第二节是关于保险合同法的介绍。经济法重在研究调整保险监管关系的保险业监督管理法（也可称为"保险业法"）。保险业监督管理法是指国家政府对于保险业组织从事的保险经营活动实施监督和管理的法律规范制度。本章第三节是关于保险业法的介绍。

（二）中国的保险业与保险立法

改革开放以后，通过金融制度改革，我国逐渐形成了多元化的保险市场。与此相适应，我国保险立法也获得了长足进步。1995年6月30日，第八届全国人民代表大会常务委员会第十四次会议通过了《中华人民共和国保险法》，标志着中国保险法律体系得以确立。2002年和2009年全国人大常委会对《保险法》进行了修订，2014年又对《保险法》进行了修正。其中2009年的修订篇幅较大，全方位完善了保险合同法律制度和保险监管法律制度。为了充分发挥《保险法》的调整和规范作用，保险业监管机构也颁布了一系列保险法规，这些保险法规也是保险法律体系的重要组成部分。

第二节　保险合同法

一、保险合同的概念

1. 保险合同的概念。保险合同是保险法律制度的核心。《保险法》第10条第1款规定："保险合同是投保人与保险人约定保险权利义务关系的协议。"这意味着投保人和保险人是通过保险合同使他们之间的权利义务关系具备法律约束力。权利义务关系的基本内容是投保人一方交付保险费，而保险人一方在保险事故发生造成的保险标的损失或保险期限届满时，承担保险赔偿或给付保险金的责任。

2. 保险合同的构成。

（1）保险合同的主体。保险合同最基本的主体是投保人和保险人。《保险法》第10条第2、3款规定："投保人是指与保险人订立保险合同，并按照合同约定负有支付保险费义务的人。保险人是指与投保人订立保险合同，并按照合同约定承担赔偿或者给付保险金责任的保险公司。"

除此之外，保险合同的主体还包括被保险人和受益人。《保险法》第12条第5款规定："被保险人是指其财产或者人身受保险合同保障，享有保险金请求权的人。……"换言之，被保险人就是保险合同中直接取得保险保障的对象。在保险实践中，投保人也可以同时是被保险人。《保险法》第18条第3款规定："受益人是指人身保险合同中由被保险人或者投保人指定的享有保险金请求权的人。……"这个规定说明，其一，受益人的适用范围局限于人身保险合同；其二，受益人身份的取得是基于被保险人的指定行为，也就是说被保险人将其在保险合同中享有的保险金给付请求权转移给受益人。虽然我国保险法规定投保人也可以指定受益人，但是投保人指定或者变更受益人必须经被保险人同意，所以受益人的指定权最终归属于被保险人。

（2）保险合同的客体。保险合同的客体表现为保险合同的各方当事人的权利和义务共同指向的对象。保险利益是保险合同的客体。《保险法》第12条第6款规定："保险利益是指投保人或者被保险人对保险标的具有的法律上承认的利益。"从这个概念可以看出，保险标的是确认保险利益的依据，因此要了解保险利益必须了解保险标的，所谓保险标的是指作为保险对象的人的寿命或者财产及其有关利益。人身保险合同的保险标的是被保险人的生命或身体；财产保险合同的保险标的是相应的财产或者利益。虽然保险标的不同，但是被保险人通过保险人的保险赔偿或给付保险金予以保障的保险利益则是一致的。保险利益十分重要，如果没有保险利益，保险合同就会因缺少保障的客体而无从构建，而社会成员也有可能利用保险合同，牟取额外利益，从而导致道德风险的发生。

二、保险合同法的基本原则

保险合同法的基本原则，是指由保险法确立的调整保险关系的指导思想和基本准则。我国保险法主要确立了下列原则：

（一）最大诚实信用原则

最大诚信原则是保险合同法最重要的原则，它是指保险活动当事人应当以高于普通合同的诚信态度来行使权利、履行义务。诚实信用是民事法律的首要原则，由于保险市场的特殊性，决定了它与一般民事活动相比需要更高程度的诚信。原因在于保险交易具有明显的信息不对称：一方面，在保险合同中，投保人对投保的保险标的以及相关的危险情况最为了解，而作为风险承担者的保险人只能根据投保人的陈述来决定承保与否和确定所需要适用的保险费率；另一方面，保险合同条款是保险人单方面拟定的，专业性较高，技术性较强，投保人难以掌握。保险人可能利用自己的专业知识优势，损害投保人、被保险人和受益人的利益。因此最大诚实信用原则就要求保险法建立一套制度，解决上述信息不对称的问题，防范保险当事人利用自身信息优势牟取不正当利益。最大诚信原则贯穿保险合同法的始终，投保人的如实告知义务、保险人的条款说明义务等大量制度均以最大诚实信用原则作为基础。

（二）保险利益原则

保险利益是指投保人对保险标的具有的法律上承认的利益。财产保险利益是指投保人对保险标的所具有的某种合法的经济利益。人身保险的保险利益是指投保人对于被保险人的寿命和身体所具有的利害关系。根据《保险法》的规定，投保人对保险标的应当具有保险利益。投保人对保险标的不具有保险利益的，保险合同无效。保险利益原则的作用表现在三个方面：①消除赌博的可能性；②防止道德危险的发生；③限制赔偿额度。

（三）近因原则

近因原则是认定保险责任的一项原则。它的目的就是明确事故与损失之间的因果关系，保险人只对承保范围内的保险事故作为直接的、最接近的原因引起的损失，承担保险责任，从而防止无限制扩大保险人的保险责任。

三、保险合同的一般规定

（一）保险合同的订立

1. 保险合同的订立程序。《保险法》第13条第1、2款规定保险合同的订立过程："投保人提出保险要求，经保险人同意承保，保险合同成立。保险人应当及时向投保人签发保险单或者其他保险凭证。保险单或者其他保险凭证应当载明当事人双方约定的合同内容。当事人也可以约定采用其他书面形式载明合同内容。"这条法律规定表明：①投保，即投保人提出保险要求，填写投保单的行为，构成了订立保险合同的要约；②承保，即保险人审核投保人的投保要求，向投保人表示同意接受其投保的意思表示，构成了订立保险合同的承诺；③保险合同是诺成合同，也就是说保险合同是以投保人和保险人就保险合同条款进行协商，达成协议为标志的。在合同成立后，保险人应当及时向投保人签发保险单或者其他保险凭证。

2. 保险合同订立过程中的缔约义务。缔约义务是法律规定缔约人在订立合同过程中承担的法定义务。《保险法》按照最大诚信原则，规定了双方在保险合同订立过程中应当承担的缔约义务。违反了缔约义务，不仅会导致保险合同的解除，而且违反缔约义务一方还应依据《合同法》和《保险法》的规定承担缔约过错责任，赔偿因此给对方造成的损失。

(1) 保险人的保险条款说明义务。订立保险合同，采用保险人提供的格式条款的，保险人向投保人提供的投保单应当附格式条款，保险人应当向投保人说明合同的内容。对保险合同中免除保险人责任的条款，保险人在订立合同时应当在投保单、保险单或者其他保险凭证上作出足以引起投保人注意的提示，并对该条款的内容以书面或者口头形式向投保人作出明确说明；未作提示或者明确说明的，该条款不产生效力。

(2) 投保人的如实告知义务。订立保险合同，保险人就保险标的或者被保险人的有关情况提出询问的，投保人应当如实告知。投保人故意或者因重大过失未履行上述如实告知义务，足以影响保险人决定是否同意承保或者提高保险费率的，保险人有权解除合同。投保人故意不履行如实告知义务的，保险人对于合同解除前发生的保险事故，不承担赔偿或者给付保险金的责任，并不退还保险费。投保人因重大过失未履行如实告知义务，对保险事故的发生有严重影响的，保险人对于合同解除前发生的保险事故，不承担赔偿或者给付保险金的责任，但应当退还保险费。保险人在合同订立时已经知道投保人未如实告知的情况的，保险人不得解除合同；发生保险事故的，保险人应当承担赔偿或者给付保险金的责任。

3. 保险合同的形式。在保险实务上，保险单或者其他保险凭证是保险合同的表现形式。它们本身不是保险合同，只有当保险合同的双方当事人达成协议后采用时，才成为具体保险合同的客观表现。保险单简称保单，是投保人和保险人订立保险合同后，由保险人向投保人签发的保险合同的正式书面凭证。保险凭证，又称为小保单，实际上是一种简化的保险单，也是保险合同的一种证明文件。

(二) 保险合同的效力

1. 保险合同生效的概念。《保险法》第 13 条第 3 款规定："依法成立的保险合同，自成立时生效。投保人和保险人可以对合同的效力约定附条件或者附期限。"这表明满足法定有效条件的保险合同自成立之日起生效，除非当事人合同的生效附条件或者附期限。法定有效条件包括：当事人具有法定的缔约资格；双方当事人的意思表示真实一致；订立保险合同不得违反法律和社会公共利益；订立保险合同所采取的形式应当符合法律的强制性规定和保险业规章制度。

2. 保险合同的变更。当事人可以根据自己的意志依法变更保险合同。《保险法》第 20 条第 1 款规定："投保人和保险人可以协商变更合同内容。"保险合同的变更要征得保险人的同意〔1〕《保险法》第 20 条第 2 款规定："变更保险合同的，应当由保险人在保险单或者其他保险凭证上批注或者附贴批单，或者由投保人和保险人订立变更的书面协议。"

3. 保险合同的解除。《保险法》第 15 条规定："除本法另有规定或者保险合同另有约定外，保险合同成立后，投保人可以解除合同，保险人不得解除合同。"这表明，保险合同生效后即具备法律约束力，当事人不得任意解除。一方当事人要行使解除权来解除保险合同效力，必须具备相应的条件。对于投保人的合同解除权，保险法采取了任意性的规定方法，仅仅限定在法律另有规定或者保险合同另有约定情况下不得解除，反之，可以依其意志和实际需要解除保险合同。对于保险人的合同解除权，保险法采取了强制性的规定方法，只有存在法定或合同约定事由时，保险人才能解除保险合同。

---

〔1〕 在法律直接规定的情况下，保险合同的变更不需要征得保险人同意。如我国《海商法》第 229 条规定："海上货物运输保险合同可以由被保险人背书或者以其他方式转让，合同的权利、义务随之转移。……"

（三）保险合同的条款及其解释

《保险法》第18条第1款规定了保险合同的法定条款："保险合同应当包括下列事项：①保险人的名称和住所；②投保人、被保险人的姓名或者名称、住所，以及人身保险的受益人的姓名或者名称、住所；③保险标的；④保险责任和责任免除；⑤保险期间和保险责任开始时间；⑥保险金额；⑦保险费以及支付办法；⑧保险金赔偿或者给付办法；⑨违约责任和争议处理；⑩订立合同的年、月、日。"

《保险法》第18条第2款规定："投保人和保险人可以约定与保险有关的其他事项。"约定事项一般有免赔额条款、退保条款、保证条款、无赔款优惠条款、危险增加条款、通知条款、索赔期限条款等。

《保险法》第30条对保险合同条款的解释作了规定："采用保险人提供的格式条款订立的保险合同，保险人与投保人、被保险人或者受益人对合同条款有争议的，应当按照通常理解予以解释。对合同条款有两种以上解释的，人民法院或者仲裁机构应当作出有利于被保险人和受益人的解释。"

（四）保险合同的履行

1. 索赔。索赔是指被保险人或受益人在保险标的因发生保险事故而遭受损失，或者在保险合同的期限届满之时，依据保险人签发的保险单和有关规定向保险人要求赔偿损失或给付保险金的行为。投保人或受益人在保险合同中享有索赔权。

为有效行使索赔权，投保人或受益人必须履行以下两项法定义务：①保险事故的通知义务。投保人、被保险人或者受益人知道保险事故发生后，应当及时通知保险人。故意或者因重大过失未及时通知，致使保险事故的性质、原因、损失程度等难以确定的，保险人对无法确定的部分，不承担赔偿或者给付保险金的责任，但保险人通过其他途径已经及时知道或者应当及时知道保险事故发生的除外。②相关材料和资料的提供义务。保险事故发生后，按照保险合同请求保险人赔偿或者给付保险金时，投保人、被保险人或者受益人应当向保险人提供其所能提供的与确认保险事故的性质、原因、损失程度等有关的证明和资料。

为了督促投保人或受益人及时行使索赔权，让保险人尽早履行保险责任，维持保险市场的正常经营秩序，保险法要求被保险人和受益人在法定的时间内提出索赔要求，在此时间内不行使的，索赔权自该索赔时效期限届满时消灭。人寿保险以外的其他保险的被保险人或者受益人，向保险人请求赔偿或者给付保险金的诉讼时效期间为2年，自其知道或者应当知道保险事故发生之日起计算。人寿保险的被保险人或者受益人向保险人请求给付保险金的诉讼时效期间为5年，自其知道或者应当知道保险事故发生之日起计算。

2. 理赔。理赔是指保险人根据被保险人或受益人的索赔请求，核实损失，审定责任，进行赔付的过程。依据保险合同，保险人承担着赔偿保险标的的损失或给付保险金的义务，这一义务在保险合同中被称为保险责任。

保险人收到被保险人或者受益人的赔偿或者给付保险金的请求后，应当及时作出核定；情形复杂的，应当在30日内作出核定，但合同另有约定的除外。保险人应当将核定结果通知被保险人或者受益人；对属于保险责任的，在与被保险人或者受益人达成赔偿或者给付保险金的协议后10日内，履行赔偿或者给付保险金义务。保险合同对赔偿或者给付保险金的期限有约定的，保险人应当按照约定履行赔偿或者给付保险金义务。保险人未及时履行上述义务的，除支付保险金外，应当赔偿被保险人或者受益人因此受到的损失。任何单位和个人不得非法干预保险人履行赔偿或者给付保险金的义务，也不得限制被保险人或者受益人取得保险金的权利。

保险人依照《保险法》第23条的规定作出核定后，对不属于保险责任的，应当自作出核定之日起 3 日内向被保险人或者受益人发出拒绝赔偿或者拒绝给付保险金通知书，并说明理由。

保险人自收到赔偿或者给付保险金的请求和有关证明、资料之日起 60 日内，对其赔偿或者给付保险金的数额不能确定的，应当根据已有证明和资料可以确定的数额先予支付；保险人最终确定赔偿或者给付保险金的数额后，应当支付相应的差额。

3. 保险欺诈。保险欺诈是指投保人、被保险人或受益人采用虚构保险标的、未发生保险事故谎称发生了保险事故、故意制造保险事故、利用虚假的材料和证据编造虚假的事故原因或者夸大损失程度等方式，骗取保险人赔偿或给付保险金的行为。保险的特性决定了容易发生保险欺诈。保险业是一种转移风险的有效方法，一旦发生保险事故，投保人或被保险人可以获得数百倍甚至数千倍的保险金。这一机制会被某些不良分子所利用。而保险信息不对称的特征又进一步促使这一道德风险的产生。

《保险法》第 27 条列举了三种保险欺诈行为，并规定了相应的法律后果。

未发生保险事故，被保险人或者受益人谎称发生了保险事故，向保险人提出赔偿或者给付保险金请求的，保险人有权解除合同，并不退还保险费。

投保人、被保险人故意制造保险事故的，保险人有权解除合同，不承担赔偿或者给付保险金的责任；除《保险法》第 43 条规定外，不退还保险费。

保险事故发生后，投保人、被保险人或者受益人以伪造、变造的有关证明、资料或者其他证据，编造虚假的事故原因或者夸大损失程度的，保险人对其虚报的部分不承担赔偿或者给付保险金的责任。

投保人、被保险人或者受益人有上述行为之一，致使保险人支付保险金或者支出费用的，应当退回或者赔偿。

四、人身保险合同

(一) 人身保险的概念、种类和特征

我国《保险法》第 12 条第 3 款规定："人身保险是以人的寿命和身体为保险标的的保险。"投保人根据合同支付保险费，保险人则根据合同约定承担给付保险金的责任。人身保险具有资金积累、社会保障和社会福利职能，是社会和人民生活安定的重要补充。

人身保险按照保障范围可以分为人寿险、健康险和意外伤害险。

1. 人寿险。又称寿险，是以被保险人的生命为保险标的，以生死为保险事故的保险。人寿保险合同一般约定，投保人按照不同的险种支付保险费，如果被保险人在合同期限内死亡，或合同期限届满仍然生存者，保险人就要承担给付保险金的责任。这一保险可以分为定期险、终身险、生存险和生存死亡两全险等。在定期险中，被保险人在规定时间内死亡，保险人就要承担给付保险金的责任；在终身险中，不管被保险人生存多长时间，只有被保险人死亡，保险人才给付保险金；在生存险中，只有当被保险人生存到规定时间，保险人才给付保险金；而生存死亡两全险则是上述生存险和死亡险的合并，被保险人不论在保险期内死亡或生存到保险期满时，都可按合同约定领取保险金。

2. 健康险。又称疾病保险，是指投保人交付保险费，被保险人在保险有效期限内因疾病而支付的医疗费用或者被保险人因疾病致残或死亡时，保险人给付相应保险金的保险。具体有：女性安康保险、住院医疗保险、特定疾病保障保险、附加手术保障保险等。

3. 意外伤害险。是投保人交付保险费，在保险有效期限内，被保险人因遭受意外伤害事故而致使残废或者死亡，由保险人给付保险金的保险。具体有：团体人身意外伤害保险、执法人员团体平安保险、学生团体平安还本保险、旅游平安保险等。

人身保险合同，特别是人寿保险合同与财产保险合同相比，其保险标的是被保险人的寿命或身体，这就决定了其有着下列法律特征：①人身保险合同主要是定额保险，因为人的生命和身体不能用货币来衡量，因此不存在保险价值。其保险金额只能由保险人事先综合各种因素进行科学计算规定一个固定金额，由投保人协商适用，保险人据此固定数额履行保险责任。②人身保险合同属于给付性合同，具有储蓄性和返还性。③人身保险合同（人寿保险合同）是以长期合同为主的保险合同。

（二）人身保险合同的内容

人身保险合同的内容主要由双方意思自治通过协商确定，但是由于保险业的特殊性，保险法对人身保险合同中的一些内容作了强制性的规定，当事人在约定保险合同内容时不能违反这些强制性规定，这里只介绍《保险法》中关于人身保险合同内容的强制性规定。

1. 当事人。

（1）保险人。人身保险合同的保险人不仅要有经保险监管机关批准的保险人资格，其业务范围必须获准经营人身保险。

（2）投保人。在订立人身保险合同时，投保人不仅要具备民事行为能力，也应当对被保险人具有相应的保险利益。人身保险合同中的保险利益是指法定的投保人与被保险人之间存在的经济利害关系。《保险法》第31条规定："投保人对下列人员具有保险利益：①本人；②配偶、子女、父母；③前项以外与投保人有抚养、赡养或者扶养关系的家庭其他成员、近亲属；④与投保人有劳动关系的劳动者。除前款规定外，被保险人同意投保人为其订立合同的，视为投保人对被保险人具有保险利益。订立合同时，投保人对被保险人不具有保险利益的，合同无效。"

（3）被保险人。被保险人是指以自己的生命或身体作为保险标的的人，必须符合相应的人身保险合同条款规定的年龄限制和身体健康等条件。同时，被保险人还必须符合相应的保险法的限制性规定。《保险法》第33条规定："投保人不得为无民事行为能力人投保以死亡为给付保险金条件的人身保险，保险人也不得承保。父母为其未成年子女投保的人身保险，不受前款规定限制。但是，因被保险人死亡给付的保险金总和不得超过国务院保险监督管理机构规定的限额。"《保险法》第34条还规定，以死亡为给付保险金条件的合同，未经被保险人同意并认可保险金额的，合同无效。但是父母为其未成年子女投保的人身保险，不受此规定的限制。依照以死亡为给付保险金条件的合同所签发的保险单，未经被保险人书面同意，不得转让或者质押。

（4）受益人。在人身保险合同中，受益人可以是投保人或被保险人，也可以是第三人。但是受益人应当产生于被保险人的指定行为。《保险法》第39条规定："人身保险的受益人由被保险人或者投保人指定。投保人指定受益人时须经被保险人同意。投保人为与其有劳动关系的劳动者投保人身保险，不得指定被保险人及其近亲属以外的人为受益人。被保险人为无民事行为能力人或者限制民事行为能力人的，可以由其监护人指定受益人。"第40条规定："被保险人或者投保人可以指定一人或者数人为受益人。受益人为数人的，被保险人或者投保人可以确定受益顺序和受益份额；未确定受益份额的，受益人按照相等份额享有受益权。"

2. 保险费。《保险法》第35条规定："投保人可以按照合同约定向保险人一次支付全部保险费或者分期支付保险费。"如果投保人不按约定履行交付保险费义务的，可能导致人身保险合同效力的中止或解除，但是"保险人对人身保险的保险费，不得用诉讼方式要求投保人支付"。

3. 年龄申报不实的处理。被保险人的投保年龄在人身保险合同中，是确定保险费率和评价危险的重要依据,投保人有义务如实告知。但是在实践中,投保人会出于各种原因误告被保险人年龄。对此,《保险法》第 32 条作了如下规定:"投保人申报的被保险人年龄不真实,并且其真实年龄不符合合同约定的年龄限制的,保险人可以解除合同,并按合同约定退还保险单的现金价值。保险人行使合同解除权,适用本法第 16 条第 3 款、第 6 款的规定。投保人申报的被保险人年龄不真实,致使投保人支付的保险费少于应付保险费的,保险人有权更正并要求投保人补交保险费,或者在给付保险金时按照实付保险费与应付保险费的比例支付。投保人申报的被保险人年龄不真实,致使投保人支付的保险费多于应付保险费的,保险人应当将多收的保险费退还投保人。"

4. 保险合同中止和复效。多数人身保险合同(尤其是人寿保险合同)是长期性合同,保险费大多分期缴纳。在保险合同期限内,很多因素都会影响到投保人履行交费义务。为了确保人身保险合同效力的稳定性,双方当事人往往在合同中规定一定的交费宽限期,在此期限内,保险合同效力中止。《保险法》第 36 条规定:"合同约定分期支付保险费,投保人支付首期保险费后,除合同另有约定外,投保人自保险人催告之日起超过 30 日未支付当期保险费,或者超过约定的期限 60 日未支付当期保险费的,合同效力中止,或者由保险人按照合同约定的条件减少保险金额。被保险人在前款规定期限内发生保险事故的,保险人应当按照合同约定给付保险金,但可以扣减欠交的保险费。"

超过宽限期仍未缴纳保险费的,保险合同失效,在此情况下,若被保险人需要继续寻求保险保障的,投保人申请复效要比重新订立人身保险保险合同更为有利。但是合同复效必须符合法定条件。《保险法》第 37 条规定:"合同效力依照本法第 36 条规定中止的,经保险人与投保人协商并达成协议,在投保人补交保险费后,合同效力恢复。但是,自合同效力中止之日起满 2 年双方未达成协议的,保险人有权解除合同。保险人依照前款规定解除合同的,应当按照合同约定退还保险单的现金价值。"

5. 保险人责任免除。保险合同成立以后,因为某些法定或者约定的情况出现而使保险人免除给付保险金的保险责任。需要注意的是,保险人虽然免除保险责任,但是在法定条件下,保险人应当返还保险单的现金价值。这是因为人身保险合同具有储蓄性和返还性的特征,它是将投保人缴纳的保险费集中起来,构成人身保险责任准备金,这一责任准备金应当归属于投保人,即使人身保险合同的效力依法产生变化。保险人也要返还给投保人。

保险法规定了以下三种保险人免除保险责任的情形:

(1) 投保人故意造成被保险人死亡、伤残或者疾病的,保险人不承担给付保险金的责任。投保人已交足 2 年以上保险费的,保险人应当按照合同约定向其他权利人退还保险单的现金价值。受益人故意造成被保险人死亡、伤残、疾病的,或者故意杀害被保险人未遂的,该受益人丧失受益权。

(2) 以被保险人死亡为给付保险金条件的合同,自合同成立或者合同效力恢复之日起 2 年内,被保险人自杀的,保险人不承担给付保险金的责任,但被保险人自杀时为无民事行为能力人的除外。保险人依照上述规定不承担给付保险金责任的,应当按照合同约定退还保险单的现金价值。

(3) 因被保险人故意犯罪或者抗拒依法采取的刑事强制措施导致其伤残或者死亡的,保险人不承担给付保险金的责任。投保人已交足 2 年以上保险费的,保险人应当按照合同约定退还保险单的现金价值。

由于人身保险合同的给付性,因此保险人给付人身保险金时,不适用代位求偿制度。被保险人因第三者的行为而发生死亡、伤残或者疾病等保险事故的,保险人向被保险人或者受益人给付保险金后,不享有向第三者追偿的权利,但被保险人或者受益人仍有权向第三者请求赔偿。

五、财产保险合同

(一) 财产保险的概念、特征和种类

财产保险合同是以财产及其有关利益为保险标的的保险合同。具体来说,是指投保人以支付保险费为条件而同保险人约定的,保险人在被保险人的财产及有关利益发生保险责任范围内的损失时,由保险人承担赔偿责任的保险合同。

传统的财产保险是以有形财产为保险标的的保险,但是现代财产保险出现扩大的趋势,已经发展为有形财产和无形财产两大类财产保险,具体可以分为:财产损失保险、责任保险、信用保险、保证保险等。

财产保险合同的保险保障功能在于损失补偿。即当危险实际发生的时候,保险人依合同约定向被保险人支付保险赔偿金,用于补偿被保险人的经济损失。为了确保损失补偿功能的实现,保险法确立了财产保险合同的补偿原则。按照该原则,保险人在履行保险责任时:①应当使被保险人依据合同获得充分的补偿;②在保险金额范围内,按照保险标的的实际损失予以补偿;③被保险人不能因保险赔偿获得额外的收益。

(二) 财产保险合同的内容

财产保险合同的内容主要通过双方意思自治协商确定,但是由于保险业的特殊性,保险法对财产保险合同中的一些内容作了强制性的规定,当事人在约定保险合同内容时不能违反这些强制性规定,这里只介绍《保险法》中关于财产保险合同内容的强制性规定。

1. 财产保险的保险利益。财产保险合同的客体是被保险人对保险标的所拥有的各种利益,也就是保险利益,它包括现有利益、期待利益和责任利益。由于财产保险是补偿性质的保险,因此财产保险的保险利益与损失应当一致,只有在保险事故发生后受到损失的人才具有保险利益,才能获得保险赔偿。财产保险的被保险人在保险事故发生时,对保险标的应当具有保险利益。保险事故发生时,被保险人对保险标的不具有保险利益的,不得向保险人请求赔偿保险金。

2. 财产保险合同保险标的的转让。财产保险合同生效后,作为保险标的的财产会由于各种情况发生转让。保险标的转让后,保险利益会随之转移给保险标的的受让人,保险合同仍然有效,保险标的的受让人称为新的被保险人。因此,"保险标的转让的,保险标的的受让人承继被保险人的权利和义务"。

但是保险标的的转让引起的被保险人的变更,会影响保险人行使权利和履行义务。因此,保险法要求保险标的转让的,被保险人或者受让人应当及时通知保险人,但货物运输保险合同和另有约定的合同除外。因保险标的的转让导致危险程度显著增加的,保险人自收到上述规定的通知之日起30日内,可以按照合同约定增加保险费或者解除合同。保险人解除合同的,应当将已收取的保险费,按照合同约定扣除自保险责任开始之日起至合同解除之日止应收的部分后,退还投保人。被保险人、受让人未履行上述规定的通知义务的,因转让导致保险标的的危险程度显著增加而发生的保险事故,保险人不承担赔偿保险金的责任。

3. 解除航程保险合同的限制。除了法律另有规定或者保险合同另有约定外,投保人享有任意解除保险合同的法定权利。《保险法》中对投保人解除保险合同权利的唯一的强制性限制是第50条的规定。根据该条规定,货物运输保险合同和运输工具航程保险合同,保险责任开始后,合同当事人不得解除合同。在财产保险中,以一次航程或运程来计算保险期间的为航程保险。航程保险的保险期间不是按日期而是按航程或运程计算,保险责任的起讫一般采用"仓至仓"条款，就是保险人对保险标的所负的保险责任，从保险单载明的起运地开始，到保险单载明的目的地为止。由于航程保险的保险标的是处于运动中的财产，保险期间是一次航程或一次运程，相对于定期保险来说，保险期间较短，保险人对保险标的的安全和使用情况等不易掌握，如果允许投保人在保险责任开始后解除合同，可能会出现道德风险。如果投保人在投保货物等将要到达目的地时解除合同，不利于保护保险人的利益。因此，航程保险的保险责任一经开始，投保人不得解除合同。

4. 维护保险标的的安全。保险事故发生后，被保险人可以依据保险合同的约定获得经济上的补偿，但是保险标的的危险转移给保险人也会诱使被保险人对保险标的的疏于防范，导致保险人风险过大和社会财富的损失。因此，保险法就被保险人维护保险标的的安全的义务作出了规定。①被保险人维护保险标的的安全的义务。被保险人应当遵守国家有关消防、安全、生产操作、劳动保护等方面的规定，维护保险标的的安全。②保险人的检查权、建议权和采取安全措施预防权。保险人可以按照合同约定对保险标的的安全状况进行检查，及时向投保人、被保险人提出消除不安全因素和隐患的书面建议。保险人为维护保险标的的安全，经被保险人同意，可以采取安全预防措施。③未履行维护保险标的安全义务的法律后果。投保人、被保险人未按照约定履行其对保险标的的安全应尽责任的，保险人有权要求增加保险费或者解除合同。

5. 危险增加通知的义务。在保险合同订立时，投保人的如实告知使保险人获得评估风险和计算保费的基础材料。但是在保险合同存续期间，情况发生变化，足以影响到原对价关系的平衡时，就需要调整合同的内容。保险法规定了危险程度增加时被保险人的通知义务。在合同有效期内，保险标的的危险程度显著增加的，被保险人应当按照合同约定及时通知保险人，保险人可以按照合同约定增加保险费或者解除合同。保险人解除合同的，应当将已收取的保险费，按照合同约定扣除自保险责任开始之日起至合同解除之日止应收的部分后，退还投保人。被保险人未履行上述通知义务的，因保险标的的危险程度显著增加而发生的保险事故，保险人不承担赔偿保险金的责任。

6. 保险费的降低。在财产保险合同订立时，保险人依据保险标的的价值以及危险程度来核定保险费。在财产保险合同存续期间，保险标的和危险程度都会发生变化。《保险法》第53条规定："有下列情形之一的，除合同另有约定外，保险人应当降低保险费，并按日计算退还相应的保险费：①据以确定保险费率的有关情况发生变化，保险标的的危险程度明显减少的；②保险标的的保险价值明显减少的。"

7. 投保人解除保险合同时的退费。除保险法另有规定或保险合同另有规定外，保险合同成立后，投保人可以解除保险合同。此时就涉及保险费的退还问题。《保险法》第54条对此作了规定："保险责任开始前，投保人要求解除合同的，应当按照合同约定向保险人支付手续费，保险人应当退还保险费。保险责任开始后，投保人要求解除合同的，保险人应当将已收取的保险费，按照合同约定扣除自保险责任开始之日起至合同解除之日止应收的部分后，退还投保人。"

8. 保险价值与保险金额。保险价值是指投保人与保险人订立保险合同时，作为确定保险金额基础的保险标的的价值，即投保人对保险标的所享有的保险利益在经济上用货币估计的价值额。

保险价值是确定损失赔偿的计算基础。《保险法》第55条第1、2款规定了定值保险和非定值保险两种情形："投保人和保险人约定保险标的的保险价值并在合同中载明的，保险标的发生损失时，以约定的保险价值为赔偿计算标准。投保人和保险人未约定保险标的的保险价值的，保险标的发生损失时，以保险事故发生时保险标的的实际价值为赔偿计算标准。"

保险价值也是确定保险金额的计算基础。保险金额是指投保人对保险标的的实际投保金额，也是保险人承担赔偿或者给付保险金责任的最高限额。财产保险合同的保险金额是按保险标的的实际价值确定的，保险金额一般不得高于保险财产的实际价值。如果保险金额相当于保险财产实际价值，当发生保险财产损失时，投保人就能够得到足额的赔偿。保险法规定了超额保险和非足额保险两种情形。保险金额不得超过保险价值。超过保险价值的，超过部分无效，保险人应当退还相应的保险费。保险金额低于保险价值的，除合同另有约定外，保险人按照保险金额与保险价值的比例承担赔偿保险金的责任。

重复保险是指投保人对同一保险标的、同一保险利益、同一保险事故分别向两个以上保险人订立保险合同的保险，且保险金额总和超过保险价值。针对重复保险的保险赔偿，《保险法》第56条作了三方面的规定：重复保险的投保人应当将重复保险的有关情况通知各保险人。重复保险的各保险人赔偿保险金的总和不得超过保险价值。除合同另有约定外，各保险人按照其保险金额与保险金额总和的比例承担赔偿保险金的责任。重复保险的投保人可以就保险金额总和超过保险价值的部分，请求各保险人按比例返还保险费。

9. 被保险人的止损施救义务。保险事故发生时，被保险人应当尽力采取必要的措施，防止或者减少损失。保险事故发生后，被保险人为防止或者减少保险标的的损失所支付的必要的、合理的费用，由保险人承担；保险人所承担的费用数额在保险标的损失赔偿金额以外另行计算，最高不超过保险金额的数额。

10. 部分损失后解除保险合同。保险标的发生部分损失的，自保险人赔偿之日起30日内，投保人可以解除合同；除合同另有约定外，保险人也可以解除合同，但应当提前15日通知投保人。合同解除的，保险人应当将保险标的的未受损失部分的保险费，按照合同约定扣除自保险责任开始之日起至合同解除之日止应收的部分后，退还投保人。

11. 保险标的残值的权利归属。保险事故发生后，保险人已支付了全部保险金额，并且保险金额等于保险价值的，受损保险标的的全部权利归于保险人；保险金额低于保险价值的，保险人按照保险金额与保险价值的比例取得受损保险标的的部分权利。

12. 代位求偿权。代位求偿是指保险人在向被保险人进行保险赔偿之后，取得了该被保险人享有的依法向负有民事赔偿责任的第三人追偿的权利。代位求偿是财产保险合同补偿性的具体表现。《保险法》确认了代位求偿制度，第60条规定："因第三者对保险标的的损害而造成保险事故的，保险人自向被保险人赔偿保险金之日起，在赔偿金额范围内代位行使被保险人对第三者请求赔偿的权利。前款规定的保险事故发生后，被保险人已经从第三者取得损害赔偿的，保险人赔偿保险金时，可以相应扣减被保险人从第三者已取得的赔偿金额。保险人依照本条第1款规定行使代位请求赔偿的权利，不影响被保险人就未取得赔偿的部分向第三者请求赔偿的权利。"

为了保障保险人代位求偿权的实现，《保险法》第61条规定："保险事故发生后，保险人未赔偿保险金之前，被保险人放弃对第三者请求赔偿的权利的，保险人不承担赔偿保险金的责任。保险人向被保险人赔偿保险金后，被保险人未经保险人同意放弃对第三者请求赔偿的权利的，该行为无效。被保险人故意或者因重大过失致使保险人不能行使代位请求赔偿的权利的，保险人可以扣减或者要求返还相应的保险金。"

《保险法》对代位求偿的对象作了限制，第62条规定："除被保险人的家庭成员或者其组成人员故意造成本法第60条第1款规定的保险事故外，保险人不得对被保险人的家庭成员或者其组成人员行使代位请求赔偿的权利。"该条规定的目的是防止因被追偿的亲属或雇员与被保险人具有一定的利益，而使保险赔偿失去意义。

为了确保保险人充分行使代位求偿权,《保险法》第 63 条规定了被保险人的协助义务:"保险人向第三者行使代位请求赔偿的权利时,被保险人应当向保险人提供必要的文件和所知道的有关情况。"

13. 保险人承担事故查勘费用。保险人、被保险人为查明和确定保险事故的性质、原因和保险标的的损失程度所支付的必要的、合理的费用,由保险人承担。

14. 责任保险。责任保险是指以被保险人对第三者依法应负的赔偿责任为保险标的的保险,在这个意义上讲它与传统的以具体的物质形态的财产为标的的财产损失有所区别。但是责任保险承保的实际上是被保险人财产因承担赔偿责任而减少的风险,因此它也属于财产保险的范围。

在责任保险中,直接赔偿对象是被保险人,间接赔偿对象是受害的第三人。为了简化赔偿程序,保险法允许保险人在保险责任范围内直接向受害人赔偿。《保险法》第 65 条第 1 款规定:"保险人对责任保险的被保险人给第三者造成的损害,可以依照法律的规定或者合同的约定,直接向该第三者赔偿保险金。"第 2 款对这个问题作了进一步的明确:"责任保险的被保险人给第三者造成损害,被保险人对第三者应负的赔偿责任确定的,根据被保险人的请求,保险人应当直接向该第三者赔偿保险金。被保险人怠于请求的,第三者有权就其应获赔偿部分直接向保险人请求赔偿保险金。"

《保险法》也规定了责任保险的赔偿程序,第 65 条第 3 款规定:"责任保险的被保险人给第三者造成损害,被保险人未向该第三者赔偿的,保险人不得向被保险人赔偿保险金。"这样就可以有效地避免被保险人在获得保险赔偿后拒绝对第三者承担赔偿责任的道德风险。

责任保险的被保险人因给第三者造成损害的保险事故而被提起仲裁或者诉讼的,被保险人支付的仲裁或者诉讼费用以及其他必要的、合理的费用,除合同另有约定外,由保险人承担。

第三节 保险业监督管理法

一、保险监管制度概述

(一) 保险业监管的必要性

政府对保险业进行监管的原因是保险业的特殊性。保险业与其他工商业相比,具备以下经营特点:①保险业经营的负债性。负债性是指保险企业收取保险费建立的保险基金并非保险企业的盈利,而是其对全体投保方的负债,在未来保险事故发生后要以保险金的形式返还给投保方,因此一旦保险企业经营不善必将殃及投保方的利益。②保险业经营的特殊风险性。风险性是指保险业与一般工商业相比是高风险行业。保险企业的经营对象是风险,其支付保险金是基于保险损失或保险事件的偶然发生,因此保险企业较之一般工商企业担负着更大的经营风险。③保险业经营的持续性,尤其是人寿保险合同的合同存续时间往往到达几十年。④保险业经营的保障性和社会性。社会性也称为公共性或公益性,是指在现代社会保险业已涉及社会生活的方方面面,不仅对投保方的利益产生影响,而且也影响到社会经济的发展、社会秩序的安定甚至国家政治的稳定。[1]

---

[1] 参见郭宏彬:"论保险监管的理论根源",载《政法论坛》2004 年第 4 期。

（二）保险业监督管理机构和监管方式

为了对保险业进行更为有效的监管，各国建立了相应的保险监管机构，并赋予了明确的职责。我国的保险监管机构是中国保险业监督管理委员会。保险监管机构主要有两项职权：①依照法律、行政法规制定并发布有关保险业监督管理的部门规章；②依法对保险业进行日常监管。

《保险法》明确规定保险监管的原则是应当"遵循依法、公开、公正的原则"，保险监管的目的是"维护保险市场秩序，保护投保人、被保险人和受益人的合法权益"。从我国《保险法》的规定来看，我国保险监管的方式采用了保险监管中最严格的一种方式——实体监管方式，即由国家保险监督管理机关对保险企业的设立、经营、财务、人事乃至倒闭清算实施有效的监督和管理。[1]

为了保证保监会监管工作的开展，《保险法》明确了保险监管机构的监管手段和措施。一是有权要求股东提供信息。保险监管机构有权要求保险公司股东、实际控制人在指定的期限内提供有关信息和资料。二是有权与高管人员进行监管谈话。保险监管机构根据履行职责需要，可以与保险公司董事、监事和高级管理人员进行监督管理谈话，要求其就公司业务活动和风险管理的重大事项作出说明。三是有权限制有关人员出境或禁止处分财产。对被整顿、被接管、清算期间或出现重大风险保险公司直接负责的董事、监事、高管人员和其他直接责任人，保险监管机构可以采取通知出境管理机关限制其出境、申请司法机关禁止其处分财产等措施。四是有权行使下列的监督检查权：①对保险公司、保险代理人、保险经纪人、保险资产管理公司、外国保险机构的代表机构进行现场检查；②进入涉嫌违法行为发生场所调查取证；③询问当事人及与被调查事件有关的单位和个人，要求其对与被调查事件有关的事项作出说明；④查阅、复制与被调查事件有关的财产权登记等资料；⑤查阅、复制保险公司、保险代理人、保险经纪人、保险资产管理公司、外国保险机构的代表机构以及与被调查事件有关的单位和个人的财务会计资料及其他相关文件和资料；对可能被转移、隐匿或者毁损的文件和资料予以封存；⑥查询涉嫌违法经营的保险公司、保险代理人、保险经纪人、保险资产管理公司、外国保险机构的代表机构以及与涉嫌违法事项有关的单位和个人的银行账户；⑦对有证据证明已经或者可能转移、隐匿违法资金等涉案财产或者隐匿、伪造、毁损重要证据的，经保险监督管理机构主要负责人批准，申请人民法院予以冻结或者查封。此外，《保险法》还规定，保险监管机构依法履行职责，有关单位、个人和部门应当予以配合；拒绝、阻碍保险监管机构及其工作人员依法行使监督检查、调查职权，未使用暴力、威胁方法的，依法给予治安管理处罚。这些行政处罚手段，为监管人员依法行使监管权力和措施提供了法律保障。

二、保险公司的组织监管

1. 保险公司的设立制度。保险公司是依照公司法和保险法设立的专门从事保险业务的企业法人。根据我国保险法的规定，设立保险公司实施准入制，必须经保险监督管理机构批准。保险监督管理机构审查设立申请时，应当考虑保险业的发展和公平竞争的需要。

《保险法》规定了保险公司设立的实质条件，设立保险公司应当具备下列条件：①主要股东具有持续盈利能力，信誉良好，最近3年内无重大违法违规记录，净资产不低于人民币2亿元；②有符合《保险法》和《公司法》规定的章程；③有符合《保险法》规定的注册资本；④有具备任职专业知识和业务工作经验的董事、监事和高级管理人员；⑤有健全的组织机构和

---

[1] 李玉泉：《保险法》，法律出版社2003年版，第275页。

管理制度；⑥有符合要求的营业场所和与经营业务有关的其他设施；⑦法律、行政法规和国务院保险监督管理机构规定的其他条件。第69条对设立保险公司的最低资本额作了规定，设立保险公司，其注册资本的最低限额为人民币2亿元。国务院保险监督管理机构根据保险公司的业务范围、经营规模，可以调整其注册资本的最低限额，但不得低于上述规定的限额。保险公司的注册资本必须为实缴货币资本。

《保险法》也规定了保险公司的设立程序，具体分为书面申请、设立申请的审批、筹建、开业申请、工商登记等程序。获得批准的，国务院保险监督机构颁发保险许可证。

2. 对保险公司的董事、监事和高级管理人员的监管。公司治理结构是保险公司监管的重要支柱，其中董事、监事和高级管理人员的素质是保险公司治理结构的重要组成部分。《保险法》第81条规定了积极的任职资格："保险公司的董事、监事和高级管理人员，应当品行良好，熟悉与保险相关的法律、行政法规，具有履行职责所需的经营管理能力，并在任职前取得保险监督管理机构核准的任职资格。保险公司高级管理人员的范围由国务院保险监督管理机构规定。"

同时《保险法》第82条也规定了消极的任职资格："有《公司法》第147条规定的情形或者下列情形之一的，不得担任保险公司的董事、监事、高级管理人员：①因违法行为或者违纪行为被金融监督管理机构取消任职资格的金融机构的董事、监事、高级管理人员，自被取消任职资格之日起未逾5年的；②因违法行为或者违纪行为被吊销执业资格的律师、注册会计师或者资产评估机构、验证机构等机构的专业人员，自被吊销执业资格之日起未逾5年的。"

3. 重大变更事项的报批规则。保险公司组织方面的重大变更事项必须报请保监会批准。保险公司有下列情形之一的，应当经保险监督管理机构批准：①变更名称；②变更注册资本；③变更公司或者分支机构的营业场所；④撤销分支机构；⑤公司分立或者合并；⑥修改公司章程；⑦变更出资额占有限责任公司资本总额5%以上的股东，或者变更持有股份有限公司股份5%以上的股东；⑧国务院保险监督管理机构规定的其他情形。

4. 保险企业的终止。我国《保险法》规定保险公司的终止，主要是解散、撤销和破产。①解散。保险公司因分立、合并需要解散，或者股东会、股东大会决议解散，或者公司章程规定的解散事由出现，经国务院保险监督管理机构批准后解散。保险公司解散，应当依法成立清算组进行清算。②撤销。保险公司因违法经营被依法吊销经营保险业务许可证的，或者偿付能力低于国务院保险监督管理机构规定的标准，不予撤销将严重危害保险市场秩序、损害公共利益的，由国务院保险监督管理机构予以撤销并公告，依法及时组织清算组进行清算。③破产。保险公司有《企业破产法》第2条规定情形的，经国务院保险监督管理机构同意，保险公司或者其债权人可以依法向人民法院申请重整、和解或者破产清算；国务院保险监督管理机构也可以依法向人民法院申请对该保险公司进行重整或者破产清算。破产财产在优先清偿破产费用和共益债务后，按照下列顺序清偿：①所欠职工工资和医疗、伤残补助、抚恤费用，所欠应当划入职工个人账户的基本养老保险、基本医疗保险费用，以及法律、行政法规规定应当支付给职工的补偿金；②赔偿或者给付保险金；③保险公司欠缴的除第①项规定以外的社会保险费用和所欠税款；④普通破产债权。破产财产不足以清偿同一顺序的清偿要求的，按照比例分配。破产保险公司的董事、监事和高级管理人员的工资，按照该公司职工的平均工资计算。

由于人寿保险的储蓄性特征，为了保障人寿保险被保险人的利益，保险法对经营人寿保险业务的保险公司的终止制度作了一些特殊性的规定：经营有人寿保险业务的保险公司，除因分立、合并或者被依法撤销外，不得解散。经营有人寿保险业务的保险公司被依法撤销或者被依法宣告破产的，其持有的人寿保险合同及责任准备金，必须转让给其他经营有人寿保险业务的保险公司；不能同其他保险公司达成转让协议的，由国务院保险监督管理机构指定经营有人寿保险业务的保险公司接受转让。转让或者由国务院保险监督管理机构指定接受转让上述规定的人寿保险合同及责任准备金的，应当维护被保险人、受益人的合法权益。

三、对保险公司经营活动的监管

1. 保险公司的业务范围监管。保险法对保险公司业务范围有所限制，保险公司应当在法定范围内经营相应的保险业务。《保险法》第 95 条第 3 款规定："保险公司应当在国务院保险监督管理机构依法批准的业务范围内从事保险经营活动。"

保险法禁止保险公司兼业，也就是说保险公司必须专门经营保险业务，不得经营其他业务。《保险法》第 95 条第 1 款规定："保险公司的业务范围：①人身保险业务，包括人寿保险、健康保险、意外伤害保险等保险业务；②财产保险业务，包括财产损失保险、责任保险、信用保险、保证保险等保险业务；③国务院保险监督管理机构批准的与保险有关的其他业务。"

保险法禁止保险公司兼营，也就是禁止同一保险企业兼营财产保险和人身保险业务。原因在于财产保险和人身保险是保险性质完全不同的两类业务，从承保、理赔和保险费计算以及财务管理方式都截然不同，如果允许兼营，会导致业务活动和资金混杂，不利于保险公司风险管理，不利于被保险人利益保护，不利于保险监管。但是保险法也规定了两种经批准的兼营情况：①经营财产保险业务的保险公司经国务院保险监督管理机构批准，可以经营短期健康保险业务和意外伤害保险业务；②经国务院保险监督管理机构批准，保险公司可以经营财产保险和人身保险业务的再保险的分出业务和分入业务。

2. 保险合同条款和保险费率的监管。保险合同是确立保险法律关系当事人之间权利义务关系的法律形式，实践中，保险合同成为典型的格式条款。保险费率是确定保险商品交换价格的基本依据，是保险合同的核心内容。因此《保险法》第 114 条规定："保险公司应当按照国务院保险监督管理机构的规定，公平、合理拟订保险条款和保险费率，不得损害投保人、被保险人和受益人的合法权益。"

为了能够规范保险市场秩序，保护被保险人利益，保险监管机构必须对保险合同条款和保险费率实施监管。按照《保险法》第 136 条第 1 款的规定，保险监管机构对保险合同条款和保险费率实施监管通过审批和备案两种方式。关系社会公众利益的保险险种、依法实行强制保险的险种和新开发的人寿保险险种等的保险条款和保险费率，应当报国务院保险监督管理机构批准。国务院保险监督管理机构审批时，应当遵循保护社会公众利益和防止不正当竞争的原则。其他保险险种的保险条款和保险费率，应当报保险监督管理机构备案。[1] 保险公司使用的保险条款和保险费率违反法律、行政法规或者国务院保险监督管理机构的有关规定的，由保险监督管理机构责令停止使用，限期修改；情节严重的，可以在一定期限内禁止申报新的保险条款和保险费率。

3. 关联交易监管。关联交易是指企业关联方之间的交易，这种交易在市场经济条件下普遍存在，但它与市场经济的基本原则相冲突。关联交易方可以运用其控制力掌控交易，从而使交易价格、交易方式等在非竞争条件下出现不公正现象，损害保险公司的利益。因此《保险法》建立了保险公司关联交易监管制度，明确保险公司应按照保险监管机构的规定，建立对关联交易的管理和信息披露制度，保险公司的控股股东、实际控制人、董事、监事、高级管理人

---

[1] 根据《保险法》第 136 条第 2 款"保险条款和保险费率审批、备案的具体办法，由国务院保险监督管理机构依照前款规定制定"的授权，中国保险监督管理委员会颁布了《人身保险产品审批和备案管理办法》和《财产保险公司保险条款和保险费率管理办法》。

员不得利用关联交易损害公司的利益,如果保险公司的股东利用关联交易严重损害公司利益,危及公司偿付能力的,将由保险监管机构责令其改正,改正前监管机构可以限制其股东权利;拒不改正的,可以责令其转让所持的保险公司股权。[1]

4. 信息披露监管。有效的信息披露有助于社会公众对保险公司经营的监督,是保险业监管的重要组成部分,因此《保险法》要求"保险公司应当按照国务院保险监督管理机构的规定,真实、准确、完整地披露财务会计报告、风险管理状况、保险产品经营情况等重大事项"。

5. 各项报告制度。为了有效监管保险公司的经营活动,保险法规定保险公司必须依法建立各项报告制度。保险公司应当聘用经国务院保险监督管理机构认可的精算专业人员,建立精算报告制度。保险公司应当聘用专业人员,建立合规报告制度。保险公司应当按照保险监督管理机构的规定,报送有关报告、报表、文件和资料。保险公司的偿付能力报告、财务会计报告、精算报告、合规报告及其他有关报告、报表、文件和资料必须如实记录保险业务事项,不得有虚假记载、误导性陈述和重大遗漏。保险公司聘请或者解聘会计师事务所、资产评估机构、资信评级机构等中介服务机构,应当向保险监督管理机构报告;解聘会计师事务所、资产评估机构、资信评级机构等中介服务机构,应当说明理由。

6. 对销售人员和代理人的管理。销售是保险经营管理的重要环节,销售人员的素质和资格,直接决定着业务的质量和价值。新《保险法》增加了对保险销售人员资格管理的要求,规定保险公司从事保险销售的人员,应当符合保险监管机构规定的资格条件,取得保险监管机构颁发的资格证书。为提高对保险公司加强保险代理人管理的要求,《保险法》要求保险公司应当建立保险代理人登记管理制度。

7. 对保险业不正当竞争行为的监管。为了防止保险业发生不正当竞争行为,《保险法》第115条规定:"保险公司开展业务,应当遵循公平竞争的原则,不得从事不正当竞争。"

8. 保险公司及其工作人员的禁止行为。保险公司及其工作人员在保险业务活动中不得有下列行为:①欺骗投保人、被保险人或者受益人;②对投保人隐瞒与保险合同有关的重要情况;③阻碍投保人履行保险法规定的如实告知义务,或者诱导其不履行保险法规定的如实告知义务;④给予或者承诺给予投保人、被保险人、受益人保险合同约定以外的保险费回扣或者其他利益;⑤拒不依法履行保险合同约定的赔偿或者给付保险金义务;⑥故意编造未曾发生的保险事故、虚构保险合同或者故意夸大已经发生的保险事故的损失程度进行虚假理赔,骗取保险金或者牟取其他不正当利益;⑦挪用、截留、侵占保险费;⑧委托未取得合法资格的机构或者个人从事保险销售活动;⑨利用开展保险业务为其他机构或者个人牟取不正当利益;⑩利用保险代理人、保险经纪人或者保险评估机构,从事以虚构保险中介业务或者编造退保等方式套取费用等违法活动;⑪以捏造、散布虚假事实等方式损害竞争对手的商业信誉,或者以其他不正当竞争行为扰乱保险市场秩序;⑫泄露在业务活动中知悉的投保人、被保险人的商业秘密;⑬违反法律、行政法规和国务院保险监督管理机构规定的其他行为。

四、保险公司偿付能力监管

偿付能力是指保险公司偿还债务的能力。由于保险公司的保险经营活动具有负债性,其收取的保险费总和与其为履行保险责任所需支付的货币数额之间会出现偏差,保险公司针对这一偏差,能够以其实际资产减去负债以后的余额予以弥补。因此保险偿付能力成为保险监管制度的核心内容。

---

[1] 参见中国保险监督管理委员会2007年颁行的《保险公司关联交易管理暂行办法》。

（一）资本保证金、责任准备金、公积金、保险保障金的提取

为了保证保险公司清算时具有足够资金清偿债务，保险公司应当按照其注册资本总额的20%提取保证金，存入国务院保险监督管理机构指定的银行，除公司清算时用于清偿债务外，不得动用。[1]

责任准备金是保险企业从收取的保险费或者经营利润中提取的准备用于履行保险责任的货币金额。保险公司应当根据保障被保险人利益、保证偿付能力的原则，提取各项责任准备金。

公积金是指为了弥补亏损，扩大公司生产经营或者转为增加公司资本，依照法律或者公司章程的规定，从公司盈余或资本中提取的积累资金。[2] 保险公司应当依法提取公积金。

保险公司应当缴纳保险保障基金。保险保障基金应当集中管理，并在下列情形下统筹使用：①在保险公司被撤销或者被宣告破产时，向投保人、被保险人或者受益人提供救济；②在保险公司被撤销或者被宣告破产时，向依法接受其人寿保险合同的保险公司提供救济；③国务院规定的其他情形。[3]

（二）保险公司的资金运用

保险公司收取保费后，必须通过一定的投资活动使保险资金增值。但是保险资金来源于投保人缴纳的保费，为此保险资金的投资效果关系到保险公司的偿付能力和竞争力。为此，各国保险业法对保险公司的资金运用实施专门的监管。我国《保险法》第106条第1款规定："保险公司的资金运用必须稳健，遵循安全性原则。"这表明保险公司资金运用的首要原则是安全性原则，保险公司不能出于流动性和营利性的要求忽视安全性。第2款将保险公司的资金运用形式限于下列形式：①银行存款；②买卖债券、股票、证券投资基金份额等有价证券；③投资不动产；④国务院规定的其他资金运用形式。[4]

（三）自留额和分保的风险监管

自留额和分保的风险监管与再保险密切相关。由于保险公司的资本金和准备金是有限的，如果发生保险事故造成损失金额过高，有可能导致其无力承担保险赔偿责任。因此，保险法建立了自留额和分保的风险监管制度。一方面，《保险法》第102条规定："经营财产保险业务的保险公司当年自留保险费，不得超过其实有资本金加公积金总和的4倍。"另一方面，《保险法》第103条第1款规定："保险公司对每一危险单位，即对一次保险事故可能造成的最大损失范围所承担的责任，不得超过其实有资本金加公积金总和的10%；超过的部分应当办理再保险。"

（四）最低偿付能力监管

《保险法》第101条规定："保险公司应当具有与其业务规模和风险程度相适应的最低偿付能力。保险公司的认可资产减去认可负债的差额不得低于国务院保险监督管理机构规定的数额；低于规定数额的，应当按照国务院保险监督管理机构的要求采取相应措施达到规定的数额。"

《保险法》第138条规定："国务院保险监督管理机构应当建立健全保险公司偿付能力监

---

[1] 参见中国保险监督管理委员会2007年颁布的《保险公司资本保证金管理暂行办法》。

[2] 施天涛：《公司法论》，法律出版社2006年版，第209页。

[3] 参见中国保险监督管理委员会、中华人民共和国财政部、中国人民银行于2008年共同颁布的《保险保障基金管理办法》。

[4] 根据《保险法》第106条第3款"保险公司资金运用的具体管理办法，由国务院保险监督管理机构依照前两款的规定制定"的授权，中国保险监督管理委员会颁布了《保险资金运用管理暂行办法》。

管体系,对保险公司的偿付能力实施监控。"

《保险法》第139条规定,对偿付能力不足的保险公司,国务院保险监督管理机构应当将其列为重点监管对象,并可以根据具体情况采取下列措施:①责令增加资本金、办理再保险;②限制业务范围;③限制向股东分红;④限制固定资产购置或者经营费用规模;⑤限制资金运用的形式、比例;⑥限制增设分支机构;⑦责令拍卖不良资产、转让保险业务;⑧限制董事、监事、高级管理人员的薪酬水平;⑨限制商业性广告;⑩责令停止接受新业务。

(五) 保险公司的整顿和接管

为了有效地加强对保险公司偿付能力的监管,保险法建立了保险公司整顿和接管的制度。按照《保险法》第140~144条的规定,保险公司未依照保险法规定提取或者结转各项责任准备金,或者未依照保险法规定办理再保险,或者严重违反保险法关于资金运用的规定的,由保险监督管理机构责令限期改正,并可以责令调整负责人及有关管理人员。保险监督管理机构依照《保险法》第140条的规定作出限期改正的决定后,保险公司逾期未改正的,国务院保险监督管理机构可以决定选派保险专业人员和指定该保险公司的有关人员组成整顿组,对公司进行整顿。整顿组有权监督被整顿保险公司的日常业务。被整顿公司的负责人及有关管理人员应当在整顿组的监督下行使职权。整顿过程中,被整顿保险公司的原有业务继续进行。但是,国务院保险监督管理机构可以责令被整顿公司停止部分原有业务、停止接受新业务,调整资金运用。被整顿保险公司经整顿已纠正其违反保险法规定的行为,恢复正常经营状况的,由整顿组提出报告,经国务院保险监督管理机构批准,结束整顿,并由国务院保险监督管理机构予以公告。

保险公司有下列情形之一的,国务院保险监督管理机构可以对其实行接管:①公司的偿付能力严重不足的;②违反保险法规定,损害社会公共利益,可能严重危及或者已经严重危及公司的偿付能力的。

五、对保险中介的监督管理

(一) 保险中介的概念

保险中介在保险活动中代表不同当事人的利益,是联结保险人和被保险人的重要纽带。保险中介主要有保险代理人、保险经纪人和保险公估人三类。保险代理人是根据保险人的委托,向保险人收取佣金,并在保险人授权的范围内代为办理保险业务的单位或者个人;保险经纪人是基于投保人的利益,为投保人与保险人订立保险合同提供中介服务,并依法收取佣金的机构;保险公估人是对保险事故进行评估和鉴定的独立评估机构和具有相关知识的人员。

(二) 保险中介的执业资格

保险法规定保险中介机构实施许可证管理。保险代理机构、保险经纪人应当具备国务院保险监督管理机构规定的条件,取得保险监督管理机构颁发的经营保险代理业务许可证、保险经纪业务许可证。保险专业代理机构、保险经纪人凭保险监督管理机构颁发的许可证向工商行政管理机关办理登记,领取营业执照。保险专业代理机构凭保险监督管理机构颁发的许可证,向工商行政管理机关办理变更登记。《保险法》规定了保险中介机构的资本制度,以公司形式设立保险专业代理机构、保险经纪人,其注册资本最低限额适用《公司法》的规定。国务院保险监督管理机构根据保险专业代理机构、保险经纪人的业务范围和经营规模,可以调整其注册资本的最低限额,但不得低于《公司法》规定的限额。保险专业代理机构、保险经纪人的注册资本或者出资额必须为实缴货币资本。《保险法》也对高级管理人员的任职资格进行管理,规定"保险专业代理机构、保险经纪人的高级管理人员,应当品行良好,熟悉保险法律、行政法规,具有履行职责所需的经营管理能力,并在任职前取得保险监督管理机构核准的任职资格"。

《保险法》对保险中介从业人员进行从业资格管理，规定："个人保险代理人、保险代理机构的代理从业人员、保险经纪人的经纪从业人员，应当具备国务院保险监督管理机构规定的资格条件，取得保险监督管理机构颁发的资格证书。"

（三）保险中介机构的执业规则

1. **经营场所和账簿**。保险代理机构、保险经纪人应当有自己的经营场所，设立专门账簿记载保险代理业务、经纪业务的收支情况。

2. **缴存保证金和投保职业责任保险**。保险代理机构、保险经纪人应当按照国务院保险监督管理机构的规定缴存保证金或者投保职业责任保险。未经保险监督管理机构批准，保险代理机构、保险经纪人不得动用保证金。

3. **代理限制**。个人保险代理人在代为办理人寿保险业务时，不得同时接受两个以上保险人的委托。

4. **委托代理协议**。保险人委托保险代理人代为办理保险业务，应当与保险代理人签订委托代理协议，依法约定双方的权利和义务。

5. **代理责任的承担**。保险代理人根据保险人的授权代为办理保险业务的行为，由保险人承担责任。保险代理人没有代理权、超越代理权或者代理权终止后以保险人名义订立合同，使投保人有理由相信其有代理权的，该代理行为有效。保险人可以依法追究越权的保险代理人的责任。

6. **保险经纪人过错行为的责任**。保险经纪人因过错给投保人、被保险人造成损失的，依法承担赔偿责任。

7. **保险公估人的执业规则**。接受委托对保险事故进行评估和鉴定的机构和人员，应当依法、独立、客观、公正地进行评估和鉴定，任何单位和个人不得干涉。上述机构和人员，因故意或者过失给保险人或者被保险人造成损失的，依法承担赔偿责任。

8. **保险佣金**。保险佣金只限于向具有合法资格的保险代理人、保险经纪人支付，不得向其他人支付。

9. **保险中介的禁止行为**。保险代理人、保险经纪人及其从业人员在办理保险业务活动中不得有下列行为：①欺骗保险人、投保人、被保险人或者受益人；②隐瞒与保险合同有关的重要情况；③阻碍投保人履行本法规定的如实告知义务，或者诱导其不履行本法规定的如实告知义务；④给予或者承诺给予投保人、被保险人或者受益人保险合同约定以外的利益；⑤利用行政权力、职务或者职业便利以及其他不正当手段强迫、引诱或者限制投保人订立保险合同；⑥伪造、擅自变更保险合同，或者为保险合同当事人提供虚假证明材料；⑦挪用、截留、侵占保险费或者保险金；⑧利用业务便利为其他机构或者个人牟取不正当利益；⑨串通投保人、被保险人或者受益人，骗取保险金；⑩泄露在业务活动中知悉的保险人、投保人、被保险人的商业秘密。

10. **重大事项审批**。保险专业代理机构、保险经纪人分立、合并、变更组织形式、设立分支机构或者解散的，应当经保险监督管理机构批准。

学术视野

保险业的迅速发展的现实给保险法律制度提出了巨大的挑战，保险法需要作出有效的应对。1995年制定的《保险法》经历了2002年、2009年和2014年的修订，日趋完善，尤其是调整保险监管关系的保险业法发生了很大的变化。这里提出一些保险业法中比较重要的问题，以供同学们在进一步学习中加以思考。

我国保险业进行严格的分业经营限制，不只是在保险业与银行业、证券业、信托业之间设定严格的隔离墙，而且保险业内部产、寿险业务亦不得兼业兼营。这种规定针对中国保险业市场处于相对封闭状态，市场主体不完全，经营和管理技术落后的现状，不失为一种必然的历史选择，对于推动中国保险业稳定、快速发展，起到了巨大的作用。同时，面对当时金融市场的跌宕起伏，可以有效地防止金融风险的交叉感染，防范产险与寿险资金互调使用。但是，随着中国保险业的快速发展和对外开放的逐步深入，原有的监管模式已越来越不能适应现实的保险业发展需求，当下银保合作和保险业进入资本市场的态势十分明确，保险法对这种混业经营的趋势要有所回应。

银行、证券、保险之间业务的趋同性与可替代性，削弱了分业监管的业务基础。监管交叉增加了监管成本，当不同金融机构业务交叉时，一项新业务的推出需要经过多个部门长时间的协调才能完成，而当不同监管机构对于同一业务的风险控制和管理意见存在较大分歧时，就会产生较高的协调成本；监管真空不断出现，交叉性的业务很有可能成为监管真空地带，例如，投资联结保险虽然具有证券投资基金的性质，却只受保监会监管而没有受到证监会监管，由此导致投资联结保险产品在销售过程中出现了一系列问题。因此在混业经营的趋势下，保险业监督机构如何与其他金融监管机构协调监管也是需要重视的问题。

我国保险业监管的重点是什么？从2001年开始，保监会提出保险监管要由目前的市场监管和偿付能力监管并重向国际上通行的偿付能力监管为核心过渡。2009年颁布的新保险法对保险偿付能力监管进行了更为系统的诠释，以偿付能力监管为核心的保险体系进一步确立完善。因此保险监管的重点首先是改革保险市场监管，防止监管过多地介入和干预保险企业的经营自主权，影响保险业的发展，其次完善偿付能力监管，建立健全偿付能力监管的法律法规。

保险资金运用的安全性事关保险公司的财务安全，事关被保险人的利益，一直是保险监管的重点。如何处理好保险资金安全性与营利性的矛盾，在保证安全性的前提下，尽可能地给保险资金增加投资机会和投资途径，也是保险法所要解决的问题。

保险业的不正当竞争行为是保险业的一个痼疾。保险法对此作了专门的规范。实践中存在的争议是对于保险业的不正当竞争行为由谁来监管。有观点认为应当由工商行政部门来监管；有观点认为由保险业监管机构监管。两种做法各有利弊，因此如何在保险法中设计一个合理的对保险业不正当竞争行为进行监管的制度也需要进一步的探索。

理论思考与实务应用

一、理论思考

（一）名词解释

强制保险　再保险　保险欺诈　人身保险　财产保险　保险金额　保险价值　近因原则　代位求偿权

（二）简答题

1. 何为保险欺诈？其法律后果有哪些？
2. 人寿保险的属性决定了经营人寿保险业务的保险公司的终止制度哪些特殊性？
3. 为什么说保险业的特殊性决定了保险业监管的必要性？
4. 简述保险利益原则的作用。

(三) 论述题

1. 请比较财产保险和人身保险的差异，并论述保险监管重点的差异。
2. 请列举我国保险法中保险人解除保险合同的事由，并论述为何保险人和投保人在保险合同解除权上有区别。
3. 为什么保险公司的偿付能力监管是保险监管的核心？保险法规定的具体制度有哪些？
4. 请论述最大诚信原则在保险法中的作用。

二、实务应用

(一) 案例分析示范

案例一

2009年10月，李某以自身为被保险人向某保险公司投保重大疾病保险。李某填写被保险人健康告知书后，保险公司承保，李某也缴纳了首期保险费。2010年6月李某因严重血液疾病住院治疗，出院后向保险公司提出理赔申请。经保险公司调查，李某在2002年时曾因车祸住院治疗，因输血感染该血液疾病，但李某一直无症状也从未治疗。因此保险公司认为在投保过程中，李某所填写的"被保险人健康告知书"并未就李某患有此病作出如实告知，遂作出解除保险合同，不予理赔的决定。李某不服，向当地法院提起诉讼，要求保险公司予以赔付，法院查明在被保险人健康告知书所印制的"过去是否患有下列疾病或慢性病"一栏中，未列举该种血液疾病。李某在"被保险人过去有无自觉不适应症状并接受治疗"一栏中填写"否"。

问：李某是否有权获得保险公司的保险赔偿？

【评析】此案的法律问题是李某是否履行了保险合同缔结过程中的如实告知义务。《保险法》第16条第1款规定："订立保险合同，保险人就保险标的或者被保险人的有关情况提出询问，投保人应当如实告知。"这表明我国如实告知的方式采用询问告知主义。保险公司并未就此项血液疾病向李某询问，而李某对"被保险人过去有无自觉不适应症状并接受治疗"问题的回答也符合实际情况。因此在这种情况下，李某已经履行了如实告知义务，保险公司无权解除保险合同，其应当承担赔付责任。

案例二

张某为自己名下的桑塔纳轿车在某保险公司购买了车辆盗抢险。张某预谋将该车开至某大型超市停车场，低价将该车出售，并让购车人以备用钥匙将车开走。次日，张某向公安部门报案，声称车辆被盗，并获得公安机关出具的车辆被盗证明，张某从保险公司获得保险金50 000元。

问：张某的保险欺诈行为的法律后果是什么？

【评析】按照《保险法》第27条第1款的规定："未发生保险事故，被保险人或者受益人谎称发生了保险事故，向保险人提出赔偿或者给付保险金请求的，保险人有权解除合同，并不退还保险费。"保险公司可以要求张某返回保险金，解除该保险合同，并不退还保险费。同时张某也触犯了刑法，构成了保险诈骗罪，要承担刑事责任。

案例三

2009年11月甲公司与乙公司签订《分期付款购车合同》，乙采用分期付款的形式向甲购买100辆某品牌轿车。为了防范乙不履行分期付款的义务，甲要求乙向保险公司投保履行责任保险。丙保险公司、甲公司和乙公司三方签订《分期付款购车保险协议》，约定当乙公司不按照购车合同履行付款义务时，由丙保险公司履行保险责任。在保险责任期间，乙公司未按照购车合同履行付款义务，甲公司遂要求丙保险公司履行保险责任，丙拒绝履行。甲向当地法院起诉，法院查明分期付款购车保险协议的保险条款未向保监会备案。

问：《分期付款购车保险协议》是否有效？丙公司应当承担什么样的法律责任？

【评析】本案的法律问题是保险合同所约定的险种的保险条款和保险费率未向保监会备案是否构成保险合同无效的事由。按照《保险法》第136条第1款的规定，保险监管机构对保险合同条款和保险费率实施监管通过审批和备案两种方式。关系社会公众利益的保险险种、依法实行强制保险的险种和新开发的人寿保险险种等的保险条款和保险费率，应当报国务院保险监督管理机构批准。国务院保险监督管理机构审批时，应当遵循保护社会公众利益和防止不正当竞争的原则。其他保险险种的保险条款和保险费率，应当报保险监督管理机构备案。关于备案的要求是对保险公司的强制性要求，不能认定保险合同无效。保险监管部门可以依据《保险法》第171条给予丙保险公司行政处罚。

(二) 案例分析实训

案例一

秦小姐2009年11月投保了A产险公司一款保额为100万元的1年期飞机意外伤害保险，保费300元，因经常出差坐飞机，她觉得该保险比较方便。不久前，该保险到期，她在机场航空险销售处提出继续购买此保险。当时保险销售人员提出该产险公司新推出了一种综合保险产品，飞机意外伤害保额120万元，保费依然是1年300元，建议她购买这种产品，保额更高，而保费不变。秦小姐听了介绍，当即决定投保此款新保险。缴费后，秦小姐只拿到了一张保险卡，上面也没有明细的保险条款，只写了"保障内容：交通意外伤害120万元"。保险销售人员说保险条款在网上可以查到。出差回来后，秦小姐上网查询，发现所谓120万元的保额实际是乘坐飞机、汽车、火车等交通工具的保额累计，其中飞机意外伤害保额仅为50万元。对于一个经常坐飞机出差的人来说，显然购买汽车、火车等飞机以外的交通工具险是没有用的，秦小姐感觉花了同样的钱，只能得到一半的保障，是被欺骗了，于是便向保险公司提出退保。

问：(1) 秦小姐是否有权解除保险合同？法律依据何在？

(2) 如果该保险销售人员是A产险公司的保险代理人，请问其要承担什么样的法律责任？法律依据何在？

案例二

2009年12月，刘某在外出洽谈业务时，邂逅老朋友张某。张某出示印有保险经纪人头衔的名片，提出可以帮助刘某办理投保业务。刘某表示同意，在张某的操作下，刘某向某保险公司投保100万人寿保险。张某要求刘某支付50 000元保险佣金，刘某认为过高，拒绝支付。张某向当地法院起诉。法院查明刘某未取得保险经纪人的资格，也未取得保险经纪人的执业证书。

问：(1) 法院是否支持张某的诉讼请求？法律依据何在？

(2) 刘某要承担何种法律责任？

案例三

经上海保监局查明，2008年上海锦途保险代理在代理车险业务过程中，共向中间人和客户返还手续费达到140万元。上海极至保险代理2008年度以差旅费、办公费或通信费等名义变相向投保人支付保费折扣13万元。

问：上述两家保险代理公司的行为是否合法？应当承担何种法律责任？

主要参考文献

1. 贾林青：《保险法》，中国人民大学出版社 2009 年版。
2. 黄再再：《案说新保险法》，法律出版社 2009 年版。
3. 李玉泉：《保险法》，法律出版社 2003 年版。
4. 张玉英："审慎的保险法律监管制度探析"，载《天津大学学报（社会科学版）》2003 年第 4 期。
5. 郭宏彬："论保险监管的理论根源"，载《政法论坛》2004 年第 4 期。
6. 高洋："保险业法律监管若干问题研究"，载《当代法学》2003 年第 2 期。

第十九章
房地产法律制度

【本章概要】本章梳理了我国房地产法的立法现状；分析了房地产法的概念；着重介绍了我国国有土地使用权出让法律制度和国有土地使用权划拨法律制度；阐述了城市房地产交易法律制度，包括房地产转让、商品房预售、房地产抵押和房屋租赁法律制度；对房地产权属登记的概念、登记的类型及登记的程序等法律规定作了介绍。

【学习目标】了解房地产法的立法现状；理解房地产法的基本概念；着重掌握国有土地使用权出让法律制度、房地产转让、商品房预售、房地产抵押和房屋租赁法律制度。理解房地产转让应注意的问题，了解和掌握房地产转让、商品房预售行为的主要法律要求，同时能把所学的知识运用于实践。

第一节 房地产法概述

一、房地产法的立法现状

长期以来，我国国有土地实行无偿、无期限使用的行政划拨制度。我国的改革开放，为引进外资、发展房地产业和建立房地产市场创造了条件。1982年，深圳特区率先变土地无偿使用为有偿使用，开始按土地不同等级向土地使用者收取不同标准的土地使用费。随后，上海、广州等沿海城市也先后向外商投资企业用地征收土地使用费。1987年，上海与深圳试行土地使用权有偿出让与转让办法，从而将国有土地制度改革推向一个新的阶段。1987年11月29日，上海市人民政府发布了《上海市土地使用权有偿转让办法》，成为国内第一个有关土地使用权转让的地方性规章。

1988年4月，七届全国人大一次会议通过《中华人民共和国宪法修正案》，明确规定了国有土地使用权可以依法有偿转让。《宪法修正案》第2条将《宪法》第10条第4款修改为："任何组织或者个人不得侵占、买卖或者以其他形式非法转让土地。土地的使用权可以依照法律的规定转让。"

1994年7月5日，第八届全国人民代表大会常务委员会第八次会议审议并通过了《中华人民共和国城市房地产管理法》这是我国房地产法制建设的一个里程碑。以后又陆续颁发了与《城市房地产管理法》相配套的法规。

2007年8月30日第十届全国人民代表大会常务委员会第二十九次会议通过了《关于修改〈中华人民共和国城市房地产管理法〉的决定》。

尤其是2007年3月16日通过，自2007年10月1日开始施行的《物权法》为房地产业提供新的运作规制，对房地产业的影响将是举足轻重的。2008年7月1日施行新的《房屋登记办法》（建设部令第168号）。这些立法，推动了房地产市场的形成和健康发展，并形成了较为完善的房地产法律体系。

司法解释关注房地产领域中的新问题，是最高人民法院在适用法律过程中对具体应用法律问题所作的具有法律约束力的说明。例如，2002年6月20日最高人民法院发布的《关于建设工程价款优先受偿权问题的批复》、2003年4月28日公布的《关于审理商品房买卖合同纠纷案件适用法律若干问题的解释》、2004年10月25日颁布的《关于审理建设工程施工合同纠纷案件适用法律问题的解释》、2005年6月18日颁布的《关于审理涉及国有土地使用权合同纠纷案件适用法律问题的解释》、2005年7月29日公布的《关于审理涉及农村土地承包纠纷案件适用法律问题的解释》，等等。这些司法解释对统一认识，指导司法审判，解决房地产纠纷起了积极的作用。

2007年施行的《物权法》对城镇国有土地使用权的性质进行了定位、规定了征收制度、统一了房地产登记制度及业主的建筑物区分所有权、抵押权等，它对房地产法的发展及完善具有长远的历史性的意义。2011年1月19日国务院通过了《国有土地上房屋征收与补偿条例》。2012年3月26日，我国最高人民法院公布了《关于办理申请人民法院强制执行国有土地上房屋征收补偿决定案件若干问题的规定》司法解释，对法院如何受理行政机关申请强制执行房屋征收、受理后如何进行审查和裁定等问题进行了规范，并确立了"裁执分离"为主导的强制执行方式。该司法解释自2012年4月10日起施行。2014年11月24日国务院公布《不动产登记暂行条例》，自2015年3月1日起施行。建立不动产统一登记制度、整合不动产登记职责，是国务院机构改革和职能转变方案的重要内容，也是推进简政放权、减少多头管理、逐步实现一个窗口对外的有效举措，对于保护权利人合法财产权，提高政府治理效率和水平，具有重要意义。

二、房地产法的概念

房地产法有狭义和广义之分。在我国，狭义的房地产法是指国家立法机关制定的统一调整房地产关系的基本法律——《城市房地产管理法》。广义的房地产法是指调整房地产关系的各种法律规范的总称。管理和实践意义上的房地产法是指广义的房地产法。

房地产法是以房地产关系为调整对象。房地产关系是指以房地产为客体的各类社会关系的总和。这一社会关系的范围十分广泛。按其内容，可以分为房产关系和地产关系；按其性质可以分为房地产行政法律关系和房地产民事法律关系；按其地域范围，可以分为国内房地产关系和涉外房地产关系等。房地产法调整的房地产关系具体包括：土地利用规划和房屋建设规划关系、土地使用和房地产开发建设审批关系、国有土地使用权出让和转让关系、房地产征收关系、集体土地使用和承包经营关系、国有房地产经营管理关系、房地产市场主体管理关系、房地产市场秩序和市场规划管理关系、土地开发和房屋建设关系、房地产转让、抵押、租赁关系、房地产共有关系、房地产相邻关系、房地产产权产籍管理关系、房地产税收关系、房地产融资关系、房地产中介服务关系、房地产物业管理关系等。

第二节 国有土地使用法律制度

一、国有土地使用法律制度概述

改革前，我国国有土地实行"无偿、无期限、无流动（即禁止土地转让）"的行政划拨方式的使用制度。改革后，建立了国有土地使用权有偿出让制度。目前，我国取得国有土地使用权的方式实行双轨制，即国有土地行政划拨方式和国有土地有偿出让方式同时并存。通过行政划拨取得的土地使用权，土地使用者每年需缴纳土地使用费，但不得转让、出租和抵押。若转让、出租、抵押，必须经政府有关部门批准，并办理有关手续。通过有偿出让取得的土地使用权，可以转让、出租、抵押。

二、土地使用权划拨

（一）土地使用权划拨的概念

土地使用权划拨是指经县级以上人民政府依法批准，在土地使用者缴纳补偿、安置等费用后将该幅土地交付其使用，或者将土地使用权无偿交付给土地使用者使用的行为。依据这一法定概念，土地使用权划拨具有以下特征：

1. 土地使用权划拨采用的是行政划拨手段，必须经县级以上人民政府批准，由同级土地管理部门实施划拨。

2. 划拨土地使用权无使用期限的限制，法律、行政法规另有规定者除外。

3. 行政划拨取得的土地使用权只需以较小代价或无偿即可取得。体现其具有无偿性的特征。

4. 划拨土地使用权不可以转让、出租、抵押，除非报有批准权的人民政府审批，并办理有关手续。

（二）土地使用权划拨的范围

依据《城市房地产管理法》第 24 条的规定，下列建设用地的土地使用权，确属必需的，可以由县级以上人民政府依法批准划拨：①国家机关用地和军事用地；②城市基础设施用地和公益事业用地；③国家重点扶持的能源、交通、水利等项目用地；④法律、法规规定的其他用地。

（三）划拨土地使用权收回的条件

国家根据划拨土地使用者不再使用土地的事实或城市建设发展和城市规划的需要，可以将原划拨的土地收回。有下列情形之一的，国家应当无偿收回划拨土地的使用权：①土地使用者因自身发展的需要等因素而迁移的；②因经营管理不善等原因而解散的；③因不符合法定成立条件或者违法经营而被撤销的；④因经营严重亏损不能清偿到期债务而宣告破产的；⑤未经原批准机关同意，连续 2 年未使用的；⑥不按批准的用途使用的；⑦公路、铁路、机场、矿场等经核准报废的。

市、县人民政府根据城市建设需要和城市规划的要求，可以无偿收回划拨土地使用权。无偿收回划拨土地使用权时，对其地上建筑物及其附着物，市、县人民政府应当根据实际情况给予适当补偿。

三、土地使用权出让

（一）土地使用权出让的概念

土地使用权出让是指国家将国有土地使用权在一定年限内出让给土地使用者使用，由土地使用者向国家支付土地使用权出让金的行为。土地使用权有偿出让只能由代表国家的政府行使，任何单位和个人都不得行使这种权利。土地使用权出让市场是房地产的一级市场。国家垄断房地产一级市场。

（二）土地使用权出让的范围、用途和年限

根据《城市房地产管理法》第 2、8 条的规定，土地使用权出让是在国有土地范围内进行的，集体所有的土地必须办理征收手续转化为国有土地后才能出让。如果城市规划或政府的发展计划确定某一建设项目需占有集体所有的土地，政府必须先依法将集体所有的土地征用为国有土地，该国有土地使用权才可以出让。土地使用权出让的空间范围一般是在城市规划区域内。

我国对建设用地采取土地使用权划拨和土地使用权出让的方式供给。除法律规定可以通过划拨方式获得用地的建设项目以外,其他建设项目都应当采取出让的方式获取土地使用权。以出让方式提供的用地按用途可分为商业用地、娱乐用地、居住用地、工业用地以及教育、科技、文化、卫生、体育用地。

出让的土地使用权是有期限的,依据土地用途的不同确定土地使用期限。《城镇国有土地使用权出让和转让暂行条例》第12条规定:"土地使用权出让最高年限按下列用途确定:①居住用地70年;②工业用地50年;③教育、科技、文化、卫生、体育用地50年;④商业、旅游、娱乐用地40年;⑤综合或者其他用地50年。"

出让方与受让方在签订出让合同时,应当在法律规定的最高年限内确定具体的土地使用权出让期限。土地使用权期满,国家有权收回土地使用权,受让人不再享有使用该土地的权利,土地使用权终止。如果受让人在土地使用权期满后,还想续期的,可以提出申请,获准后,重新签订该地块土地使用权出让合同,支付土地使用权出让金,并办理登记手续。

(三) 土地使用权出让方式

从目前看,土地使用权出让可以采取拍卖、招标或者双方协议的方式。

1. 拍卖。拍卖出让土地使用权是指出让方委托拍卖行在指定的时间和地点,按一定的规则和程序,由拍卖人公开叫价竞报的方法,确定出价最高者为土地使用权受让人的行为。

在拍卖前,由出让方发布拍卖公告。其内容包括拍卖地块的位置、面积、规划用途、使用年限以及拍卖时间、地点等。在拍卖时,主持人宣布叫价后,竞买者以举牌方式应价,价高者获得土地使用权。

2. 招标。招标出让土地使用权是指在规定的期限内,由出让方发出招标通告后,由符合条件的单位和个人(受让方)根据出让方提出的条件,以密封的书面形式竞投标书。通过开标、评标、决标程序,由招标人择优确定中标者的行为。

3. 协议。协议出让土地使用权是指土地使用权的出让方与受让方就土地使用权有偿出让的权利义务经过谈判和磋商而达成一致协议的行为。

4. 挂牌。挂牌出让国有土地使用权,是指由出让人发布挂牌公告,按公告规定的期限将拟出让土地的交易条件在指定的土地交易场所挂牌公布,接受竞买人的报价申请并更新挂牌价格,根据挂牌期限截止时的出价结果确定土地使用者的出让方式。以挂牌的方式出让国有土地使用权是一种新型的土地出让方式。这种方式是招标和拍卖方式的重要补充形式,它具有公开、公平、公正的特点。同时,挂牌出让的方式在实践中操作简便,便于开展。挂牌出让方式在土地市场中发挥着日益重要的作用。

以协议方式出让土地使用权,虽然有利于出让人对"地价"的控制,灵活性大,但不具有公开性,没有引入公平竞争机制,人为因素较多,因此,对这种方式要加以必要的限制,即采取双方协议方式出让土地使用权的出让金不得低于按国家规定所确定的最低价格。但《招标拍卖挂牌出让国有土地使用权规定》第4条第1款明确规定了"商业、旅游、娱乐和商品住宅等各类经营性用地,必须以招标、拍卖或者挂牌方式出让"。

(四) 土地使用权出让合同

1. 土地使用权出让合同及其特征。土地使用权出让应当签订出让合同。土地使用权出让合同应当按照平等、自愿、有偿的原则,由市、县人民政府土地管理部门与土地使用者签订。土地使用权出让合同具有如下特征:

(1) 政府必定是土地使用权出让法律关系的一方当事人。政府作为国有土地所有权的代表行使处置权。

(2) 出让人与受让人法律地位平等。在平等互利、自愿有偿的基础上签订土地使用权出让合同。

（3）出让合同的某些内容具有法定性或者由政府单方面规定的性质。如土地使用权出让最高年限、土地用途、投资开发期限等，受让人不得任意要求改变。

2. 土地使用权出让合同的主要内容。在我国现有的土地使用权出让实践中，出让合同一般包括下列主要内容：

（1）签约主体。土地使用权出让合同的当事人为出让方与受让方，出让方为市、县人民政府土地管理部门，受让方为土地使用者。

（2）合同标的。包括土地的界定、编号、面积、坐落地点等。

（3）出让金及交付方式。包括出让金的数额、支付出让金的币种及支付期限。

（4）出让期限。指签约当事人在出让合同中，依法律、法规规定的最高年限，确定土地使用权的土地使用期限。

（5）建设规划条件。包括土地类别、用途、覆盖率、容积率、地上物高度、外观及配套设施等方面的具体要求。

（6）定金及违约责任。

3. 出让人与受让人的权利与义务。出让人与受让人通过平等协商自愿签订土地使用权出让合同，他们之间就产生了一定的权利义务关系。

出让人享有如下权利：①收取土地使用权出让金。受让方未在规定的期限内支付全部土地使用权出让金的，出让方有权解除合同，并可请求违约赔偿。②监督受让人依法、依合同行使土地使用权。受让方未按土地使用权出让合同规定的期限和条件开发、利用土地的，土地管理部门有权予以纠正，并根据情节轻重给予警告、罚款，直到无偿收回土地使用权。③土地使用权出让合同规定的使用期满后，有权无偿收回该土地使用权。

出让人在享有如上权利的同时，应当履行如下义务：①有义务按出让合同的规定，在一定期限内向受让人提供土地使用权；②根据社会公共利益的需要，依法定程序提前收回土地使用权时，有义务给予受让人合理的补偿。

受让人依法享有如下权利：①有权对依法获得土地使用权的土地进行开发、经营；②有权将土地使用权依法转让、出租、抵押；③对土地管理部门作出的行政处罚不服，有权向人民法院起诉。

受让人具有如下义务：①支付出让金和各种税款。②按照土地使用权出让合同规定的用途使用土地。如果需要改变土地用途，应当取得出让方同意并经土地管理部门和城市规划部门同意和批准。③土地使用权期限届满，有义务无偿将土地使用权交还出让方。

第三节　房地产转让、商品房预售、房地产抵押和房屋租赁

一、房地产转让

（一）房地产转让的概念及原则

房地产转让，是指房地产权利人通过买卖、赠与或者其他合法方式将其房地产转移给他人的行为。这里所称的其他合法方式，主要包括下列行为：①以房地产作价入股、与他人成立企业法人，房地产权属发生变更的；②一方提供土地使用权，另一方或者多方提供资金，合资、合作开发经营房地产，而使房地产权属发生变更的；③因企业被收购、兼并或合并，房地产权属随之转移的；④以房地产抵债的；⑤法律、法规规定的其他情形。

房地产转让应当遵循如下原则：

1. 房地产转让时，房屋所有权和土地使用权必须同时转让的原则。由于房与地具有不可分割性，房屋所有权转让与该房屋占用范围内的土地使用权转让是结合在一起进行的。即房屋所有权转让时，其占用范围内的土地使用权随之转移；土地使用权转让时，附着于其上的房屋所有权也随之转移。《城市房地产管理法》第 32 条规定："房地产转让、抵押时，房屋的所有权和该房屋占用范围内的土地使用权同时转让、抵押。"《城镇国有土地使用权出让和转让暂行条例》第 24 条规定："地上建筑物、其他附着物的所有人或者共有人，享有该建筑物、附着物使用范围内的土地使用权。土地使用者转让地上建筑物、其他附着物所有权时，其使用范围内的土地使用权随之转让，但地上建筑物、其他附着物作为动产转让的除外。"

2. 以出让合同为依据，转让中权利义务承接原则。房地产转让是以土地使用权出让为前提的，房地产转让必然涉及国家与原受让人之间的关系，以及原受让人与新的受让人之间的关系。根据"认地不认人"的原则，无论房地产转让多少次，出让合同始终有效，国家与土地使用者的关系不受影响。如《城市房地产管理法》第 43 条规定："以出让方式取得土地使用权的，转让房地产后，其土地使用权的使用年限为原土地使用权出让合同约定的使用年限减去原土地使用者已经使用年限后的剩余年限。"这些都说明房地产转让时必须遵循土地使用权出让权利义务相承接的原则。

3. 房地产转让必须依法办理法定登记手续的原则。动产的权利转移一般以标的物的实际给付或合同约定的情形为标志。不动产的权利转移则以法定登记为准。我国《城市房地产管理法》明确确认了这一原则。

（二）房地产转让的条件

1. 不得转让的房地产。下列房地产不得转让：①以出让方式取得土地使用权但不符合《城市房地产转让管理规定》第 39 条规定的条件的；②司法机关和行政机关依法裁定、决定查封或者以其他形式限制房地产权利的；③依法收回土地使用权的；④共有房地产，未经其他共有人书面同意的；⑤权属有争议的；⑥未依法登记领取权属证书的；⑦法律、行政法规规定禁止转让的其他情形。

2. 转让以出让方式取得土地使用权的房地产的条件。以出让方式取得土地使用权的，转让房地产时，应当符合下列条件：①按照出让合同约定已经支付全部土地使用权出让金，并取得土地使用权证书；②按照出让合同约定进行投资开发，属于房屋建设工程的，应完成开发投资总额的 25% 以上，属于成片开发土地的，依照规划对土地进行开发建设，完成供排水、供电、供热、道路交通、通信等市政基础设施、公用设施的建设，达到场地平整，形成工业用地或者其他建设用地条件。转让房地产时房屋已经建成的，还应当持有房屋所有权证书。

3. 转让以划拨方式取得土地使用权的房地产的条件。以划拨方式取得土地使用权的，转让房地产时，按照国务院的规定，报有批准权的人民政府审批。有批准权的人民政府准予转让的，除符合《城市房地产转让管理规定》第 12 条所列的可以不办理土地使用权出让手续的情形外，应当由受让方办理土地使用权出让手续，并依照国家有关规定缴纳土地使用权出让金。可以不办理土地使用权出让手续的，也应当将转让房地产所获收益中的土地收益上缴国家或者作其他处理。

（三）房地产转让的方式

房地产转让的方式是指房地产转让的具体形态和方法，也是房地产转让的实现形式。房地产转让形式有如下几种：

1. 房地产买卖。是指房地产权利人将自己合法拥有的房地产有偿转移给他人的民事行为。

这是最主要的房地产转让方式。这种买卖贯彻平等、自愿、等价有偿的原则,由房地产权利人通过协商、招标或者拍卖方式成交。

2. 房地产赠与。是指房地产权利人将自己合法拥有的房地产无偿转移给他人的民事法律行为。

3. 以房地产作价入股,与他人成立企业法人,房地产权属发生变更的。

4. 一方提供土地使用权,另一方或者多方提供资金,合资、合作开发经营房地产,而使房地产权属发生变更的。

5. 因企业被收购、兼并或合并,房地产权属随之转移的。

6. 以房地产抵债的。

7. 法律、法规规定的其他情形。如房地产的交换、继承、遗赠和房屋建设工程转让等。

(四) 房地产转让的程序

房地产转让,应当按照下列程序办理:①房地产转让当事人签订书面转让合同;②房地产转让当事人在房地产转让合同签订后 90 日内持房地产权属证书、当事人的合法证明、转让合同等有关文件向房地产所在地的房地产管理部门提出申请,并申报成交价格;③房地产管理部门对提供的有关文件进行审查,并在 7 日内作出是否受理申请的书面答复,7 日内未作书面答复的,视为同意受理;④房地产管理部门核实申报的成交价格,并根据需要对转让的房地产进行现场查勘和评估;⑤房地产转让当事人按照规定缴纳有关税费;⑥房地产管理部门办理房屋权属登记手续,核发房地产权属证书。

(五) 法律责任

1. 违反《城市房地产转让管理规定》,未办理土地使用权出让手续,交纳土地使用权出让金的,按照《城市房地产管理法》的规定进行处罚。

2. 房地产管理部门工作人员玩忽职守、滥用职权、徇私舞弊、索贿受贿的,依法给予行政处分;构成犯罪的,依法追究刑事责任。

二、商品房预售

(一) 商品房预售的概念

商品房预售是指房地产开发企业将正在建设中的房屋预先出售给承购人,由承购人支付定金或房屋价款的行为。商品房预售是聚集资金加快房地产开发的捷径,也是国际上房地产开发的通行办法。但是,如果管理不善,极易导致投机行为,损害消费者的正当权益。因此,《城市房地产管理法》和《城市商品房预售管理办法》对商品房预售作了明确规定。

(二) 商品房预售的条件

商品房预售,应当符合以下条件:①已交付全部土地使用权出让金,取得土地使用权证书。②持有建设工程规划许可证和施工许可证。③按提供预售的商品房计算,投入开发建设的资金达到工程建设总投资的 25% 以上,并已经确定施工进度和竣工交付日期。④向县级以上人民政府房地产管理部门办理预售登记,取得商品房预售许可证明。最高人民法院《关于审理商品房买卖合同纠纷案件适用法律若干问题的解释》第 2 条规定,出卖人未取得商品房预售许可证明的,与买受人订立的商品房预售合同,应当认定无效,但是在起诉前取得商品房预售许可证明的,可以认定有效。⑤出卖人与银行签订预售款监管协议,预售所得款项,必须专款专用,即必须用于有关的工程建设。

(三) 商品房预售程序

1. 预售方申请商品房预售许可证。商品房预售实行许可证制度。准备预售商品房的开发企业,应当向房地产所在地的市、县房地产管理部门申请办理预售许可证。

房地产管理部门在接到开发企业申请后,应当详细查验各项证件和资料,并到现场进行查勘。经审查合格的,应在接到申请后的 10 日内核发《商品房预售许可证》,并向社会公告。

开发企业进行商品房预售,应当向承购人出示《商品房预售许可证》。售楼广告和说明书必须载明《商品房预售许可证》的批准文号。未取得《商品房预售许可证》的,不得进行商品房预售。

2. 签订商品房预售合同。在取得商品房预售许可证后,开发企业应当与承购人签订商品房预售合同。但由于预购人与预售人相比处于弱势地位,加之预售合同的专业性极强,对一般的购房人来说很难完全把握,极易造成不公平现象。为保护预售交易双方的合法权益,2000年9月,建设部、国家工商行政管理局要求推行《商品房买卖合同示范文本》,各地政府纷纷贯彻执行,以此来规范房屋买卖合同的内容。

3. 预售合同登记备案。预售人应当在签约之日起 30 日内持商品房预售合同向县级以上人民政府房地产管理部门和土地管理部门办理登记备案手续。商品房的预售可以委托代理人办理,但必须有书面委托书。

4. 交付房屋。房地产开发商须在房屋竣工验收后,按商品房预售合同的要求将房屋交付给购房人。预售的商品房交付使用之日起 90 日内,承购人应当持有关凭证到县级以上人民政府房地产管理部门和土地管理部门办理过户手续,并交纳相关税费。小业主取得小产证。

(四)法律责任

1. 开发企业未按本办法办理预售登记,取得商品房预售许可证明预售商品房的,责令停止预售、补办手续,没收违法所得,并可处以已收取的预付款 1% 以下的罚款。

2. 开发企业不按规定使用商品房预售款项的,由房地产管理部门责令限期纠正,并可处以违法所得 3 倍以下但不超过 3 万元的罚款。

三、房地产抵押

(一)房地产抵押的概念及法律属性

房地产抵押,是指抵押人以其合法的房地产以不转移占有的方式向抵押权人提供债务履行担保的行为。债务人不履行债务时,债权人有权依法以抵押的房地产拍卖所得的价款优先受偿。除一般的房地产抵押外,还包括预购商品房贷款抵押和在建工程抵押。预购商品房贷款抵押,是指购房人在支付首期规定的房价款后,由贷款银行代其支付其余的购房款,将所购商品房抵押给贷款银行作为偿还贷款履行担保的行为;在建工程抵押,是指抵押人为取得在建工程继续建造资金的贷款,以其合法方式取得的土地使用权连同在建工程的投入资产,以不转移占有的方式抵押给贷款银行作为偿还贷款履行担保的行为。

房地产抵押属于担保法中物的担保,这种不动产的担保物权具有如下法律属性:

1. 房地产抵押权的客体必须具备合法性。首先,抵押权人必须对抵押物享有处分权,也就是抵押人对房地产享有所有权或土地使用权;其次,抵押物必须是法律、法规允许作为抵押的房地产,现行法律、法规禁止或限制流通的房地产不得设立抵押权;最后,抵押人不得将法律、法规禁止强制执行的房地产作为担保抵押物。

2. 房地产抵押权具有从属性。它是为担保债权而设立的,以主债权的存在为前提。主债权无效或被撤销,房地产抵押权也随之失去效力。房地产抵押权随同主债权的处分而发生转移或变化。当主债权消灭时,其抵押权也随之消灭。

3. 房地产抵押人将其合法的房地产以不转移占有的方式,向抵押权人提供担保。房地产抵押人保留对房地产的占有权。

4. 房地产抵押权具有优先受偿性。当债务人不能履行到期债务时,抵押权人有权依法从抵押的房地产拍卖的价款中优先受偿。但建筑工程的承包人的优先受偿权优于抵押权。如果买房人交付购买商品房的全部或者大部分款项后，承包人就该商品房享有的工程价款优先受偿权不得对抗买受人。

（二）房地产抵押的法律规定

房地产抵押，主要有如下法律规定：

1. 房地产抵押的主体和客体。房地产抵押的主体是抵押人和抵押权人。抵押人，是指将依法取得的房地产提供给抵押权人，作为本人或者第三人履行债务担保的公民、法人或者其他组织。抵押权人，是指接受房地产抵押作为债务人履行债务担保的公民、法人或者其他组织。房地产抵押的客体是房地产，以依法取得的房屋所有权抵押的，该房屋占用范围内的土地使用权必须同时抵押。以出让的土地使用权抵押的，该土地上的建筑物一并抵押。

2. 房地产抵押权的设定。

（1）下列房地产不得设定抵押：①权属有争议的房地产；②用于教育、医疗、市政等公共福利事业的房地产；③列入文物保护的建筑物和有重要纪念意义的其他建筑物；④已依法公告列入拆迁范围的房地产；⑤被依法查封、扣押、监管或者以其他形式限制的房地产；⑥依法不得抵押的其他房地产。

（2）同一房地产设定两个以上抵押权的，抵押人应当将已经设定过的抵押情况告知抵押权人。抵押人所担保的债权不得超出其抵押物的价值。房地产抵押后，该抵押房地产的价值大于所担保债权的余额部分，可以再次抵押，但不得超出余额部分。以两宗以上房地产设定同一抵押权的，视为同一抵押房地产。但抵押当事人另有约定的除外。

（3）以在建工程已完工部分抵押的，其土地使用权随之抵押。以享受国家优惠政策购买的房地产抵押的，其抵押额以房地产权利人可以处分和收益的份额比例为限。

（4）国有企业、事业单位法人以国家授予其经营管理权的房地产抵押的，应当符合国有资产管理的有关规定。以集体所有制企业的房地产抵押的，必须经集体所有制企业职工（代表）大会通过，并报其上级主管机关备案。以中外合资企业、合作经营企业和外商独资企业的房地产抵押的，必须经董事会通过，但企业章程另有规定的除外。以有限责任公司、股份有限公司的房地产抵押的，必须经董事会或者股东大会通过，但企业章程另有规定的除外。

（5）有经营期限的企业以其所有的房地产设定抵押的，所担保债务的履行期限不应当超过该企业的经营期限。以具有土地使用年限的房地产设定抵押的，所担保债务的履行期限不得超过土地使用权出让合同规定的使用年限减去已经使用年限后的剩余年限。

（6）以共有的房地产抵押的，抵押人应当事先征得其他共有人的书面同意。预购商品房贷款抵押的，商品房开发项目必须符合房地产转让条件并取得商品房预售许可证。以已出租的房地产抵押的，抵押人应当将租赁情况告知抵押权人，并将抵押情况告知承租人。原租赁合同继续有效。

（7）设定房地产抵押时，抵押房地产的价值可以由抵押当事人协商议定，也可以由房地产价格评估机构评估确定。法律、法规另有规定的除外。

（8）抵押当事人约定对抵押房地产保险的，由抵押人为抵押的房地产投保，保险费由抵押人负担。抵押房地产投保的，抵押人应当将保险单移送抵押权人保管。在抵押期间，抵押权人为保险赔偿的第一受益人。

（9）企业、事业单位法人分立或者合并后，原抵押合同继续有效，其权利和义务由变更后的法人享有和承担。抵押人死亡、依法被宣告死亡或者被宣告失踪时，其房地产合法继承人或者代管人应当继续履行原抵押合同。

3. 房地产抵押合同的订立。房地产抵押，抵押当事人应当签订书面抵押合同。以预购商品房贷款抵押的，须提交生效的预购房屋合同。以在建工程抵押的，抵押合同还应当载明以下内容：①《国有土地使用权证》、《建设用地规划许可证》和《建设工程规划许可证》编号；②已交纳的土地使用权出让金或需交纳的相当于土地使用权出让金的款额；③已投入在建工程的工程款；④施工进度及工程竣工日期；⑤已完成的工作量和工程量。

4. 房地产抵押登记。房地产抵押合同自签订之日起30日内，抵押当事人应当到房地产所在地的房地产管理部门办理房地产抵押登记。房地产抵押合同自抵押登记之日起生效。

5. 抵押房地产的占用与管理。已作抵押的房地产，由抵押人占用与管理。抵押人在抵押房地产占用与管理期间应当维护抵押房地产的安全与完好。抵押权人有权按照抵押合同的规定监督、检查抵押房地产的管理情况。

抵押权可以随债权转让。抵押权转让时，应当签订抵押权转让合同，并办理抵押权变更登记。抵押权转让后，原抵押权人应当告知抵押人。

经抵押权人同意，抵押房地产可以转让或者出租。抵押房地产转让或者出租所得价款，应当向抵押权人提前清偿所担保的债权。超过债权数额的部分，归抵押人所有，不足部分由债务人清偿。

订立抵押合同前抵押财产已出租的，原租赁关系不受该抵押权的影响。抵押权设立后抵押财产出租的，该租赁关系不得对抗已登记的抵押权。

6. 抵押房地产的处分。有下列情况之一的，抵押权人有权要求处分抵押的房地产：①债务履行期满，抵押权人未受清偿的，债务人又未能与抵押权人达成延期履行协议的；②抵押人死亡，或者被宣告死亡而无人代为履行到期债务的；或者抵押人的合法继承人、受遗赠人拒绝履行到期债务的；③抵押人被依法宣告解散或者破产的；④抵押人违反有关规定，擅自处分抵押房地产的；⑤抵押合同约定的其他情况。抵押权人处分抵押房地产时，应当事先书面通知抵押人；抵押房地产为共有或者出租的，还应当同时书面通知共有人或承租人；在同等条件下，共有人或承租人依法享有优先购买权。

同一财产向两个以上债权人抵押的，拍卖、变卖抵押财产所得的价款依照下列规定清偿：①抵押权已登记的，按照登记的先后顺序清偿；顺序相同的，按照债权比例清偿；②抵押权已登记的先于未登记的受偿；③抵押权未登记的，按照债权比例清偿。

建设用地使用权抵押后，该土地上新增的建筑物不属于抵押财产。该建设用地使用权实现抵押权时，应当将该土地上新增的建筑物与建设用地使用权一并处分，但新增建筑物所得的价款，抵押权人无权优先受偿。

7. 法律责任。

（1）抵押人隐瞒抵押的房地产存在共有、产权争议或者被查封、扣押等情况的，抵押人应当承担由此产生的法律责任。

（2）抵押人擅自以出售、出租、交换、赠与或者以其他方式处分抵押房地产的，其行为无效；造成第三人损失的，由抵押人予以赔偿。

（3）登记机关工作人员玩忽职守、滥用职权，或者利用职务上的便利，索取他人财物，或者非法收受他人财物为他人谋取利益的，依法给予行政处分；构成犯罪的，依法追究刑事责任。

四、房屋租赁

（一）房屋租赁的概念及种类

房屋租赁，是指房屋所有人作为出租人将其房屋出租给承租人使用，由承租人向出租人支付租金的行为。

根据房屋所有权属性的不同，房屋租赁可分为公有房屋租赁和私有房屋租赁；根据房屋租赁使用性质不同，可将其分为居住用房租赁和非居住用房租赁。

（二）房屋租赁的范围

公民、法人或其他组织对享有所有权的房屋和国家授权管理和经营的房屋可以依法出租。但是有下列情形之一的，房屋不得出租：①未依法取得房屋所有权证的；②司法机关和行政机关依法裁定、决定查封或者以其他形式限制房地产权利的；③共有房屋未取得共有人同意的；④权属有争议的；⑤属于违法建筑的；⑥不符合安全标准的；⑦已抵押，未经抵押权人同意的；⑧不符合公安、环保、卫生等主管部门有关规定的；⑨有关法律、法规规定禁止出租的其他情形。

（三）租赁合同

房屋租赁，当事人应当签订书面租赁合同，租赁合同应当具备以下条款：①当事人姓名或者名称及住所；②房屋的坐落、面积、装修及设施状况；③租赁用途；④租赁期限；⑤租金及交付方式；⑥房屋修缮责任；⑦转租的约定；⑧变更和解除合同的条件；⑨违约责任；⑩当事人约定的其他条款。

房屋租赁期限届满，租赁合同终止。承租人需要继续租用的，应当在租赁期限届满前3个月提出，并经出租人同意，重新签订租赁合同；租赁期限内，房屋出租人转让房屋所有权的，房屋受让人应当继续履行原租赁合同的规定。

有下列情形之一的，房屋租赁当事人可以变更或者解除租赁合同：①符合法律规定或者合同约定可以变更或解除合同条款的；②因不可抗力致使租赁合同不能继续履行的；③当事人协商一致的。因变更或者解除租赁合同使一方当事人遭受损失的，除依法可以免除责任的以外，应当由责任方负责赔偿。

（四）当事人的权利和义务

房屋租赁当事人按照租赁合同的约定，享有权利，并承担相应的义务。

出租人在租赁期限内，确需提前收回房屋时，应当事先征得承租人同意，给承租人造成损失的，应当予以赔偿。出租人应当依照租赁合同约定的期限将房屋交付承租人，不能按期交付的，应当支付违约金，给承租人造成损失的，应当承担赔偿责任。出租住宅用房自然损坏的或合同约定由出租人修缮的，由出租人负责修复。不及时修复，致使房屋发生破坏性事故，造成承租人财产损失或者人身伤害的，应当承担赔偿责任。

承租人必须按期缴纳租金，违约的，应当支付违约金。承租人应当爱护并合理使用所承租的房屋及附属设施，不得擅自拆改、扩建或增添。确需变动的，必须征得出租人的同意，并签订书面合同。因承租人过错造成房屋损坏的，由承租人负责修复或者赔偿。承租人有下列行为之一的，出租人有权终止合同，收回房屋，因此而造成损失的，由承租人赔偿：①将承租的房屋擅自转租的；②将承租的房屋擅自转让、转借他人或擅自调换使用的；③将承租的房屋擅自拆改结构或改变用途的；④拖欠租金累计6个月以上的；⑤公用住宅用房无正当理由闲置6个月以上的；⑥租用承租房屋进行违法活动的；⑦故意损坏承租房屋的；⑧法律、法规规定其他可以收回的情形。

（五）转租

房屋转租，是指房屋承租人将承租的房屋再出租的行为。承租人在租赁期限内，征得出租人同意，可以将承租房屋的部分或全部转租给他人。出租人可以从转租中获得收益。房屋转租，应当订立转租合同。转租合同必须经原出租人书面同意，并按照规定办理登记备案手续。

转租合同的终止日期不得超过原租赁合同规定的终止日期,但出租人与转租双方协商约定的除外。转租合同生效后,转租人享有并承担转租合同规定的出租人的权利和义务,并且应当履行原租赁合同规定的承租人的义务,但出租人与转租双方另有约定的除外。转租期间,原租赁合同变更、解除或者终止,转租合同也随之相应的变更、解除或者终止。

(六)法律责任

1. 违反《城市房屋租赁管理办法》,有下列行为之一的,由人民政府房地产管理部门对责任者给予行政处罚:①伪造、涂改《房屋租赁证》的,注销其证书,并可处以罚款;②不按期申报、领取《房屋租赁证》的,责令限期补办手续,并可处以罚款;③未征得出租人同意和未办理登记备案,擅自转租房屋的,其租赁行为无效,没收其非法所得,并可处以罚款。

2. 违反《城市房屋租赁管理办法》,情节严重、构成犯罪的,由司法机关依法追究刑事责任。

3. 房屋租赁管理工作人员徇私舞弊、贪污受贿的,由所在机关给予行政处分,情节严重、构成犯罪的,由司法机关依法追究刑事责任。

第四节 房地产权属登记法律制度

一、房地产权属登记概述

房地产权属登记,又称房地产登记,是指房地产行政主管部门代表政府对有关房地产的权利信息等进行登记,并对所登记的信息赋予一定法律效力的制度。房地产登记分为广义上的登记和狭义上的登记。广义上的登记包括权利来源、取得时间、权利变化情况和房地产面积、结构、用途、价值、坐落及图形等事项。狭义上的登记是指土地及其地上定着物的所有权、使用权及其他项权利设立、转移、变更、注销等事项,依法定程序记载于专职机关掌管的专门登记簿上的制度。

不动产物权的设立、变更、转让和消灭,经依法登记,发生效力;未经登记,不发生效力,但法律另有规定的除外。不动产物权的设立、变更、转让和消灭,依照法律规定应当登记的,自记载于不动产登记簿时发生效力。当事人之间订立有关设立、变更、转让和消灭不动产物权的合同,除法律另有规定或者合同另有约定外,自合同成立时生效;未办理物权登记的,不影响合同效力。国家对不动产实行统一登记制度。房屋权属登记应当遵循房屋的所有权和该房屋占用范围内的土地使用权权利主体一致的原则。国家对房地产权属登记实行发证制度。申请人应当按照规定到房地产所在地的登记机关申请房地产权属登记,领取房地产权属证书。房地产权属证书是权利人依法拥有的不动产权属唯一合法凭证。依法登记的房地产权利受国家法律保护。

二、房屋权属登记

(一)房屋权属登记的类型

房地产权属登记的类型,是指房地产权属登记中的各种具体方式。房地产权属登记可以分为总登记、初始登记、转移登记、变更登记、他项权利登记、注销登记和其他登记七种。

1. 总登记。总登记是指县级以上地方人民政府根据需要,在一定期限内对本行政区域内的房地产进行统一的权属登记。

2. 初始登记。初始登记分为土地使用权的初始登记和新建房屋所有权的初始登记。一般先办理土地使用权的初始登记,再办理新建房屋所有权的初始登记。如果土地使用权没有进行过初始登记,则两者可以同时办理。

新建的房屋,申请人应当在房屋竣工后的 3 个月内向登记机关申请房屋所有权初始登记,并应当提交用地证明文件或者土地使用权证、建设用地规划许可证、建设工程规划许可证、施工许可证、房屋竣工验收资料以及其他有关的证明文件。

3. 转移登记。因房地产买卖、交换、赠与、继承、划拨、转让、分割、合并、裁决等原因致使其权属发生转移的,当事人应当自事实发生之日起 90 日内申请转移登记。申请转移登记,权利人应当提交房地产权属证书以及相关的合同、协议、证明等文件。

4. 变更登记。权利人名称变更和房屋现状发生下列情形之一的,权利人应当自事实发生之日起 30 日内申请变更登记:①房屋坐落的街道、门牌号或者房屋名称发生变更的;②房屋面积增加或者减少的;③房屋翻建的;④法律、法规规定的其他情形。申请变更登记,权利人应当提交房地产权属证书以及相关的证明文件。

5. 他项权利登记。设定房地产抵押权、典权等他项权利的,权利人应当申请他项权利登记。申请房地产他项权利登记,权利人应当提交房地产权属证书、身份证明、设定房地产抵押权、典权等他项权利的合同书以及相关的证明文件。

6. 注销登记。因房屋灭失、土地使用年限届满、他项权利终止等,权利人应当自事实发生之日起 30 日内申请注销登记。申请注销登记,权利人应当提交原房地产权属证书、他项权利证书,相关的合同、协议、证明等文件。

7. 其他登记。其他登记包括预告登记、异议登记、更正登记、公告登记、保全登记、遗失登记以及不予登记的情形等。

(二) 房地产权属登记的程序

房地产权属登记依以下程序进行:

1. 受理登记申请。房地产权属登记由权利人(申请人)申请。

2. 权属审核、公告、核准登记和颁发房地产权属证书。登记机关应当对权利人(申请人)的申请进行审查。凡权属清楚、产权来源资料齐全的,初始登记、转移登记、变更登记、他项权利登记应当在受理登记后的 30 日内核准登记,并颁发房屋权属证书;注销登记应当在受理登记后的 15 日内核准注销,并注销房屋权属证书。

有下列情形之一的,由登记机关依法直接代为登记,不颁发房屋权属证书:①依法由房地产行政主管部门代管的房屋;②无人主张权利的房屋;③法律、法规规定的其他情形。

有下列情形之一的,经权利人(申请人)申请可以准予暂缓登记:①因正当理由不能按期提交证明材料的;②按照规定需要补办手续的;③法律、法规规定可以准予暂缓登记的。

有下列情形之一的,登记机关应当作出不予登记的决定:①属于违章建筑的;②属于临时建筑的;③法律、法规规定的其他情形。

有下列情形之一的,登记机关有权注销房地产权属证书:①申报不实的;②涂改房地产权属证书的;③房地产权利灭失,而权利人未在规定期限内办理房地产权属注销登记的;④因登记机关工作人员的工作失误造成房地产权属登记不实的。注销房地产权属证书,登记机关应当作出书面决定,送达当事人,并收回原发放的房地产权属证书或者公告原房地产权属证书作废。

三、房地产权属证书

房屋权属证书包括《房屋所有权证》、《房屋共有权证》、《房屋他项权证》或者《房地产权证》、《房地产共有权证》、《房地产他项权证》。今后新发的房地产权属证书为《中华人民共和国不动产权证书》(新版本)。

房地产权属证书破损，经登记机关查验需换领的，予以换证。房地产权属证书遗失的，权利人应当及时登报声明作废，并向登记机关申请补发，由登记机关作出补发公告，经6个月无异议的，予以补发。

四、法律责任

1. 不动产登记机构登记错误给他人造成损害，或者当事人提供虚假材料申请登记给他人造成损害的，依照《中华人民共和国物权法》的规定承担赔偿责任。

2. 不动产登记机构工作人员进行虚假登记，损毁、伪造不动产登记簿，擅自修改登记事项，或者有其他滥用职权、玩忽职守行为的，依法给予处分；给他人造成损害的，依法承担赔偿责任；构成犯罪的，依法追究刑事责任。

3. 伪造、变造不动产权属证书、不动产登记证明，或者买卖、使用伪造、变造的不动产权属证书、不动产登记证明的，由不动产登记机构或者公安机关依法予以收缴；有违法所得的，没收违法所得；给他人造成损害的，依法承担赔偿责任；构成违反治安管理行为的，依法给予治安管理处罚；构成犯罪的，依法追究刑事责任。

4. 不动产登记机构、不动产登记信息共享单位及其工作人员，查询不动产登记资料的单位或者个人违反国家规定，泄露不动产登记资料、登记信息，或者利用不动产登记资料、登记信息进行不正当活动，给他人造成损害的，依法承担赔偿责任；对有关责任人员依法给予处分；有关责任人员构成犯罪的，依法追究刑事责任。

学术视野

1. 建筑物区分所有权，存在二元论和三元论。二元论观点认为建筑物区分所有权分专有权、共有权；三元论观点认为建筑物区分所有权分专有权、共有权、成员权。

2. 房地产权属登记制度。以房地产作为信托财产设立信托的，如何办理登记？信托登记事项和合同变更时，是否要作变更登记？产权人是投资人还是信托公司？信托登记时所有权是否发生转移？抵押房地产可否设立信托？信托财产可否设立抵押？信托财产可否查封？是属于委托人、受托人，还是受益人的财产查封？在房地产权属登记领域有许多问题值得探讨。

3. 物业税是否开征争议较大。主张开征的学者认为开征物业税可以调控房价；不主张开征物业税的学者认为目前开征物业税的条件尚不具备，且开征物业税未必可以调控房价。

4. 城市空间法是我国未来立法的发展方向。对于空间使用权存在两种观点：独立说和非独立说。独立说的观点认为空间使用权是一种独立的权属，它独立于土地使用权；非独立说观点认为空间使用权包含于土地使用权中。取得了土地使用权，相应地也就取得了土地上下一定范围内空间的使用权。

理论思考与实务应用

一、理论思考

（一）名词解释

土地使用权出让　土地使用权划拨　商品房预售　房屋租赁　房地产抵押　房屋拆迁

（二）简答题

1. 土地使用权划拨的范围包括哪些？
2. 我国国有土地使用权取得的方式有哪些？

3. 简述房地产抵押制度的内容。
4. 房地产权属登记有哪些种类?
5. 哪些情形的房屋不可以出租?
6. 商品房预售应当具备哪些条件?
7. 土地使用权出让最高年限有哪些规定?

(三) 论述题
1. 试述我国房地产权属登记制度。
2. 试述土地所有权和土地使用权的构成体系。

二、实务应用
(一) 案例分析示范

案例一

2003年6月，某县农业局依法取得位于该县永安街东湖大厦6层1500平方米建筑面积的办公房产。2004年3月，某县农业局干部忽然发现办公楼楼顶竖起了200多平方米的大广告牌。原来是东湖大厦的建设单位所聘用的深越物业管理公司将楼顶朝南部分出租给了广告公司，屋顶广告位的租赁期限为3年，年租金为人民币3万元。广大业主对此深感不满，于是将物业公司告上法庭。

问：法院应当如何判决？

【评析】法院经审理认为，我国《物业管理条例》明确规定，业主享有物业共有部位、公共设施的所有权和使用权，建设单位和物业管理公司无权擅自处分。东湖大厦屋顶屋面应属于东湖大厦全体业主共有。建设单位不享有公共部位和公共设施的所有权和使用权。在未取得东湖大厦全体业主的同意或者追认的情况下，物业管理公司擅自将楼顶屋面出租，是对东湖大厦全体业主的侵权。

处理方法：①深越物业管理公司与广告公司解除租赁合同，拆除广告牌；②经业主追认，同意出租，租金收入属于全体业主。

案例二

徐某于2002年1月8日与A房地产公司签订了一份购房认购书。双方约定，徐某购买A房地产公司房屋一套，房价款为23.7万元，同时，双方在认购条件一款中作出约定："认购方在签订认购书时交纳认购定金3万元，于2002年1月21日~1月30日期间，携认购书及其他相关文件到销售中心与卖方签约。如认购方未在认购期限内，与卖方就认购物业一事签订商品房预售合同及其他相关文件，则卖方有权解除本认购书的履行，并将认购方已购物业另行处理，且认购方已交定金将不予退还。"徐某得知开发商没有预售许可证后，又提出待开发商取得预售许可证后再签订预售合同并付首付款，被开发商拒绝。这种情况下，徐某将A房产公司诉至法院，要求双倍返还定金6万元。

一审法院审理时认为，本案争议焦点有三个：认购书是否有效；3万元的性质；原告事先是否知道被告没有预售许可证。一审法院经审理认为，商品房预售必须具有预售许可证，而A房地产公司未取得预售许可证，违反了法律的强制性规定，认定认购书无效。认购书被确定无效后，定金即失去担保效力，判决被告返还徐某定金3万元，驳回徐某要求双倍返还定金的诉讼请求。

徐某不服一审判决，向中级人民法院提起上诉。二审法院经审理认为，双方当事人签订的认购书约定了定金条款，符合以交付定金作为订立主合同担保的法律特征，应视为有效。该认购书中约定的立约定金的生效是独立的,在主合同之前就已成立。徐某已按认购书的规定交纳了定金,故该认购书的效力自其交付定金后即已存在,且对双方均有约束力。在执行认购书的过程中徐某并无违约行为,导致双方不能签订主合同系因A公司未取得商品房预售许可证,无权预售商品房。该责任应全部由A公司承担。据此,判决A公司双倍返还徐某的定金6万元。

问:(1) 你对该案的认购书的性质如何认定?

(2) 本案应如何判决?

【评析】预售商品房之前签订的认购书或订购单,其性质有两种:①预约合同,即约定将来签订正式的商品房买卖或预售合同;②如果认购书或订购单具备商品房买卖合同的主要内容,并且出卖方已经按约定收取购房款的,则认购书、订购单属商品房买卖合同。认购书或订购单中约定认购金或定金,双方并无约定如未能签订合同,要求双倍返还或不退定金等约定的,则认购金或定金只具有预付款的性质。如双方未达成商品房买卖协议,定金或认购金应退还。最高人民法院《关于审理商品房买卖合同纠纷案件适用法律若干问题的解释》第4条规定:"出卖人通过认购、订购、预订等方式向买受人收受定金作为订立商品房买卖合同担保的,如果因当事人一方原因未能订立商品房买卖合同,应当按照法律关于定金的规定处理;因不可归责于当事人双方的事由,导致商品房买卖合同未能订立的,出卖人应当将定金返还买受人。"本案中,徐某和A房产公司未能签订商品房买卖合同的原因是A公司未取得预售许可证。因此,基于一方的原因未能订立商品房买卖合同,应按定金罚则处理,二审法院的判决是正确的。

案例三

某航运公司在1987年经县人民政府批准,以划拨方式取得一宗土地的使用权,批准用途为建职工宿舍。1998年11月航运公司在该宗土地上兴建住宅楼。工程竣工后,航运公司公开向社会出售楼房,将该幢楼房卖给了某副食品公司。当地土地管理部门查实情况后认为,航运公司公开出售自建住宅楼,属于非法转让划拨土地使用权的行为,依法对航运公司进行了处罚,同时,通知购房人补办土地使用权出让手续,缴纳土地使用权出让金。购房人认为,缴纳土地出让金是航运公司的事。所以拒绝缴纳土地使用权出让金。

问:(1) 土地管理部门对航运公司行为的认定是否正确?为什么?

(2) 购房人拒缴土地使用权出让金的理由能否成立?为什么?

【评析】(1) 土地管理部门对航运公司行为的认定正确。因为某航运公司所获得的土地是划拨的土地使用权,且用途为建职工宿舍。某航运公司未获得批准不得擅自转让和改变用途,该公司擅自公开出售自建住宅楼的行为属于非法转让划拨土地使用权的行为。

(2) 购房人拒缴土地使用权出让金的理由成立。因为出让金是通过出让的形式由获得出让土地使用权的受让人缴纳。本案应当是某航运公司,而不是购房人。

(二) 案例分析实训

案例一

甲公司于1998年3月16日与某市土地管理局签订土地使用权出让合同,受让该市某立交桥东南侧土地使用权,面积为98 792平方米,每平方米地价为315元。合同还规定,1998年3月底甲公司支付50%的土地出让金,4月底付清全部土地出让金。1998年4月28日甲公司与乙公司签订了土地使用权转让合同书,约定:将该立交桥东南侧130 000平方米土地转让给乙公司,每平方米地价390元;甲公司于1998年7月30日前完成居民拆迁和"三通一平"工作,延误交付土地,按月利率15‰承担预付款的利息;乙公司于合同签订后7日内预付地价80%,余款于7月31日付清,延误付款,一天罚款5000元。合同签订后,至1998年5月6日,乙公司陆续支付80%的预付款。但甲公司到1998年7月30日,并未完成居民拆迁和"三通一平"工作,无法交付土地。1998年9月甲公司因未依法交足土地出让金,所受让的土地使用权被依法收回。乙公司对此不知情,于11月8日再次催要土地,但此时甲公司早已不再进行拆迁和"三通一平"工作。经查,甲公司在该立交桥东南侧并无其他土地使用权,其取得的98 792平方米的土地使用权规定用途是住宅建设,而且剩余土地出让金一分未付。

问:(1) 本案中的土地使用权转让合同是否有效?为什么?
(2) 本案中甲公司因转让土地使用权应承担哪些责任?
(3) 市土地管理局收回土地使用权的法律依据是什么?

案例二

张先生租用王先生私房多年,于1990年1月正式签订书面的房屋租赁合同。合同约定,租期10年,房租每月250元。1995年1月王先生因女儿出国急需巨款,便向朋友丁先生借款20万元,借期一年,并以自己出租给张先生的私房作抵押,办理了抵押登记手续,并通知了张先生。1995年4月~12月张先生未交房租,王先生多次催促无效,告之再不交房租将终止房屋租赁合同,张先生不理。1996年1月,王先生无力偿还丁先生借款,向丁先生提出,愿将抵押的房屋作价25万元以抵20万元借款,丁先生补足5万元,产权归丁先生所有。丁先生同意买房,双方签订了房屋买卖合同,并办理了登记备案手续。此后,丁先生通知张先生,房屋已买下,不愿再出租房屋,请张先生腾屋。张先生提出:"租期未到,出租房的承租人具有优先购买权,你们买房未通知我,我未表态,房屋买卖合同无效。"双方发生争议,丁先生诉至法院,要请求张先生搬出自住。

问:(1) 王先生与丁先生房屋买卖合同是否有效?并说明理由。
(2) 张先生还可居住此屋吗?为什么?

案例三

2005年,胜利村农民朱某经批准,在本村修建了6间瓦房。此后,朱某因常年在外地经商,所建瓦房闲置,遂于2007年将房屋全部卖给同村村民工某。2008年春节,朱某回乡后,向本村村委会提出宅基地申请,想再建6间新房,村主任表示同意。朱某即在原建房附近开始盖新房。春节过后,县政府派人检查村民宅基地使用情况时,认为朱某建房违反了相关法律的规定,对朱某处以罚款。

问:(1) 朱某是否具备宅基地申请条件?
(2) 申请宅基地的程序是怎样的?

主要参考文献

1. 金俭主编:《房地产法学》,科学出版社2008年版。
2. 陈耀东主编:《新编房地产法学》,北京大学出版社2009年版。
3. 贾登勋、脱剑峰主编:《房地产法新论》,中国社会科学出版社2009年版。
4. 黄河编著:《房地产法》,中国政法大学出版社2008年版。
5. 李延荣、周珂:《房地产法》,中国人民大学出版社2008年版。

第二十章 会计法律制度

【本章概要】 任何一个经济组织的活动都不是独立存在的。作为经济管理工作的会计，首先表现为单位内部的一项经济管理活动，即对本单位的经济活动进行核算和监督。会计核算和会计监督是会计工作的重要组成部分，是会计的基本职能。目前我国已形成了三位一体的会计监督体系，包括单位内部监督、以注册会计师为主体的社会监督和以政府财政部门为主体的政府监督。会计机构是各单位办理会计事务的职能机构，会计人员是直接从事会计工作的人员。各单位应建立健全会计机构，配备数量和素质都相当的、具备从业资格的会计人员。会计法律制度是调整会计关系的法律规范，是指国家权力机关和行政机关制定的各种会计规范性文件的总称，包括会计法律、会计行政法规、会计规章等。本章在阐述会计法、会计管理体制、会计核算、会计监督等基本概念的基础上，主要围绕我国现行《会计法》及相关规范，介绍了会计法律制度的构成、会计工作管理体制，并结合 2006 年以来的新会计准则，重点对我国现行会计核算、会计监督、会计机构和会计人员及其法律责任等进行了阐释。

【学习目标】 通过本课程的学习，要求学生能够初步了解、熟悉会计法的基本原理、会计核算与会计监督的基本内容；加深对我国现行的会计法律、法规的认识和理解；初步具有综合运用会计与法律学科基本知识观察、分析、处理有关实务问题的能力。

第一节 会计法律制度的构成

一、会计法律制度的概念及其构成

任何一个经济组织的活动都不是独立存在的。作为经济管理工作的会计，首先表现为单位内部的一项经济管理活动，即对本单位的经济活动进行核算和监督。在处理经济业务事项中，必然会涉及、影响有关方面的经济利益。例如，供销关系、债权债务关系、信贷关系、分配关系、税款征纳关系、管理与被管理关系等。会计机构和会计人员在办理会计事务过程中以及国家在管理会计工作过程中发生的经济关系称为会计关系。处理上述各种经济关系，就需要用会计法律制度来规范。

会计法律制度是指国家权力机关和行政机关制定的各种会计规范性文件的总称，包括会计法律、会计行政法规、会计规章等。它是调整会计关系的法律规范。我国会计法律制度的基本构成如下：

（一）会计法律

会计法律是指由全国人民代表大会及其常委会经过一定立法程序制定的有关会计工作的法律。例如，1999 年 10 月 31 日九届全国人大常委会第十二次会议修订通过的《会计法》。它是会计法律制度中层次最高的法律规范，是制定其他会计法规的依据，也是指导会计工作的最高准则。

（二）会计行政法规

会计行政法规是指由国务院制定并发布或者国务院有关部门拟订并经国务院批准发布，调整经济生活中某些方面会计关系的法律规范。会计行政法规的制定依据是《会计法》。例如，国务院发布的《企业财务会计报告条例》、《总会计师条例》等。

（三）国家统一的会计制度

国家统一的会计制度指国务院财政部门根据《会计法》制定的关于会计核算、会计监督、会计机构和会计人员以及会计工作管理的制度，包括会计部门规章和会计规范性文件。会计部门规章是根据《立法法》规定的程序，由财政部制定，并由部门首长签署命令予以公布的制度办法，例如，2005年1月以财政部第26号部长令签发的《会计从业资格管理办法》、2001年2月20日以财政部第10号部长令签发的《财政部门实施会计监督办法》和2006年2月15日以财政部第33号部长令签发的《企业会计准则——基本准则》等。会计规范性文件是指主管全国会计工作的行政部门即国务院财政部门以文件形式印发的制度办法。例如，2006年2月15日财政部印发的《企业会计准则第1号——存货》等38项具体准则及2006年10月30日印发的《企业会计准则——应用指南》、《企业会计制度》、《金融企业会计制度》、《小企业会计制度》、《会计基础工作规范》、《会计从业资格管理办法》，以及财政部与国家档案局联合发布的《会计档案管理办法》等。会计规范性文件的制定依据是会计法律、会计行政法规和会计规章。

（四）地方性会计法规

地方性会计法规是指省、自治区、直辖市人民代表大会及其常委会在与会计法律、会计行政法规不相抵触的前提下制定的地方性法律规范，也是我国会计法律制度的重要组成部分。

二、会计工作管理体制

会计工作管理体制是指国家划分会计工作管理权限的制度。它包括的内容有四个方面：①会计工作由谁管理；②会计制度的制定权限；③会计人员的管理；④单位内部的会计工作管理。我国会计工作管理体制的总原则是统一领导、分级管理。

（一）会计工作的主管部门

《会计法》第7条规定："国务院财政部门主管全国的会计工作。县级以上地方各级人民政府财政部门管理本行政区域内的会计工作。"其中，明确规定了会计工作由谁管理和在会计工作管理体制上实行统一领导、分级管理的原则。新中国成立以来，会计工作一直由财政部门管理，有了一定的基础，积累了一定的工作经验。同时，财务会计工作同国家财政收支的关系十分密切，它是财政的一项基础性工作。所以，《会计法》规定了会计工作由各级财政部门管理的体制。

（二）会计制度的制定权限

《会计法》第8条规定："……国家统一的会计制度由国务院财政部门根据本法制定并公布。国务院有关部门可以依照本法和国家统一的会计制度制定对会计核算和会计监督有特殊要求的行业实施国家统一的会计制度的具体办法或者补充规定，报国务院财政部门审核批准。中国人民解放军总后勤部可以依照本法和国家统一的会计制度制定军队实施国家统一的会计制度的具体办法，报国务院财政部门备案。"其中，明确规定了制定会计制度的权限。规定会计制度制定的权限，是会计工作实行统一领导、分级管理原则的一个重要方面。当前，在我国实行社会主义市场经济的条件下，还必须从宏观上对国民经济进行计划和管理，为使各地区、各部门、各单位在办理会计事务中有统一的制度作依据，使会计核算正确地体现财政、财务制度有关规定的要求，保证会计这一信息系统及时、正确地为国民经济计划和管理提供分类科学、口径统一的会计资料。因此，由国务院财政部门制定国家统一的会计制度是完全必要的。这些国家统一的会计制度是在全国范围内实施的会计工作管理方面的规范性文件，主要包括三个方面：①国家统一的会计核算制度如《企业会计准则——基本准则》和各具体准则及其应用指南、《事业单位会计准则》、《企业会计制度》、《小企业会计准则》等；②国家统一的会计机构和会计人员管理制度，如《总会计师条例》、《会计从业资格管理办法》、《会计专业技术资格考试暂行规定》等；③国家统一的会计工作管理制度，如《会计档案管理办法》、《会计人员工作规则》等。

但是，由于各地区、各部门的具体情况千差万别，由国务院财政部门制定所有的、包罗万象的会计制度，实际上也不可能。因此，在国务院财政部门制定国家统一的会计制度的基础上，还需要由各地区、各部门制定符合《会计法》要求的、符合实际情况的会计制度或者补充规定，报国务院财政部门审核批准或者备案后实行。

（三）会计人员的管理

1. 从事会计工作的人员，必须取得会计从业资格证书。担任单位会计机构负责人（会计主管人员）的，除取得会计从业资格证书外，还应当具备会计师以上专业技术职务资格或从事会计工作3年以上经历。

2. 财政部门负责会计从业资格管理、会计专业技术职务资格管理、会计人员评优表彰奖惩，以及会计人员继续教育等。

对于会计人员的管理问题，将在本章"会计机构和会计人员"一节中具体说明。

（四）单位内部的会计工作管理

《会计法》规定，单位负责人对本单位的会计工作和会计资料的真实性、完整性负责；应当保证财务会计报告真实、完整；应当保证会计机构、会计人员依法履行职责，不得授意、指使、强令会计机构和会计人员违法办理会计事项。单位负责人是指单位法定代表人或者法律、行政法规规定代表单位行使职权的主要负责人。《会计法》赋予了单位负责人在单位内部会计工作管理中的权利和责任。

第二节 会计核算

会计核算是会计工作的重要组成部分，是会计的基本职能之一。会计核算的法律规定是各单位进行会计核算应当遵循的基本规范。会计核算的相关法律规定，一般包括如下几个方面：

一、会计核算的基本要求

（一）会计信息质量要求

会计信息质量要求是会计核算必须遵循的一般原则，是进行会计核算的指导思想和衡量会计工作成败的标准。它体现着社会化大生产对会计核算的基本要求，反映着市场经济条件下会计核算的基本规律。财政部于2006年发布的《企业会计准则——基本准则》中规定了八项会计核算的信息质量要求：

1. 可靠性。可靠性是指企业应当以实际发生的交易或者事项为依据进行会计确认、计量和报告，如实反映符合确认和计量要求的各项会计要素及其他相关信息，保证会计信息真实可靠、内容完整。

可靠性要求做到内容真实、数字准确、资料可靠。《会计法》第9条规定："各单位必须根据实际发生的经济业务事项进行会计核算，填制会计凭证，登记会计账簿，编制财务会计报告。任何单位不得以虚假的经济业务事项或者资料进行会计核算。"

2. 相关性。相关性，也称有用性，是指企业提供的会计信息应当与财务会计报告使用者的经济决策需要相关，有助于财务会计报告使用者对企业过去、现在或者未来的情况作出评价或者预测。

3. 可理解性。可理解性是指企业提供的会计信息应当清晰明了，便于财务会计报告使用者理解和使用。

4. 可比性。可比性是指企业提供的会计信息应当具有可比性。

同一企业不同时期发生的相同或者相似的交易或者事项，应当采用一致的会计政策，不得随意变更。确需变更的，应当在附注中说明。不同企业发生的相同或者相似的交易或者事项，应当采用规定的会计政策，确保会计信息口径一致、相互可比。

5. 实质重于形式。实质重于形式是指企业应当按照交易或者事项的经济实质进行会计确认、计量和报告，不应仅以交易或者事项的法律形式为依据。

6. 重要性。重要性是指企业提供的会计信息应当反映与企业财务状况、经营成果和现金流量等有关的所有重要交易或者事项。对于在会计核算过程中的交易或事项应当区别其重要程度，采用不同的核算方式。对资产、负债、损益等有较大影响，并进而影响财务会计报告使用者据以作出合理判断的重要会计事项，必须按照规定的会计方法和程序进行处理，并在财务会计报告中予以充分、准确的披露；对于次要的会计事项，在不影响会计信息真实性和不至于误导财务会计报告使用者作出正确判断的前提下，可适当简化处理。

7. 谨慎性。谨慎性也称稳健性，是指企业对交易或者事项进行会计确认、计量和报告应当保持应有的谨慎，不应高估资产或者收益、低估负债或者费用。

8. 及时性。及时性是指企业对于已经发生的交易或者事项，应当及时进行会计确认、计量和报告，不得提前或者延后。

(二) 会计资料的基本要求

会计资料是在会计核算过程中形成的、记录和反映实际发生的经济业务事项的资料，包括会计凭证、会计账簿、财务会计报告和其他会计资料。会计资料是记录会计核算过程和结果的载体，是反映单位财务状况和经营成果、评价经营业绩、进行投资决策的重要依据。会计资料同时也是一种重要的社会信息资源。因此，会计资料必须符合国家统一的会计制度的规定。为了保证会计资料的真实性、统一性，我国政府建立了一系列规章制度，对会计资料进行规范，收到了良好的效果。目前用于规范会计资料的国家统一的会计制度主要有：1996年6月17日财政部发布的《会计基础工作规范》、1998年8月21日财政部、国家档案局发布的《会计档案管理办法》，以及财政部发布的《企业会计准则——基本准则》及具体准则和应用指南、《企业会计制度》、《小企业会计准则》等。

生成和提供虚假会计资料是一种严重违法行为。"任何单位和个人不得伪造、变造会计凭证、会计账簿及其他会计资料，不得提供虚假的财务会计报告。"针对我国经济生活中存在的伪造、变造会计资料和提供虚假会计资料的情况，《会计法》特别作出了上述规定。所谓伪造会计凭证、会计账簿及其他会计资料，是指以虚假的经济业务事项为前提编造不真实的会计凭证、会计账簿和其他会计资料；所谓变造会计凭证、会计账簿及其他会计资料，是指用涂改、挖补等手段来改变会计凭证、会计账簿等的真实内容，歪曲事实真相的行为，即篡改事实；所谓提供虚假财务会计报告，是指通过编造虚假的会计凭证、会计账簿及其他会计资料或直接篡改财务会计报告上的数据，使财务会计报告不真实、不完整地反映真实财务状况和经营成果，借以误导、欺骗会计资料使用者的行为，即以假乱真。伪造、变造会计资料和提供虚假财务会计报告的主体为"任何单位和个人"，既包括单位及其工作人员为单位内部的非法目的而实施的伪造、变造会计资料和提供虚假财务报告的行为，也包括为他人伪造、变造会计资料和提供虚假财务会计报告提供方便的行为。这种会计资料所记录和反映的经济业务事项的内容与实际发生的经济业务事项严重相违背,是一种虚假的会计资料,属于严重的违法行为。

(三) 会计电算化的基本要求

会计电算化是现代企业会计核算的基本手段。用电子计算机技术代替手工会计核算是现代科学技术和企业生产经营过程的有机结合,是今后会计核算的发展方向。用电子计算机进行会计核算与手工会计核算,在会计法律上的规定是相同的。因为两者使用的原始会计资料是一致的,由此产生的其他会计资料也必须是相同的;不同之处是在实行会计电算化后,除了部分原始会计资料以外,其他会计资料是由电子计算机按照规定的程序生成。为保证电子计算机生成的会计资料真实、完整和安全,《会计法》对会计电算化作出了两方面的规定:①使用的会计核算软件必须符合国家统一的会计制度的规定。会计软件是会计电算化的重要手段和工具,会计软件是否符合国家统一的会计制度规定的核算要求和会计人员的习惯,是保证会计资料质量和会计工作正常进行的重要前提。因此,法律上要求实行会计电算化的单位,使用的会计软件必须符合国家统一的会计制度的规定,实践上必须通过我国财政部的审核批准。②用电子计算机软件生成的会计资料必须符合国家统一的会计制度的要求。

二、会计核算的内容

一个经济组织在生产经营和业务活动中,会产生各种经济业务事项。经济业务事项一般包括经济业务和经济事项两类。经济业务是指一个经济组织与其他经济组织和个人之间发生的各种经济利益交换,如产品销售;经济事项是指在一个经济组织内部发生的具有经济影响的各类事件,如计提折旧。《会计法》规定,下列经济业务事项应当办理会计手续,进行会计核算:

(一) 款项和有价证券的收付

款项是指作为支付手段的货币资金,一般包括现金、银行存款以及其他视同现金和银行存款使用的外埠存款、银行汇票存款、银行本票存款、在途货币资金、信用证存款、保函押金和各种备用金等。有价证券是指表示一定财产拥有权或支配权的证券,如国库券、股票、企业债券和其他债券等。款项和有价证券是各单位中流动性最强的资产,由于其所具有的高度的流动性,在会计核算过程中容易出现这样或那样的问题。因此,加强对款项和有价证券的管理和控制是非常重要的。各单位要按照国家统一会计制度的规定,真实、及时地对款项和有价证券进行核算,以保证这类资产的安全与完整。

(二) 财物的收发、增减和使用

财物是单位财产物资的简称,是反映一个单位进行或维持经营管理活动的具有实物形态的经济资源,财物一般包括原材料、燃料、包装物、低值易耗品、在产品、商品等流动资产和房屋、建筑物、机器、设备、设施、运输工具等固定资产。这类资产涉及各单位生产过程中的劳动资料、劳动工具和劳动手段,是任何一个经济组织都不可或缺的。这些资产的价值一般较大,也是会计核算中的经常性业务活动,如果这类资产在会计核算中出现问题,就会直接影响到生产经营活动的正常进行。因此,各单位必须加强对单位财物收发、增减和使用环节的管理,严格按照国家统一会计制度的规定进行核算、维护单位正常的生产经营秩序和会计核算程序。

(三) 债权债务的发生和结算

债权是单位收取款项的权利,一般包括各种应收和预付款项等。债务则是指单位承担的、能以货币计量的、需要以资产或劳务偿付的义务,一般包括各项借款、应付和预收款项以及应交款项等。随着商品经济的发展,商业信用程度的加强,各单位之间发生债权和债务活动是不可避免的经济业务事项,必须进行会计核算。因此,各单位要加强对债权债务的核算,及时、真实、完整地核算和反映单位的债权债务，处理好与其他部门和个人之间的财务关系，以防范非法行为在债权债务环节的发生。

（四）资本、基金的增减

会计核算中的资本是指所有者权益中的投入资本。基金是各单位按照法律、法规的规定而设置或筹集的、具有特定用途的专项资金，例如社会保险基金、教育基金等。资本、基金增减的会计核算，要遵循国家有关的法律、法规进行，它具有很强的政策性，要严格按照合同、协议、董事会决议或政府部门的有关文件等办理。

（五）收入、支出、费用、成本的计算

收入是指公司、企业在销售商品、提供劳务及让渡资产使用权等日常活动中所形成的经济利益的总流入。支出是行政事业单位或社会团体在履行法定职能、发挥特定功能时所发生的各项开支，以及企业在正常生产经营活动以外的支出和损失。费用是指企业在销售商品、提供劳务等日常活动中所发生的经济利益流出。费用通常包括生产成本和期间费用。成本是指公司、企业为生产某种产品而发生的费用，它与一定种类和数量的产品相联系，是对象化了的费用。收入、支出、费用、成本都是计算和判断单位经营成果及其盈亏状况的主要依据。各单位应当重视收入、支出、成本、费用环节的管理，按照国家统一会计制度的规定，正确核算收入、支出、费用、成本。

（六）财务成果的计算和处理

财务成果主要是指企业和企业化管理的事业单位在一定时期内通过从事经营活动而在财务上所取得的结果，具体表现为盈利或亏损。财务成果的计算和处理一般包括利润的形成和利润的分配两个部分，它涉及企事业单位、国家等各方面的经济利益，因此，各单位必须严格按照国家的统一规定，正确计算和处理财务成果。

（七）其他事项

其他事项是指除上述六项经济业务事项以外的、按照国家统一会计制度规定应办理会计手续和进行会计核算的其他经济业务事项。随着我国经济的不断发展，新的会计业务不断出现，在有关会计制度中不可能对所有未来发生的会计事项都有规定，但对这些新出现的会计事项，也必须进行会计核算和反映。

三、会计年度、记账本位币与会计文字记录

（一）会计年度

按照持续经营原则，通常情况下，一个单位的业务经营活动，总是连续不断地进行的。而按照会计上的会计分期原则，又必须对企业的业务活动进行分期核算，以考核企业在一定期间的财务成果。因此，会计核算中就必须将连续不断的经营过程人为地划分为若干相等的时期，分期进行结算，分期编制财务会计报告，分期反映单位的财务状况和经营成果。这种分期进行会计核算的时间区间，在会计上称为会计期间，《企业财务会计报告条例》规定，会计期间分为年度、半年度、季度和月度，以满足单位经营管理和投资者对会计资料的需要。

世界各国对会计分期的规定是有区别的。《会计法》规定，会计年度自公历1月1日起至12月31日止。我国的会计年度采用公历制，这是为了与我国的财政、计划、统计、税务等年度保持一致，以便于国家的宏观经济管理，因为各单位按年度提供的会计资料是国家宏观调控的重要依据。

（二）记账本位币

《会计法》规定，会计核算以人民币为记账本位币。业务收支以人民币以外的货币为主的

单位，可以选定其中一种货币作为记账本位币，但是编报的财务会计报告应当折算为人民币。人民币是我国的法定货币，在我国境内具有广泛的流通性。因此，《会计法》规定我国境内各单位的会计核算以人民币为记账本位币，单位的一切经济业务事项通过人民币进行核算反映。随着改革开放的不断深入，人民币以外的其他币种在一些单位的日常会计核算中占据了主导地位。对此，《会计法》规定，可以选用人民币以外的货币作为记账本位币。但是，在选择人民币以外的货币作为记账本位币时，必须遵守"业务收支以人民币以外的货币为主"的原则，而且记账本位币一经确定，不得随意变动。以人民币以外的货币为记账本位币的单位，在编制财务会计报告时，应当依据国家统一会计制度的规定，按照一定的外汇汇率折算为人民币反映，以便于财务会计报告使用者阅读和使用，也便于税务、工商等部门通过财务会计报告计算应缴税款和工商年检。

（三）会计文字记录

会计资料作为一种商业语言和社会资源，必须使用规范统一的文字才能使会计资料的使用者真正全面地了解会计资料反映的实际情况。因此，《会计法》规定，会计记录的文字应当使用中文。根据这一规定，在我国境内的所有国家机关、社会团体、公司、企业、事业单位和其他组织的会计记录文字都必须使用中文。这是法定要求，违反这一规定，就是违法行为，应当承担法律责任。

民族自治地方和在我国境内的外国组织可以同时使用另外一种文字。我国是多民族、多语言文字的国家，改革开放以后，大量外国经济组织在我国投资办企业，所使用的语言文字丰富多样。为了方便使用不同文字的人阅读会计资料，《会计法》规定，会计记录在使用中文的前提下，可以同时使用民族自治地区通用的一种民族文字；在我国境内的外国经济组织的会计记录，在使用中文的前提下，可以同时使用一种外国文字。使用中文是强制性的，使用其他通用文字是备选性的，不能理解为可以使用中文，也可以使用其他通用文字。

四、会计凭证的规定

会计凭证是记录经济业务事项的发生和完成情况，明确经济责任，并作为记账依据的书面证明，是会计核算的重要会计资料。如何填制、审核会计凭证是会计核算工作的首要环节，对会计核算过程、会计资料质量都起着至关重要的作用。会计凭证按照填制程序和用途的不同分为原始凭证和记账凭证。

（一）原始凭证

原始凭证是在经济业务事项发生时由经办人员直接取得或者填制、用以表明某项经济业务事项已经发生或完成情况、明确有关经济责任的一种原始凭据。它是会计核算的原始依据。原始凭证按照来源的不同，可分为外来原始凭证和自制原始凭证两种；按照格式是否一致，可以分为统一印制的具有固定格式的原始凭证，如发票、各种结算凭证，以及各单位印制的无统一格式的内部凭证，如领料单、入库单等。

1. 原始凭证的内容。按照《会计基础工作规范》的规定，原始凭证应包括如下内容：原始凭证名称，填制原始凭证的日期，填制原始凭证的单位名称或者填制人员的姓名，接受原始凭证的单位，经济业务事项名称，经济业务事项的数量、单价和金额，经办经济业务事项人员的签名或盖章，等等。

2. 原始凭证的填制和取得。填制或取得原始凭证，是会计核算工作的起点。一般情况下，原始凭证都是由经济业务事项经办人员取得或填制的，涉及的人员较广，会计专业知识也参差不齐。为了使会计工作能够顺利进行，《会计法》规定，办理经济业务事项的单位和人员，都必须填制或取得原始凭证并及时送交会计机构。这一规定体现了两层含义：①办理经济业务事项时必须填制或取得原始凭证；②填制或取得的原始凭证必须及时送交会计机构，否则就是违法行为。对于"及时"的时间期限，一般理解为一个会计结算期。这样就能够保证会计核算工作的正常进行和当期会计资料的真实、完整。

3. 原始凭证的审核。审核原始凭证，是确保会计资料质量的重要措施之一，也是会计机构、会计人员的重要职责。《会计法》对审核原始凭证问题作出了具体规定：①会计机构、会计人员必须按照法定职责审核原始凭证；②会计机构、会计人员审核原始凭证应当按照国家统一的会计制度的规定进行；③会计机构、会计人员对不真实、不合法的原始凭证，有权不予受理，并向单位负责人报告，请求查明原因，追究有关当事人的责任；对记载不准确、不完整的原始凭证予以退回，并要求经办人员按照国家统一会计制度的规定进行更正、补充。

4. 原始凭证错误的更正。为了规范原始凭证的内容，明确相关人员的经济责任，防止利用原始凭证进行舞弊，《会计法》、《会计基础工作规范》对原始凭证错误的更正作出了具体规定，其内容包括：①原始凭证所记载的各项内容均不得涂改；②原始凭证记载的内容有错误的，应当由开具单位重开或更正，更正工作须由原始凭证出具单位进行，并在更正处加盖出具单位印章；③原始凭证金额出现错误的不得更正，只能由原始凭证开具单位重新开具；④原始凭证开具单位应当依法开具准确无误的原始凭证，对于填制有误的原始凭证，负有更正和重新开具的法律义务，不得拒绝。

（二）记账凭证

记账凭证是对经济业务事项按其性质加以归类、确定会计分录，并据以登记会计账簿的凭证。

1. 记账凭证的内容。根据《会计基础工作规范》的规定，记账凭证应当具备以下内容：填制记账凭证的日期，记账凭证的名称和编号，经济业务事项摘要，应记会计科目、方向和金额，记账符号，记账凭证所附原始凭证的张数，记账凭证的填制人员、稽核人员、记账人员和会计主管人员的签名或印章等。

2. 记账凭证的编制。记账凭证在会计核算过程中是非常重要的环节，是会计工作正确提供信息的关键。《会计法》对编制记账凭证的程序和要求作出了规定，强调了两方面的要求：①记账凭证的编制必须以原始凭证及有关资料为依据；②作为记账凭证编制依据的必须是经过审核无误的原始凭证和有关资料。

五、会计账簿的建立、登记与核对

（一）依法建账的法律规定

依法建账是会计核算中的最基本要求之一。建账是会计工作中的重要一环，是如实记录和反映经济活动情况的重要前提。这里所说的依法建账的"法"，既包括《会计法》、《会计基础工作规范》等，也包括其他法律、行政法规，如《税收征收管理法》、《公司法》等。根据这些法律的规定，各单位在建账时应遵守以下几点：

1. 国家机关、社会团体、企业、事业单位和其他经济组织，要按照要求设置会计账簿，进行会计核算。不具备建账条件的，应实行代理记账。

2. 设置会计账簿的种类和具体要求，要符合《会计法》和国家统一的会计制度的规定。

3. 各单位发生的经济业务应当统一核算，不得违反规定私设会计账簿进行登记、核算。

会计账簿是以会计凭证为依据，对全部经济业务进行全面、系统、连续、分类地记录和核算的簿记，是由一定格式、相互联系的账页所组成的。会计簿记是会计资料的主要载体之一，也是会计资料的重要组成部分。会计账簿的主要作用是对会计凭证提供的大量分散数据或资料进行分类归集整理，以全面、连续、系统地记录和反映经济活动情况，是编制财务会计报告，检查、分析和控制单位经济活动的重要依据。各单位要依法设置的会计账簿包括：

1. 总账。也称总分类账，是根据会计科目（也称总账科目）开设的账簿，用于分类登记单位的全部经济业务事项，提供资产、负债、资本、费用、成本、收入和成果等总括核算的资料。总账一般使用订本账。

2. 明细账。也称明细分类账，是根据总账科目所属的明细科目设置的，用于分类登记某一类经济业务事项，提供有关的明细核算资料。明细账一般采用活页账。

3. 日记账。是一种特殊的序时明细账，它是按照经济业务事项发生的时间先后顺序，逐日逐笔地进行登记的账簿。包括现金日记账和银行存款日记账。日记账一般使用订本账。

4. 其他辅助账簿。也称备查账簿，是为备忘备查而设置的。在实际会计实务中，主要包括各种租借设备、物资的辅助登记或有关应收、应付款项的备查簿，担保、抵押备查簿等。

（二）登记会计账簿的规定

根据有关规定，会计账簿的登记应满足以下要求：

1. 根据经过审核无误的会计凭证登记会计账簿。依据会计凭证登记会计账簿，是基本的会计记账规则，是保证会计账簿记录质量的重要一环。

2. 按照记账规则登记会计账簿。《会计基础工作规范》中规定的记账规则包括：会计账簿应当按照连续编号的页码顺序登记；会计账簿记录发生错误或隔页、缺号、跳行的，应当按照会计制度规定的方法更正，并由会计人员和会计机构负责人（会计主管人员）在更正处盖章，以明确责任等。

3. 实行会计电算化的单位，其会计账簿的登记、更正，也应当符合国家统一的会计制度的规定。

4. 禁止账外设账。各单位发生的各项经济业务事项应当在依法设置的会计账簿上统一登记、核算，不得私设账外账。

（三）账目核对

账目核对也称对账，是保证会计账簿记录质量的重要程序。根据《会计法》的规定，账目核对要做到账实相符、账证相符、账账相符和账表相符。

1. 账实相符。账实相符是会计账簿记录与实物、款项实有数核对相符的简称。保证账实相符，是会计核算的基本要求。企业的业务活动是资金运动和实物运动的统一过程，会计账簿记录的主要是价值量运动，而实物运动在一定程度上是脱离价值运动的。要全面反映企业实物、款项的增减变化情况，就必须在会计账簿上如实记录、登记，通过会计账簿记录与实物、款项的实有数核对，可以检查、验证会计账簿记录的正确性，发现财产物资和现金管理中存在的问题，有利于查明原因、明确责任，有利于改善管理、提高效益，有利于保证会计资料真实、完整。

2. 账证相符。账证相符是会计账簿记录与会计凭证有关内容核对相符的简称。保证账证相符，也是会计核算的基本要求。会计账簿记录是根据会计凭证等资料登记的，会计凭证是会计账簿登记的基础。通过账证核对，可以检查、验证会计账簿记录和会计凭证的内容是否正确无误，以保证会计账簿资料真实、完整。各单位应当定期将会计账簿记录与其相应的会计凭证记录（包括时间、编号、内容、金额、记账方向等）逐项核对，检查是否一致。

3. 账账相符。账账相符是会计账簿之间对应记录核对相符的简称。保证账账相符，也是会计核算的基本要求。会计账簿之间，包括总账各账户之间、总账与明细账之间、总账与日记账之间、会计机构的财产物资明细账与保管部门、使用部门的有关财产物资明细账之间存在着内在联系，通过定期核对，可以检查、验证、确认会计账簿记录的正确性，便于及时发现问题，纠正错误，保证会计资料的真实、完整和准确无误。

4. 账表相符。账表相符是会计账簿记录与会计报表有关内容核对相符的简称。保证账表相符，同样也是会计核算的基本要求。会计报表是根据会计账簿记录及有关资料编制的，会计账簿和相关资料是编制会计报表的基础，两者之间存在着必然的联系。通过检查账表之间的相互关系，可以发现其中是否存在违法行为。

六、财务会计报告的编制与披露

（一）财务会计报告的构成

财务会计报告是企业和其他单位向有关各方面及国家有关部门提供其在某一特定日期财务状况和某一会计期间经营成果、现金流量的文件。根据《会计法》和《企业财务会计报告条例》的规定，财务会计报告由会计报表、会计报表附注和财务情况说明书组成。

1. 会计报表。会计报表是财务会计报告的主要组成部分。它是根据会计账簿记录和有关资料，按照规定的报表格式，总括反映一定会计期间的经济活动和财务收支情况及其结果的一种报告文体。会计报表主要包括：资产负债表、利润表、现金流量表、所有者权益变动表。资产负债表主要反映公司、企业一定会计期间现金和现金等价物流入和流出情况。所有者权益变动表反映一定会计期间构成所有者权益各个组成部分当期的增减变动情况。资产负债表、利润表、现金流量表是公司、企业的基本报表，它们反映的是财务会计报告使用者所共同关心的一些信息。

2. 会计报表附注。会计报表附注是对会计报表的补充说明，也是财务会计报告的重要组成部分。会计报表附注主要包括两类内容：①对会计报表各要素的补充说明；②对那些会计报表中无法描述的其他财务信息的补充说明。按照2014年修订的《企业会计准则第30号——财务报表列报》的规定，会计报表附注一般应当按照下列顺序至少披露：①企业的基本情况；②财务报表的编制基础；③遵循企业会计准则的声明；④重要会计政策和会计估计；⑤会计政策和会计估计变更以及差错更正的说明；⑥报表重要项目的说明；⑦或有和承诺事项、资产负债表日后非调整事项、关联方关系及其交易等需要说明的事项；⑧有助于财务报表使用者评价企业管理资本的目标、政策及程序的信息。

3. 财务情况说明书。财务情况说明书是对单位一定会计期间内财务、成本等情况进行分析总结的书面文字报告，也是财务会计报告的重要组成部分。财务情况说明书全面提供公司、企业和其他单位生产经营、业务活动情况，分析总结经济业绩和存在的不足，是财务会计报告使用者，特别是单位负责人和国家宏观管理部门了解和考核有关单位生产经营和业务活动开展情况的重要资料。按照《企业财务会计报告条例》的规定，财务情况说明书至少应包括如下内容：①企业生产经营的基本情况；②利润实现和分配情况；③资金增减和周转情况；④对企业财务状况、经营成果和现金流量有重大影响的其他事项。

（二）财务会计报告的编制

财务会计报告的编制，是会计核算工作的重要环节。《会计法》和《企业财务会计报告条例》以及《企业会计准则第30号——财务报表列报》对包括编制依据、编制要求、提供对象、提供期限等问题作出了明确规定。

1. 财务会计报告的编制依据。各单位的财务会计报告必须根据经过审核的会计账簿记录和有关资料编制。依据经过审核的会计账簿记录和有关资料编制财务会计报告，是保证财务会计报告质量的重要环节。编制财务会计报告的主要目的是为投资者、债权人和其他财务会计报告使用者提供对决策有用的财务会计资料和信息，促进社会资源的合理配置，为国家和社会公众服务。保证财务会计报告编制依据的会计账簿记录和其他有关资料的真实、完整，严格的审核也是一个不可或缺的重要环节。

2. 财务会计报告的编制要求、提供对象、提供期限应当符合法定要求。

(1) 财务会计报告的编制要求。各单位的财务会计报告应当依法编制，因为财务会计报告是一个单位经营和业务活动、财务状况的综合反映，是各财务会计报告使用者进行有关决策的重要依据，也是政府部门进行宏观经济管理的重要依据。因此，各单位应保证财务会计报告的编制符合法律、行政法规和国家统一的会计制度的要求。《企业会计准则第 30 号——财务报表列报》对财务报表的编制提出如下基本要求：企业应当以持续经营为基础，根据实际发生的交易和事项，按照《企业会计准则——基本准则》和其他各项会计准则的规定进行确认和计量，在此基础上编制财务报表；财务报表项目的列报应当在各个会计期间保持一致，不得随意变更；性质或功能不同的项目，应当在财务报表中单独列报，但不具有重要性的项目除外；财务报表中的资产项目和负债项目的金额、收入项目和费用项目的金额一般不得相互抵消；当期财务报表的列报，至少应当提供所有列报项目上一可比会计期间的比较数据，以及与理解当期财务报表相关的说明。

(2) 财务会计报告的提供对象。各单位的财务会计报告应当按照规定的对象，向本单位、本单位有关的财务关系人（如投资者、债权人）以及政府有关管理部门（如财政部门、税务部门）等提供，以便有关的财务关系人及政府部门及时了解经营和业务活动情况，据此作出相关决策。

(3) 财务会计报告的提供期限。《企业财务会计报告条例》规定，财务会计报告分为年度、半年度、季度和月度财务会计报告，企业会计准则规定，企业至少应当按年编制财务报表。年度财务报表涵盖的期间短于一年的，应当披露年度财务报表的涵盖期间，以及短于一年的原因。对外提供中期财务报告的，还应遵循《企业会计准则第 32 号——中期财务报告》的规定。

3. 向不同的会计资料使用者提供的财务会计报告，其编制依据应当一致。《企业财务会计报告条例》第 36 条规定，企业向有关各方提供的财务会计报告，其编制基础、编制依据、编制原则和编制方法必须一致。以不同的依据编制的财务会计报告，实际上是虚假的财务会计报告，是一种严重违法行为，必须依法制止和惩治。

4. 财务会计报告的编制依据、编制要求、提供对象、提供期限等具体要求，由国家统一的会计制度规定。《企业财务会计报告条例》、《企业会计准则》和《企业会计制度》对此均有明确的规定。

(三) 财务会计报告的注册会计师审计

《会计法》规定，凡是法律、行政法规规定会计报表、会计报表附注和财务情况说明书应当经过注册会计师审计的单位，在提供财务会计报告时，需将注册会计师及其所在的会计师事务所出具的审计报告，随同财务会计报告一并提供，以示本单位的财务会计报告已经注册会计师审计，增强财务会计报告使用者对财务会计报告的信任度。由注册会计师对财务会计报告进行审计，这是保证财务会计报告质量的重要措施，也是便于财务会计报告使用者有效利用财务会计报告的重要手段。

(四) 财务会计报告的签章程序和财务会计报告的责任主体

《会计法》规定财务会计报告应当由单位负责人和主管会计工作的负责人、会计机构负责人（会计主管人员）签名并盖章；设置总会计师的单位，还须由总会计师签名并盖章。在财务会计报告上签章是明确责任的重要程序，目的是督促签章人对财务会计报告的内容严格把关并承担责任。

《会计法》、《企业财务会计报告条例》规定，单位负责人应当保证财务会计报告真实、完整。单位负责人是单位对外提供的财务会计报告的责任主体。财务会计报告虽然主要由会计人员编制，但财务会计报告的编制不是会计人员的个人行为，财务会计报告所反映的情况是单位全体经营管理人员工作成果的综合体现。单位负责人作为法定代表人，依法代表单位行使职权，应当对本单位对外提供的财务会计报告的质量负责。

七、财产清查的规定

财产清查是会计核算工作的一项重要程序，特别是在编制年度财务会计报告之前，必须进行财产清查，并对账实不符等问题根据国家统一的会计制度的规定进行会计处理，以保证财务会计报告反映的会计信息真实、完整。财产清查制度是通过定期或不定期、全面或部分地对各项财产物资进行实地盘点和对库存现金、银行存款、债权债务进行清查核实的一种制度。通过清查，可以发现财产管理工作中存在的问题，以便查清原因，改善经营管理，保护财产的完整和安全；可以确定各项财产的实存数，以便查明实存数与账面数是否相符，并查明不符的原因和责任，制定相应措施，做到账实相符，保证会计资料的真实性。《会计法》规定，各单位应当定期将会计账簿记录与实物、款项及有关资料相互核对，保证会计账簿记录与实物及款项的实有数额相符。

八、会计档案管理的规定

会计档案是记录和反映经济业务事项的重要历史资料和证据，一般包括会计凭证、会计账簿、财务会计报告以及其他会计资料等会计核算的专业材料。具体包括：①会计凭证类：原始凭证、记账凭证、汇总凭证，其他会计凭证；②会计账簿类：总账、明细账、日记账、固定资产卡片账、辅助账簿，其他会计账簿；③财务报告类：月度、季度、年度财务报告，包括会计报表、附表、附注及文字说明，其他财务报告；④其他类：银行存款余额调节表、银行对账单、应当保存的会计核算专业资料，会计档案移交清册，会计档案保管清册，会计档案销毁清册。财务预算、计划、制度等文件材料属文书档案。会计档案对于单位总结经济工作，指导单位的生产经营和事业管理，查验经济财务问题，防止贪污腐败，研究经济发展的方针、战略都具有重要作用。因此，各单位必须加强对会计档案的管理，确保会计档案资料的安全和完整，并充分加以利用。

会计档案管理是一项技术性、政策性都很强的工作，财政部和国家档案局于1998年修订了《会计档案管理办法》，对会计档案的立卷、归档、保管、调阅和销毁，以及单位变更后的会计档案管理等问题作出了明确的规定。

会计档案应当按规定程序销毁。保管期满的会计档案，应由单位档案管理机构提出销毁意见，会同会计机构共同鉴定，报单位负责人批准后，由单位档案管理机构和会计机构共同派员监销；保管期满但未结清的债权债务原始凭证及其他未了事项的原始凭证，不得销毁，应当单独抽出立卷，保管到未了事项完结时为止；正在项目建设期间的建设单位，其保管期满的会计档案不得销毁。

第三节 会计监督

会计监督是会计的基本职能之一，是我国经济监督体系的重要组成部分。目前我国已形成了三位一体的会计监督体系，包括单位内部监督、以注册会计师为主体的社会监督和以政府财政部门为主体的政府监督。

一、单位内部会计监督

(一) 单位内部会计监督的概念

单位内部会计监督,是指一个单位为了保护其资产的安全完整,保证其经营活动符合国家法律、法规和内部规章的要求,提高经营管理水平和效率,防止舞弊,控制风险等目的,而在单位内部采取的一系列相互联系、相互制约的制度和方法。这是单位内部为保证会计秩序、防止有关部门和人员故意违法、预防单位内部管理失控的重要会计监督制度,其本质是一种内部控制制度。

《会计法》对单位内部会计监督制度的基本内容和要求作出原则性规定,主要包括以下几项:①会计事项相关人员的职责权限应当明确;②重大经济业务事项的决策和执行程序应当明确;③进行财产清查;④对会计资料进行内部审计。

(二) 单位内部会计监督的主体和对象

根据《会计法》、《会计工作规范》和《内部会计控制——基本规范(试行)》的规定,各单位的会计机构、会计人员对本单位的经济活动进行会计监督。内部会计监督的主体是各单位的会计机构、会计人员;内部会计监督的对象是单位的经济活动。

尽管单位内部会计监督的主体是各单位的会计机构、会计人员,但内部会计监督不仅仅是会计机构、会计人员的事情,单位负责人应当积极支持,保障会计机构、会计人员行使会计监督的职权。根据《会计法》的规定,单位负责人负责单位内部会计监督制度的组织实施,对本单位内部会计监督制度的建立及有效实施承担最终责任。

(三) 单位内部会计监督制度的基本要求

单位内部会计监督的内容十分广泛,涉及人、财、物等诸多方面,各单位应当根据实际情况建立、健全本单位内部的会计监督制度。根据《会计法》的规定,单位内部会计监督制度应当符合以下要求:

1. 记账人员与经济业务或会计事项的审批人员、经办人员、财物保管人员的职责权限应当明确,并相互分离、相互制约。

2. 重大对外投资、资产处置、资金调度和其他重要经济业务,应当明确其决策和执行程序,并体现相互监督、相互制约的要求。

3. 财产清查的范围、期限和组织程序应当明确。

4. 对会计资料定期进行内部审计的办法和程序应当明确。

(四) 会计机构和会计人员在单位内部会计监督中的职权

1. 对违反《会计法》和国家统一的会计制度规定的会计事项,有权拒绝办理或者按照职权予以纠正。单位内部会计监督,在许多情况下,是通过单位内部的会计机构、会计人员在处理会计业务过程中进行的。由于会计机构、会计人员对会计业务及相关法规、制度有比较全面的了解和掌握,对会计事项是否合法的界限比较清楚,单位内部的其他人员是不可能具有他们这种先天的优势的。因此,由会计机构、会计人员在处理会计业务过程中严格把关,对会计业务实行监督,可以有效地防范违法会计行为的发生,这也是单位负责人的会计责任得以具体落实的重要措施。

2. 发现会计账簿记录与实物、款项及有关资料不相符的,按照国家统一的会计制度规定有权自行处理的,应当及时处理;无权处理的,应当立即向单位负责人报告,请求查明原因,作出处理。会计资料是会计工作的最终产品,对自己工作的结果实施有效的控制和监督,是会计机构、会计人员的基本职责。单位的财产物资及其财产物资的货币表现,是会计工作的对象。保证单位内部的账实、账款、账账与账表相符，是法律关于单位内部负责人对会计工作的基本要求，也是加强物资管理的重要措施。

因此，《会计法》规定，会计机构、会计人员对单位内部的会计资料和财产物资有权实施监督。

二、会计工作的政府监督

（一）会计工作的政府监督的概念

会计工作的政府监督主要是指财政部门代表国家对单位和单位中相关人员的会计行为实施的监督检查，以及对发现的违法会计行为实施的行政处罚，是一种外部监督。

（二）会计工作的政府监督的主体

《会计法》第7条规定："国务院财政部门主管全国的会计工作。县级以上地方各级人民政府财政部门管理本行政区域内的会计工作。"财政部门是《会计法》的执法主体，是会计工作政府监督的实施主体。

此外，《会计法》规定，除财政部门外，审计、税务、人民银行、银行监管、证券监管、保险监管等部门依照有关法律、行政法规规定的职责和权限，可以对有关单位的会计资料实施监督检查。例如《税收征收管理法》规定，税务机关有权检查纳税人的账簿、记账凭证、报表和有关资料。上述监督检查部门对有关单位的会计资料依法进行监督检查后，应当出具检查结论。有关监督检查部门已经作出的检查结论能够满足其他监督检查部门履行本部门职责需要的，其他监督检查部门应当加以利用，避免重复查账。这些规定，明确地表明：在对单位会计监督过程中，除了财政部门以外，其他有关政府部门，对相关单位会计资料实施的监督检查也属于会计工作的政府监督范畴。其他政府部门对单位会计工作实施监督的过程中，必须在法定的职责范围内进行，而且避免重复查账。

（三）财政部门实施会计监督的对象和范围

根据《财政部门实施会计监督办法》的规定，财政部门实施会计监督检查的对象是会计行为，并对发现的有违法会计行为的单位和个人实施行政处罚。违法会计行为是指公民、法人和其他组织违反《会计法》和其他有关法律、行政法规、国家统一的会计制度的行为。

根据《会计法》的规定，各单位必须依照有关法律、行政法规的规定，接受有关监督检查部门依法实施的监督检查，如实提供会计凭证、会计账簿、财务会计报告和其他会计资料以及有关情况，不得拒绝、隐匿、谎报。

根据《会计法》的规定，财政部门可以依法对各单位的下列情况实施监督：

1. 各单位是否依法设置会计账簿。具体包括：按照国家的相关法律、行政法规和国家统一的会计制度的规定，各单位是否依法设置会计账簿；已经设置会计账簿的单位，所设置的会计账簿是否符合相关法律、行政法规和国家统一会计制度的要求；各单位是否存在账外账的违法行为等。

2. 各单位的会计凭证、会计账簿、财务会计报告和其他会计资料是否真实、完整。具体包括：各单位对所发生的经济业务事项是否及时办理会计手续，进行会计核算；各单位的会计资料（会计凭证、会计账簿、财务会计报告）是否与实际发生的经济业务事项相符，是否做到账实相符、账证相符、账账相符、账表相符；各单位提供的财务会计报告是否符合相关法律、行政法规和国家统一会计制度的规定等。

3. 各单位的会计核算是否符合《会计法》和国家统一的会计制度的规定。具体包括：各单位会计核算的内容是否真实、完整；所采用的会计年度、记账本位币、会计处理方法、会计记录文字等是否符合法律、行政法规和国家统一会计制度的规定；各单位对资产、负债、所有者权益、收入、支出、费用、成本、利润的确认、计量、记录和报告是否符合国家统一会计制度的规定；各单位会计档案保管是否符合法定要求等。

4. 各单位从事会计工作的人员是否具备从业资格。具体包括：各单位从事会计工作的人员是否取得了会计从业资格证书并接受财政部门的管理；会计机构负责人的任职资格是否符合条件等。

此外，国务院财政部门和省、自治区、直辖市人民政府财政部门，依法对注册会计师、会计师事务所和注册会计师协会进行监督、指导。财政部门对会计师事务所出具审计报告的程序和内容进行监督。

三、会计工作的社会监督

（一）会计工作的社会监督的概念

会计工作的社会监督主要是指由注册会计师及其所在的会计师事务所依法对委托单位的经济活动进行审计、鉴证的一种监督制度。此外，单位和个人检举违反《会计法》和国家统一的会计制度规定的行为，也属于会计工作社会监督的范畴。

（二）注册会计师及其所在的会计师事务所的业务范围

根据《注册会计师法》的规定，注册会计师是依法取得注册会计师证书并接受委托从事审计和会计咨询、会计服务业务的执业人员。注册会计师依法承办如下两方面的业务：

1. 审计业务。具体包括：①审查企业财务会计报告，出具审计报告；②验证企业资本，出具验资报告；③办理企业合并、分立、清算事宜中的审计业务，出具有关报告；④法律、行政法规规定的其他审计业务。

2. 承办会计咨询、服务业务。主要包括：设计会计制度，担任会计顾问，提供会计、管理咨询；代理纳税申报，提供税务咨询；代理、申请工商登记，拟订合同、章程和其他业务文件；办理投资评价、资产评估和项目可行性研究中的有关业务；培训会计、审计和财务管理人员；其他会计咨询、服务。

为规范会计行为，保证会计资料的质量，发挥注册会计师审计业务的公平、公正、公开的功能，《会计法》增加了对注册会计师审计业务的规定，对委托人、注册会计师和会计师事务所的行为进行了规范。

1. 委托单位应当如实地向注册会计师提供相关的会计资料。这是其法定的责任和义务，是保证注册会计师审计工作得以顺利开展的重要基础。注册会计师开展审计业务，是依据委托人提供的会计资料和相关情况，按照规定的审计规则、审计程序进行。

如果委托人不能提供完整的会计资料和相关信息，注册会计师的审计业务就无法正常开展，出具的审计报告就不可能达到公开、公正的要求。

2. 任何人不得干扰注册会计师独立开展审计业务。注册会计师开展审计业务，有其规定的规则、程序和方法，其出具的审计报告具有法律效力，其法律责任由注册会计师及其会计师事务所承担。注册会计师的工作要客观、公正，不能受任何其他外界的干扰，任何与委托单位有关的部门和个人，都不得示意、胁迫注册会计师出具不实、不当的审计报告。

3. 财政部门对会计师事务所出具的审计报告有监督的责任。《注册会计师法》规定："国务院财政部门和省、自治区、直辖市人民政府财政部门，依法对注册会计师、会计师事务所和注册会计师协会进行监督、指导。"这一规定明确了财政部门对注册会计师进行管理的职能和权限。各级财政部门对注册会计师的工作负有管理和指导的责任，要加强对注册会计师、会计师事务所和注册会计师协会的管理、监督和指导。

第四节 会计机构和会计人员

会计机构是各单位办理会计事务的职能机构，会计人员是直接从事会计工作的人员。各单位应建立健全会计机构，配备数量和素质都相当的、具备从业资格的会计人员，这是各单位做好会计工作，充分发挥会计职能作用的重要保证。因此，《会计法》对会计机构的设置和会计人员的配备作出了具体的规定。

一、会计机构的设置

"各单位应当根据会计业务的需要，设置会计机构，或者在有关机构中设置会计人员并指定会计主管人员；不具备设置条件的，应当委托经批准设立从事会计代理记账业务的中介机构代理记账。"这是《会计法》第36条第1款对设置会计机构问题作出的规定。

（一）根据业务需要设置会计机构

各单位是否设置会计机构，应当根据会计业务的需要来决定，即各单位可以根据本单位会计业务的繁简情况决定是否设置会计机构。一个单位是否需要设置会计机构，一般取决于以下几个方面的因素：

1. 单位规模的大小。从有效发挥会计职能作用的角度看，实行企业化管理的事业单位、大中型企业应当设置会计机构；业务较多的行政单位、社会团体和其他组织也应设置会计机构。而对那些规模很小的企业、业务和人员都不多的行政单位等，可以不单独设置会计机构，将会计业务并入其他职能部门，或者委托代理记账。

2. 经济业务和财务收支的繁简。大中型单位的经济业务复杂多样，在会计机构和会计人员的设置上应考虑全面、合理、有效的原则，但是也不能忽视单位经济业务的性质和财务收支的繁简问题。有些单位的规模相对较小，但其经济业务复杂多样，财务收支频繁，也要设置相应的会计机构和会计人员。

3. 经营管理的要求。经营管理上对会计机构和会计人员的设置要求是最基本的，如果没有经营管理上对会计机构和会计人员的要求，也就不存在单位对会计的要求了。单位设置会计机构和会计人员的目的，就是为了适应单位在经营管理上的需要。随着科学技术的进步，单位会计机构和会计人员的要求与手工会计核算相比有了很大的不同。数据的及时性、数据的准确性、数据的全面性比任何其他时候对会计机构和会计人员的要求都高。因此，如何设置会计机构和会计人员是单位会计设置中的重要课题。

（二）不设置会计机构的应设置会计人员并指定会计主管人员

会计主管人员是负责组织管理会计事务、行使会计机构负责人职权的负责人。它不同于通常所说的"会计主管"、"主管会计"、"主办会计"。一个单位如何配备会计机构负责人，主要应考虑单位的实际需要，不能使用"一刀切"的做法，要求完全统一标准。实际上，凡是设置了会计机构的单位，都配备了会计机构负责人。《会计法》规定应在会计人员中指定会计主管人员，目的是强化责任制度，防止出现会计工作无人负责的局面。《会计基础工作规范》中，对会计人员配备、会计岗位设置的原则作了规定，如规定"会计工作岗位，可以一人一岗、一人多岗或者一岗多人"；会计岗位可以包括：会计机构负责人或者会计主管人员、出纳、财产物资核算、工资核算、成本费用核算、财务成果核算、资金核算、往来核算、总账报表、稽核、档案管理等。

二、代理记账

（一）代理记账的概念

代理记账是指从事代理记账业务的社会中介机构接受委托人的委托办理会计业务。委托人是指委托代理记账机构办理会计业务的单位。代理记账机构是指从事代理记账业务的中介机构。

财政部于 2005 年 1 月 22 日发布了《代理记账管理办法》，对代理记账机构设置的条件、代理记账的业务范围、代理记账机构与委托人的关系、代理记账人员应遵循的道德规则等作了具体的规定。

（二）代理记账的业务范围

代理记账机构可以根据委托人的委托，办理下列业务：

1. 根据委托人提供的原始凭证和其他资料，按照国家统一会计制度的规定，进行会计核算，包括审核原始凭证、填制记账凭证、登记会计账簿、编制财务会计报告。

2. 对外提供财务会计报告。代理记账机构为委托人编制的财务会计报告，经代理记账机构负责人和委托人签名并盖章后，按照有关法律、行政法规和国家统一的会计制度的规定对外提供。

3. 向税务机构提供税务资料。

4. 委托人委托的其他会计业务。

（三）委托代理记账的委托人的义务

委托人应当履行以下义务：①对本单位发生的经济业务事项，应当填制或者取得符合国家统一会计制度规定的原始凭证；②应当配备专人负责日常货币收支和保管；③及时向代理记账机构提供真实、完整的凭证和其他相关资料；④对于代理记账机构退回的要求按照国家统一会计制度的规定进行更正、补充的原始凭证，应当及时予以更正、补充。

（四）代理记账机构及其从业人员的义务

1. 按照委托合同办理代理记账业务，遵守有关法律、行政法规和国家统一的会计制度的规定。

2. 对在执行业务中知悉的商业秘密应当保密。

3. 对委托人示意要求作出的会计处理，提供不实会计资料，以及其他不符合法律、行政法规和国家统一的会计制度规定的要求的，应当拒绝。

4. 对委托人提出的有关会计处理原则问题应当予以解释。

三、会计机构负责人（会计主管人员）的任职资格

（一）会计机构负责人（会计主管人员）的概念

在一个单位内部，不论是设置会计机构或者在有关机构中设置会计人员，总要有一位负责人。在设置会计机构的情况下，该负责人为会计机构负责人；而在有关机构中设置会计人员的情况下，被指定为会计主管人员的人就是负责人。会计机构负责人（会计主管人员）是在一个单位内具体负责会计工作的中层领导人员，在单位会计工作中承担着重要角色。在单位负责人的领导下，会计机构负责人（会计主管人员）负有组织、管理本单位所有会计工作的责任，其工作水平的高低直接关系到整个单位会计工作的水平和质量。

（二）会计机构负责人（会计主管人员）的任职资格

会计机构负责人（会计主管人员）是在一个单位内部具体负责会计工作的中层领导人员，在单位负责人的领导下，负责组织、管理本单位所有会计工作，其工作水平的高低、质量的好坏，直接关系到整个单位会计工作的水平和质量。因此其任职资格除要求具备一般会计人员应

具备的条件外，还应具备专业技术资格、工作经历等条件。鉴于我国幅员辽阔，各类经济组织众多，不同单位的情况千差万别，《会计法》对会计机构负责人的任职条件采取了灵活务实的做法。《会计法》第38条第2款规定："担任单位会计机构负责人（会计主管人员）的，除取得会计从业资格证书外，还应当具备会计师以上专业技术职务资格或者从事会计工作3年以上经历。"这是对单位会计机构负责人（会计主管人员）任职资格作出的特别规定。

四、会计从业资格

（一）会计从业资格的概念

会计从业资格是指进入会计职业、从事会计工作的一种法定资质，是进入会计职业的"门槛"。从事会计工作必须持证上岗，这是我国会计管理工作的一项创新。

（二）会计从业资格证书的适用范围

在国家机关、社会团体、公司、企业、事业单位和其他组织从事下列会计工作的人员（包括香港特别行政区、澳门特别行政区、台湾地区人员以及外籍人员，在中国大陆从事会计工作的人员），必须取得会计从业资格，持有会计从业资格证书。会计从业资格证书适用以下会计工作：①会计机构负责人（会计主管人员）；②出纳；③稽核；④资本、基金核算；⑤收入、支出、债权债务核算；⑥工资、成本费用、财务成果核算；⑦财产物资的收发、增减核算；⑧总账；⑨财务会计报告编制；⑩会计机构内会计档案管理。

（三）会计从业资格的取得

1. 会计从业资格的取得实行考试制度。考试科目为：财经法规与会计职业道德、会计基础、初级会计电算化（或者珠算五级）。会计从业资格考试大纲由财政部统一制定并公布。

省、自治区、直辖市、计划单列市财政厅（局），新疆生产建设兵团财务局，中共中央直属机关事务管理局、国务院机关事务管理局、铁道部、中国人民武装警察部队后勤部和中国人民解放军总后勤部负责组织实施会计从业资格考试有关工作。

2. 会计从业资格报名条件。申请参加会计从业资格考试的人员，应当符合下列基本条件：遵守会计和其他财经法律、法规；具备良好的道德品质；具备会计专业基本知识和技能。

3. 会计从业资格部分考试科目免试条件。申请人符合基本报名条件且具备国家教育行政主管部门认可的中专以上（含中专，下同）会计类专业学历（或学位）的，自毕业之日起2年内（含2年），免试会计基础、初级会计电算化（或者珠算五级）。

会计类专业包括：会计学、会计电算化、注册会计师专门化、审计学、财务管理、理财学。

（四）会计从业资格证书管理

1. 上岗注册登记。持证人员从事会计工作，应当自从事会计工作之日起90日内，填写注册登记表，并持会计从业资格证书和所在单位出具的从事会计工作的证明，向单位所在地或所属部门、系统的会计从业资格管理机构办理注册登记。

2. 离岗备案。持证人员离开会计工作岗位超过6个月的，应当填写注册登记表，并持会计从业资格证书，向原注册登记的会计从业资格管理机构备案。

3. 调转登记。持证人员调转工作单位，且继续从事会计工作的，应当按规定要求办理调转登记。

4. 变更登记。持证人员的学历或学位、会计专业技术职务资格等发生变更的，应向所属会计从业资格管理机构办理从业档案信息变更登记。

（五）会计人员继续教育

1. 会计人员继续教育的概念和特点。会计人员继续教育是指取得会计从业资格的人员持续接受一定形式的、有组织的理论知识、专业技能和职业道德的教育和培训活动，不断提高和保持其专业胜任能力和职业道德水平。

会计人员继续教育的特点：①针对性，即针对不同对象确定不同的教育内容，采取不同的教育方式，解决实际问题；②适应性，即联系实际工作需要，学以致用；③灵活性，即继续教育培训内容、方法、形式等方面具有灵活性。

2. 会计人员继续教育的内容。会计人员继续教育的内容主要包括：会计理论与实务；财务、会计法规制度；会计职业道德规范；其他相关的知识与法规。

3. 会计人员继续教育的形式和学时要求。会计人员继续教育的形式包括授受培训和自学两种。会计人员应当接受继续教育，每年参加继续教育不得少于24小时。

五、会计专业职务与会计专业技术资格

（一）会计专业职务

会计专业职务是区分会计人员从事业务工作的技术等级。

1986年4月中央职称改革工作领导小组转发财政部制定的《会计专业职务试行条例》规定，会计专业职务分为高级会计师（高级职务）、会计师（中级职务）、助理会计师、会计员（初级职务）。

（二）会计专业技术资格

会计专业技术资格分为初级资格、中级资格和高级资格三个级别。初级、中级会计资格的取得实行全国统一考试制度；高级会计师资格实行考试与评审相结合的制度。

初级、中级会计资格是一种通过考试确认担任会计专业职务任职资格的制度。1992年以前，我国对会计专业技术职务一直采用的是评审制度。2000年9月，财政部、人事部制定发布了《会计专业技术资格考试暂行规定》和《会计专业技术资格考试实施办法》，规定会计专业技术资格实行全国统一考试。1995年、1997年、2001年、2005年，财政部、人事部又陆续调整了考试级别和考试科目，分别为初级会计资格和中级会计资格两个档次：初级资格考试科目包括初级会计实务和经济法基础；中级资格考试科目包括中级会计实务、财务管理和经济法。

为促进会计专业技术人才队伍建设，积极探索科学、客观、公正的高级会计师资格评价办法，从2003年开始，确定高级会计师资格实行考试与评审相结合的评价办法。凡申请参加高级会计师资格评审的人员，须经考试合格后，方可参加评审。考试科目为：高级会计实务。参加考试并达到国家合格标准的人员，由全国会计专业技术资格考试办公室核发高级会计师资格考试成绩合格证，该证在全国范围内3年有效。

六、会计工作岗位设置

会计工作岗位，是指一个单位会计机构内部根据业务分工而设置的职能岗位。对于会计工作岗位的设置，《会计基础工作规范》提出了以下示范性的要求：

1. 根据本单位会计业务的需要设置会计工作岗位。

2. 符合内部牵制制度的要求。根据规定，会计工作岗位可以一人一岗、一人多岗或者一岗多人，但出纳人员不得兼任稽核、会计档案保管和收入、支出费用、债权债务账目的登记工作。

3. 对会计人员的工作岗位要有计划地进行轮岗，以促进会计人员全面熟悉业务和不断提高业务素质。

4. 要建立岗位责任制。根据《会计基础工作规范》和有关制度的规定，会计工作岗位一般分为：总会计师（或行使总会计师职权）岗位，会计机构负责人（会计主管人员）岗位，出纳岗位，稽核岗位，资本、基金核算岗位，收入、支出、债权债务核算岗位，工资核算、成

本核算、财务成果核算岗位,财产物资的收发、增减核算岗位,总账岗位,对外财务会计报告编制岗位,会计电算化岗位,会计档案管理岗位。

对于会计档案管理岗位,在会计档案正式移交之前,属于会计岗位;正式移交档案管理部门之后,不再属于会计岗位。档案管理部门的人员管理会计档案,不属于会计岗位。医院门诊收费员、住院处收费员、药房收费员、药品库房记账员、商场收款(银)员所从事的工作,均不属于会计岗位。单位内部审计、社会审计、政府审计工作也不属于会计岗位。

七、会计人员回避制度

回避制度是指为了保证执法或者执业的公正性,对可能影响其公正性的执法或者执业的人员实行职务回避和业务回避的一种制度。回避制度已成为我国人事管理的一项重要制度。在会计工作中,由于亲情关系而通同作弊和违法违纪的案件时有发生,因此,在会计人员中实行回避制度十分必要。《会计基础工作规范》从会计工作的特殊性出发,对会计人员的回避问题作出了规定,即国家机关、国有企业、事业单位任用会计人员应当实行回避制度;单位负责人的直系亲属不得担任本单位的会计机构负责人、会计主管人员,会计机构负责人、会计主管人员的直系亲属不得在本单位会计机构中担任出纳工作。直系亲属包括夫妻关系、直系血亲关系、三代以内旁系血亲以及近姻亲关系。

八、会计人员的工作交接

会计人员工作交接是会计工作中的一项重要内容。由于会计工作的特殊性,会计人员调动工作或者离职时,需要与接管人员办清交接手续,这是会计人员应尽的职责,也是做好会计工作的要求。

会计工作人员调动工作和离职是正常的现象,但是单位的生产经营活动是一项连续的组织活动,不能因会计人员的工作调动或离职使会计工作中断。做好会计交接工作,可以使会计工作前后衔接,保证会计工作连续进行。同时,做好会计交接工作,还可以防止因会计人员的更换出现账目不清、财务混乱等现象。做好会计交接工作,也是落实岗位责任的有效措施。

(一)交接的范围

下列情况需要办理会计工作交接:

1. 临时离职或因病不能工作、需要接替或代理的,会计机构负责人(会计主管人员)或单位负责人必须指定专人接替或者代理,并办理会计工作交接手续。

2. 临时离职或因病不能工作的会计人员恢复工作时,应当与接替或代理人员办理交接手续。

3. 移交人员因病或其他特殊原因不能亲自办理移交手续的,经单位负责人批准,可由移交人委托他人代办交接,但委托人应当对所移交的会计凭证、会计账簿、财务会计报告和其他有关资料的真实性、完整性承担法律责任。

(二)交接的程序

1. 交接前的准备工作。会计人员在办理会计工作交接前,必须做好以下准备工作:

(1)已经受理的经济业务尚未填制会计凭证的应当填制完毕。

(2)尚未登记的账目应当登记完毕,结出余额,并在最后一笔余额后加盖经办人印章。

(3)整理好应该移交的各项资料,对未了事项和遗留问题要写出书面说明材料。

(4)编制移交清册,列明应该移交的会计凭证、会计账簿、财务会计报告、公章、现金、有价证券、支票簿、发票、文件、其他会计资料和物品等内容;实行会计电算化的单位,从事该项工作的移交人员应在移交清册上列明会计软件及密码、数据盘、磁带等内容。

(5)会计机构负责人(会计主管人员)移交时,应将财务会计工作、重大财务收支问题和会计人员等情况向接替人员介绍清楚。

2. 移交点收。移交人员离职前，必须将本人经管的会计工作，在规定的期限内，全部向接管人员移交清楚。接管人员应认真按照移交清册逐项点收。具体要求是：

（1）现金要根据会计账簿记录余额进行当面点交，不得短缺，接替人员发现不一致或"白条抵库"现象时，移交人员在规定期限内负责查清处理。

（2）有价证券的数量要与会计账簿记录一致，有价证券面额与发行价不一致时，按照会计账簿余额交接。

（3）会计凭证、会计账簿、财务会计报告和其他会计资料必须完整无缺，不得遗漏。如有短缺，必须查清原因，并在移交清册中加以说明，由移交人负责。

（4）银行存款账户余额要与银行对账单核对相符，如有未达账项，应编制银行存款余额调节表调节相符；各种财产物资和债权债务的明细账余额，要与总账有关账户的余额核对相符；对重要实物要实地盘点，对余额较大的往来账户要与往来单位、个人核对。

（5）公章、收据、空白支票、发票、科目印章以及其他物品等必须交接清楚。

（6）实行会计电算化的单位，交接双方应在电子计算机上对有关数据进行实际操作，确认有关数字正确无误后，方可交接。

3. 专人负责监交。为了明确责任，会计人员办理工作交接，必须有专人负责监交。通过监交，保证双方都按照国家有关规定认真办理交接手续，防止流于形式，保证会计工作不因人员变动而受影响；保证交接双方处在平等的法律地位上享有权利和承担义务，不允许任何一方以大压小，以强凌弱，或采取非法手段进行威胁。移交清册应当经过监交人员审查和签名、盖章，作为交接双方明确责任的证件。对监交的具体要求是：

（1）一般会计人员办理交接手续，由会计机构负责人（会计主管人员）监交。

（2）会计机构负责人（会计主管人员）办理交接手续，由单位负责人监交，必要时主管单位可以派人会同监交。所谓必要时主管部门派人会同监交，是指有些交接需要主管单位监交或者主管单位认为需要参与监交。通常有三种情况：①所属单位负责人不能监交，需要由主管单位派人代表主管单位监交。如因单位撤并而办理交接手续等。②所属单位负责人不能尽快监交，需要由主管单位派人督促监交。如主管单位责成所属单位撤换不合格的会计机构负责人（会计主管人员），所属单位负责人却以种种借口拖延不办交接手续时，主管单位就应派人督促会同监交等。③不宜由所属单位负责人单独监交，而需要主管单位会同监交。如所属单位负责人与办理交接手续的会计机构负责人（会计主管人员）有矛盾，交接时需要主管单位派人会同监交，以防可能发生单位负责人借机刁难等。此外，主管单位认为交接中存在某种问题需要派人监交时，也可派人会同监交。

4. 交接后的有关事宜。

（1）会计工作交接完毕后，交接双方和监交人在移交清册上签名或盖章，并应在移交清册上注明：单位名称，交接日期，交接双方和监交人的职务、姓名，移交清册页数以及需要说明的问题和意见等。

（2）接管人员应继续使用移交前的账簿，不得擅自另立账簿，以保证会计记录前后衔接，内容完整。

（3）移交清册一般应填制一式三份，交接双方各执一份，存档一份。

（三）交接人员的责任

会计工作交接中，合理、公正地区分移交人和接替者的责任是非常必要的。交接工作完成后，移交人员所移交的会计凭证、会计账簿、财务会计报告和其他会计资料是在其经办会计工作期间内发生的,应当对这些会计资料的真实性、完整性负责,即便接替人员在交接时因疏忽没有发现所接会计资料在真实性、完整性方面的问题,如事后发现仍应由原移交人员负责,原移交人员不应以会计资料已移交而推脱责任。

第五节 法律责任

一、法律责任概述

法律责任,是指违反法律规定的行为应当承担的法律后果,也就是对违法者的制裁。为了保证《会计法》的有效实施,惩治会计违法行为,《会计法》规定了明确的法律责任。主要规定了两种责任形式:行政责任和刑事责任。

(一)行政责任

行政责任是指犯有一般违法行为的单位或个人,依照法律、法规的规定应承担的法律责任。行政责任主要有行政处罚和行政处分两种方式。

1. 行政处罚。行政处罚是指特定的行政主体基于一般行政管理职权,对其认为违反行政法上的强制性义务、违反行政管理程序的行政管理相对人所实施的一种行政制裁措施。《行政处罚法》对行政处罚的种类和实施程序作出了如下规定:

(1)行政处罚主要分为六种:警告,罚款,没收违法所得、没收非法财物,责令停产停业,暂扣或者吊销许可证、暂扣或者吊销执照,行政拘留。此外,还有法律、行政法规规定的其他行政处罚。

(2)行政处罚由违法行为发生地县级以上地方人民政府具有行政处罚权的行政机关管辖。

(3)对当事人的同一个违法行为,不得给予两次以上罚款的行政处罚。

(4)行政机关在作出处罚决定之前,应当告知当事人作出处罚决定的事实、理由、依据以及当事人依法享有的有关权利,当事人有权陈述和申辩。

(5)行政处罚决定依法作出后,当事人应当在行政处罚决定的期限内,予以履行。

2. 行政处分。行政处分是国家工作人员违反行政法律规范所应承担的一种行政法律责任,是行政机关对国家工作人员故意或者过失侵犯行政相对人的合法权益所实施的法律制裁。行政处分的形式有:警告,记过,记大过,降级,撤职,开除等。

(二)刑事责任

刑事责任是指犯罪行为应当承担的法律责任。刑事责任与行政责任两者的主要区别是:①被追究的违法行为不同。被追究刑事责任的是犯罪行为;被追究行政责任的是一般违法行为。②追究责任的机关不同。追究刑事责任只能由司法机关依照《刑法》的规定追究;追究行政责任由国家特定的行政机关依照有关法律的规定决定。③承担法律责任的后果不同。追究刑事责任是最严厉的制裁,可以判处死刑,比追究行政责任严厉得多。

刑事责任是触犯《刑法》的犯罪人所应承受的由国家审判机关给予的制裁后果,包括刑罚方法和非刑罚处理方法。

1. 刑罚。

(1)主刑。主刑是对犯罪分子适用的主要刑罚方法,只能独立适用,不能附加适用,对犯罪分子只能判处一种主刑。主刑分为管制、拘役、有期徒刑、无期徒刑和死刑。

(2)附加刑。附加刑是既可独立适用又可以附加适用的刑罚方法。也就是说,对同一犯罪行为既可以在主刑之后判处一个或两个以上的附加刑,也可以独立判处一个或两个以上的附加刑。附加刑分为罚金、剥夺政治权利、没收财产。对犯罪的外国人，也可以独立或附加适用驱逐出境。

2. 刑罚处理方法。根据《刑法》的规定，对犯罪分子还可以采用非刑罚的处理方法，即对犯罪分子采用刑罚以外的其他方法。主要包括：由于犯罪行为而使被害人遭受经济损失的，对犯罪分子除刑事处罚外，判处赔偿经济损失；对于犯罪情节轻微不需要判处刑罚的，根据情况予以训诫或者责令其具结悔过、赔礼道歉、赔偿损失，或者由主管部门给予行政处罚或者行政处分。

二、违反会计制度规定的法律责任

（一）违反会计制度规定应承担法律责任的违法行为

根据《会计法》的规定，应承担法律责任的违法会计行为包括：

1. 不依法设置会计账簿的行为。违反《会计法》和国家统一的会计制度的规定，应当设置会计账簿的单位不设置会计账簿或者未按规定的种类、形式及要求设置会计账簿的行为。

2. 私设会计账簿的行为。不在依法设置的会计账簿上对经济业务事项进行统一会计核算，而另外私自设置会计账簿进行会计核算的行为，即常说的"账外账"。

3. 未按照规定填制、取得原始凭证或者填制、取得的原始凭证不符合规定的行为。

4. 以未经审核的会计凭证为依据登记会计账簿或者登记会计账簿不符合规定的行为。

5. 随意变更会计处理方法的行为。会计处理方法的变更会直接影响会计资料的质量和可比性，按照相关法律的规定，不得随意变更会计处理方法。

6. 向不同的会计资料使用者提供的财务会计报告编制依据不一致的行为。财务会计报告应当根据登记完整、核对无误的会计账簿记录和其他有关会计资料编制，使用的计量方法、确认原则、统计标准应当一致，做到数字真实、计算准确、内容完整、说明清楚。不得向不同的会计资料使用者提供编制依据不一致的财务会计报告。

7. 未按照规定使用会计记录文字或者记账本位币的行为。

8. 未按照规定保管会计资料，致使会计资料毁损、灭失的行为。

9. 未按照规定建立并实施单位内部会计监督制度，或者拒绝依法实施的监督，或者不如实提供有关会计资料及有关情况的行为。

10. 任用会计人员不符合《会计法》规定的行为。

（二）违反会计制度规定行为应承担的法律责任

根据《会计法》的规定，上述各种违法行为应承担以下法律责任：

1. 责令限期改正。所谓责令限期改正，是指要求违法行为人在一定期限内停止违法行为恢复到合法状态。县级以上人民政府财政部门有权责令违法行为人限期改正，停止违法行为。

2. 罚款。县级以上人民政府财政部门根据违法行为人的违法性质、情节及危害程度，在责令限期改正的同时，有权对单位并处3000元以上5万元以下的罚款，对其直接负责的主管人员和其他直接责任人员处2000元以上2万元以下的罚款。

3. 给予行政处分。对上述违法行为直接负责的主管人员和其他直接责任人员中的国家工作人员，视情节轻重，由其所在单位或者其上级单位或者行政监察部门给予警告、记过、记大过、降级、撤职、开除等行政处分。

4. 吊销会计从业资格证书。会计工作人员有上述所列行为之一、情节严重的，由县级以上人民政府财政部门吊销会计从业资格证书。

5. 依法追究刑事责任。

三、伪造、变造会计凭证、会计账簿，编制虚假财务会计报告的法律责任

（一）伪造、变造会计凭证、会计账簿，编制虚假财务会计报告的行为特征

伪造会计凭证的行为，是指以虚假的经济业务或者资金往来为前提，编造虚假的会计凭证的行为。变造会计凭证的行为，是指采取涂改、挖补以及其他方法改变会计凭证真实内容的行为。伪造会计账簿的行为，是指违反《会计法》和国家统一会计制度的规定，根据伪造或者变造的虚假会计凭证填制会计账簿，或者不按要求登记账簿，或者对内对外采用不同的确认标准、计量方法等手段编造虚假的会计账簿的行为。变造会计账簿的行为，是指采取涂改、挖补或者其他手段改变会计账簿的真实内容的行为。编制虚假财务会计报告的行为，是指违反《会计法》和国家统一会计制度的规定，根据虚假的会计账簿记录编制财务会计报告，或者凭空捏造虚假的财务会计报告以及对财务会计报告擅自进行没有依据的修改的行为。

（二）伪造、变造会计凭证、会计账簿，编制虚假财务会计报告的刑事责任

《刑法》并未明确将伪造、变造会计凭证、会计账簿或者编制虚假财务会计报告的行为，作为单独犯罪加以规定，而只是在其已经造成严重后果后，按照犯罪情节、手段，分别以偷税罪、公司提供虚假会计报告罪、中介组织人员提供虚假证明文件罪及其他犯罪追究刑事责任。对于伪造、变造会计凭证、会计账簿，编制虚假财务会计报告的行为，《刑法》明确规定为犯罪的，主要有以下几种情况：

1. 根据《刑法》第201条的规定，纳税人采取伪造、变造账簿、记账凭证，在账簿上多列支出或者不列、少列收入等手段，不缴或者少缴应纳税款，偷税数额占应纳税额的10%以上不满30%并且偷税数额在1万元以上不满10万元的，或者因偷税被税务机关给予2次行政处罚又偷税的，处3年以下有期徒刑或者拘役，并处偷税数额1倍以上5倍以下罚金；偷税数额占应纳税额的30%以上并且偷税数额在10万元以上的，处3年以上7年以下有期徒刑，并处偷税数额1倍以上5倍以下罚金。扣缴义务人采取前述手段，不缴或者少缴已扣、已收税款，数额占应缴税额的10%以上并且数额在1万元以上的，依照前述规定处罚。对多次犯有上述行为，未经处理的，按照累计数额计算。

2. 根据《刑法》第161条的规定，公司向股东和社会公众提供虚假的或者隐瞒重要事实的财务会计报告，严重损害股东或者其他人利益的，对其直接负责的主管人员和其他直接责任人员，处3年以下有期徒刑或者拘役，并处或者单处2万元以上20万元以下罚金。

3. 根据《刑法》第229条的规定，承担资产评估、验资、验证、会计、审计、法律服务等职责的中介组织的人员故意提供虚假证明文件（包括虚假的财务会计报告），情节严重的，处5年以下有期徒刑或者拘役，并处罚金。上述人员索取他人财物或者非法收受他人财物，犯本罪的，处5年以上10年以下有期徒刑或者拘役，并处罚金。

此外，如果行为人为虚报注册资本、虚假出资、抽逃出资、贪污、挪用公款、侵占企业财产、私分国有资产、私分罚没财物，实施伪造、变造会计凭证、会计账簿或者编制虚假财务会计报告的行为，应当按照《刑法》的有关规定分别定罪、处罚。

（三）伪造、变造会计凭证、会计账簿或者编制虚假财务会计报告的行政责任

伪造、变造会计凭证、会计账簿或者编制虚假财务会计报告，情节较轻，社会危害不大，根据《刑法》的有关规定，尚不构成犯罪的，应当按照《会计法》的规定予以处罚。具体包括：

1. 通报。由县级以上人民政府财政部门采取通报的方式对违法行为人予以批评、公告。通报决定由县级以上人民政府财政部门送达被通报人，并通过一定的媒介在一定的范围内公布。

2. 罚款。县级以上人民政府财政部门对违法行为视情节轻重,在予以通报的同时,可以对单位并处 5000 元以上 10 万元以下的罚款,对其直接负责的主管人员和其他直接责任人员,可以处 3000 元以上 5 万元以下的罚款。

3. 行政处分。对上述所列违法行为直接负责的主管人员和其他直接责任人员中的国家工作人员,应当由其所在单位或者其上级单位或者行政监察部门给予撤职直至开除的行政处分。

4. 吊销会计从业资格证书。对上述所列违法行为中的会计人员,由县级以上人民政府财政部门吊销会计从业资格证书。

四、隐匿或者故意销毁依法应当保存的会计凭证、会计账簿、财务会计报告的法律责任

所谓隐匿,是指故意转移、隐藏应当保存的会计凭证、会计账簿、财务会计报告的行为。所谓销毁,是指故意将依法应当保存的会计凭证、会计账簿、财务会计报告予以毁灭的行为。

(一) 隐匿或者故意销毁依法应当保存的会计凭证、会计账簿、财务会计报告的刑事责任

《刑法》第 201 条规定,纳税人采取隐匿、擅自销毁账簿、记账凭证的手段,不缴或者少缴应纳税款,偷税数额占应纳税额的 10% 以上不满 30% 并且偷税数额在 1 万元以上不满 10 万元的,或者因偷税被税务机关给予 2 次行政处罚又偷税的,处 3 年以下有期徒刑或者拘役,并处偷税数额 1 倍以上 5 倍以下罚金;偷税数额占应纳税额的 30% 以上并且偷税数额在 10 万元以上的,处 3 年以上 7 年以下有期徒刑,并处偷税数额 1 倍以上 5 倍以下罚金。扣缴义务人采取前述手段,不缴或者少缴已扣、已收税款,数额占应缴税额的 10% 以上并且数额在 1 万元以上的,依照前述规定处罚。对多次从事上述违法行为,未经处理的,按照累计数额计算。如果行为人为贪污、挪用公款、侵占企业财产及其他非法目的,实施隐匿、故意销毁依法应当保存的会计凭证、会计账簿、财务会计报告的行为,构成犯罪的,可以按照《刑法》的有关规定,分别定罪、处罚。

(二) 隐匿或者故意销毁依法应当保存的会计凭证、会计账簿、财务会计报告的行政责任

隐匿或者故意销毁依法应当保存的会计凭证、会计账簿、财务会计报告,情节较轻,社会危害不大,根据《刑法》的有关规定,尚不构成犯罪的,应当根据《会计法》的规定追究行政责任:通报、罚款、行政处分、吊销会计从业资格证书。追究行政责任的具体形式及标准等与前同。

五、授意、指使、强令会计机构、会计人员及其他人员伪造、变造会计凭证、会计账簿、编制虚假财务会计报告或者隐匿、故意销毁依法应当保存的会计凭证、会计账簿、财务会计报告的法律责任

所谓授意,是指暗示他人按其意思行事。所谓指使,是指通过明示方式,指示他人按其意思行事。所谓强令,是指明知其命令是违反法律的,而强迫他人执行其命令的行为。

(一) 授意、指使、强令他人伪造、变造或者隐匿、故意销毁会计资料行为应当承担的刑事责任

根据《刑法》的有关规定,授意、指使、强令会计机构、会计人员及其他人员伪造、变造会计凭证、会计账簿、编制虚假财务会计报告或者隐匿、故意销毁依法应当保存的会计凭证、会计账簿、财务会计报告的,应当作为伪造、变造会计凭证、会计账簿、编制虚假财务会计报告或者隐匿、故意销毁依法应当保存的会计凭证、会计账簿、财务会计报告的共同犯罪,定罪处罚。所谓共同犯罪,是指两人以上共同故意犯罪。共同犯罪应当具备三个条件:①几个犯罪人有共同故意,即几个犯罪人都明知自己的行为会发生危害社会的结果,仍希望或者放任这种结果的发生,同时,几个犯罪人都认识到自己和其他行为人在共同进行某一犯罪活动。②几个犯罪人必须有共同的犯罪行为。即犯罪人各自的犯罪行为都是在他们的共同故意支配

下,围绕共同的犯罪对象,实现共同的犯罪目的而实施的,各个共同犯罪人所实施的犯罪行为都同危害结果具有因果关系。③共同犯罪具有共同的犯罪客体,即共同犯罪人的犯罪行为必须指向同一犯罪客体。

因此,对授意、指使、强令他人伪造、变造会计凭证、会计账簿、编制虚假财务会计报告或者隐匿、故意销毁依法应当保存的会计凭证、会计账簿、财务会计报告的,应当依照《会计法》的规定和《刑法》的有关规定,根据行为人在共同犯罪中所起的作用,定罪处罚。

(二) 授意、指使、强令他人伪造、变造或者隐匿、故意销毁会计资料行为应当承担的行政责任

对有上述违法行为,情节较轻,社会危害不大,不构成犯罪的,应当按照《会计法》的规定予以处罚:

1. 罚款。县级以上人民政府财政部门可以视违法行为的情节轻重,对违法行为人处以5000元以上5万元以下的罚款。

2. 行政处分。对授意、指使、强令会计机构、会计人员及其他人员伪造、变造会计凭证、会计账簿、编制虚假财务会计报告或者隐匿、故意销毁依法应当保存的会计凭证、会计账簿、财务会计报告的国家工作人员,还应当由其所在单位或者其上级单位或者行政监察部门给予降级、撤职或者开除的行政处分。

六、单位负责人对依法履行职责、抵制违反《会计法》规定行为的会计人员实行打击报复的法律责任以及对受打击报复的会计人员的补救措施

《会计法》规定,单位负责人对依法履行职责、抵制违反本法规定行为的会计人员以降级、撤职、调离工作岗位、解聘或者开除等方式实行打击报复,构成犯罪的,依法追究刑事责任;尚不构成犯罪的,由其所在单位或者有关单位依法给予行政处分。对受打击报复的会计人员,应当恢复其名誉和原有职务、级别。

(一) 单位负责人打击报复会计人员的刑事责任

根据《刑法》第255条的规定,公司、企业、事业单位、机关、团体的领导人对依法履行职责、抵制违反《会计法》规定行为的会计人员实行打击报复,情节恶劣的,构成打击报复会计人员罪。根据《刑法》的规定,对犯打击报复会计人员罪的,处3年以下有期徒刑或者拘役。

(二) 单位负责人打击报复会计人员的行政责任

单位负责人对依法履行职责、抵制违反《会计法》规定行为的会计人员实行打击报复,情节轻微,危害性不大,不构成犯罪的,由其所在单位或者有关单位依法给予行政处分。

(三) 对受打击报复的会计人员的补救措施

1. 恢复其名誉。受打击报复的会计人员的名誉受到损害的,其所在单位或者其上级单位及有关部门应当要求打击报复者向遭受打击报复的会计人员赔礼道歉,并澄清事实,消除影响,恢复名誉。

2. 恢复原有职位、级别。会计人员受到打击报复,被调离工作岗位、解聘或者开除的,应当在征得会计人员同意的前提下,恢复其工作;被撤职的,应当恢复其原有职务;被降级的,应当恢复其原有级别。

七、财政部门及有关行政部门的工作人员滥用职权、玩忽职守、徇私舞弊或者泄露国家秘密、商业秘密的法律责任

(一) 财政部门及有关行政部门的工作人员滥用职权、玩忽职守、徇私舞弊以及泄露国家秘密、商业秘密的刑事责任

政府有关部门、部门的工作人员滥用职权、玩忽职守、徇私舞弊以及泄露国家秘密、商业秘密的行为可能构成以下犯罪：

1. 滥用职权罪和玩忽职守罪。根据《刑法》第397条的规定，财政部门及有关行政部门的工作人员滥用职权或者玩忽职守，致使公共财产、国家和人民利益遭受重大损失的，构成滥用职权罪或者玩忽职守罪。对玩忽职守罪，处3年以下有期徒刑或者拘役；情节特别严重的，处3年以上7年以下有期徒刑。财政部门及有关行政部门的工作人员徇私舞弊，犯上述罪行的，处5年以下有期徒刑或者拘役；情节特别严重的，处5年以上10年以下有期徒刑。

2. 泄露国家秘密罪。根据《刑法》第398条的规定，财政部门及有关行政部门的工作人员违反《保守国家秘密法》的规定，故意或者过失泄露国家秘密，情节严重的，构成泄露国家秘密罪。对泄露国家秘密罪，处3年以下有期徒刑或者拘役；情节特别严重的，处3年以上7年以下有期徒刑。

（二）财政部门及有关行政部门的工作人员滥用职权、玩忽职守、徇私舞弊以及泄露国家秘密、商业秘密的行政责任

财政部门及有关行政部门的工作人员虽有滥用职权、玩忽职守、徇私舞弊以及泄露国家秘密、商业秘密的行为，但是情节显著轻微，危害性不大，按照《刑法》的有关规定，不构成犯罪的，应当依照《会计法》及有关法律、法规的规定，给予行政处分。行政处分主要有警告、记过、记大过、降级、撤职和开除等六种。对有上述违法行为的财政部门及有关行政部门的工作人员，可以由其所在单位或者其上级单位或者行政监察部门视情节轻重，给予相应的行政处分。

八、将检举人姓名和检举材料转给被检举单位和被检举人个人的法律责任

《会计法》规定，将检举人姓名和检举材料转给被检举单位和被检举人个人的，由所在单位或者有关单位依法给予行政处分。

九、违反《会计法》同时违反其他法律规定的行为的处罚

单位的经济活动是一项综合的经济活动过程，会计工作是经济管理的一项重要的基础性工作，会计行为和会计资料不仅对本单位的经济活动产生影响，也会影响到其他单位的经济活动和有关部门的管理活动。因此，除了《会计法》以外，其他法律对相关单位的会计工作也作出了相应的规范，并赋予税务、审计、人民银行、银行监管、证券监管、保险监管等部门对有关会计工作实施监督管理并对相关会计违法行为进行处罚的职权。《会计法》规定，违反本法规定，同时违反其他法律规定的，由有关部门在各自的职权范围内依法进行处罚。

（一）有关法律对违法会计行为及其处罚的规定

1. 根据《审计法》的有关规定，审计机关发现被审计单位转移、隐匿、篡改、毁弃会计凭证、会计账簿、会计报表以及其他与财政收支或者财务收支有关的资料的，审计机关有权予以制止。被审计单位有上述行为的，审计机关认为对负有直接责任的主管人员和其他直接责任人员依法应当给予行政处分的，有权提出给予行政处分的建议，被审计单位或者其上级机关、监察机关应当依法及时作出决定；构成犯罪的，由司法机关依法追究刑事责任。

2. 根据《商业银行法》的有关规定，商业银行应当依照相关法律和国家统一的会计制度，建立、健全本行的财务会计制度，保存财务会计报表、业务合同以及其他资料。

商业银行应当按照国家有关规定，真实记录并全面反映其业务活动和财务状况，编制年度财务会计报告，及时向中国人民银行和财政部门报送会计报表。商业银行提供虚假的或者隐瞒重要事实的财务会计报表，中国人民银行有权责令其改正；商业银行有违法所得的，没收违法所得，并处以违法所得1倍以上5倍以下罚款；商业银行没有违法所得的，处以10万元以上50万元以下罚款；情节特别严重或者逾期不改正的，中国人民银行可以责令停业整顿或者吊

销其经营许可证;构成犯罪的,依法追究刑事责任。

3. 根据《证券法》的有关规定,股票、公司债券依法上市交易的公司,应当按照规定,向证券监督管理机构报送年度报告、中期报告、临时报告。国务院证券监督管理机构有权查阅、复制当事人和与被调查事件有关的单位和个人的证券交易记录、登记过户记录、财务会计资料及其他相关文件和资料;对可能被转移或者隐匿的文件和资料,可以予以封存,查询当事人和被调整事件有关的单位和个人的资金账户、证券账户,对有证据证明有转移或者隐匿违法资金、证券迹象的,可以申请司法机关予以冻结。对于经核准上市交易的证券,其发行人未按照有关规定披露信息,或者披露的信息有虚假记载、误导性陈述或者有重大遗漏的,由证券监督管理机构责令改正,对发行人处以 30 万元以上 60 万元以下的罚款。对直接负责的主管人员和其他直接责任人员给予警告,并处以 3 万元以上 30 万元以下的罚款。构成犯罪的,依法追究刑事责任。发行人未按期公告其上市文件或者报送有关报告的,由证券监督管理机构责令改正,对发行人处以 5 万元以上 10 万元以下的罚款。为证券的发行、上市或者证券交易活动出具审计报告、资产评估报告或者法律意见书等文件的专业机构,就其所应负责的内容弄虚作假的,由证券监督管理机构没收违法所得,并处以违法所得 1 倍以上 5 倍以下的罚款,并由有关主管部门责令该机构停业,吊销直接责任人员的资格证书。构成犯罪的,依法追究刑事责任。

4. 根据《保险法》的有关规定,保险监督管理部门有权检查保险公司的业务状况、财务状况及资金运用状况,有权要求保险公司在规定的期限内提供有关的书面报告和资料。保险公司未按照规定报送有关报告、报表、文件和资料的,由保险监督管理部门责令改正,逾期不改正的,处以 1 万元以上 10 万元以下的罚款。保险公司向保险监督管理部门提供虚假的报告、报表、文件和资料的,由保险监督管理部门责令改正,处以 10 万元以上 50 万元以下的罚款。

5. 根据《税收征收管理法》的有关规定,纳税人必须在法律、行政法规规定或者税务机关依照法律、行政法规的规定确定的申报期限内办理纳税申报,报送纳税申报表、财务会计报表以及税务机关根据实际需要要求纳税人报送的其他纳税资料。纳税人未按照规定设置、保管账簿或者保管记账凭证和有关资料,以及未按照规定将财务、会计制度或者财务、会计处理办法报送税务机关备查的,由税务机关责令限期改正,逾期不改正的,可以处以 2000 元以下的罚款;情节严重的,处以 2000 元以上 1 万元以下的罚款。纳税人采取伪造、变造、隐匿、擅自销毁账簿、记账凭证,在账簿上多列支出或者不列、少列收入,或者进行虚假的纳税申报的手段,不缴或者少缴应纳税款,构成犯罪的,依法追究刑事责任。偷税数额不满 1 万元或者偷税数额占应纳税额不到 10% 的,由税务机关追缴其偷税款,处以偷税数额 5 倍以下的罚款。

(二) 违反《会计法》同时违反其他法律规定的,由有关部门在各自职权范围内依法进行处罚

对违反《会计法》同时违反其他法律规定的行为,除构成犯罪的,由司法机关依法追究刑事责任外,其他对会计违法行为依法享有行政处罚权的机关,对尚不构成犯罪的会计违法行为,应当按照法定职权作出相应处罚。但是,对同一违法当事人的同一违法行为,不得给予 2 次以上罚款的行政处罚。

学术视野

伴随着社会主义市场经济体制的逐步确立和经济全球化程度的日益加深,我国会计法规从体系构建到规范设立,从立法体制到制度实施都发生了巨大的变化。张华林的《会计法制建设法理基础研究》从法学基本理论的视角,结合经济学、会计学的知识,对会计法律制度建设的

相关基本问题包括会计法律制度的建设环境、会计法律制度建设的职业基础、会计法律概念和会计法律责任效率等,进行了系统研究。

随着市场经济体制的建立和完善,会计信息质量越来越为社会各界所关注,《会计法》作为规范会计信息的一部重要的法律,其内容已凸显不足,例如对会计资料的真实性缺乏具体和明确的界定,对责任主体的责任划分不明确,对会计法律责任的界定缺乏操作性等,对此,有学者提出在新形势下对《会计法》加以完善的具体措施。

理论思考与实务应用

一、理论思考

（一）名词解释

会计法　会计核算　会计监督　会计从业资格

（二）简答题

1. 简述我国会计法律制度的构成。
2. 简述我国会计工作管理体制。
3. 简评会计监督的三种形式及其相互关系。

（三）论述题

1. 会计核算包括哪些方面内容？试述我国会计法的相关规定。
2. 我国会计法关于会计机构和会计人员的职责和法律责任是如何规定的？

二、实务应用

（一）案例分析示范

案例一

万兴公司是一家国有大型企业。2010年12月,公司总经理针对公司效益下滑面临亏损的情况,电话请示正在外地出差的董事长。董事长指示把财务会计报告作得漂亮一些,总经理把这项工作交给公司总会计师,要求按董事长的意见办。总会计师授意会计科科长按照董事长的要求把财务会计报告作"漂亮",会计科长对当年度的财务会计报告进行了技术处理,虚拟了若干笔无交易的销售收入,从而使公司报表由亏变盈。经诚信会计师事务所审计后,公司财务会计报告对外报出。

2010年4月,在《会计法》执行情况检查中,当地财政部门发现该公司存在重大会计造假行为,依据《会计法》及相关法律、法规、制度,拟对该公司董事长、总经理、总会计师、会计科长等相关人员进行行政处罚,并分别下达了行政处罚告知书。万兴公司相关人员接到行政处罚告知书后,均要求举行听证会。在听证会上,有关当事人作了如下陈述:

公司董事长称:"我前一段时间出差在外,对公司情况不太了解,虽然在财务会计报告上签字并盖章,但只是履行会计手续,我不能负任何责任。具体情况可由公司总经理予以说明。"

公司总经理称:"我是搞技术出身的,主要抓公司的生产经营,对会计我是门外汉,我虽在财务会计报告上签名并盖章,那也只是履行程序而已。以前也是这样做的。我不应该承担责任。有关财务会计报告情况应由公司总会计师解释。"

公司总会计师称:"公司对外报出的财务会计报告是经过诚信会计师事务所审计的,他们出具了无保留意见的审计报告。诚信会计师事务所应对本公司财务报告的真实性、完整性负责,承担由此带来的一切责任。"

会计科长称:"我是按照领导的要求做的,领导让做什么,我就做什么。即使有责任,也是领导承担责任，与我无关。"

在该单位实习的某大学学生张某、李某听到他们各自的陈述后，觉得他们的理由没有法律依据，每个人都要承担相应的法律责任。该单位的会计工作没有做好的原因就是他们根本不了解《会计法》。

问：根据我国会计法律、法规、制度的规定，分析该公司董事长、总经理、总会计师、会计科长在听证会上的陈述以及实习大学生张某、李某的观点是否正确。

【评析】在该案中，万兴公司董事长、总经理、总会计师、会计科科长是财务会计报告的签章主体，董事长、总经理、总会计师授意、指使、强令会计机构、会计人员伪造、变造会计凭证、会计账簿、编制虚假财务会计报告的行为违反了会计法律制度的规定，应当承担相应的法律责任。会计科科长伪造、变造会计凭证、会计账簿、编制虚假财务会计报告应当承担相应的法律责任。从他们各自的陈述看，他们的陈述理由看似合理，却没有任何法律依据，在该单位实习的大学生张某、李某的观点正确。由此可以得出：该单位会计工作不能做好的重要原因是该单位的相关负责人及会计人员不懂得《会计法》。只有掌握《会计法》的有关规定，才能做好会计工作。

案例二

某县万民有限责任公司（国有企业）林某自1997年起担任总经理。2003年12月，因公司业绩突出受到组织部门预备提拔的考核，准备升任该县某局副局长。在考核中，组织部门接到举报，举报人说林某在任职期间有指使和放任财务人员作假账、打击压制坚持原则的会计人员等问题。随即，该县财政、审计、统计方面组成联合调查组对该公司近些年特别是林某任总经理期间的账目进行了全面的检查，结果发现：

(1) 该公司设置大小两套账，大账对外，小账对内。

(2) 不按规定进行会计资料保管，致使原始资料被毁损、灭失严重。

(3) 3个月前，林某因不满会计郑某多次不听从作假账的指令，尤其不满其向上级主管部门反映真实情况，将其调回车间。

(4) 任命没有会计从业资格证书的林某的儿子担任会计科科长。

(5) 近3年的账目中伪造、变造会计凭证、虚增利润等违法问题系在林某的强令或授意下所为。

调查组向县会计主管部门——县财政局通报上述情况。县财政局因此对该公司作出责令限期整改处罚，并罚款8.6万元，要求该公司恢复郑某会计职务和会计级别及待遇的处理决定。对林某有关事实根据《会计法》作出了书面意见，反馈回组织部门，最后移送检察院进入司法程序。

问：根据我国会计法律、法规、制度的规定，县财政局对该公司的处罚是否正确？

【评析】根据《会计法》的规定，违反本法和国家统一会计制度的规定，有下列行为之一，由县级以上人民政府财政部门责令限期纠正，可以对单位并处3000元以上5万元以下的罚款；对直接负责的主管人员和其他直接人员，可以处2000元以上2万元以下的罚款；属于国家工作人员的，还应当由其所在单位或者有关单位依法给予行政处分；构成犯罪的，依法追究刑事责任。①不依法设置会计账簿的；②私设会计账簿的；③未按照规定填制、取得原始凭证或者填制、取得的原始凭证不符合规定的；④以未经审核的会计凭证为依据登记会计账簿或者登记会计账簿不符合规定的；⑤随意变更会计处理方法的；⑥向不同的会计资料使用者提供的财务会计报告编制依据不一致的；⑦未按照规定使用会计记录文字或者记账本位币的；⑧未按照规定保管会计资料,致使会计资料毁损、灭失的;⑨未按照规定建立并实施单位内部会计监督制度,或者拒绝依法实施的监督,或者不如实提供有关会计资料及有关情况的;⑩任用会计人员不符合会计法规定的。

会计人员有上述所列行为之一,情节严重的,由县级以上人民政府财政部门吊销会计从业资格证书;有关法律对上述所列行为的处罚另有规定的,依照有关法律的规定办理。在该案例中,万民有限责任公司"设置大小两套账,大账对外,小账对内";"不按规定进行会计资料保管,致使原始资料被毁损、灭失严重";"任命没有会计从业资格证书的林某的儿子担任会计科科长"等均属违反国家统一的会计制度的行为,应按照《会计法》的规定追究单位、直接负责的主管人员和其他直接责任人员的行政责任;林某属于国家工作人员,还应当由所在单位或有关单位依法给予行政处分。"林某因不满会计郑某多次不听从作假账的指令,尤其不满其向上级主管部门反映真实情况,将其调回车间"属于单位负责人对依法履行职责、抵制违反《会计法》规定行为的会计人员实行打击报复的行为,根据《会计法》的规定,单位负责人对依法履行职责、抵制违反本法规定行为的会计人员实行打击报复,构成犯罪的,依法追究刑事责任;尚不构成犯罪的,由所在单位或者有关单位依法给予行政处分。对受打击报复的会计人员,应当恢复其名誉和原有职务、级别。"近3年的账目中伪造、变造会计凭证、虚增利润等违法问题系在林某的强令或授意下所为",林某的行为属于授意、指使、强令会计机构、会计人员及其他人员伪造、变造会计凭证、会计账簿、编制虚假财务会计报告的行为,构成犯罪的,依法追究刑事责任;尚不构成犯罪的,可以处5000元以上5万元以下的罚款,属于国家工作人员的,还应当由其所在单位或者有关单位依法给予降级、撤职、开除的行政处分。

案例三

2011年3月,某市财政部门对该市一所市属学校2009年的财务收支情况进行例行检查。检查人员在审阅该学校会计报表和会计账簿等会计资料时发现"其他应收款"科目2009年末余额较年初余额有大幅上升。检查人员接着调阅了2010年度与"其他应收款"账户相关的会计凭证,发现2010年度借方发生额中,有3笔应收款金额共计20万元,在记账凭证后未附任何原始凭证。

检查人员带着这一疑问询问了有关财务人员,得知该学校"为解决曾向学校提供过资金赞助的某乡镇企业甲公司的临时资金周转困难,向甲公司临时借出了20万元资金,学校并未向该企业收取利息"。根据询问所得情况,检查人员对甲公司进行了延伸调查。经过审阅甲公司有关会计资料及货币资金收付记录、询问有关人员等方法查明,甲公司与该学校订有有息贷款协议,甲公司至2010年底已经以现金的方式向该学校支付了利息1.5万元。

检查人员以上述对甲公司的检查结果为基础,对该学校有关人员进行了询问。在上述事实面前,有关人员不得不承认该学校将其向甲公司收取的借款利息存入学校"小金库"的事实。

问:财政部门对该市一所市属学校财务收支情况的例行检查属于何种类型的会计监督?除此以外,还有哪些类型的会计监督?

【评析】会计监督是会计的基本职能之一,是我国经济监督体系的重要组成部分。目前我国已形成了三位一体的会计监督体系,包括单位内部监督、以注册会计师为主体的社会监督和以政府财政部门为主体的政府监督。

单位内部会计监督,是指一个单位为了保护其资产的安全和完整,保证其经营活动符合国家法律、法规和内部规章的要求,提高经营管理水平和效率,防止舞弊,控制风险等目的,而在单位内部采取的一系列相互联系、相互制约的制度和方法。会计工作的政府监督,是一种外部监督，主要是指政府财政部门代表国家依据法律、行政法规的规定和部门的职责权限，对有关单位的会计行为、会计资料所进行的监督检查。根据《会计法》的规定，财政部门可以依法对各单位的下列情况实施监督：各单位是否依法设置会计账簿；各单位的会计资料是否真实、完整；各单位的会计核算是否符合法定要求；各单位从事会计工作的人员是否具备从业资格。在本案中，财政部门对市属学校设置的会计账簿是否合法、会计资料是否真实、完整等方面的检查属于会计工作的政府监督。除财政部门外，审计、税务、人民银行、银行监管、证券监管、保险监管等部门依照有关法律、行政法规规定的职责和权限，可以对有关单位的会计资料实施监督检查。

会计工作的社会监督主要是指社会中介机构对单位经济活动的监督，在我国目前主要是指通过会计师事务所的注册会计师依法对受托单位的经济活动进行审计，并据实作出客观评价的一种监督形式，它是一种外部监督。财政部门有权对会计师事务所出具的审计报告进行监督。

在该案中，某市财政部门对该市一所市属学校财务收支情况的例行检查属于政府监督，它与单位内部的会计监督、社会监督共同构成我国会计的监督体系，形成了一个有机的整体。

(二) 案例分析实训

案例一

2011年3月5日，某商业公司会计人员张某在审核一笔托收付款凭证时，无意中发现其商品单价每台高出合同价40元，总差价为24 000元。当时业务部门已经在付款凭证上核对、签字，同意付款；并且由于该批商品进货及时、对路，已经全部售出，为公司赚了一笔可观的利润。进货业务员也因此受到公司领导的好评。但张某想到自己是会计，必须实事求是、真实反映，于是，在发现托收凭证与合同不符后，张某找到业务员，要求核实情况。业务员一听要核实进货价格，态度蛮横地拒绝了张某的要求。张某又要求他提供合法的凭据，否则拒付差额款。业务员说是对方电话通知涨价的，合同价已更改。张某给供货方打电话，查询此事。对方回答：货款未涨，但我方业务员已"借"走现金24 000元，要求一并托收。事实真相查清后，会计人员张某向单位负责人作了专题汇报。

问：根据《会计法》关于会计人员在会计监督中的职责权限的规定，本案中的会计人员的行为是否合法？为什么？

案例二

2011年12月，某有限责任公司出纳王某在审查原始凭证时，发现业务员李某提供的住宿费发票和张某提供的购货发票存在问题：李某的住宿费发票大小写金额不一致；张某提供的购买办公用品的发票经审查是伪造的发票。

问：王某应如何处理？请结合《会计法》的相关规定，予以分析解答。

主要参考文献

1. 郑翔、周茜：《会计法理论与实例解析》，清华大学出版社、北京交通大学出版社2004年版。
2. 刘燕：《会计法》，北京大学出版社2009年版。
3. 许秀敏编著：《财经法规与会计职业道德》，厦门大学出版社2010年版。